D1661373

Die Jünger Buddhas

Nyanaponika Thera / Hellmuth Hecker

DIE JÜNGER BUDDHAS

Leben, Werk und Vermächtnis der vierundzwanzig bedeutendsten Schüler und Schülerinnen des Erwachten

Herausgegeben und eingeleitet
von Bhikkhu Bodhi

Aus dem Englischen
von Marcus Würmli

O.W. Barth

Die Originalausgabe erschien 1997 unter dem Titel
«Great Disciples of the Buddha» bei Wisdom Publications, Somerville, USA.

Erste Auflage März 2000
Copyright © 1997 by Buddhist Publication Society
Alle deutschsprachigen Rechte beim Scherz Verlag, Bern, München, Wien,
für den Otto Wilhelm Barth Verlag
Alle Rechte der Verbreitung, auch durch Funk, Fernsehen, fotomechanische Wiedergabe,
Tonträger jeder Art und auszugsweisen Nachdruck, sind vorbehalten.

INHALT

Vorwort 11
Einführung des Herausgebers 13

1 SĀRIPUTTA: MEISTER DES DHAMMA 33

Einleitung 33
Auf der Suche nach dem Dhamma 35
- Frühe Jahre 35
- Der ursprüngliche Wunsch 41
- Sāriputtas Bild in den Jātakas 43

Der Mensch Sāriputta 47
- Der Hauptjünger 47
- Der Helfer 52
- Ohne Groll 56
- Freunde und Verwandte 60
- Der Meditierende 65

Der das Rad dreht 70
- Die Suttas 70
- Erklärende Werke 75
- Der Abhidhamma 76

Das andere Ufer 78
- Die letzte Verpflichtung 78
- Das Cunda-Sutta 85
- Das Ukkacelā-Sutta 88

Reden Sāriputtas 89
- Majjhima-Nikāya 90
- Dīgha-Nikāya 92
- Aṅguttara-Nikāya 92
- Saṁyutta-Nikāya 94

2 MAHĀMOGGALLĀNA: MEISTER DER PSYCHISCHEN KRÄFTE 97

Jugendzeit 97
Wanderjahre und geistige Suche 99
Das Auffinden des Dhamma 103
Der Kampf um die Verwirklichung der Lehre 106
Das vorzüglichste Jüngerpaar 112
Moggallānas psychische Kräfte 116
- Gedankenlesen 120
- Hellhören 121
- Hellsehen 121
- Astralreisen 123
- Telekinese 123
- Die Kraft der Verwandlung 124

Moggallānas frühere Existenzen 125
- Mogallānas Verse 126

Die letzten Tage Moggallānas 128
- Moggallānas Tod 130

3 MAHĀKASSAPA: VATER DES SANGHA 135

Kassapas frühe Jahre 135
Bhaddā Kapilānī 139
Der samsarische Hintergrund 140
Wie Kassapa zum Buddha kam 143
Kassapas Verhältnis zum Buddha 145
Begegnungen mit Gottheiten 149
Beziehungen zu anderen Mönchen 151
Nach dem Parinibbāna des Buddha 156
Mahākassapas Verse 159

4 ĀNANDA: HÜTER DES DHAMMA 163

Ānandas persönlicher Weg 163
Ānandas Ruf 165
Diener des Buddha 172
Der Hüter des Dhamma 175

Ānandas Haltung gegenüber Frauen 178
Ānanda und seine Mitmönche 182
Gespräche mit dem Buddha 185
Ānandas frühere Existenzen 187
Jātaka 498 188
Jātaka 421 189
Jātaka 282 190
Die letzten Tage des Buddha 191
Nach dem Parinibbāna des Buddha 203

5 ANURUDDHA: MEISTER DES GÖTTLICHEN AUGES 209

Frühe Jahre und Ordination 209
Der Weg zur Heiligkeit 212
Anuruddhas geistiger Pfad 215
Das Leben im Sangha 219
Anuruddha und die Frauen 223
Anuruddhas frühere Existenzen 229
Das Parinibbāna des Buddha und die Zeit danach 232

6 MAHĀKACCĀNA: MEISTER IN DER DARLEGUNG DER LEHRE 235

Einführung 235
Der samsarische Hintergrund 236
Kaccānas Bekehrung zum Dhamma 238
Verschiedene Begebenheiten 241
Der Interpret kurzer Lehrsätze 245
Der Majjhima-Nikāya 246
Der Saṁyutta-Nikāya 252
Der Aṅguttara-Nikāya 255
Weitere Lehren Mahākaccānas 257
Die Verse in den *Theragāthā* 262
Die exegetischen Schriften 264

7 DIE GROSSEN SCHÜLERINNEN BUDDHAS 267

Visākhā: Die größte Gönnerin des Buddha 267
Mallikā: Die Königin aus dem Blumengarten 276

Khemā: Die Weise 284
Bhaddā Kuṇḍalakesā: Die debattierende Asketin 290
Kisāgotamī: Die Mutter mit dem toten Kind 294
Soṇā: Die Kinderreiche 298
Nandā: Die Halbschwester Buddhas 302
Königin Sāmāvatī: Die Verkörperung der liebenden Fürsorge 304
Paṭācārā: Die Bewahrerin des Vinaya 312
Ambapālī: Die großzügige Kurtisane 318
Sirimā und Uttarā 322
Isidāsī: Eine Reise durch Saṁsāra 328

8 AṄGULIMĀLA: VOM MÖRDER ZUM HEILIGEN 335

Der Weg zum mehrfachen Mörder 335
Aṅgulimāla wird Mönch 338
«Gesegnet mit edler Geburt» 344
Aṅgulimālas Verse 346

9 ANĀTHAPIṆḌIKA: BUDDHAS WICHTIGSTER GÖNNER 351

Anāthapiṇḍika wird Jünger 351
Der reiche Gönner 355
Anāthapiṇḍikas Familie 359
Anāthapiṇḍika und seine Freunde 363
Lehrreden des Buddha 365
Anāthapiṇḍikas Tod 374

10 KÜRZERE BIOGRAPHIEN VON JÜNGERN 377

Der Hausvater Citta 377
Der Mönch Citta 385
Vater und Mutter Nakula 387

Anmerkungen 393
Bibliographie 404
Personen- und Sachregister 405

QUELLENVERZEICHNIS

«Sāriputta: Meister des Dhamma», von Nyanaponika Thera. Zuerst erschienen unter dem Titel *The Life of Sariputta*, BPS Wheel No. 90/92 (1966).

«Mahākaccāna: Meister in der Darlegung der Lehre», von Bhikkhu Bodhi. Zuerst veröffentlicht als BPS Wheel No. 405/406 (1995).

Die folgenden Biographien stammen sämtlich von Hellmuth Hecker:

«Mahāmogallāna: Meister der psychischen Kräfte». Zuerst veröffentlicht unter dem Titel *Mahā Mogallāna*, BPS Wheel No. 263/264 (1979).

«Mahākassapa: Vater des Sangha». Zuerst veröffentlicht als BPS Wheel No. 345 (1987).

«Ānanda: Hüter des Dhamma». Zuerst veröffentlicht als BPS Wheel No. 273/274 (1980).

«Anuruddha: Meister des göttlichen Auges». Zuerst veröffentlicht als BPS Wheel No. 362 (1989).

«Die großen Schülerinnen Buddhas». Zuerst veröffentlicht unter dem Titel *Buddhist Women at the Time of the Buddha*, BPS Wheel No. 292/293 (1982). Die folgenden Abschnitte sind neu in diesem Buch: «Yisākhā: Die größte Gönnerin des Buddha» (erweitert von Bhikkhu Bodhi); «Ambapālī: Die großzügige Kurtisane»; «Sirimā und Uttarā»; sowie «Isidāsī: Eine Reise durch Saṁsāra».

«Aṅgulimāla: Vom Mörder zum Heiligen». Zuerst veröffentlicht als BPS Wheel No. 312 (1984).

«Anāthapiṇḍika: Buddhas wichtigster Gönner». Zuerst veröffentlicht unter dem Titel *Anathapindika: The Great Benefactor*, BPS Wheel No. 334 (1986).

«Kürzere Biographien von Jüngern» (modifiziert nach einer Übersetzung ins Englische von Mudita Ebert). Zuerst veröffentlicht als BPS Wheel No. 115 (1967).

ABKÜRZUNGEN

AN	Aṅguttara-Nikāya (Abschnitt und Sutta)
Ap.	*Apadāna* (I = *Thera Apadāna*, II = *Therī Apadāna*; Kapitel und Abschnitt; birmanische Ausgabe)
BL	*Buddhist Legends* (Dhp. Comy.)
BPS	Buddhist Publication Society (Kandy, Sri Lanka)
Comy.	Commentary (Kommentar)
Dhp.	*Dhammapada* (Strophe)
DN	Dīgha-Nikāya (Nummer des Sutta)
Jāt.	Jātaka (Nummer)
Mil.	*Milindapañha*
MN	Majjhima-Nikāya (Nummer des Sutta)
PTS	Pali Text Society (Oxford, England)
Pv	*Petavatthu*
SN	Saṁyutta-Nikāya (Kapitel und Sutta)
Snp.	*Suttanipāta* (Strophe oder Sutta)
Thag.	*Theragāthā* (Strophe)
Thīg.	*Therīgāthā* (Strophe)
Ud.	*Udāna* (Kapitel und Sutta)
Vin.	Vinaya (Band und Seite)
Vism.	*Visuddhimagga* (Kapitel und Paragraph)
Vv.	*Vimānavatthu* (Strophe)

Sofern nicht anders angegeben, beziehen sich die Zitate auf PTS-Ausgaben.

VORWORT

In den vergangenen Jahren wurde im Westen viel Druckerschwärze für Bücher aufgewendet, die von Buddha und seiner Lehre handeln, den beiden ersten Kostbarkeiten des Buddhismus. Die dritte Kostbarkeit, der Sangha, wurde darob stark vernachlässigt. Selbst die Bedeutung des Wortes *sangha* wird diskutiert. Wer keinen Zugang zu den ursprünglichen Pāli-Texten hat, weiß kaum Bescheid über den inneren Kreis von Buddhas Jüngern. Diese Lücke ist umso auffälliger, als Buddhas Erfolg als spiritueller Lehrer von seiner Fähigkeit bestimmt wird, seine Jünger anzuleiten. Ein klassischer Vers preist Buddha als «unübertroffenen Lehrer für Menschen, die gezähmt werden müssen». Den Beweis für die Wahrheit dieser Behauptung finden wir im Mut jener Männer und Frauen, die sich der Führung des Buddha anvertrauten. Wie die Sonne nicht nur wegen der von ihr ausgehenden Strahlung, sondern auch wegen der Fähigkeit, die Welt zu erhellen, geschätzt wird, so beruht auch die Bedeutung des Buddha als geistiger Lehrer nicht nur auf der Klarheit seiner Lehre, sondern auch auf seiner Fähigkeit, jene zu erleuchten, die sich zu ihm flüchten. Schließlich wurden diese Jünger selbst zu leuchtenden Gestalten, die anderen weiterhalfen. Ohne die Gemeinschaft der Schüler, die Zeugnis ablegen von der verändernden Macht der Lehre, wäre der Dhamma nur ein Paket von Lehrsätzen und formalen Praktiken – bewundernswert klar und von großer intellektueller Rigorosität, doch weitab von den lebenswichtigen Problemen. Der Dhamma wird nur so weit zum Leben erweckt, als er Bedeutung für das tägliche Leben hat, indem er seine Anhänger adelt und sie in Vorbilder an Weisheit, Mitleid und Reinheit verwandelt.

Das vorliegende Buch stellt einen Versuch dar, diese Lücke in der westlichen buddhistischen Literatur mit lebendigen Darstellungen von vierundzwanzig der berühmtesten Jünger Buddhas zu füllen. Das Buch entstand aus einer Reihe einzelner Abhandlungen über diese großen Schüler, die von der Buddhist Publication Society (BPS) unter ihrem wohl bekannten Markenzeichen «The Wheel» herausgegeben wurden. Die erste Biographie, 1966 erschienen, war *The Life of Sāriputta* des ehrwürdigen Nyanaponika Thera. Damals bestand nicht die Absicht, eine Reihe ins Leben zu rufen. Im selben Jahr begann der deutsche Autor Hellmuth Hecker jedoch mit der Veröffentlichung biographischer Profile der großen Schüler Buddhas in der deutschen buddhistischen Zeitschrift *Wissen und Wandel* (gegründet 1955 von Paul Debes). In den darauf folgenden zwanzig Jahren erschienen in dieser Zeitschrift einundvierzig solcher Porträts, viele darunter in sehr kurzer Form.

In den späten Siebzigerjahren kam der ehrwürdige Nyanaponika, der damals Herausgeber der BPS war, auf die Idee, dem Sāriputta-Artikel Publikationen über die anderen großen Jünger folgen zu lassen. Als Grundlage sollten die Beiträge von Hellmuth Hecker dienen. So erschienen zwischen 1979 und 1989 Porträts von Mahāmogallāna, Ānanda, Aṅgulimāla, Anāthapiṇḍika, Mahākassapa, Anuruddha sowie von acht prominenten Schülerinnen in Form kleiner Bücher unter dem Wheel-Label. Schließlich schrieb ich 1995 ein Büchlein über den älteren Mahākaccāna. Es war der letzte Titel dieser Reihe.

Fast alle Artikel von Hellmuth Hecker erweiterte der ehrwürdige Nyanaponika durch zusätzliches Material aus dem Pāli-Kanon und dessen Kommentaren und fügte eigene vertiefende Einsichten hinzu. Bei der Bearbeitung der ursprünglichen Texte habe ich an fast allen älteren Versionen erhebliche Änderungen vorgenommen und zusätzliches Material hinzugefügt, um ein runderes Bild zu bekommen. Das Kapitel über die weiblichen Jünger wurde um vier Abschnitte erweitert. Es war allerdings nicht möglich, einzelne Frauen mit der gleichen Ausführlichkeit wie die männlichen Jünger zu behandeln, weil das Quellenmaterial dazu nicht ausreicht. Auch eine durchgreifende stilistische Revision der ursprünglichen Porträts erwies sich als notwendig. Um die Prosa aufzulockern, habe ich zusätzlich Verse, besonders aus den *Theragātā* und den *Therīgāthā*, hinzugefügt.

Ich möchte meinem langjährigen Assistenten bei der BPS, Ayyā Nyanasirī, herzlich danken. Er überarbeitete die Wheel-Texte mit der Intention, sie in einem einzigen Band zu publizieren. Ich danke auch Frau Savithri Chandraratne, die die Manuskripte sorgfältig in den Computer tippte. Dankbar bin ich dem Verlag Wisdom Publications für die Zusammenarbeit bei der Veröffentlichung dieses Werkes, besonders Sara McClintock, deren Ratschläge zu erheblichen Verbesserungen führten.

Bhikkhu Bodhi

EINFÜHRUNG DES HERAUSGEBERS

Die Bedeutung des Jüngers im Buddhismus

Als Religionsstifter erhob der Buddha nicht den Anspruch, ein göttlich inspirierter Prophet, ein persönlicher Erlöser oder ein Fleisch gewordener Gott zu sein. Im Rahmen seiner Lehre, des Dhamma, ist seine spezielle Rolle die eines Lehrers, des höchsten Lehrers, der den einzig richtigen Weg zur endgültigen Erlösung enthüllt hat. In der frühesten Form der Lehre, die im Pāli-Kanon festgehalten ist, gibt es keinen wesentlichen Unterschied zwischen dem Ziel, das Buddha selbst erreichte, und dem Ziel, das die Jünger realisierten. Das Ziel ist für beide letztlich dasselbe, nämlich das Nibbāna, die vollkommene Befreiung des Geistes von allen einengenden Bindungen und die Loslösung von Saṁsāra, dem ewigen Kreislauf von Geburt und Tod.

Natürlich gibt es Unterschiede zwischen Buddha und seinen Jüngern. Sie betreffen zunächst den Zeitpunkt der Vollendung, dann die persönlichen Qualitäten, die sie durch die Realisierung ihres Zieles erreichen. In zeitlicher Hinsicht hat Buddha als erster den Weg ins Nibbāna entdeckt, während seine Jünger diesen Pfad unter Buddhas Leitung beschreiten und die Früchte ernten: «Der Tathāgata, ihr Mönche, hat den Pfad gefunden, der bisher unbekannt war, er hat den Pfad geschaffen, der vorher nicht bestand, er hat den Pfad beschrieben, der bis anhin unbeschrieben war. Er kennt den Pfad, er fand ihn und kennt sich in ihm aus. Und seine Jünger folgen nun diesem Pfad und erobern ihn für sich. Dies, ihr Mönche, ist die Ungleichheit und der Unterschied zwischen den Tathāgata, dem Arahat, dem vollständig Erleuchteten, und dem Mönch, der von der Weisheit erleuchtet wurde.» (SN 22:58)

Was die persönlichen Qualitäten angeht, so besaß Buddha, der Begründer des *sāsana*, der Lehre oder der Weisung, eine Vielzahl von Fähigkeiten und Kenntnissen, über die seine Schüler in dieser Fülle nicht verfügten. Diese kognitiven Fähigkeiten umfassten nicht nur gewisse wundertätige Kräfte, sondern auch eine völlig klare Sicht vom Aufbau der Welt mit ihren vielen Existenzebenen sowie ein tief greifendes Verständnis der unterschiedlichen geistigen Veranlagungen fühlender Lebewesen.[1] Ohne diese Fähigkeiten hätte Buddha seine Hauptmission nicht erfüllen können, die darin bestand, die Lehre oder Weisung in der Welt zu etablieren und zahllose Wesen zur Befreiung von Leid zu führen.

Als Buddha das Rad der Lehre erstmals in Bewegung setzte, war es sein Ziel, fühlende Wesen zum Nibbāna zu führen. Seit jener Zeit setzt seine Lehre auch eine Meister-Jünger-Beziehung zwischen ihm und jenen voraus, die auf seine Botschaft hören. Buddha ist der voll erleuchtete Lehrer (*satthā*). Seine Lehre (*sāsana*) verlangt, dass man sich einem bestimmten Training unterzieht. Und diejenigen, die die Ansprüche erfüllen, folgen seinem Befehl (*sāsanakara*) und halten sich an seinen Rat (*ovādapaṭikara*). Noch am Ende seines Lebens, als er auf dem Totenbett zwischen den beiden Sāla-Bäumen bei Kusinārā lag, erklärte er, dass man den Tathāgata, den Vollkommenen, nicht durch äußerliche Akte richtig verehre, sondern durch andauernde hingebungsvolle Praxis des Dhamma (DN 16).

Die Jüngerschaft unter Buddha beginnt mit einem Akt des Glaubens (*saddhā*). Glauben ist im Buddhismus nicht eine bedingungslose Zustimmung zu Vorschlägen, die jenseits aller möglichen Verifizierungen liegen, sondern die Bereitschaft, voller Vertrauen einen Anspruch zu akzeptieren, den Buddha im Hinblick auf sich selbst erhebt: dass er nämlich der Vollerleuchtete ist, dass er die tiefsten und entscheidendsten Wahrheiten über die Natur der fühlenden Existenz erkannt hat und dass er den Pfad zu diesem höchsten Ziel lehren kann. Wenn man Vertrauen in Buddhas Erleuchtung setzt, äußert sich dies dadurch, dass man Zuflucht sucht bei den drei Kostbarkeiten des Buddhismus (*tiratana*): bei Buddha als dem eigenen Mentor und geistigen Führer; bei seiner Lehre, dem Dhamma, als dem vollkommensten Ausdruck existenzieller Wahrheit und dem fehlerlosen Pfad zur Befreiung; und bei dem Ariya-Sangha, der Gemeinschaft der Edlen als der Verkörperung der Weisheit und der spirituellen Reinheit. Der Glaube führt zwangsläufig zur Aktion und zum Training der Lehre. Dies bedeutet konkret die Realisierung der Richtlinien im eigenen Leben, die der Buddha für seine Jünger festgelegt hat. Diese Richtlinien ändern sich gemäß den Umständen und sind nicht für alle Schüler gleich geeignet. Gewisse Richtlinien sind besser für Laien, andere hingegen für Mönche, und es obliegt dem Jünger, die richtige Auswahl zu treffen. Doch alle diese Richtlinien, die von unterschiedlichen Voraussetzungen ausgehen, treffen sich in einem einzigen Pfad, der einzigartig ist und universell gültig. Er führt unfehlbar zum richtigen Ziel. Die Rede ist vom Edlen Achtfachen Pfad, vom Weg der zur Aufhebung des Leidens führt. Er ist unterteilt in Tugend (*sīla*: vollkommene Rede, vollkommenes Handeln, vollkommener Lebenserwerb), in Konzentration (*samādhi*: vollkommene Anstrengung, vollkommene Achtsamkeit, vollkommene Konzentration) und in Weisheit (*paññā*: vollkommene Ansicht, vollkommene Intention).

Wer Buddha als Lehrer akzeptiert und seinem Vorbild zu folgen versucht, gehört zu seinen Sāvakas (Skrt. *śrāvaka*), seinen Schülern oder Jüngern. Die Kategorie der Jünger durchbricht die herkömmliche Unterscheidung zwischen Mönchsorden und Laiengemeinschaft. Sie umfasst die traditionellen «vier Versammlungen» buddhistischer Jünger: *bhikkhus* und *bhikkhunīs* (Mönche und Nonnen), *upāsakas* und *upāsikās* (Laien beiderlei Geschlechts). Obwohl spätere Texte der Mahāyāna-Tradition von den Sāvakas sprechen, als würden sie eine eigene Klasse von Jüngern darstellen – eine, die schlecht abschneidet im Vergleich mit den Bodhisattvas –, kennen frühbuddhistische Texte keine solche Unterscheidung, sondern verwenden das Wort *sāvaka* in einem weiten Sinn. Es geht auf das kausative Verb *sāveti* zurück, das «informieren» oder «erklären» bedeutet. Es sind somit jene gemeint, die Buddha als ihren Meister anerkennen (oder vielleicht auch jene, denen der Dhamma dargelegt wurde). In frühen Texten wird Sāvaka nicht nur für die Schüler Buddhas, sondern auch für die Anhänger anderer spiritueller Systeme im Hinblick auf ihre eigenen Mentoren verwendet.

Zwei Gruppen von Jüngern

Innerhalb der breiten Anhängerschaft Buddhas wird eine Trennlinie gezogen zwischen den gewöhnlichen und den Edlen Jüngern. Die Unterschiede zwischen diesen beiden beziehen sich nicht auf äußere Merkmale, etwa die Lebensweise, sondern auf die innere, geistige Haltung. Solche Unterschiede werden deutlicher, wenn man sie im Licht der Weltanschauung betrachtet, die dem Buddhismus als Ganzem und den biographischen Profilen, die den Kern dieses Buches bilden, zugrunde liegt.

Den Kompilatoren der buddhistischen Schriften eignet eine Weltsicht, die sich deutlich von der der modernen Wissenschaft unterscheidet. Sie beruht auf drei grundlegenden, miteinander verzahnten Voraussetzungen. Deren erste besagt, dass das fühlende Universum ein vielstöckiges Gebäude mit drei primären Bereichen ist, die sich ihrerseits in verschiedene Ebenen gliedern. Der gröbste Bereich ist die Welt des sinnlichen Begehrens (*kāmadhātu*). Sie besteht aus elf Ebenen: der Hölle, dem Tierreich, der Sphäre der Geister, dem menschlichen Bereich, der Sphäre der Titanen und den sechs sinnlichen Himmeln. Von diesen sind nur der menschliche Bereich und das Tierreich unseren normalen Sinnesfähigkeiten zugänglich. Über der Welt des sinnlichen Begehrens liegt die Welt der begierdelosen, feinstofflichen Körperlichkeit (*rūpadhātu*). Sie besteht aus einer aufsteigenden Reihe von sechzehn Ebenen. Diese bilden die ontologischen Gegenstücke zu den Jhānas, den Versenkungsstufen der Meditation. Die grobstofflichen Aspekte der Materie sind hier verschwunden, und die Lebewesen genießen viel mehr Segen, Frieden und Macht, als dies im grobstofflichen weltlichen Bereich möglich ist. An der Spitze des buddhistischen Kosmos steht die Welt des Körperlosen (*arūpadhātu*). Es werden vier

Ebenen äußerst raffinierter Natur unterschieden, die den vier körperlosen meditativen Versenkungen (*arūppajhāna*) entsprechen. Die Materie ist hier vollständig verschwunden, und die Bewohner dieser Welt sind rein geistige Wesen.[2]

Das zweite Axiom betrifft die Wiedergeburt. Der Buddhismus behauptet, dass alle nichterleuchteten Lebewesen, die die Unwissenheit und Begierde noch nicht überwunden haben, in einem von diesen drei Bereichen wieder geboren werden. Diese Seelenwanderung ist ohne einen erkennbaren Anfang. Sie wird von innen heraus durch Unwissenheit und Begierde in Gang gehalten, die den Strom des Bewusstseins in einem wiederholten, sich selbst erhaltenden Prozess vom Tod zu einer neuen Geburt lenken. Diese ununterbrochene Abfolge von Geburt und Tod heißt Saṁsāra, der Kreislauf der Existenzen.

Bei der dritten Voraussetzung geht es um das Prinzip, das die Sphäre der Wiedergeburt bestimmt. Der Buddhist spricht vom Kamma, einem universellen Gesetz von Ursache und Wirkung. Buddha zufolge unterliegen alle unsere moralisch bestimmten, willentlichen Handlungen dem unentrinnbaren Gesetz der Vergeltung. Unsere Taten hinterlassen im fortlaufenden Strom des Bewusstseins ein Potential zur Erzeugung von Ergebnissen (*vipāka*). Dabei reift eine Frucht (*phala*) heran, wenn das angesammelte Kamma auf entsprechende äußere Bedingungen trifft. Das Kamma bestimmt nicht nur die spezifische Ebene, auf der die Wiedergeburt erfolgt, sondern auch unsere Fähigkeiten und Neigungen sowie die grundlegende Richtung unseres Lebens. Das Kamma wird dabei auf einer ethischen Grundlage wirksam. Schlechtes Kamma entsteht bei Taten, die aus Zorn, Hass und Enttäuschung resultieren, und führt zu einer schlechten Wiedergeburt mit Schmerz und Leiden; heilsames Kamma beruht auf Großzügigkeit, Freundlichkeit und Weisheit und führt zu einer guten Wiedergeburt mit Glück und Wohlergehen.[3]

Da jedoch alle Erfahrungen im Rahmen der Wiedergeburt unbeständig und unbefriedigend sind, besteht das Ziel des frühen Buddhismus letztlich darin, den Zyklus der Wiedergeburten, der sich selbst am Leben erhält, zu beenden und den Zustand der Freiheit von jeder Bedingtheit, das Nibbāna, zu erlangen, bei dem es keine Geburt, kein Altern und keinen Tod mehr gibt. Dieses Ziel erreichte der Buddha selbst als Höhepunkt seiner eigenen Suche und präsentierte es auch seinen Schülern. Die Unterscheidung der beiden Typen von Jüngern hat mit der Beziehung zu diesem Ziel zu tun. Die gewöhnlichen Jünger, die weitaus meisten, zählen zu jenen, die immer noch der Welt angehören (*puthujjana*). Diese Schüler suchen aufrichtig Zuflucht bei den drei Kostbarkeiten und widmen sich ganz der Praxis des Dhamma. Dennoch haben sie noch nicht jene Ebene erreicht, auf der die Befreiung unwiderruflich feststeht. Sie selbst haben für sich den Dhamma noch nicht erkannt, auch noch nicht die geistigen Fesseln abgelegt und den Pfad zur Befreiung noch nicht endgültig gefunden. Ihre derzeitige religiöse Praxis dient der Vorbereitung: Sie soll ihre geistigen Fähigkeiten heranreifen lassen, so dass sie schließlich den Weg zur Transzendenz finden. Bis dahin aber bleiben sie eingespannt in den Kreislauf der Wiedergeburten, sind sich ihrer künftigen Bestimmung nicht gewiss, können weiterhin moralische Fehler begehen und in niedereren Bereichen wieder geboren werden.

Im Gegensatz zu diesen Schülern stehen die Edlen Jünger, die *ariyasāvaka*.[4] Sie haben die Ebene des Weltlichen gänzlich verlassen, sind in ein Stadium der Unumkehrbarkeit vorgestoßen und haben die Gewissheit, das endgültige Ziel nach höchstens sieben weiteren Wiedergeburten erreichen zu können. Der Schritt eines noch der Welt zugehörigen Menschen auf die Ebene des geistigen Adels wurzelt in einer radikalen Verwandlung des Geistes. Diese Verwandlung kann man aus zwei einander ergänzenden Perspektiven betrachten, die eine kognitiver, die andere psychologischer Natur. Die Suttas bezeichnen den kognitiven Aspekt als Vision des Dhamma (*dhammacakkhu-paṭilābha*) und Durchbruch zum Dhamma (*dhammābhisamaya*).[5] Ein solches Ereignis verändert das eigene Schicksal für alle Zeiten und findet in der Regel dann statt, wenn der Schüler die vorläufigen Anforderungen der geistigen Übungen erfüllt und sich in die Praxis der Vipassanā-Meditation vertieft hat. Vertiefte Einsichten in die wahre Natur der Erscheinungen führen zur Weisheit (*paññā*). In einem bestimmten Augenblick sind alle Bedingungen günstig, der Nebel der Unwissenheit zerteilt sich und erlaubt dem Jünger einen Blick auf das Absolute, Nichtkonditionierte, das Todlose, das die Vorbedingung und den Endpunkt des gesamten Befreiungsprozesses darstellt.

Wenn diese Sichtweise heraufdämmert, wird der Jünger zu einem echten Erben von Buddhas Botschaft. Die Texte beschreiben einen solchen Schüler als «einen, der den Dhamma gesehen hat, der den Dhamma erreicht, der den Dhamma verstanden hat, der den Dhamma ausgelotet hat, der alle Zweifel und Verwirrung überwunden hat und unabhängig geworden ist in der Lehre des Meisters» (z. B. MN 74). Selbst wenn die Sichtweise noch getrübt und unvollkommen ist, so hat der Jünger doch Zugang gefunden zur letzten Wahrheit. Es ist nur noch eine Frage der Zeit, bis er durch sorgfältige Praxis die Erleuchtung (*sambodhi*) erreicht. Damit ist er zu einem vollständigen Verständnis der Vier Edlen Wahrheiten gelangt.

Der andere Aspekt der Umwandlung, die der Jünger durchmacht, betrifft die Zusammensetzung seiner Psyche. Entscheidend ist die definitive Eliminierung gewisser unheilvoller geistiger Veranlagungen oder Neigungen (*kilesa*). In der Regel unterscheidet man zehn Fesseln (*saṁyojana*), die die Grundlage aller unheilsamen Handlungen bilden und damit den Kreislauf der Wiedergeburten in Gang halten. Aus den Suttas wird deutlich, dass ein Jünger in Ausnahmefällen dank des hohen Grades an Weisheit, die er in früheren Existenzen angesammelt hat, alle zehn Fesseln auf einen Schlag ablegen kann. In einem einzigen Schritt schafft er dabei den Übergang von einem der Welt zugewandten Menschen zu einem Arahat, einem vollständig befreiten Heiligen. Normalerweise aber legt man die Fesseln nach und nach ab und durchläuft dabei vier verschiedene Stufen des Erwachens. Jede Stufe wird in zwei Phasen unterteilt: Die erste Phase bezieht sich auf den Pfad (*magga*); der Jünger bemüht sich dabei um die Eliminierung der betreffenden Gruppe von Fesseln. Die zweite Phase ist die der Frucht (*phala*), wenn der Durchbruch vollständig gelungen ist und die Fesseln zerstört sind. Diese Unterteilung erklärt die klassische Formel vom Ariya Sangha, der aus vier Paaren und acht Typen edler Personen besteht (*yadidaṁ cattāri purisayugāni aṭṭhapurisapuggalā esa bhagavato sāvakasaṅgho*).

Das erste Stadium des Erwachens heißt Stromeintritt (*sotāpatti*), weil der Jünger damit im eigentlichen Sinne «in den Strom des Dhamma eingetreten ist» (*dhammasota*). Er hat den Edlen Achtfachen Pfad gefunden, der unumkehrbar zum Nibbāna führt. Den Stromeintritt schafft man durch die erste Erkenntnis des Dhamma. Er ist gekennzeichnet durch die Befreiung von den drei gröbsten Fesseln: der Ansicht, es gebe ein echtes Selbst in einer empirischen Person (*sakkāyadiṭṭhi*); dem Zweifel an Buddha und seiner Lehre; und schließlich dem falschen Hängen an Regeln und Gelübden (*sīlabbataparāmāsa*) und damit dem Glauben, dass die äußerliche Beachtung von Regeln, religiösen Ritualen und büßender Askese zur Erlösung führe. Wer in den Strom eingetreten ist, durchschneidet diese drei Fesseln und befreit sich von der Aussicht auf eine Wiedergeburt auf der Ebene des Elends (*apāyabhūmi*), in den drei niedrigen Bereichen der Hölle, des Tierreichs und der Sphäre der hungrigen Geister. Wer in den Strom eingetreten ist, kann sicher sein, dass er höchstens noch siebenmal in der Welt der Menschen oder in den Himmeln wiedergeboren werden muss.

Das zweite Stadium der Befreiung ist das des Einmalwiederkehrers (*sakadāgāmi*), der nur noch einmal in der Sphäre der Menschen oder in den Himmeln der Sinnessphäre wieder geboren wird und dann das letzte Ziel erreicht. Der Einmalwiederkehrer hat noch keine Fesseln außer jenen, die durch den Stromeintritt eliminiert werden, abgelegt. Aber es ist ihm gelungen, die drei grundlegenden Leidenschaften, Hass, Gier und Wahn, so weit zu schwächen, dass sie sich nur noch gelegentlich und dann in einem beschränkten Maße zurückmelden.

Die dritte Stufe ist die des Nichtmehrwiederkehrers (*anāgāmī*). Er hat zwei Fesseln durchtrennt, die in der Seele zu emotionalen Turbulenzen führen: die Leidenschaft der Sinnenlust und damit die Begierde sowie den Groll oder Hass. Diese bilden die vierte oder fünfte Fessel. Sie werden in all ihren Formen, selbst den subtilsten, endgültig abgelegt. Da diese beiden Fesseln die Lebewesen am stärksten an den Bereich der sinnlichen Begierde binden, kehrt derjenige, der sich davon befreit hat, nicht mehr in diese Sphäre zurück. Daher stammt die Bezeichnung Nichtmehrwiederkehrer. Stattdessen erfolgt die Wiedergeburt im Himmel der Reinheit (*suddhāvāsa*), der nur Nichtmehrwiederkehrern zugänglich ist. Diese erreichen schließlich das Nibbāna, ohne noch einmal in jene Welt zurückzukehren.

Das vierte und letzte Stadium der edlen Jüngerschaft ist das des Heiligen (*arahatta*). Man erreicht es durch Eliminierung der fünf subtilen Fesseln, die selbst der Nichtmehrwiederkehrer noch nicht abgelegt hat. Dabei handelt es sich um den Wunsch nach einer Existenz im Bereich der Form wie des Formlosen, um Enttäuschung, Unruhe und Unwissenheit. Wenn durch den Pfad der Heiligmäßigkeit die Vier Edlen Wahrheiten voll ausgelotet werden, bricht die Unwissenheit, die am tiefsten von allen Leidenschaften wurzelt, vollständig zusammen und reißt die restlichen Leidenschaften mit sich. Der Geist tritt dann «in die reine Befreiung des Geistes, die Befreiung durch die Weisheit, erreicht durch die Zerstörung aller Verderbtheiten», ein. Diesen Zustand nennt der Buddha die unüberbietbare Vollendung des heiligmäßigen Lebens.

Der Arahat stellt das vollkommene Ideal des frühen Buddhismus dar, das Vorbild für die ganze buddhistische Gemeinschaft. Selbst der Buddha wird im Hinblick auf seine Befreiung als Arahat beschrieben, und er selbst erklärte, die Arahats seien ihm, was die Vernichtung der Leidenschaften anbelangt, gleichgestellt. Die Arahats müssen kein weiteres Ziel mehr erreichen. Sie haben den edlen übernatürlichen Pfad vollendet, die wahre Natur der Existenz vollständig begriffen und alle Fesseln und Bindungen des Geistes überwunden. Den Rest seines Lebens verbringt der Arahat in ungestörtem Frieden, in der Erfahrung des Nibbāna, mit unerschütterlichem, sicherem Geist. Wenn sich sein Körper auflöst, erreicht der Arahat auch das Ende des gesamten Prozesses der Wiedergeburt. Für ihn ist der Tod nicht der Übergang zu einer neuen Wiedergeburt wie für alle anderen, sondern die Tür zu einem Zustand ohne den Rest einer Determiniertheit (*anupādisesa-nibbānadhātu*). An diesem Punkt ist jedes Leiden aufgehoben, und die Kette der Wiedergeburten, die ohne Anfang ist, wird hier definitiv aufgelöst.

Es herrscht oft der Glaube, der frühe Buddhismus habe nur einen Buddha gekannt, Buddha Gotama, Śākyamuni, und die Vorstellung zahlreicher Buddhas stamme aus der Zeit vor dem Aufstieg des Mahāyāna. Die Nikāyas, die ältesten vollständigen Quellen für die erste Phase des Buddhismus, widerlegen diese Ansicht. Die Suttas erwähnen regelmäßig sechs Buddhas der Vergangenheit, Vorläufer des Gotama. In einem Text (DN 14) gibt der Buddha detaillierte Informationen über deren Lebenslauf. An anderen Stellen sagt er das Erscheinen eines Buddha namens Metteyya voraus. Er wird das Licht des wahren Dhamma in einem Zeitalter geistiger Verdunkelung (DN 26) wieder entzünden. In der späteren Liste der Theravāda-Schule steigt die Zahl der Buddhas der Vergangenheit auf siebenundzwanzig. Zur Zeit des vierundzwanzigsten Buddha (rückwärts gerechnet) mit Namen Dīpaṅkara empfing das Wesen, das später Buddha Gotama werden sollte, die erste Prophezeiung der künftigen Buddhaschaft.[6]

Es ist die spezifische Aufgabe eines Buddha im historischen und kosmischen Zusammenhang, den verlorenen Pfad zum Nibbāna wieder zu entdecken und bekannt zu machen. Für den Buddhismus entfaltet sich die Geschichte nicht in einer geraden Linie von der Schöpfung bis zum Jüngsten Gericht. Sie verläuft vielmehr in wiederholten Zyklen des Wachstums und des Niedergangs. Diese sind eingebettet in die größeren Zyklen des kosmischen Prozesses. Weltensysteme entstehen, entwickeln sich, zerfallen und werden durch neue Weltensysteme ersetzt, die aus den Resten der alten entstehen. Vor diesem Hintergrund, der in Raum und Zeit keine Grenzen kennt, wandern die fühlenden Wesen in den drei Bereichen der Existenz von Leben zu Leben. Jede Form der Existenz ist voller Leiden, unbeständig, instabil, ohne Substanz. Sie beginnt mit Schmerzen bei der Geburt und endet mit Schmerzen im hohen Alter, in Krankheit und Tod. In Abständen jedoch entsteht in den dunklen Labyrinthen des Saṁsāra in der Sphäre der Menschen ein Wesen, das das verwickelte Geflecht der Bedingungen, die diesen Prozess der Bedingtheit in Gang halten, entwirrt und durch seine eigene Weisheit, ohne Hilfe, den verlorenen Pfad zum Nibbāna wieder entdeckt. Dieses Nibbāna ist ein Zustand des vollkommenen Friedens, der Freiheit, des Freiseins von Determiniertheit. Dieses Wesen heißt Buddha.

Ein Buddha entdeckt nicht nur den Pfad zum Nibbāna wieder, sondern erteilt auch eine Sāsana, eine Weisung. Damit gibt er zahllosen anderen Wesen die Möglichkeit, den Dhamma kennen zu lernen und dem Pfad ins Ziel zu folgen. Um die Fortschritte auf diesem Pfad zu erleichtern, gründet jeder Buddha einen Sangha, einen Orden von Mönchen und Nonnen, die ihr bürgerliches Leben aufgeben und das Joch der Disziplin auf sich nehmen, um einen heiligen Lebenswandel (*brahmacariya*) zu führen. Jeder Buddha lehrt alle vier Klassen von Jüngern, die Mönche und Nonnen sowie die Laien beiderlei Geschlechts frei und offen den Dhamma. Er zeigt ihnen die Lebensweisen auf, die zu höheren Wiedergeburten und zu dem Pfad führen, auf dem man diesen endlosen Zyklus verlassen kann. Selbst für jene, denen es nicht gelingt, das erste Stadium der Edlen Jüngerschaft zu erreichen, stellt das Auftreten eines Buddha ein glückliches Ereignis dar. Indem sie sich nämlich den drei Kostbarkeiten zuwenden, dem Buddha und seinem Sangha Opfergaben darbringen und sich der Praxis seiner Lehre unterziehen, schaffen sie sich Verdienste, die ähnlich wie Samen das Potential in sich schließen, später Früchte zu tragen. Wenn solche Verdienste heranreifen, führen sie nicht nur zu höheren Wiedergeburten, sondern bringen die Träger auch in Kontakt mit künftigen Buddhas. Dadurch wird es ihnen möglich, den Dhamma erneut zu hören. Wenn ihre Fähigkeiten voll herangereift sind, realisieren sie selbst den Pfad und ernten die Früchte der Befreiung.

Aus seinem Gefolge Edler Jünger wählt jeder Buddha einige besondere Schüler als die besten Vertreter eines Spezialgebiets aus. Zunächst bestimmt der Buddha als Vorsteher des gesamten Sangha zwei Mönche oder Bhikkhus als Hauptjünger (*aggasāvaka*) aus. Sie teilen sich mit ihm in die Hauptverantwortung für die Unterweisung der Mönche und die Verwaltung des gesamten Sangha. Der eine dieser beiden glänzt durch seine Weisheit, der andere durch psychische Kräfte. In der Weisung des jetzigen Buddha Gotama erhielten die beiden Arahats Sāriputta und Mahāmoggallāna diese Funktionen. Überdies bestimmt jeder Buddha einen Bhikkhu als persönlichen Diener (*upaṭṭhāka*). Er kümmert sich um die Bedürfnisse seines Meisters, ist Mittler zwischen ihm und der Öffentlichkeit und begleitet ihn auf seinen Predigtreisen. Beim gegenwärtigen Buddha hatte der ehrwürdige Ānanda diese Stellung inne. Er trägt auch den Ehrentitel eines Hüters des Dhamma, weil er die Lehrreden Buddhas festzuhalten vermochte.

Mit diesen ganz besonders herausgehobenen Ämtern ist das Spektrum der Jüngerschaft keinesfalls erschöpft. Das Aṅguttara-Nikāya enthält ein Kapitel mit der Bezeichnung *Etadaggavagga* (AN 1, Kapitel 14). Darin benennt der Buddha achtzig Kategorien Edler Jünger: siebenundvierzig für die Bhikkhus, dreizehn für die Bhikkhunīs und je zehn für die Laienanhänger beiderlei Geschlechts. Für jede dieser Stellungen wählt er einen Jünger aus, obwohl in einigen Fällen ein einzelner Jünger in mehreren Kategorien Hervorragendes leistet. Unter den Mönchen gibt es beispielsweise einen, der unter «jenen mit einer freundlichen Stimme» herausragt – Lakuṇṭaka Bhaddiya. Einer ist der Erste unter jenen, die spontane Verse bilden – Vaṅgīsa. Einer führt jene an, die aus dem Glauben hervorgegangen sind – Raṭṭhapāla. An der Spitze des Sangha der Bhikkhunīs stehen zwei Nonnen: Khemā, die Meisterin der Weisheit, und Uppalavaṇṇā, der im Hinblick auf die psychischen Kräfte der erste Platz zukommt. Es gibt aber auch eine Nonne, die die Disziplin besser meistert als jede andere – Paṭācārā. Eine hat am meisten Energie – Soṇā. Eine erinnert sich am besten an vergangene Existenzen – Bhaddā Kapilānī. Der Anführer unter den Laien ist Anāthapiṇḍika, der beste Prediger der Hausvater Citta. Einem gelingt es besonders gut, Leute um sich zu scharen, Hatthaka von Ālavi. Die Anführerin der weiblichen Laien ist Visākhā; Khujjuttarā steht in Bezug auf die Lehre an der Spitze; am meisten Herzensgüte hat Sāmāvatī.

Das kanonische Kapitel über die großen Schüler ist äußerst kurz, denn es erwähnt nur die Kategorie und den Namen des Jüngers, der in dem betreffenden Bereich als Erster zu betrachten ist. Erst durch die Pāli-Kommentare und besonders durch den Kommentar über die *Etadaggavagga* lernen wir die Hintergründe dieser Ernennungen kennen. Diese Kommentare stammen ohne Zweifel aus einer späteren Zeit als die Suttas, und obwohl sie dies durch eine Mischung aus Legende und Übertreibung erkennen lassen, zeigen sie doch deutlich, dass die im Kanon erwähnten Ernennungen in jedem Fall den Endpunkt einer geistigen Entwicklung darstellen, die lange vorher begann.

Auch wenn sich die Geschichten in ihren Einzelheiten unterscheiden, folgen sie doch demselben Paradigma. Während der Weisung eines vergangenen Buddha sieht einer seiner Anhänger, wie er einen Jünger für ein Gebiet bestimmt. Anstatt nun unmittelbar nach dem überirdischen Pfad unter jenem Buddha zu suchen, richtet er sein Bestreben (*patthanā, abhinīhāra*) darauf, unter einem künftigen Buddha die Stellung einzunehmen, die ihm vorherbestimmt ist. Um sich auf die Verkündigung dieses eigenen Trachtens vorzubereiten, bringt der Schüler dem Buddha und seinem Sangha reichlich Opfergaben dar, huldigt dem Meister zu dessen Füßen und tut schließlich die Entscheidung seines Herzens kund. Der Erleuchtete richtet daraufhin seinen Geist in die Zukunft und sieht durch seine Allwissenheit, dass dieses Streben unter einem künftigen Buddha namens Gotama Erfolg haben wird. Daraufhin trifft er die Vorhersage (*veyyākaraṇa*), dass sich das Streben des Jüngers erfüllen wird. Im Fall der beiden Hauptjünger Sāriputta und Mahāmoggallāna geht das ursprüngliche Streben auf den vergangenen Buddha Anomadassī zurück, den achtzehnten Buddha vor Gotama. Im Falle der anderen großen Jünger erfolgte die Verkündigung unter Buddha Padumuttara, dem fünfzehnten Buddha vor Gotama.

Nach der Verkündigung der Aspiration und dem Erhalt der Voraussage muss der künftige Edle Jünger viele aufeinander folgende Existenzen der Ansammlung von Verdiensten und dem für die Vollendung notwendigen Wissen widmen. Dies erfordert die nachhaltige Übung in den zehn vollkommenen Tugenden, die in Pāli Pāramīs heißen. Sie entsprechen den Pāramitās des Sanskrit. Die Pāli-Quellen nennen folgende zehn Pāramīs: Gebefreudigkeit, Sittlichkeit, Verzicht, Weisheit, Energie, Geduld, Wahrhaftigkeit, Entschiedenheit, Barmherzigkeit und Gleichmut.[7] Während das System des Mahāyāna die Übung der sechs Pāramitās als spezifische Aufgabe der Bodhisattvas betrachtet, der Kandidaten für die höchste Buddhaschaft, stellen sie nach der Lehre des Theravāda-Buddhismus, wie er von den Pāli-Kommentaren repräsentiert wird, in gewisser Hinsicht eine Notwendigkeit für all jene dar, die nach Erleuchtung streben, sei es als höchste Buddhas, als Paccekabuddhas oder als Arahats.[8]

Der Unterschied zwischen diesen drei Klassen erleuchteter Wesen betrifft die Zeitdauer, in der die Paramīs ausgeübt und zur Vollendung gebracht werden müssen. Kandidaten für die höchste Buddhaschaft müssen die Paramīs mindestens vier Unermessliche (*asaṅkheyya*) und einhunderttausend Äonen lang praktizieren, und das in drei Strengegraden: dem gewöhnlichen, dem höheren und dem höchsten. Kandidaten für die Erleuchtung als Paccekabuddha müssen die Paramīs mindestens zwei Unermessliche und einhunderttausend Äonen lang einhalten. Im Falle der Arahats schwanken die Erfordernisse beträchtlich, je nach der Art und Weise, in der das Ziel realisiert wird. Aspiranten auf den Titel des Hauptjüngers müssen die Paramīs eine Unermessliche und einhunderttausend Äonen lang praktizieren. Kandidaten für den Titel eines Edlen Jüngers sind dazu einhunderttausend Äonen lang verpflichtet, weniger bedeutende Arahats kommen mit einer entsprechend geringeren Zeitspanne aus.[9]

Diese Festlegung hilft uns beim Verständnis einer besonders auffälligen Tatsache, der wir in vielen Biographien in diesem Buch begegnen: der erstaunlichen Geschwindigkeit und Plötzlichkeit, mit der die großen Jünger zur Erleuchtung gelangen. Der Wandermönch Sāriputta beispielsweise erreichte bei seinem ersten Zusammentreffen mit einem buddhistischen Mönch den Stromeintritt, während er eine vierzeilige Strophe hörte. Mahākaccāna war ein höfischer Brahmane, als er am Ende einer Predigt Buddhas die Arahatschaft erreichte. Khemā, die Gattin eines Königs, gelangte ebenfalls zur Arahatschaft, während sie noch ihre königlichen Gewänder trug. Auf den ersten Blick könnte man versucht sein, solche schnellen Erfolge einem hagiographischen Überschwang zuzuschreiben, doch wenn wir den samsarischen Hintergrund berücksichtigen, erkennen wir, dass solch «plötzliche Erleuchtung» keinesfalls so zufällig erfolgt, wie es zunächst scheint. Ihr plötzliches Auftreten steht nicht im Gegensatz zu den Gesetzmäßigkeiten geistigen Wachstums, sondern stellt die Kulmination einer langen und langwierigen Vorbereitung dar, die sich über zahllose Existenzen vor einem umfangreichen kosmischen Hintergrund erstreckt. Dadurch gelangen alle Vorbedingungen für eine Erleuchtung zu ihrer Reife. Die Jünger selbst wussten nicht, dass sie so viele Verdienste und so viel Weisheit in ihren früheren Existenzen angesammelt hatten, dass sich ihre erste Begegnung mit dem Buddha und seinem Dhamma als unmittelbar wirksam erwies.

Zum vorliegenden Buch

Es handelt sich um eine Sammlung unterschiedlich langer biographischer Profile von vierundzwanzig hervorragenden Schülern Buddhas. Eine Lebensbeschreibung, die Sāriputtas, stammt von dem verstorbenen ehrwürdigen Nyanaponika Thera, eine von mir selbst (diejenige Mahākaccānas). Alle anderen sind von Hellmuth Hecker.[10] Wir wollten so informativ sein, wie es dem Zweck dieses Buches dienlich war. Doch sahen wir es nicht als unsere Aufgabe an, möglichst viele Informationen miteinander zu verknüpfen. Vielmehr wollten wir dieses Buch zu einer Quelle der Inspiration und Erbauung für all jene machen, die den spirituellen Idealen des frühen Buddhismus nacheifern. Die Biographien streben nicht danach, Berichte über das Leben der Schüler von einem objektiven Standpunkt aus zu bewerten, um etwa Fakten von frommer Fiktion zu trennen. Wir erheben keinen Anspruch auf unanfechtbare historische Authentizität. Bei unserer Darstellung haben wir die Innenperspektive des teilnehmenden Zeugen und Befürworters bevorzugt: Wir betrachten das Geschehen nicht als unparteiische Forscher und Richter. Ob sich alle Ereignisse, von denen in den Texten die Rede ist, tatsächlich so zugetragen haben, ist für uns von geringerer Bedeutung, als zu wissen, wie die frühbuddhistische Gemeinde ihre Vorbilder des geistigen Lebens betrachtet hat. Wir haben also nicht versucht, das Material von einem historischen Gesichtspunkt aus zu sichten, sondern genau aufgeschrieben, was uns die Texte selbst über die bedeutendsten Jünger und ihr Leben sagen. Dabei haben wir die verstreuten Zitate in den Quellen sowie eigene Überlegungen und Kommentare zu einem Ganzen verwoben.

Der richtige Umgang mit diesem Buch ist somit eher einer Meditationsübung ähnlich als einem wissenschaftlichen Bemühen. Der Buddha sagt, die Betrachtung der Edlen Jünger stelle einen wesentlichen Teil des meditativen Lebens dar. Sie ist ein Aspekt der Kontemplation des Sangha (*saṅghānussati*) und damit eine von sechs Übungen, die der Buddha seinen Jüngern anempfahl.[11] Die Betrachtung der Edlen Jünger, die die Fesseln des Egoismus abgelegt und die höchste Reinheit und Weisheit erreicht haben, ist dazu angetan, all jene aufzumuntern, die noch weit von der Lösung entfernt sind. Durch ihr persönliches

Beispiel flößen uns diese hervorragenden Menschen Vertrauen in die befreiende Kraft des Dhamma ein. Mit ihrem Lebenslauf zeigen sie uns, dass die spirituellen Ideale der Lehre nicht reine Phantasie sind, sondern durch reale menschliche Wesen erreicht werden können. Diese hatten gegen dieselben Schwächen anzukämpfen, die wir bei uns selbst finden. Beim Studium der Biographien sehen wir, dass jene großen Jünger ebenfalls als gewöhnliche Menschen begonnen haben und mit uns vertrauten Schwierigkeiten zu kämpfen hatten. Doch indem sie dem Buddha und seiner Lehre ihr Vertrauen schenkten und sich mit ungeteiltem Herzen der Praxis des Pfades widmeten, konnten sie alle Einschränkungen überwinden, die wir nur allzu oft als gegeben hinnehmen. Dadurch erreichten sie eine Dimension wahrhaftigen spirituellen Adels. Auf den folgenden Seiten wollen wir ein Bild vom Leben und den wichtigsten Eigenschaften dieser großen Schüler zeichnen. Sie bilden den wahren Urquell der gesamten buddhistischen Tradition. Wir werden ihren vergangenen Existenzen und früheren Erfahrungen nachspüren, ihrem Streben nach Erleuchtung, ihren geistigen Haltungen und Lehren, ihren Aktivitäten als Mitglieder von Buddhas Gefolge und – sofern bekannt – der Art ihres Todes. All dies gehört ebenso zum buddhistischen Erbe wie die formalen Lehrsätze und Praktiken: Es sind nicht nur alte historische, gar tote oder leblose Fragmente, sondern es handelt sich um ein lebendiges, leuchtendes Vermächtnis. Mehr denn je hängt unser eigenes Überleben von der Fähigkeit zur Selbsttranszendenz ab, wie sie uns diese Jünger in ihren Existenzen so lebhaft vor Augen geführt haben.

Das wichtigste Kriterium bei der Auswahl der Schüler war ihre spirituelle Größe und ihre Stellung im Orden. Zu diesem Kriterium trat jedoch ein weiterer Faktor, der die Möglichkeiten stark einschränkte, nämlich die Verfügbarkeit relevanten Quellenmaterials. Die Zahl der biographischen Daten in den klassischen Texten entspricht keineswegs, wie man erwarten könnte, immer der spirituellen Bedeutung und der Rolle im Orden. Zu den großen Jüngern Buddhas zählten Mönche und Nonnen sowie Laien beiderlei Geschlechts, die der Meister in höchstem Maße lobte, über die wir jedoch kaum eine bedeutende Information besitzen. Ein Beispiel mag dies illustrieren: Der ehrwürdige Upāli war der wichtigste Spezialist für den Vinaya, die Mönchsdisziplin. Er war verantwortlich für die Kodifizierung des Vinaya-Piṭaka, des «Korbs der Disziplin», beim ersten buddhistischen Konzil. Doch die verfügbaren biographischen Informationen über ihn würden nicht einmal eine Seite füllen. Das Problem, dass die Quellen nur spärlich fließen, verschärft sich noch bei den weiblichen Jüngern. Darauf werde ich noch zurückkommen. Doch auch wenn wir den Kreis der Mönche verlassen, deren Leben die meisten Schnittpunkte mit dem des Buddha aufweisen, so versiegen die Quellen und verstummen vollends. Offensichtlich waren die frühesten Buddhisten nicht besonders darauf aus, Biographien von Personen «ohne Selbst» zusammenzustellen. Schließlich hatten sie durch die Meditation die Einsicht gewonnen, dass den Phänomenen kein Selbst innewohnt.

Trotz dieser massiven Einschränkungen gelang es, durch die Kombination von kanonischen Texten und deren Kommentaren genügend Material für biographische Studien über vierundzwanzig Jünger zusammenzutragen. Wir beginnen mit sechs bedeutenden Mönchen: Sāriputta und Mahāmogallāna, den beiden Hauptjüngern, die am meisten mithalfen, der Lehre während der fünfundvierzigjährigen Predigttätigkeit des Buddha zum Durchbruch zu verhelfen; Mahākassapa, der nach Buddhas Tod de facto zum Leiter der buddhistischen Gemeinde wurde und der durch seine Voraussicht das Überleben der Lehre sicherte; Ānanda, Vetter des Buddha und sein persönlicher Diener, der mit seinem erstaunlichen Gedächtnis die reichen Schätze des Dhamma festhielt und vor dem Vergessen bewahrte; Anuruddha, einem weiteren Vetter des Buddha, der besondere hellseherische Fähigkeiten aufwies, und schließlich Mahākaccana, dem unübertroffenen Meister in der detaillierten Analyse der kurzen Aussprüche des Buddha. In zwei oder drei dieser Biographien findet der Leser einige identische Geschichten – etwa über Begebenheiten im Leben von Sāriputta und Mahāmoggallāna sowie über die Vorbereitungen zum Ersten Konzil in den Biographien von Mahākassapa und Ānanda. Wir haben diese Wiederholungen beibehalten, damit jede Biographie in sich geschlossen bleibt. Sie dienen auch dazu, dieselben Begebenheiten aus der persönlichen Perspektive der einzelnen Jünger zu beleuchten. Damit entsteht ein runderes Bild des gesamten Geschehens.

Das darauf folgende Kapitel ist zwölf herausragenden Schülerinnen des Buddha gewidmet, sowohl Nonnen als auch weiblichen Laien. Der einfühlsame Leser mag zunächst dagegen protestieren, dass die weiblichen Anhänger des Buddha in einem einzigen Kapitel behandelt werden, während neun Kapitel männlichen Jüngern gewidmet sind. Darauf kann ich als Herausgeber nur antworten, dass dieses Missverhältnis keinesfalls auf einer irgendwie gearteten Voreingenommenheit der Autoren beruht, sondern schlicht und einfach die Verfügbarkeit von Quellenmaterial widerspiegelt. Wir hätten gerne Biographien von Frauen aufgenommen, die in Länge und Tiefe den Lebensbeschreibungen der Männer vergleichbar gewesen wären. Doch das vorhandene Material reicht nur für kurze biographische Skizzen aus. Sie konzentrieren sich auf die Ereignisse, die diese Frauen dazu veranlassten, Zuflucht beim Buddha zu suchen, sowie auf ihre Erfahrungen bei der Erleuchtung. Leider existiert in machen Fällen nicht einmal hierfür genügend Quellenmaterial. Uppalavaṇṇā beispielsweise war die zweite Hauptschülerin im Sangha der Bhikkhunīs, doch ihre Biographie (in den Kommentaren) besteht fast ausschließlich aus der längeren Beschreibung einer früheren Existenz, gefolgt von einigen knappen Anmerkungen über ihr historisches Leben als Nonne in der buddhistischen Gemeinschaft. Das Kapitel über die weiblichen Jünger enthält auch die Biographie einer Laienanhängerin, die keinen Grad der Heiligkeit erreichte. Es handelt sich um Mallikā, die Hauptgemahlin von König Pasenadi von Kosala. Obwohl Mallikā nicht den Stromeintritt erlangte und wegen einer bizarren moralischen Verfehlung für kurze Zeit sogar in der Hölle wieder geboren wurde, zählte sie zu den ergebensten Unterstützerinnen des Buddha. Ihre Lebensführung war, bis auf die erwähnte Ausnahme, ohne jeden Fehl und Tadel. Die Nonne Isidāsī, mit deren Biographie das Kapitel schließt, war vermutlich keine direkte Anhängerin des Buddha. Textkritische Gründe lassen vermuten, dass ihr Gedicht vielleicht sogar erst ein Jahrhundert nach dem Tode des Meisters entstanden ist. Da sich ihre Biographie aber in den kanonischen *Therīgāthā* findet und ohnehin von großem Interesse ist, haben wir sie in dieses Buch aufgenommen.

Auf das Kapitel über die weiblichen Jünger folgt das Porträt eines Mönches, der nicht zu den achtzig großen Schülern Buddhas zählt. Doch seine Lebensgeschichte ist von fast mythischer Dimension. Es handelt sich um den Mönch Aṅgulimāla. In seinen frühen Jahren war er ein Massenmörder schlimmster Sorte. Doch durch das Eintreten des Buddha wandte er sich von seinen Verbrechen ab und begann ein Leben in Heiligkeit. Er wurde zum «Schutzheiligen» schwangerer Frauen. Danach untersuchen wir das Leben und die Entwicklung von Buddhas wichtigstem Gönner, dem Hausvater Anāthapiṇḍika. Er schenkte dem Buddha das, was später dessen Lieblingskloster wurde, und stellte in vieler Hinsicht den idealen buddhistischen Laien dar. Abgeschlossen wird unsere Übersicht mit vier kürzeren biographischen Skizzen. Eine davon handelt vom Hausvater Citta, dessen Kenntnis des Dhamma und dessen meditative Fähigkeiten von vielen Mönchen bewundert wurden.

Quellen

Die Hauptquelle, die uns am meisten Material für die Porträts der wichtigsten Jünger lieferte, ist der Pāli-Kanon, der die kanonischen Texte des Theravāda-Buddhismus enthält. Pāli ist eine zentralindische Sprache. Der Pāli-Kanon besteht aus drei «Körben» oder Schriftensammlungen: dem Sutta-Piṭaka, dem «Korb der Lehrreden», dem Vinaya-Piṭaka oder dem «Korb der Disziplin» und dem Abhidhamma-Piṭaka, dem «Korb der philosophischen Abhandlungen».[12] Die zuletzt genannte Schriftensammlung besteht aus technischen sowie psychophilosophischen Abhandlungen und war für unsere Zwecke praktisch ohne Bedeutung. Das Vinaya-Piṭaka war uns viel eher wegen der Hintergrundgeschichten zu den disziplinarischen Regeln von Nutzen als wegen seines eigentlichen Inhalts, der die Vorschriften und Regeln der klösterlichen Ordnung umfasst.

Das Sutta-Piṭaka erwies sich als das Fundament unserer biographischen Studien. Dieser Korb setzt sich aus vier größeren Sammlungen zusammen: dem Dīgha-Nikāya mit den Langen Reden, dem Majjhima-Nikāya mit den Mittellangen Reden, dem Saṁyutta-Nikāya mit den Zusammengestellten Reden (kurze Suttas in sechsundfünfzig Kapiteln mit jeweils einem gemeinsamen Thema) und dem Aṅguttara-Nikāya, den Gestaffelten Reden. Es handelt sich dabei um kurze Suttas, die nach einem Zahlenmuster von eins bis elf angeordnet sind. Hier finden wir auch das *Etadaggavagga*, das Kapitel, in dem der Buddha seine achtzig herausragenden Jünger benennt.

Neben diesen vier Schriftensammlungen enthält das Sutta-Piṭaka einen fünften Abschnitt namens Khuddaka-Nikāya. Wörtlich übersetzt bedeutet dies die Sammlung der kleineren Texte, obwohl sie sich am Ende als der umfangreichste Teil dieses «Korbes» erweist. In diesen Texten finden wir vier Werke, die für die Biographien der bedeutendsten Jünger von besonderer Bedeutung sind. Zwei unter ihnen bilden ein Paar: Die *Theragāthā* setzen sich aus 1279 Strophen zusammen, die 264 Mönchen zugeschrieben werden. Die *Therīgāthā* enthalten 494 Strophen, die von 73 Nonnen stammen sollen. In den *Theragāthā* und in den *Therīgāthā* berichten die Mönche und Nonnen des ersten buddhistischen Sangha in Versen über die Ereignisse, die sie zu einem Leben des Verzichts, zur Erlangung der Erleuchtung und zu ihren Einsichten in den Dhamma führten. Obwohl viele dieser Verse rein didaktischer Natur sind und Parallelen zu anderen Stellen des Kanons aufweisen, ist doch ein größerer Teil mindestens teilweise autobiographisch geprägt. Aber selbst die didaktischen Verse erlauben uns einen kurzen Blick auf die Persönlichkeit des Jüngers, der sie äußert.

Das dritte Werk in der Sammlung der kleineren Texte, das zu diesem Buch beitrug, ist die Sammlung des Jātakas. Während das kanonische Buch der Jātakas aus Versen besteht, die, für sich allein, kaum verständlich erscheinen, enthält die vollständige Jātaka-Sammlung (im entsprechenden Kommentar) 547 «Geburtsgeschichten», in die die kanonischen Verse eingebettet sind. Diese Geschichten berichten von den Taten und Abenteuern des Bodhisatta, des künftigen Buddha Gotama, während seiner vergangenen Leben, als er von einer Existenz zur anderen die Tugenden ansammelte, die schließlich die Frucht der Buddhaschaft heranreifen ließen. Genährt von der überschäumenden indischen Phantasie stellen diese Geschichten Fabeln und Erfindungen in den Dienst des Dhamma und verwenden sie, um uns Lektionen in buddhistischer Ethik zu erteilen. Diese Geschichten werden durch ihre Präambeln und Epiloge bedeutsam für eine Untersuchung der großen Jünger. Die Präambel bezieht sich auf die Begebenheit in Buddhas Wirken, die die nun folgende Geschichte auslöste. Oft sind diese Begebenheiten kleinere Ereignisse aus ferner Vergangenheit und damit früheren Inkarnationen der hervorragendsten Jünger zugeordnet. Im Epilog identifiziert der Buddha die Merkmale der vergangenen mit denen der derzeitigen Existenz (z. B. «Moggallāna war der Elefant jener Zeit, Sāriputta der Affe und ich selbst das weise Rebhuhn»). Damit wird es uns ermöglicht, den samsarischen Hintergrund der Jünger zu erkennen.

Ein viertes Buch in der Sammlung der kleineren Texte ist ganz in Versen abgefasst und stammt aus späterer Zeit: das *Apadāna*. Wir verwendeten es nur gelegentlich. In dieser Anthologie berichten Mönche und Nonnen, die unter dem Buddha die Arahatschaft erreichten, über ihre verdienstvollen Taten in vergangenen Existenzen und auch darüber, wie sie in ihrem letzten Leben die Befreiung erlangten. Das Werk hat zwei Hauptteile: die Thera-Apadānas, Geschichten der Mönche (fünfundfünfzig Kapitel mit jeweils zehn Erzählungen), und die viel kürzeren Therī-Apadānas mit Geschichten der Nonnen (vier Kapitel mit je zehn Geschichten).

Ein weiteres Textkorpus, auf das wir zurückgegriffen haben, sind die Pāli-Kommentare. Unter den zahlreichen Kommentaren zum Kanon erwiesen sich vier als besonders nützlich für unsere Aufgabe – wenn wir einmal vom Jātaka-Kommentar absehen, der schon weiter oben erwähnt wurde und der etwas Eigenständiges darstellt. Da ist zunächst der Kommentar zum *Etadaggavagga* des Aṅguttara-Nikāya, der sich in den *Manorathapūraṇī* findet, dem vollständigen Kommentar zum Aṅguttara. Er wird Ācariya Buddhaghosa zugeschrieben, dem größten aller Pāli-Kommentatoren. Er stützte sich bei seiner Arbeit auf alte singhalesische Kommentare, die im Mahāvihāra, dem Großen Kloster in Anurādhapura auf Sri Lanka, aufbewahrt wurden und die nicht mehr existieren. Der Kommentar zu diesem Kapitel liefert biographisches Material zu jedem Jünger, der in einem bestimmten Bereich als der hervorragendste galt. Alle Geschichten sind ähnlich abgefasst. Sie beginnen mit dem Moment in einer früheren Existenz, in dem der Betreffende zum ersten Mal den ausdrücklichen Wunsch formulierte, zu einem Hauptjünger des Buddha zu werden. Dann folgen einige Begebenheiten aus späteren Existenzen, bei denen sich der jeweilige Mönch oder die Nonne besondere Verdienste erwarb. Schließlich berichtet der Kommentar von den Ereignissen im letzten Leben, die den

Jünger mit dem Buddha in Berührung brachten. Normalerweise findet die Geschichte ihren Höhepunkt in der Berufung zum Hauptjünger. Gelegentlich geht sie jedoch weiter und berichtet von späteren Geschehnissen, Dingen, die den Jüngern als Mitgliedern des Gefolges von Buddha zustießen.

Zwei weitere Kommentare mit biographischen Anmerkungen beziehen sich auf die *Theragāthā* und die *Therīgāthā*. Beide tragen den Titel *Paramatthadīpanī* und werden Ācariya Dhammapāla von Badaratittha zugeschrieben, der in Südindien tätig war, vielleicht ein Jahrhundert nach Buddhaghosa. Beide Kommentare beruhen ohne Zweifel auf älteren Dokumenten und spiegeln die exegetischen Prinzipien des Mahāvihāra wider. Es findet sich in ihnen teilweise dasselbe Material wie im Kommentar zum Aṅguttara-Nikāya, bisweilen mit interessanten anderen Lesarten; sie enthalten substantielle Exzerpte aus dem *Apadāna* und erklären, was die Jünger zu den ihnen zugeschriebenen Äußerungen veranlasste.

Als wahre Fundgrube nützlichen Materials erwies sich, obwohl oft phantasievoll ausgeschmückt, der *Dhammapada*-Kommentar. Herkömmlicherweise schreibt man die Urheberschaft Buddhaghosa zu, obwohl heutige Buddhismusforscher ihre Zweifel daran äußern. Der Kommentar geht von der Voraussetzung aus, dass sich jede Strophe oder Strophenfolge im *Dhammapada* auf ein bestimmtes Geschehnis bezieht. Der Zweck des Kommentars besteht darin, den Verlauf eben jener Ereignisse zu schildern, die den Buddha zu diesen Versen veranlassten. Oft geht der Kommentar aber weit in der Zeit zurück und verlässt das unmittelbare Hintergrundgeschehen, um das gesamte komplexe Geflecht von Umständen zu behandeln, das in den jeweiligen Versen kulminiert. Bisweilen werden Geschichten erzählt, die sich auf frühere Existenzen beziehen. Dabei wird der karmische Hintergrund der Ereignisse deutlich, die sich um den Buddha und seine Jünger herum abspielten.

Anmerkungen zur Methode

Es sollte noch darauf hingewiesen werden, dass das Quellenmaterial, das uns zur Verfügung steht, abgesehen von den Hintergrundgeschichten in den Kommentaren nichts enthält, was einer kohärenten Biographie eines der großen Jünger gleichkäme. Tatsächlich finden wir im gesamten Pāli-Kanon nicht einmal eine zusammenhängende Lebensgeschichte des Buddha. Der früheste Versuch in dieser Richtung scheint in der Pāli-Tradition der *Jātaka-Nidāna* zu sein, die Einführung in den Jātaka-Kommentar. Der Kommentar zum *Etadaggavagga*, der die umfangreichste Quelle biographischer Informationen zu den Jüngern darstellt, legt das Hauptgewicht auf die samsarische Vorgeschichte vergangener Existenzen und nicht so sehr auf die Lebensbeschreibung zur Zeit des Buddha. Andere Kommentare liefern uns allenfalls Erklärungen zu besonderen Ereignissen und keine umfassenden Darstellungen. Die biographischen Profile dieses Buches mussten somit aus Textbruchstücken zusammengefügt werden. Wir haben uns dabei bemüht, mit dem Mörtel eigener Überlegungen und interpretativer Kommentare ein geordnetes Ganzes zu schaffen. Unsere Aufgabe wurde überdies dadurch erschwert, dass die Redakteure des Pāli-Kanons nicht dem Prinzip einer kontinuierlichen Erzählweise folgten, wie wir es von einer modernen Biographie oder auch nur von einer Reportage erwarten würden. Da sie im Wesentlichen einer mündlichen und nicht so sehr einer schriftlichen Tradition verpflichtet waren, ist die Darstellung der Ereignisse kurz, stakkatohaft, und der Wunsch nach literarischer Eleganz wird den didaktischen und mnemonischen Anforderungen untergeordnet. Wir können nur hoffen, dass die Erzählungen, die wir aus den diskontinuierlichen, wie von einem Blitz erhellten Geschehnissen aus den alten Texten geformt haben, nicht allzu viele deutlich erkennbare Nahtstellen aufweisen.

Bei unserer Behandlung des Materials, das uns zur Verfügung stand, versuchten wir so umfassend zu sein, wie dies, realistisch betrachtet, im Rahmen eines einzelnen Bandes überhaupt möglich ist. Wir stützten uns dabei auf spezifische Kriterien bei der Auswahl der Ereignisse, die aufgenommen werden sollten. Aller Wahrscheinlichkeit nach sind sie im Wesentlichen identisch mit den Kriterien, die die Redakteure des Pāli-Kanons bei der Zusammenstellung der Texte zugrunde legten. Es ging vor allem darum, jene Ereignisse und Anekdoten auszusuchen, die ein möglichst lebhaftes Bild vom Charakter des jeweiligen Schülers als eines Vorbildes für die buddhistische Gemeinschaft vermitteln. Es galt auch, jene Aspekte deutlich zu machen, unter denen die Jünger Zugang zum Verständnis des Dhamma und zur buddhistischen Praxis fanden. Außerdem wollten wir einiges Material über die vergangenen Existenzen der Schüler aufnehmen. Obwohl es sich hier fast mit Sicherheit um Legenden handelt, eröffnen uns solche Geschichten einen Zugang dazu, wie die frühbuddhistische Gemeinschaft die formenden Einflüsse im Leben des betreffenden Jüngers auffasste. Da wir dieses Material aber oft späteren Texten entnehmen mussten wie dem *Apadāna* und den Jātakas, wollten wir uns Beschränkungen auferlegen, um zu verhindern, dass das stärker historisch geprägte Material aus den alten Nikāyas in den Hintergrund geriet. Auch Verse aus den *Theragātā* und den *Therīgātā* wurden verwendet. Bei einigen Biographien haben wir sie in einem eigenen Abschnitt behandelt, bei anderen Lebensbeschreibungen sind sie in den Text integriert.

Den meisten Nutzen zieht man aus diesem Buch, wenn man die Lebensbeschreibungen zu dem Zweck liest, für den sie ursprünglich geschrieben wurden, nämlich für die eigene spirituelle Inspiration und Erbauung. Man sollte sich ihnen nicht mit der Geisteshaltung nähern, mit der man sich einem Roman widmet. Es wäre gut, sich auf ein Kapitel pro Tag zu beschränken. Der Leser sollte sich mit dem Jünger, von dem jeweils die Rede ist, anfreunden, über sein Leben und seine Lehre nachdenken und herausfinden, welche Bedeutung die betreffende Lebensgeschichte für die heutige Menschheit haben kann.

Da diese Biographien eine erhebliche Faszination auf den Geist ausüben, sollte man die eigene Neugier bezwingen und sich selbst immer wieder vor Augen halten, warum man diese Sammlung überhaupt liest. Statt sich interessante Anekdoten und romantische Geschichten aus längst vergangenen Zeiten zu Gemüte zu führen, sollte man versuchen, das eigene geistige Leben mit Hilfe der Lebensbeschreibungen jener Männer und Frauen zu bereichern, die die frühbuddhistischen Ideale der menschlichen Vervollkommnung erreicht haben.

1

SĀRIPUTTA

MEISTER DES DHAMMA

(von Nyanaponika Thera)

Einleitung

In vielen Tempeln Sri Lankas findet man zu beiden Seiten des Buddha die Statue eines Mönchs. Die Robe ist über eine Schulter geschlagen, und die beiden stehen in verehrender Haltung da, mit aneinander gelegten Handflächen. Recht oft liegen Blüten zu ihren Füßen, die von frommen Pilgern stammen.

Wenn man fragt, wer sie sind, wird man hören, dass sie die beiden Hauptjünger des Erleuchteten darstellen, die Arahats Sāriputta und Mahāmoggallāna. Sie stehen hier in der Stellung, die sie auch im Leben einnahmen, Sāriputta zur Rechten des Buddha, Mahāmoggallāna zu seiner Linken. Als der große Stūpa in Sāñchi in der Mitte des vergangenen Jahrhunderts geöffnet wurde, fand man in der Reliquienkammer zwei Steinbehälter. Der eine im Norden enthielt die Reliquien Mahāmoggallānas, der im Süden die Sāriputtas. Sie hatten hier mehr als zwei Jahrtausende geruht, während derer das Drama der Unbeständigkeit des menschlichen Lebens aufgeführt worden war. Das Römische Reich stieg auf und ging unter. Der Glanz des klassischen Griechenland wurde zu einer weit zurückliegenden Erinnerung. Neue Religionen schrieben ihre Namen oft mit Blut und Feuer in die wechselhafte Geschichte der

Erde ein, um am Ende doch nur zu Legenden zu werden wie Theben und Babylon. Langsam verlagerten sich der Welthandel und die großen kulturellen Zentren vom Osten in den Westen. Generationen, die noch nie von der Lehre Buddhas gehört hatten, entstanden und vergingen wieder. Doch während der Zeit, in der die Asche der heiligen Jünger ungestört ruhte, völlig vergessen in dem Land, in dem sie geboren worden waren, wurde die Erinnerung an sie überall dort hochgehalten, wo sich Buddhas Botschaft ausgebreitet hatte. Ihre Lebensgeschichte wurde von einer Generation zur nächsten weitergegeben, erst auf mündlichem Weg, dann in den Schriften des buddhistischen Tipiṭaka, der umfangreichsten und umfassendsten Überlieferung einer Religion überhaupt. Nach dem Erhabenen selbst werden diese beiden Jünger von den Buddhisten der Theravāda-Tradition am meisten verehrt. Ihre Namen sind mit den Annalen des Buddhismus ebenso untrennbar verbunden wie der des Buddha selbst. Wenn im Lauf der Zeit viele Legenden in die Überlieferung ihrer Lebensgeschichten hineingewoben wurden, so ist dies nur eine natürliche Folge der Wertschätzung, die ihnen zuteil wird.

Und diese Verehrung ist in vollem Maße gerechtfertigt. Wenige religiöse Lehrer wurden von ihren engsten Vertrauten so gut verstanden wie der Buddha. Das wird man bei der Lektüre der folgenden Seiten erkennen, denn sie erzählen die Geschichte eines dieser beiden, des ehrwürdigen Sāriputta. Was die Tiefe und Reichweite des Verständnisses und die Fähigkeit, die Lehre von der Erlösung zu erklären, angeht, kam er direkt hinter dem Buddha. Im Tipiṭaka finden wir keinen zusammenhängenden Bericht über sein Leben. Man muss seine Biographie aus verschiedenen Begebenheiten zusammenstückeln, von denen wir in vielen kanonischen Texten und ihren Kommentaren lesen. Bei einigen handelt es sich um mehr als bloße Ereignisse, denn Sāriputtas Leben ist eng mit dem Leben und der Lehrtätigkeit des Buddha verwoben, und er spielt eine wesentliche Rolle darin. Bei zahlreichen Gelegenheiten übernahm er sogar die Führerrolle als geschickter Lehrer und Vorbild, als gütiger und fürsorglicher Freund, immer besorgt um das Wohlergehen der ihm anvertrauten Mönche, als zuverlässiger Bewahrer der Lehre seines Meisters. Dies brachte ihm den Ehrentitel Dhammasenāpati, Marschall oder Hüter der Lehre, ein. Sāriputta war auch einzigartig, was die Tugenden der Geduld und der Standhaftigkeit angeht, bescheiden und aufrecht im Denken, in Wort und Tat, ein Mann, der sich ein Leben lang mit Dankbarkeit an eine Freundlichkeit erinnerte, die ihm zuteil geworden war. Selbst unter den Arahats, die von allen Befleckungen der Leidenschaft und der Unwissenheit frei sind, leuchtet Sāriputta wie der Vollmond am Sternenhimmel.

Dies also ist ein Mann von hohem Geist und edler Natur, ein echter Jünger des großen Lehrers. Wir haben seine Lebensgeschichte nach bestem Vermögen auf den folgenden Seiten dargelegt. Wenn der Leser durch diesen unvollkommenen Bericht etwas über einen vollkommenen, vollständig befreiten Menschen erfahren kann und darüber, wie ein solcher sich in Worten und Taten seinen Mitmenschen gegenüber verhält, dann war unsere Arbeit nicht umsonst. Sie soll zeigen, wohin sich ein Mensch entwickeln kann, und auf diese Weise Kraft und Zuversicht vermitteln.

Auf der Suche nach dem Dhamma

Frühe Jahre

Die Geschichte beginnt in zwei Brahmanendörfern in Indien, nämlich Upatissa und Kolita, nicht weit von der Stadt Rājagaha entfernt.[1] Bevor unser Buddha in der Welt erschien, wurde eine Brahmanin namens Rūpasārī, die in dem Dorf Upatissa lebte[2], schwanger. Dasselbe geschah am selben Tag in dem Dorf Kolita mit einer anderen Brahmanin namens Moggallī. Die beiden Familien waren eng miteinander verbunden und seit sieben Generationen befreundet. Vom ersten Tag der Schwangerschaft an sorgten sich die Familien um die werdenden Mütter, und nach zehn Monaten brachte jede der beiden Frauen am selben Tag einen Jungen zur Welt. Rūpasārīs Sohn erhielt den Namen Upatissa, denn er entstammte der einflussreichsten Familie in jenem Dorf. Aus demselben Grund wurde Moggallīs Sohn Kolita genannt.

Die Jungen wuchsen auf, wurden ihrem Stand entsprechend erzogen und erlangten große Kenntnisse in allen Wissenschaften. Jeder von ihnen hatte ein Gefolge von fünfhundert jungen Brahmanen. Und wenn sie zum Fluss oder in den Park gingen, um dort zu spielen oder Sport zu treiben, kam Upatissa mit fünfhundert Sänften und Kolita mit fünfhundert von Pferden gezogenen Wagen.

In Rājagaha wurde jedes Jahr das Hügelfest gefeiert. Die beiden jungen Männer hatten Sitze reserviert und nahmen Seite an Seite an den Feierlichkeiten teil. Wenn es etwas zu lachen gab, lachten sie, wenn das Schauspiel spannend war, waren sie aufgeregt, und sie zahlten auch Eintritt für Extravorführungen. Der zweite Tag verlief auf dieselbe Weise. Am dritten Tag jedoch warfen merkwürdige Gedanken Schatten in ihre Herzen, und sie konnten nicht mehr lachen und die Aufregung teilen. Als sie so dasaßen, die Spiele und Tänze beobachteten, sahen sie vor ihrem inneren Auge für einen Augenblick das Gespenst der menschlichen Sterblichkeit. Nachdem sie einmal einen Blick darauf geworfen hatten, konnten sie nicht mehr zu ihrer alten, unbeschwerten Haltung zurückfinden. Bei beiden konzentrierte sich die düstere Stimmung schließlich in der einen drängenden Frage: «Was gibt es hier eigentlich Wichtiges zu sehen? Bevor diese Schauspieler hundert Jahre alt geworden sind, sind sie schon längst tot. Sollten wir nicht nach einer Lehre suchen, die zur Erlösung führt?»

Mit solchen Überlegungen also saßen sie nun auf ihren Plätzen. Kolita bemerkte, dass sein Freund nachdenklich und in sich gekehrt war, und fragte ihn: «Was ist los, mein lieber Upatissa? Heute bist du nicht glücklich und fröhlich wie bisher. Vielmehr scheinst du dir über irgendetwas Sorgen zu machen. Sag mir, was geht in deinem Kopf vor?»

«Mein lieber Kolita, ich habe darüber nachgedacht, dass es uns keinerlei Nutzen bringt, wenn wir uns an diesen hohlen Vorführungen erfreuen. Anstatt meine Zeit mit solchen Feierlichkeiten zu vertun, sollte ich einen Pfad zur Befreiung aus dem Kreislauf der Wiedergeburten suchen. Doch auch du, Kolita, scheinst mit unzufrieden.» Und Kolita antwortete: «Meine Gedanken sind genau dieselben wie die deinen.» Als Upatissa hörte, dass sein Freund seine Ansicht teilte, sagte er: «Das ist ein guter Gedanke, der uns da gekommen ist. Aber für den, der eine Lehre zur Erlösung sucht, gibt es nur einen Weg: Man muss seine Familie verlassen und Asket werden. Doch unter wessen Führung werden wir unser Asketenleben führen?»

Zu jener Zeit lebte in Rājagaha ein Wanderasket (*paribbājaka*) namens Sañjaya, der viele Schüler hatte. Upatissa und Kolita gingen zu ihm, jeder mit seinem eigenen Gefolge von fünfhundert jungen Brahmanen, und wünschten sich von ihm die Ordination, die sie auch erhielten. Dadurch wuchs Sañjayas Ruf, so dass er reichlich Unterstützung erhielt.

Innerhalb kurzer Zeit hatten die beiden Freunde Sañjayas gesamte Lehre erfasst. Da gingen sie zu ihm und fragten ihn: «Meister, ist das deine ganze Lehre, oder gibt es noch etwas darüber hinaus?»

Sañjaya antwortete: «Das ist alles. Ihr kennt meine gesamte Lehre.»

Als sie das hörten, dachten sie bei sich: «Wenn das wirklich der Fall ist, so hat es keinen Zweck mehr, ein heiliges Leben unter ihm zu führen. Wir haben unser Haus verlassen, um eine Lehre zu finden, die zur Erlösung führt, doch unter ihm wird uns das nie gelingen. Indien ist groß, und wenn wir durch die Dörfer und Städte wandern, werden wir sicher einen Meister finden, der uns den gesuchten Pfad zeigen kann.» Von diesem Zeitpunkt an suchten sie alle weisen Asketen oder Brahmanen auf, von denen sie hörten, und diskutierten mit ihnen. Keiner jedoch konnte alle ihre Fragen beantworten, während sie ihrerseits auf alle Fragen, die man ihnen stellte, Antwort zu geben vermochten.

Nachdem sie so durch ganz Indien gewandert waren, kehrten sie nach Rājagaha zurück. Dort gaben sie sich ein Versprechen: Wer von ihnen als erster den Weg zur Todlosigkeit finden würde, würde zunächst den anderen davon informieren. Das war ein brüderliches Abkommen, entstanden aus der tiefen Freundschaft zwischen den beiden jungen Männern.

Einige Zeit später kam der Erhabene, der Buddha, nach Rājagaha. Er hatte kurz zuvor die erste Einkehr während der Regenzeit nach seiner Erleuchtung vollendet, und nun begann die Zeit des Wanderns und Predigens. Vor seiner Erleuchtung hatte er König Bimbisāra zugesagt, nach Rājagaha zurückzukehren, wenn er sein Ziel erreicht habe, und nun wollte er sein Versprechen einlösen. So wanderte der Erhabene in Etappen von Gayā nach Rājagaha. Er hielt sich im Bambushainkloster (Veḷuvana) auf, das ihm König Bimbisāra geschenkt hatte.

Unter den einundsechzig Arahats, die der Meister ausgesandt hatte, um die Botschaft von der Erlösung der Welt zu verkünden, war auch ein Mönch namens Assaji. Er hatte zur Gruppe jener fünf Asketen gehört, die Gefährten des Buddha während seiner asketischen Praktiken gewesen waren. Er war also einer der ersten fünf Jünger. Eines Morgens wanderte Assaji auf seiner Almosenrunde in Rājagaha umher. Upatissa sah ihn von Tür zu Tür gehen mit der Almosenschale in der Hand.[3] Er war beeindruckt von seinem würdigen und heiteren Aussehen, und so dachte er: «Nie zuvor habe ich einen solchen Mönch gesehen. Er muss ein Arahat sein oder sich auf dem Weg zur Heiligkeit befinden. Sollte ich zu ihm gehen und ihn fragen?» Doch dann wandte er selbst ein: «Das ist nicht die richtige Zeit, um diesem Mönch Fragen zu stellen, denn er macht seine Almosenrunde. Ich gehe besser hinter ihm her, wie dies die Bittsteller tun.»

Als der Mönch seine Almosenrunde beendet hatte und einen ruhigen Platz suchte, um sein Essen zu verzehren, breitete Upatissa ein Kleidungsstück aus und bot es dem Mönch zum Sitzen an. Assaji setzte sich nieder und nahm seine Mahlzeit ein. Danach gab ihm Upatissa Wasser aus seinem eigenen Behälter. Auf diese Weise erfüllte er die Pflichten, die ein Schüler seinem Lehrer gegenüber hat. Nachdem sie sich in der üblichen Weise freundlich begrüßt hatten, sagte Upatissa: «Heiter sind deine Züge, Freund, rein und hell ist deine Gesichtsfarbe. Unter wem führst du dein Asketenleben? Wer ist dein Lehrer, und zu welcher Lehre bekennst du dich?»

Assaji antwortete: «Es gibt da, mein Freund, einen großen Eremiten aus der Familie der Sakya. Er hat aber seinen Clan verlassen. Ich bin unter ihm, dem Erhabenen, in die Hauslosigkeit gezogen. Dies ist mein Lehrer, und ich bekenne mich zu seinem Dhamma.»

«Was lehrt der ehrwürdige Meister, was verkündet er?»

Auf diese Frage hin dachte der Mönch Assaji bei sich: «Diese Wanderasketen lehnen Buddhas Lehre ab. Ich werde ihm zeigen, wie tief diese Lehre ist.» So sagte er: «Ich bin ein Neuling im Orden, Freund. Ich bin erst von kurzem in die Hauslosigkeit gezogen. Ich kenne die Lehre und die Disziplin erst seit kurzer Zeit. Ich kann dir den Dhamma nicht in allen Einzelheiten erklären.»

Der Wanderer sagte daraufhin: «Man

nennt mich Upatissa, Freund. Bitte gib mir eine Antwort, so gut du kannst, es sei viel oder wenig. Es wird dann meine Aufgabe sein, den Sinn auf hundert oder sogar tausend Wegen zu ergründen.» Und er fügte hinzu:

Sei es wenig oder viel, was du sagen
kannst,
Sag mir nur die Bedeutung, bitte!
Die Bedeutung zu wissen ist
mein einziger Wunsch,
Viele Worte sind für mich nicht
von Nutzen.

Als Antwort darauf rezitierte der Mönch Assaji die folgenden Verse:

Von den bedingt entstandenen Dingen,
Kennt der Tathāgata die Ursache,
Und auch wie sie wieder aufhören:
Das ist die Lehre des großen Eremiten.[4]

Als der Wanderasket Upatissa die beiden ersten Zeilen hörte, erhielt er die unverhüllte Einsicht in den Dhamma. Der erste Blick auf die Todlosigkeit und den Pfad des Stromeintritts wurde ihm zuteil. Und am Ende der beiden letzten Zeilen hatte er bereits den Stromeintritt erlangt. Er wusste plötzlich: «Hier ist der Weg zur Erlösung zu finden!» Und so sagte er zu dem Mönch: «Es ist nicht nötig, die Lehre weiter darzulegen, ehrwürdiger Herr, das reicht schon aus. Doch wo wohnt dein Meister?»

«Im Bambushain, Wanderer.»

«Dann geh bitte voraus, ehrwürdiger Herr. Ich habe einen Freund, mit dem ich eine Übereinkunft getroffen habe: Ich werde ihn informieren, dass ich den Dhamma gefunden habe, und zusammen werden wir dir dann zum Meister folgen.» Daraufhin warf sich Upatissa dem Mönch zu Füßen und ging zurück zum Hain der Wanderasketen.

Kolita sah ihn kommen und wusste sofort: «Heute sieht mein Freund deutlich verändert aus. Mit Sicherheit hat er die Todlosigkeit gefunden.» Und als er danach fragte, antwortete Upatissa: «Ja, mein Freund, ich habe das Todlose gefunden.» Er erzählte ihm alles über sein Zusammentreffen mit dem Mönch Assaji, und als er die Verse, die er gehört hatte, wiederholte, erlangte auch Kolita sofort den Stromeintritt.

«Wo lebt der Meister?», fragte er.

«Ich erfuhr von unserem Lehrer, dem Mönch Assaji, dass er im Bambushainkloster weilt.»

«Dann lass uns dort hingehen, Upatissa, und den Meister besuchen», sagte Kolita.

Doch Sāriputta achtete stets seine Lehrer und sagte deswegen zu seinem Freund: «Zunächst, mein Lieber, sollten wir zu unserem Lehrer gehen, dem Wanderasketen Sañjaya, und ihm mitteilen, dass wir das Todlose gefunden haben. Wenn er es begreifen kann, wird er zur Wahrheit vordringen. Und wenn er es nicht kann, wird er vielleicht aus Vertrauen zu uns mit zum

Meister kommen. Und wenn er Buddhas Lehre hört, wird er sicher den Pfad finden.»

So gingen denn beide zu Sañjaya und sagten: «O Lehrer! Ein Buddha ist in der Welt erschienen. Seine Lehre ist wohl verkündet, und die Gemeinschaft seiner Mönche folgt dem richtigen Pfad. Lasst uns gehen und den Meister besuchen.»

«Was sagt ihr da, meine Lieben?», rief Sañjaya. Er weigerte sich, mit ihnen zu gehen. Er bot ihnen sogar an, sie als seine gleichberechtigten Partner in seine Gemeinschaft aufzunehmen, und sprach von dem Gewinn und dem Ruhm, die eine solche Stellung mit sich bringe. Doch die beiden Wanderasketen weigerten sich, ihre Entscheidung umzustürzen, und sagten: «O, das macht uns gar nichts aus, wenn wir ein Leben lang Schüler bleiben. Doch du, Lehrer, musst selbst wissen, ob du mitkommst oder nicht.» Da dachte Sañjaya: «Wenn sie so viel wissen, werden sie nicht darauf hören, was ich sage.» Und er antwortete: «Geht nur, aber ich kann nicht.»

«Warum nicht, o Lehrer?»

«Ich bin der Lehrer vieler Schüler. Wenn ich in die Stellung eines Schülers zurückkehren würde, so hieße dies, einen großen Wasserbehälter in einen kleinen Krug zu verwandeln. Ich kann nicht mehr das Leben eines Schülers führen.»

«Denke nicht so, Lehrer!», drängten sie ihn.

«Lasst mich, ihr Lieben. Ihr könnt gehen, aber ich kann es nicht.»

«O Lehrer! Wenn ein Buddha in der Welt erscheint, strömen die Menschen in großen Mengen zusammen und ehren ihn. Sie bringen ihm Weihrauch und Blüten. Auch wir werden dorthin gehen. Aber was wird dann mit dir geschehen?»

Darauf meinte Sañjaya: «Was glaubt ihr, meine Schüler: Gibt es mehr Dumme in der Welt oder Weise?»

«Dumme gibt es viele, o Lehrer, doch der Weisen sind nur wenige.»

«Wenn dem so ist, meine Freunde, dann gehen die Weisen zum weisen Eremiten Gotama, und die Dummen werden zu mir kommen, dem Dummen. Geht nur, aber ich kann es nicht.»

So machten sich denn die beiden Freunde auf den Weg und sagten: «Du wirst schon noch deinen Fehler einsehen, o Lehrer!» Nachdem sie gegangen waren, fand unter Sañjayas Anhängern eine Spaltung statt, und sein Kloster leerte sich fast völlig. Als er es so verlassen sah, erbrach Sañjaya heißes Blut. Fünfhundert Jünger waren mit Upatissa und Kolita weggegangen, von diesen kehrten zweihundertfünfzig zu Sañjaya zurück. Mit den restlichen zweihundertfünfzig und ihrem eigenen Gefolge kamen die beiden Freunde schließlich am Bambushainkloster an. Dort saß der Meister inmitten der vierfachen Versammlung[5] und legte die Lehre dar. Als er die beiden Wanderer kommen sah, sagte er zu den Mönchen: «Diese beiden Freunde, Upatissa und Kolita, die jetzt zu uns kommen, werden meine Hauptjünger sein, ein ausgezeichnetes Paar.»

Als die Freunde angekommen waren, verbeugten sie sich ehrerbietig vor dem Erhabenen und setzten sich an der Seite nieder. Als sie saßen, sagten sie zum Buddha: «Wir möchten unter dem Erhabenen, o Meister, die Ordination bekommen.»

Der Erhabene sagte daraufhin: «Kommt, ihr Mönche! Wohl verkündet ist der Dhamma. Lebt nun das Leben in Reinheit, um dem Leiden ein Ende zu bereiten.» Diese wenigen Worte reichen für die Ordination der ehrwürdigen Mönche aus.

Dann fuhr der Meister mit seiner Lehrpredigt fort, wobei er auf die individuellen Temperamente seiner Zuhörer einging. Und mit Ausnahme von Upatissa und Kolita erlangten sie alle die Arahatschaft. Bei jener Gelegenheit erreichten die beiden Freunde noch nicht die höheren Pfade. Sie brauchten eine längere Übungszeit, um die Aufgaben der Stellung erfüllen zu können, die ihnen vorausbestimmt war, nämlich der als der beiden Hauptjünger des Buddha. Nach ihrem Eintritt in den Mönchsorden nennen die Texte Upatissa stets Sāriputta, und Kolita trägt den Namen Mahāmoggallāna. Während seiner intensiven Übungszeit lebte Moggallāna in einem Dorf namens Kallavālaputta in der Nähe von Magadha. Dort machte er auch seine Almosenrunde. Am siebten Tag nach seiner Ordination überfiel ihn während der Meditation Schläfrigkeit. Der Meister spornte ihn aber an, so dass die Müdigkeit verschwand. Und während er zuhörte, wie der Meister das Meditationsthema der Elemente (*dhātukammaṭṭhāna*) darlegte, erreichte er die drei höheren Pfade und die vollendete Heiligkeit eines Hauptjüngers.

Der ehrwürdige Sāriputta hingegen blieb in der Nähe des Meisters, in einer Höhle, die Ebernest (*sūkarakhata-leṇa*) hieß. Seine Almosen erbettelte er in Rājagaha. Einen halben Monat nach seiner Ordination hielt der Erhabene eine Lehrpredigt vor Sāriputtas Neffen, dem Wanderasketen Dīghanakha.[6] Sāriputta stand hinter dem Meister und fächelte ihm Kühlung zu. Während er die Rede hörte und ihr aufmerksam folgte, erreichte Sāriputta das vollkommene Wissen und die Arahatschaft zusammen mit dem vierfachen analytischen Wissen (*paṭisambhidāñāṇa*).[7] Sein Neffe erlangte am Ende der Predigt den Stromeintritt.

Nun könnte man fragen: Besaß Sāriputta nicht große Weisheit? Und wenn dem so ist, warum erlangte er dann die Arahatschaft später als Moggallāna? Die Antwort liegt den Kommentaren zufolge im Umfang der erforderlichen Vorbereitung. Wenn arme Leute irgendwo hingehen wollen, dann machen sie sich sofort auf den Weg. Doch im Fall von Königen sind ausgedehnte Vorbereitungen notwendig, und diese erfordern Zeit. Und so war es auch bei der Entwicklung zum ersten Hauptjünger Buddhas.

Am selben Tag noch, als die Abendschatten länger wurden, berief der Meister seine Jünger zu einer Versammlung und verlieh den beiden ehrwürdigen Mönchen den Rang von Hauptjüngern. Das gefiel einigen Mönchen nicht, und sie murrten: «Der Meister hätte den Rang von Hauptjüngern jenen verleihen sollen, die als erste ordiniert wurden, also der Gruppe der Fünf. Und wenn sie nicht in Frage kamen, dann entweder Mönchen aus der Gruppe der fünfundfünfzig Bhikkhus unter Yasa oder von den Dreißig der glückbringenden Gruppe (*bhaddavaggiya*) oder den drei Kassapa-Brüdern.[8] Doch alle diese ehrwürdigen Mönche hat er übergangen und die zuallerletzt ordinierten ausgezeichnet.»

Der Meister fragte, worüber sie redeten. Als sie es ihm sagten, meinte er: «Ich ziehe niemanden vor, sondern gebe jedem das, was er selbst erstrebt hat. Als zum Beispiel Aññā Koṇḍañña in einer früheren Existenz neunmal während einer einzigen Ernte Almosen gab, äußerte er dabei nicht den Wunsch, Hauptjünger zu werden. Er wollte vielmehr der Allererste sein, der in den höchsten Zustand der Arahatschaft gelangte. Und so geschah es dann auch. Doch vor vielen Weltzeitaltern, zur Zeit des Buddha Anomadassī, äußerten Sāriputta und Moggallāna den Wunsch, Hauptjünger zu werden. Heute sind die Bedingungen für die Erfüllung dieses Wunsches herangereift. Ich habe ihnen also nur das gegeben, was sie sich selbst gewünscht haben, und ich tat es nicht aus einer Vorliebe heraus.»

Der ursprüngliche Wunsch

Die Erklärung des Buddha markiert einen entscheidenden Punkt des buddhistischen Denkens: Was wir sind und was wir als Bestimmung unseres Lebens ernten, ist nicht nur einfach das Produkt unserer Intentionen und Aktivitäten in der kurzen Zeitspanne, die mit unserer physischen Geburt begann, vielmehr spiegelt sich darin die Summe vergangener Erfahrungen wider, die wir im endlosen Kreislauf der Wiedergeburten, dem Saṁsāra, angesammelt haben. Die Geschichte Sāriputtas beginnt deswegen zu Recht in weiter Vergangenheit mit Ereignissen, die uns in Form von Legenden erhalten geblieben sind. Solche Legenden sind aber keinesfalls nur Ausgeburten einer überschäumenden Phantasie. Sie stellen vielmehr erzählerische Darstellungen von Prinzipien dar, die zu sehr in die Tiefe gehen und deren Bedeutung umfassender ist, als dass man sie auf historische Fakten reduzieren könnte. Diese Prinzipien lassen sich nur dadurch adäquat ausdrücken, dass man Tatsachen in Archetypen und Archetypen in spirituelle Ideale umwandelt.

In diesem speziellen Fall liegt der Beginn eine Unermessliche (*asaṅkheyya*) und einhunderttausend Weltzeitalter in der Vergangenheit.[9] Zu jener Zeit wurde das Wesen, das später der ehrwürdige Sāriputta war, in eine reiche Brahmanenfamilie hineingeboren und erhielt den Namen Sarada. Zur selben Zeit kam der künftige Moggallāna als Sohn eines reichen Hausvaters auf die Welt und wurde Sirivaddhana genannt. Die beiden Familien kannten sich, die Jungen wurden Spielkameraden und schließlich enge Freunde.

Beim Tod seines Vaters erbte Sarada das umfangreiche Familienvermögen. Doch er hatte schon zuvor in der Einsamkeit über seine unvermeidliche Sterblichkeit nachgedacht und beschlossen, all seinen Besitz aufzugeben und auf der Suche nach einem Pfad zur Erlösung in die Hauslosigkeit zu ziehen. Sarada sprach deswegen mit seinem Freund Sirivaddhana und forderte ihn auf, ihm bei dieser Suche zu helfen. Doch Sirivaddhana war der Welt noch zu stark verhaftet und lehnte ab. Sarada hingegen hielt an seinem Entschluss fest. Er verschenkte seinen gesamten Reichtum, verließ sein Haus und nahm das Leben eines Asketen mit verfilztem Haar auf. Schnell und ohne Schwierigkeiten erreichte er die verschiedenen weltlichen Stufen der Versenkung sowie übernatürliche Kräfte und versammelte eine Gruppe von Jüngern um sich. So wuchs sein Eremitensitz langsam zu einer großen Asketengemeinschaft heran.

Zu jener Zeit lebte in der Welt der Buddha Anomadassī, der achtzehnte Buddha vor dem Buddha Gotama. Eines Tages tauchte Buddha Anomadassī aus seiner meditativen Versenkung auf, warf sein «Netz des Wissens» über die Welt und sah darin den Asketen Sarada mit seinem Gefolge. Als er erkannte, dass ein Besuch dieser Gemeinschaft vielen Wesen großen Nutzen bringen würde, ließ er seine Mönche zurück und wanderte allein zu der Einsiedelei. Sarada bemerkte die Zeichen auf dem Körper seines Besuchers und begriff sofort, dass sein Gast ein Vollerleuchteter war. Er bot ihm demütig den Ehrensitz an und gab ihm von dem zu essen, was seine Jünger eingesammelt hatten.

In der Zwischenzeit waren auch die Mönche des Buddha zu der Einsiedelei gezogen – einhunderttausend Arahats, frei von allen Befleckungen, angeführt von den beiden Hauptjüngern Nisabha und Anoma. Um den Buddha zu ehren, hielt der Asket Sarada einen großen Blumenbaldachin über dessen Kopf. Der Meister gelangte in den Erlöschungszustand (*nirodhasamāpatti*) und damit in jene meditative Versenkung, in der jede Wahrnehmung, jedes Gefühl und auch andere geistige Prozesse aufgehoben sind. Er blieb in diesem Zustand eine volle Woche lang, und in dieser ganzen Zeit stand Sarada hinter ihm und hielt den Blumenbaldachin.

Am Ende der Woche verließ der Buddha den Erlöschungszustand und bat seine beiden Hauptjünger, vor der Gemeinschaft der Asketen Lehrreden zu halten. Als sie geendet hatten, sprach er selbst, und am Ende seiner Rede erreichten alle Jünger Saradas die Arahatschaft und baten um Aufnahme im Mönchsorden des Buddha. Sarada jedoch erlangte weder die Arahatschaft noch irgendeine andere Stufe der Heiligkeit. Als er nämlich der Lehrrede des Hauptjüngers Nisabha zuhörte und dessen angenehmes Verhalten beobachtete, stieg in seinem Geist der Wunsch auf, erster Hauptjünger eines künftigen Buddhas zu werden. Am Ende ging er deswegen zu Buddha Anomadassī, warf sich ihm zu Füßen und erklärte: «Meister, als Frucht der Ehrerbietung, die ich dir erwiesen habe, indem ich den Blumenbaldachin eine Woche lang über deinem Haupt gehalten habe, möchte ich nicht ein König werden über die Götter, nicht Mahābrahmā und auch nichts anderes, sondern nur dieses: In Zukunft möchte ich Hauptjünger eines Vollerleuchteten sein.»

Der Meister dachte nach: «Wird dieser Wunsch in Erfüllung gehen?» Und er sandte sein Wissen in die Zukunft aus und erkannte, dass dies der Fall sein würde. So sprach er denn zu Sarada: «Dein Wunsch wird nicht unerfüllt bleiben. In Zukunft, nach einer Unermesslichen und einhunderttausend Weltzeitaltern wird in der Welt ein Buddha namens Gotama erscheinen. Du wirst sein erster Hauptjünger sein, der Meister des Dhamma, genannt Sāriputta.»

Nachdem der Buddha gegangen war, suchte Sarada seinen Freund Sirivaddhana auf und drängte ihn, den Wunsch zu äußern, der zweite Hauptjünger des Buddha Gotama zu werden. Sirivaddhana ließ eine Versammlungshalle bauen und lud, nachdem alle Vorbereitungen abgeschlossen waren, den Meister mit seinen Mönchen ein, dort ein Almosenmahl einzunehmen. Eine volle Woche lang versorgte Sirivaddhana den Buddha und seine Mönche mit ihrer täglichen Mahlzeit. Am Ende der Festlichkeiten schenkte er den Mönchen teure Roben, ging dann zum Buddha und erklärte: «Durch die Kraft dieses Verdienstes möchte ich zweiter Hauptjünger desselben Buddha werden, unter dem mein Freund Sarada erster Hauptjünger sein wird!» Der Meister blickte in die Zukunft und sah, dass dieser Wunsch in Erfüllung gehen würde. So machte er die Vorhersage, Sirivaddhana werde der zweite Hauptjünger des Buddha Gotama werden, ein Mönch mit großer Macht, bekannt unter den Namen Moggallāna.

Nachdem die beiden Freunde ihre Prophezeiungen erhalten hatten, taten sie in ihrem Umkreis viel Gutes. Sirivaddhana kümmerte sich als Laienanhänger um die Bedürfnisse des Sangha und erwarb sich durch Mildtätigkeit Verdienste. Sarada führte als Asket sein meditatives Leben fort. Nach dem Tod wurde Sirivaddhana in einer himmlischen Welt der Sinnessphäre wieder geboren, während Saradas Wiedergeburt in der Brahma-Welt stattfand, da er die göttlichen Verweilzustände (*brahmavihāra*) erreicht hatte.

Sariputtas Bild in den Jātakas

Von diesem Punkt an gibt es keinen zusammenhängenden Bericht mehr über die Aktivitäten der beiden Freunde. Während ihrer Wanderung durch den Kreislauf der Wiedergeburten kreuzten sie den Weg eines anderen Wesens, das noch viel früher, zu Füßen des vierundzwanzigsten Buddha vor unserer Zeitrechnung, das Gelübde abgelegt hatte, die höchste Buddhaschaft zu erreichen. Dies war der Bodhisatta, jenes Wesen, das später Buddha Gotama wurde, der Erleuchtete unserer Ära. Die Jātakas berichten über die Taten des Bodhisatta in fünfhundertfünfzig früheren Existenzen. In diesen Geschichten spielt Sāriputta eine herausragende Rolle, er tritt darin, vielleicht mit Ausnahme von Ānanda, häufiger auf als jeder andere Jünger des Buddha. Hier können wir nur auf eine repräsentative Auswahl dieser Geschichten eingehen. Da der Prozess der Wiedergeburt die Grenzlinien zwischen den Existenzbereichen überschreitet und vom tierischen zum menschlichen sowie zum himmlischen Bereich und von dort wieder hinunter zum menschlichen und tierischen Bereich führt, ändert sich die Beziehung zwischen Sāriputta und dem Bodhisatta von Existenz zu Existenz. Wir nehmen diese unterschiedlichen Beziehungen als Richtschnur für unseren Überblick.

In mehreren früheren Existenzen waren der Bodhisatta und Sāriputta Tiere. Einst war der Bodhisatta ein Hirsch mit zwei Söhnen. Beide führte er in die Kunst des Führens ein. Der eine Sohn (Sāriputta) folgte dem Rat seines Vaters und führte seine Herde zu Wohlstand. Der andere, der später zu Buddhas eifersüchtigem Cousin Devadatta wurde, schlug den Ratschlag seines Vaters zugunsten eigener Ideen in den Wind und führte so seine Herde in die Katastrophe (Jāt. 11). Als der Bodhisatta eine königliche Gans war, versuchten seine jungen Söhne (Sāriputta und Moggallāna) die Sonne im Lauf zu besiegen. Als sie müde wurden und mitten im Flug abzustürzen drohten, kam ihnen der Bodhisatta zu Hilfe (476). Bei einer Wiedergeburt als Rebhuhn war der Bodhisatta älter als seine beiden Freunde, ein Affe (Sāriputta) und ein Elefant (Moggallāna). Er wurde daher zu ihrem Lehrer und Führer – ein Vorgriff auf ihre Beziehung während ihrer letzten Existenz (37). Der Boddhisatta fungiert ebenfalls als Lehrer im *Sasa-Jātaka* (316), wo er als weiser Hase einen Affen (Sāriputta), einen Schakal (Moggallāna) und einen Otter (Ānanda) über den Wert moralischen Verhaltens und von Großzügigkeit belehrt. Als Sakka, der König der Devas, in der Gestalt eines hungrigen Brahmanen zu ihm kam, um seine Entschlossenheit zu prüfen, war der Hase bereit, sich in ein Feuer zu stürzen, um dem Brahmanen als Nahrung zu dienen.

Bei mehreren Gelegenheiten retteten die beiden künftigen Hauptjünger dem Bodhisatta das Leben. Als sich das erhabene Wesen in der Gestalt eines Hirschs in einer Schlinge verfangen hatte, durchtrennten seine Gefährten – ein Specht (Sāriputta) und eine Schildkröte (Moggallāna) – die Schlinge. Der Jäger (Devadatta) fing dabei die Schildkröte, doch die beiden anderen Tiere eilten ihr zu Hilfe und konnten sie befreien (206). Der Bodhisatta hatte aber nicht immer so viel Glück, und die Jātakas berichten auch von Tragödien. In einer Geschichte (438) war der Bodhisatta ein Rebhuhn, das die jungen Brahmanen die Veden lehrte. Ein niederträchtiger Asket (Devadatta) tötete das Rebhuhn und aß es auf. Als seine Freunde, ein Löwe (Sāriputta) und ein Tiger (Moggallāna), ihn besuchten und im Bart des Asketen eine Feder entdeckten, wurde ihnen klar, welches Verbrechen er begangen hatte. Der Löwe wollte Gnade walten lassen, doch der Tiger tötete den Asketen und warf dessen Leichnam in eine Grube. Dieser Zwischenfall zeigt schon die Temperamentsunterschiede zwischen den beiden Jüngern: Sāriputta, obwohl mächtig wie ein Löwe, ist freundlich und sanft, während Moggallāna trotz seiner Harmlosigkeit in seiner letzten Existenz als erleuchteter Mönch immer noch Schrecken verbreiten kann wie ein Tiger.

In anderen Jātakas ist einer der beiden – der Bodhisatta oder Sāriputta – ein Mensch und der andere ein Tier. Auch ihre Rollen als Wohltäter und Nutznießer können sich dabei kehren. So begegnen wir dem Bodhisatta als Schlachtross und Sariputta als dessen Reiter (23). Der Bodhisatta ist ein unvergleichlicher weißer Elefant, der in den Dienst des Königs von Benares (Sāriputta) tritt (122). Der Bodhisatta ist ein Rebhuhn und Sāriputta ein weiser Asket, der es unterrichtet (277). In anderen Existenzen ist der Bodhisatta ein Mensch und Sāriputta ein Tier. In einer Geschichte rettet der Bodhisatta als Eremit einen bösen Prinzen (Devadatta) und drei Tiere bei einer Überschwemmung. Die Tiere – eine Schlange (Sāriputta), eine Ratte (Moggallāna) und ein Papagei (Ānanda) – zeigten ihre Dankbarkeit, indem sie dem Einsiedler verborgene Schätze anbieten, während der neidische Prinz versucht, ihn umzubringen (73).

Bisweilen wurden die künftigen spirituellen Helden in göttlicher Gestalt wieder geboren. Einmal verkörperte der Buddha Sakka, und Sāriputta und Moggallāna waren der Mondgott Canda beziehungsweise der Sonnengott Sūrya. Zusammen mit mehreren anderen Gottheiten besuchten sie einen notorischen Geizhals und bekehrten ihn zu einem großzügigen Leben (450). Oft ist es der Bodhisatta, der den künftigen Jüngern Gutes tut, doch bisweilen sehen wir auch, wie Sāriputta dem Bodhisatta zu Hilfe eilt. Als beide als Prinzen der Nāgas, halbgöttlicher Schlangen, wieder geboren wurden, fing ein grausamer Brahmane den Bodhisatta ein und ließ ihn vor Publikum Tricks vollführen. Sein älterer Bruder, Sāriputta, machte sich auf die Suche nach ihm und befreite ihn aus seiner erniedrigenden Lage (543). Als der Bodhisatta den tugendhaften Prinzen Mahāpaduma verkörperte, den seine Schwiegermutter verleumdete, weil er ihren Verführungsversuchen nicht nachgegeben hatte, wollte ihn sein Vater von einem Felsen hinabstoßen lassen. Doch Sāriputta, der damals ein Berggeist war, fing ihn auf, bevor er auf dem Boden aufschlug, und brachte ihn in Sicherheit (472).

Am häufigsten erscheinen der Bodhisatta und Sāriputta in den Jātakas in menschlicher Gestalt. In diesen Geschichten ist der Bodhisatta immer der Held, ein überragendes Beispiel für Tugend und Weisheit, während Sāriputta als sein Freund, Schüler, Sohn oder Bruder fungiert und oft auch als sein Gönner auftritt. In einer Existenz war der Bodhisatta ein König und Sāriputta sein Wagenlenker (151). Als sie den Weg eines rivalisierenden Königs (Ānanda) kreuzten, verglichen Sāriputta und der Wagenlenker des anderen Königs (Moggallāna) die Verdienste ihrer jeweiligen Herren. Moggallāna musste die Überlegenheit von Sāriputtas Herrn zugeben. Dieser regierte nämlich, indem er den Guten und den Bösen Wohltaten erwies, während sein eigener König die Guten belohnte und die Bösen bestrafte. In dem einflussreichen *Khantivādī-Jātaka* (313) verunglimpft und foltert der böse König Kālabu (Devadatta) den Bodhisatta in der Gestalt eines heiligmäßigen «Predigers der Geduld». Nachdem der König die Gliedmaßen des Bodhisatta abgetrennt hatte, um dessen Geduld zu erproben, verband der General des Königs (Sāriputta) die Wunden des Bodhisatta und bat ihn, keine Rache zu üben.

In den längeren Jātakas nimmt der Bodhisatta oft das Leben eines Asketen auf, und Sāriputta schließt sich ihm an. Diese Neigung schlug tiefe Wurzeln in der Persönlichkeit beider Männer. In ihrer letzten Existenz erreichten sie den Höhepunkt ihrer spirituellen Entwicklung erst, nachdem sie in die Hauslosigkeit gezogen waren. Als der Bodhisatta Hattipala, der Sohn des Hofpriesters, war, ernannte ihn der kinderlose König zu seinem Thronerben. Nachdem er aber die Gefahren des weltlichen Lebens erkannt hatte, entschied er sich für das Asketenleben, und bald schlossen sich ihm seine drei Brüder an, wobei der älteste der künftige Sāriputta war (509). Im *Indriya-Jātaka* (423) ist der Bodhisatta ein Asket mit sieben Hauptjüngern. Sechs davon, unter ihnen auch der älteste (Sāriputta), verlassen ihn schließlich, um ihre eigenen Einsiedeleien zu gründen, doch Anusissa (Ānanda) bleibt als sein Diener zurück. Dies kündigt die Beziehung zwischen dem Buddha und Ānanda in ihrer letzten Existenz an. Sāriputta war übrigens nicht immer einverstanden mit der Entscheidung des Bodhisatta, der Welt zu entsagen. Als sich der Bodhisatta als König zum Asketenleben entschloss, versuchten sein ältester (Sāriputta) und sein jüngster Sohn (Rāhula), ihn von dieser Idee abzubringen, und er musste in seinem Inneren einen Kampf austragen, um sein Festhalten an seinen Söhnen zu überwinden (525). In einer weiteren Wiedergeburt wurde der Bodhisatta in seiner Entscheidung für die Hauslosigkeit schwankend, und diesmal erschien ihm Sāriputta im Körper des Asketen Nārada durch übernatürliche Kraft und ermutigte ihn, an seinem Entschluss festzuhalten (539).

So wanderten die beiden edlen Wesen, hin und her geworfen vom Kamma, von einer Existenz zur anderen und von einem Lebensbereich zum nächsten. Sie waren aber nicht blind der Welt verhaftet. Ihre Wanderung im Kreislauf der Wiedergeburten war weder zweck- noch richtungslos, sie wurde vielmehr von den Wünschen geleitet, die sie in ferner Vergangenheit einmal ausgesprochen hatten. Nach zahllosen Leben, in denen sie die zehn Vollkommenheiten geübt hatten, reifte ihre Tugend heran. Die Bindungen und das gegenseitige Vertrauen wurden immer stärker. So kam schließlich die Zeit, in der sie realisieren konnten, wofür sie so lange gekämpft hatten. Bei ihrer letzten Wiedergeburt, in Zentralindien, vor ungefähr 2500 Jahren, erschien somit der eine als Buddha Gotama, als Lehrer der Devas und der Menschen, der andere als sein Hauptjünger, als der ehrwürdige Sāriputta, der Meister des Dhamma.

Der Mensch Sāriputta

Der Hauptjünger

Im *Mahāpadāna-Sutta* (DN 14) berichtet der Buddha über seine sechs Vorgänger, beginnend mit dem Buddha Vipassī vor einundneunzig Weltzeitaltern. Er nennt dabei ihre Namen, die Zeiten, in denen sie auftraten, ihre jeweilige Kaste und Familie, berichtet, wie alt sie wurden und über die Meilensteine ihrer Lehrtätigkeit. Er erwähnt auch die Namen der beiden Hauptjünger. Sie werden in jedem Fall als «das Hauptjüngerpaar, das ausgezeichnete Paar» (*sāvakayugaṁ aggaṁ bhaddayugaṁ*) bezeichnet. Anderswo im Pāli-Kanon (zum Beispiel in SN 47:14) erklärt der Buddha, alle vergangenen Buddhas hätten ein solches Paar von Hauptjüngern gehabt wie er in Gestalt von Sāriputta und Moggallāna, und alle künftigen Buddhas würden ebenfalls ein solches Paar besitzen. Solchen Feststellungen können wir entnehmen, dass die Ämter der Hauptjünger Bestandteil der Weisung des Buddha sind. Als Buddha Gotama somit zwei Mönche zu seinen Hauptjüngern ernannte, handelte er nicht nach eigenem Gutdünken, sondern bestätigte ein zeitloses Paradigma, dem alle bisherigen Vollerleuchteten entsprochen hatten und dem auch alle ihre Nachfolger entsprechen werden.

Die grundlegenden Aufgaben der Hauptjünger innerhalb der Weisung sind drei: Sie helfen dem Meister bei der Festigung der Lehre und machen sie zu einem Vehikel der spirituellen Umwandlung und Befreiung für möglichst viele Wesen menschlicher wie göttlicher Natur. Sie dienen als Vorbilder für die anderen Mönche und sollen deren Fortschritte überwachen. Sie helfen bei der Verwaltung des Sangha, besonders wenn der Erhabene sich in die Einsamkeit zurückzieht oder auf dringender Mission allein unterwegs ist. Stets bleibt jedoch der Buddha die letzte Autorität an der Spitze der Weisung. Die Ernennung von Hauptjüngern bedeutet keinesfalls eine demokratische Machtübergabe. Der Erhabene bleibt die einzige Quelle der Lehre, er ist derjenige, der den Pfad enthüllt hat, der «oberste Wagenlenker der Personen, die gezähmt werden müssen». Doch wie ein König Minister braucht, um die Staatsangelegenheiten zu lenken, so kann auch der Buddha, der König des Dhamma (*dhammarājā*), die Verantwortung für bestimmte Bereiche an seine qualifiziertesten Jünger übergeben. Natürlich fallen die anspruchsvollsten Arbeiten den beiden Hauptjüngern zu, die über die nötige gedankliche Schärfe und die Fähigkeit verfügen, sie möglichst effizient zu erledigen. Daraus ist zu ersehen, dass die Ernennung zum Hauptjünger keinesfalls besondere Privilegien beinhaltet. Dieser Status bedeutet vielmehr die Übernahme einer ungeheuren Verantwortung auf allen Gebieten der Weisung. Die Hauptjünger müssen Buddhas Last des Mitleidens teilen und mit ihm aufs Engste zusammenarbeiten, um sicherzustellen, dass die Lehre «erfolgreich und blühend, ausgedehnt, berühmt, verbreitet, wohl verkündet unter den Devas und den Menschen» ist (DN 16; SN 51:10).

Der Grund dafür, dass die Buddhas stets zwei Hauptjünger ernennen, liegt wahrscheinlich darin, dass sich auf diese Weise ein optimales Gleichgewicht zwischen den Bereichen der Verantwortung und den dabei erforderlichen menschlichen Fähigkeiten herstellen lässt. Ein Buddha vereinigt in seiner Person alle Vollkommenheiten. Er ist der «in jeder Hinsicht vollkommene Weise» (*sabbaṅgasampanna muni*). Menschen von geringerer Statur, selbst erleuchtete Arahats, zeigen jedoch in ihren Charakteren und Talenten Unterschiede, so dass sie auch für verschiedene Obliegenheiten qualifiziert sind. Bei der Erfüllung seiner Aufgaben helfen dem Buddha unverändert zwei Hauptjünger, der eine dauernd zu seiner Rechten, der andere zu seiner Linken. Der zur Rechten wird als derjenige betrachtet, der dem Erhabenen am nächsten steht; er ist der Jünger, der sich durch hervorragende Weisheit (*mahāpaññā*) auszeichnet. Im Falle des Buddha Gotama war dies der ehrwürdige Sāriputta. Seine besondere Aufgabe in der Weisung ist die Systematisierung der Lehre und die detaillierte Analyse von deren Gehalt. Mit Hilfe seines tiefen Einblicks in die Wahrheit und in die Sphäre der differenzierten Phänomene (*dhammadhātu*) ist es an ihm, die subtilen Implikationen des Dhamma darzulegen. Dies soll er mit großer Detailgenauigkeit tun und dabei den Buddha als Haupt der Weisung entlasten. Der andere Hauptjünger, der zu Buddhas Linker, zeichnet sich durch seine Vielseitigkeit bei der Ausübung spiritueller Kräfte (*iddhi*) aus. Im Mönchsorden des Buddha Gotama hatte diese Position der ehrwürdige Mahāmoggallāna inne. Eine solche spirituelle Macht ist nicht ein Mittel, um andere zu dominieren oder um sich selbst herauszustellen, sondern sie muss auf vollkommener Selbstlosigkeit gründen. Die Kräfte dazu entspringen der Beherrschung der Sphäre der Sammlung (*samādhi*). Dadurch ist ein tiefes Verständnis der grundlegenden Kräfte möglich, die Geist und Materie regieren und die auf subtile Weise miteinander verbunden sind. Diese Macht wird genutzt, um Hindernisse auf dem Weg zur festen Verankerung der Lehre in der Welt zu überwinden und um andere Wesen umzustimmen, die man allein mit Worten nicht so leicht erreichen kann.

Auf die erste größere Aufgabe des ehrwürdigen Sāriputta als Hauptjünger, die Systematisierung des Dhamma, gehen wir im nächsten Kapitel ein, wo die Rede sein soll von seiner Rolle als «Dreher des Rades». Hier wollen wir uns darauf beschränken darzustellen, wie Sāriputta und Moggallāna zusammen die beiden übrigen Rollen als Hauptjünger ausfüllten, nämlich die als Vorbilder und Mentoren für die Mönche und als Helfer bei der Verwaltung des Sangha. Der Buddha schärfte den Mitgliedern des Mönchsordens ein, sie sollten sich die beiden Hauptjünger als Vorbilder nehmen: «Ein gläubiger Mönch, ihr Bhikkhus, sollte immer wieder diesen Wunsch äußern: Oh, möge ich doch werden wie Sāriputta und Moggallāna! Denn Sāriputta und Moggallāna sind Maßstab und Vorbild für meine Mönchsjünger» (AN 2:131). Was die Meisterschaft in Bezug auf die drei Aspekte des Pfades – Tugend, Konzentration und Weisheit – angeht, verkörperten sie die Qualitäten, die die Mönche erst noch erwerben mussten. Dazu kam, dass sie aufgrund ihrer analytischen Fähigkeiten und ihrer Redegewandtheit ideale Lehrer waren, an die sich jüngere Mönche wenden konnten, um angeleitet und unterrichtet zu werden. Die Beziehung, in der die beiden Hauptjünger in Angelegenheiten der Lehre zueinander standen, erklärte der Buddha im *Saccavibhaṅga-Sutta:*

> Tut euch, ihr Mönche, mit Sāriputta und Moggallāna zusammen, und bleibt in ihrer Gesellschaft! Sie sind weise Bhikkhus und Helfer ihrer Ordensbrüder. Sāriputta ist wie eine Mutter, die gebiert, und Moggallāna wie eine Amme, die das neugeborene Kind nährt. Sāriputta führt seine Jünger zur Frucht des Stromeintritts, und Moggallāna geleitet sie zum höchsten Ziel (MN 141).

Um diese Stelle zu erklären, führt der Kommentar zum Majjhima aus: «Wenn Sāriputta Schüler annahm, ganz gleich, ob er oder andere sie ordiniert hatten, so umsorgte er sie in materieller und spiritueller Hinsicht. Er pflegte sie, wenn sie krank waren, er gab ihnen ein Meditationsthema, und wenn er schließlich wusste, dass sie den Stromeintritt erlangt hatten und den Gefahren der niedereren Welten entronnen waren, entließ er sie mit folgenden Gedanken: ‹Nun können sie aus eigener Kraft die höchsten Stufen der Heiligkeit erreichen.› Von diesem Punkt an machte er sich keine Sorgen mehr um ihre Zukunft und widmete sich neuen Gruppen von Jüngern. Moggallāna hingegen hörte nicht auf, sich um seine Schüler zu kümmern, bis sie die Arahatschaft erreicht hatten. Er tat dies unter dem Eindruck dessen, was der Buddha einmal gesagt hatte: ‹Da auch eine winzige Menge Kot übel riecht, preise ich selbst den kürzesten Abschnitt der Existenz nicht, und sei er nicht länger als ein Fingerschnippen.›»

Der Überlieferung zufolge zeigte Sāriputta, wenn er Ratschläge erteilte, unendliche Geduld. Er ermahnte und unterwies hundert- oder tausendmal, bis sein Schüler den Stromeintritt erlangt hatte. Erst dann entließ er ihn und gab ihn in die Hände andere Mönche. Sehr groß ist die Zahl jener, die die Arahatschaft erreichten, nachdem sie seine Unterweisungen empfangen und gläubig befolgt hatten. Obwohl der Kommentar zum Majjhima-Nikāya sagt, dass Sāriputta seine Schüler in der Regel nur bis zum Stromeintritt führte, gab es auch Ausnahmen, bei denen er einzelnen Mönchen half, die höheren Stufen zu erlangen. Im Udāna-Kommentar beispielsweise ist zu lesen, dass «zu jener Zeit Bhikkhus, die höhere Übungen pflegten, oft zum ehrwürdigen Sāriputta kamen und sich von ihm ein Meditationsobjekt erbaten, das ihnen helfen konnte, die drei höheren Pfade zu erreichen.» Der ehrwürdige Mönch Lakuṇṭika Bhaddiya, in dieser Weise von Sāriputta unterwiesen, erlangte die Arahatschaft (Ud. 7:1), nachdem er zuvor nur ein Stromeintreter gewesen war.

Als Hauptjünger teilten sich Sāriputta und Moggallāna in die Regelung der Angelegenheiten des Sangha unter der unmittelbaren Leitung des Erhabenen. Von ihnen erwartete man auch, dass sie während der Abwesenheit des Meisters die Führung übernahmen. Bei einer Angelegenheit, von der das *Cātumā-Sutta* (MN 67) berichtet, stellte der Buddha dies ganz klar heraus, indem er den ehrwürdigen Sāriputta tadelte, weil er es versäumt habe, seiner Verantwortung nachzukommen. Einst wollte eine große Zahl von Mönchen, die dem Kommentar zufolge von Sāriputta und Moggallāna ordiniert worden waren, dem Buddha zum ersten Mal ihre Ehrerbietung erweisen. Nach ihrer Ankunft erhielten sie Zimmer und begannen mit den in Cātumā lebenden Mönchen zu plaudern. Der Buddha hörte den Lärm und berief die Mönche ein, um sie darüber zu befragen. So erfuhr er, dass die allgemeine Unruhe durch die Neuankömmlinge entstanden war. Im Text steht nichts davon, dass die Besucher dabei waren, doch war dies wohl der Fall, denn der Buddha sagte: «Geht weg, Mönche, ich entlasse euch. Ihr sollt nicht bei mir sein.»

Die neu ordinierten Mönche gingen weg, doch einige Laienanhänger intervenierten zu deren Gunsten, so dass sie schließlich zurückkehren durften. Da fragte der Buddha Sāriputta: «Was dachtest du, Sāriputta, als ich jene Gruppe von Mönchen entließ?»

Sāriputta antwortete: «Ich dachte: ‹Der Erhabene will in Ruhe leben und im Hier und Jetzt im Zustand des Glücks verweilen. Und so werden auch wir in Ruhe leben und im Hier und Jetzt im Zustand des Glücks verweilen.›»

«Warte, Sāriputta! Lass nicht zu, dass ein solcher Gedanke noch einmal in dir aufsteigt!», sagte daraufhin der Buddha. Dann wandte er sich an Moggallāna und stellte ihm dieselbe Frage. «Als der Erhabene jene Mönche entließ», antwortete Moggallāna, «dachte ich: ‹Der Erhabene möchte in Ruhe leben und im Hier und Jetzt im Zustand des Glücks verweilen. Somit sollten Sāriputta und ich uns um die Gemeinschaft der Mönche kümmern.›»

«Gut gesprochen, Moggallāna, gut gesprochen!», sagte der Meister. «Es ist so, dass entweder ich oder Sāriputta und Moggallāna sich um die Gemeinschaft der Mönche kümmern sollten.»

Es war auch der ehrwürdige Sāriputta, der als erster den Buddha aufforderte, den Kodex der Mönchsregeln niederzulegen. Er hatte den Buddha gefragt, warum die Weisung einiger Buddhas der Vergangenheit im Gegensatz zu anderen nicht sehr lange gedauert habe. Der Buddha antwortete hierauf, die Weisung dauere nicht sehr lang im Fall jener Buddhas, die nicht so viel Wert darauf legten, die Lehre zu verkünden, die keine Regeln für ihre Jünger erließen und auch nicht den Pātimokkha, das Sündenregister, einführten. Die Weisungen jener Buddhas hingegen, die diese Vorsichtsmaßnahmen ergriffen, hätten sich viel länger erhalten. Da stand Sāriputta auf, grüßte den Meister ehrerbietig und sagte: «Es ist nun die Zeit gekommen, da der Erhabene die Mönchsregeln verkünden und den Pātimokkha einführen sollte, so dass dem heiligmäßigen Leben eine lange Dauer beschieden ist.» Doch der Buddha antwortete darauf: «Lass gut sein, Sāriputta! Der Tatgāgata selbst weiß, wann die Zeit dafür gekommen ist. Der Meister wird die Disziplinarregeln und den Pātimokkha erst dann einführen, wenn im Sangha die ersten Anzeichen einer Neigung zum Schlechten zu erkennen sind» (Vin. 3:9f.).

Der Wunsch, die Weisung möge so lange wie möglich erhalten bleiben, ist typisch für Sāriputta. Ebenso charakteristisch war es für den Buddha, erst dann solche Regeln aufzustellen, wenn dies absolut notwendig war. Er erklärte weiter, dass zu jener Zeit das am wenigsten fortgeschrittene Mitglied des Sangha ein Stromeintreter sei (möglicherweise wusste Sāriputta dies nicht) und dass es somit noch nicht unerlässlich sei, die Mönchsregeln aufzustellen.

Oft beauftragte der Buddha seine beiden Hauptjünger mit besonderen Missionen, die sich durch dringende Umstände ergaben. Bei einer solchen Gelegenheit gab er ihnen den Auftrag, eine Gruppe junger Mönche zurückzugewinnen, die Devadatta, der ehrgeiziger Cousin des Buddha, in die Irre geführt hatte. Nachdem Devadatta den Sangha formal gespalten hatte, ging er mit fünfhundert jungen Mönchen, die er dazu überredet hatte, seine Jünger zu werden, zur Geierspitze. Der Buddha sandte Sāriputta und Moggallāna dorthin, um sie zurückzugewinnen. Als Devadatta die beiden Älteren herannahen sah, nahm er an, sie hätten sich entschlossen, den Buddha zu verlassen und sich ihm anzuschließen. Er richtete einen warmen Willkommensgruß an sie und behandelte sie so, als seien sie seine eigenen Hauptjünger. Als Devadatta am Abend ruhte, predigten die beiden Mönche ihren jüngeren Mitbrüdern, führten sie zur Erlangung des Stromeintritts und überredeten sie zur Rückkehr zum Erhabenen (Vin. 2:199f.).

Ein anderes Mal arbeiteten Sāriputta und Moggallāna Hand in Hand, um die Ordnung im Sangha wiederherzustellen. Damals zeigte eine Gruppe von Mönchen unter der Leitung von Assaji – nicht dem älteren Assaji, von dem früher die Rede war – und Punabbasu, die bei Kīṭāgiri lebten, ein ungebührliches Verhalten. Sie aßen abends, sangen und tanzten in der Stadt mit jungen Mädchen und mischten sich unter Laienanhänger in einer Weise, dass die Würde des Sangha Schaden nahm. Trotz wiederholter Ermahnungen zeigten sich die Mönche nicht einsichtig. So wurden denn die beiden Hauptjünger entsandt, um die Strafe der Ausstoßung (*pabbājaniyakamma*) zu verkünden, die jenen drohte, die sich nicht der Disziplin unterwarfen (Vin. 2:12; 3:182f.).

Der Helfer

Unter den Mönchen zeichnete sich Sāriputta vor allem dadurch aus, dass er anderen behilflich war. Im *Devadatta-Sutra* (SN 22:2) sagt der Buddha selbst von seinem großen Hauptjünger: «Sāriputta, ihr Mönche, ist weise und eine große Hilfe für seine Mitmönche.» Der Kommentar dazu bezieht sich auf eine traditionelle Unterscheidung der Art, wie man anderen hilft: «Sāriputta half auf zweierlei Weise: Er gab materielle Hilfe (*āmisānuggaha*) und geistige Hilfe durch Erklärung der Lehre (*dhammānuggaha*).»

Im Hinblick auf die «materielle Hilfe» berichtet der Kommentar, der Ehrwürdige sei nicht in den frühen Morgenstunden wie die anderen Mönche auf Almosenrunde gegangen. Als alle weg waren, inspizierte er das gesamte Klostergelände. Wenn er eine Stelle fand, an der nicht gefegt worden war, so fegte er selbst. Wo man Abfall nicht entfernt hatte, warf er ihn weg. Wenn Möbel oder irdene Töpfe nicht richtig standen, rückte er sie zurecht. Er tat dies, damit buddhistische Wanderasketen, die vielleicht das Kloster besuchten, keine Unordnung sehen und damit nicht abschätzig über die Mönche reden konnten.

Dann pflegte er in den Krankensaal zu gehen, sprach beruhigende Worte zu den Patienten und fragte sie, was sie brauchten. Um das Verlangte zu beschaffen, nahm er junge Novizen mit und machte sich auf die Suche nach Heilmitteln, entweder auf der gewohnten Almosenrunde oder an ganz bestimmten Orten. Wenn er das Heilmittel erhielt, gab er es seinen Novizen und sagte: «Kranke zu versorgen ist sehr lobenswert. So hat es der Meister gesagt. Geht nun, Ihr Lieben, und denkt daran!» Nachdem er sie in das Krankenzimmer des Klosters zurückgeschickt hatte, machte er selbst seinen Almosengang oder folgte der Einladung eines Laienanhängers.

So hielt er es immer, wenn er für einige Zeit in einem Kloster weilte. Wenn er aber mit dem Erhabenen zu Fuß unterwegs war, führte er nicht die Gruppe an, mit Sandalen und Sonnenschirm in der Hand, etwa in dem Gedanken: «Ich bin der Hauptjünger.» Vielmehr übergab er seine Schale und seine Roben jungen Novizen und ließ diese mit den anderen vorangehen. Er selbst kümmerte sich als Erstes um die Alten, die ganz Jungen oder die Kranken. Er behandelte deren Wunden mit Öl. Erst spät oder gar erst am nächsten Tag begleitete er seine Schützlinge auf dem beschwerlichen Weg.

Weil er sich so sehr um andere kümmerte, kam Sāriputta bei einer Gelegenheit besonders spät an dem Ort an, an dem die andern schon ruhten. Aus diesem Grund bekam er keine richtige Schlafstelle mehr und musste die Nacht sitzend unter einem Zelt aus seinen eigenen Übergewändern verbringen. Der Meister sah dies und versammelte daraufhin die Mönche am nächsten Tag, um ihnen das *Tittira-Jātaka* (Jāt. 37) zu erzählen. Die Geschichte handelt von einem Elefanten, einem Affen und einem Rebhuhn, die, nachdem sie entschieden hatten, wer von ihnen der Älteste sei, friedlich zusammenlebten, indem sie dem Ältesten ihren Respekt erwiesen. Dann stellte der Buddha die Regel auf, dass «Schlafplätze dem Alter und dem Rang gemäß zuzuteilen seien» (Vin. 2:160f.).

Manchmal gewährte Sāriputta materielle und spirituelle Hilfe gleichzeitig. Als zum Beispiel der Mönch Samitigutta unter Lepra litt, besuchte ihn Sāriputta in seinem Krankenzimmer und sagte zu ihm: «Freund, solange die fünf Gruppen des Anhaftens (*khandhas*) weiterbestehen, ist alles Gefühl nur Leiden. Nur wenn diese fünf Anhäufungen nicht mehr existieren, gibt es auch kein Leiden mehr.» Nachdem ihm also Sāriputta die Betrachtung der Gefühle als Objekt der Meditation gegeben hatte, ging er weg. Samitigutta befolgte die Anweisung des Älteren, entwickelte Einsicht und erlangte die sechs übernatürlichen Kräfte (*chaḷabhiññā*) als Arahat (Thag. 81 und Comy.).

Eine andere Predigt Sāriputtas am Krankenbett ist im Sotāpatti-Saṁyutta (SN 55:26) enthalten. Die Lehrrede galt Anāthapiṇḍika, dem größten Gönner des Buddha. Dieser litt damals unter so schlimmen Schmerzen, dass er das Gefühl hatte, sein Kopf würde zerquetscht. Sāriputta tröstete den großen Laienjünger, indem er ihn daran erinnerte, dass er als Stromeintreter völlig frei sei von den schlechten Qualitäten, die zu einer Wiedergeburt in unteren Daseinsbereichen führen. Er besitze die vier

Grundeigenschaften des Stromeintritts (*sotāpattiyaṅga*): unerschütterliches Vertrauen zum Buddha, zum Dhamma und zum Sangha sowie «die Tugenden, die den Edlen teuer sind». Überdies sei er fest verankert im Edlen Achtfachen Pfad und könne somit sicher sein, die Früchte dieses Pfades auch zu ernten, die Erleuchtung und Erlösung. Als Anāthapiṇḍika dies hörte, ließen seine Schmerzen nach, und er erholte sich sofort von seiner Krankheit. Als Zeichen seiner Dankbarkeit bot er sodann Sāriputta das Essen an, das für ihn selbst vorbereitet worden war.

Bei einer Gelegenheit allerdings tadelte der Buddha Sāriputta ein wenig, weil er bei der Verkündung der Lehre nicht weit genug gegangen war. Als der Brahmane Dhānañjāni auf dem Totenbett lag, besuchte ihn der ehrwürdige Sāriputta. Der Mönch dachte, es sei das Ziel der Brahmanen, in die Brahma-Welt einzugehen, und lehrte den sterbenen Mann die vier Brahma-Vihāras – die Meditationen über universelle Güte, Mitleid, altruistische Freude und Gleichmut – und damit den Pfad in die Brahma-Welt. Damit aber hörte er zu predigen auf und sprach nicht mehr über den Pfad der Einsicht. Als der ehrwürdige Sāriputta von seinem Besuch zurückkam, fragte ihn der Meister: «Warum, Sāriputta, hast du die Gedanken des Brahmanen Dhānañjāni auf die niedere Brahma-Welt gerichtet, obwohl es doch noch mehr zu tun gab, und warum bist du dann von deinem Sitz aufgestanden und einfach gegangen?» Sāriputta antwortete: «Ich dachte: ‹Diese Brahmanen haben als Ziel die Brahma-Welt. Sollte ich dem Brahmanen Dhānañjāni nicht den Weg zur Vereinigung mit Brahmā zeigen?›»

«Der Brahmane Dhānañjāni ist gestorben, Sāriputta», sagte der Buddha, «und er wurde in der Brahma-Welt wieder geboren.»

Diese Geschichte, die im *Dhānañjāni-Sutta* (MN 97) erzählt wird, ist deswegen interessant, weil sie zeigt, dass die Wiedergeburt in einer niederen Brahma-Welt für denjenigen unerwünscht ist, der imstande wäre, dem Kreislauf der Wiedergeburten ein Ende zu setzen. Allerdings lehrte auch der Buddha selbst gelegentlich nur den Weg zu Brahmā, etwa im *Tevijja-Sutta*. Doch in diesem Fall erfasste er wahrscheinlich, dass Dhānañjāni reif war für eine höhere Lehre. Aber Sāriputta, der nicht über Buddhas einzigartige Kenntnis der Fähigkeiten anderer verfügte, konnte dies nicht wissen. In der Folge musste Dhānañjāni lange Zeit in der Brahma-Welt verbringen und wurde später im menschlichen Bereich wieder geboren, ehe ihm das endgültige Ziel offenstand.

Einmal war der ehrwürdige Channa krank und litt große Schmerzen. Der ehrwürdige Sāriputta besuchte ihn zusammen mit dem Mönch Mahācunda. Als er sah, wie sehr der kranke Mönch leiden musste, erbot er sich, Heilmittel und Diätnahrung für ihn zu besorgen. Doch Channa sagte, er habe sich entschlossen, seinem Leben ein Ende zu setzen. Die beiden anderen baten ihn, solche Gedanken aufzugeben, hatten damit aber keinen Erfolg. Nachdem sie sich zurückgezogen hatten, «verwendete Channa das Messer». Später erklärte der Buddha, in dieser Angelegenheit sei der Mönch Channa nicht zu tadeln gewesen. Er habe nämlich im Tod die Arahatschaft erlangt und sei ins endgültige Nibbāna eingegangen. Diese Geschichte findet sich im *Channovāda-Sutta* (MN 144; SN 35:87).

Als Anāthapiṇḍika auf dem Totenbett lag, bat er den ehrwürdigen Sāriputta, ihn «aus Mitleid» zu besuchen. Sāriputta kam sofort in Gesellschaft Ānandas und hielt dem Sterbenden eine aufmunternde Rede über das Loslassen (MN 143). Er sagte dem Laienjünger, er solle das Begehren und Anhaften im Bezug auf alle Phänomene der bedingten Welt aufgeben: hinsichtlich der sechs Sinnesfähigkeiten, der sechs Sinnesobjekte, der sechs Arten des Bewusstseins, der sechs Arten des Kontaktes, der sechs Arten der Gefühle – kurz: hinsichtlich allem, das gesehen, gehört, gefühlt und gedacht werden könne. Anathapiṇḍika war ob dieser tiefsinnigen Rede zu Tränen gerührt und sagte, er habe bisher noch nie etwas Derartiges gehört.

Kurz nach diesem Besuch starb Anāthapiṇḍika und wurde im Tusita-Himmel wieder geboren. Eines Nachts, als die ganze Welt im Schlaf lag, besuchte der neue Deva Anāthapiṇḍika in seiner göttlichen Gestalt das Jetavana-Kloster und rezitierte im Beisein des Erhabenen eine Strophe zu Ehren des Hauptjüngers:

Sāriputta verfügt wahrlich über
Weisheit,
Über Tugend und inneren Frieden.
Selbst ein Bhikkhu, der gestorben ist,
Kann ihm höchstens gleichkommen.

Am nächsten Tag informierte der Buddha die Mönche über das Geschehene, doch er sagte nicht, wer sein Besucher gewesen war. Ānanda sagte daraufhin zum Meister: «Ehrwürdiger Herr, dieser junge Deva war gewiss Anāthapiṇḍika. Denn Anāthapiṇḍika hatte volles Vertrauen zu dem ehrwürdigen Sāriputta.» Der Buddha bestätigte Ānandas Schlussfolgerung.

Sāriputta war ein außergewöhnlicher spiritueller Führer und verfügte nicht nur über ein tiefes Verständnis des menschlichen Geistes, sondern auch über ein wirkliches Interesse für andere. Gerade dieses muss für jene, die ihm unterstanden, eine große Hilfe gewesen sein. Er kümmerte sich um das physische wie um das spirituelle Wohl der ihm anvertrauten Mönche. Er ermahnte sie freundlich und lobte ihre Fortschritte. So verband Sāriputta die Eigenschaften eines perfekten Lehrers mit denen eines vollkommenen Freundes. Er war bereit, auf jede Weise zu helfen, in kleinen Dingen wie in großen. Da er selbst von der Tugend des heiligmäßigen Lebens erfüllt war, erkannte er schnell in anderen die Tugenden und verstand es, latente Tugenden zur Entwicklung zu bringen. Und er war der erste, der Tugend lobte, wenn sie zur Blüte gelangt war. Er war kein kalter, reservierter Perfektionist, sondern in ihm ging höchste Spiritualität eine ideale Verbindung mit den besten menschlichen Eigenschaften ein.

Ohne Groll

Der Kommentar zum *Dhammapada* (389f.) berichtet von einem Zwischenfall, der typisch ist für eine weitere außergewöhnliche Eigenschaft des Hauptjüngers, nämlich seine Geduld und Nachsicht. In der Umgebung des Jetavana-Klosters, wo der Buddha wohnte, pries eine Gruppe von Männern die edlen Eigenschaften Sāriputtas: «So viel Geduld hat unser Ehrwürdiger», sagten sie, «dass er keine Spur von Ärger empfindet, selbst wenn ihn die Menschen beschimpfen und sogar schlagen.»

«Wer soll das sein, der niemals ärgerlich wird?» Die Frage kam von einem Brahmanen, der falsche Ansichten hatte. Und als sie ihm sagten: «Es ist unser Mönch Sāriputta», meinte er: «Wahrscheinlich hat ihn noch nie jemand richtig gereizt.»

«Nein, keinesfalls, Brahmane», antworteten sie. – «Also gut, ich werde ihn zornig machen.» – «Versuch es nur, ihn zu provozieren, wenn du kannst!» – «Überlasst das mir», sagte der Brahmane. «Ich weiß schon, wie ich es anstellen muss.»

Als der ehrwürdige Sāriputta die Stadt auf seiner Almosenrunde betrat, näherte sich ihm der Brahmane von hinten und gab ihm einen kräftigen Schlag auf den Rücken. «Was war das?», fragte Sāriputta, drehte sich aber nicht einmal um und ging einfach weiter.

Der Brahmane jedoch empfand brennende Gewissensbisse. Er warf sich dem Mönch zu Füßen und bat um Verzeihung, «Weshalb?», fragte dieser milde. «Ich habe dich geschlagen, um deine Geduld auf die Probe zu stellen», antwortete reumütig der Brahmane. «Nun gut, ich verzeihe dir.» – «Ehrwürdiger Herr», sagte der Brahmane, «wenn du mir wirklich verzeihst, so nimm bitte das Essen in meinem Haus ein.» Als Sāriputta schweigend zustimmte, nahm der Brahmane seine Almosenschale und führte ihn in sein Haus, wo er ihm Essen anbot.

Doch die Zeugen des Zwischenfalls waren voller Wut. Sie versammelten sich beim Haus des Brahmanen, bewaffnet mit Stöcken und Steinen, und drohten, ihn zu töten. Als Sāriputta in Begleitung des Brahmanen, der dessen Almosenschale trug, erschien, schrien sie: «Ehrwürdiger Herr, sag diesem Brahmanen, er solle umkehren!»

«Warum, ihr Laienjünger?», fragte Sāriputta. Sie antworteten: «Der Mann hat dich geschlagen, und wir werden ihm zurückgeben, was er verdient!»

«Aber was meint ihr damit? Hat er euch oder mich geschlagen?»

«Euch, ehrwürdiger Herr.»

«Nun gut, er hat mich geschlagen und mich um Verzeihung dafür gebeten. Geht nun eurer Wege.» Und so entließ er die Leute, erlaubte dem Brahmanen zurückzukehren und ging ruhig ins Kloster zurück.

Die Bescheidenheit des ehrwürdigen Sāriputta war so groß wie seine Geduld. Er ließ sich von jedem bereitwillig korrigieren und zeigte dabei auch noch Dankbarkeit. Der Kommentar zum *Susīma-Sutta* (SN 2:29) berichtete von einer solchen Begebenheit: Einmal hing durch eine kleine Nachlässigkeit ein Zipfel seines Untergewandes heraus, und ein siebenjähriger Novize sah dies und machte ihn darauf aufmerksam. Sāriputta trat beiseite, ordnete sein Gewand, trat dann mit zusammengelegten Handflächen vor den Novizen und sagte: «Nun ist es wieder in Ordnung, Lehrer!»[10]

Einen Bezug auf diese Begebenheit finden wir im *Milindapañha*, wo die folgenden Verse Sāriputta zugeschrieben werden:

> Wenn mich jemand, der im Alter
> von sieben Jahren in die Hauslosigkeit
> gezogen ist,
> Etwas lehren sollte, so nehme ich
> dies mit gesenktem Haupt an.
> Ihm gegenüber zeige ich meinen Eifer
> und meine Ehrerbietung.
> Möge ich ihn stets als Lehrer betrachten.
>
> (Mil. 397)

Es ist deswegen nicht verwunderlich, dass Sāriputta sein ganzes Leben lang höchste Verehrung für den ehrwürdigen Assaji zeigte, weil er ihm die Einführung in Buddhas Lehre verdankte. Im Kommentar zum *Nāvā-Sutta* (*Suttanipāta*) und auch zum *Dhammapada* (Strophe 392) wird berichtet, dass Sāriputta es nie unterließ, den ehrwürdigen Assaji zu begrüßen, wenn sich beide im selben Kloster aufhielten. Nachdem er dem Buddha seine Ehrerbietung bezeugt hatte, ging er stets sofort zu Assaji und dachte dabei: «Dieser Verehrungswürdige war mein erster Lehrer. Durch ihn habe ich Buddhas Weisung kennen gelernt.» Und wenn der ehrwürdige Assaji in einem anderen Kloster weilte, pflegte Sāriputta in die Himmelsrichtung zu blicken, in der sich sein Lehrer befand, um ihm seine Ehre zu bezeugen, indem er die Erde an fünf Stellen mit dem Kopf, den Händen und den Füßen berührte und ihn mit aneinander gelegten Handflächen grüßte.

Doch dies führte zu einem Missverständnis. Als andere Mönche sahen, was Sāriputta tat, meinten sie: «Nachdem er Hauptjünger geworden ist, verehrt er immer noch die vier Himmelsrichtungen! Selbst heute kann er noch nicht seine brahmahnischen Ansichten aufgeben!» Als der Buddha dies hörte, sagte er: «So ist es nicht, ihr Mönche. Sāriputta verehrt nicht die vier Himmelsrichtungen. Er grüßt jenen, durch den er den Dhamma kennen gelernt hat, und verehrt ihn als seinen Lehrer. Sāriputta ist ein Mönch, der seinen Lehrer tief verehrt.» Aus diesem Anlass hielt der Meister den Mönchen eine Lehrrede, das *Nāvā-Sutta*[11], das mit folgenden Worten beginnt:

Wie die Devas Indra die Ehre erweisen,
So sollte man den Menschen verehren,
Durch den man den Dhamma
kennen gelernt hat.

Ein weiteres Beispiel für die Dankbarkeit des ehrwürdigen Sāriputta finden wir in der Geschichte des ehrwürdigen Rādha. Der Kommentar zum *Dhammapada* (Strophe 76) berichtet, dass Rādha ein armer Brahmane war, der sich im Jetavana-Kloster in Sāvatthī aufhielt. Er verrichtete dort kleinere Dienstleistungen wie Unkrautjäten, Fegen und Ähnliches. Dafür gaben ihm die Mönche zu essen. Als er um die Ordination bat, wollten sie ihm die Mönche nicht gewähren. Eines Tages erkannte der Erhabene, als er die Welt geistig überblickte, dass dieser Brahmane reif war für die Arahatschaft. So fragte er die versammelten Mönche, ob sich einer von ihnen erinnern könne, jemals von dem armen Brahmanen Hilfe oder Unterstützung erhalten zu haben. Sāriputta sagte daraufhin, er habe in Rājagaha seinen Almosengang gemacht und der arme Brahmane habe ihm eine Kelle voll Almosenspeise gegeben, die er sich selbst erbettelt hatte. Da bat der Meister Sāriputta, den Brahmanen zu ordinieren, was auch geschah. Sāriputta unterwies ihn nun immer wieder darin, was zu tun und was zu unterlassen sei. Rādha nahm diese Belehrungen stets freudig entgegen und war nicht verärgert. Innerhalb kurzer Zeit erreichte er die Arahatschaft. Bei dieser Gelegenheit lobten die Mönche Sāriputtas Sinn für Dankbarkeit und sagten über ihn, wer selbst willig Rat annehme, bekomme auch Schüler, die sich genauso verhielten. Der Buddha fügte hinzu, dass Sāriputta nicht nur in dieser, sondern auch in früheren Existenzen stets dankbar gewesen sei und sich an jede gute Tat, die er erfahren habe, erinnere. In diesem Zusammenhang erzählte der Meister das *Alīnacitta-Jātaka* (Jāt. 156). Sāriputta war darin ein dankbarer Elefant, der sein Leben lang einer Gruppe von Zimmerleuten half, die ihn gepflegt hatten, als er verwundet war.

Sāriputtas Nachsicht und Bescheidenheit zeigte sich auch, als er, während er im Jetavana-Kloster weilte, das Opfer einer falschen Anschuldigung wurde.[12] Am Ende der Regenzeit verabschiedete sich Sāriputta vom Meister und machte sich mit seinem eigenen Gefolge von Mönchen auf eine Reise. Eine große Zahl anderer Mönche nahm Abschied von Sāriputta, und dabei sprach er die Mönche mit Vor- und Familiennamen an. Einen Mönch, dessen Vor- und Familienname ihm nicht bekannt war, zeichnete Sāriputta nicht durch diese persönliche Anrede aus. Der Mönch fühlte sich darob zurückgesetzt. «Er grüßt mich nicht wie die anderen Mönche», dachte er und empfand Groll gegen Sāriputta.

Im selben Augenblick geschah es, dass der Saum von Sāriputtas Kleid den Mönch streifte. Dies verstärkte seine Verbitterung. Er ging zum Buddha und beklagte sich: «Herr, der ehrwürdige Sāriputta, der ohne

Zweifel von seiner Stellung als Hauptjünger sehr eingenommen ist, hat mir einen Schlag versetzt, der fast mein Ohr verletzte. Und nachdem er das getan hatte, bat er mich nicht einmal um Verzeihung und reiste einfach ab.» Der Buddha bestellte Sāriputta zu sich. In der Zwischenzeit beriefen Mahāmoggallāna und Ānanda in dem Wissen, dass eine Verleumdung aufgedeckt werden würde, alle Mönche zu einer Versammlung ein. «Kommt, ehrwürdige Herren!», sagten sie. «Wenn der ehrwürdige Sāriputta dem Meister von Angesicht zu Angesicht gegenübersteht, wird er den Löwenruf erschallen lassen.»

Und so kam es denn auch. Als der Meister den großen Ältesten befragte, erklärte dieser, statt die Anklage zurückzuweisen: «O Herr, wer in der Betrachtung des Körpers im Hinblick auf seinen eigenen Körper nicht fest gegründet ist, der mag wohl imstande sein, einem Ordensbruder weh zu tun und sich dann nicht einmal zu entschuldigen.» Dann folgte Sāriputtas Löwenruf. Er verglich seine Freiheit von Hass und Zorn mit der Geduld der Erde, die alle Dinge aufnimmt, reine und unreine. Er verglich seine Geistesruhe mit einem Stier, dessen Hörner abgesägt sind, mit einem jungen Ausgestoßenen, mit Wasser, Feuer und Wind und der Läuterung. Er verglich die Belästigung, die er durch das Vorhandensein seines eigenen Körpers empfand, mit der Belästigung durch Schlangen und Kadaver. In neun Gleichnissen beschrieb er seine Tugenden, und neunmal bestätigte die Erde die Wahrheit seiner Worte. Die ganze Versammlung war von der majestätischen Kraft seiner Worte bewegt.

Als Sāriputta so seine Tugenden verkündete, wurde der Mönch, der ihn verleumdet hatte, von Gewissensbissen geplagt. Er warf sich dem Erhabenen zu Füßen und bekannte seine Schuld. Daraufhin sagte der Buddha: «Sāriputta, verzeihe diesem in die Irre geleiteten Menschen, sonst zerspringt sein Kopf in sieben Teile.» Sāriputta antwortete darauf: «Ehrwürdiger Herr, ich verzeihe diesem ehrwürdigen Mönch gerne.» Und mit aneinander gelegten Handflächen fügte er hinzu: «Möge auch dieser ehrwürdige Mönch mir verzeihen, wenn ich ihn in irgendeiner Weise verletzt haben sollte.» Auf diese Weise erfolgte die Versöhnung. Die anderen Mönche wurden von Bewunderung erfüllt und sagten: «Seht, Brüder, die außergewöhnliche Güte unseres ältesten Mönches! Er hegt weder Zorn noch Hass gegen diesen lügnerischen, verleumderischen Mönch! Stattdessen demütigt er sich vor ihm, streckt seine Hände ehrfurchtsvoll vor ihm aus und bittet ihn um Verzeihung.»

Der Buddha sagte dazu: «Mönche, es ist Sāriputta und seinesgleichen nicht möglich, Zorn oder Hass zu hegen. Sāriputtas Geist ist wie die große Erde, fest wie ein Torpfosten, einem stillen Wasser ähnlich.» Dann rezitierte er die folgenden Verse:

Nicht nachtragend wie die Erde,
fest wie ein Torpfosten,
Ausgeglichen und fest in seinen
Gelübden verankert,
Der Geist ohne Makel wie ein Weiher:
Für einen solchen Menschen existiert
der Kreislauf der Wiedergeburten
nicht mehr. (Dhp. 95)

Ein ähnlicher Zwischenfall ging nicht so glücklich aus, denn der Verleumder weigerte sich, seine Schuld anzuerkennen. Es war ein Mönch namens Kokālika, der dem Buddha gegenüber dessen beide Hauptjünger verleumdete: «Sāriputta und Moggallāna haben böse Absichten, Herr», sagte er. «Sie sind von falschem Ehrgeiz gepackt.»

Der Meister antwortete darauf: «Rede nicht so, Kokālika! Sag das nicht! Hege freundliche und vertrauensvolle Gedanken gegenüber Sāriputta und Moggallāna! Ihr Lebenswandel ist ohne Tadel und ihr Wesen liebenswert!» Doch der irregeleitete Kokālika beachtete Buddhas Worte nicht. Er fuhr mit seinen Anklagen fort, und bald danach bedeckte sich sein ganzer Körper mit Geschwüren. Sie wuchsen dauernd weiter, bis er schließlich an seiner Krankheit starb und in der Hölle wieder geboren wurde. Dieses Ereignis wurde weithin bekannt. An den folgenden Stellen des Sutta-Piṭaka wird darüber berichtet: Saṁyutta-Nikāya (SN 6:10) *Surranipāta*: *Mahāvagga* (10); Aṅguttara-Nikāya (10:89); *Takkāriya-Jātaka* (Jāt. 481). Der Vergleich zwischen den beiden Ereignissen zeigt die Bedeutung der Reue. Weder Sāriputta noch Moggallāna trugen dem Mönch Kokālika etwas nach. Wenn er sich entschuldigt hätte, wäre dies ohne Einfluss auf die Haltung der beiden Hauptjünger gewesen. Der irrende Mönch hätte vielmehr selbst Nutzen daraus gezogen und die Folgen des schlechten Kamma abwenden können. Böses wirkt immer auf den zurück, der es Schuldlosen antun will. So verurteilte und bestrafte Kokālika sich selbst durch sein eigenes Tun.

Freunde und Verwandte

Solch persönliche Qualitäten wie Dankbarkeit, Freundlichkeit, Hilfsbereitschaft und Geduld trugen dem ehrwürdigen Sāriputta viele Freundschaften ein, die ein Leben lang anhielten. Mit Moggallāna, dem Freund und Gefährten seiner Jugend, unterhielt er eine enge Beziehung, die erst der Tod im letzten Lebensjahr des Buddha beendete. Doch waren Sāriputtas Freundschaften keinesfalls exklusiv. Dem Kommentar zum *Mahāgosiṅga-Sutta* zufolge bestand auch eine gegenseitige Zuneigung zwischen Sāriputta und dem Mönch Ānanda. Sāriputta nahm folgenden Standpunkt ein: «Ānanda bedient den Meister, und damit erfüllt er eigentlich einen Teil meiner Pflichten.» Ānandas Zuneigung beruhte ihrerseits auf der Tatsache, dass der Buddha Sāriputta zu seinem Hauptjünger ernannt hatte. Wenn Ānanda junge Schüler als Novizen aufnahm, brachte er sie später zu Sāriputta, damit dieser ihnen die höhere Mönchsweihe erteilte. Sāriputta hielt es genauso, so dass Ānanda und er fünfhundert gemeinsame Schüler hatten.

Wann immer Ānanda besonders schöne Roben oder andere Gegenstände erhielt, übergab er sie Sāriputta. Ebenso schenkte Sāriputta Ānanda spezielle Gaben, die er selbst erhalten hatte. Einmal bekam Ānanda von einem Brahmanen ein sehr kostbares Gewand, und mit der Erlaubnis des Meisters behielt er es zehn Tage lang, weil er auf Sāriputtas Rückkehr warten musste, Der Subkommentar liefert eine Erklärung späterer Lehrer: «Es mag Menschen geben, die sagen: ‹Wir können wohl verstehen, dass Ānanda, der ja noch nicht die Arahatschaft erreicht hatte, eine solche Zuneigung empfand. Doch wie stand es mit Sāriputta, der doch ein Arahat ohne jedes Begehren war?› Die Antwort lautet: ‹Sāriputtas Zuneigung hatte nichts zu tun mit weltlichem Anhaften und Festhalten, sondern war Liebe zu Ānandas Tugenden.›»

Der Buddha fragte Ānanda einmal: «Schätzt du Sāriputta auch so hoch ein?» Darauf antwortete Ānanda: «Wer, o Meister, sollte Sāriputta nicht hoch schätzen, sofern er nicht töricht, verblendet, dumm oder völlig verkehrten Sinnes ist. Sāriputta ist voller Weisheit, er verfügt über umfassende, helle, schnelle, flinke und durchdringende Weisheit. Sāriputta hat kaum Wünsche und ist genügsam, er liebt die Abgeschiedenheit, braucht keine Gesellschaft, ist energiegeladen, beredsam, ein guter Zuhörer und sagt, wenn etwas böse ist» (SN 2:29).

In den *Theragāthā* (1034f.) beschreibt Ānanda seine Gefühle bei Sāriputtas Tod: «Als der edle Freund (Sāriputta) gestorben war», erklärt er, «senkte sich für mich Dunkelheit über die Welt.» Doch er fügt hinzu, dass er nach dem Tod des Gefährten und auch des Meisters keinen anderen Freund mehr gehabt habe als die Achtsamkeit, die auf den Körper gerichtet ist. Ānandas Schmerz über den Tod Sāriputtas schildert das *Cunda-Sutta* in bewegenden Worten.[13]

Sāriputta war ein echter Freund im umfassenden Wortsinn. Er verstand es, die besten Eigenschaften in anderen zu fördern, und zögerte auch nicht, sich geradeheraus und kritisch zu äußern. Damit entsprach er dem vom Buddha beschriebenen Ideal eines Freundes, der seinen Gefährten auf Fehler aufmerksam macht. Mit einer solchen ehrlich gemeinten Kritik verhalf er dem ehrwürdigen Anuruddha zum letzten Durchbruch zur Arahatschaft, wie im Aṅguttara-Nikāya (3:128) festgehalten ist.

> Einst besuchte der ehrwürdige Anuruddha den ehrwürdigen Sāriputta. Sie begrüßten sich gegenseitig mit zuvorkommenden Worten. Dann setzte sich Anuruddha nieder und sagte zu dem ehrwürdigen Sāriputta: «Freund Sāriputta, ich erkenne mit dem geläuterten göttlichen Auge, das die menschliche

Sicht transzendiert, das tausendfache Weltensystem. Stark ist meine Energie, und sie lässt nicht nach. Meine Achtsamkeit ist konzentriert. Mein Körper ist ruhig und ungestört. Mein Geist ist gesammelt und einspitzig. Und doch ist mein Geist nicht frei von allem Begehren.»

«Freund Anuruddha», sagte darauf der ehrwürdige Sāriputta, «wenn du so von deinem göttlichen Auge denkst, täuschst du dich. Dass du so von deiner starken Energie, deiner konzentrierten Achtsamkeit, deinem ungestörten Körper, deinem gesammelten Geist denkst – all das ist ein Zeichen von Ruhelosigkeit in dir. Dass du glaubst, dass dein Geist nicht frei ist von Begehren, das ist Unruhe in dir.[14] Es wäre in der Tat gut, wenn du diese drei Geisteszustände aufgeben würdest, ihnen keine Aufmerksamkeit mehr schenktest und deinen Geist auf das Element des Todlosen richten würdest.»

Der ehrwürdige Anuruddha folgte Sāriputtas Rat und erlangte innerhalb kurzer Zeit die endgültige Vernichtung aller Begierden.

Sāriputtas Gesellschaft muss sehr anregend gewesen sein, denn viele suchten ihn auf. Was Menschen mit ganz verschiedenen Temperamenten zu ihm und zu einem Gespräch mit ihm hinzog, wird in einer Begebenheit deutlich, die im *Mahāgosiṅga-Sutta* (MN 32) beschrieben wird. Eines Abends gingen die Mönche Mahāmoggallāna, Mahākassapa, Anuruddha, Revata und Ānanda zu Sāriputta, um eine Lehrrede zu hören. Sāriputta hieß sie willkommen und sagte: «Wundervoll ist der Gosiṅga-Wald mit seinen Sāla-Bäumen, es ist eine herrliche, klare Mondnacht, die Sāla-Bäume stehen in voller Blüte, und himmlische Düfte, so meint man, sind überall zu verspüren. Was für ein Mönch, Ānanda, wird diesem Gosiṅga-Wald noch mehr Glanz verleihen?»

Dieselbe Frage stellte Sāriputta auch den anderen Mönchen, und jeder antwortete gemäß dem ihm eigenen Temperament.

Schließlich gab Sāriputta seine eigene Antwort, die wie folgt lautete:

Da ist ein Mönch, der seinen Geist kontrolliert und nicht unter der Kontrolle seines Geistes steht. Der geistigen Vertiefung, in der er sich am Vormittag aufhalten will, dieser Vertiefung erfreut er sich am Vormittag. Der geistigen Vertiefung, in der er sich zur Mittagszeit aufhalten will, dieser Vertiefung erfreut er sich am Mittag. Der geistigen Vertiefung, in der er sich am Abend aufhalten will, dieser Vertiefung erfreut er sich am Abend. Dies ist dem Kleiderschrank eines Königs oder eines königlichen Ministers vergleichbar. Er ist voller bunter Kleider, so dass der König oder der Minister gerade das Gewand am Vormittag, am Mittag und am Abend anziehen kann, das er will. Ähnlich ist es mit einem Mönch, der Kontrolle ausübt über seinen Geist und der nicht unter der Kontrolle seines eigenen Geistes steht. In der geistigen Versenkung, in der er sich am Morgen, zur Mittagszeit oder abends aufhalten will, derer kann er sich am Morgen, am Mittag und am Abend erfreuen. Ein solcher Mönch, Freund Moggallāna, verleiht dem Gosiṅga-Wald zusätzlichen Glanz.

Da gingen sie zum Buddha und berichteten ihm von ihrer Diskussion. Der Meister hieß all ihre Antworten gut und fügte noch eine eigene hinzu.

Aus dieser Episode sehen wir, dass Sāriputta trotz seiner hohen Intelligenz und seiner Stellung im Orden weit davon entfernt war, ein herrschsüchtiger Typ zu sein, der anderen seine Meinung aufdrängen wollte. Er verstand es sehr gut, seine Gefährten auf natürliche Weise zu eigenen Gedanken anzuregen, indem er auf den Reiz der Landschaft verwies. Seine eigene empfindsame Natur wurde von landschaftlicher Schönheit angesprochen, und er erweckte in seinen Freunden ähnliche Gefühle.

Es sind noch viele weitere Gespräche zwischen Sāriputta und anderen Mönchen überliefert, nicht nur mit Moggallāna, Ānanda und Anuruddha, sondern auch mit Mahākoṭṭhita, Upavāṇa, Samiddhi, Savittha, Bhūmija und vielen weiteren. Sāriputta traf auch gerne mit anderen Mönchen zusammen, besonders mit jenen, die der Meister lobend erwähnt hatte. Einer von ihnen war Puṇṇa Mantāniputta. Sāriputta hatte ihn noch nicht kennen gelernt, als der Buddha ihn vor versammelter Mönchsschar lobte. Als Sāriputta erfuhr, dass Puṇṇa dem Kloster einen Besuch abstattete, ging er zu ihm und sprach mit ihm, ohne seine Identität zu verraten, über aufeinander folgende Stadien der Läuterung in ihrer Beziehung zum Nibbāna. Seine Fragen führten dazu, dass Puṇṇa eine große Lehrrede hielt, das *Rathavinīta-Sutta* («Das Gleichnis vom Wagenlenker», MN 24). Darin legt er die Stadien des buddhistischen Pfades dar. Später verwendete Ācariya Buddhaghosa dieses Gerüst in seinem monumentalen Werk *Visuddhimagga*.

Auch der Buddha selbst liebte es offenbar, mit Sāriputta zu sprechen, denn er tat es oft. Viele seiner Lehrreden richtete er an seinen «Marschall des Dhamma». Einmal kam Sāriputta zum Buddha und wiederholte einige Worte, die der Meister bei einer anderen Gelegenheit Ānanda gegenüber geäußert hatte: «Das ist das gesamte heilige Leben (*brahmacariya*), nämlich Freundschaft mit Edlen, Gesellschaft mit Edlen, Umgang mit Edlen» (SN 45:2). Es gibt kein besseres Beispiel für diese Lehre als das Leben des Hauptjüngers selbst.

Wie wir bereits gesehen haben, wurde Sāriputta in eine Brahmanenfamilie in dem Dorf Upatissa (oder Nālaka) in der Nähe von Rājagaha hineingeboren. Sein Vater hieß Vaganta, seine Mutter Rūpasārī. Von seiner Beziehung zum Vater ist nirgendwo die Rede, so dass wir annehmen können, dass dieser früh verstarb. Sāriputta hatte drei Brüder: Cunda, Upasena und Revata sowie drei Schwestern namens Cālā, Upacālā und Sīsūpacālā. Alle sechs traten dem buddhistischen Orden bei und erlangten die Heiligkeit.

Cunda wurde unter dem Namen Samaṇuddesa bekannt. Dieses Wort bedeutet «Novize» im Mönchsorden, und er behielt diesen Namen auch als voll ordinierter Mönch bei. Auf diese Weise konnte man ihn von dem älteren Mahācunda unterscheiden. Als Sāriputta starb, war Cunda sein Diener. Und er war es auch, der den Buddha von Sāriputtas Tod informierte und gleichzeitig dessen letzte Habseligkeiten zurückbrachte. Die Geschichte wird im *Cunda-Sutta* erzählt, von dem weiter unten noch die Rede sein soll.

Upasena wurde unter dem Namen Vagantaputta bekannt, also «Sohn des Vaganta», wie Sāriputta «Sohn des Sāri» bedeutet. Der Buddha bezeichnete Vagantaputta als den Mönch, der sich durch ein besonders angenehmes Wesen (*samantapāsādika*) hervortat. Er starb an einem Schlangenbiss, wie im Saḷāyatana-Saṁyutta (SN 35:69) berichtet wird. Revata war der jüngste der Brüder. Seine Mutter wollte verhindern, dass auch er Mönch wurde, und verheiratete ihn in noch sehr jungen Jahren. Doch am Hochzeitstag sah er die Großmutter seiner zukünftigen Gemahlin, eine einhundertzwanzigjährige Frau mit allen Zeichen des körperlichen Verfalls. Auf einen Schlag erfasste ihn der Ekel am weltlichen Leben. Er lief unter einem Vorwand vom Hochzeitszug weg, floh in ein Kloster und wurde dort ordiniert. In späteren Jahren wollte er einmal dem Buddha begegnen und machte während seiner Reise Halt in einem Wald aus Akazienbäumen (*khadīravana*). Während er dort die Regenzeit verbrachte, erreichte er die Arahatschaft. Danach wurde er unter den Namen Revata Khadīravaniya, «Revata aus dem Akazienwald», bekannt. Der Buddha zeichnete ihn als besten unter den Einsiedlern des Waldes aus.

Die drei Schwestern Cālā, Upacālā und Sīsūpacālā wollten dem Beispiel ihrer Brüder folgen und traten nach ihrer Hochzeit dem Orden bei. Als sie noch verheiratet waren, bekam jede einen Sohn, der nach seiner Mutter benannt wurde. Auch diese drei Söhne wurden ordiniert, und Revata Khadīravaniya nahm sie als Novizen zu sich. Sāriputta pries ihr gutes Verhalten (im Kommentar zu Thag. 42). Als Cālā, Upacālā und Sīsūpacālā dem Nonnenorden beitraten, versuchte sie Māra zu provozieren und zu verführen. Ihre Antworten sind in den *Therīgāthā* und im Bhikkhunī-Saṁyutta aufgezeichnet.

Im Gegensatz zu ihren Kindern blieb Sāriputtas Mutter all die Jahre hindurch eine felsenfest überzeugte Brahmanin. Sie stand der Lehre des Buddha und seinen Anhängern feindlich gegenüber. Der Kommentar zum *Dhammapada* (Strophe 400) berichtet über eine entsprechende Begebenheit. Einmal hielt sich der ehrwürdige

Sāriputta mit einem großen Gefolge von Mönchen in seinem Heimatdorf Nālaka auf. Während der Almosenrunde gelangte er auch zum Haus seiner Mutter. Sie gab ihm einen Sitz und Essen, schimpfte aber gleichzeitig voller Verachtung: «Oh, ihr Resteesser! Wenn ihr keinen sauer gewordenen Reisschleim bekommt, geht ihr bei Fremden von Haus zu Haus und leckt die Reste von den Rückseiten der Kellen! Dafür hast du ein Vermögen aufgegeben und bist Mönch geworden! Du hast mich ruiniert! Nun komm schon, und iss!»

Als sie auch den übrigen Mönchen Speise anbot, sagte sie: «So! Ihr seid also die Leute, die meinen Sohn zum Laufburschen gemacht haben! Kommt schon, und esst!»

So schimpfte sie weiter, doch Sāriputta sagte kein Wort. Er nahm sein Essen, verzehrte es und kehrte schweigend zum Kloster zurück. Der Buddha erfuhr von diesem Zwischenfall von seinem Sohn Rāhula, der Zeuge des Geschehens gewesen war. Alle Mönche, die davon hörten, staunten über Sāriputtas große Geduld, und der Buddha pries ihn in der Versammlung der Mönche mit folgenden Versen:

> Wer frei von Zorn ist und seine Pflichten
> getreu erfüllt,
> Wer die Regeln beachtete und frei
> ist von Begehren,
> Wer sich selbst bezähmt hat und
> seinen letzten Körper trägt –
> Den nenne ich einen Brahmanen.
>
> (Dhp. 400)

Erst ganz am Ende seines Lebens gelang es Sāriputta, seine Mutter zu bekehren. Auf diese Geschichte werden wir weiter unten noch zurückkommen. Der Zwischenfall zeigt jedoch, welches die angenehmsten Eigenschaften des ehrwürdigen Mönchs waren: seine Bescheidenheit, seine Geduld und seine Nachsicht.

Der Meditierende

Als der Bodhisatta auf der Suche nach einem Weg zur Erleuchtung in die Hauslosigkeit zog, wurde er zuerst Jünger zweier berühmter Meditationsmeister jener Zeit. Mit ihrer Hilfe erreichte er die beiden höchsten formlosen Versenkungszustände, nämlich das Gebiet der «Nichtsheit» und das Gebiet der «Weder-Wahrnehmung-noch-Nichtwahrnehmung» (siehe NM 26). Aus dem Bericht von Sāriputtas Suche geht hervor, dass seine Neigungen ihn auf einen anderen Weg führten, nicht zu Lehrern, die solche Bewusstseinszustände meisterten, sondern zu Männern, die im philosophischen Diskurs und bei der intellektuellen Analyse Hervorragendes leisteten. Seine Einführung in den Dhamma geschah nicht, wie wir gesehen haben, durch meditative Versenkung, sondern durch eine direkte, spontane Einsicht in die Bedingtheit aller Phänomene und in das unbedingte, ehrwürdige Element jenseits der Verknüpfung von Ursache und Wirkung. Doch als Sāriputta Jünger des Buddha geworden war, erreichte er schnell die Meisterschaft über alle Stadien der meditativen Versenkung und nutzte seine einschlägige Erfahrung als Werkzeug für den endgültigen Durchbruch zur vollen Erleuchtung.

Den Weg, den Sāriputta vom Stadium des Stromeintritts bis zur Erlangung der Arahatschaft zurücklegte, beschreibt der Buddha im *Anupada-Sutta* (MN 111). In dieser aufschlussreichen Lehrrede erklärt der Erhabene, Sāriputta habe in den zwei Wochen, in denen er sich um die endgültige Erlösung bemühte, die «Einsicht in Bewusstseinszustände, einen nach dem anderen» (*anupadadhammavipassanā*) praktiziert. So meisterte er die neun meditativen Stufen: die vier feinstofflichen Jhānas, die vier nichtmateriellen Zustände und schließlich das Aufhören von Wahrnehmung und Fühlen. Auf jeder dieser Stufen – mit Ausnahme der beiden letzten, die zu subtil sind für eine introspektive Erforschung – analysierte er deren wesentliche Faktoren, definierte sie und betrachtete, wie sie entstanden, wie sie anhielten und wie sie wieder verschwanden. Er verweilte dabei «nicht angezogen, nicht abgestoßen, unabhängig, losgelöst, frei, ohne Bindung, mit schrankenlosem Geist» und gelangte zur jeweils nächsthöheren Stufe, bis er das Aufhören von Wahrnehmung und Fühlen erreichte.

Sein Durchbruch zur Arahatschaft fand, wie bereits erwähnt, in dem Augenblick statt, in dem er hinter dem Buddha stand und ihm Kühlung zufächelte. Der Meister hielt gerade eine Lehrrede für den Wanderer Dīghanakha, Sāriputtas Neffen. Das Thema von Buddhas Rede war das Verständnis der Gefühle. Der Buddha begann, die Natur des Körpers zu erklären, und wies Dīghanakha an, er solle den Körper so betrachten, dass er Begehren, Zuneigung und Sorge für ihn aufgeben könne. Dann erklärte er die Betrachtung von Gefühlen: Alles Fühlen solle man als unbeständig und bedingt betrachten, als vergänglich und eitel. Als Sāriputta die Worte des Buddha hörte, dachte er bei sich: «Der Erhabene spricht aus direktem Wissen über das Aufgeben dieser Dinge; er spricht über die Loslösung von diesen Dingen durch direktes Wissen.» Als er darüber nachdachte, breitete sich in ihm plötzlich das endgültige Wissen aus, und sein Geist wurde von den Grundübeln befreit durch Nichtbegehren.

In seinen Versen in den *Theragātā* beschreibt Sāriputta den Weg, auf dem er zur Arahatschaft gelangte:

Der Erhabene, der Buddha,
der mit dem scharfen Blick,
Lehrte den Dhamma einen anderen.
Während der Dhamma dargelegt wurde,
Hörte ich zu, wollte selbst das Ziel
erreichen.
Ich hörte nicht vergebens zu,
Denn nun bin ich erlöst,
frei von den Grundübeln. (Thag. 995 f.)

Obwohl Sāriputta in Bezug auf das Verständnis des Dhamma der hervorragendste aller Jünger Buddhas war, strebte er im Gegensatz zu vielen anderen Mönchen nicht nach übernatürlichen Arten des Wissens und paranormalen Kräften, die oft zu den Merkmalen eines Arahat gehören. Deswegen sagt er in den darauf folgenden Versen der *Theragāthā* (996 f.), dass er keine Neigung (*paṇidhi*) zu den fünf paranormalen Kräften (*abhiññā*) empfunden habe. In diesen war sein Freund Mahāmoggallāna Meister. Der Kommentar zu diesen Versen berichtet allerdings, dass Sāriputta zwar keine bewussten Anstrengungen unternommen habe, um diese psychischen Kräfte zu erlangen, aber sie seien spontan beim Erreichen der Arahatschaft «in seine Hände gelangt». Es seien die einem Hauptjünger innewohnenden Qualitäten.

Die «Abhandlung über die psychische Kraft» des *Paṭisambhidāmagga* (2:212) schreibt Sāriputta auch «die Kraft des Eingreifens durch Konzentration» (*samādhi-vipphāra-iddhi*) zu. Damit war er imstande, in gewisse normale physiologische Prozesse oder andere natürliche Abläufe einzugreifen. Die kanonische Basis für diese Zuschreibung bildet eine Geschichte im *Udāna* (4:4). Als Sāriputta einst mit Moggallāna in Kapotakandarā weilte, saß er während einer Vollmondnacht in Meditation draußen im Freien. Sein Kopf war frisch geschoren. Ein böser Dämon (*yakkha*) flog über ihn hin, kam herunter und versetzte dem Mönch auf gehässige Weise einen schweren Schlag auf den Kopf. Sāriputta aber war so sehr in seine Meditation versunken, dass es ihm nichts ausmachte. Die Geschichte nimmt folgenden Fortgang:

> Der ehrwürdige Mahāmoggallāna sah den Zwischenfall, wandte sich an den ehrwürdigen Sāriputta und fragte ihn: «Freund, wie geht es dir? Fühlst du dich gut? Stört dich nichts?»
> «Es geht mir gut, Freund Moggallāna», sagte der ehrwürdige Sāriputta. «Es geht mir wirklich gut, doch ich habe leichtes Kopfweh.»
> Daraufhin sagte der ehrwürdige Mahāmoggallāna: «Das ist wundervoll, Freund Sāriputta! Es ist einfach wundervoll, Freund Sāriputta! Wie groß ist die psychische Kraft und die Macht des ehrwürdigen Sāriputta! Denn gerade vorhin, Freund Sāriputta, hat dir ein Dämon einen Schlag auf den Kopf versetzt. Und es war ein derart mächtiger Schlag, dass man damit hätte einen Elefanten fällen und eine Bergspitze zweiteilen können. Doch der ehrwürdige Sāriputta sagt nur dieses: ‹Es geht mir gut, Freund Moggallāna. Es geht mir einfach gut, Freund Moggallāna, ich habe nur leichte Kopfschmerzen.›» Daraufhin antwortete der ehrwürdige Sāriputta: «Es ist wunderbar, Freund Moggallāna! Es ist einfach wunderbar, Freund Moggallāna! Wie groß muss die psychische Macht und Kraft des ehrwürdigen Moggallāna sein, dass er überhaupt einen Dämon wahr-

nehmen konnte! Was mich anbelangt, habe ich höchstens einen Schlammspritzer gesehen.»

Der Erhabene hatte mit Hilfe seines göttlichen Ohres diese Diskussion zwischen den beiden Jüngern mitgehört. Daraufhin machte er die folgende «feierliche Äußerung» zum Lobe Sāriputtas:

Wessen Geist unbeweglich steht
wie ein Fels,
Nicht verhaftet den Dingen,
die eine Bindung verursachen,
Ungerührt von Dingen, die Ärger
und Zorn auslösen,
Wie kann das Leiden einen solchen
Menschen erreichen,
Wenn er seinen Geist derart gezähmt hat.

Nachdem Sāriputta im höchsten Ziel fest verankert war, wurde für ihn die Meditation zu einem natürlichen Ausdruck dessen, was er erlangt hatte. Im Sāriputta-Saṃyutta fragt der ehrwürdige Ānanda Sāriputta bei mehreren Gelegenheiten, wie er den Tag verbracht habe. Sāriputta antwortet darauf, er habe seine Zeit mit dem Verweilen in den verschiedenen Stadien der meditativen Versenkung zugebracht. Doch auf jeder dieser Stufen, so fügt er hinzu, sei er frei gewesen von jedem Selbstbezug: «Ich hatte keine solchen Gedanken wie ‹ich dringe nun in das Jhāna ein; ich bin nun eingedrungen; ich verlasse es nun wieder›» (SN 28:1–9).

Bei einer anderen Gelegenheit beschrieb Sāriputta Ānanda, wie er einen einzigartigen Zustand der Versenkung zu erreichen imstande sei, in dem er kein bekanntes Objekt der Wahrnehmung wahrnehmen könne. Im Hinblick auf das Erdelement sei er ohne Wahrnehmung der Erde, und das gelte auch für die übrigen drei Elemente, die vier formlosen Objekte und für alles, das zu dieser und selbst zur jenseitigen Welt zähle. Und doch, so sagte er, sei er nicht ganz ohne Wahrnehmung. Seine einzige Wahrnehmung sei: «Nibbāna ist das Aufhören des Werdens» (*bhavanirodho nibbānaṁ*) (AN 10:7).

Dieser Zustand scheint identisch zu sein mit dem meditativen «Verweilen in der Lehre» (*suññatāvihāra*), das der ehrwürdige Sāriputta regelmäßig übte. Wir lesen im *Piṇḍapāta-pārisuddhi-Sutta* (MN 151), dass der Buddha einst bemerkte, dass Sāriputtas Züge heiter und strahlend wurden. Er fragte ihn, wie er dieses Strahlen erreicht habe.[15] Sāriputta antwortete, er übe häufig das Verweilen in der Leere. Daraufhin rief der Buddha aus, dies sei wahrlich ein Aufenthaltsort für große Männer, und beschrieb diesen in allen Einzelheiten. Der Kommentar identifiziert dieses «Verweilen in der Leere» mit der Frucht der Arahatschaft (*arahattaphala-samāpatti*). Man gelangt in diesen Zustand, wenn man sich auf den Aspekt der Leere (*suññatā*) des Nibbāna konzentriert. Wenn Sāriputta in diesen meditativen Zustand versunken war, stiegen selbst die Götter von den höchsten

Himmeln herab, um ihn zu verehren, wie der ehrwürdige Mahākassapa in den folgenden Versen bezeugt:

> Diese vielen mächtigen und
> glorreichen Devas,
> Zehntausend Devas aus Brahmās Gefolge,
> Stehen mit gefalteten Händen
> und verehren ihn,
> Sāriputta, den weisen Marschall
> des Dhamma,
> Den großen Meditierenden in
> Versenkung:
> «Ehre dir, o edler Mann,
> Ehre dir, vorzüglicher Mann.
> Wir wissen nicht, aus welchem Anlass
> du meditierst.» (Thag. 1082–1084)

Sāriputtas Qualitäten hinsichtlich der Versenkung stand seine Fähigkeit zur gründlichen und exakten Analyse gegenüber, die durch seine Übung in der Vipassanā-Meditation noch verstärkt wurde. Unter Buddhas Jüngern war Sāriputta derjenige, der über die größte Weisheit (*etadaggaṁ mahāpaññānaṁ*) verfügte. In dieser Beziehung kam er direkt nach dem Erleuchteten selbst. Am eindrucksvollsten zeigte sich Sāriputtas Weisheit auf dem Gebiet der vier analytischen Fähigkeiten (*paṭisambhida-ñāṇa*). Diese hatte er in den zwei Wochen nach seiner Ordination erworben:

> Es war einen halben Monat nach meiner Ordination, Freunde, als ich in all seinen Teilen und Einzelheiten das analytische Wissen von der Bedeutung, das analytische Wissen von der Lehre, das analytische Wissen von der Sprache und das analytische Wissen vom Scharfsinn erlangte. Dies lege ich auf viele Arten dar, lehre es und mache es bekannt, verankere und enthülle es, erkläre und verdeutliche es. Wenn jemand irgendwelche Zweifel hat oder unsicher ist, soll er mich fragen, und ich werde es ihm erklären. Gegenwärtig ist der Meister, der mit den geistigen Stufen wohl vertraut ist (AN 4:173).

Die erste analytische Fähigkeit verschafft besondere Einsicht in die Bedeutung der Lehre, ihre Implikationen und Verästelungen sowie in die Auswirkungen, die bestimmte Gründe haben können. Die zweite Fähigkeit führt zu besonderer Einsicht in die Lehre selbst, in die Verbindungen mit dem gesamten Gerüst des Dhamma und in die Gründe, aus denen bestimmte Wirkungen hervorgehen. Die dritte Fähigkeit hat mit Sprache, Grammatik und Etymologie zu tun. Die vierte Fähigkeit besteht darin, die drei ersten Arten des Wissens bei der Darlegung der Lehre richtig einzuordnen, damit auch in anderen Verständnis geweckt wird. Durch diese vier analytischen Fähigkeiten verstand Sāriputta den Dhamma nicht nur selbst, sondern war auch imstande, ihn richtig zu lehren und darzulegen. Weil er darin so geschickt war, erklärte ihn der Buddha am

Ende des *Anupada-Sutta* (MN 111) zu seinem wahren spirituellen Sohn und zu seinem Hauptassistenten beim «Drehen des Rades der Lehre»:

> Wenn man jemals mit voller Berechtigung von einem sagen konnte, dass er es in der edlen Tugend, in der edlen Sammlung, in der edlen Weisheit und in der edlen Befreiung zur Meisterschaft und Vollkommenheit gebracht hat, so kann man das von Sāriputta behaupten.
> Wenn man jemals mit voller Berechtigung von einem sagen konnte, dass er der wahre Sohn des Erhabenen ist, geboren aus seiner Rede, geboren aus dem Dhamma, geformt vom Dhamma, der Erbe des Dhamma, nicht ein Erbe weltlichen Nießbrauchs, so gilt das für Sāriputta.
> Nach mir, o Mönche, dreht Sāriputta mit voller Berechtigung das Rad des Dhamma, so wie ich es gedreht habe.

Der das Rad dreht

Die Lehrgespräche Sāriputtas und die ihm zugeschriebenen Bücher bilden ein umfassendes Lehrgebäude, das sich in Umfang und Vielseitigkeit der Darlegungen neben dem Werk des Meisters sehen lassen kann. Sāriputta verstand es auf einmalige Weise, die reiche Fülle des Dhamma zu gliedern und übersichtlich darzulegen. Der Hörer fühlte sich dadurch intellektuell angeregt und zu praktischer Anstrengung ermutigt. In der Tradition des Theravāda gilt er nicht nur als Autor vieler Suttas von höchster Bedeutung, sondern er steht auch als inspirierende Kraft hinter drei gehaltvollen exegetischen Abhandlungen. Und schließlich ist er als Individuum verantwortlich für die abschließende Kodifizierung des Abhidhamma. Wir werden auf jeden dieser Beiträge eingehen.

Die Suttas

Dem Geschick des ehrwürdigen Sāriputta in der Darlegung des Dhamma begegnen wir zunächst in zwei klassischen Lehrreden des Majjhima-Nikāya, dem *Mahāhatthipadopama-Sutta* («Große Lehrrede über das Gleichnis von der Elefantenspur», MN 28) und dem *Sammādiṭṭhi-Sutta* («Lehrrede über die echte Ansicht», MN 9).

Die «Große Lehrrede über das Gleichnis von der Elefantenspur»[16] ist ein Meisterwerk methodischer Abhandlung. Sāriputta beginnt mit der Feststellung, dass die Elefantenspur die Fußspuren aller übrigen Tiere enthalten kann. So umfassen die Vier Edlen Wahrheiten auch alles, was heilsam ist. Er behandelt darauf in allen Einzelheiten eine der vier Wahrheiten, die Wahrheit vom Leiden, und endet mit den fünf Anhäufungen, die man als Persönlichkeit betrachtet. Dann zählt er die fünf Anhäufungen oder Gruppen auf – die materielle Form oder Körperlichkeit, die Empfindung, die Wahrnehmung, die psychischen Formkräfte und das Bewusstsein. Daraufhin geht Sāriputta näher auf die materielle Form oder die Körperlichkeit ein. Er erklärt sie auf zwei Arten: durch die vier großen Elemente und die sekundären Arten von Materie, die aus den vier Elementen hervorgehen. Jedes dieser Elemente, so erklärt er, ist sowohl im Inneren, im eigenen Körper, und außen zu finden, in der Außenwelt. Er zählt die Körperteile und Körperfunktionen auf, die zu den inneren Elementen gehören, und erklärt, dass weder die inneren noch die äußeren Elemente Teile eines Selbst sind und auch kein solches Selbst bilden. Wenn man sich diese Betrachtungsweise zu Eigen macht, empfindet man Enttäuschung und Überdruss in Bezug auf die Elemente und überwindet so das Anhaften am Körper.

Sāriputta zeigt dann weiter die Unbeständigkeit der machtvollen äußeren Erscheinung der Elemente: Sie sind alle durch die großen Naturkatastrophen zum Untergang verurteilt. Wenn man dies realisiert, kann man diesen winzigen Körper, das Produkt des Begehrens, nie wieder als «Ich» oder «Mein» betrachten. Wenn ein Mönch, der die Elemente auf diese Weise betrachtet, beschimpft, getadelt und von anderen angegriffen wird, betrachtet er die Situation nüchtern und bleibt ungerührt. Er weiß, dass das schmerzhafte Gefühl, das in ihm aufgestiegen ist, durch Ohrenkontakt entstanden ist und nichts anderes darstellt als eine bedingte Erscheinung. Und er weiß, dass alle Elemente seiner leidvollen Erfahrung – Kontakt, Empfindung, Wahrnehmung, psychische Formkräfte und Bewusstsein – ebenfalls unbeständig sind. An dieser Stelle sehen wir, dass Sāriputta auf organische Weise die weiteren vier Anhäufungen eingeführt hat, nämlich die geistigen Komponenten der Persönlichkeit. Der Meditierende kann somit die gesamte Erfahrung in die fünf unbeständigen, selbstlosen Anhäufungen auflösen. Sāriputta fährt fort: «Wenn sein Geist nur die Elemente als ein Objekt nimmt, wird er freudig und heiter, fest und entschlossen. Und selbst wenn er geschlagen und verletzt wird, wird er denken: ‹Dieser Körper ist nun mal von einer solchen Natur, dass er derartigen Verletzungen ausgesetzt ist.›» Dann wird er sich an das *Kakacūpama-Sutta* des Meisters («Gleichnis von der Säge», MN 21) erinnern und Buddhas Aufforderung befolgen, alle Verletzungen mit Geduld und ohne Rücksicht auf das eigene Leben zu ertragen.

Doch, fährt Sāriputta fort, der Mönch kann seinen Gleichmut nicht bewahren, selbst wenn er an den Buddha, den Dhamma und den Sangha denkt. Es wird ihn ein eindringliches Gefühl befallen, und er wird beschämt sein, weil es ihm nicht gelungen ist, völlig gelassen zu bleiben, trotz seiner Zuflucht zu den drei Kostbarkeiten. Auf der anderen Seite wird er reichlich Glück erfahren, wenn er in seiner Beharrlichkeit fortfährt. «An diesem Punkt hat der Mönch schon viel erreicht», sagt er.

Sāriputta wendet dasselbe Analyseverfahren bei jedem der anderen drei großen Elemente an. Er vergleicht dann den Körper und seine Bestandteile mit einem Haus, das aus Ziegeln, Holzbalken und Schindeln aufgebaut ist und das keine von seinen Bestandteilen unabhängige Natur besitzt. Im abschließenden Teil des Sutta liefert Sāriputta eine klare Darlegung der bedingten Entstehung des Bewusstseins durch die sechs Sinnesfähigkeiten. Die fünf Sinnesorgane und Sinnesobjekte, die die Grundlagen für die Entstehung des fünffachen Sinnesbewusstseins bilden, sind materieller Natur und gehen aus den vier Elementen hervor. Damit vervollständigt er die Analyse der Aggregate der materiellen Form unter Einschluss der sekundären Materie. Jeder Abschnitt des Bewusstseins, der durch ein Objekt und eine Sinnesfähigkeit entsteht, umfasst auch eine Empfindung, eine Wahrnehmung und verschiedene flüchtige psychische Formkräfte. Darin sind alle fünf Anhäufungen impliziert. Diese fünf Gruppen, so meint Sāriputta, sind bedingten Ursprungs. Mit diesen Worten führt er die Lehre von der bedingten Entstehung (*paṭicca-samuppāda*) ein. Dann zitiert er den Meister: «Wer die bedingte Entstehung begreift, versteht den Dhamma. Und wer den Dhamma versteht, begreift die bedingte Entstehung.»

Begehren, Neigung und Anhaften im Hinblick auf die fünf Anhäufungen bilden den Ursprung des Leidens. Die Überwindung des Begehrens, der Neigung und des Anhaftens führt zum Aufhören des Leidens. Und von dem Mönch, der dies begreift, sagt er: «Wenn er das versteht, hat der Mönch schon viel geleistet.» Dann rundet er die Darlegung mit den Vier Edlen Wahrheiten ab. Diese Lehrrede ist wie ein kunstvoll komponiertes Musikwerk, das mit einem weihevollen, majestätischen Akkord ausklingt.

Eine andere vorbildliche Darlegung des ehrwürdigen Sāriputta finden wir in der Lehrrede über die rechte Sicht.[17] Sie ist ein Meisterstück der Lehre und liefert den Rahmen für weitere Ausführungen, wie sie der ausgedehnte Kommentar enthält. In diesem Kommentar lesen wir: «Im Buddhawort, gesammelt in den fünf großen Nikāyas, gibt es keine Lehrrede wie die über die rechte Sicht. Darin ist zweiunddreißigmal von den Vier Edlen Wahrheiten und zweiunddreißigmal vom Zustand der Arahatschaft die Rede.» In dieser Rede schließt Sāriputta eine originelle Darlegung der bedingten Entstehung mit leichten, doch sehr lehrreichen Variationen ein. Er benutzt den heilsamen und unheilsamen Verlauf von Handlungen, die vier Arten der Nahrung und jeden Faktor der bedingten Entstehung, um die Vier Edlen Wahrheiten zu illustrieren. Dadurch wird die Reichweite der Vier Edlen Wahrheiten stark vergrößert. Diese Lehrrede wird in buddhistischen Ländern seit vielen Jahrhunderten und bis auf den heutigen Tag im Unterricht verwendet.

Eine weitere Lehrrede des ehrwürdigen

Sāriputta, die in höchstem Ansehen steht, ist das *Samacitta-Sutta*, dem die «Devas mit ruhigem Geist» zuhörten (AN 2:35). Es befasst sich mit den restlichen Wiedergeburten, die jene Jünger erwarten, die die drei ersten Stufen der Heiligkeit erlangt haben, nämlich den Stromeintritt, die Einmalwiederkehr und die Nichtmehrwiederkehr. Es ist das Ziel dieser Lehrrede zu klären, ob diese Wiedergeburten in der Sinneswelt oder in der feinstofflichen und immateriellen Welt erfolgen. Obwohl die Rede sehr kurz ist, machte sie auf die große Versammlung der Götter, die sich der Überlieferung zufolge eingefunden hatten, einen unauslöschlich tiefen Eindruck. Es wird behauptet, dass viele Devas in dieser Versammlung die Arahatschaft erreichten, während man die Zahl jener, die den Stromeintritt erlangten, gar nicht mehr habe zählen können. Dieses Lehrgespräch ist in der Tat eines der wenigen, das so ungewöhnlich weit reichende Ergebnisse unter den Wesen der höheren Welten zeitigte. Und obwohl das Sutta knapp gehalten und ohne die Erläuterungen des Kommentares nicht leicht zu verstehen ist, wurde es jahrhundertelang hoch geschätzt und immer wieder studiert. Diese Lehrrede hielt auch der Arahat Mahinda am Abend seines Eintreffens in Sri Lanka. Der *Mahāvaṁsa* (14:34ff.), die berühmte Chronik, berichtet, dass auch bei dieser Gelegenheit zahlreiche Devas zuhörten und in die Lehre eindrangen.

Die Hochachtung, die dieser Lehrrede gezollt wird, und die bedeutenden Auswirkungen, die man ihr zuschreibt, dürften darauf zurückzuführen sein, dass sie es den Menschen, die sich schon auf dem Pfad befinden, ermöglicht, die Art der zu erwartenden Wiedergeburten zu bestimmen. Devas auf höheren Entwicklungsstufen neigen bisweilen dazu, ihren himmlischen Status für endgültig zu halten, und erwarten nicht, noch einmal in der Welt der fünf Sinne wieder geboren zu werden, wie es bisweilen der Fall sein kann. Die Lehrrede Sāriputtas gab ihnen eine Handhabe, ihre Stellung zu beurteilen. Für Weltlinge, die den Pfad noch nicht betreten haben, liefert sie eine wertvolle Orientierungshilfe, in welcher Richtung sich ihre Bemühungen zu konzentrieren haben.

Das *Saṅgīti-Sutta* («Der Vortrag») und das *Dasuttara-Sutta* («Die Zehnerfolge») sind zwei weitere Lehrreden Sāriputtas und die beiden letzten Texte des Dīgha-Nikāya (Nr. 33 und 34). Beide sind Zusammenstellungen von Begriffen der Lehre aus den verschiedensten Bereichen und nach der Anzahl ihrer Bestandteile von eins bis zehn in nummerischen Listen geordnet. Dass die Kompilation bei der Zahl Zehn innehält, hat seinen Grund wohl darin, dass es kaum Begriffsgruppen gibt, die über elf oder mehr Bestandteile verfügen; dadurch sind diese auch leicht zu merken. Das *Saṅgīti-Sutta* wurde im Beisein des Buddha gehalten, und am Ende gab er sein ausdrückliches Einverständnis.

Während das *Saṅgīti-Sutta* die Lehrbegriffe nur in nummerischen Gruppen von eins bis zehn anordnet, klassifiziert das *Dasuttara-Sutta* jede nummerische Gruppe in Übereinstimmung mit einem zehnstufigen Schema, womit die praktische Bedeutung dieser Gruppe hervorgehoben werden soll. Ein Beispiel:

> Ein Ding (1) ist von großer Bedeutung, (2) sollte weiterentwickelt werden, (3) sollte in vollem Umfang bekannt sein, (4) sollte aufgegeben werden, (5) führt zu Niedergang, (6) führt zu Fortschritt, (7) ist schwer zu durchdringen, (8) sollte erweckt werden, (9) sollte direkt erfahren werden, (10) sollte realisiert werden. Welches ist dieses eine Ding von großer Bedeutung? Achtsamkeit bei heilsamen Qualitäten ... Was ist das Ding, das man aufgeben sollte? Die Täuschung des «ich bin» ... Was ist das Ding, das man realisieren sollte? Die unerschütterliche Befreiung des Geistes.

Diese Texte müssen zu einem ziemlich späten Zeitpunkt von Buddhas Lehrtätigkeit kompiliert worden sein, als es bereits eine umfangreiche Lehre und sorgfältig übermittelte Lehrreden gab, die für den täglichen Gebrauch systematisiert werden mussten. Das *Saṅgīti-Sutta* wurde kurz nach dem Tod von Nigaṇṭha Nātaputta, dem Anführer der Jain, gehalten, der auch unter dem Namen Mahāvīra bekannt ist. Tatsächlich war sein Tod der Hintergrund dieses Sutta, denn es berichtet davon, dass unter den Jain unmittelbar nach dem Tod ihres Meisters Uneinigkeit, Spaltungen und Lehrunterschiede zutage traten. Sāriputta nahm diesen Ausbruch innerer Konflikte bei den Jain zum Anlass, die Buddhisten zu warnen. In seiner Lehrrede betont er, dass dieser Text «von allen einmütig und ohne Uneinigkeit rezitiert werden sollte, damit das heiligmäßige Leben lange anhält und für das Wohlergehen und das Glück der Götter und der Menschen sorgt». Die Kommentatoren erklären, es sei die Aufgabe des *Saṅgīti-Sutta*, den «Duft der Eintracht» (*sāmaggirasa*) zu bewahren, der durch Fertigkeiten in der Lehre (*desanākusalatā*) verstärkt werde.

Den praktischen Zweck des *Dasuttara-Sutta* nennt Sāriputta in den einführenden Versen:

> Die Rede (Dasuttara), die ich halten werde,
> Eine Lehre zur Erlangung des Nibbāna
> Und zur Beendigung des Leidens,
> Eine Erlösung von allen Fesseln.

Wahrscheinlich dienten diese beiden Suttas als eine Art Register zu ausgewählten Lehren. Sie waren wohl all jenen Mönchen nützlich, die nicht sehr viele Texte auswendig kannten. Die Suttas erlaubten ihnen einen schnellen Zugriff auf zahlreiche Aspekte der Lehre in einer Form, die leicht zu lernen und zu assimilieren war. Beide Lehrreden sind glänzende Beispiele dafür, wie sehr sich Sāriputta um die Erhaltung des Dhamma bemühte. Systematisch sorgte er dafür, dass die Lehre in all ihren Einzelheiten unverändert weitergegeben wurde. Aus diesem Grund schuf er «Studienhilfen» wie diese und andere Lehrreden, dazu Werke wie den *Niddesa*.

Erklärende Werke

Eine Zusammenfassung anderer Lehrreden, die der ehrwürdige Sāriputta hielt, findet der Leser am Ende des Kapitels. Wir wenden uns nun größeren kanonischen Werken zu, die ihm zugeschrieben werden.

Das erste ist der *Niddesa*, der zum Khuddaka-Nikāya des Sutta-Piṭaka zählt. Er ist das einzige Werk im Pāli-Tipiṭaka, das ausschließlich die Form eines Kommentars besitzt. Es umfasst zwei Teile: Der *Mahāniddesa* ist ein Kommentar zum *Aṭṭhakavagga* des *Suttanipāta*, während der *Cūḷaniddesa* den *Pārāyanavagga* und das *Khaggavisāṇa-Sutta* erläutert.

Der *Aṭṭhakavagga* und der *Pārāyanavagga* sind die beiden letzten Bücher des *Suttanipāta*. Sie gehören ohne Zweifel zu den ältesten Teilen des gesamten Sutta-Piṭaka. Mönche wie Laien schätzten sie von Anfang her sehr hoch ein. Das geht aus der Tatsache hervor, dass das *Udāna* von einer Rezitation des *Aṭṭhakavagga* durch Soṇa Thera berichtet. Der Aṅguttara-Nikāya erwähnt eine Rezitation des *Pārāyanavagga* durch die Laienanhängerin Nandamātā. Bei mindestens fünf Gelegenheiten gab der Buddha selbst Erklärungen zu Versen, die in diesen beiden Teilen des *Suttanipāta* enthalten sind. Abgesehen von der großen Achtung, die man diesen beiden Texten entgegenbrachte, enthalten sie zahlreiche archaische Wörter und knappe aphoristische Aussagen. So ist es verständlich, dass es schon in früher Zeit einen Kommentar dazu gab, der später in das Sutta-Piṭaka aufgenommen wurde. Die Tradition schreibt ihn dem ehrwürdigen Sāriputta zu, und das erscheint sehr plausibel – mindestens im Hinblick auf den ursprünglichen Kern des Werkes, vielleicht sogar auf das literarische Dokument im heutigen Pāli-Kanon.[18] Es steht in Übereinstimmung mit den Bemühungen Sāriputtas um eine methodische Ausbildung der Bhikkhus, dass der *Niddesa* nicht nur Worterklärungen, Erläuterungen des Kontexts und Zitate des Buddha enthält, sondern auch Material, das der linguistischen Unterweisung diente, etwa zahlreiche Synonyme für ein bestimmtes Wort.[19]

Der *Mahāniddesa* enthält auch einen Kommentar zum *Sāriputta-Sutta* (auch *Therapañha-Sutta* genannt), dem letzten Text im *Aṭṭhakavagga*. Der erste Teil dieses Sutta besteht in Lobpreisungen des Meisters und einer Reihe von Fragen, die ihm gestellt wurden. Die Kommentare schreiben sie Sāriputta zu. Der *Mahāniddesa* erklärt die Eröffnungsstrophe dahingehend, dass sie sich auf Buddhas Rückkehr vom Tāvatiṁsa-Himmel bezieht, nachdem er dort den Abhidhamma gepredigt hatte. Abgesehen davon enthält er nur die Fragen, die Sāriputta zugeschrieben werden, und die Antworten, die offenkundig vom Buddha stammen.

Der *Paṭisambhidāmagga* scheint ein Handbuch für höhere buddhistische Studien zu sein, und seine Spannweite ist ebenso groß wie die seines berühmten Autors.[20] Das Buch besteht aus dreißig unterschiedlich langen Abhandlungen. Die erste befasst sich mit zweiundsiebzig Arten des Wissens (*ñāṇa*), die zweite mit den verschiedenen Arten falscher spekulativer Ansichten (*diṭṭhi*). Beide lassen auf einen methodischen, durchdringenden Geist schließen, wie er charakteristisch war für Sāriputta. Die «Abhandlung über das Wissen» sowie weitere Kapitel des Werkes enthalten eine große Zahl von Lehrbegriffen, die allein im *Paṭisambhidāmagga* vorkommen. Es verbreitet sich auch über Termini und Lehren, die nur kurz in den älteren Teilen des Sutta-Piṭaka genannt werden, und umfasst Material von großem praktischem Wert für die Meditation, zum Beispiel zur Achtsamkeit beim Atmen, zur Meditation der liebenden Fürsorge (*mettā*) und zahlreiche Übungen für die Entwicklung der Einsicht. In der Mitte des Textes findet sich eine Passage von berückender Schönheit, die das große Mitleid des Tathāgata preist. Mahānāma Thera, der den *Saddhamma-ppakāsinī*, den Kommentar zu diesem Werk, verfasste, schreibt es Sāriputta zu, und in den einführenden Versen rühmt er beredt den großen Mönch. Im *Paṭisambhidāmagga* selbst wird Sāriputta zweimal genannt, einmal in der «Abhandlung über psychische Macht» (siehe oben, Seite 67), als Wesen, das über die «Macht der Intervention durch Sammlung» (*samādhivipphāra-iddhi*) verfügt, und ein zweites Mal in der «Abhandlung über große Weisheit» (2:196), wo zu lesen steht: «Wessen Weisheit so groß ist wie die Sāriputtas, der nimmt bis zu einem gewissen Grad am Buddhawissen teil.»

Der Abhidhamma

Wir kommen nun zur einem der bedeutendsten Beiträge des ehrwürdigen Sāriputta zur buddhistischen Lehre, nämlich zur Kodifizierung des Abhidhamma. Dem *Atthasālinī* zufolge, dem Kommentar zum *Dhammasaṅgaṇī*, predigte der Buddha den Abhidhamma im Tāvatiṁsa-Himmel, dem Himmel der Dreiunddreißig, vor den Devas, die sich aus dem zehntausendfachen Weltensystem eingefunden hatten. An der Spitze dieser himmlischen Versammlung befand sich seine Mutter, Königin Māyā, die als Deva im Tusita-Himmel wieder geboren worden war. Der Buddha lehrte den Abhidhamma drei Monate lang und kehrte dabei jeden Tag für kurze Zeit auf die Erde zurück, um auf Almosenrunde zu gehen. Dabei traf er mit Sāriputta zusammen und übermittelte ihm die «Methode» (*naya*) jenes Teils des Abhidhamma, den er gerade gepredigt hatte. Der *Atthasālinī* sagt: «Die Übergabe der Methode an den Hauptjünger, der über das analytische Wissen verfügte, vollzog sich so, als ob der Buddha an der Küste gestanden und mit offener Hand auf den Ozean hingewiesen hätte. Dem Mönch wurde die Lehre, wie sie der Buddha auf Hunderte und Tausende von Arten übermittelt hatte, sehr klar.»[21] Daraufhin teilte der Mönch das, was er gelernt hatte, seinen fünfhundert Schülern mit.

Weiter ist zu lesen: «Die Anordnung der Texte des Abhidhamma geht auf Sāriputta zurück. Auch die nummerische Anordnung im ‹Großen Buch› (*Paṭṭhāna*) ist sein Werk. Auf diese Weise erleichterte er es, den Dhamma zu erfahren, zu lernen, zu studieren und selbst zu lehren, ohne dass die Lehre irgendwie angetastet wurde.»[22]

Der *Atthasālinī* schreibt Sāriputta auch die folgenden Beiträge zum kanonischen Abhidhamma zu: (a) die zweiundvierzig Reimpaare (*duka*) des *Suttanta-Mātikā*, der auf den *Abhidhamma-Mātikā* folgt. Beide bilden eine Einleitung zu den sieben Büchern des Abhidhamma. Die zweiundvierzig Reimpaare des *Suttanta* sind im *Dhammasaṅgaṇī* erklärt, und dieses muss wahrscheinlich auch Sāriputta zugeschrieben werden; (b) der vierte und letzte Teil des *Dhammasaṅgaṇī*, der *Atthuddhāra-kaṇḍa*, die «Synopse»; (c) die Anordnung für die Rezitation des Abhidhamma (*vācanamagga*); (d) der nummerische Abschnitt (*gaṇanacāra*) des *Paṭṭhāna*.

Im *Anupada-Sutta* (MN 111) spricht der Buddha selbst von Sāriputtas Einteilung des meditativen Bewusstseins in die wichtigsten gleichzeitig vorhandenen geistigen Zustände. Der Mönch griff dabei auf seine eigene Erfahrung zurück, bei der er die verschiedenen aufeinander folgenden Stufen durchschritt. Diese Analyse Sāriputtas mag eine Vorläuferin oder eine zusammenfassende Darstellung der detaillierten Analyse des meditativen Bewusstseins im *Dhammasaṅgaṇī* sein.

Über Sāriputtas Meisterschaft in Bezug auf den Dhamma und über sein Geschick bei dessen Darlegung sagte der Buddha (SN 12:32):

> Sāriputta ist in das Wesen des Dhamma (*dhammadhātu*) so tief eingedrungen, ihr Mönche, dass, wenn ich ihn einen Tag lang darüber ausfragen würdet, er mir einen Tag lang in unterschiedlichen Worten und Sätzen antworten würde. Und wenn ich ihn eine ganze Nacht oder einen Tag und eine Nacht über zwei Tage und zwei Nächte, bis zu sieben Tagen und sieben Nächten, ausfragen würde, so würde Sāriputta mir die Dinge in derselben Zeit und in unterschiedlichen Worten und Sätzen darlegen.

Bei einer anderen Gelegenheit verglich der Meister den großen Mönch mit einem Kronprinzen (AN 5:132):

> Wenn er fünf Qualitäten aufweist, ihr Mönche, so dreht der älteste Sohn eines

weltlichen Monarchen zu Recht das Rad der Herrschaft, wie es sein Vater getan hat.[23] Und dieses Rad der Herrschaft kann dann von keinem feindlichen menschlichen Wesen umgestürzt werden. Welches sind diese fünf Qualitäten? Der älteste Sohn eines weltlichen Herrschers weiß, was heilsam ist, er kennt das Gesetz, er kennt das richtige Maß, er kennt die richtige Zeit und kennt die Gesellschaft (mit der er zu tun hat; *parisā*). In ähnlicher Weise, ihr Mönche, verfügt Sāriputta über fünf Qualitäten und dreht das Rad der Lehre, wie ich es auch getan habe. Und dieses Rad der Lehre kann weder von Asketen noch von Priestern, noch von Gottheiten, noch von Brahmā oder von sonst irgendwem auf der Welt umgeworfen werden. Welches sind diese fünf Qualitäten? Sāriputta, ihr Mönche, weiß, was heilsam ist, er kennt den Dhamma, er kennt das richtige Maß, kennt die richtige Zeit und kennt die Versammlung der Mönche (an die er sich wenden muss).

Dass Sāriputtas großer Ruf als Lehrer des Dhamma ihn selbst überlebte und unter den späteren Buddhisten zu einer Tradition wurde, zeigt vor allem die abschließende Passage des *Milindapañha*, der ungefähr dreihundert Jahre später geschrieben wurde. Hier vergleicht König Milinda den Mönch Nāgasena mit dem ehrwürdigen Sāriputta und sagt: «In Buddhas Weisung gibt es niemanden außer dir, der Fragen so gut beantwortet, mit Ausnahme des Mönches Sāriputta, des Marschalls der Lehre» (Mil. 420).

Dieser Ruf hat sich bis heute gehalten, und seine Grundlage bilden die Lehrreden, die in einige der ältesten Bücher des Buddhismus neben den Worten seines Meisters aufgenommen wurden.

Das andere Ufer

Die letzte Verpflichtung

Wir kommen nun in das Jahr, in dem der Meister ins Parinibbāna einging. Der Erhabene hatte die Regenzeit in Beluvagāma verbracht, einem Dorf in der Nähe von Vesālī[24]. Als die Zeit der Einkehr vorüber war, verließ er den Ort und kehrte etappenweise nach Sāvatthī zurück, zum Jetavana-Kloster.

Hier erwies der ehrwürdige Sāriputta, der Marschall der Lehre, dem Erhabenen seine Ehrerbietung und ging dann in sein Zimmer zurück. Als seine eigenen Schüler ihn gegrüßt und ihn dann verlassen hatten, fegte er den Sitzplatz und breitete seine Ledermatte darüber. Nachdem er sich die Füße gewaschen hatte, setzte er sich mit gekreuzten Beinen nieder und drang in den Vertiefungszustand eines Arahats (*arahattaphala-samāpatti*) ein. Zum vorher festgelegten Zeitpunkt tauchte er aus der Versenkung auf und dachte bei sich: «Gehen erst die Erleuchteten ins endgültige Nibbāna ein oder ihre Hauptjünger?» Und so sah er, dass die Hauptjünger als Erste sterben. Daraufhin überprüfte er seine eigene Lebenskraft und sah, dass sie nur noch für eine Woche ausreichte.

Nun überlegte er: «Wo soll ich das endgültige Nibbāna erreichen?» Und er dachte: «Rāhula erreichte das endgültige Nibbāna unter den Gottheiten der Dreiunddreißig und der Mönch Aññā Koṇḍañña beim Chaddantasee im Himalaya. Wo soll ich also scheiden?»

Während er wiederholt darüber nachdachte, kam ihm seine Mutter in den Sinn und ein Gedanke stieg in ihm auf: «Obwohl sie die Mutter von sieben Arahats ist, glaubt sie nicht an den Buddha, den Dhamma und den Sangha. Verfügt sie über die erforderlichen Eigenschaften, um diesen Glauben zu erringen oder nicht?» Als er der Sache nachging, erkannte er, dass sie über die erforderlichen Eigenschaften zum Stromeintritt verfügte. Da fragte er sich selbst: «Durch welche Unterweisung kann sie die Wahrheit erlangen?» Und er sah, dass sie allein durch seine Belehrung dazu imstande sein würde. Daraufhin kam ihm der Gedanke: «Wenn ich jetzt gleichgültig bleibe, werden die Leute sagen: ‹Sāriputta hat so vielen geholfen. An dem Tag, als er den Gottheiten des ruhigen Geistes eine Lehrrede hielt, erreichten viele Devas die Arahatschaft, und noch viel mehr gelangten immerhin zu den ersten drei Pfaden. Und bei anderen Gelegenheiten wurden so viele Stromeintreter. Tausende von Familien wurden in himmlischen Welten wieder geboren, nachdem der Mönch sie mit freudigem Vertrauen zu den drei Kostbarkeiten erfüllt hatte. Und trotzdem kann er die falschen Ansichten seiner eigenen Mutter nicht beseitigen.› So werden die Leute über mich reden. Deswegen werde ich meine Mutter von ihren falschen Ansichten befreien und das endgültige Nibbāna in dem Zimmer erreichen, in dem ich geboren wurde.»

Nachdem er diesen Entschluss gefasst hatte, dachte er: «Noch an diesem Tag werde ich den Meister um Erlaubnis bitten und dann nach Nālaka gehen.» Er rief den Mönch Cunda, der ihm diente, und sagte zu ihm: «Freund Cunda, bitte unsere fünfhundert Bhikkhus, ihre Almosenschalen und Roben zu nehmen, denn ich will nach Nālaka gehen.» Und Cunda tat, wie ihm gesagt worden war.

Die Mönche brachten ihre Quartiere in Ordnung, nahmen ihre Almosenschalen und Roben und erschienen vor dem Ältesten Sāriputta. Auch er hatte seine Wohnung aufgeräumt und den Platz gefegt, an dem er den Tag zu verbringen pflegte. Am Tor blickte er zurück auf das Kloster und dachte: «Das sehe ich nun zum letzten Mal. Es wird keine Rückkehr mehr geben.»

Dann ging er zusammen mit den fünfhundert Bhikkhus zum Erhabenen, grüßte ihn und sprach: «O Herr, möge der Erhabene seine Erlaubnis erteilen, möge der Erhabene einwilligen: Die Zeit, um ins

Nibbāna einzutreten, ist für mich gekommen. Ich habe die Lebenskraft aufgegeben.»

Herr der Welt, o größter Weiser!
Ich werde bald vom Leben befreit sein.
Es wird kein Kommen und Gehen
mehr geben.
Dies ist das letzte Mal, da ich dir
Ehre erweise.
Kurz ist das Leben, das mir noch
bleibt.
Von jetzt an in sieben Tagen werde ich
Diesen Körper niederlegen und
die Last abwerfen.
Gestehe es mir zu, o Meister!
Gib mir die Erlaubnis, Herr!
Endlich ist die Zeit für mein Nibbāna
gekommen.
Nun habe ich den Lebenswillen
aufgegeben.

Hätte, so der Text, der Erleuchtete nun geantwortet: «Du magst das Nibbāna erreichen», so hätten Anhänger einer feindlichen Sekte behaupten können, er habe den Tod gepriesen. Hätte er jedoch geantwortet: «Scheide noch nicht aus dem Leben», so würden sie sagen, er habe die Fortsetzung des Lebens gelobt. Deswegen sagte der Erhabene weder das eine noch das andere, sondern fragte einfach: «Wo willst du das Nibbāna erreichen?»

Sāriputta antwortete: «Im Land Magadha, in dem Dorf Nālaka, in dem Zimmer, in dem ich geboren wurde.»

Darauf sagte der Erhabene: «Tu, Sāriputta, das, von dem du glaubst, dass die Zeit dafür gekommen ist. Doch nun werden die Mönche und die jüngeren Ordensbrüder nicht mehr das Glück haben, einen Mönch wie dich zu sehen. Halte ihnen eine letzte Rede über den Dhamma.»

Daraufhin hielt der ehrwürdige Mönch noch einmal eine Lehrpredigt, bei der er alle seine wunderbaren Fähigkeiten entfaltete. Er erhob seine Hörer zu den höchsten Höhen der Wahrheit, stieg zu weltlicher Wahrheit hinab, stieg wieder auf, wandte sich erneut der Welt zu und erklärte den Dhamma direkt und mit Gleichnissen. Als er geendet hatte, warf er sich vor dem Meister nieder. Er umfasste dessen Füße und sagte: «Um diese Füße zu verehren, habe ich durch Hunderttausende von Weltzeitaltern hindurch die zehn Vollkommenheiten geübt.[25] Der Wunsch meines Herzens ist in Erfüllung gegangen. Von jetzt an wird es keinen Kontakt und kein Zusammentreffen mehr geben. Diese innige Verbindung ist nun gelöst. Ich werde bald die Stätte des Nibbāna betreten, wo es kein Altern und kein Sterben mehr gibt, wo Frieden, Segen und Sicherheit sind und kein Fiebern mehr herrscht und wohin sich schon viele Hunderttausende von Buddhas zurückgezogen haben. Wenn ich dich, o Herr, durch Wort oder Tat einmal gekränkt habe, so möge mir der Erhabene jetzt vergeben! Es ist nun Zeit, Abschied zu nehmen.»

Schon einmal hatte Buddha darauf geantwortet, nämlich: «Es gibt nichts, weder

Worte noch Taten, wegen derer ich dich tadeln müsste, Sāriputta. Denn du bist klug, Sāriputta, von großer Weisheit, deine Weisheit ist umfassend und hell, flink, mutig und durchdringend» (SN 8:7).

Und so antwortete er nun auf dieselbe Weise. «Ich vergebe dir, Sāriputta», sagte er. «Aber es gab nicht ein einziges Wort oder eine Tat, die mich kränkte. Tue nun, Sāriputta, was du für an der Zeit hältst.» Daraus ersehen wir, dass bei den wenigen Gelegenheiten, bei denen der Meister seinen Hauptjünger anscheinend getadelt hatte, er nicht etwa persönlich gekränkt war. Dies geschah vielmehr, um auf einen anderen Weg zur Lösung eines Problems hinzuweisen, auf eine andere Möglichkeit, die Situation zu betrachten.

Nachdem der Meister seine Erlaubnis gegeben und Sāriputta sich erhoben hatte, schrie die Erde auf und erbebte bis zu den Küsten des Meeres. Es war, als wolle die große Erde damit sagen: «Obwohl ich diese hohen Gebirgszüge mit dem Berg Meru und dem Himalaya trage, kann ich an diesem Tag diese Ansammlung von Tugend nicht ertragen!» Und ein mächtiger Blitz spaltete den Himmel, eine große Wolke erschien, und schwerer Regen fiel auf den Boden.

Da dachte der Erhabene bei sich: «Ich werde nun dem Marschall der Lehre erlauben abzureisen.» Und er erhob sich vom Sitz des Dhamma und ging in seinen Raum. Dreimal umwandelte Sāriputta die Zelle, wobei er sie zu seiner Rechten hatte, und zeigte an vier Stellen seine Ehrerbietung. In seinem Geist war der folgende Gedanke. «Eine unermessliche Zeit und einhunderttausend Weltzeitalter lang habe ich mich dem Buddha Anomadassī zu Füßen geworfen und den Wunsch geäußert, dich zu sehen. Dieser Wunsch ist in Erfüllung gegangen, ich habe dich gesehen. Als wir uns begegneten, sah ich dich zum ersten Mal. Nun ist es das letzte Mal, und es wird in der Zukunft kein Wiedersehen mehr geben.» Mit zum Gruß gefalteten Händen ging er rückwärts, bis er den Erhabenen nicht mehr sehen konnte. Und erneut bebte die große Erde bis zur Küste des Meeres.

Da wandte sich der Erhabene an die Mönche, die ihn umgaben. «Geht, ihr Mönche», sagte er. «Begleitet eueren älteren Bruder.» Bei diesen Worten verließen alle Mönche und Nonnen, alle männlichen und weiblichen Laienanhänger das Jetavana-Kloster, so dass der Erhabene allein zurückblieb. Auch die Bürger von Sāvatthī hatten die neuesten Nachrichten vernommen und verließen die Stadt in einem endlosen Strom, wobei sie in ihren Händen Räucherwerk und Blumen trugen. Und mit nassem Haar, als Zeichen der Trauer, folgten sie dem Ältesten, weinend und wehklagend.

Sāriputta ermahnte darauf die Menge: «Diesen Weg muss jeder gehen», und bat sie, zurückzukehren. Und zu den Mönchen, die ihn begleitet hatten, sagte er: «Ihr sollt jetzt zurückkehren, vernachlässigt nicht den Meister.»

So schickte er sie zurück und ging nur mit seiner eigenen Gruppe von Schülern weiter. Doch einige Menschen folgten ihm weiterhin und wehklagten: «Früher ging unser edler Mönch auf Reisen und kehrte wieder zurück. Doch dies ist eine Reise ohne Rückkehr.» Zu ihnen sagte der Ehrwürdige: «Seid achtsam, Freunde! Von dieser Art sind alle geformten und bedingt entstandenen Dinge.» Und auch sie schickte er zurück.

Während seiner Wanderung verbrachte Sāriputta in den Orten, an denen er rastete, gerade nur eine Nacht. Damit gewährte er vielen Anhängern ein letztes Wiedersehen. Als er am Abend nach Nālaka kam, machte er bei einem Banyan-Baum am Stadttor Halt. Zufällig befand sich ein Neffe von ihm mit Namen Uparevatta gerade dort und sah Sāriputta. Er ging zu dem Mönch, grüßte ihn und blieb stehen. Der Älteste fragte ihn: «Ist deine Großtante zu Hause?»

«Ja, ehrwürdiger Herr», erwiderte er.

«Dann geh und künde unser Kommen an», sagte der Mönch. «Und wenn sie fragt, warum ich gekommen sei, sag ihr, dass ich mich einen Tag im Dorf aufhalten werde. Bitte sie auch, mein Geburtszimmer herzurichten und eine Unterkunft für fünfhundert Mönche bereitzustellen.»

Uparevata ging zu seiner Großtante und sagte: «Großtante, mein Onkel ist da.»

«Wo ist er jetzt?», fragte sie.

«Am Stadttor.»

«Ist er allein, oder ist noch jemand mit ihm gekommen?»

«Er ist mit fünfhundert Mönchen gekommen.»

Und als sie ihn fragte: «Warum ist er gekommen?», übermittelte er ihr die Botschaft, die der Mönch ihm aufgetragen hatte. Da dachte sie: «Warum bittet er mich, Unterkunft für so viele bereitzustellen? Will er denn in seinem hohen Alter wieder ein Laie werden?» Doch sie richtete das Geburtszimmer für den Ältesten und die Unterkünfte für die Bhikkhus her, ließ Fackeln anzünden und schickte dann nach dem Ältesten.

Sāriputta betrat nun in Begleitung der Mönche die Terrasse des Hauses und ging in sein Geburtszimmer. Nachdem er sich niedergesetzt hatte, bat er die Mönche, in ihre Quartiere zu gehen. Sie hatten ihn kaum verlassen, da befiel Sāriputta eine schwere Krankheit, die Ruhr, und er hatte schlimme Schmerzen. Wenn ein Eimer hereingebracht wurde, wurde ein zweiter herausgetragen. Die Brahmanin dachte: «Ich höre nichts Gutes von meinem Sohn.» Dabei stand sie an die Tür ihres eigenen Zimmers gelehnt.

Und da geschah es, dass sich, wie der Text berichtet, die vier Himmelskönige fragten: «Wo mag er nun weilen, der Marschall der Lehre?»[26] Und sie nahmen wahr, dass er sich in Nālaka, in seinem Geburtszimmer, befand und auf dem Sterbebett lag. «Lasst uns ihn ein letztes Mal besuchen», sagten sie. Im Geburtszimmer grüßten sie den Mönch und blieben stehen.

«Wer seid ihr?», fragte Sāriputta.

«Wir sind die Himmelskönige, ehrwürdiger Herr.»

«Warum seid ihr gekommen?»

«Wir möchten während deiner Krankheit für dich sorgen.»

«Lasst es gut sein!», sagte Sāriputta. «Ich habe meine Aufwartung. Ihr könnt gehen.»

Als sie gegangen waren, kamen auf dieselbe Weise auch Sakka, der König der Devas, und nach ihm Mahābrahmā, doch Sāriputta entließ sie auf die gleiche Art.

Die Brahmanenfrau sah das Kommen und Gehen dieser Gottheiten und fragte sich: «Wer könnte denn das gewesen sein? Wer ist gekommen, um meinen Sohn zu ehren, und ist dann wieder gegangen?» So ging sie selbst zur Tür und fragte den ehrwürdigen Cunda, wie es dem Mönch gehe. Cunda seinerseits reichte die Frage an seinen Herrn weiter und sagte zu ihm: «Die große Upāsikā (Laienanhängerin) ist gekommen.» Sāriputta fragte sie: «Warum bist du zu dieser ungewöhnlichen Stunde gekommen?»

«Um dich zu sehen, mein Lieber», antwortete sie.

«Sag mir, wer waren die Männer, die als Erste kamen?»

«Die vier Himmelskönige, Upāsikā.»

«Bist du denn größer als sie?»

«Sie sind wie Tempeldiener», sagte der Mönch. «Seit der Geburt unseres Meisters haben sie mit gezogenem Schwert Wache gestanden.»

«Nachdem sie gegangen waren, wer kam dann, mein Lieber?»

«Es war Sakka, der König der Devas.»

«Bist du denn größer als der König der Devas, mein Lieber?»

«Er ist wie ein Novize, der die Habseligkeiten eines Mönchs trägt», antwortete Sāriputta. «Als unser Meister vom Himmel der Dreiunddreißig zurückkehrte, trug Sakka seine Almosenschale und seine Robe und stieg zusammen mit ihm auf die Erde hinunter.»

«Und als Sakka gegangen war, wer kam dann nach ihm und füllte den ganzen Raum mit seinem Leuchten?»

«Upāsikā, das war dein eigener Herr und Meister, Mahābrahmā.»

«Dann bist du, mein Sohn, größer als selbst mein Meister Mahābrahmā?»

«Ja, Upāsikā. An dem Tag, an dem unser Meister geboren wurde, heißt es, empfingen vier Mahābrahmās das Große Wesen in einem goldenen Netz.»

Als die Brahmanenfrau das hörte, dachte sie bei sich: «Wenn mein Sohn eine solche Macht besitzt, wie gewaltig muss dann erst die Macht seines Herrn und Meisters sein?» Und während sie das dachte, empfand sie plötzlich Freude und Glück, die ihren ganzen Körper durchdrangen.

Sāriputta dachte: «Glück und Freude sind in meiner Mutter entstanden, nun ist die Zeit gekommen, sie den Dhamma zu lehren.» Und er sagte: «Woran denkst du gerade, Upāsikā?»

«Ich dachte gerade», antwortete sie, «wenn mein Sohn so viel Tugend hat, wie groß muss dann die Tugend seines Meisters sein?»

Darauf antwortete Sāriputta: «Als mein Meister geboren wurde, als er in die Hauslosigkeit zog, als er die Erleuchtung erlangte und als er zum ersten Mal das Rad der Lehre in Bewegung setzte – bei all diesen Gelegenheiten bebte und zitterte das zehntausendfache Weltsystem. Keiner ist ihm gleich an Tugend, an Konzentration, an Weisheit, an Erlösung, an Wissen und Befreiung.» Dann erklärte er ihr im Einzelnen die folgenden Worte der Verehrung: «So ist in der Tat der Erhabene … (*Iti pi so Bhagavā* …).» Und so setzte er ihr die Lehre auseinander, wobei er die Tugenden des Buddha als Grundlage nahm.

Als die Lehrrede ihres geliebten Sohnes beendet war, hatte die Brahmanin den Stromeintritt erlangt. Daraufhin sagte sie: «Oh, mein lieber Upatissa, warum hast du so gehandelt? Warum hast du mir in all diesen Jahren dieses köstliche Wissen von der Todlosigkeit vorenthalten?»

Sāriputta dachte: «Nun habe ich meiner Mutter, der Brahmanenfrau Rūpasārī, das Stillgeld gezahlt dafür, dass sie mich großgezogen hat. Das sollte genügen.» Und er entließ sie mit den Worten: «Du kannst nun gehen, Upāsikā.»

Als sie gegangen war, fragte er: «Wie spät ist es jetzt, Cunda?»

«Ehrwürdiger Herr, es ist frühes Morgengrauen.»

Da sagte der Älteste: «Berufe die Mönchsversammlung ein.»

Als die Mönche eingetroffen waren, sagte er zu Cunda: «Hilf mir, mich aufzusetzen.» Und Cunda tat es.

Da wandte sich Sāriputta mit folgenden Worten an die Mönche: «Vierundvierzig Jahre lang habe ich mit euch gelebt und bin mit euch gewandert, meine Brüder. Wenn euch irgendein Wort oder irgendeine Tat unangenehm war, so vergebt mir, Brüder.»

Und sie antworteten: «Ehrwürdiger Herr, du hast uns nie auch nur die geringste Unannehmlichkeit bereitet, obwohl wir dir untrennbar wie dein Schatten gefolgt sind. Mögest du vielmehr uns, ehrwürdiger Herr, vergeben.»

Danach raffte Sāriputta seine weite Robe um sich, bedeckte sein Gesicht und legte sich auf die rechte Seite. Dann trat er – wie dies sein Meister später bei seinem eigenen Parinibbāna auch tun sollte – in die neun aufeinander folgenden Versenkungszustände ein, erst in ansteigender und dann in absteigender Folge. Sodann begann er wieder mit der ersten Versenkung und führte seine Meditation weiter bis zur vierten Versenkung. In dem Augenblick, da er in diesen Zustand eintrat, erschien gerade die aufgehende Sonne über dem Horizont. Da verschied er und ging in das Nibbāna ein.

Es war der Vollmondtag des Monats Kattika, der nach dem Sonnenkalender zwischen Oktober und November liegt.

Die Brahmanenfrau in ihrem Zimmer dachte: «Wie wird es meinem Sohn gehen? Er sagt nichts mehr.» Sie stand auf, ging in das Zimmer des Mönchs und massierte seine Füße. Da erkannte sie, dass er gestorben war. Sie fiel ihm zu Füßen und klagte laut: «Oh, mein lieber Sohn! Bisher wusste ich nichts von deiner Tugend. Deshalb hatten wir auch nicht die Gelegenheit, Hunderten von Bhikkhus Gastfreundschaft und Almosen anzubieten! Wir haben es versäumt, viele Klöster zu bauen!» Und sie klagte darob bis zum Sonnenaufgang.

Sobald die Sonne aufgegangen war, ließ sie Goldschmiede kommen, öffnete die Schatzkammer und ließ Gefäße voller Gold auswiegen. Dann gab sie dieses Gold den Goldschmieden mit dem Auftrag, Goldschmuck für das Begräbnis anzufertigen. Es wurden Säulen und Bögen errichtet, und im Zentrum des Dorfes ließ die Laienanhängerin einen Pavillon aus Hartholz bauen. In der Mitte des Pavillons erhob sich eine große Struktur mit Giebeln, umgeben von einer Brüstung aus goldenen Bögen und Säulen. Dann begann die Zeremonie, an der Menschen und Götter teilnahmen.

Nachdem die vielen Menschen eine Woche lang die geheiligten Riten abgehalten hatten, errichtete sie einen Scheiterhaufen aus verschiedenen duftenden Hölzern. Sie legten den Leichnam des ehrwürdigen Sāriputta auf den Haufen und entzündeten ihn mit Bündeln wohlriechender Wurzeln. Während der ganzen Nacht der Verbrennung hörte die Versammlung Predigten über den Dhamma. Dann löschte der ehrwürdige Anuruddha die Flammen des Scheiterhaufens mit wohlriechendem Wasser. Der ehrwürdige Cunda sammelte die Reliquien ein und schlug sie in ein Filtertuch ein.

Da dachte der Mönch Cunda bei sich: «Ich kann hier nicht länger bleiben. Ich muss dem Erleuchteten vom Tod meines älteren Bruders, des ehrwürdigen Sāriputta, des Marschalls der Lehre, berichten.» So nahm er das Filtertuch mit den Reliquien, Sāriputtas Almosenschale und Roben und ging nach Sāvatthī, wobei er an jedem Etappenort nur eine einzige Nacht verbrachte.

Von diesen Ereignissen berichtet der Kommentar zum *Cunda-Sutta* des Satipaṭṭhāna-Saṁyutta. Hinzufügungen gehen auf eine parallele Version im Kommentar zum *Mahāparinibbāna-Sutta* zurück. Das *Cunda-Sutta* (SN 47:13) nimmt den Faden der Erzählung wieder auf.

Das Cunda-Sutta

Einst weilte der Erhabene in Sāvatthī im Jetavana-Kloster, dem Kloster des Anāthapiṇḍika. Zu jener Zeit hielt sich der ehrwürdige Sāriputta in dem Dorf Nālaka im Land Magadha auf. Er war schwer krank und litt große Schmerzen. Der Novize Cunda war sein Diener.[27]

Der ehrwürdige Sāriputta verschied in

der Folge seiner schweren Erkrankung. Da nahm der Novize Cunda die Almosenschale und die Roben des ehrwürdigen Sāriputta und ging nach Sāvatthī, ins Jetavana-Kloster, in Anāthapiṇḍikas Hain. Hier näherte er sich dem ehrwürdigen Ānanda, grüßte ihn, setzte sich an seiner Seite nieder und sagte: «Ehrwürdiger Herr, der ehrwürdige Sāriputta ist gestorben. Dies sind seine Almosenschale und seine Roben.»

«In dieser Angelegenheit, Freund Cunda, sollten wir zum Erhabenen gehen. Wenn wir den Meister sehen, werden wir ihm berichten.»

«Ja, ehrwürdiger Herr», sagte der Novize Cunda.

So gingen sie zum Erhabenen. Als sie angekommen waren, grüßten sie den Meister und setzten sich ihm zur Seite. Da wandte sich der ehrwürdige Ānanda an den Erhabenen: «Meister, der Novize Cunda hat mir Folgendes erzählt: ‹Der ehrwürdige Sāriputta ist gestorben. Dies sind seine Almosenschale und seine Roben.› Da, o Herr, fühlte ich mich ganz lahm. Als ich vom Hinscheiden des ehrwürdigen Sāriputta erfuhr, wurde alles um mich düster, und nichts war mir mehr klar.»

«Warum das, Ānanada? Als Sāriputta starb, nahm er da deinen Anteil an Tugend, deinen Anteil an Konzentration, deinen Anteil an Weisheit, deinen Anteil an Erlösung oder deinen Anteil an Wissen und Erlösungserwartung mit sich?»

«Natürlich nicht, Meister. Als der ehrwürdige Sāriputta starb, nahm er nicht meinen Anteil an Tugend …, an Konzentration …, an Weisheit …, an Erlösung, an Wissen oder Erlösungserwartung mit sich. Aber der ehrwürdige Sāriputta war mein Mentor, mein Lehrer, ein Meister, einer, der wachrüttelt, inspiriert und erfreut, unermüdlich als Verkünder des Dhamma, ein Helfer seiner Ordensbrüder. Und wir erinnern uns, wie belebend und hilfreich seine Darlegungen des Dhamma waren.»

«Habe ich dir nicht schon gesagt, Ānanda, dass es in der Natur aller Dinge, die uns nahe und teuer sind, liegt, dass wir unter der Trennung von ihnen leiden müssen? Was geboren und geworden ist, zusammengesetzt wurde und somit der Auflösung anheim fällt, wie könnte man von dem sagen, dass es nicht dahinscheidet? Das ist in der Tat nicht möglich. Es ist, Ānanda, wie wenn von einem mächtigen Baum ein großer Ast abgebrochen wäre. So ist Sāriputta weggegangen aus der großen Gemeinschaft der Mönche. In der Tat, Ānanda, was geboren und geworden ist, zusammengesetzt wurde und somit der Auflösung anheim fällt, wie könnte man von dem sagen, dass es nicht dahinscheidet? Das ist tatsächlich nicht möglich.

Deswegen, Ānanda, sollst du eine Insel sein, eine Zuflucht für dich selbst; suche keine äußere Zuflucht. Deine Insel ist der Dhamma, deine Zuflucht ist der Dhamma, und darüber hinaus solltest du keine weitere Zuflucht suchen.»

Der Kommentar führt die Erzählung weiter:

Der Meister streckte seine Hand aus, nahm das Filtertuch mit den Reliquien, legte es auf seine Handfläche und sagte zu den Mönchen:

Dies, o Mönche, sind die muschelschalenfarbenen Reliquien des Bhikkhu, der mich vor nicht allzu langer Zeit um die Erlaubnis bat, ins Nibbāna einzugehen. Er hatte Hunderttausende von Weltzeitaltern lang die zehn Vollkommenheiten geübt – so war dieser Mönch. Er hatte mir geholfen, das Rad des Dhamma zu drehen, das ich als erster in Bewegung gesetzt habe – das war dieser Mönch. Abgesehen von mir kam ihm niemand im ganzen zehntausendfachen Weltall an Weisheit gleich – so war dieser Mönch. Er war von großer Weisheit, von umfassender Weisheit, von heller Weisheit, von rascher Weisheit, von durchdringender Weisheit. Dieser Mönch hatte wenige Wünsche; er war bescheiden, neigte zu einem Leben in Abgeschiedenheit, war nicht begierig auf Gesellschaft, voller Energie, ein Ermahner seiner Ordensbrüder, er tadelte, was schlecht war. Er war in die Hauslosigkeit gezogen und hatte das große Vermögen aufgegeben, das er durch seine Verdienste in fünfhundert Existenzen angehäuft hatte – so war dieser Mönch. Er war unter meiner Weisung geduldig wie die Erde – so war dieser Mönch. Er war harmlos wie ein Stier, dessen Hörner abgesägt worden sind – so war dieser Mönch. Er war von demütigem Geist wie ein kastenloser Junge – so war dieser Mönch.
Seht ihr, ihr Mönche, die Reliquien dessen, der von großer Weisheit war, von umfassender, heller, rascher, mutiger und durchdringender Weisheit; dessen, der wenige Wünsche hatte und genügsam war, zu einem Leben in Abgeschiedenheit neigte, keine Gesellschaft begehrte, voller Energie war – seht hier die Reliquien dessen, der seine Mönche ermahnte und der Schlechtes tadelte.

Dann sprach der Buddha die folgenden Verse zum Lob seines großen Jüngers:[28]

Ihn, der in fünfhundert Existenzen
In die Hauslosigkeit gezogen war
und der die
Vergnügungen verschmähte,
die sonst das Herz liebt; ihn,
Der frei von Leidenschaft war
und sich achtsam kontrollierte –
Ihn ehren wir, Sāriputta,
der verschieden ist!

Ihn, der geduldig war wie
die Erde,
Der über seinen Geist absolute Macht
besaß,
Der Mitleid hatte, freundlich war,
auf heitere Weise kühl
Und fest wie die große Erde –
Ihn ehren wir, Sāriputta,
der verschieden ist!

Ihn, der bescheiden war wie
ein junger Kastenloser,
Der die Stadt besuchte und langsam
dahinschritt,
Von Tür zu Tür, mit der Bettelschale
in der Hand,
So war dieser Sāriputta –
Ihn ehren, wir, Sāriputta,
der verschieden ist!

Ihn, der in der Stadt oder im Dschungel
niemanden verletzte
Und der wie ein Stier lebte, dem man
die Hörner abgesägt hat,
So war dieser Sāriputta,
der die Kontrolle
Über sich selbst gewonnen hatte –
Ihn ehren wir, Sāriputta,
der verschieden ist!

Nachdem der Erhabene die Tugenden des ehrwürdigen Sāriputta gepriesen hatte, gab er den Auftrag, einen Stūpa für die Reliquien zu errichten.[29]

Danach teilte er dem ehrwürdigen Ānanda seinen Wunsch mit, nach Rājagaha zu gehen. Ānanda informierte die Mönche, und der Erhabene wanderte mit einer großen Schar von Mönchen nach Rājagaha. Als er dort ankam, war auch der ehrwürdige Mahāmoggallāna verschieden. Der Erhabene nahm dessen Reliquien zu sich und ließ den Stūpa für beide bauen.

Dann verließ er Rājagaha und ging etappenweise zum Ganges. Hier traf er in Ukkacelā ein. Er setzte sich mit seinem Mönchsgefolge an das Ufer des Ganges und sprach das *Ukkacelā-Sutta* (SN 47:14), das vom Parinibbāna Sāriputtas und Mahāmoggallānas handelt.

Das Ukkacelā-Sutta

Einst weilte der Erhabene im Land Vajji, und Ukkacelā am Ufer des Ganges – nicht lange, nachdem Sāriputta und Moggallāna gestorben waren. Er saß im Freien, musterte die schweigende Versammlung der Mönche und sprach dann zu ihnen:

«Diese Versammlung, o Mönche, erscheint mir in der Tat leer, nun, da Sāriputta und Moggallāna verschieden sind. Nicht leer ist für mich eine Versammlung, in der Sāriputta und Moggallāna weilen – und ich brauche mir deswegen auch keine Sorgen zu machen. All jene, die in der Vergangenheit Heilige, Vollerleuchtete, Erhabene gewesen sind, besaßen ebenfalls ein solch exzellentes Paar von Hauptjüngern, wie ich es in Gestalt von Sāriputta und Moggallāna hatte. Wer in Zukunft heilig, voll erleuchtet und erhaben sein wird, wird ebenfalls ein solch vorzügliches Jüngerpaar besitzen, wie ich es in Gestalt von Sāriputta und Moggallāna hatte.

Wunderbar, überaus wunderbar ist es, ihr Mönche, dass diese Jünger in Übereinstimmung mit der Lehre des Meisters handeln, in Übereinstimmung mit seinem Rat. Sie werden den vier Versammlungen lieb und teuer sein, sie werden geliebt werden, respektiert und geehrt. Wunderbar, überaus wunderbar ist es, ihr Bhikkhus, dass, wenn ein solches Jüngerpaar verschieden ist, der Erhabene keinen Kummer verspürt und nicht klagt. Denn was geboren und geworden ist, zusammengesetzt wurde und somit der Auflösung anheim fällt, wie könnte man von dem sagen, dass es nicht dahinscheidet? Das ist in der Tat nicht möglich.

Deswegen, ihr Bhikkhus, seid eine Insel, seid die Zuflucht für euch selbst, sucht keine äußere Zuflucht. Mit dem Dhamma als eurer Insel, dem Dhamma als eurer Zuflucht braucht ihr keine weitere Zuflucht zu suchen.»

Mit dieser tiefgründigen, bewegenden Ermahnung, die in der Lehre des Buddha immer wieder bis zur Zeit seines eigenen Hinscheidens ein Echo findet, endet die Geschichte des jungen Upatissa, der Hauptjünger des Meisters und geliebter Marschall des Dhamma wurde. Der ehrwürdige Sāriputta starb am Vollmondtag des Monats Kattika, der im Oktober des Sonnenkalenders beginnt und im November zu Ende geht. Mahāmoggallāna starb einen halben Monat danach, am Tag des Neumonds.[30] Ein halbes Jahr später ging der Tradition zufolge auch der Buddha ins Parinibbāna ein.

Kann eine solche glückhafte Kombination dreier großer Persönlichkeiten, die Göttern und Menschen so viel Segensreiches gebracht haben, durch reinen Zufall entstanden sein? Wir finden die Antwort darauf im *Milindapañha*, wo der Mönch Nāgasena sagt: «In vielen Hunderttausenden von Wiedergeburten war der ehrwürdige Sāriputta Vater des Bodhisattva, sein Großvater, sein Enkel, sein Bruder, sein Sohn, sein Neffe oder sein Freund.»[31]

So gelangte der Kreislauf der Wiedergeburten, durch den sie miteinander verknüpft gewesen waren, schließlich zu einem Ende. Die Zeit, die nur eine Aufeinanderfolge flüchtiger Ereignisse darstellt, wurde für sie zum Zeitlosen, und der Kreislauf von Geburt und Tod machte der Todlosigkeit Platz. In ihrer letzten Existenz zündeten sie ein Feuer an, das die Welt erleuchtete. Möge es lange Zeit weiterleuchten!

Reden Sāriputtas

Die Suttas, die dem ehrwürdigen Sāriputta zugeschrieben werden, behandeln eine große Zahl von Themen im Zusammenhang mit dem heiligmäßigen Leben, angefangen von einfachen moralischen Fragen bis zu schwer verständlichen Problemen der Lehre und der Meditationspraxis. Wir führen sie in der folgenden Liste auf und geben jeweils eine kurze Beschreibung des Themas. Die Anordnung im Sutta-Piṭaka gibt keinerlei Hinweis auf die chronologische Abfolge. Einige Suttas beziehen sich jedoch auf bestimmte Ereignisse, so dass man sie zeitlich in einen Abschnitt von

Buddhas Lehrtätigkeit einordnen kann. Eines davon ist das *Anāthapiṇḍika-Sutta*, das Sāriputta kurz vor dem Tod des großen Laienanhängers hielt.

Majjhima-Nikāya

3: Erben des Dhamma (*Dhammadāyāda-Sutta*)

Nachdem der Buddha über die «Erben des Dhamma» und die «Erben der Weltlichkeit» gesprochen und sich dann in seine Zelle zurückgezogen hatte, wandte sich Sāriputta an die Mönche und sagte ihnen, wie sie sich verhalten sollten und wie nicht, wenn sich der Meister in die Abgeschiedenheit zurückzog. Auch sie sollten dann die Abgeschiedenheit pflegen, sollten aufgeben, was man ihnen aufzugeben aufgetragen hatte, sollten bescheiden sein und die Einsamkeit lieben. Am Schluss spricht er über die sechzehn Befleckungen des Geistes (siehe MN 7) und sagt, der Mittlere Weg, durch den sie ausgerottet werden könnten, sei der Edle Achtfache Pfad.

5: Ohne Makel (*Anaṅgaṇa-Sutta*)

Unterscheidet vier Typen von Menschen: jene, die sich eines Vergehens schuldig gemacht haben und es wissen; jene, die schuldig sind und es nicht wissen; jene, die schuldlos sind und es wissen, sowie jene, die schuldlos sind und es nicht wissen. Die Erstgenannten jedes Paares gelten als die Besseren. Diese Lehrrede zeigt die Bedeutung der Selbstprüfung im Hinblick auf den moralischen und spirituellen Fortschritt.

9: Rechte Ansicht (*Sammādiṭṭhi-Sutta*). Zusammenfassung siehe weiter oben, S. 72.

28: Die große Lehrrede über das Gleichnis von der Elefantenspur (*Mahāhatthipadopama-Sutta*). Siehe Zusammenfassung weiter oben, S. 70–72).

43: Die große Reihe von Fragen und Antworten (*Mahāvedalla-Sutta*)

Sāriputta beantwortet eine Reihe von Fragen, die der ehrwürdige Mahākoṭṭhita stellt, der fähigste Mönch auf dem Gebiet des analytischen Wissens. Sāriputtas klare, tief schürfende Antworten sind in ihrer Qualität den Fragen gleich. Die Fragen und Antworten betreffen die analytische Prüfung von Begriffen, die Bedeutung der Weisheit und des rechten Verstehens sowie subtile Aspekte der Meditation.

69: Rede an Gulissāni (*Gulissāni-Sutta*)

Behandelt die Lebensweise und die Übung des Dhamma, die ein im Wald lebender Mönch zu befolgen hat. Auf die Frage des ehrwürdigen Mahāmoggallāna bestätigt Sāriputta, dass Mönche, die in der Umgebung von Städten und Dörfern leben, dieselben Pflichten erfüllen müssen.

97: Rede an Dhānañjāni (*Dhānañjāni-Sutta*)

Sāriputta erklärt dem Brahmanen Dhānañjāni, dass die mannigfachen Pflichten eines Laien keine Entschuldigung sind für falsches moralisches Verhalten. Sie bewahren einen auch nicht vor den schmerzhaften Konsequenzen eines solchen Verhaltens in künftigen Existenzen. Als Dhānañjāni auf dem Totenbett lag, bat er den Mönch um einen Besuch, und Sāriputta sprach mit ihm über den Weg zu Brahmā durch die Brahma-Vihāras. Der Buddha selbst tadelte Sāriputta dafür, dass er Dhānañjāni nicht zu einem höheren Verständnis angeleitet hatte. (Siehe S. 54)

114: Was ausgeübt werden sollte und was nicht (*Sevitabbāsevitabba-Sutta*)

Sāriputta führt hier anhand kurzer Angaben des Buddha aus, was man praktizieren, ausüben und tun sollte und was nicht. Dies geschieht im Hinblick auf das dreifache Tun in Taten, Worten und Gedanken sowie die geistigen Haltungen und Ansichten, die sechs Sinnesobjekte und die an einen Mönch gestellten Erfordernisse.

143: Rede an Anāthapiṇḍika (*Anāthapiṇḍika-Sutta*)

Sāriputta wird zu Anāthapiṇḍikas Totenbett gerufen und ermahnt ihn, seinen Geist von jedem Anhaften zu befreien. Er beginnt mit den sechs Sinnesfähigkeiten: «So sollst du dich üben, Hausvater: ‹Ich werde nicht am Auge festhalten, und mein Bewusstsein wird sich nicht am Auge festhalten.› So, Hausvater, sollst du dich üben.» Dies wiederholt sich bei allen übrigen fünf Sinnesfähigkeiten, den sechs Sinnesobjekten, dem sechsfachen Bewusstsein, dem sechsfachen Kontakt, den sechs Elementen, den fünf Anhäufungen, den vier formlosen Sphären. Sāriputta schließt mit der Loslösung von dieser Welt und allen übrigen Welten, der Loslösung von allen Dingen, die gesehen, gehört, gefühlt und gedacht werden; von allen Dingen, denen man begegnet, die man sucht und die man im Geist verfolgt. Kurz: Die Loslösung sollte im gesamten Bereich der menschlichen Erfahrung geübt werden. Und dabei sollte man mit dem beginnen, was für einen Sterbenden von unmittelbarer Bedeutung ist, nämlich mit den Sinnesfähigkeiten und ihrer Funktion.

Dieser Aufruf zur Loslösung hatte einen starken, beruhigenden, befreienden und sogar beseligenden Einfluss auf den Geist des sterbenden Laienanhängers. Das war es auch, was der geschickte Lehrer Sāriputta beabsichtigt hatte. Dass seine Worte die gewünschte Wirkung erzielten, sagt der Text, in dem steht, Anāthapiṇḍika sei durch die Erhabenheit dieser Predigt zu Tränen gerührt gewesen. Er habe bisher noch nie eine so tiefgründige Rede gehört. Anāthapiṇḍika starb kurze Zeit danach und wurde als Gottheit im Tusita-Himmel wieder geboren.

Dīgha-Nikāya

28: Vertraueneinflößende Rede (*Sampasādanīya-Sutta*)

Eine beredte Lobpreisung des Buddha durch Sāriputta, formuliert in Gegenwart des Erhabenen. Sāriputta würdigt die unvergleichlichen Qualitäten (*anuttariya*) von dessen Lehre. Die Rede ist ein Ausdruck von Sāriputtas tiefem Vertrauen in den Buddha und gleichzeitig eine Rechtfertigung dafür. Den ersten Abschnitt dieser Rede findet man auch im *Mahāparinibbāna-Sutta*.

33: Rezitation der Lehre (*Saṅgīti-Sutta*), und 34: Rede über die Zehnerreihe (*Dasuttara-Sutta*). Siehe weiter oben, S. 73–74.

Aṅguttara-Nikāya

2:35: *Samacitta-Sutta*. Über den Stromeintreter, den Einmalwiederkehrer und den Nichtwiederkehrer sowie die Faktoren, die über die Orte der Wiedergeburten entscheiden, die diese Menschen noch vor sich haben. Siehe weiter oben, S. 73.

3:21: Eine weitere Klassifizierung edler Menschen (*ariyapuggala*). Unterschieden werden der Betrachter des Körpers (*kāysakkhī*), der das richtige Verständnis erreicht hat (*diṭṭippatta*), und derjenige, der durch den Glauben Befreiung erlangt hat (*saddhāvimutta*).

4:79: Sāriputta fragt den Buddha, warum die Unternehmen der einen schief laufen, die anderer gelingen und warum diejenigen wiederum anderer selbst deren eigene Erwartungen übertreffen. Der Buddha antwortet darauf, einer der Gründe sei Großzügigkeit gegenüber Asketen, Priestern und Mönchen beziehungsweise deren Fehlen.

4:158: Über vier Qualitäten, die auf die Aufrechterhaltung oder den Verlust heilsamer Geisteszustände hindeuten. Wenn man an sich selbst vier spezielle Eigenschaften findet, kann man sicher sein, dass man heilsame Eigenschaften verloren hat. Dies nannte der Erhabene Zerfall. Diese vier sind: außergewöhnliche Habgier, außergewöhnlicher Hass, außergewöhnliche Verblendung sowie Mangel an Wissen und Weisheit hinsichtlich der verschiedenen tiefgründigen Objekte (im Hinblick auf die Weisheit). Wenn man auf der anderen Seite in sich vier andere Eigenschaften entdeckt, kann man sicher sein, dass man keine heilsamen Eigenschaften verloren hat. Der Erhabene nannte dies Fortschritt. Diese vier Eigenschaften sind: verringerte Habgier, verringerter Hass, verringerte Täuschung und der Besitz von Wissen und Weisheit im Hinblick auf die verschiedenen tiefgründigen Objekte.

4:167f.: Die vier Arten des Fortschritts auf dem Pfad. Siehe weiter oben, S. 18–19.

4:172: Sāriputta erklärt eine kurze Lehräußerung des Buddha zu den vier Formen der personalen Existenz (*attabhāva*) und stellt eine zusätzliche Frage. Buddhas Antwort darauf erklärte Sāriputta später im *Samacitta-Sutta* (siehe oben).

4:173: Sāriputta berichtet, dass er die vierfachen analytischen Fähigkeiten (*paṭisambhidā-ñāna*) zwei Wochen nach seiner Ordination erlangt habe, das heißt zum gleichen Zeitpunkt, als er Arahat wurde. Er bittet den Buddha um Bestätigung. Siehe S. 40.

4:174: Diskussion mit dem ehrwürdigen Mahākoṭṭhita über die Grenzen des Erklärbaren. Sāriputta sagt: «So weit, mein Freund, wie die sechs Basen des Sinneskontaktes (*phassāyatana*) reichen, so weit reicht auch die (erklärbare) Welt der Zerstreuung (*papañca*). Und so weit die Welt der Zerstreuung reicht, so weit reichen auch die sechs Basen des Sinneskontaktes. Durch das Verschwinden und Aufhören der sechs Basen des Sinneskontaktes verschwindet auch die Welt der Zerstreuung und kommt zur Ruhe.»

4:175: Über die Notwendigkeit des Wissens und der rechten Lebensführung (*vijjācaraṇa*) für die Beendigung des Leidens.

4:179: Über die Gründe für die Erlangung und die Nichterlangung des Nibbāna im gegenwärtigen Leben.

5:165: Fünf Gründe dafür, dass die Menschen Fragen stellen: Dummheit und Torheit: böse Absichten und Habgier; der Wunsch nach Wissen; Geringschätzung; der Gedanke: «Wenn ihr meine Frage richtig beantwortet, ist es gut; wenn nicht, werde ich die richtige Antwort geben.»

5:167: Über das Tadeln von Ordensbrüdern.

6:14f.: Gründe für den guten oder schlechten Tod eines Mönchs.

6:41: Sāriputta erklärt, dass ein Mönch mit übernatürlichen Kräften einen Baumstamm, wenn er denn will, als fest oder als flüssig, als feurig oder als luftig, als reines oder als unreines (wunderbares oder hässliches) Wesen betrachten kann, denn alle diese Elemente sind im Baum zu finden.

7:66: Über Respekt und Ehrerbietung. Sāriputta sagt, dass diese Eigenschaften hilfreich sind bei der Überwindung dessen, was unheilsam ist, und bei der Entwicklung dessen, was heilsam ist: Respekt und Ehrerbietung gegenüber dem Meister, der Lehre, der Gemeinschaft der Mönche, der Übung, der Meditation, der Achtsamkeit (*appamāda*) sowie dem Geist der Freundlichkeit und Höflichkeit (*paṭisanthāra*). Jeder dieser Faktoren ist eine notwendige Bedingung dafür, dass sich der nächste entwickeln kann.

9:6: Über das, was man über die Menschen, die Roben, die Almosen, die Wohnungen, die Dörfer, die Städte und die Länder wissen sollte: ob man sich mit ihnen zusammentun sollte oder nicht, sie verwenden sollte oder nicht; oder ob man in ihnen leben sollte oder nicht.

9:11: Der Löwenruf des Sāriputta, vorgetragen im Beisein des Meisters anlässlich einer falschen Beschuldigung durch einen Mönch. Sāriputta erklärt anhand von neun Gleichnissen, dass er frei sei von Zorn, losgelöst vom Körper und unfähig, andere zu verletzen. Siehe S. 59.

9:13: Eine Diskussion mit Mahākoṭṭhita über die Absicht, ein heiligmäßiges Leben führen zu wollen.

9:14: Sāriputta befragt den ehrwürdigen Samiddhi über die wesentlichen Inhalte des Dhammas und bestätigt dessen Antworten.

9:26: Dieser Text illustriert Sāriputtas skrupulöse Fairness selbst gegenüber Gegnern. Er korrigiert eine Äußerung, die Devadatta zugeschrieben wurde, wahrscheinlich aber von einem Anhänger Devadattas Sāriputta gegenüber nur falsch wiedergegeben wurde. Später spricht Sāriputta zu diesem Mönch über den voll entwickelten, standhaften Geist, der sich selbst von den attraktivsten Sinneseindrücken nicht erschüttern lässt.

9:34: Über das Nibbāna, das als Glück jenseits der Gefühle beschrieben wird.

10:7: Sāriputta schildert seine Meditationen, während der er nur eine einzige Wahrnehmung hatte, nämlich die, dass das «Nibbāna das Aufhören des Werdens ist». Siehe dazu S. 68.

10:65: Wieder geboren zu werden bedeutet Elend, nicht wieder geboren zu werden Glück.

10:66: Sich an der Lehre und Disziplin des Buddha zu erfreuen ist Glück; keine Freude darüber zu empfinden ist Elend.

10:67f.: Gründe für Fortschritt und Niedergang bei der Pflege dessen, das heilsam ist.

10:90: Über die zehn Fähigkeiten eines von den Grundübeln freien Arahat, die ihn dazu ermächtigen, die Erlangung dieses Zustandes zu proklamieren.

Saṁyutta-Nikāya

Nidāna-Saṁyutta

24: Sāriputta verwirft die Möglichkeit, dass das Leiden entweder durch einen selbst oder durch einen anderen verursacht wird, und erklärt die bedingte Entstehung des Leidens durch Sinneskontakt.

25: Dasselbe wird festgestellt im Hinblick auf Glück und Leiden (*sukha-dukkha*).

31: Über die bedingte Entstehung der Existenz aus der Nahrung.

32: *Kaḷāra-Sutta*. Auf eine Frage des Buddha sagt Sāriputta, das Wissen, das ihn dazu gebracht habe, seine Arahatschaft zu erklären, sei folgendes: Da der Ursprung der Geburt erloschen ist, sei auch dessen Ergebnis, das heißt eine künftige Geburt, erloschen. Damit könne er die Worte der stehenden Formel sprechen, mit denen man die Arahatschaft erkläre: «Erloschen ist die Geburt ...» (*khīṇā jāti*). Danach antwortet er auf weitere Fragen des Buddha über den Ursprung der Geburt, das Werden sowie über die anderen Formen der bedingten Entstehung bis zum Fühlen, dessen Betrachtung Sāriputta als Ausgangspunkt verwendete, um die Arahatschaft zu erlangen. Er erklärt, seitdem er die Unbeständigkeit und das Leiden in allen drei Arten des Fühlens erkenne, empfinde er keinerlei sinnliche Befriedigung mehr (*nandī*).

22. Khandha-Saṁyutta

1: Sāriputta erklärt detailliert die Aussage des Buddha: «Selbst wenn der Körper krank ist, sollte der Geist nicht krank sein.»

2: Sāriputta unterrichtet Mönche, die in entfernte Grenzbezirke ziehen, darin, Fragen von Nichtbuddhisten zu beantworten. Er sagt ihnen, dass die Bekämpfung des Wunsches nach den fünf Gruppen des Anhaftens das Herz der Lehre darstelle.

122f.: Über die Bedeutung des Nachdenkens über die fünf Anhäufungen. Wenn ein Mönch, der Tugend und Wissen besitzt, die fünf Anhäufungen als unbeständig, leidvoll und ohne Selbst betrachtet, ist es ihm möglich, den Stromeintritt zu erlangen. Wenn ein Stromeintreter, ein Einmalwiederkehrer oder ein Nichtwiederkehrer so meditiert, kann er dadurch die nächsthöhere Stufe erreichen. Auch ein Arahat sollte die fünf Anhäufungen betrachten, denn das verschafft ihm im Hier und Jetzt Glück, zugleich Achtsamkeit und ein klares Verständnis.

126: Über Unwissenheit und Wissen.

28. Sāriputta-Saṁyutta

1–9: In diesen neun Texten spricht Sāriputta davon, dass er alle neun Stufen der Meditation erreicht hat, angefangen vom ersten Jhāna bis zum Aufhören von Wahrnehmung und Fühlen. Gleichzeitig stellt er fest, dass er dabei stets frei gewesen sei von jedem Selbstbezug. Siehe S. 66.

10: Sāriputta nahm einmal in Rājagaha nach seiner Almosenrunde sein Essen in der Nähe einer Mauer ein. Eine Asketin namens Sucimukhī (Helles Gesicht) kam zu ihm und fragte, ob er sich beim Essen in die eine oder andere Richtung setze, wie dies einige nichtbuddhistische Asketen taten. Sāriputta interpretierte ihre Frage so, als beziehe sie sich auf eine falsche Art der Lebensführung. Er verneinte sie daher und sagte, er bemühe sich um seine Almosen auf die richtige Weise. Und was er auf die richtige Weise erlangt habe, das esse er. Sucimukhī war darob so tief beeindruckt, dass sie von Straße zu Straße ging und laut rief: «Die buddhistischen Asketen nehmen ihr Essen auf rechte Weise ein! Sie nehmen ihr Essen ohne Tadel ein! Bitte gebt den buddhistischen Asketen zu essen!»

35. Saḷāyatana-Saṁyutta

232: Nicht die Sinne und ihre Objekte, sondern die Gier nach ihnen ist die Fessel, die uns an die Existenz bindet.

38. Jambukhādaka-Saṁyutta

Sāriputta antwortet auf Fragen, die sein Neffe Jambukhādaka, ein nichtbuddhistischer Asket, stellt.

1 f.: Er definiert das Nibbāna und die Arahatschaft als Eliminierung von Gier, Hass und Unwissenheit.

3–16: Er antwortet auf Fragen zu jenen, die die Wahrheit verkünden, zum Zweck des heiligmäßigen Lebens, zu jenen, die wahren Trost gefunden haben. Er erklärt das Fühlen, die Unwissenheit, die Makel, die Persönlichkeit usw. und spricht darüber, was an der Lehre und Disziplin des Buddha schwierig ist.

48. Indriya-Saṁyutta

44: Auf eine Frage des Buddha sagt Sāriputta, nicht aufgrund des Glaubens an ihn, sondern aus eigener Erfahrung wisse er, dass die fünf spirituellen Fähigkeiten (Vertrauen usw.) zur Todlosigkeit führen.

48–50: Über die fünf spirituellen Fähigkeiten.[32]

55. Sotāpatti-Saṁyutta

55: Über die vier Bedingungen des Stromeintritts (*sotāpattiyaṅga*).

2

MAHĀMOGGALLĀNA

MEISTER DER PSYCHISCHEN KRÄFTE

(von Hellmuth Hecker)

Jugendzeit

In einer kleinen Stadt namens Kolita in der Nähe von Rājagaha, der Hauptstadt des Reiches von Magadha, wurde ein Kind geboren, das zum zweiten Hauptjünger Buddhas werden sollte.[1] Die Eltern nannten den Jungen nach dem Ort Kolita. Die Familie gehörte zum Clan der Moggallāna, einer der illustersten brahmanischen Familien jener Zeit, die den Anspruch erhob, in direkter Linie von dem alten vedischen Seher Mudgala abzustammen. Das Städtchen wurde ausschließlich von Brahmanen bewohnt und galt in Bezug auf religiöse Haltung und soziale Gewohnheiten als extrem konservativ. Da Kolitas Vater einer so hohen Kaste und der einflussreichsten Familie angehörte, war er eine Art kleiner König. So wuchs Kolita in Reichtum und Ansehen auf, und durch die günstigen Lebensumstände kam er nicht in direkten Kontakt mit den Sorgen des Lebens. Er wurde ganz in der brahmanischen Tradition und damit im Glauben an ein Jenseits und das Gesetz des Kamma erzogen. Diese Lehren durchdrangen damals das gesamte Leben der Brahmanen, bestimmten Form und Inhalt ihrer Rituale und waren entscheidend für alle Aspekte des Lebens.

Kolitas Familie war seit sieben Generationen mit einer anderen Brahmanenfamilie aus dem Nachbarort eng befreundet. Am Tag von Kolitas Geburt wurde auch jener Familie ein Sohn geboren, den man Upatissa nannte. Die beiden Kinder freundeten sich schnell an und waren bald unzertrennlich. Alles unternahmen sie gemeinsam, das Spiel und das Lernen, Vergnügungen oder Arbeit. Man sah die beiden immer zusammen, und ihre Freundschaft sollte ihr ganzes Leben lang ungetrübt fortbestehen.

Was das Temperament angeht, waren die beiden allerdings recht verschieden. Upatissa war mehr ein Abenteurer und Draufgänger. Kolita hingegen trachtete danach, Erlangtes zu erhalten, zu pflegen und anzureichern. Auch ihre Stellung in der Familie war unterschiedlich: Kolita war das einzige Kind, während Upatissa noch drei Brüder und drei Schwestern hatte. Trotz dieser Unterschiede im Temperament stritten sie nie miteinander oder zankten sich, sondern blieben einander stets gewogen. Sie gingen füreinander durch dick und dünn. Die beiden jungen Brahmanen waren von ihrer Freundschaft so ausgefüllt, dass sie wenig Interesse am anderen Geschlecht zeigten. Doch wie andere junge Männer ihrer herausgehobenen sozialen Stellung wollten natürlich auch sie sich die Hörner abstoßen. Jeder der beiden führte eine Schar von Freunden an, mit denen sie Spiele und sportliche Wettkämpfe organisierten. Wenn sie sich zum Fluss begaben, kamen Kolitas Gefährten hoch zu Ross, während sich Upatissa mit seinen Freunden in Sänften tragen ließ.

In Rājagaha fand jedes Jahr eine große Volksbelustigung statt, das Hügelfest. Die beiden Freunde reservierten sich Sitzplätze für das Ereignis. Es wurde eine Mischung aus volkstümlichen Schwänken und alten Sagen dargeboten. Am ersten Tag hatten Kolita und Upatissa großen Spaß an den Vorführungen. Es gefiel ihnen so gut, dass sie noch einen weiteren Tag blieben und allen Darbietungen folgten. Dennoch war in ihnen ein tiefes Gefühl der Unzufriedenheit.

In der Nacht bei dem dritten Tag bewegten sie merkwürdige Gedanken, und sie schliefen schlecht. Kolita hustete und wälzte sich in seinem Bett herum. Ihm ging die Frage durch den Kopf: «Was haben wir eigentlich von diesen Belustigungen? Was gibt es hier Sehenswertes? Welchen Nutzen hat ein Leben, das nur auf Genuss und Vergnügen ausgerichtet ist? Nach ein paar Jahren sind die berühmten Schauspieler alt und gebrechlich. Sie werden die Bühne des Lebens verlassen und weiterwandern durch künftige Existenzen, angetrieben von der Begierde. Und uns wird es genauso ergehen. Die Schauspieler können nicht einmal sich selbst helfen, das Problem der Existenz zu lösen. Wie sollten sie dann uns helfen können? Anstatt unsere Zeit mit solchen Festlichkeiten zu verschwenden, sollten wir an unsere Erlösung denken!»

Upatissa hatte ebenfalls eine ruhelose Nacht verbracht und war von ähnlichen Gedanken gequält worden. Er dachte daran, dass die alten Mythen und Legenden, die in den Aufführungen des Vortages verarbeitet waren, von der Realität der Wiedergeburt ausgingen. Doch die Späße und Schwänke, die die Schauspieler darboten, taten so, als sei nur dieses jetzige Leben bedeutsam. War das nicht eine künstliche Verdrängung der Wahrheit durch den Schein?

Als sie am Morgen des dritten Tages ihre Plätze einnahmen, meinte Kolita zu seinem Freund: «Was ist los mit dir? Du bist gar nicht mehr so fröhlich wie bisher. Beunruhigt dich etwas?» Upatissa antwortete: «Als ich im Bett lag letzte Nacht, fragte ich mich: ‹Welchen Nutzen haben wir von diesen Genüssen für das Auge und das Ohr? Sie sind doch absolut wertlos! Sollten wir nicht eher Erlösung vom zerstörerischen Gesetz der Unbeständigkeit suchen und uns von der flüchtigen Illusion des Lebens befreien, die uns belauert und doch leer lässt?› Genau das habe ich letzte Nacht überlegt. Doch auch du, lieber Kolita, siehst nicht gerade heiter aus.» Kolita antwortete darauf: «Ich habe genau dasselbe gedacht. Warum sollten wir uns weiter in diesem heillosen Theater aufhalten. Wir sollten besser den Weg zur Erlösung suchen.» Als Upatissa dies hörte, rief er froh: «Das ist ein guter Gedanke, den wir beide unabhängig voneinander hatten. Lange haben wir unsere Zeit mit Nutzlosem vertan. Doch wenn wir ernsthaft Befreiung suchen, müssen wir Haus und Besitz aufgeben und heimatlose Pilger werden, frei von allen weltlichen Bindungen, den fliegenden Vögeln gleich.» So beschlossen die beiden, ein Leben als Asketen zu beginnen, als hauslose Pilger, wie sie damals (genau wie heute) zahlreich durch Indien zogen und ihren geistlichen Lehrer suchten, den Guru, der sie zum befreienden Wissen der Erleuchtung führen sollte. Als sie ihren Freunden diesen Entschluss mitteilten, waren die jungen Männer so tief beeindruckt, dass die meisten beschlossen, sich ihren Freunden bei der geistigen Suche anzuschließen. So verabschiedeten sich alle von ihren Familien, legten die heilige Brahmanenschnur ab, schnitten ihr Kopf- und Barthaar und zogen die hellsafrangelben Kleider der religiösen Pilger an. Sie gaben alle Privilegien ihrer Kaste auf, legten deren Kennzeichen ab und traten in die klassenlose Gesellschaft der Asketen ein.

Wanderjahre und geistige Suche

Ungefähr um die Zeit, zu der Prinz Siddhattha, der künftige Buddha, heiratete und mindestens zeitweise stärker verwurzelt war im weltlichen Leben, verließen Kolita und Upatissa ihr Zuhause und machten sich auf die schwierige Suche nach innerem Frieden und Erlösung. Zusammen mit ihren Freunden gingen sie bei einem geistlichen Lehrer in die Schule. Genau dies tat etwas später auch der Buddha. Zu jener Zeit gab es in Nordinien viele geistige

Lehrer und Philosophen, deren Ansichten vom Dämonischen bis zum Übergöttlichen reichten. Einige lehrten einen Amoralismus, andere einen Fatalismus, wiederum andere einen Materialismus. Kolita und Upatissa durchschauten schnell die Hohlheit dieser Lehren. In Rājagaha hingegen lebte ein Lehrer, der sie anzog. Er hieß Sañjaya. Der Tradition zufolge war er identisch mit Sañjaya Belaṭṭhaputta, der im Pāli-Kanon als einer der sechs nichtbuddhistischen Lehrer genannt wird. Von ihm ließen sich die Freunde und Gefährten ordinieren, was Sañjayas Ansehen beträchtlich erhöhte.

Die Texte geben uns keine genauen Informationen über das, was Sañjaya lehrte. Doch aus einigen kleinen Hinweisen lässt es sich immerhin ungefähr rekonstruieren. Im Gegensatz zu anderen Asketen, die zu spezifischen Themen Lehrsätze aufstellten, vertrat Sañjaya einen strengen Skeptizismus im Hinblick auf die existentiellen Probleme, mit denen sich die Denker jener Zeit befassten. Dabei ging es um folgende Fragen: Gibt es noch eine Welt jenseits der vordergründigen Erfahrung? Erscheint man nach dem Tod des eigenen materiellen Körpers in der nächsten Welt durch einen geistigen Geburtsprozess oder als spontan entstandenes Wesen? Werden die guten und schlechten Taten in der gegenwärtigen Existenz zu guten und schlechten Früchten im nächsten Leben führen? Welches ist schließlich das Schicksal des Tathāgata oder des Vollendeten nach seinem Tod? Wie können wir diese Existenz nach dem Tode auffassen und beschreiben?

Wann immer die indischen Philosophen jener Zeit solche Fragen aufwarfen, galten vier Antworten als möglich: Bejahung, Verneinung, teilweise Bejahung und teilweise Verneinung, weder Bejahung noch Verneinung. Sañjaya lehrte jedoch, dass keine der vier Positionen als Lösung zu akzeptieren sei. Sie alle beinhalteten unlösbare Widersprüche und deswegen sollte sich jeder eines Urteils über diese Probleme enthalten. Dabei fällt auf, dass von den sonst in den Pāli-Schriften (z.B. MN 63 und MN 72) oft genannten vier Gruppen von Antinomien nur die letzte identisch ist mit den von Sañjaya thematisierten, nämlich jene, bei der es um den Nachtodzustand des Vollkommenen geht.

Während die anderen Asketen immer eine der vier Alternativen als Lösung dieser Probleme befürworteten – ja, nein, ja und nein, weder ja noch nein –, legte sich Sañjaya nicht fest. Vor allem stellte er keine dogmatischen Behauptungen auf, etwa von der Art, es gebe keine andere Welt, keine geistigen Astralkörper, kein Kamma und kein Fortleben nach dem Tode. Mit seiner Haltung setzte er sich deutlich von den Materialisten seiner Zeit ab. Er lehrte, man müsse angesichts der Unlösbarkeit dieser Fragen Gleichmut und Unparteilichkeit bewahren und dürfe nicht die geringste Neigung zu Gefallen oder Missfallen an einer dieser Theorien samt ihren Konsequenzen dulden. Er war ein regelrechter

Agnostiker, der einen konsequenten Skeptizismus wahren wollte. Dieser beruhte auf der Erkenntnis, dass alle spekulativen Gedanken mit dialektischen Spannungen verbunden sind.

Im *Sāmaññaphala-Sutta* schildert der König von Magadha, Ajātasattu, dem Buddha ein Gespräch mit dem Asketen Sañjaya. Obwohl dieser Bericht vielleicht eher Aufschluss darüber gibt, wie die Buddhisten Sañjaya verstanden, und nicht so sehr darüber, wie er selbst seine Lehre formuliert hätte, bekommt man doch eine Vorstellung von seiner philosophischen Haltung.

> Eines Tages ging ich zu Sañjaya von den Belaṭṭha und fragte ihn: «Kannst du mir, Herr, einen unmittelbaren, in diesem Leben sichtbaren Lohn für das Leben als Asket nennen?»
> Darauf antwortete Sañjaya: «Wenn du mich fragst, ob es eine andere Welt gibt – nun, wenn ich so dächte, würde ich es dir einfach sagen. Ich sage es aber so einfach nicht. Und ich denke weder so noch so. Ich denke auch nicht anders. Und ich leugne es nicht. Und ich sage weder, dass es eine andere Welt gibt, noch, dass es sie nicht gibt. Und wenn du mich fragst, ob Lebewesen spontan wieder geboren werden oder ob es einen Lohn gibt oder irgendein anderes Ergebnis guter oder schlechter Taten oder ob ein Tathāgata nach seinem Tod weiterexistiert oder nicht – auf jede dieser und alle anderen Fragen gebe ich dieselbe Antwort.»
> So, Herr, präsentierte mir Sañjaya aus der Familie der Belaṭṭha seine Ausflüchte, als ich ihn über den unmittelbaren Lohn und die Vorteile des Lebens als Asket befragte.[2]

Kolita und Upatissa müssen gespürt haben, dass Sañjayas Philosophie sehr wohl mehr darstellte als reine Ausflüchte. Sie fühlten sich wahrscheinlich von ihm angezogen, weil er scheinbar keinem Dogmatismus anhing und beträchtliche dialektische Fähigkeiten aufwies. Doch schon bald erkannten sie, dass auch Sañjaya ihnen nicht das bieten konnte, was sie in Wirklichkeit suchten: ein Heilmittel für die Leiden der Welt. Aufgrund ihrer geistigen Durchformung in vergangenen Existenzen muss ihnen intuitiv klar gewesen sein, dass es eine andere Welt, dass es geistige Wesen und eine moralische Ernte guter und schlechter Taten gibt. Eines Tages gingen die beiden Freunde zu Sañjaya und fragten ihn, ob er über den Lehrsatz hinaus, den sie bereits kannten, noch weiteres zu sagen habe. Darauf antwortete er: «Das ist alles. Ihr kennt damit meine gesamte Lehre.» Als sie dies hörten, entschlossen sie sich, wegzugehen und anderswo weiterzusuchen. Schließlich hatten sie ihre Familien nicht verlassen, um sich mit ebenso endlosen wie fruchtlosen agnostischen Argumentationen zu befassen, sondern um einen Pfad zur definitiven Erlösung vom Leiden zu finden.

So nahmen sie ein zweites Mal die Wanderschaft auf und gingen auf die Suche nach der Wahrheit. Sie zogen viele Jahre lang kreuz und quer durch Indien, von Norden nach Süden, von Osten nach Westen. Sie wanderen durch Staub und glühende Hitze, in Regen und Wind, in dem Gedanken, der viele Inder bewegte: «Ich bin verstrickt in die Kette von Geburt, Altern und Tod, von Sorgen, Klagen, Schmerz und Verzweiflung. Ich bin in Leiden versunken, in Leiden verloren. Gewiss ist es möglich, diesem ganzen Leiden ein Ende zu bereiten!» (MN 29).

Auf ihrer Reise suchten sie viele Asketen und Brahmanen auf, die im Ruf außergewöhnlicher Weisheit standen. Sie führten religiöse Gespräche mit ihnen über Gott und die Welt, über Himmel und Erde, über den Sinn des Lebens und den Weg zur Erlösung. Doch ihrem kritischen, von Sañjayas Skeptizismus geschulten Geist entging nicht, wie leer die Behauptungen und das gelehrte Nichtwissen dieser Philosophen waren. Keiner dieser Lehrer konnte ihre Fragen beantworten, während sie ihrerseits viele Fragen zu beantworten vermochten.

Die Überlieferung gibt keine Auskunft darüber, welche weiteren Lehrer sie noch aufsuchten. Es wäre aber verwunderlich, wenn die beiden Wahrheitssucher nicht auch mit solchen Mystikern und Weisen zusammengetroffen wären wie dem Seher Bāvarī mit seiner großen meditativen Kraft oder mit Āḷāra Kālāma und Uddaka Rāmaputta. Bei diesen beiden Lehrern der formfreien Unendlichkeit war auch der Bodhisatta eine Zeitlang Schüler gewesen. Eines aber geht aus der Lebensbeschreibung deutlich hervor: Die beiden Freunde hatten bis zu ihrer Begegnung mit dem Buddha noch nicht einmal die Spur eines Pfades zur weltüberwindenden Erfahrung der Erlösung gefunden. Was mag der Grund dafür gewesen sein?

Wahrheitssucher zur Zeit des Buddha verfolgten vor allem zwei Ziele: Sie wollten durch tiefe Meditation (*samādhi*) zu innerem Frieden und zur Heiterkeit des Herzens gelangen, oder sie strebten nach einer Lehre, die ihnen den Sinn des Daseins offenbarte. Wer die Natur der Existenz verstehen wollte, tat dies in der Regel durch spekulative Gedankenflüge und neigte dazu, den Pfad der Meditation zu verschmähen. Im Gegensatz dazu gaben diejenigen, die auf meditativem Weg zu innerem Frieden gelangt waren, meistens die weitere Suche auf, weil sie mit ihrem Fund zufrieden waren und glaubten, sie seien nun am Ziel. Da sie nicht von einem Buddha angeleitet wurden, kam ihnen nicht in den Sinn, dass dieser Frieden immer noch weltlicher Natur war und vom Kamma im Rahmen des Kreislaufs der Wiedergeburten abhing. Ihre meditative Leistung würde zu einer gesegneten Wiedergeburt in einer der übersinnlichen Brahma-Welten führen, in denen das Leben unvergleichlich länger dauert als in der sinnlich bestimmten Welt. Doch am Ende würde auch diese Kraft des

Kamma aufgezehrt sein, und dann würde erneut eine Wiedergeburt erfolgen, so dass sie sich wiederum im gleichen Daseinsgefängnis befänden wie zuvor. In ihren früheren Existenzen als meditierende Einsiedler muss dies dem Bodhisatta so wie Kolita und Upatissa oft zugestoßen sein. Dies ist ein Aspekt des existentiellen Leidens, der gefängnisähnlichen Unwissenheit: Entweder man lässt sich wie die Mystiker am Tor häuslich nieder und betrachtet es als einen Ort des Friedens und des Segens, oder man läuft wie die spekulativen Denker schnell daran vorbei und verliert sich letztlich im Labyrinth des Intellekts.

Obwohl den beiden Freunden eine Rückerinnerung an die Erfahrungen des Jhāna aus früheren Existenzen fehlte, hatten sie doch offenbar ein unterbewusstes Ahnen, dass meditativer Frieden mit seinen Belohnungen nicht das Ziel an sich, sondern nur eine Pause innerhalb des immerwährenden Zyklus des Leidens darstellt. Daher bemühten sie sich erst, zu verstehen, wie die Dinge im komplexen Geflecht des Saṁsāra zusammenhängen. In Zeitaltern ohne Buddha wäre ihr Suchen erfolglos gewesen. Sie mögen in ihrem Inneren ein undefinierbares Drängen empfunden haben, das es ihnen nicht erlaubte, zur Ruhe zu kommen, bis sie den Erleuchteten gefunden hatten, der sich wie sie auf die Suche nach dem Heil begeben hatte. Wenn selbst der Bodhisatta, der künftige Buddha, erst in einer kritischen Phase seiner eigenen Wahrheitssuche entdecken konnte, wie die meditative Versenkung mit scharfer Einsicht zu verbinden ist, so war nicht zu erwarten, dass die beiden Freunde von sich aus den subtilen Schlüssel zur Befreiung des Geistes finden würden. Schließlich verfügten sie weder über eine umfangreiche meditative Erfahrung noch über eine so weitreichende geistige Unabhängigkeit wie der Buddha. Im Rückblick erwies sich die Wahrheitssuche von Kolita und Upatissa als ein Treten auf der Stelle. Es sollte erst dann ein Ende finden, als ihre kompromisslose Integrität und ihr unersättlicher Durst nach Wahrheit sie schließlich zum Buddha führten.

Das Auffinden des Dhamma

Ohne das Geringste vom Buddha zu wissen, gaben die beiden Freunde ihr Wanderleben auf und kehrten in ihre Heimat Magadha zurück. Sie waren damals ungefähr vierzig Jahre alt.[3] Trotz ihrer vielen Enttäuschungen hatten sie die Hoffnung noch nicht aufgegeben. So verabredeten sie Folgendes: Wer als Erster einen Weg zur Todlosigkeit finden würde, sollte es sofort dem anderen mitteilen. Sie beschlossen, sich zu trennen, um auf diese Weise ihre Chancen zu verdoppeln, auf einen kompetenten geistigen Führer zu treffen.

Kurz vor dieser Entscheidung der beiden Freunde hatte der Buddha in Benares das Rad der Lehre in Bewegung gesetzt. Nach seiner ersten Einkehr während der

Regenzeit sandte er eine erste Gruppe von Jüngern aus, insgesamt sechzig Arahats, um zum Wohl und Heil der Menschen die Lehre zu verkünden. Der Buddha selbst war nach Rājagaha gegangen, wo der König von Magadha bald sein Anhänger wurde und ihm das Bambushainkloster schenkte. Er weilte in diesem Kloster, als Kolita und Upatissa nach Rājagaha zurückkehrten und Aufnahme im Kloster von Sañjaya fanden.

Eines Tages war Upatissa in die Stadt gegangen, während Kolita im Kloster geblieben war. Als Kolita seinen Freund am Nachmittag zurückkehren sah, wunderte er sich über die Veränderung in dessen Wesen. Nie zuvor hatte er ihn so glücklich erlebt. Er schien wie verwandelt. Sein Gesicht leuchtete und strahlte. Atemlos fragte Kolita: «Deine Züge, lieber Freund, sind so heiter, deine Gesichtsfarbe ist so hell und klar. Hast du den Weg zur Todlosigkeit gefunden?»

Upatissa erwiderte: «Es ist so, lieber Freund, ich habe die Todlosigkeit gefunden.» Dann berichtete er ihm, was ihm zugestoßen war. In der Stadt hatte er einen Mönch gesehen, dessen Verhalten ihn so tief beeindruckt hatte, dass er sofort davon überzeugt war, es handle sich um einen Arahat oder mindestens um einen Menschen, der auf dem Weg zur Heiligkeit schon weit fortgeschritten war. Er wandte sich an ihn und begann mit ihm ein Gespräch. Der Mönch namens Assaji erklärte, er sei ein Schüler des Asketen Gotama aus dem Haus der Sakya, und er bezeichnete ihn als «Erleuchteten». Als Upatissa ihn bat, ihm dessen Lehre zu erläutern, sagte Assaji bescheiden, er sei nur ein Anfänger und nicht in der Lage, sie in ihren Einzelheiten darzulegen. Er könne nur den Kern der Lehre skizzieren. Upatissa sagte, damit sei er schon zufrieden und so zitierte Assaji einige kurze Verse, in denen die wichtigsten Punkte zusammengefasst waren. Diese Verse erlangten in den kommenden Jahrhunderten und Jahrtausenden überall Berühmtheit, wo sich die Lehre des Buddha ausbreitete.

Von den Dingen, die bedingt entstehen.
Gibt der Tathāgata den Grund an,
Und auch wie ihr Schwinden vor
sich geht:
Das ist die Lehre des großen Asketen.[4]

Als Assaji diese Verse sprach, ging Upatissa auf der Stelle das Auge der Wahrheit auf: «Was irgendwie entstanden ist, muss auch wieder untergehen.» Und genau dasselbe geschah nun Kolita, als Upatissa die Verse ihm gegenüber wiederholte. Solche unmittelbaren Erfahrungen der Erleuchtung faszinieren und erstaunen uns, besonders, wenn sie von Aussprüchen ausgelöst werden, die uns undurchsichtig und rätselhaft erscheinen. Doch die Macht des Dhamma, die Realisierung der letzten Wahrheit in Gang zu setzen, geht einher mit der Aufnahmefähigkeit und dem Ernst des betreffenden Schülers. Nur Menschen, die schon lange die Disziplinen der Betrachtung und der Entsagung geübt, die schon viel über die Unbeständigkeit und die Todlosigkeit nachgedacht haben und die bereit sind, alles für die endgültige Erlösung aufzugeben, erschließt sich der tiefere Sinn dieses Vierzeilers. Er kann ihnen mehr Wahrheit enthüllen als viele Bände voll systematischer Darlegungen. Upatissa und Kolita besaßen die geforderten Qualifikationen in reichem Maße. Ihr Sinnen war auf die Suche nach der endgültigen Befreiung ausgerichtet und sie hatten gelernt, nur noch in den Begriffen des Bedingten und des Unbedingten zu denken. Ihre Fähigkeiten waren so weit herangereift, dass die Erleuchtung blitzartig erfolgen konnte. Sie brauchten nur noch einen Schlüssel zur direkten Erkenntnis. Assajis Vierzeiler war dieser Schlüssel. Urplötzlich erlangten sie eine erste Vision der Todlosigkeit. Sie drangen zu den Vier Edlen Wahrheiten vor und sahen das Ungeschaffene, das Nibbāna, jenseits der Flucht der Erscheinungen, hinter denen der Tod ewig lauert. Sie hatten damit den Stromeintritt (*sotāpatti*) geschafft und wussten, dass das endgültige Ziel nun in ihrer Reichweite lag.[5]

Nachdem Kolita jenen mächtigen Vierzeiler gehört hatte, fragte er sofort nach, wo denn jener große Asket, der Tathāgata, sich aufhalte. Als er hörte, dass er im Bambushainkloster weile, wollte er gleich dorthin aufbrechen. Doch Upatissa bat ihn, noch zu warten, und sagte: «Lass uns zuerst zu Sañjaya gehen und ihm erzählen, dass wir den Weg zur Todlosigkeit gefunden haben. Wenn er es zu begreifen vermag, wird auch er zur Wahrheit vordringen. Und wenn er es nicht gleich begreift, hat er vielleicht so viel Vertrauen, dass er sich uns anschließt, wenn wir zum Meister gehen. Und wenn er den Erwachten selber hört, versteht er bestimmt.»

So gingen die beiden Freunde denn zu ihrem früheren Meister und sagten: «Höre, Meister, höre! Ein Vollerleuchteter ist in der Welt erschienen. Wohl verkündet ist seine Lehre und seine Mönche leben ein vollkommen geläutertes Leben. Komm mit uns, wir wollen zu ihm!» Sañjaya jedoch schlug ihre Einladung aus. Stattdessen machte er ihnen den Vorschlag, sie sollten sich zu dritt in die Führerschaft seiner Gemeinschaft teilen. «Wenn ihr mein Angebot annehmt», sagte er, «werdet ihr zu großem Ansehen gelangen und größte Wertschätzung genießen.» Doch die beiden Freunde wollten von ihrem Entschluss nicht abrücken und antworteten entschieden: «Es würde uns nichts ausmachen, ein Leben lang Schüler zu sein, aber du musst dich jetzt entscheiden, denn unsere Entscheidung steht fest.» Sañjaya aber konnte sich nicht entscheiden und stöhnte: «Ich kann nicht gehen! Seit so vielen Jahren bin ich Lehrer und habe eine große Anhängerschaft. Wenn ich nun selbst wieder zum Schüler würde, so hieße das, einen mächtigen See in eine Pfütze zu verwandeln!» Ihn bewegten widerstreitende Gefühle: Auf der einen Seite stand seine Sehnsucht nach der Wahrheit, auf der anderen Seite sein Wunsch, sein hohes Ansehen nicht zu verlieren. Schließlich gewann der Geltungsdrang das Übergewicht, und er blieb zurück. Zu jener Zeit hatte Sañjaya ungefähr 500 Schüler. Als sie erfuhren, dass die beiden Freunde dem Buddha nachfolgen wollten, schlossen sich alle spontan an. Als sie aber merkten, dass Sañjaya zurückblieb, wurde die Hälfte wieder schwankend und kehrte zu ihrem Lehrer zurück. Doch als Sañjaya sah, dass er so viele Schüler verloren hatte, «quoll aus Verzweiflung und Ärger heißes Blut aus seinem Mund», wie es in den Texten heißt.

Der Kampf um die Verwirklichung der Lehre

Die beiden Freunde näherten sich an der Spitze ihrer 250 Gefährten dem Bambushain. Dort verkündete Buddha seinen Mönchen gerade die Lehre. Als er die beiden von ferne herankommen sah, erklärte er: «Da kommen, ihr Mönche, die beiden Freunde Kolita und Upatissa. Sie werden meine Hauptjünger sein, ein gesegnetes Paar!» Als sie herangekommen waren, begrüßten alle ehrerbietig den Buddha, erhoben ihre gefalteten Hände zur Stirn und senkten ihre Häupter zu den Füßen des Erleuchteten. Dann sagten die beiden Freunde: «Dürfen wir, o Herr, unter dem Gesegneten die Abkehr von der Welt vollziehen und die volle Ordination erlangen?» Der Erhabene sprach: «Kommt, meine Mönche, wohl verkündet ist die Lehre. Lebt nun ein heiliges Leben, um dem Leiden für immer ein Ende zu bereiten!» Mit diesen kurzen Worten erhielten die beiden Freunde und ihr ganzes Gefolge die Mönchsweihe.[6]

Von diesem Zeitpunkt an belegen die Texte Upatissa mit dem Namen Sāriputta, was «Sohn der Sārī» bedeutet, denn seine Mutter hieß so. Kolita wird als Mahāmoggallāna, «Moggallāna der Große», bezeichnet, um ihn von anderen Jüngern zu unterscheiden, die derselben Brahmanenfamilie entstammten, etwa Gaṇaka Moggallāna und Gopaka Moggallāna.

Nachdem sie alle die Ordensweihe erhalten hatten, wandte sich der Buddha an die 250 Jünger und erklärte ihnen die Lehre so klar, dass sie innerhalb kurzer Zeit das erste Stadium der Befreiung erlangten, den Stromeintritt. Bald darauf wurden sie zu Arahats – mit Ausnahme von Sāriputta und Moggallāna. Die beiden Freunde zogen sich nämlich sofort getrennt in die Einsamkeit zurück, um weiterhin nach dem höchsten Ziel zu streben.

Sāriputta blieb in der Nähe von Rājagaha und meditierte in einer Höhle, Bärennest genannt. Von hier aus machte er seine Almosenrunde in der Stadt. Dabei hatte er die Gelegenheit, die Predigten des Buddhas zu hören. Was er vom Meister vernahm, verarbeitete er in seinem Geist, und so drang er systematisch zu einem klaren Verständnis der grundlegenden Natur der

Erscheinungen vor. Er brauchte vierzehn Tage zur Erlangung der Arahatschaft, bis alle Triebe zerstört waren (*āsavakkhaya*).

Moggallāna hingegen wählte aus Gründen, die in den Texten nicht genannt werden, als Aufenthaltsort einen Wald in der Nähe des Dorfes Kallavālaputta in Magadha. Mit großem Eifer meditierte er dort im Sitzen und Aufundabgehen. Doch trotz seines Bemühens wurde er oft von Schläfrigkeit übermannt. Obwohl er darum kämpfte, seinen Körper und seinen Kopf aufrecht zu halten, fiel ihm dieser immer wieder auf die Brust, und die Lider schlossen sich. Es gab Zeiten, da konnte er nur durch schiere Willenskraft seine Augen offen halten. Die Hitze, die Anstrengungen seiner langen Wanderjahre und die inneren Spannungen, die er durchlebt hatte, machten sich plötzlich bemerkbar, so dass am Ende der Suche sein Körper mit Müdigkeit reagierte. Der Erwachte aber kümmerte sich als großer Lehrer um seinen Jünger und verlor ihn nicht aus den Augen. Mit seinem himmlischen Auge erkannte er, mit welchen Schwierigkeiten der neue Mönch zu kämpfen hatte, und durch psychische Kräfte erschien er vor ihm. Als Moggallāna seinen Meister sah, fiel ein großer Teil seiner Müdigkeit von ihm ab. Da fragte ihn der Erwachte:

> «Du bist wohl schläfrig, Moggallāna, bist du schläfrig?»
>
> «Ja, Herr.»
>
> «Nun denn, Moggallāna, wenn dich bei einem Gedanken Schläfrigkeit übermannt, so solltest du jenem Gedanken keine Achtsamkeit und keine Aufmerksamkeit schenken. Wenn du so verfährst, ist es möglich, dass die Schläfrigkeit verschwindet. Wenn dich die Schläfrigkeit dabei aber nicht verlässt, so solltest du über die Lehre, wie du sie hier gehört hast, nachdenken und sie in deinem Geist erforschen. Wenn du dies tust, ist es möglich, dass dich deine Schläfrigkeit verlässt. Wenn sie dabei aber nicht verschwindet, so solltest du die Lehre, wie du sie gehört hast, in allen Einzelheiten hersagen..., so sollst du dich an beiden Ohrläppchen ziehen und mit deinen Händen die Glieder reiben..., so sollst du von deinem Sitz aufstehen, deine Augen mit Wasser waschen, in allen Richtungen um dich blicken, auch nach oben zu den Sternbildern..., so sollst du deine Aufmerksamkeit auf die Wahrnehmung des Lichtes und des Tages lenken: so wie bei Tage so bei Nacht, so wie bei Nacht so auch bei Tag. Derart sollst du mit klarem und nicht umwölktem Sinn einen Geist voller Glanz entfalten. So sollst du mit nach innen gerichteten Sinnen und mit konzentriertem Geist auf und ab gehen und dir des Kommens und Gehens bewusst sein. Wenn du dies tust, so ist es möglich, dass deine Schläfrigkeit schwindet. Wenn sie aber dabei doch nicht vergeht, so sollst du voller Achtsamkeit und mit klarem Bewusstsein dich wie ein Löwe auf deine rechte Seite

> legen, den einen Fuß auf den anderen setzen und im Geist den Gedanken des Aufstehens bewegen. Und beim Erwachen sollst du sofort aufstehen und dabei denken: Ich will mich nicht der Bequemlichkeit der Ruhe und des Liegens, dem Genuss des Schlafens, hingeben.»
> «So sollst du dich üben, Moggallāna.»[7]

Der Buddha gibt hier Moggallāna eine gestaffelte Folge von Ratschlägen zur Bekämpfung der Trägheit. Am besten ist es, dem Gedanken, der zum Dösen führte, keine Aufmerksamkeit zu schenken. Dies ist jedoch die schwierigste Methode. Wenn das nicht gelingt, sollte man sich mit aktivierenden Gedanken beschäftigen oder über die Vorzüglichkeit der Lehre nachdenken oder Teile davon auswendig hersagen. Wenn diese geistigen Mittel nichts helfen, sollte man zu körperlicher Aktivität Zuflucht nehmen, zum Beispiel sich an den Ohren ziehen, den Körper schütteln, den Kreislauf durch Reiben der Glieder aktivieren, die Augen mit kaltem Wasser erfrischen oder nachts in den grandiosen Sternenhimmel blicken. Dabei mag die kleinliche Schläfrigkeit vergessen werden.

Wenn diese Maßnahmen nichts nützen, sollte man sich des inneren meditativen Lichtes erinnern und den gesamten Geist mit Helligkeit erfüllen. Mit diesem selbstleuchtenden Gemüt sollte es möglich sein, wie eine Brahma-Gottheit den gesamten Bereich des Tages und der Nacht, wie er von den Sinnen wahrgenommen wird, hinter sich zu lassen. Diese Ratschläge deuten darauf hin, dass Moggallāna bereits solche Zustände an sich erfahren hatte, so dass der Buddha sie als bekannt voraussetzen durfte. Diese Wahrnehmung des Lichts (*ālokasaññā*) wird in den Texten als einer der vier Wege zur Entfaltung des Samādhi bezeichnet und führt zu «Wissen und Weisheit» (*ñāṇadassana*) (DN 33).

Wenn auch dieses Verfahren nichts hilft, sollte man achtsam auf und ab gehen und somit durch körperliche Bewegung die eigene Müdigkeit ablegen. Wenn sich jedoch keiner dieser sieben Ratschläge als hilfreich erweist, sollte man sich einfach hinlegen und eine kurze Zeit ruhen. Sobald man sich aber erfrischt fühlt, sollte man schnell aufstehen und es nicht zulassen, dass die Schläfrigkeit zurückkehrt.

Damit war die Unterweisung des Buddha bei dieser Gelegenheit aber noch nicht zu Ende. Er fuhr wie folgt fort:

> Ferner sollst du dich, Moggallāna, in Folgendem üben. Du sollst so denken: «Wenn ich mich auf den Bettelgang zu Familien begebe, darf ich das nicht stolzen Geistes tun.» So sollst du dich üben. Denn es ist durchaus möglich, dass die Menschen in den Familien beschäftigt sind und gar nicht bemerken, dass ein Mönch zu ihnen gekommen ist. Wenn aber ein Mönch voller Stolz denkt: «Wer hat mich denn mit dieser Familie entzweit? Diese Menschen scheinen jetzt

eine Abneigung gegen mich zu empfinden» und wenn er dann keine Gabe von ihnen erhält, wird er unsicher; und wenn er unsicher wird, regt er sich auf; und wenn er sich aufregt, verliert er die Beherrschung; und wenn er keine Kontrolle mehr über sich hat, ist sein Geist weit weg von der Sammlung.

Ferner sollst du dich, Moggallāna, folgendermaßen üben: ‹Ich werde keine Streitreden führen.› Darin sollst du dich üben. Denn bei bewegten Diskussionen fallen mit Sicherheit viele Worte; viele Worte führen aber zu Aufregung; und wer aufgeregt ist, verliert die Selbstkontrolle; und wer nicht kontrolliert ist, dessen Geist ist weit weg von der Sammlung.»

Hier macht der Buddha auf zwei Verhaltensweisen aufmerksam, die zu Aufregung und Unruhe führen. Im ersten Fall ist der Mönch stolz auf seinen Status und erwartet Achtung von den Laien. Doch wenn diese ihren Geschäften mehr Aufmerksamkeit widmen als ihm, wird er unsicher und verliert seine geistige Sammlung. Im anderen Fall empfindet er eine intellektuelle Lust an Diskussionen, regt sich aufgrund von Meinungsverschiedenheiten auf und findet Vergnügen daran, andere in der Debatte zu besiegen. Bei all dem wird die geistige Energie nutzlos vertan. Wenn man seine Sinne nicht unter Kontrolle hat und zulässt, dass der eigene Geist abgelenkt wird und in Erregung gerät, so lässt man sich gehen, wird achtlos in der Praxis und kann auf diese Weise in der Meditation nicht die Vereinigung von Geist und innerem Frieden erreichen.

Nachdem der Buddha Moggallāna diese Anweisungen zur Überwindung der Schläfrigkeit und zum Vermeiden der Aufregung gegeben hatte, stellte ihm dieser noch eine Frage:

«Auf welche Weise, o Herr, kann man kurz erklären, wie ein Mönch befreit wird durch Eliminierung der Begierde; wie wird er zu einem, der das endgültige Ziel erreicht hat, die endgültige Sicherheit vor der Bedingtheit, das endgültige heiligmäßige Leben, die endgültige Vollendung, und wie wird er der höchste der Devas und der Menschen?»

«Da, o Moggallāna, hat ein Mönch Folgendes erfahren: ‹Nichts verdient es, dass man sich daran festhalte›. Wenn ein Mönch erfahren hat, dass es nichts verdient, dass man sich daran festhalte, so kennt er alles. Wenn er alles kennt, durchschaut er jedes Ding. Wenn er jedes Ding vollständig durchschaut und dabei irgendein Gefühl hat, mag es ein freudiges, schmerzhaftes oder neutrales sein, so weilt er bei diesen Gefühlen in der Betrachtung ihrer Unbeständigkeit, ihrer Vergänglichkeit und Auflösung. Wenn er bei dieser Betrachtung verweilt, hält er sich an nichts in dieser Welt fest. Wenn er sich nicht festhält, wird er nicht erschüttert, und wenn er nicht erschüttert wird, erreicht er die vollständige Auslöschung der Unreinheiten. Er weiß dann: Die Wiedergeburt ist versiegt, das heilige Leben ist gelebt, die Arbeit ist getan, und nichts mehr ist in dieser Welt.»

Nachdem Moggallāna all diese persönlichen Unterweisungen des Meisters (aufgezeichnet in AN 7:58) empfangen hatte, nahm er seine Übungen mit großem Eifer wieder auf und kämpfte kraftvoll gegen die inneren Hemmnisse des Geistes. Während seines vieljährigen Asketenlebens hatte er bereits in großem Umfang die sinnliche Begierde und den Hass ausgelöscht, die das erste und das zweite der fünf Hemmnisse darstellen. Mit Buddhas Hilfe kämpfte er nun gegen Schläfrigkeit und Trägheit, gegen Ruhelosigkeit und Sorgen, das dritte und das vierte Hemmnis. Indem er diese Schwierigkeiten überwand, gelangte er in meditative Zustände, bei denen er die Welt der materiellen Form hinter sich ließ. Damit war der Weg bereitet für das durchdringende Wissen von der Realität. So erreichte und genoss er das überwältigende Glück des ersten Jhāna, einen Zustand tiefer Versenkung und Konzentration. Aber allmählich stellten sich wieder weltliche Gedanken ein, verlangten nach seiner Aufmerksamkeit und versetzten ihn neuerlich auf die Ebene des sinnenhaften Bewusstseins. Der Buddha kam ihm wieder zu Hilfe, allerdings nicht wie das erste Mal mit detaillierten Anweisungen, sondern mit einem kurzen Hinweis, der ihm half, das Hindernis zu überwinden. Der Erwachte warnte ihn davor, sich des Erreichens des ersten Jhāna sicher zu sein. Vielmehr solle er nach weiterer Beherrschung streben, um diesen Zustand voll unter seine Kontrolle zu bringen. Als Moggallāna diesem Rat folgte, wurde dieser erste Zustand der Versenkung nicht mehr durch weltliche Gedanken gestört.

Nachdem Moggallāna im ersten Jhāna festen Fuß gefasst hatte, eroberte er den zweiten Jhāna, der das «edle Schweigen» (SN 21:1) genannt wird, weil bei dieser Versenkung alle diskursiven Gedanken zum Schweigen gebracht werden. So gelangte er in Abständen bis zum vierten Jhāna. Von hier schritt er weiter fort in der Skala der Versenkung zu den vier formlosen oder immateriellen Versenkungen (*arūpajjhāna*) und zum Aufhören der Wahrnehmung und des Fühlens (*saññāvedayita-nirodha*). Dann gelangte er zur «zeichenlosen Konzentration des Geistes», die frei von all jenem ist, was eine bedingte Existenz bedeutet (SN 40:2–9).[8]

Doch auch damit war er noch nicht am Ziel. Denn selbst in diesem Stadium entwickelte er eine subtile Anhänglichkeit an diese Erfahrung – eine Anhänglichkeit, die gleichwohl ein Zeichen ist für eine große spirituelle Leistung höchster Reinheit. Doch mit Hilfe der Instruktionen des Buddha überwand er auch diese letzten, äußerst subtilen Fesseln und gelangte zur endgültigen Fülle, zur Befreiung des Geistes und zur Befreiung durch Weisheit in ihrer gesamten Fülle und Tiefe. Der ehrwürdige Māhamoggallāna war ein Heiliger geworden.

Wie Sāriputta war auch Moggallāna ein Arahat vom Typ jener, «die auf beide Arten befreit sind» (*ubhatobhāgavimutta*). Obwohl die Heiligen in ihrer vollkommenen Befreiung von Unwissenheit und Leid einander gleich sind, unterscheiden sie sich doch aufgrund ihrer Fertigkeit in der Konzentration. Jene, die die acht Befreiungen (*aṭṭha vimokkhā*) erreichen, darunter die vier formlosen Befreiungen und die Befreiung des Erlöschens, werden als «auf beide Arten befreit» bezeichnet. Sie sind vom materiellen Körper aufgrund der formlosen Versenkungen und von allen Verunreinigungen durch den Pfad der Arahatschaft befreit. Wer diese Meisterschaft über die acht Befreiungen nicht besitzt, doch alle Unreinheiten durch Weisheit vernichtet hat, heißt «befreit durch Weisheit» (*paññāvimutta*).[9] Moggallāna hatte nicht nur die aufeinander folgenden Ebenen der meditativen Sammlung gemeistert, sondern auch die «Wege der psychischen Kraft» (*iddhipāda*) erforscht. Dadurch war er vertraut geworden mit den übernatürlichen Kräften (*abhiññā*). In seinen eigenen Worten war er einer, von dem man sagen konnte: «Unterstützt vom Meister, erreichte der Jünger große übernatürliche Fähigkeiten.»[10]

Diese gesamte Entwicklung fand innerhalb einer einzigen Woche statt. Es waren in der Tat sieben Tage ungeheurer innerer Umwandlung, vollgepackt mit dramatischen Heimsuchungen, Kämpfen und Triumphen. Moggallānas Entschiedenheit während dieser kurzen Zeit muss unvorstellbar gewesen sein. Bei einer Person wie ihm, mit einem derart aktiven Geist und einer derart breiten Palette natürlicher Begabungen, bedurfte es einer enormen Anstrengung, um all die Fesseln zu durchschneiden, die ihn mit dieser Welt voller Möglichkeiten verbanden. Damit eine solch ungeheure innere Erfahrung in einer einzigen Woche stattfinden konnte, müssen die Dimensionen von Zeit und Raum wohl zusammengezogen und aufgelöst worden sein. Es wird berichtet, dass der Buddha bei seiner eigenen Erleuchtung sich schon in der ersten Nachtwache an einundneunzig Weltzeitalter erinnerte. Auch Moggallāna erinnerte sich mit seinem geistigen Auge an viele vergangene Weltzeitalter. Hier versagen unsere Zeitvorstellungen völlig. Für einen gewöhnlichen Menschen, der im Gefängnis seiner Sinne eingemauert ist, ist eine Woche eben nicht mehr als sieben Tage. Für denjenigen aber, der den Schleier der manifesten Phänomene zerrissen hat und in die Tiefen der Realität eingedrungen ist, können Unendlichkeiten alle Grenzen der Zeitlichkeit sprengen.

Moggallāna sagte später, er habe die Heiligkeit durch schnelles Durchschauen (*khippābhiññā*) innerhalb einer Woche erreicht. Sein Fortschreiten sei aber schwierig gewesen (*dukkha-paṭipadā*) und habe der Anstöße durch den Meister bedurft. Auch Sāriputta erlangte durch schnelles Durchschauen die Heiligkeit im Lauf von zwei Wochen, doch gelang ihm dies mühelos (*sukha-paṭipadā*).[11] Moggallāna hatte das Ziel schneller erreicht als Sāriputta, weil ihm der Buddha dabei geholfen und ihn persönlich und intensiv angeleitet hatte. Sāriputta war ihm aber überlegen, was die Unabhängigkeit seines Fortschreitens und die detaillierte Erfahrung anbelangt.

Das vorzüglichste Jüngerpaar

Für einen Erleuchteten sind zwei Hauptjünger und ein persönlicher Diener genauso notwendig wie ein Kriegsminister, ein Innenminister und ein Finanzminister für einen König. Der Buddha selbst verwendete diesen Vergleich mit der Staatsmacht. Er nannte Ānanda, der sich an alle Lehrreden erinnerte, den Schatzmeister der Lehre, Sāriputta den Heerführer oder General und Moggallāna die «Amme» (Innenminister).

Von diesen vier Menschen (einschließlich Buddhas) hatten jeweils zwei wieder gewisse Gemeinsamkeiten: Der Buddha und Ānanda stammten aus der Kriegerkaste (*khattiya*). Sāriputta und Moggallāna hingegen waren Brahmanen. Dies dokumentierte sich auch im Leben: Ānanda war stets mit dem Buddha zusammen. Seit er dessen Diener geworden war, folgte er ihm wie ein Schatten. In ähnlicher Weise war Moggallāna fast unzertrennlich von Sāriputta. Diese drei Menschen waren die einzigen, die der Buddha bei körperlicher Ermüdung bat, ihn zu vertreten und an seiner Stelle die Lehre darzulegen. Dies geschah beispielsweise in Kapilavatthu, als Moggallāna eine ausführliche Darstellung der Zügelung der Sinne gab.[12]

Nachdem Sāriputta und Māhamoggallāna die Heiligkeit erreicht hatten, verkündete der Buddha dem Orden, sie seien nun seine Hauptjünger. Einige Mönche wunderten sich darüber und begannen zu murren. Sie fragten den Meister, warum er nicht Männer der ersten Stunde auszeichne, die früher ordiniert worden waren, etwa die fünf verbündeten Mönche, Yasa oder die drei Kassapas. Warum habe er diese übergangen und ziehe ausgerechnet jene vor, die zuletzt eingetreten waren? Darauf erwiderte der Erwachte, dass jeder nach seinem Verdienst ernte. Seit undenklichen Zeiten seien Sāriputta und Māhamoggallāna schon auf diesen Status zugesteuert und hätten sich auch nach und nach die entsprechenden Fähigkeiten angeeignet. Andere hätten sich anders entwickelt. Obwohl die beiden aus einer anderen Kaste und aus einem anderen Land als der Buddha stammten, entsprang ihr Rang in der Hierarchie der Heiligen dem Gesetz des Kamma.

In vielfacher Weise äußerte der Buddha sein Lob über die beiden Edlen Jünger.[13]

Wenn eine gläubige Anhängerin ihrem einzigen geliebten Sohn einen Ratschlag erteilen müsste, so sollte sie das mit den folgenden Worten tun: «Mein lieber Sohn, du solltest werden wie der Hausvater Citta oder Hatthaka von Ālavi!» – denn diese sind Maßstab und Vorbild für Laienanhänger. (Und sie sollte weiter sagen:) «Wenn du aber, mein lieber Sohn, aus dem Haus in die Hauslosigkeit eines Mönches ziehst, so solltest du werden wie Sāriputta und Moggallāna!» – diese nämlich sind Maßstab und Vorbild für meine Mönchsjünger.

Ihr Mönche sucht und pflegt die Gesellschaft von Sāriputta und Moggallāna! Sie sind weise und unterstützen ihre Ordensgenossen beim heiligmäßigen Leben. Sāriputta ist wie eine Mutter, Moggallāna wie eine Amme. Sāriputta bereitet die Mönche auf den Stromeintritt vor und Moggallāna auf das höchste Ziel.

Die Charakterisierung der beiden Mönche im zweiten Text lässt sich wie folgt interpretieren: Sāriputta verhilft dem Pfad der Befreiung zum Durchbruch – wie eine Mutter bei der Geburt ihr Kind auf die Welt bringt. Er fordert dazu auf, die ersten, entscheidenden Fesseln zu durchtrennen und damit den Stromeintritt zu schaffen. Auf diese Weise «bekehrt» er seine Anhänger, indem er sie von der Ausweglosigkeit des Kreislaufs der Existenzen abbringt und in die Zone der Sicherheit führt. An dieser Stelle übernimmt Moggallāna und führt die Jünger auf den Pfad zur Heiligkeit und unterstützt sie in ihrem Kampf. Damit wiederholt er, was er als Hilfe selbst vom Buddha bekommen hat. Er ist somit wie eine Amme: indem er die Jünger bestärkt und in ihrem Wachstum unterstützt.

Diese beiden Aspekte sind beim Erwachten auf vollkommene Weise verbunden. Bei Sāriputta und Moggallāna traten sie jedoch als getrennte Eigenschaften auf. Obwohl beide «auf beide Weisen befreit» waren, lag bei Sāriputta der Schwerpunkt in der Weisheit, bei Moggallāna in der meditativen «Erlösung des Geistes» (*cetovimutti*). Aus diesem Grund führte Sāriputta die Jünger zum intuitiven Verständnis der befreienden Wahrheit, zum Durchbruch zum Dhamma (*dhammābhisamaya*), zur Betrachtung der Dinge in ihrer realen, universellen Natur. Bei Moggallāna, der die subtilen Labyrinthe des Geistes wohl kannte, lag die Betonung auf der Nutzung der Kräfte der Konzentration zur Loslösung von allen Verunreinigungen und Fesseln. Dies kam vortrefflich zum Ausdruck, als diese beiden geistigen Söhne des Buddha dessen leiblichen Sohn Rāhula betreuen sollten. Wie jeder neue Mönch erhielt Rāhula zwei Lehrer, den einen für das Wissen, den anderen für den Wandel. Sāriputta wurde zum Lehrer für das Wissen berufen, Moggallāna für den Wandel und die geistige Praxis.

Einmal sagte Sāriputta zu seinem Freund, er sei im Vergleich mit den paranormalen Kräften Moggallānas wie ein kleiner Gesteinssplitter vor dem mächtigen Himalaya. Moggallāna antwortete darauf, im Hinblick auf die Weisheit Sāriputtas sei er, Moggallāna, wie ein winziges Sandkorn gegenüber einem großen Salzfass (SN 21:3). Bezogen auf die unterschiedlichen Bereiche der Weisheit, sagte der Buddha, es gebe Fragen, die nur er und nicht Sāriputta erfassen und beantworten könne. Es gebe aber auch Fragen, die nur Sāriputta und nicht Moggallāna klären könne; und es gebe Fragen, die nur Moggallāna, aber nicht die übrigen Jünger lösen könnten (Jāt. 483). Damit bildeten die beiden Hauptjünger eine Brücke zwischen den überragenden Qualitäten des Buddha und die Fähigkeiten der übrigen Jünger.

Als Devadatta die Ordensleitung beanspruchte, sagte Buddha, er würde niemandem die Leitung des Sangha übergeben, nicht einmal seinen beiden Hauptjüngern, geschweige denn Devadatta (Vin. 2:188). Zwischen diesen Extremen – mit Sāriputta und Moggallāna am einen Ende der Skala und Devadatta, dem verworfensten aller Jünger, am anderen – steht die ganze lange Kette der Schüler mit ihren unterschiedlich stark ausgeprägten Tugenden und Leistungen. Es ist bezeichnend, dass die einzige Verleumdung, die gegen die beiden Hauptjünger ausgesprochen wurde, von einem Anhänger Devadattas stammte. Der Mönch Kokālika wollte die beiden beim Buddha anschwärzen und erzählte ihm, sie hätten unlautere Absichten. In Wahrheit hegte diese aber Devadatta. Der Buddha erwiderte darauf: «Sprich nicht so, Kokālika, sprich nicht so! Lass dein Herz froh vertrauen auf Sāriputta und Moggallāna! Sie sind tugendhafte Mönche.» Doch Kokālika blieb bei seiner Verleumdung.[14] Den alten Texten zufolge erlitten Devadatta und Kokālika nach ihrem Tod das tiefste Leiden und gerieten in den niedersten Daseinsbereich, während Sāriputta und Moggallāna das höchste Heil erlangten, das Nibbāna.

Der Pāli-Kanon ist voll von Berichten über das gemeinsame Werk der beiden Hauptjünger. Sie halfen dem Meister, die Gemeinschaft der Mönche zu betreuen. Beide arbeiteten unermüdlich an der Förderung und zum Nutzen des Ordens, und sie traten besonders für die Aufrechterhaltung der inneren Einheit, der Festigkeit und der Disziplin ein. Auf Veranlassung des Buddha wiesen sei eine Mönchsclique aus, die als «Sechsergruppe» (*chabbhaggiya*) bekannt wurde. Diese Bezeichnung rührte von sechs Anführern, deren skandalöses Verhalten das gesamte Bild von Buddhas Weisung in den Augen der Bevölkerung im Gangestal zu zerstören drohte. Das Vinaya-Piṭaka berichtet an vielen Stellen, der Buddha habe wegen des Fehlverhaltens dieser Männer Ordensregeln erlassen müssen. Über einen Aufruhr, der auf ihr Konto ging, berichtet das *Kīṭāgiri-Sutta* (MN 70).

Damals missachteten sie Buddhas Anordnungen für den richtigen Zeitpunkt der Mahlzeiten. Schließlich benahmen sie sich derart ausschweifend, dass der Buddha Sāriputta und Moggallāna an der Spitze einer Gruppe von Mönchen aussandte, um die sechs Übeltäter von der Stätte ihres Treibens zu entfernen, die sich in der Nähe von Kīṭāgiri befand. Daraufhin verließen die meisten den Orden (Vin. 2:12–14).

Die bemerkenswerte Mission der beiden großen Jünger bestand darin, die neuordinierten Mönche, die zusammen mit Devadatta abgefallen waren, wieder zum Buddha und zum rechten Mönchswandel zurückzuführen. Als Sāriputta damals die fehlgeleiteten Mönche ermahnte, sprach er auch über die Kraft des Gedankenlesens. Moggallāna hingegen berichtete über psychische Kräfte (Vin. 2:199 f.).[15] Bei einer anderen Gelegenheit beklagte sich ein jüngerer Mönch beim Buddha darüber, dass ihn der ehrwürdige Sāriputta schlecht behandelt habe. Daraufhin beriefen Moggallāna und Ānanda alle Mönche ein, damit sie zu ihrer Belehrung und Erbauung Sāriputtas Antwort auf diese Anschuldigungen hören konnten (AN 6:11).[16]

Die beiden Hauptjünger lebten oft zusammen in derselben Zelle im Kloster, und es kam zu manchem Dialog in Anwesenheit der anderen Mönche. Ein Beispiel hierfür bildet das Gespräch über die Makellosigkeit (MN 5), das im *Anaṅgaṇa-Sutta* enthalten ist. Hier hält Sāriputta eine große Lehrrede über die Zügelung «unheilvoller Wünsche», die durch Fragen von Moggallāna inspiriert wurde. Am Ende spendet Moggallāna Sāriputtas Beredsamkeit Applaus und vergleicht dessen Rede mit einer Blütengirlande, die man sich als Schmuck auf den Kopf setzen kann. Bei einer anderen Gelegenheit hatte sich eine Gruppe führender Jünger in einer Vollmondnacht im Sāla-Wald von Gosiṅga eingefunden. Sāriputta bat sie zu beschreiben, wie der ideale Mönch aussehen solle, «einer, der diesen Wald erleuchten könnte» (MN 32). Daraufhin antwortete Moggallāna:

> Mein Freund Sāriputta, zwei Mönche sprechen miteinander über den höheren Dhamma (*abhidhamma*), und sie stellen sich gegenseitig Fragen, die sie unverzüglich beantworten. Ihr Gespräch entfaltet sich in Übereinstimmung mit dem Dhamma. Diese Art Mönch könnte den Sāla-Wald von Gosiṅga erhellen.

Später bestätigte der Buddha, Moggallāna spreche in sehr kompetenter Weise über die Lehre, wie dies auch aus seinen Lehrreden im Kanon hervorgeht. Predigten über den Dhamma gewinnen an Reichweite und Tiefe, wenn sie aus einer Erfahrung hervorgehen, die über den Bereich der Sinne hinausreicht. Je mehr ein Mensch sein Bewusstsein durch tiefe Meditation und persönliche Einsicht in die Wahrheit erweitert hat, umso überzeugender werden seine Worte sein, und wenn man von den

Höhen der Weisheit aus sprechen kann, wird sich das eigene Verständnis auf andere übertragen.[17]

Der Buddha lobte seine Hauptjünger wegen ihrer persönlichen Qualitäten ebenso wie wegen ihres Beitrags zu seiner Mission. Ein besonders auffälliges Beispiel finden wir im *Udāna*. Als die beiden in der Nähe des Meisters in tiefer Konzentration und in Betrachtung des Körpers saßen, tat der Buddha einen «feierlichen Ausspruch» (*udāna*) zu Ehren Sāriputtas.[18]

> Wie der Berg aus festem Gestein
> Unbeweglich und unerschütterlich steht.
> So steht auch felsenfest ein Jünger
> und wird nicht mehr erschüttert,
> Wenn er jede Verblendung zerstört hat.

Dann lobte er auch Moggallāna:

> Wenn der Mönch Achtsamkeit
> besitzt für seinen Körper
> Und die sechsfachen Sinne beherrscht,
> So ist er stets konzentriert
> Und erkennt das Nibbāna in sich selbst.

Ein einziges Mal gab Buddha Moggallānas Haltung den Vorzug vor der Sāriputtas. Der Meister hatte eine Schar ungehobelter Mönche entlassen, obwohl sie erst vor kurzem ordiniert worden waren. Später fragte er seine zwei Hauptjünger, was sie gedacht hätten, als er diese Leute wieder nach Hause geschickt hatte. Sāriputta antwortete, er habe geglaubt, der Meister wolle eine segensreiche Einkehr in Meditation genießen, und sie, die Hauptjünger, wollten dies auch. Der Buddha tadelte ihn und sagte, er solle nie wieder solche Gedanken hegen. Dann wandte er sich an Moggallāna mit derselben Frage. Auch Moggallāna sagte, er habe geglaubt, der Meister wolle den Segen der Meditation genießen. Doch wenn dies zutreffe, dann liege die Verantwortung für die Mönchsgemeinde bei Sāriputta und ihm selbst. Der Buddha lobte ihn und sagte, wenn seine beiden Hauptjünger sich um die Gemeinschaft kümmern würden, sei dies gerade so gut, wie wenn er selbst die Mönche betreue (MN 67).

Moggallānas psychische Kräfte

In den Augen der ersten westlichen Interpreten, von denen viele den Buddhismus als rationale Alternative zum Dogmatismus des Christentums betrachteten, bestand der Buddhismus im Wesentlichen aus einem pragmatischen Code psychologischer Ethik ohne den traditionellen Schmuck einer Religion. Nach ihrem Verständnis war die irrationale Seite des Buddhismus entbehrlich. Die Wunder, die so auffällig im Pāli-Kanon und in dessen Kommentaren beschrieben sind, wurden entweder übersehen oder als spätere Verfälschungen weginterpretiert. Es trifft allerdings zu, dass der frühe Buddhismus übernatürlichen Ereignissen nicht dieselbe Bedeutung beimisst wie das Christentum. Wer aber das Wunderbare aus dem Buddhismus entfernen will, schneidert sich seine Lehre nach äußeren Standards zurecht, statt den Dhamma, so wie er ist, zu akzeptieren. Die Pāli-Suttas schreiben dem Buddha und seinen Arahats häufig übernatürliche, paranormale oder magische Fähigkeiten zu. Es gibt, abgesehen von einem persönlichen Vorurteil, kaum einen Grund zu der Annahme, diese Schriftstellen seien spätere Fälschungen. Obwohl der Buddha das Wunder der psychischen Kräfte im Vergleich zum «Wunder der Lehre» in einem ungünstigen Licht erscheinen lässt, tut er dies doch nicht, um deren Realität zu leugnen, sondern um ihren begrenzten Wert hervorzuheben. Wenn man die Suttas insgesamt betrachtet, kommt man zu dem klaren Schluss, dass der Erwerb paranormaler Fähigkeiten als bedeutendes Gut betrachtet wurde. Er verstärkte und vervollständigte eine in spiritueller Hinsicht vervollkommnete Person.

Die Suttas erwähnen oft eine Gruppe von sechs paranormalen Fähigkeiten (*chaḷabhiññā*), die viele Arahats besessen haben sollen. Die sechste dieser Fähigkeiten, das Wissen von der Vernichtung der Grundübel (*āsavakkhaya-ñāṇa*), entspricht der paranormalen Erkenntnis, dass alle Verunreinigungen vernichtet sind und nicht wieder entstehen können. Dieses Wissen ist allen Arahats gemeinsam und stellt die Garantie für die endgültige Erlösung dar. Die übrigen fünf Arten paranormalen Wissens sind hingegen alle weltlicher Natur. Sie umfassen das Wissen von den Arten der psychischen Kräfte (*iddhividha-ñāṇa*), das Wissen um das göttliche Ohrelement (*dibbasotadhātu-ñāṇa*), das Wissen, das den Geist anderer umfasst (*cetopariya-ñāṇa*), das Wissen um die Erinnerung an frühere Existenzen (*pubbe-nivāsānussati-ñāṇa*) und das göttliche Auge oder das Wissen um das Vergehen und die Wiedergeburt der Lebewesen (*dibbacakkhu, cutūpāta-ñāṇa*). Diese Fähigkeiten findet man auch außerhalb von Buddhas Weisung, etwa unter Mystikern und Yogīs, die auch die Versenkung in der Meditation meistern. Die entsprechenden Errungenschaften bedeuten keinesfalls, dass ihr Besitzer den Status eines wahren Heiligen erlangt hat. Diese Fähigkeiten sind für die Befreiung weder notwendig, noch geben sie einen Hinweis darauf. Den buddhistischen Texten zufolge hatte selbst Devadatta, der verworfenste aller Mönche, schon ziemlich zu Beginn seiner spirituellen Laufbahn solche psychischen Kräfte erlangt und sie erst verloren, als er sie gegen den Buddha einsetzen wollte.

Der Buddha war sich der Gefahr wohl bewusst, dass man, verleitet durch diese paranormalen Kräfte, auf Nebengeleise gerät. Für Menschen, die in sich noch den persönlichen Ehrgeiz nähren, könnten sie eine schreckliche Falle bedeuten: Sie verstärken die Illusion eines individuellen Selbst und den Trieb zur Machtausübung. Für alle jene jedoch, die das Irreale des eigenen Ich und des Selbst erkannt haben und deren Herzen voller Mitleid sind, können solche Kräfte wichtige Werkzeuge im Dienst der Lehre sein. So nimmt denn der Buddha die fünf auf die Welt ausgerichteten paranormalen Fähigkeiten unter die «Früchte des Eremitendaseins» auf, in denen sein System der geistigen Übung seinen Höhepunkt findet (DN 2). Er zählt diese Fähigkeiten auch zu den Früchten, die aus der Beachtung der Vorschriften hervorgehen (BM 6). Er erklärt, dass er selbst die Grundelemente dieser psychischen Kräfte beherrscht habe, so dass er, wenn er es denn gewollt hätte, bis zum Ende des Erdzeitalters hätte weiterleben können (DN 2, SN 51:10). Die erste Generation der Mönche nach Buddhas Parinibbāna schätzte die fünf paranormalen Fähigkeiten hoch ein und zählte sie zu den «zehn Eigenschaften, die Vertrauen einflößen». Diese Qualitäten verwendete der verwaiste Sangha nach dem Hinscheiden des Meisters als Kriterien bei der Wahl seiner geistlichen Führer (MN 108).

Die sechste paranormale Fähigkeit, das Wissen um die Vernichtung der Leidenschaften, ist eine Frucht der Erkenntnis. Die fünf der Welt zugehörigen parapsychischen Fähigkeiten hingegen gehen aus der Konzentration hervor. In den Suttas nennt sie der Buddha in der Regel erst nach der Erklärung der vier Jhānas. Die Jhānas sind eine Vorbedingung für die paranormalen Fähigkeiten, weil sie den Ton und die Klarheit des Bewusstseins so verändern, dass Kanäle geöffnet werden, durch die solche Fähigkeiten zugänglich werden. In einem unentwickelten Zustand ist der Geist von verblendeten Gedanken und von Stimmungen beschmutzt. Sie verdüstern die ihm innewohnende Leuchtkraft, verringern sein Potential, machen ihn steif und trocken. Doch durch systematisches Training in der Praxis der vier Jhānas wird der Geist gereinigt. Wenn er «hell, makellos, frei von allen Verunreinigungen, formbar, handhabbar, aufmerksam und unerschütterlich» (DN 2) ist, kann er als mächtiges Instrument dienen und Bereiche des Wissens freigeben, die uns normalerweise verborgen bleiben. Wer Zugang besitzt zu diesen verborgenen Dimensionen, wie der Buddha und Moggallāna, wird eine Ausdehnung seiner Erfahrung in Zeit und Raum verspüren. Der Horizont wird sich über alle Grenzen und Einschränkungen hinaus ins Unendliche erweitern.

Der Buddha selbst legt besonderen Wert auf eine Reihe von Praktiken, die er «die vier Wege zur Macht» (*iddhipāda*, auch «Grundlagen des Erfolgs») nennt. Mit ihrer Hilfe erwirbt man paranormale Fähigkeiten. Sie werden in den Texten oft mit einer feststehenden Formel wie folgt beschrieben:

> Hier, ihr Mönche, entwickelt ein Mönch die Grundlage für psychische Kräfte, wenn er dank seinem Wunsch und willentlichen Streben über Sammlung verfügt. Er entwickelt die Grundlage für

psychische Kräfte, wenn er aufgrund der Energie und seines willentlichen Strebens über Sammlung verfügt. Er entwickelt die Grundlage für psychische Kräfte, wenn er dank seinem Geist und seinem willentlichen Streben über Sammlung verfügt. Er entwickelt die Grundlage für psychische Kräfte, wenn er dank seinen Untersuchungen und seinem willentlichen Streben über Sammlung verfügt.

Hier werden vier einzelne geistige Faktoren als Hauptantrieb für die Entwicklung der Sammlung genannt: Wille und Wunsch, Energie, Geist und Forschen (*chanda, virija, citta, vīmaṁsā*). Um sicherzugehen, dass der erreichte Jhāna nicht nur zu einem Zustand der Ruhe führt, sondern auch als Energiereservoir dient, muss jeder dieser Zustände von einem «willentlichen Streben» (*paddhānasaṅkhāra*) begleitet sein. Diese Kräfte bauen immense psychische Energien auf, die man mit entsprechender Zielsetzung anzapfen kann, um paranormale Fähigkeiten zu entfalten.

Um die traditionellen Berichte hierüber zu verstehen, müssen wir uns vor Augen halten, dass die materielle Welt, die wir mit unseren Sinnen wahrnehmen können und die selbst von den Physikern heute als Erscheinungsform der Energie bezeichnet wird, nur einen kleinen Ausschnitt einer viel größeren Realität darstellt. Jenseits des Bereichs der festen, mit den Sinnen wahrnehmbaren Objekte gibt es Schwingungsebenen, von denen wir kaum eine Ahnung haben, geschweige denn, dass wir sie verstehen. Andeutungen dieser umfassenderen Realität sickern gelegentlich durch die Filter, die unser rationales, kohärentes Bild der Welt aufrechterhalten. Sie erscheinen uns dann als paranormale Phänomene oder als «Wunder». Da solche Einbrüche in das regelmäßige Muster der natürlichen Weltordnung so selten auftreten, sind wir geneigt, dieses vertraute Muster als absolut verbindliche unverletzbare Gesetzmäßigkeit zu betrachten. Wir bestehen darauf, zu ignorieren, was unsere begrenzten Sinnesfähigkeiten übersteigt, selbst wenn es genügend zwingende Beweise für diese anderen Kräfte gibt. Das Universum, wie es der Weise erfährt, ist sehr viel umfangreicher als die Welt eines gewöhnlichen Menschen. Der Weise nimmt Dimensionen der Realität wahr, von denen andere nicht einmal den Verdacht haben, dass sie überhaupt existieren. Seine Erkenntnis der Beziehungen zwischen Geist und Materie erlaubt ihm die Kontrolle über Erscheinungen, die jenseits der Grenzen liegen, die wir durch unser Weltbild setzen.

Der ehrwürdige Māhamoggallāna hatte unter allen Mönchen am intensivsten die vier Wege zur Macht entwickelt und gepflegt. Deswegen bezeichnete ihn der Buddha als den hervorragendsten Jünger unter jenen, die paranormale Fähigkeiten besaßen (AN 1:14). Es gab zwar auch manche andere Schüler, die über große parapsychische Fähigkeiten verfügten, aber sie waren nur Meister auf ein oder zwei Spezialgebieten. So besaßen beispielsweise der Mönch Anuruddha und die Nonne Sakulā die Gabe des Hellsehens, das göttliche Auge. Der Mönch Sobhita und die Nonne Bhaddā Kapilānī hatten eine Rückerinnerung an ihre früheren Existenzen weit in der Vergangenheit. Der Mönch Sāgala war geschickt in der Behandlung des Feuerelements. Cūḷa Panthaka konnte sich in zahlreichen Körpern manifestieren, und Pilindavaccha war führend in der Kommunikation mit himmlischen Wesen. Māhamoggallāna hingegen besaß umfassende paranormale Fähigkeiten und überragte darin alle anderen Jünger, selbst die Nonne Uppalavaṇṇā, die an der Spitze der Bhikkhunīs mit parapsychischen Fähigkeiten stand.

Wir wenden uns nun dem zu, was uns die buddhistischen kanonischen Texte über Moggallānas übernatürliche Fähigkeiten verraten. Wir halten uns dabei nicht an die klassische Reihenfolge der fünf paranormalen Fähigkeiten, sondern behandeln einzelne Fertigkeiten Moggallānas anhand von Begebenheiten oder Anekdoten, wie sie in den Suttas berichtet werden.

Gedankenlesen

An einem Uposatha-Tag saß der Buddha schweigend vor der Mönchsversammlung.[19] Bei jeder Nachtwache bat ihn Ānanda, die Regeln der mönchischen Disziplin zu rezitieren, das Pātimokkha, doch der Buddha blieb stumm. Schließlich, beim Morgengrauen, sagte er nur: «Die Versammlung ist unrein.» Daraufhin ging Moggallāna in seinem Herzen die ganze Mönchsgemeinde durch und erkannte, dass ein Mönch, der dabeisaß, «unmoralisch, sündhaft, von unreinem, verdächtigem Verhalten, ..., durch und durch verworfen, voller Begierde und Verderbnis» war. Er ging auf ihn zu und bat ihn dreimal wegzugehen. Nachdem sich der Mönch aber selbst nach der dritten Aufforderung nicht gerührt hatte, nahm ihn Moggallāna am Arm, führte ihn aus der Halle heraus und verschloss die Tür mit einem Riegel. Dann bat er den Erhabenen, die Ordenssatzung, das Pātimokkha, vorzutragen, da die Versammlung nun wieder rein sei.

Einmal weilte der Meister in der Gemeinschaft von fünfhundert Mönchen, die alle Arahats waren. Als Moggallāna dazukam, überprüfte er im Herzen alle Mönche und erkannte, dass sie Heilige waren, befreit von allen Begierden und Befleckungen. Da erhob sich der ehrwürdige Vaṅgīsa, der beste Dichter in der Mönchsversammlung, von seinem Sitz, weil er erkannt hatte, was vor sich gegangen war, und preis Moggallāna in Buddhas Anwesenheit mit den folgenden Versen:

Während der Weise am Bergeshang
sitzt
Und dem Leiden längst entschwunden
ist,

Warten seine Jünger auf ihn,
Männer mit dreifacher Kenntnis,
die den Tod hinter sich gelassen haben.

Moggallāna, der Meister der
psychischen Kräfte,
Umschloss den Geist dieser Jünger
mit seinem eigenen Geist
Und musterte ihre Herzen:
Sie haben völlig losgelassen,
sind ohne Bindungen![20]

Ein dritter Bericht überliefert uns Folgendes: Einst meditierte der ehrwürdige Anuruddha in der Einsamkeit darüber, wie der Edle Pfad, der zur Auslöschung des Leidens führt, mit Hilfe der vier Pfeiler der Achtsamkeit (*satipaṭṭhāna*) vervollkommnet werden kann. Da drang Moggallāna in Anuruddhas Herz ein, erschien vor ihm durch übernatürliche Kräfte und bat ihn, dieses Übungsverfahren in seinen Einzelheiten zu beschreiben (SN 52:1 f.).

Hellhören

Als Sāriputta eines Abends Moggallāna besuchte, fand er dessen Gesichtszüge so auffällig heiter, dass er fragte, ob er in einem der friedlichen Bereiche des Geistes geweilt habe. Moggallāna erwiderte, er habe sich nur in einer gröberen Zuflucht aufgehalten, doch immerhin ein Lehrgespräch geführt. Auf die Frage, mit wem er denn dieses Gespräch geführt hatte, antwortete Moggallāna, es sei der Erhabene gewesen. Sāriputta meinte daraufhin, der Meister weile zur Zeit doch weit weg in Sāvatthī, während sie selbst sich in Rājagaha befänden. Ob sich Moggallāna zum Buddha mit Hilfe paranormaler Fähigkeiten begeben habe, oder sei der Buddha zu ihm gekommen? Moggallāna antwortete, weder das eine noch das andere treffe zu. Vielmehr hätten sie ihr göttliches Auge und ihr göttliches Ohr aufeinander gerichtet. Daraufhin sei ein Lehrgespräch über die Willenskraft möglich gewesen. Darauf rief Sāriputta aus, Moggallāna könne wie der Buddha ein ganzes Weltzeitalter lang leben, wenn er denn wolle, da er über derart große Fähigkeiten verfüge (SN 21:3).

Mit dem himmlischen Gehör konnte Moggallāna auch die Stimmen nichtmenschlicher Wesen, von Gottheiten und Geistern hören und von ihnen Botschaften empfangen. So warnte ihn beispielsweise ein Geist vor Devadatta, der ein Komplott gegen den Buddha schmiede (Vin. 2:185).

Hellsehen

Wie schon weiter oben erwähnt, war Moggallāna mit seinem himmlischen Auge imstande, den Buddha über weite Entfernungen hin zu sehen. Die Texte beschreiben verschiedene Gelegenheiten, bei denen der Mönch von dieser Fähigkeit in Bezug auf andere Personen Gebrauch machte. Einst saß Sāriputta in stiller Versenkung, da schlug ihm ein bösartiger Dämon (*yakkha*) auf den Kopf. Moggallāna sah dies und fragte seinen Freund, wie er sich fühle. Sāriputta hatte den Dämon nicht gesehen und meinte, er fühle sich recht gut, verspüre allerdings ein leichtes Kopfweh. Da preis Moggallāna die Fähigkeit seines Freundes zur Versenkung, während Sāriputta erklärte, Moggallāna habe den Dämon gesehen, während ihm das nicht möglich gewesen sei (Ud. 4:4).

Einmal sah Moggallāna mit dem himmlischen Auge, wie König Pasenadi in einer Schlacht von Licchavis besiegt wurde und wie er danach seine Truppen sammelte und seinerseits die Licchavis schlug. Als Moggallāna davon berichtete, klagten ihn einige Mönche an, er brüste sich fälschlicherweise mit seinen paranormalen Fähigkeiten. Hätte sich dieser Vorwurf als richtig erwiesen, so hätte die Bestrafung im Ausschluss aus dem Orden bestanden. Der Buddha erklärte jedoch, Moggallāna habe nur das berichtet, was er gesehen und was sich in der Tat zugetragen habe (Vin. 3:108 f.).

Vor allem aber nutze Moggallāna sein göttliches Auge, um das Walten des Gesetzes des Kamma zu beobachten. Er sah immer wieder, wie Menschen durch böse Handlungen, die ihre Nächsten schädigten, in der Welt der Gespenster (*petas*) wieder geboren wurden und dort viel erleiden mussten. Andere hingegen gelangten durch Wohltätigkeit und Tugend in himmlische Bereiche. Moggallāna berichtete oft über solche Fälle, um das Gesetz des Kamma zu illustrieren. Diese Schilderungen sind in zwei Büchern des Pāli-Kanons zusammengefasst, wobei das eine vom Bereich der Gespenster (*Petavatthu*, 51 Berichte) und das andere vom himmlischen Bereich (*Vimānavatthu*, 85 Berichte) handelt. Von daher versteht man Moggallānas Ruf als großer Kenner der jenseitigen Welten und des Wirkens des Kamma. Die Berichte sind zu zahlreich, als dass wir hier näher auf sie eingehen könnten. Doch mindestens eine seiner Visionen, von der im Saṁyutta-Nikāya berichtet wird, sei hier genauer betrachtet.[21]

Einst lebte Moggallāna zusammen mit dem Mönch Lakkhaṇa im Geierhorst in der Umgebung von Rājagaha. Lakkhaṇa war einer der tausend brahmanischen Asketen, die zusammen mit Uruvela Kassapa bekehrt worden waren. Eines Morgens machten sie sich auf zum Almosengang. Als sie einen bestimmten Ort in der Stadt erreichten, lächelte Moggallāna. Sein Gefährte fragte ihn nach dem Grund. Moggallāna erwiderte jedoch, es sei jetzt nicht die rechte Zeit für eine Erklärung, er werde sie später in Gegenwart des Meisters abgeben. Als sie dann den Buddha trafen, wiederholte Lakkhaṇa seine Frage. Moggallāna verriet nun, dass er an jener Stelle viele armselige Geister habe durch die Luft fliegen sehen. Sie seien von Räubern gejagt und von verschiedenen Formen des Leidens geplagt worden. Der Buddha bestätigte den Wahrheitsgehalt dieser Aussage und fügte hinzu, er selbst spreche nur widerwillig von solchen Erscheinungen, weil die Menschen mit ihrem skeptischen Geist so etwas nicht glauben wollen. Danach erläuterte er, durch welche Neigungen und Verhaltensweisen die Geister in ihre bemitleidenswerte Lage geraten waren.

Astralreisen

«Wie man einen ausgestreckten Arm beugt oder den gebeugten Arm wieder streckt», so schnell konnte Moggallāna mit seinem ganzen Körper aus der Welt der Menschen verschwinden und im himmlischen Bereich erscheinen. Wiederholt machte er von dieser Fähigkeit Gebrauch, um andere Wesen zu belehren und sich um die Angelegenheiten des Mönchsordens zu kümmern. So unterrichtete er die Devas in der Welt der Dreiunddreißig über die Faktoren des Stromeintritts und überprüfte, ob ihr König Sakka die Lehre von der Auslöschung des Begehrens (MN 37) auch richtig verstanden hatte. Als der Buddha drei Monate lang in einem der Götterhimmel den Abhidhamma predigte, erschien auch Moggallāna in jenem Bereich, berichtete, was inzwischen im Orden vorgefallen war, und holte sich Instruktionen (Jāt. 483). Er besuchte aber nicht nur die Götter der Sinnenwelt, sondern auch jene der Brahma-Welt. So erschien er vor einer Brahma-Gottheit, die glaubte, kein Asket könne in ihren Bereich eindringen. Durch Fragen und paranormale Fähigkeiten erschütterte Moggallāna die Selbstsicherheit dieser Gottheit (SN 6:5). Bei einer anderen Gelegenheit erschien er dem Brahmā Tissa, einem kurz zuvor verstorbenen Mönch, und belehrte ihn über den Stromeintritt und das Erlangen der endgültigen Erlösung (AN 4:34, 7:53).

Telekinese

Moggallāna beherrschte auch das, was uns als feste Materie erscheint. Einst verhielten sich die Mönche eines Klosters nachlässig und kümmerten sich zu sehr um materielle Belange. Der Buddha erfuhr davon und bat Moggallāna, sie durch eine übernatürliche Manifestation aus ihrer Selbstgefälligkeit zu holen und sie wieder zu ernsthafterem Streben anzuspornen. Daraufhin erschütterte Moggallāna das Gebäude mit seiner großen Zehe. Das gesamte Kloster, das man das Haus von Migāras Mutter nannte, zitterte wie bei einem Erdbeben. Die Mönche waren davon so sehr beeindruckt, dass sie ihre weltlichen Interessen aufgaben und wieder dankbar die Belehrungen des Buddha aufnahmen. Der Buddha erklärte ihnen, der Ursprung von Moggallānas großer übernatürlicher Kraft sei die Entwicklung der vier Wege zur Macht (SN 51:14; Jāt. 299).

Einst besuchte Moggallāna Sakka in dessen himmlischem Bereich und sah, wie er allzu leicht dahinlebte. Gefangen von Sinnesvergnügungen hatte er den Dhamma vergessen. Um ihn zur Umkehr zu bewegen, ließ Moggallāna Sakkas Himmelspalast, das Siegesbannerschloss, auf das Sakka sehr stolz war, erbeben. Dadurch wurde auch Sakka erschüttert, und er erinnerte sich nun an die Lehre von der Auslöschung der Begierde, von der ihm der Buddha vor nicht allzu langer Zeit erzählt hatte. Es war dieselbe Belehrung, die der Buddha Moggallāna erteilt hatte, damit dieser die Heiligkeit erlangte (MN 37).

Einst herrschte eine Hungersnot in dem Gebiet, in dem der Buddha mit seiner Gemeinde lebte, so dass die Mönche nicht genügend Almosenspeisen bekamen. Moggallāna fragte den Buddha, ob er die Erde umdrehen solle, damit Nahrung von unten zugänglich würde. Doch der Buddha verbot ihm dies, weil auf diese Weise viele Lebewesen vernichtet worden wären. Daraufhin bot Moggallāna an, mit Hilfe seiner psychischen Kräfte einen Weg nach Uttarakuru zu bahnen, so dass die Mönche dort ihren Almosengang antreten konnten. Auch dies verbot der Buddha. Alle überstanden unbeschadet die Hungersnot, ganz ohne magische Hilfestellung (Vin. 3:7). Dies war der einzige Fall, in dem der Buddha mit Moggallānas Vorschlägen nicht einverstanden war.

Moggallānas übernatürliche Fähigkeiten äußerten sich auch darin, dass er Dinge durch Telekinese über weite Entfernungen herbeiholen konnte. So besorgte er zum Beispiel Lotosstengel aus dem Himalaya, als Sāriputta krank war und sie als Heilmittel brauchte (Vin. 1:214f.; 2:140). Er holte auch einen Schößling des Bodhi-Baumes für Anāthapiṇḍika; er sollte beim Jetavanakloster (Jāt. 78) eingepflanzt werden. Als ihn der Mönch Piṇḍola bat, die Überlegenheit des buddhistischen Mönchsordens über Sektierer dadurch zu beweisen, dass er durch Magie eine kostbare Schale herbeischaffte, die in der Stadt so hoch aufgehängt werden sollte, dass niemand sie erreichen konnte, lehnte Moggallāna dies ab mit den Worten, Piṇḍola besitze selbst genügend Fähigkeiten, um dies zu bewirken. Als dies Piṇḍola dann tatsächlich gelang, tadelte ihn der Buddha: Ein Mönch solle nicht seine übernatürlichen Kräfte demonstrieren, nur um Laien zu beeindrucken (Vin. 2:110–112).

Die Kraft der Verwandlung

Obwohl wir uns hier auf die Begebenheiten beschränken, die der Pāli-Kanon erwähnt, wäre unsere Zusammenfassung doch unvollständig, wenn wir nicht noch das anführen würden, was die Kommentare als Moggallānas beeindruckendste Leistung betrachten, nämlich seinen Triumph über die göttliche Schlange, die königliche *nāga* Nandopananda. Die Begebenheit ist im *Visuddhimagga* (XII, 106–116) beschrieben. Als der Buddha zusammen mit 500 Mönchen bei einer besonderen Gelegenheit den Himmel der Dreiunddreißig besuchte, kamen sie direkt über dem Reich von Nandopananda vorbei. Die königliche Schlange geriet darob in Zorn und versuchte sich zu rächen, indem sie sich um den Berg Sineru wand und so die gesamte Welt in Dunkelheit hüllte. Mehrere Mönche boten an, mit der Schlange zu kämpfen, doch der Buddha erlaubte es ihnen nicht, weil er deren schreckliche Natur kannte. Erst Moggallāna, dem letzten Freiwilligen, erteilte er die Erlaubnis. Da verwandelte sich Moggallāna selbst in eine riesige königliche Schlange und trug mit Nandopananda einen gewaltigen Kampf aus in Flammen und Rauch. Moggallāna nutzte eine seiner Fähigkeiten nach der anderen, erschien in zahlreichen Formen und Größen und bedrängte seinen Gegner. In der letzten Phase des Kampfes nahm er die Gestalt eines Himmelsadlers (*supaṇṇa*) an, des Erzfeindes der Schlange. Da kapitulierte Nandopananda. Moggallāna wurde wieder zum Mönch, brachte die Schlange triumphierend zum Buddha und zwang sie zu einer Entschuldigung.

Moggallānas frühere Existenzen

Über seine Rückerinnerung an die eigenen früheren Existenzen berichtete Moggallāna nur einmal, nämlich in der *Māratajjaniya-Sutta* (MN 50). Auf diesen Text werden wir später eingehen.

In den Jātakas, den Geschichten über Buddhas frühere Existenzen, ist zu lesen, der Bodhisatta und Moggallāna hätten oft zusammengelebt. Sie hätten sich in nicht weniger als einunddreißig Existenzen getroffen, und in dreißig davon lebten Moggallāna und Sāriputta miteinander. Die Bindung zwischen den beiden war also schon früher sehr stark. Obwohl diese einunddreißig Existenzen nur einen winzig kleinen Teil der unendlich zahlreichen Existenzen darstellen, die jedes Lebewesen im Saṁsāra hinter sich hat, lassen sich daraus einige wichtige Schlüsse hinsichtlich Moggallānas Leben und Persönlichkeit ziehen.

Vor allem dokumentieren die Jātakas eine besondere Nähe zum Bodhisatta. Moggallāna und Sāriputta waren oft Brüder des Bodhisatta (Jāt. 488, 509, 542 f.), seine Freunde (326) oder seine Minister (401). Manchmal waren sie als Asketen seine Schüler (423, 522) oder sogar seine Lehrer (539). Bisweilen erscheint Sāriputta als Sohn und Moggallāna als General des königlichen Bodhisatta (525). Als der Buddha Sakka war, der König der Götter, waren die beiden Mond- und Sonnengott (450).

Weiter ist die Beziehung zwischen Sāriputta und Moggallāna erwähnenswert. In den Jātakas machen die beiden alle Höhen und Tiefen von Saṁsāra durch und spielen gelegentlich eine recht untergeordnete Rolle im Vergleich mit den Hauptfiguren der Geschichten. Dabei zeigt sich eine gewisse Gesetzmäßigkeit insofern, als der Unterschied zwischen den beiden in der Regel desto größer ist, je niederer die Wiedergeburt ist. Der Unterschied fällt umso geringer aus, je höher die Ebene ist, auf der die Wiedergeburt erfolgte. Als sie als Tiere wieder geboren wurden, waren sie kaum einmal gleichrangig (nur als Schwäne, Jāt. 160, 187, 215, 476). Sāriputta wurde meist in einer höheren Tierart wieder geboren. So wurden die beiden Schlange und Ratte (73), Vogel und Schildkröte (206, 486), Löwe und Tiger (272, 361, 438), Affe und Elefant (37), Affe und Schakal (316), Mensch und Schakal (490). Bei der Wiedergeburt als Menschen nahm Sāriputta stets eine höhere Position ein als Moggallāna: Sie waren Königssohn und königlicher Minister (525), königlicher Minister und Sohn eines Sklaven (544), Wagenlenker des königlichen Bodhisatta und Wagenlenker von König Ānanda (151). Moggallāna war einst der Mondgott und Sāriputta der weise Asket Nārada (535). Doch wenn beide als Asketen oder Gottheiten wieder geboren wurden, hatten sie in der Regel denselben Status inne. Einmal geschah es, dass Sāriputta nur Mondgott und Moggallāna der viel bedeutendere Sonnengott war (450). Ein anderes Mal verkörperte Sāriputta den König der Nāgas und Moggallāna den König ihrer Feinde, der Supaṇṇas (545).

Ein einziges Mal tritt Moggallāna in den Jātakas ohne Sāriputta auf. Dabei bekleidet er das Amt des Götterkönigs Sakka. Zu jener Zeit erschien er als Sakka auf Erden auch einem Geizhals, um ihn zum Spenden aufzufordern und ihm dadurch zu einer besseren Wiedergeburt zu verhelfen (78). Ein andermal wiederum waren Sāriputta und Moggallāna geizige Kaufleute, die viel Geld vergraben hatten. Nach ihrem Tod wurden sie in der Nähe ihrer verborgenen Schätze wieder geboren, jedoch nur als Schlange und Ratte (73).

In einer Geschichte wird Moggallāna als Schakal wieder geboren. Er sieht einen verendeten Elefanten und ist so gierig auf dessen Fleisch, dass er durch die Darmöffnung ins Innere des Tieres kriecht. Dort angekommen, isst er so viel wie möglich, kann danach aber nicht wieder heraus und steht Todesängste aus – ein eindringliches Symbol für die Gefahren sinnlicher Genüsse (490).

In dem berühmten Jātaka vom Gesetz der Kuru (276) ist Moggallāna ein Kornverwalter und Sāriputta ein Kaufmann. Beide bemühen sich penibel, das Gesetz des Nichtstehlens zu beachten.

Moggallānas Verse

Wie viele andere heilige Jünger des Buddha hinterließ uns auch der ehrwürdige Moggallāna, in den *Theragātā*, ein Testament in Versen, in dem seine Triumphe über die Wechselfälle des Lebens zusammengefasst sind. Das ihm gewidmete Kapitel besteht aus 63 Strophen (1146–1208) und ist damit das zweitlängste der Sammlung. Das dominierende Thema dieser Verse ist Moggallānas Gleichmut angesichts der Versuchungen und Umwälzungen des Saṁsāra. Das Leiden an weltlichen Angelegenheiten berührt ihn nicht mehr, denn er lebt in einem Frieden, der alle Schmerzen und die Ruhelosigkeit der Existenzen hinter sich gelassen hat.

Seine ersten Verse (1146–1149) richten sich offensichtlich an ihn selbst und preisen das Leben eines Walderemiten, der sich dem Kampf gegen die Kräfte der Sterblichkeit verschrieben hat:

Wir leben im Wald und ernähren uns
von Almosen,
Freuen uns an den Resten,
die in unsere Bettelschale gelangen.
Lasst uns die Armee des Todes
zerreißen,
Tief versunken in uns selbst.

Wir leben im Wald und ernähren uns
von Almosen,
Freuen uns an den Resten,
die in unsere Bettelschale gelangen.
Lasst uns die Armee des Todes
erschüttern
Wie ein Elefant eine Binsenhütte.

Die beiden nächsten Strophen unterscheiden sich nur dadurch, dass sie die Wendung «und ernähren uns von Almosen» durch die Formulierung «und harren aus» ersetzen.

Die folgenden acht Strophen (1150 bis 1157) sind an eine Prostituierte gerichtet, die Moggallāna zu verführen versuchte. Auch wenn ihr Ton und die Missachtung des Körpers dem heutigen Leser als zu schroff erscheinen mögen, wollen wir doch daran erinnern, dass der Buddha selbst die Notwendigkeit betonte, sich mit der Erbärmlichkeit der physischen Existenz zu beschäftigen, freilich nicht aus einem Widerwillen gegenüber dem Leben heraus, sondern als Gegenmittel gegen die Sinnenlust, die die Wesen am stärksten an die Sinnessphäre bindet. Die beiden darauf folgenden Strophen gelten dem Tod des ehrwürdigen Sāriputta. Während Ānanda, der noch kein Arahat war, angesichts dieses Ereignisses von Angst und Schrecken befallen wurde, dachte Moggallāna über die Unbeständigkeit aller bedingten Dinge nach und blieb unerschüttert (1158f.). In den folgenden Versen rühmt Moggallāna seinen Mut während der Meditation (1167f.):

Blitze fallen zuckend in die Spalte
Zwischen dem Berg Vebhāra
und dem Berg Paṇḍava,
Doch im Innern dieser Spalte meditiert
er –
Der Sohn des furchtlosen
Unveränderlichen.

Ruhig und still nimmt der Weise Zuflucht
Zu entfernten Plätzen als seiner
Wohnung;
Als echter Erbe des obersten Buddha
Wird er selbst von Brahmā verehrt.

Die folgenden Strophen (1169–1173) richten sich an einen abergläubischen Brahmanen mit falschen Ansichten, der den ehrwürdigen Mahākassapa auf seinem Almosengang beschimpft hatte. Moggallāna warnt ihn vor den Gefahren eines solchen Verhaltens und fordert ihn auf, die Heiligen zu respektieren. Dann preist er Sāriputta (1176f.). Dem Kommentar zufolge sind die nächsten vier Strophen (1176 bis 1181) Lobpreisungen Moggallānas von Seiten Sāriputtas.

Nachdem sich Moggallāna mit einer Strophe zu Ehren von Sāriputta revanchiert hat, rekapituliert er seine Leistungen und freut sich darüber, dass er das Ziel seines Mönchslebens erreicht hat (1182 bis 1186):

> In nur einem Augenblick kann ich
> Einhunderttausend Koṭis von Körpern
> erschaffen;
> Ich beherrsche die Kunst
> der Verwandlung,
> Ich bin der Meister der psychischen
> Kräfte.
>
> Ein Meister der Konzentration
> und des Wissens,
> Moggellāna, der sich vervollkommnet
> hat,
> Ein Weiser in der Weisung
> des Erlösten,
> Mit gesammelter Kraft hat er
> seine Bindungen zerschnitten,
> Wie ein Elefant eine verrottete Liane
> zerreißt.
>
> Dem Lehrer habe ich gedient,
> Buddhas Lehre ist vollendet.
> Die schwere Bürde ist abgeladen,
> Der Weg zur Wiedergeburt zerstört.
>
> Dieses Ziel habe ich erreicht.
> Um dies zu bewerkstelligen, bin ich
> In die Hauslosigkeit gezogen –
> Und habe alle Fesseln vernichtet.

Die letzten Strophen (1187–1208) sind identisch mit jenen, die die Geschichte seiner Begegnung mit Māra abschließen. Sie stehen in MN 50, und ihnen wollen wir uns nun zuwenden.

Die letzten Tage Moggallānas

Ein halbes Jahr vor dem Parinibbāna Buddhas, am Vollmondtag des Monats Kattika (Oktober/November) trennte der Tod die beiden Hauptjünger zum letzten Mal. An diesem Tag starb Sāriputta im Geburtszimmer seines Elternhauses, umgeben von seinen vielen Jüngern, doch weit entfernt von Moggallāna. Obwohl die beiden während ihres Lebens fast unzertrennlich gewesen waren, erlebten sie ihren Tod ebenso wie ihren Eintritt in die Heiligkeit an verschiedenen Stellen.

Kurz nach dem Tod Sāriputtas hatte Moggallāna ein merkwürdiges Zusammentreffen mit Māra, dem Bösen, dem Versucher und Todesfürsten.[22] Eines Nachts ging der Mönch zur Übung auf und ab. Da schlüpfte Māra in seinen Körper und fuhr ihm in den Darm. Moggallāna setzte sich nieder, denn sein Unterleib fühlte sich plötzlich so schwer wie ein Sack Bohnen an. Da erkannte er den Bösen in seinem Bauch. Gleichmütig sagte er Māra, er solle verschwinden. Māra war erstaunt darüber, dass er so schnell erkannt worden war, und dachte, selbst dem Buddha wäre dies nicht so rasch gelungen. Moggallāna las Māras Gedanken und forderte ihn erneut zum Verschwinden auf. Māra entwich nun durch Moggallānas Mund und stellte sich an der Tür zur Hütte auf. Moggallāna sagte ihm, dass er ihn nicht erst seit heute kenne, denn ihre karmische Verbindung reiche weit zurück.

Im folgenden fassen wir nur das Wichtigste zusammen: Der erste der fünf Buddhas in unserem «glücklichen Weltzeitalter» (*bhaddakappa*) war Kakusandha. Seine Hauptjünger waren die Arahats Vidhura und Sañjīva. Zu jener Zeit war Moggallāna Māra, mit Namen Māra Dūsī. Denn auch Māra ist, wie Mahābrahmā und Sakka, kein permanentes Wesen, sondern eine kosmische Stelle, eine Funktion, der Fürst der Dämonen und damit der Herr der Unterwelt. Diese Stellung nehmen im Kreislauf der Existenzen unterschiedliche Individuen ein. Zu jener Zeit hatte Māra Dūsī eine Schwester namens Kālī, deren Sohn der Māra unserer Zeit werden sollte. So stand Moggallānas eigener Neffe am Türbalken seiner Hütte als gegenwärtiger Māra. Als Moggallāna Māra war, hatte er Besitz ergriffen von einem Jungen und ihn dazu veranlasst, dem Hauptjünger von Buddha Kakusandha, dem Arahat Vidhura, eine Scherbe an den Kopf zu werfen. Es entstand eine große Wunde, aus der Blut floss. Als sich Buddha Kakusandha umdrehte und dies sah, meinte er: «Wahrlich, Māra kennt hier kein Maß» – denn selbst bei teuflischen Handlungen sollte Mäßigung gelten. Unter dem Blick des Vollkommenen löste sich Māra Dūsīs Körper auf und erschien in der tiefsten Hölle wieder. Nur einen Augenblick zuvor war er der Herr aller Höllen gewesen, und nun war er selbst eines ihrer Opfer. Viele tausend Jahre musste Moggallāna in der Hölle leiden; das waren die karmischen Folgen des Angriffs auf den Heiligen. Er war dazu verurteilt, zehntausend Jahre allein in der großen Hölle zu verbringen. Er hatte den Körper eines Menschen und den Kopf eines Fisches, ähnlich wie die Wesen in Pieter Brueghels Gemälden von der Hölle. Wenn sich zwei Lanzen seiner Quälgeister in seinem Herzen kreuzten, wusste er, dass tausend Jahre seiner Folter vergangen waren.

Diese Begegnung mit Māra brachte Moggallāna noch einmal die Schrecken von Saṁsāra in Erinnerung, von dem er nun vollkommen frei war. Kurz darauf fühlte Moggallāna, dass die Zeit seiner letzten Existenz abgelaufen war. Als Arahat sah er keinen Grund, seine Lebensspanne bis zum Ende des Weltzeitalters durch einen Willensakt[23] zu verlängern, und ließ der Vergänglichkeit ihren gesetzmäßigen Lauf.

Moggallānas Tod

Umgeben von vielen seiner Mönche, starb der Buddha friedlich während einer meditativen Versenkung, in die er mit vollkommener Meisterschaft eingetreten war. Sāriputtas Tod in seinem Elternhaus inmitten seiner Ordensbrüder erfolgte in ähnlicher Heiterkeit. Ānanda starb im Alter von 120 Jahren. Da er niemanden mit seiner Einäscherung belasten wollte, konzentrierte er sich während seiner Sammlung auf das Feuerelement, so dass sein Leib verglühte. Wenn man den heiteren Tod des Meisters und dieser beiden Jünger betrachtet, so würde man erwarten, dass auch Mahāmoggallāna unter friedlichen Umständen die endgültige Auflösung seines Körpers erlebt. Doch es verhielt sich ganz anders. Trotzdem erschütterte sein grausamer Tod nicht seinen festen, heiteren Sinn.

Moggallāna starb vierzehn Tage nach seinem Freund Sāriputta, am Neumondtag des Monats Kattika (Oktober/November), also im Herbst. Das Verlöschen des Buddha fand in der Vollmondnacht des Monats Vesākha (Mai), ein halbes Jahr nach dem Tod seiner Hauptjünger, statt. Der Buddha stand damals im achtzigsten Lebensjahr, während Sāriputta und Mahāmoggallāna im Alter von vierundachtzig Jahren gestorben waren.

Über die Umstände von Moggallānas Tod unterrichten uns der Kommentar zum *Dhammapada* (zu 137–140) und der Kommentar zu den Jātakas (zu Jāt. 523). Obwohl diese beiden Quellen einen gemeinsamen Kern haben, unterscheiden sie sich doch in Einzelheiten, was ohne Zweifel auf Ausschmückungen im Lauf der mündlichen Überlieferung zurückzuführen ist. Wir stützen uns hier auf dem Kommentar zum *Dhammapada* und geben die abweichenden Darstellungen des Jātaka-Kommentars in Klammern wieder.[24]

Aufgrund seines Geschicks als Lehrer führte der Buddha unzählige Menschen zur Erlösung. Daher entzog die Bevölkerung von Magadha den verschiedenen rivalisierenden asketischen Orden ihre Unterstützung und schloss sich dem Erleuchteten und seiner Mönchsgemeinschaft an. Eine Gruppe nackter Asketen war erbost über diesen Verlust an Ansehen und gab die Hauptschuld daran dem ehrwürdigen Mahāmoggallāna. Sie glaubten, Moggallāna habe ihre Anhänger mit seinen Berichten über Astralreisen abgeworben. Darin habe er geschildert, wie die tugendhaften Jünger des Buddha im Himmel wieder geboren wurden, während die Anhänger anderer Sekten, denen es an moralischem Lebenswandel mangelte, eine elende menschenunwürdige Existenz führten. Man beschloss, Moggallāna aus dem Weg zu räumen.

Zwar zögerten die Asketen, ihn eigenhändig umzubringen, aber sie hatten keinerlei Skrupel, andere mit dieser ruchlosen Tat zu beauftragen. Sie beschafften sich von ihren Anhängern tausend Goldmünzen, wandten sich an eine Räuberbande und boten ihr das Geld an im Tausch für Moggallānas Leben. Zu jener Zeit wohnte dieser allein in einer Waldhütte am Schwarzen Felsen am Abhang des Berges Isigili außerhalb Rājagahas. Nach seiner Begegnung mit Māra wusste er, dass das Ende seiner Tage nahe war. Nachdem er schon in den Genuss der Befreiung gelangt war, empfand er den Körper als Hindernis und Bürde und hatte nicht den Wunsch, ihn für das restliche Weltzeitalter mit Hilfe seiner psychischen Fähigkeiten am Leben zu erhalten. Als er die Räuberbande herannahen sah, wusste er, dass sie gekommen waren, um ihn zu töten; mit Hilfe seiner übernatürlichen Fähigkeiten entwich er durch das Schlüsselloch. Die Räuber kamen in eine leere Hütte, durchsuchten alles, konnten ihn aber nicht finden. Sie kehrten am nächsten Tag zurück, doch dieses Mal entkam der Mönch durch das Dach. Auch im folgenden Monat waren die Banditen wieder da, konnten den Gesuchten aber nicht finden (in der Jātaka-Version kehren sie an sechs aufeinander folgenden Tagen zurück und ergreifen Moggallāna schließlich am siebten Tag).

Dass Moggallāna entwich, hatte nichts mit Todesangst zu tun. Der Grund dafür, dass er mit seinen magischen Fähigkeiten die Räuber täuschte, lag keinesfalls darin, dass er seinen Körper zu schützen trachtete. Vielmehr wollte er den potentiellen Mördern die schrecklichen karmischen Konsequenzen einer solchen Tat ersparen, denn sie musste notwendigerweise zur Wiedergeburt in der Hölle führen. Er beabsichtigte, ihnen Zeit zu geben, damit sie überlegen und von dem geplanten Verbrechen Abstand nehmen konnten. Doch ihre Gier nach dem versprochenen Geld war so groß, dass sie sich nicht davon abhalten ließen und im nächsten Monat wiederkamen (oder am siebten Tag, nach der Jātaka-Version). Diesel Mal «lohnte» sich ihre Hartnäckigkeit, denn Moggallāna verlor plötzlich die psychische Beherrschung über seinen Körper.

Der Grund dafür lag in einer bösen Tat, die er in ferner Vergangenheit begangen hatte. Vor vielen Weltzeitaltern, in einer früheren Existenz, hatte Moggallāna seine Eltern getötet (in der Jātaka-Version hält er im letzten Augenblick inne und verschont sie). Dieses unheilvolle Kamma bewirkte eine Wiedergeburt in der Hölle für zahllose Jahre, doch die richtige karmische Reife war noch nicht eingetreten. Es blieb ein Rest, der in dieser Lebensgefahr plötzlich zur Reife kam und ihn mit dessen Frucht konfrontierte. Moggallāna realisierte, dass er keine Wahl mehr hatte, sondern sich seinem Schicksal unterwerfen musste. Die Räuber drangen ein, schlugen ihn nieder und «zermalmten seine Knochen, bis sie so klein waren wie Reiskörner». Sie dachten, er sei tot, warfen den Körper hinter eine Reihe von Büschen und flohen, um das Geld einzufordern. Doch Moggallānas physische und geistige Kräfte waren so groß, dass er vor dem Tod noch nicht kapituliert hatte. Er erlangte das Bewusstsein wieder und schwebte kraft der Meditation durch die Luft und gelangte zum Meister. Hier verkündete er, dass er ins Nibbāna eingehen werde. Der Buddha bat ihn, vor der Mönchsgemeinschaft eine abschließende Predigt zu halten. Dies tat er und wirkte dabei zusätzlich Wunder. Dann erwies er dem Gesegneten seine Ehrerbietung, kehrte zum Schwarzen Felsen zurück und ging ohne Rest ins Nibbāna ein. (Der Jātaka-Bericht ist realistischer, weiß nichts von einer letzten Predigt und lässt Moggallāna zu Füßen des Buddha sterben.)

In dieser letzten, turbulenten Phase seines Lebens konnte das Kamma der Vergangenheit, das so plötzlich zur Reife gelangt war, sich nur auf Moggellānas Körper auswirken, seinen Geist aber nicht mehr erschüttern, weil er schon vor längerer Zeit aufgehört hatte, sich mit seiner empirischen Persönlichkeit zu identifizieren. Für ihn waren die fünf Anhäufungen, die andere «Moggallāna» nannten, so fremd wie ein unbelebter Körper.

> Sie dringen in die subtile Wahrheit ein
> Wie in die Spitze eines Haares
> mit einem Pfeil.
> Sie sehen die fünf Aggregate
> als fremd an
> Und betrachten sie nicht als ein Selbst.
>
> Wer die bedingten Dinge
> Als fremd betrachtet und nicht
> als Selbst,
> Ist direkt auf die subtile Wahrheit
> gestoßen
> Wie in die Spitze eines Haares mit
> einem Pfeil. (Thag. 1160f.)

Diese letzte Episode in Moggallānas Leben zeigt, dass das Gesetz der moralischen Kausalität stärker ist als noch so große übernatürliche Kräfte. Nur ein Buddha vermag die karmischen Konsequenzen, die seinen Körper betreffen, bis zu einem solchen Grad zu beherrschen, dass nichts seinen vorzeitigen Tod verursachen kann.

Nach dem Tod seiner Hauptjünger äußerte sich der Buddha kurz über ihr Sterben und erklärte:

> Auch jene, die in der Vergangenheit heilig waren, voll erleuchtet und gesegnet, besaßen so hervorragende Jüngerpaare, wie ich in Sāriputta und Moggallāna eines hatte. Jene, die in Zukunft Heilige sein werden, Vollerleuchtete und Gesegnete, werden ebenfalls solche hervorragenden Jüngerpaare haben, wie ich in Sāriputta und Moggallāna eines hatte.
> Es ist höchst erstaunlich und wunderbar, ihr Mönche, dass jene Jünger in Übereinstimmung mit der Lehre des Meisters und in Übereinstimmung mit seinen Ratschlägen handeln. Sie werden den vier Versammlungen teuer bleiben, werden geliebt, respektiert und von ihnen geehrt werden.

Sāriputta und Mahāmoggallāna seien so großartige Schüler gewesen, so der Buddha, dass ihm nach ihrem Tod die Versammlung der Mönche leer erscheine. Es sei wunderbar, dass ein solch hervorragendes Jüngerpaar existiert habe. Noch wunderbarer aber sei es, dass ihn bei ihrem Tod kein Anflug von Trauer und Kummer angekommen und er in seinem Frieden unerschüttert geblieben sei.[25]

Aus diesem Grund, so fuhr der Buddha fort, sollten überzeugte Anhänger des Dhamma danach streben, ihre eigene Zufluchtsinsel zu werden. Der Dhamma solle diese Zufluchtsinsel sein, und sie sollten nach keiner anderen Ausschau halten. Sie sollten völlig auf die mächtige Hilfe der vier Grundlagen der Achtsamkeit (*satipaṭṭhāna*) vertrauen. Wer somit dem Edlen Achtfachen Pfad folge, werde mit Gewissheit alle Bereiche der Dunkelheit von Saṁsāra hinter sich lassen. So versichert uns der Meister.

3

MAHĀKASSAPA

VATER DES SANGHA

(von Hellmuth Hecker)

Kassapas frühe Jahre

Kurz vor seinem Parinibbāna hatte sich der Buddha geweigert, einen persönlichen Nachfolger zu benennen. Stattdessen forderte er die Mönche auf, den Dhamma und den Vinaya – die Lehre und die Disziplin – als ihre Lehrmeister zu betrachten, denn in den Lehrreden, die er während seiner fünfundvierzigjährigen Predigttätigkeit gehalten hatte, seien alle Anweisungen enthalten, um den Weg zur Erlösung zu finden. Obwohl die Mönche in der Zeit direkt nach Buddhas Tod keinen Nachfolger wählten, füllte in zunehmendem Maße ein älterer Mönch dessen Position aus. Er besaß eine Aura natürlicher Stärke und Autorität. Die Pāli-Kommentare beschreiben ihn als «den Jünger, der Buddhas Gegenstück» (*buddhapaṭibhāga-sāvaka*) war. Die Rede ist vom ehrwürdigen Mahākassapa, dem Großen Kassapa.

Viele Faktoren trugen dazu bei, dass Mahākassapa im zunächst verwaisten Mönchsorden eine herausragende Stellung einnehmen konnte. Er besaß sieben von zweiunddreißig Merkmalen eines großen Mannes und wurde vom Meister wegen seiner Leistungen auf dem Gebiet der Meditation gelobt.[1] Er war der einzige Mönch, mit dem der Buddha die Robe getauscht hatte, was eine besondere Ehre darstellte. Mahākassapa besaß in höchstem Grad die «zehn Eigenschaften, die Vertrauen einflößen».[2] Er führte ein vorbildliches, diszipliniertes, nüchternes und der Meditation gewidmetes Leben. So kann es kaum überraschen, dass er die Leitung des Ersten Konzils des Sangha innehatte, das übrigens auf sein Betreiben hin einberufen worden war. Aus den oben genannten Gründen wurde Mahākassapa – allerdings viel später – in China und Japan als erster Patriarch des Chan- oder Zen-Buddhismus betrachtet.

Wie die beiden Hauptjünger des Buddha, Sāriputta und Moggallāna, entstammte auch Mahākassapa einer Brahmanenfamilie. Er kam einige Jahre vor Buddhas Geburt im Dorf Mahātittha in Magadha als Sohn des Brahmanen Kapila und seiner Frau Sumanādevī auf die Welt.[3] Er erhielt den Namen Pipphali und wuchs inmitten von Reichtum und Luxus auf. Doch bereits in der Jugend empfand er den Wunsch, dieses weltliche Leben hinter sich zu lassen. Deswegen wollte er auch nicht heiraten. Als ihn seine Eltern wiederholt aufforderten, sich eine Frau zu nehmen, sagte er, er werde sich um sie kümmern, solange sie lebten. Doch nach ihrem Tode würde er Asket werden. Als sie immer wieder insistierten und um seine Mutter zu beruhigen, willigte er schließlich in eine Heirat ein – unter der Bedingung, dass eine Frau gefunden werde, die seinen Vorstellungen von Vollkommenheit entspreche.

Zu diesem Zweck bestellte er bei Goldschmieden die Statue eines wundervollen Mädchens. Er kleidete sie in feinste Gewänder, schmückte sie und zeigte sie seinen Eltern: «Wenn ihr eine solche Frau für mich findet, werde ich Hausvater bleiben.» Doch seine Mutter war schlau. Sie dachte: «Sicher hat sich mein Sohn in der Vergangenheit Verdienste erworben, und das muss zusammen mit einer Frau geschehen sein, die dieser Goldstatue entspricht.»

So wandte sie sich an acht Brahmanen, überhäufte sie mit Geschenken und bat sie, mit dem Bildnis im Land umherzureisen, um eine möglichst ähnliche Frau zu finden. Die Brahmanen dachten: «Gehen wir erst ins Land Madda, wo es so viele schöne Frauen gibt.» Dort fanden sie im Ort Sāgala ein Mädchen, dessen Schönheit mit der der Statue mithalten konnte. Es war die sechzehnjährige Bhaddā Kapilānī, die Tochter eines reichen Brahmanen. Ihre Eltern willigten in die Heirat ein, und die Brahmanen kehrten zurück, um vom glücklichen Ausgang ihrer Mission zu berichten.

Bhaddā Kapilānī wollte jedoch nicht heiraten. Wie Pipphali sehnte sie sich nach einem religiösen Leben und hatte die Absicht, als weibliche Asketin in die Hauslosigkeit zu ziehen. Diese Übereinstimmung der Lebensziele beruhte nicht auf einem Zufall, sondern entsprang einer echten karmischen Verbindung, die sie in früheren Existenzen eingegangen waren. Die Frucht reifte im jetzigen Leben heran. Diese Verbindung bewirkte, dass sie in ihrer

Jugend heirateten und sich später definitiv trennten. Doch auf diese Trennung hin erfolgte auf höherer Ebene erneut eine Verbindung, als beide ihr spirituelles Ziel erreichten und unter dem Erleuchteten den Zustand der höchsten Heiligkeit erlangten.

Pipphali war höchst unglücklich, als er hörte, dass sein Plan fehlgeschlagen war und dass seine Eltern eine Frau gefunden hatten, die der Goldstatue gleichkam. Da er seine Zustimmung immer noch widerrufen wollte, sandte er dem Mädchen folgenden Brief: «Bhaddā, bitte heirate jemand anderen aus deinem Stand, und führe mit ihm ein glückliches Leben zu Hause. Was mich anbelangt, so will ich Asket werden. Bitte bedaure nichts.» Bhaddā Kapilānī, die ja genauso dachte, sandte ihm unabhängig davon einen ähnlichen Brief. Da die Eltern argwöhnten, dass es zu einem Briefwechsel kommen würde, ließen sie die Schreiben abfangen und durch Willkommensgrüße ersetzen.

So brachte man Bhaddā nach Magadha, und das junge Paar heiratete. Doch in Übereinstimmung mit ihren asketischen Idealen beschlossen beide, die Keuschheit zu wahren. Um diese Entscheidung zu bekräftigen, legten sie jede Nacht eine Blumengirlande zwischen sich und sagten: «Wenn eine Seite dieser Girlande welkt, so wird das für uns das Zeichen sein, dass die Person auf der betreffenden Seite lustvolle Gedanken gehegt hat.» Nachts lagen sie wach aus Angst, in körperlichen Kontakt zu kommen. Tagsüber lächelten sie einander nicht einmal zu. Solange ihre Eltern lebten, hielten sie sich von allen weltlichen Vergnügungen fern, und sie mussten sich nicht einmal um ihre Güter kümmern.

Als Pipphalis Eltern starben, übernahm das Paar die Verwaltung des großen Besitzes. Zu jener Zeit empfanden sie einen immer stärkeren Drang, den Weg des Verzichts zu gehen. Als Pipphali eines Tages seine Felder besichtigte, sah er mit neuen Augen etwas, das er schon Hunderte von Malen gesehen hatte. Er beobachtete, dass sich beim Pflügen zahlreiche Vögel einstellten und die Würmer aus den Furchen pickten. Dieser Anblick, der jedem Bauern vertraut ist, machte ihn stutzig. Er erkannte mit aller Macht, dass das, was ihm Reichtum einbrachte, nämlich der Ertrag seiner Felder, sich auf das Leiden anderer Wesen gründete. Sein Lebensunterhalt wurde mit dem Tod vieler Würmer und anderer kleiner Kreaturen erkauft, die im Boden lebten. Er dachte darüber nach und fragte einen seiner Arbeiter: «Wer wird die Folgen dieser schlechten Tat zu tragen haben?»

«Du selbst, Herr», war die Antwort.[4]

Betroffen von dieser Einsicht in das Räderwerk des Kamma, ging Pipphali nach Hause und dachte unterwegs: «Wenn ich die Bürde der Schuld für dieses Töten tragen muss, was nützt mir dann mein gesamter Reichtum? Es wäre besser, ich würde alles Bhaddā übergeben und mich als Asket zurückziehen.»

Doch zu Hause machte Bhaddā ungefähr zur selben Zeit eine ähnliche Erfahrung. Auch sie sah etwas, das sie schon sehr oft gesehen hatte, plötzlich mit neuen Augen und tieferem Verständnis. Ihre Dienerinnen hatten Sesamsamen zum Trocknen in der Sonne ausgelegt, und Krähen sowie andere Vögel fraßen die Insekten, die von den Samen angezogen wurden. Als Bhaddā ihre Dienerinnen fragte, wer in moralischer Hinsicht für den gewaltsamen Tod so vieler Lebewesen verantwortlich sei, erfuhr sie, dass sie die karmische Verantwortung tragen müsse. Daraufhin dachte sie: «Wenn ich schon bei dieser Gelegenheit Böses tue, werde ich selbst in tausend Existenzen nicht meinen Kopf über den Ozean der Wiedergeburten erheben. Sobald Pipphali zurückkehrt, werde ich ihm alles übergeben und ein Leben als Asketin beginnen.»

Als beide fanden, dass sie Gleiches dachten, ließen sie vom Basar safranfarbige Kleider und Tonschalen kommen und schnitten sich gegenseitig die Haare. So wurden sie zu Wanderasketen und legten folgendes Gelübde ab: «Wir widmen unser Leben den Arahats der Welt!» Obwohl sie dem Buddha oder seiner Lehre noch nicht begegnet waren, wussten sie instinktiv, dass sie eine asketische Lebensweise in einem Zustand der «willentlichen Jüngerschaft» gegenüber den wahrhaft Weisen und Heiligen befolgen sollten, wo sich diese auch immer befänden. Sie nahmen ihre Almosenschalen und verließen das Gutshaus, unbemerkt von den Bediensteten. Als sie jedoch in das nächste Dorf gelangten, das ebenfalls zu ihrem Gut gehörte, wurden sie von den Arbeitern und ihren Familien erkannt. Diese weinten und beklagten sich, fielen vor den beiden Asketen auf die Knie und riefen: «Ihr Teuren und Edlen! Warum wollt ihr uns zu hilflosen Waisen machen?»

«Wir ziehen in die Hauslosigkeit, weil wir gesehen haben, dass die drei Welten wie ein brennendes Haus sind.» Den Sklaven schenkte Pipphali Kassapa die Freiheit. Dann zog er mit Bhaddā weiter. Kassapa ging voran und Bhaddā dahinter. Da dachte Kassapa: «Diese Bhaddā Kapilānī folgt mir auf dem Fuß, und sie ist eine Frau von großer Schönheit. Einige Menschen werden vielleicht denken: ‹Obwohl sie Asketen sind, können sie doch immer noch nicht ohne einander leben! Was sie treiben, ist ungebührlich!› Wenn sie ihren Geist durch solche falschen Gedanken beflecken oder sogar böse Gerüchte verbreiten, werden sie sich selbst großen Schaden zufügen. So ist es besser, wenn wir uns trennen.» Als sie an eine Kreuzung gelangten, erzählte Kassapa seiner Frau, was er gedacht hatte, und sagte: «Bhaddā, du nimmst die eine dieser Straßen, und ich nehme die andere.» Sie antwortete: «Es ist wahr, für Asketen ist eine Frau ein Hindernis. Die Leute mögen argwöhnen, dass wir uns ungebührlich verhalten. Wir trennen uns deswegen. Du gehst deinen Weg, und ich gehe meinen.»

Dann schritt sie ehrerbietig dreimal um ihn herum, grüßte seine Füße und sprach mit gefalteten Händen: «Unsere enge Verbindung und Freundschaft, die seit undenkbaren Zeiten besteht, kommt heute zu einem Ende. Bitte nimm du den Weg nach rechts, ich nehme die andere Straße.» So trennten sie sich, und jeder ging seinen Weg auf der Suche nach der Arahatschaft, der endgültigen Erlösung vom Leiden. Es wird behauptet, dass die Erde unter der Macht ihrer Tugend gebebt und gezittert habe, und ein Donnergrollen sei vom Himmel gekommen, wovon die Gebirge am Rande des Weltensystems widergehallt hätten.

Bhaddā Kapilānī

Folgen wir zunächst Bhaddā Kapilānī. Ihr Weg führte sie nach Sāvatthī, wo sie im Jetavana-Kloster Buddhas Lehrreden hörte. Da zu jener Zeit der Bhikkhunī-Sangha, der Nonnenorden, noch nicht existierte, ließ sie sich in einem Kloster nichtbuddhistischer Asketinnen nicht weit von Jetavana nieder. Hier lebte sie fünf Jahre, bis sie die Ordination als Nonne bekam. Innerhalb kurzer Zeit erreichte sie das Ziel des heiligmäßigen Lebens, die Arahatschaft. Der Buddha preis Bhaddā als die hervorragendste aller Nonnen, die sich am besten an ihre vergangenen Existenzen erinnern konnte (AN 1, Kapitel 14). Die Pāli-Kommentare und die Geschichten der Jātakas berichten von einigen ihrer früheren Existenzen, in denen sie Kassapas Frau gewesen war.

Eines Tages sprach sie die folgenden Verse, in denen sie Mahākassapa pries und ihre eigenen Verdienste hervorhob:

Als Sohn des Buddha und
sein rechtmäßiger Erbe
Kennt Kassapa in seiner tiefen
Sammlung
Die Bereiche seiner früheren
Existenzen
Und sieht die Himmel und die Ebenen
des Elends.

Auch er hat die Zerstörung der Geburt
erreicht,
Er ist ein Weiser mit tiefem Wissen.
Er besitzt die drei Arten der Weisheit
Der Brahmane bewahrt die dreifache
Weisheit.

Genauso ist Bhaddā Kapilānī,
Eine Nonne mit dreifacher Weisheit,
die den Tod hinter sich gelassen hat.
Sie hat Māra besiegt und seinen Berg
erobert,
Sie lebt in ihrer letzten körperlichen
Form.

Wir haben die große Gefahr der Welt
erkannt,
Wir beide gingen in die Hauslosigkeit.
Nun zerstören wir die Leidenschaften;
Beherrscht und kühl haben wir
das Nibbāna erlangt. (Thīg. 63–66)

Als Heilige widmete sich Bhaddā vor allem der Erziehung der jungen Nonnen und der Instruktion in der Mönchsdisziplin. Im *Bhikkhunī-Vibhaṅga* (Analyse der Nonnendisziplin) wird über Vorfälle unter ihren Schülerinnen berichtet, die schließlich zum Erlass bestimmte disziplinarischer Regeln für Bhikkhunīs führten.[5] Bhaddā Kapilānī sah sich in zwei Fällen dem Neid einer anderen Nonne ausgesetzt. Die Nonne Thullanandā kannte sich in der Lehre gut aus und war eine berühmte Predigerin, doch offenkundig besaß sie mehr Geist als Freundlichkeit des Herzens. Sie hatte einen eigenwilligen Charakter und wollte, wie mehrere Texte im Vinaya-Piṭaka berichten, ihre Lebensweise nicht ändern. Als Bhaddā mit der Zeit eine berühmte Lehrrednerin wurde, packte Thullanandā die Eifersucht. Um Bhaddā zu ärgern, ging sie mit ihren Schülerinnen vor Bhaddās Zelle auf und ab und rezitierte laut. Der Buddha tadelte sie deswegen.[6] Ein andermal hatte sie Bhaddā auf deren Bitte hin ein zeitweiliges Quartier in Sāvatthī besorgt. Doch in einem weiteren Anfall von Eifersucht warf sie sie aus der Wohnung.[7] Bhaddā aber, als Arahat, ließ sich von derlei Geschehnissen nicht beeindrucken und betrachtete sie mit Distanz und Mitleid.

Der samsarische Hintergrund

Mahākassapa und Bhaddā Kapilānī brachten erstmals unter Buddha Padumuttara, dem fünfzehnten Buddha der Vergangenheit, ihren Wunsch zum Ausdruck, Jünger des Buddha zu werden. Buddha Padumuttara trat vor einhunderttausend Weltzeitaltern auf und hatte seinen Klostersitz im Hirschpark von Khema nahe der Stadt Haṁsavatī.[8] Zu jener Zeit war der künftige Kassapa ein reicher Großgrundbesitzer namens Vedeha. Seine Frau hieß Bhaddā. Eines Tages ging Vedeha zum Kloster und setzte sich zur Versammlung, als der Lehrer einen Mönch namens Mahānisabha zu seinem dritten herausragenden Jünger ernannte. Er war der vorzüglichste unter den Befürwortern asketischer Praktiken (*etadaggaṁ dhutavādānaṁ*). Der Laienanhänger Vedeha lud den Lehrer mit seinem gesamten Sangha zu einem Essen am nächsten Tag ein.

Während der Buddha und seine Mönche in Vedehas Haus ihre Mahlzeit einnahmen, sah dieser Mahānisabha, der sich auf seiner Almosenrunde durch die Straßen der Stadt befand. Er ging nach draußen und lud ihn ebenfalls ein, doch der Mönch lehnte ab. Daraufhin nahm Vedeha dessen Bettelschale, füllte sie mit Essen und brachte sie ihm zurück. Als sie ins Haus zurückkehrte, fragte er den Buddha nach dem Grund für die seltsame Weigerung des Mönches. Der Lehrer erklärte: «O Laienanhänger, wir lassen uns zum Essen nach Hause einladen, doch jener Mönch lebt nur von Speisen, die er während seines Bettelganges bekommt. Wir leben in großen Klöstern, er aber hält sich nur im Wald auf. Wir haben ein Dach über dem Kopf, doch er lebt in der freien Natur.» Als Vedeha dies hörte, fand er Gefallen daran, «wie eine Öllampe, die mit Öl bespritzt wird», und er dachte: «Warum sollte ich mich nur mit der Arahatschaft zufriedengeben? Ich möchte meinen Willen zum Ausdruck bringen, unter einem künftigen Buddha zum herausragenden Befürworter asketischer Praktiken zu werden.»

Er lud den Buddha und die Gemeinschaft der Mönche ein, eine Woche lang bei ihm Almosen abzuholen, schenkte dem gesamten Sangha dreifache Roben und warf sich zu Füßen des Meisters nieder. Dabei tat er seine Absicht kund. Buddha Padumuttara blickte in die Zukunft und sah, dass dieses Streben von Erfolg gekrönt sein würde. Dann machte er folgende Prophezeiung: «In Zukunft, einhunderttausend Weltzeitalter später, wird ein Buddha namens Gotama in der Welt aufstehen. Unter ihm wirst du der dritte Hauptjünger namens Mahākassapa sein.» Bhaddā ihrerseits äußerte den Wunsch, die hervorragendste Nonne unter jenen zu werden, die sich an vergangene Existenzen zurückerinnern, und diese Position unter einem künftigen Buddha zu erreichen. Auch ihr versicherte Buddha Padumuttara, dass ihr Wunsch in Erfüllung gehen werde. Für den Rest seines Lebens befolgte das Paar die Vorschriften und häufte verdienstvolle Taten an. Nach ihrem Tod wurden die beiden im Himmel wieder geboren.

Die nächste vergangene Existenz Mahākassapas und Bhaddā Kapilānīs, die beschrieben wird, lag viel später, während der Weisung von Buddha Vipassī, dem sechsten Vorläufer von Buddha Gotama. Zu jener Zeit bildeten die beiden ein armes Brahmanenpaar. Sie waren so mittellos, dass sie nur ein einziges Obergewand besaßen. Demzufolge konnte immer nur einer von ihnen die Hütte verlassen. Deswegen wurde dieser Brahmane «der mit einem Obergewand» (*ekasātaka*) genannt. Eine solch extreme Armut ist heute kaum mehr vorstellbar, schwerer aber ist es zu verstehen, dass viele Menschen sie nicht als Entbehrung empfanden. So war es auch mit jenen beiden, die später Kassapa und Bhaddā werden sollten. Die zwei armen Brahmanen lebten in derart vollkommener Harmonie, dass ihr Glück nicht von ihrer Armut geschmälert wurde.

Eines Tages predigte Buddha Vipassī, und beide wollten zuhören. Da sie aber nur ein einziges Obergewand besaßen, konnten sie nicht zur selben Zeit hingehen. Die Frau ging also tagsüber, ihr Mann nachts. Der Brahmane war tief beeindruckt von dem, was in der Predigt über den Wert des Gebens und der Großzügigkeit gesagt wurde, und wollte sein einziges Obergewand dem Buddha schenken. Doch nachdem er sich dazu entschlossen hatte, kamen ihm Zweifel: «Das ist unser einziges Oberkleid, ich sollte doch vielleicht zuerst meine Frau um Rat fragen. Wie kommen wir ohne ein Obergewand zurecht? Wie finden wir einen Ersatz dafür?» Aber er überwand all sein Zögern und legte das Kleid zu Füßen des Buddha nieder. Nachdem er dies getan hatte, klatschte er in die Hände und rief voller Freude: «Ich habe gesiegt! Ich habe gesiegt!» Als der König, der hinter einem Vorhang der Predigt zugehört hatte, diesen Siegesruf vernahm und den Grund dafür erfuhr, sandte er dem Brahmanen einen Satz Kleider und machte ihn später zu seinem Hofgeistlichen. So hatte alle Not des Paares ein Ende.

Aufgrund seines selbstlosen Schenkens wurde der Brahmane in einer himmlischen Welt wieder geboren. In einer späteren Existenz wurde er König auf Erden, ein großer Wohltäter seines Volkes, der großzügig die Asketen unterstützte, die zu seiner Zeit lebten. Bhaddā war zu jener Zeit Königin.

Bhaddā war einmal die Mutter eines Brahmanen, der ein Schüler des Bodhisatta, des künftigen Buddha, war und Asket werden wollte. Kassapa war ihr Mann, Ānanda ihr Sohn. Bhaddā wünschte, dass ihr Sohn zunächst das Leben in der Welt kennen lernen sollte. Erst dann würde sie ihm erlauben, ein Leben als Asket zu führen. Doch die Welt begegnete dem jungen Brahmanen auf eine sehr drastische, herzzerreißende Weise. Die alte Mutter seines Lehrers verliebte sich leidenschaftlich in ihn und war sogar bereit, seinetwegen ihren Sohn zu töten. Diese Konfrontation mit rücksichtsloser Leidenschaft bewirkte, dass er einen tiefen Widerwillen gegen die Welt empfand, und nach jener Erfahrung erteilten ihm seine Eltern die Erlaubnis, als Asket fortzuziehen (Jāt. 61).

Ein andermal waren Kassapa und Bhaddā die brahmanischen Eltern von vier Söhnen, die in der Zukunft unser Bodhisatta, Anuruddha, Sāriputta und Mahāmoggallāna werden sollten. Alle vier wollten Asketen werden. Zuerst verweigerten die Eltern die Erlaubnis, doch später wurden ihnen die Früchte des Asketenlebens klar, und sie wurden selbst Asketen (Jāt. 509).

Die einzige böse Tat, die aus Bhaddās früheren Existenzen berichtet wird, ist folgende: Zu einer Zeit zwischen dem Auftreten zweier Buddhas war Bhaddā die Frau eines Großgrundbesitzers. Eines Tages hatte sie einen Streit mit ihrer Schwägerin. Ein Paccekabuddha befand sich gerade in der Nähe ihres Hauses auf seinem Almosengang.[9] Als ihre Schwägerin ihm Nahrung anbot, wollte Bhaddā sie kränken. Sie nahm die Schale des Paccekabuddha, warf das Essen weg und füllte die Schale mit Schlamm. Doch sofort spürte sie Gewissensbisse. Sie nahm die Schale wieder, besprengte sie mit Parfüm und füllte sie mit köstlichem Essen. Dann gab sie sie dem Paccekabuddha zurück und entschuldigte sich für ihr Fehlverhalten.

Die karmische Konsequenz dieser Tat, die aus Bösem und Gutem zusammengesetzt war, bestand darin, dass Bhaddā im darauf folgenden Leben sehr reich und von großer Schönheit war, ihr Körper jedoch einen unangenehmen Geruch verströmte. Ihr Mann, der spätere Kassapa, konnte den Gestank nicht ertragen und verließ sie. Wegen ihrer Schönheit hielten andere Männer um ihre Hand an, doch alle weiteren Heiraten endeten auf dieselbe Weise. Sie war völlig verzweifelt und spürte, dass ein Weiterleben keinen Sinn mehr hatte. So ließ sie ihren Schmuck zu einem Goldbarren einschmelzen, den sie dem Kloster als Beitrag zu einem Stūpa schenkte, der zu Ehren des kürzlich verstorbenen Buddha Kassapa errichtet werden sollte. Sie tat diese Schenkung mit großer Demut. In der Folge verschwand der üble Körpergeruch, und ihr erster Mann, Kassapa, nahm sie wieder zu sich.

In ihrer vorletzten Existenz war Bhaddā Königin von Benares und unterstützte mehrere Paccekabuddhas. Als diese plötzlich starben, bewegte sie dies so sehr, dass sie auf das weltliche Leben als Königin verzichtete und sich im Himalaya der Meditation widmete. Durch die Kraft ihres Verzichts und ihre Leistungen in der Meditation wurde sie in einer Brahma-Welt wieder geboren. Das traf auch für Kassapa zu. Nach dem Leben in der Brahma-Welt wurden beide in der menschlichen Welt als Pipphali Kassapa und Bhaddā Kapilānī wieder geboren.

Aus diesen Erzählungen erfahren wir, dass beide in ihren früheren Existenzen ein Leben der Reinheit in der Brahma-Welt geführt und mehrmals der Welt entsagt hatten. So fiel es ihnen in ihrer letzten Existenz nicht schwer, im Zölibat zu leben, alle Besitztümer aufzugeben und Buddhas Lehre bis zur Erlangung der Arahatschaft zu folgen.

Wie Kassapa zum Buddha kam

Zurück zu Mahākassapa.[10] Wohin ging er von jener Weggabelung aus? Als sich die beiden Asketen trennten, erzitterte die Erde unter der Kraft ihres Verzichtes. Der Buddha nahm dieses Beben wahr und wusste, dass ein hervorragender Jünger auf dem Weg zu ihm war. Ohne seinen Mönchen etwas zu sagen, machte er sich alleine auf und ging fünf Meilen weit seinem zukünftigen Jünger entgegen – ein Akt des Erbarmens, der später oft gepriesen wurde (Jāt. 469, Einführung).

Auf der Straße zwischen Rājagaha und Nālandā setzte sich der Buddha in der Nähe des Bahuputtakaschreins unter einen Banyanbaum und wartete auf seinen künftigen Schüler. Er saß da nicht wie ein gewöhnlicher Asket, sondern zeigte den gesamten sublimen Glanz eines Buddha. Im Umkreis von achtzig Metern sandte er Lichtstrahlen aus, so dass das ganze Dickicht erhellt wurde, und er wies alle zweiunddreißig Zeichen eines großen Mannes auf. Als Kassapa herankam und den Buddha in der vollen Pracht eines Erleuchteten sitzen sah, dachte er: «Das muss mein

Meister sein, um dessentwillen ich weggegangen bin!» Er näherte sich dem Buddha, warf sich ihm zu Füßen und rief: «Der Gesegnete, Herr, ist mein Lehrer, und ich bin sein Schüler! Der Gesegnete, Herr, ist mein Lehrer, und ich bin sein Schüler!»

Der Erleuchtete erteilte sodann als erste formale Einführung in den Dhamma Kassapa die drei folgenden Ermahnungen:

> Darauf solltest du achten, Kassapa:
> Ein tiefes Gefühl der Scham und der Angst vor Fehlverhalten (*hiri-ottappa*) gegenüber älteren Mönchen, Novizen und Mönchen mittleren Alters im Orden sollte stets in mir präsent sein.
> Immer, wenn ich eine Lehre höre, die zu etwas Heilsamem führt, sollte ich ihr aufmerksam zuhören, sie prüfen, über sie nachdenken und sie schließlich in mein Herz aufnehmen.
> Achtsamkeit in Bezug auf den Körper zusammen mit Freude sollte ich nie vernachlässigen!»
> In diesen Punkten sollst du dich üben.

Dem Kommentar zufolge stellte diese dreifache Ermahnung Kassapas «Fortgehen» als Novize (*pabbajjā*) und seine höhere Ordination (*upasampadā*) dar. Dann wanderten Meister und Jünger zusammen nach Rājagaha zurück. Unterwegs wollte sich der Buddha ausruhen, verließ die Straße und begab sich zu einem Baum. Mahākassapa faltete daraufhin sein doppeltes Gewand zusammen und bat den Meister, sich darauf zu setzen, «da ihm dies lange Zeit zum Nutzen gereichen werde». Der Buddha setzte sich auf Kassapas Robe und sagte: «Weich ist dein Gewand aus Stoffstücken, Kassapa.» Als Kassapa dies hörte, antwortete er: «Möge der Gesegnete, o Meister, diese zusammengestückelte Robe aus Mitleid mit mir annehmen!»

«Aber, Kassapa, kannst du meine abgenutzten Fetzenkleider aus Hanf tragen?» Voller Freude sagte Kassapa: «Gewiss, Meister, kann ich die rauhen und abgenutzten Kleider des Gesegneten tragen.»

Dieser Austausch des Obergewandes stellte eine große Auszeichnung für den ehrwürdigen Mahākassapa dar, eine Ehre, die sonst keinem Jünger zuteil wurde. Der Kommentar erklärt, dass der Buddha mit diesem Kleidertausch die Absicht verfolgte, Kassapa vor seiner Aufnahme in den Sangha der Bhikkhus zu motivieren, den Dhutaṅga, die asketischen Praktiken, zu beachten. Obwohl der Buddha nach seiner Erleuchtung die extreme Selbstabtötung als «schmerzhafte, unwürdige und unnütze» Sackgasse bezeichnete, lehnte er keinesfalls jene asketischen Praktiken ab, die mit dem Geist des Mittleren Weges in Übereinstimmung standen. Der echte Mittlere Weg ist keine bequeme Straße leichter Kompromisse, sondern ein einsamer, steiler Weg, der den Verzicht auf das Begehren und die Fähigkeit erforderlich macht, harte Bedingungen und Unbequemlichkeit auf sich zu nehmen. Der Buddha ermunterte somit jene Mönche, die aus ihren Herzen auch die subtilsten Wurzeln der Begierde herausreißen wollten, sich dem Dhutaṅga zu widmen, speziellen asketischen Übungen, die zu Einfachheit, Zufriedenheit, Verzicht und Energie führen. Er spendete oft jenen Mönchen Beifall, die die entsprechenden Gelübde enthielten. Die alten Suttas empfehlen wiederholt mehrere solcher Praktiken: die Verwendung nur eines dreifachen Gewandes und die Ablehnung zusätzlicher Gewänder; das Tragen von Gewändern aus Fetzen und die Ablehnung von Gewändern, die von Hausvätern geschenkt werden; die Ernährung ausschließlich mit Speisen, die während der Almosenrunde gesammelt werden, und damit die Ablehnung von Einladungen zum Essen; das Leben ausschließlich im Wald und die Ablehnung eines Lebens in städtischen Klöstern. Die Kommentare verlängern die Liste dieser asketischen Übungen auf dreizehn. Detaillierte Erklärungen finden wir in Büchern über das meditative Leben, etwa im *Visuddhimagga*.[11]

Das Gewand, das der Buddha Kassapa übergeben hatte, war aus einem Leichentuch gemacht worden, das er auf einem Einäscherungsplatz aufgelesen hatte. Als er von Kassapa wissen wollte, ob er dieses Gewand tragen könne, stellte er auch implizit die Frage, ob er sich voll und ganz zur Einhaltung der asketischen Übungen verpflichten könne, die das Tragen einer solchen Robe mit sich bringt. Als Kassapa bestätigte, dass er das Gewand tragen könne, sagte er: «Ja, mein Herr, ich kann die asketischen Übungen, von denen du willst, dass ich sie auf mich nehme, bis zum Ende durchhalten.» Von jenem Augenblick an führte Kassapa ein Leben der strikten Askese, und selbst im hohen Alter bestand er darauf, die Gelübde seiner Jugend einzuhalten. Bei einer späteren Gelegenheit bezeichnete der Buddha Mahākassapa als den besten jener Bhikkhus, die sich an diese asketischen Übungen halten (AN 1, Kapitel 14). Damit war es Kassapa gelungen, den vor einhunderttausend Weltzeitaltern formulierten Wunsch zu erfüllen.

Nur sieben Tage nach seiner Ordination und nach dem Austausch der Obergewänder erreichte Kassapa das Ziel, nach dem er strebte, nämlich die Heiligkeit, die endgültige Befreiung des Geistes von allen Verunreinigungen. Als er sehr viel später Ānanda von dieser Episode erzählte, sagte er: «Sieben Tage lang, mein Freund, aß ich die Almosenspeise des Landes als Schuldner, dann stieg am achten Tag das endgültige Wissen der Arahatschaft in mir auf» (SN 16:11).

Kassapas Verhältnis zum Buddha

Wir haben schon festgestellt, dass zwischen dem ehrwürdigen Mahākassapa und dem Buddha eine tiefe innere Beziehung bestand. Diese Beziehung hatte den Quellen zufolge ihre Wurzel in früheren Existenzen. In den Jātakas steht, dass Kassapa in neunzehn Existenzen mit dem Bodhisatta in Verbindung stand, oft durch enge Familienbande. Nicht weniger als sechsmal war Kassapa der Vater des Bodhisatta (Jāt. 155, 432, 509, 513, 524, 540). Zweimal war er sein Bruder (488, 522) und oft sein Freund und Lehrer. Da es somit nicht ihr erstes Zusammentreffen war, wird leichter verständlich, warum in Kassapas Herz beim ersten Anblick des Buddha eine solch unmittelbare tiefe Verehrung und Hingabe entstehen konnte. Aus Kassapas letzter Existenz sind eine Reihe von Gesprächen überliefert, die der Buddha mit ihm führte. Dreimal geschah es, dass der Meister zu ihm sprach: «Ermahne du die Mönche, Kassapa. Halte eine Lehrrede über den Dhamma, Kassapa. Entweder ermahne ich die Mönche oder du, Kassapa. Entweder lege ich ihnen die Lehre dar oder du (SN 16:6).» Mit diesen Worten ist eine große Anerkennung von Kassapas Fähigkeiten verbunden, denn nicht jeder Arahat besaß die Fähigkeit, die Lehre richtig und wirksam darzulegen.

Der Kommentar stellt hier die Frage, warum der Buddha in dieser Angelegenheit gerade Mahākassapa und nicht Sāriputta oder Mahāmoggallāna eine so hohe Stellung zuwies. Der Buddha tat dies, so der Kommentar, weil er wusste, dass Sāriputta und Moggallāna ihn nicht überleben würden. Dies aber war Kassapa beschieden, und er wollte dessen Stellung den anderen Mönchen gegenüber festigen, so dass sie ihn als Ratgeber betrachteten.

Bei drei Gelegenheiten bat der Buddha Kassapa, die Mönche zu ermahnen, doch dieser weigerte sich. Beim ersten Mal sagte Kassapa, es sei schwierig für ihn, mit den Mönchen zu sprechen: Sie seien einem Ratschlag nicht zugänglich und würden sich widersetzen. Er habe beispielsweise gehört, wie sich zwei Mönche ihrer Prediger-fähigkeiten rühmten, indem sie sagten: «Komm, lass uns sehen, wer mehr, schöner und länger reden kann?» Als der Buddha durch Kassapa davon erfuhr, ließ er diese Mönche zu sich kommen und tadelte sie. Er brachte sie dazu, ihr kindisches Verhalten aufzugeben (SN 16:6). Wir sehen also, dass sich Kassapas negativer Bericht für jene Mönche positiv auswirkte. Es ging ihm keineswegs darum, nur zu kritisieren.

Bei der zweiten Gelegenheit wollte Kassapa die Mönche wiederum nicht ermahnen, da sie Ratschlägen nicht zugänglich seien, nicht an das Gute glaubten, es an Scham und Angst vor Fehlverhalten mangeln ließen und keine Weisheit zeigten. Kassapa verglich Mönche in diesem Zustand mit dem abnehmenden Mond, der jeden Tag an Schönheit (Zuversicht), an Rundung (Scham), an Glanz (Angst vor Fehlverhalten), an Höhe (Energie) und an Breite (Weisheit) verliere (SN 16:7).

Bei der dritten Gelegenheit weigerte sich Kassapa aus denselben Gründen wie zuvor, die Mönche zu ermahnen. Auch in diesem Fall zwang der Buddha ihn nicht, seine Meinung zu ändern, sondern gab selbst eine Erklärung für deren Verhalten:

Früher, o Kassapa, waren die Ordensälteren Waldbewohner, die von Almosenspeisen lebten, abgetragene Kleider trugen, nur drei Gewänder benutzten, wenige Bedürfnisse hatten, leicht zufrieden zu stellen waren und in der Abgeschiedenheit lebten. Sie priesen diese Art des Daseins und ermunterten andere, es mit ihnen zu teilen. Wenn solche älteren Mönche ein Kloster besuchten, wurden sie freudig willkommen geheißen und geehrt, weil sie sich der Übung des Dhamma gewidmet hatten. Das hatte zur Folge, dass auch die jüngeren Mönche diesem Lebensstil nacheiferten, und das war lange Zeit für sie von großem Nutzen.
Doch heutzutage, o Kassapa, werden bei einem Besuch im Kloster nicht jene Mönche geehrt, die ein Leben des Verzichts führen, sondern vor allem die wohlbekannten und beliebten. Diese werden willkommen geheißen und mit Ehrerbietung behandelt, und die jüngeren Mönche versuchen, es ihnen gleichzutun. Das schadet ihnen aber auf Dauer. So ist es denn richtig, wenn man sagt, dass solche Mönche Schaden erleiden. (Paraphrasiert aus SN 16:8)

Bei einer weiteren Gelegenheit fragte Kassapa den Buddha: «Was ist der Grund dafür, dass es früher weniger Regeln, doch mehr in der Heiligkeit lebende Mönche gab, während wir heute mehr Regeln und weniger heiligmäßige Mönche haben?» Daraufhin antwortete der Buddha:

So geschieht es, Kassapa, wenn die Wesen Rückschritte machen und wenn die rechte Lehre verschwindet: Dann gibt es mehr Regeln und weniger Arahats. Der rechte Dhamma schwindet aber erst dann, wenn ein Schein- oder Zerrbild in der Welt aufkommt. Wenn aber ein solches Zerrbild in der Welt entsteht, dann schwindet die echte Lehre.
Doch, Kassapa, es ist nicht ein Zusammenbruch der vier Elemente Erde, Wasser, Feuer und Luft, die den echten Dhamma zum Verschwinden bringen. Der Grund für sein Verschwinden ist auch nicht der Überladung eines Schiffes vergleichbar, das untergeht. Vielmehr sind fünf Haltungen dafür verantwortlich, dass die echte Lehre verdunkelt wird und schwindet.
Das sind die fünf Bedingungen: Es ist das Fehlen der Achtung und Ehrfurcht vor dem Buddha, dem Dhamma, dem Sangha, den Übungen und der meditativen Versenkung von Seiten der Mönche und Nonnen, der männlichen wie weiblichen Laienanhänger. Solange aber Ehrfurcht und Achtung vor diesen fünf Dingen besteht, wird die echte Lehre nicht verdüstert werden und auch nicht verschwinden (SN 16:13).

Bemerkenswert ist, dass dem Text zufolge die männlichen und weiblichen Laienanhänger ebenfalls Bewahrer der Lehre sind. Daraus können wir schließen: Selbst wenn die Lehre unter den Mönchen in Vergessenheit geraten ist, bleibt sie noch am Leben, wenn die Laien ihr gegenüber weiterhin Achtung und Ehrfurcht empfinden und sie hochhalten.

In weiteren Gesprächen geht es vor allem um die asketische Lebensweise Mahākassapas, die vom Buddha in den höchsten Tönen gelobt wird. Einmal meinte der Buddha zu Kassapa, da er nun alt geworden sei, müsse er doch seine grobe, abgetragene Robe beschwerlich finden. Damit schlug der Buddha vor, er solle nun Gewänder, die Hausväter schenkten, und Einladungen annehmen und nicht mehr die Almosenrunde machen und in seiner Nähe leben. Doch Kassapa antwortete: «Lange Zeit habe ich als Waldbewohner gelebt, empfing Almosen und trug abgenutzte Kleidung. Und ein solches Leben habe ich auch anderen empfohlen. Ich habe wenige Bedürfnisse, lebe zufrieden, einsam und wende viel Energie auf. Diese Lebensweise habe ich auch anderen empfohlen.» Als der Buddha fragte: «Weshalb lebst du auf diese Weise?», erwiderte Kassapa: «Aus zwei Gründen – zu meinem eigenen Wohlbefinden hier und jetzt und aus Mitleid mit späteren Generationen von Mönchen, die diesen Lebensstil vielleicht nachahmen, wenn sie davon hören.» Darauf sagte der Buddha: «Gut gesprochen, Kassapa, gut gesprochen! Du lebst für das Glück vieler, aus Erbarmen für die Welt, zum Nutzen und Wohlergehen von Göttern und Menschen. Du magst also deine groben Gewänder aus Fetzen behalten, weiter deine Almosenrunde machen und im Wald wohnen (SN 16:5).»

«Dieser unser Kassapa», sagte der Buddha, «ist zufrieden mit dem, was er als Gewand, als Almosen, Unterkunft und Heilmittel erhält. Für diese Dinge unternimmt er nichts, was sich für einen Mönch nicht ziemen würde. Wenn er eines dieser Dinge nicht erhält, berührt ihn das nicht. Und wenn er sie erhält, so verwendet er sie, ohne sein Herz daran zu hängen und ohne sich zu verlieren. Er ist sich dabei möglicher Gefahren bewusst und weiß, dass sie eine Ausflucht sein können aus körperlicher Betrübnis. Durch das Beispiel von Kassapa oder eines anderen Mönches, der ihm gleichkommt, ermahne ich euch, ihr Mönche: Ihr sollt euch auf dieselbe Weise verhalten (SN 16:1).»

Der Buddha betonte auch, dass sich Mahākassapa mustergültig den Laien gegenüber verhalten habe. Niemals habe er während des Almosengangs oder bei Einladungen sehnsüchtig gedacht: «Mögen die Menschen reichlich und möglichst Gutes geben! Mögen sie schnell und ehrerbietig geben!» Er hegte keine solchen Gedanken, sondern blieb unbeteiligt wie der Mond, der sein mildes Licht aus weiter Entfernung auf die Erde wirft:

> Wenn Kassapa zu den Familien geht, so hängt sein Geist an nichts, er ist nicht befangen und nicht in Fesseln geschlagen. Viel eher denkt er: «Sollen diejenigen, die einen Nutzen wünschen, auch

einen solchen erlangen! Sollen diejenigen, die Verdienste wünschen, auch solche erlangen!» Er freut sich über die Verdienste anderer und findet Gefallen daran, so, wie er an seinen eigenen Verdiensten Freude findet und Gefallen. Ein solcher Mönch eignet sich für den Almosengang bei Familien.

Wenn er die Lehre darlegt, tut er es nicht, um persönliche Anerkennung und Lob zu ernten, sondern weil er den Zuhörern die Lehre des Erhabenen nahebringen will. Somit können jene, die zuhören wollen, die Lehre akzeptieren und nach ihr handeln. Er predigt wegen der Vortrefflichkeit der Lehre und aus Mitleid und Wohlwollen (nach SN 16:34).

Die vielleicht größte Anerkennung, das höchste Lob erhielt Mahākassapa, als der Meister sagte, Kassapa könne wie er selbst auch willentlich die vier feinstofflichen und die vier formlosen meditativen Versenkungen erreichen, ebenso das Aufhören der Wahrnehmung und des Fühlens sowie die sechs übernatürlichen Fähigkeiten (*abhiññā*), welche die übernatürlichen Kräfte umfassen und ihren Höhepunkt im Erreichen des Nibbāna finden (SN 16:9). Hier erscheinen die meditativen Versenkungen als Hauptmerkmal von Mahākassapas Geist. Aufgrund seiner tiefen meditativen Ruhe konnte er sich selbst ungerührt allen äußeren Situationen anpassen und als ein Mensch mit nur wenigen materiellen und sozialen Bedürfnissen leben.

In seinen Versen, die in den *Theragāthā* gesammelt sind, preist Mahākassapa immer wieder den Frieden der Jhānas. Er war einer, der von Reichtum zu Reichtum ging. Sein Laienleben hatte er im Reichtum des Wohlstandes und der Harmonie verbracht. Als Mönch lebte er im Erfahrungsreichtum der Jhānas, begünstigt von seinen früheren Existenzen in der Brahma-Welt. Obwohl er in einigen Texten als sehr streng geschildert wird, sollte uns dies nicht veranlassen, ihn von Natur aus als schroff zu betrachten. Wenn er gelegentlich andere mit strengen Worten zurechtwies, so tat er dies aus pädagogischen Gründen, um ihnen zu helfen. Dies sollten wir besonders bei seiner Beziehung zu Ānanda im Auge behalten.

Begegnungen mit Gottheiten

Die Quellen sprechen von zwei Begegnungen Mahākassapas mit Gottheiten. Wir berichten darüber, weil hier seine geistige Unabhängigkeit und sein Wille zum Ausdruck kommen, an seinem nüchternen Lebensstil festzuhalten und selbst von Wesen höherer Ordnung keine Privilegien zu akzeptieren.

Die erste Geschichte handelt von einer jungen weiblichen Gottheit namens Lājā. Sie erinnerte sich daran, dass sie ihr jetziges himmlisches Glück dadurch erhalten hatte, dass sie in ihrer früheren menschlichen Existenz als arme Frau dem Mönchsälteren Mahākassapa gerösteten Reis angeboten hatte. Dabei hatte sie mit gläubigem Herzen den Wunsch geäußert: «Möge ich teilnehmen können an der Wahrheit, die du gesehen hast!» Als sie auf dem Heimweg über ihre Gabe nachdachte, wurde sie von einer Schlange gebissen und starb. Unmittelbar darauf fand ihre Wiedergeburt im Himmel der Dreiunddreißig inmitten größter Pracht statt.

Daran erinnerte sich die Göttin, und in ihrer Dankbarkeit wollte sie sich dem großen Mönch dienstbar erweisen. Sie stieg zur Erde hernieder, fegte die Zelle des Mönches und füllte die Wassergefäße auf. Nachdem sie das drei Tage lang getan hatte, sah der Mönch ihre strahlende Figur in seiner Zelle. Er stellte sie zur Rede und bat sie, ihn in Ruhe zu lassen. Er wollte nämlich nicht, dass künftige Mönche ihn dafür kritisierten, dass er die Dienste einer Gottheit akzeptiert hatte. Daraufhin stieg die Göttin traurig wieder in den Himmel auf. Der Buddha gewahrte all dies, erschien ihr und tröstete sie, indem er über den Wert verdienstvoller Taten und über deren Lohn sprach. Er merkte allerdings auch an, es sei Kassapas Pflicht gewesen, sich Beschränkung aufzuerlegen.[12]

In der zweiten Geschichte wird berichtet, dass Mahākassapa, während er in der Pipphalihöhle lebte, sieben Tage lang ununterbrochen in Meditation verbrachte. Am Ende dieser Zeit tauchte er aus seiner Versenkung wieder auf und ging nach Rājagaha auf Almosenrunde. Zu jener Zeit wünschten sich fünfhundert weibliche Gottheiten aus Sakkas Gefolge nichts sehnlicher, als dem Mönch Almosen spenden zu können. Sie näherten sich ihm mit Speisen, die sie vorbereitet hatten, und baten ihn, ihnen seine Gunst zu schenken, indem er ihre Gabe annehme. Kassapa jedoch lehnte ab, weil er seine Gunst Armen schenken wollte, damit sie sich Verdienste erwerben konnten. Die Göttinnen bestürmten ihn mehrere Male, doch nachdem er sich wiederholt verweigert hatte, gaben sie schließlich auf. Als Sakka, der Götterkönig, von diesen vergeblichen Anstrengungen erfuhr, hatte auch er den Wunsch, dem Mönch Almosen zu geben. Um nicht abgelehnt zu werden, nahm er die Gestalt eines alten Webers an. Als sich Mahākassapa näherte, bot er ihm Reis an. Im Augenblick der Übergabe verströmte der Reis einen außergewöhnlich würzigen Duft. So wusste Mahākassapa, dass dieser alte Weber kein menschliches Wesen war, sondern Sakka, und tadelte darob den König der Devas: «Du hast schlecht gehandelt, Kosiya. Mit diesem Verhalten entziehst du armen Leuten die Möglichkeit, sich Verdienste zu erwerben. Tu dies nicht wieder!» «Auch wir brauchen Verdienste, verehrter Kassapa!», antwortete Sakka. «Auch wir brauchen Verdienste! Habe ich denn Verdienste erworben oder nicht, als ich dir Almosen durch Täuschung gab?» «Du hast dir Verdienste erworben, Freund.» Da tat Sakka beim Weggehen den folgenden feierlichen Ausspruch (*udāna*):[13]

O Almosengeben!
Höchstes Almosengeben!
Gut gespendet dem Kassapa!

Beziehungen zu anderen Mönchen

Von einem Mönch wie Mahākassapa, der sich dem Leben in der Versenkung widmete, kann man nicht erwarten, dass er ein besonderes Interesse daran gehabt hätte, Schüler heranzuziehen. Und in der Tat erwähnten die kanonischen Texte nur wenige Jünger.

Eine der raren Lehrreden Kassapas an die Mönche handelt vom Überschätzen der eigenen Leistungen: «Da mag ein Mönch sein, der verkündet, er habe das höchste Wissen erreicht, die Arahatschaft. Nun prüft der Meister oder ein Jünger, der den Geist anderer kennt, diesen Mönch und befragt ihn. Bei diesen Befragungen wird der Mönch verlegen und gerät in Verwirrung. Da erkennt der Prüfer, dass der Mönch aus Selbstüberschätzung und Dünkel diese Erklärung abgegeben hat. Der Prüfer forscht nun weiter nach dem Grund und sieht, dass der Mönch sich viel Wissen über die Lehre angeeignet hat und dies dazu geführt hat, dass er seine Selbstüberschätzung schließlich für die Wahrheit hielt. Der Prüfende dringt in den Geist jenes Mönches ein und erkennt, dass er immer noch von den fünf Hemmnissen behindert wird und auf halbem Weg stehengeblieben ist, obwohl es noch viel zu tun gäbe» (AN 10:86).

Abgesehen von den wenigen Gelegenheiten, bei denen Mahākassapa zu namenlosen Mönchen oder zu einer Mönchsgruppe spricht, berichten die Texte nur über seine Beziehung zu Sāriputta und zu Ānanda. Den Jātakas zufolge war Sāriputta in früheren Existenzen zweimal Kassapas Sohn (Jāt. 509, 515) und zweimal sein Bruder (326, 488). Einmal war er Kassapas Enkel (450) und einmal sein Freund (525). In seinen Versen erzählt Kassapa, wie er einmal Tausende von Brahma-Gottheiten vom Himmel herabsteigen sah, die Sāriputta Ehrerbietung erwiesen und ihn priesen (Thag. 1082–1086).[14]

Zwei Gespräche zwischen Mahākassapa und Sāriputta sind im *Kassapa-Saṁyutta* aufgezeichnet. Bei beiden Gelegenheiten besuchte Sāriputta abends nach der Meditation Mahākassapa. Im ersten Text stellt Sāriputta die folgende Frage:

> «Es wurde gesagt, Freund Kassapa, dass man ohne Eifer und ohne Angst vor Fehlverhalten keine Erleuchtung erlangen kann, nicht das Nibbāna erreicht, nicht zur höchsten Sicherheit gelangt. Mit Eifer und Scheu davor, das Falsche zu tun, könne man dies aber erreichen. Nun, inwieweit ist jemand unfähig zu diesen Leistungen und inwiefern ist jemand fähig zu ihnen?»
> «Wenn, Freund Sāriputta, ein Mönch denkt: ‹Wenn schlechte und unheilvolle

Zustände, die bisher in mir nicht entstanden sind, sich nun doch ausbreiten, so wird mir dies schaden› und wenn in ihm daraufhin kein Eifer und keine Angst vor Fehlverhalten aufsteigt, so fehlen ihm dieser Eifer und diese Scheu vor Fehlverhalten. Wenn er hingegen denkt: ‹Wenn ich schlechte und unheilsame Zustände, die nun in mir entstanden sind, nicht aufgebe, so wird mit dies Schaden bringen›, oder: ‹Wenn noch nicht vorhandene heilsame Zustände in mir nicht entstehen, so wird mir dies Schaden bringen›, oder: ‹Wenn in mir entstandene heilsame Zustände verschwinden, so wird mir dies Schaden bringen› – wenn bei diesen Gelegenheiten ein Mönch in seinem Innern nicht Eifer und die Angst vor Fehlverhalten entwickelt, so fehlen ihm tatsächlich diese Qualitäten, und da sie ihm fehlen, kann er die Erleuchtung nicht erlangen, kann er das Nibbāna nicht erlangen und auch nicht die höchste Sicherheit. Doch wenn ein Mönch bei jenen vier Gelegenheiten für die rechte Anstrengung Eifer in sich erweckt und Angst vor Fehlverhalten, so kann er die Erleuchtung erlangen, das Nibbāna erlangen, die höchste Sicherheit.» (SN 16:2; gekürzt)

Bei einer anderen Gelegenheit fragte Sāriputta Mahākassapa, ob der Thatāgata, der Vollendete, nach dem Tode weiter bestehe oder nicht oder ob er (in gewissem Sinn) gleichzeitig bestehe und nicht bestehe oder weder bestehe noch nicht bestehe. In jedem dieser Fälle antwortete Mahākassapa:

«So hat der Gesegnete dies nicht erklärt. Und warum nicht? Weil es nicht von Nutzen ist und nicht zu den Grundlagen des heiligen Lebens gehört, weil es nicht zur Ernüchterung führt und auch nicht zu Leidenschaftslosigkeit, zur Ruhe, zum inneren Frieden, zu unmittelbarem Wissen, zur Erleuchtung und zum Nibbāna» (SN 16:12).

Wir haben keine Erklärung dafür, warum Sāriputta diese Fragen stellte. Jedem Arahat müssten die Antworten völlig klar sein. Es ist freilich nicht ausgeschlossen, dass das Gespräch unmittelbar nach Kassapas Ordination erfolgte, bevor dieser die Arahatschaft erreichte. Sāriputta wollte vielleicht dessen Verständnis prüfen. Womöglich wurden die Fragen auch zur Belehrung anderer dabei anwesender Mönche gestellt.

Das *Mahāgosiṅga-Sutta* (MN 32) berichtet über eine Gruppendiskussion, die der ehrwürdige Sāriputta leitete. Daran nahm auch Mahākassapa mit mehreren anderen hervorragenden Jüngern teil. Als diese älteren Mönche mit dem Buddha im Gosiṅga-Wald weilten, traten sie in einer hellen Mondnacht an Sāriputta heran mit dem Wunsch nach einer Diskussion über den Dhamma. Sāriputta erklärte: «Köstlich ist dieser Sāla-Wald von Gosiṅga. Es ist eine klare Mondnacht, die Sāla-Bäume stehen in voller Blüte, und es ist, als würden durch die Lüfte himmlische Düfte wehen.» Dann fragte er jeden hervorragenden älteren Mönch in der Gruppe – Ānanda, Revata, Anuruddha, Mahākassapa und Mahāmoggallāna –, welche Art Mönch einem solchen Wald noch mehr Glanz verleihen könne. Mahākassapa antwortete darauf wie die übrigen auch seinem Temperament entsprechend:

> Hier, Freund Sāriputta, ist ein Mönch selbst ein Waldbewohner, und er spricht zum Lob des Lebens im Walde; er ist selbst ein Almosensammler, und er spricht zum Lob des Sammelns von Almosen; er ist selbst einer, der zerschlissene Kleider trägt, und er spricht zum Lob des Tragens zerschlissener Kleidung; er trägt selbst ein dreifaches Gewand und spricht zum Lob des Tragens eines solchen Gewandes; er selbst hat nur wenige Wünsche, ist zufrieden, lebt abgeschieden von der Gesellschaft und spricht zum Lob von jeder dieser Eigenschaften; er selbst ist zur Tugend, zur Sammlung, zur Weisheit, zur Befreiung, zum Wissen und zur Vision der Befreiung gelangt, und er spricht zum Lob all dieser Errungenschaften. Diese Art Mönche könnte dem Sāla-Wald von Gosiṅga noch mehr Glanz verleihen.

Der Überlieferung zufolge hatte Mahākassapa in früheren Existenzen auch enge Verbindungen zu dem ehrwürdigen Ānanda. Ānanda war zweimal sein Bruder gewesen (Jāt. 488, 535), einmal sein Sohn (450), einmal sogar der Mörder seines Sohnes (540), und im gegenwärtigen Leben war er sein Schüler (Vin. 1:92). Der *Kassapa-Saṁyutta* überliefert zwei Gespräche zwischen den beiden. Sie betreffen praktische Fragen, während sich die mit Sāriputta erörterten Probleme auf die Lehre bezogen.

Bei der ersten Gelegenheit (Bericht in SN 16:10) bat Ānanda Kassapa, ihn zu den Unterkünften der Nonnen zu begleiten. Kassapa jedoch lehnte ab und forderte Ānanda auf, allein zu gehen. Offenbar war es Ānanda jedoch ein besonderes Anliegen, dass Kassapa den Nonnen einen Lehrvortrag hielt. Zweimal wiederholte er seine Bitte. Kassapa willigte schließlich ein und ging mit. Das Ergebnis fiel jedoch anders aus, als Ānanda erwartet hatte. Nach der Predigt erhob eine der Nonnen mit Namen Thullatissā ihre Stimme zu der spitzen Bemerkung: «Wie konnte es Meister Kassapa wagen, in Anwesenheit von Meister Ānanda, des gelehrten Weisen, über den Dhamma zu sprechen. Das ist, als ob ein Nadelhändler einem Nadelmacher eine Nadel verkaufen wollte.» Offenbar zog diese Nonne Ānandas verbindliche Art des Predigens Kassapas ernsten und bisweilen kritischen Worten vor, die sie vielleicht auch an einer schwachen Stelle trafen.

Als Kassapa die Bemerkungen der Nonne vernommen hatte, fragte er Ānanda: «Wie ist es, Freund Ānanda, bin ich der Nadelhändler und du der Nadelmacher, oder bin ich der Nadelmacher und du der Nadelhändler?»

Ānanda antwortete darauf: «Sei nachsichtig, ehrwürdiger Herr, sie ist ein törichtes Frauenzimmer.»

«Halte an dich, Freund Ānanda, oder der Sangha wird dich einer weiteren Prüfung unterziehen. Wie war das, Freund Ānanda, warst du es, den der Erhabene vor dem ganzen Mönchsorden lobte, indem er sagte: ‹Ich, o Mönche, kann mit meinem Willen die vier feinstofflichen und die formlosen meditativen Versenkungen erreichen, das Aufhören der Wahrnehmung und des Fühlens, die sechs übernatürlichen Kenntnisse, und Ānanda, der kann das auch›?»

«Nein, ehrwürdiger Herr.»

«Oder sagte er: ‹Auch Kassapa kann dies alles›?»

Hieraus ersehen wir, dass der ehrwürdige Mahākassapa Ānandas versöhnliche Antwort nicht für angemessen hielt. Thullatissās Bemerkungen zeugten von ihrer persönlichen Bindung an Ānanda, der von jeher der Günstling der Frauen gewesen war und auch die Gründung des Nonnenordens kräftig unterstützt hatte. Diese emotionale Beziehung von Thullatissā zu Ānanda konnte nicht einfach mit einer allgemeinen Bemerkung abgetan werden. Daher sagte Kassapa: «Halte an dich, Freund Ānanda, oder der Sangha wird dich einer weiteren Prüfung unterziehen.» Mit diesen Worten wollte er Ānanda davor warnen, sich zu sehr mit der Betreuung der Nonnen zu beschäftigen, weil sie dadurch vielleicht zu stolz auf ihn würden, was wiederum zur Folge haben könnte, dass andere Zweifel an ihm hegten. Kassapas Antwort ist der einste Ratschlag eines begierdelosen Arahat für einen Jünger, der diesen Zustand noch nicht erreicht hat. Als Kassapa unmittelbar danach betonte, der Buddha habe seine und nicht Ānandas meditative Leistungen gelobt, so kann man dies als Hinweis auf den ganz unterschiedlichen spirituellen Status der beiden Mönche auffassen. Gleichzeitig diente es Ānanda als Ansporn, nach diesen Eigenschaften zu streben. Die Nonne Thullatissā aber trat aus dem Orden aus.

Eine weitere Gelegenheit zu einem Gespräch zwischen dem ehrwürdigen Mahākassapa und Ānanda ergab sich aus folgendem Anlass (Bericht in SN 16:11): Einst machte der ehrwürdige Ānanda zusammen mit einer großen Mönchsgesellschaft einen Almosengang durch die südlichen Hügel. Das war zu einer Zeit, als dreißig überwiegend junge Mönche, die Ānanda betreut hatte, das Mönchsgewand wieder abgegeben und zum Leben in der Welt zurückgekehrt waren. Nachdem Ānanda seinen Gang beendet hatte, gelangte er nach Rājagaha und besuchte den ehrwürdigen Mahākassapa. Nachdem er ihn begrüßt und sich gesetzt hatte, sagte Kassapa zu ihm:

«Welche Gründe, Freund Ānanda, hat der Gesegnete dafür genannt, dass nicht mehr als drei Mönche bei einer Familie essen sollten?»

«Es gibt drei Gründe, ehrwürdiger Herr: um Menschen mit schlechtem Verhalten zu zügeln; zum Wohl guter Mönche; und aus Rücksicht auf die Familien.»

«Warum gehst du dann, Freund Ānanda, auf Almosengang mit jenen jungen, neuen Mönchen, deren Sinne noch nicht gezügelt sind, die beim Essen noch keine Zurückhaltung üben und die die Wachsamkeit noch nicht pflegen. Anscheinend verhältst du dich wie einer, der den Reis niedertrampelt; anscheinend zerstörst du das Vertrauen der Familien.[15] Deine Anhängerschaft bricht auseinander, und es gibt auch keine Neuzugänge. Dieser junge Mann weiß immer noch nicht maßzuhalten!»

«Nun habe ich graue Haare auf dem Kopf, ehrwürdiger Herr, und doch komme ich bei dem ehrwürdigen Mahākassapa noch nicht davon los, ‹junger Mann› genannt zu werden.»

Doch der ehrwürdige Mahākassapa wiederholte dieselben Worte noch einmal.

Damit wäre die Sache an sich erledigt gewesen, denn Ānanda bestritt in keiner Weise, dass der Vorwurf berechtigt war. Er beklagte sich nur über die verletzende Form, in der Mahākassapa seinen Tadel ausgedrückt hatte. Als Reaktion auf die Ermahnung hätte Ānanda versuchen können, seine Jünger einer strikteren Disziplin zu unterwerfen. Doch erneut wurde die ganze Angelegenheit durch das Eingreifen einer Nonne, Thullanandā, kompliziert. Sie und Thullatissā gehörten zu den schwarzen Schafen des Nonnenordens. Sie hatte gehört, dass der ehrwürdige Mahākassapa Ānanda einen «jungen Mann» genannt hatte. Voller Entrüstung verkündete sie, Kassapa habe kein Recht, einen weisen Mönch wie Ānanda zu kritisieren, da er früher als Asket einer anderen Sekte angehört hatte. Auf diese Weise lenkte sie von der Sache, einer Angelegenheit der klösterlichen Disziplin, auf das Persönliche ab, was in diesem Fall an Verleumdung grenzte. Wie schon früher geschildert, war nämlich Kassapa ein unabhängiger Asket und nicht der Anhänger einer anderen Schule gewesen. Thullanandā verließ bald darauf den Orden, wie es auch ihre eigenwillige Mitschwester Thullatissā schon getan hatte.

Als der ehrwürdige Mahākassapa Thullanandās Äußerung gehört hatte, sagte er zu Ānanda: «Gedankenlos und keinen Pfifferling wert sind die Worte, die die Nonne Thullanandā gesprochen hat. Seitdem ich in die Hauslosigkeit gezogen bin, habe ich keinen anderen Lehrer gehabt als den Gesegneten, den Arahat, den Vollerleuchteten.» Dann erzählte er die Geschichte seines ersten Zusammentreffens mit dem Buddha (SN 16:11).

Nach dem Parinibbāna des Buddha

Was sonst noch über das Verhältnis des ehrwürdigen Mahākassapa zu Ānanda zu sagen ist, steht in engem Zusammenhang mit dessen führender Rolle im Sangha nach Buddhas Tod. Beim Hinscheiden Buddhas waren nur zwei der fünf hervorragendsten Jünger zugegen, Ānanda und Anuruddha. Sāriputta und Mahāmoggallāna waren schon zuvor, im selben Jahr, gestorben, und Mahākassapa wanderte zu jener Zeit mit einer größeren Mönchsschar von Pāvā nach Kusinārā. Unterwegs setzte er sich abseits der Straße unter einen Baum, um zu ruhen. In diesem Augenblick ging ein nackter Asket vorbei, der eine Korallenbaumblüte (*mandārava*) in der Hand hielt. Von dieser Pflanze behauptet man, sie würde nur in der Welt der Götter wachsen. Mahākassapa wusste somit, dass etwas Ungewöhnliches geschehen sein musste, da diese Blume auf der Erde zu finden war. Er fragte den Asketen, ob er irgendwelche Nachrichten vom Meister, dem Buddha, habe. Darauf sagte der Asket: «Der Eremit Gotama ist vor einer Woche ins Nibbāna eingetreten. Diese Korallenbaumblüte habe ich am Ort seines Todes aufgelesen.»

Unter den Mönchen in Mahākassapas Gesellschaft blieben nur die Arahats ruhig und gefasst. Diejenigen, die noch keine Erlösung von den Leidenschaften gefunden hatten, warfen sich auf den Boden, weinten und klagten: «Zu früh ist der Gesegnete ins Nibbāna eingegangen! Zu früh ist das Auge der Welt aus unserem Blickfeld entschwunden!» Es gab jedoch in der Gruppe einen Mönch namens Subhadda, der in hohem Alter ordiniert worden war und der zu seinen Kameraden folgendermaßen sprach: «Genug, ihr Freunde, seid nicht traurig, beklagt euch nicht. Nun sind wir den großen Asketen los. Er belästigte uns dauernd mit seinen Anweisungen: ‹Das sollt ihr tun, das ziemt sich nicht für euch.› Nun können wir tun, was wir wollen, und wir müssen nicht mehr tun, was wir nicht wollen.»

Der ehrwürdige Mahākassapa antwortete nicht auf diese gefühllosen Worte. Offensichtlich wollte er keine Zwietracht hervorrufen, indem er den Mönch tadelte oder ihn aus dem Orden ausstieß, wie er es eigentlich verdient gehabt hätte. Doch wie wir später sehen werden, bezog sich Mahākassapa auf diesen Zwischenfall kurz nach Buddhas Einäscherung, als er über die Notwendigkeit sprach, ein Konzil älterer Mönche einzuberufen, um den Dhamma und den Vinaya für die Nachwelt zu erhalten. Er ermahnte seine Mönchsgruppe nur, nicht zu klagen, sondern daran zu denken, dass alle bedingten Dinge ohne Dauer sind. Dann wanderte er mit seiner Gesellschaft weiter nach Kusinārā.

Bis zu diesem Zeitpunkt hatten die Dorfältesten von Kusinārā den Scheiterhaufen mit Buddhas Leiche noch nicht anzünden können. Der ehrwürdige Anuruddha erklärte, die unsichtbaren, doch präsenten Gottheiten wollten warten, bis der ehrwürdige Mahākassapa eingetroffen sei und den sterblichen Überresten des Meisters die letzte Ehrung erwiesen habe. Als Mahākassapa angekommen war, ging er mit gefalteten Händen dreimal um den Scheiterhaufen herum und verbeugte sich zu Füßen des Tathāgata zum letzten Gruß. Als seine Mönche dasselbe getan hatten, entflammte der Scheiterhaufen ganz von selbst.

Kaum waren die sterblichen Überreste des Tathāgata verbrannt, erhob sich ein Streit über die Verteilung der Reliquien. Der ehrwürdige Mahākassapa hielt sich, wie auch die anderen Mönche, etwa Anuruddha und Ānanda, dabei zurück. Schließlich war es ein angesehener Brahmane namens Doṇa, der die Reliquien zwischen den acht Gruppen, die Anspruch darauf erhoben, aufteilte. Er selbst nahm das Gefäß, in dem die sterblichen Überreste des Buddha eingesammelt worden waren.

Der ehrwürdige Mahākassapa brachte König Ajātasattu von Magadha höchstpersönlich dessen Anteil an den Reliquien. Danach richtete er seine Aufmerksamkeit auf die Bewahrung des geistigen Erbes seines Meisters, auf den Dhamma und den Vinaya. Die Notwendigkeit dazu ergab sich unmissverständlich aus Subhaddas Bemerkung über die klösterliche Disziplin und dessen Befürwortung moralischer Laxheit. Sollte sich diese Einstellung ausbreiten – und es gab Gruppen von Mönchen, die diese Haltung schon zu Lebzeiten des Buddha geteilt hatten –, so würde dies zu einem schnellen Abstieg und zum Ende des Sangha wie der Lehre führen. Um dies von Anfang an zu verhindern, schlug Mahākassapa vor, es sollten sich ältere Mönche zu einem Konzil treffen, den Dhamma und den Vinaya vortragen und beide der Nachwelt erhalten.[16]

Die Mönche in Rājagaha waren einverstanden und auf Antrag von Mahākassapa wählten sie fünfhundert ältere Mönche aus, die alle bis auf einen Arahats waren. Die eine Ausnahme bildete Ānanda. Da es diesem noch nicht gelungen war, das endgültige Ziel zu erreichen, konnte er zu dem Konzil eigentlich nicht zugelassen werden. Da er aber in seinem ungewöhnlichen Gedächtnis alle Lehrreden des Buddha gespeichert hatte, war seine Anwesenheit unumgänglich. Die einzige Lösung des Problems bestand darin, ihm ein Ultimatum zu stellen: Er musste die Arahatschaft vor dem Beginn des Konzils erlangen. Und dies gelang ihm in der Nacht vor der Eröffnung. So gehörte Ānanda zu den Teilnehmern des Ersten Konzils. Alle anderen Mönche verließen Rājagaha für die Dauer des Zusammentreffens.

Als erster Punkt der Tagesordnung wurde der Vinaya, die Sammlung der Mönchsregeln, von dem ehrwürdigen Upāli, dem führenden Experten auf diesem Gebiet, rezitiert. Erst danach kam die Kodifizierung der Lehrreden, wie sie in den Suttas festgelegt sind. Hier war es der ehrwürdige

Ānanda, der auf Fragen Mahākassapas all jene Texte rezitierte, die später in den fünf Sammlungen (*nikāyas*) des Sutta-Piṭaka zusammengefasst wurden. Schließlich diskutierten die Mönche spezielle Angelegenheiten des Sangha. Unter anderem berichtete Ānanda, der Buddha habe kurz vor seinem Tod gestattet, die kleineren, unbedeutenderen Regeln aufzugeben. Als man Ānanda fragte, ob er vom Buddha erfahren habe, welches diese kleineren Regeln denn seien, musste er zugeben, dass er nicht danach gefragt hatte. Mehrere Mönche äußerten unterschiedliche Meinungen zu diesem Thema. Da man keinen gemeinsamen Nenner finden konnte, bat Mahākassapa die Gemeinde zu bedenken, dass die Laienanhänger und die Öffentlichkeit ganz allgemein sie dafür kritisieren würden, wenn sie so kurz nach dem Tod des Meisters die Disziplin lockern würden. Mahākassapa schlug vor, die Regeln ohne alle Abstriche beizubehalten, und so wurde schließlich auch entschieden.

Nach dem Ersten Konzil stieg das Ansehen des ehrwürdigen Mahākassapa noch weiter, und man betrachtete ihn de facto als Oberhaupt der Mönchsgemeinschaft. Dazu trug auch sein Alter bei; er war einer der ältesten lebenden Jünger.[17] Später übergab Mahākassapa die Almosenschale des Buddha Ānanda als Symbol für die Erhaltung der Lehre. So wählte Mahākassapa, der im Orden ganz allgemein als der würdigste Nachfolger galt, seinerseits Ānanda als seinen Nachfolger aus.

In der Pāli-Literatur finden sich keine Angaben über den Zeitpunkt und die Umstände von Mahākassapas Tod. Doch eine Sanskrit-Chronik über die «Meister des Gesetzes» liefert uns einen merkwürdigen Bericht über den Tod des großen Mönchs.[18]

Diesem Text zufolge erkannte Kassapa nach dem Ersten Konzil, dass er seine Aufgabe erfüllt hatte, und beschloss, endgültig ins Nibbāna einzugehen. Er übergab Ānanda den Dhamma, entbot den heiligen Stätten seine letzte Ehrerbietung und ging nach Rājagaha. Er beabsichtigte dort König Ajātasattu über seinen unmittelbar bevorstehenden Tod zu informieren, doch der König schlief, und Kassapa wollte ihn nicht aufwecken. So kletterte er allein auf die Spitze des Berges Kukkaṭapāda, setzte sich mit untergeschlagenen Beinen in eine Höhle und bestimmte, sein Körper solle bis zum Eintreffen des Buddha der Zukunft, Metteyya, unversehrt bleiben. Kassapa sollte nämlich Metteyya die Robe von Gotama Buddha überreichen – jene Robe, die der Gesegnete ihm bei ihrem ersten Zusammentreffen gegeben hatte. Dann erreichte Kassapa das Nibbāna oder – einer Variante zufolge – das endgültige meditative Verlöschen (*nirodhasamāpatti*). Die Erde bebte, die Devas streuten Blumen über seinen Körper und der Berg schloss sich über ihm.

Kurze Zeit danach begaben sich König Ajātassatu und Ānanda zum Berg Kukkaṭapāda, um Mahākassapa zu sehen. Der Berg öffnete sich teilweise, und Kassapas

Körper erschien vor ihnen. Der König wollte ihn einäschern lassen, doch Ānanda erklärte, Kassapas Körper müsse unversehrt bleiben, bis Metteyya eintreffe. Dann schloss sich der Berg wieder, und Ajātasattu sowie Ānanda kehrten zurück. Die Tradition des chinesischen Buddhismus lokalisiert den Berg Kukkaṭapāda in Südwestchina. Zahlreiche chinesische Legenden berichten von Mönchen, die auf einer Pilgerreise zu diesem Berg einen Blick auf Kassapas Leiche werfen konnten, dic in sitzender Meditationshaltung auf das Eintreffen des nächsten Buddha wartet.

Mahākassapas Verse

Vierzig Strophen in den *Theragāthā* (1051–1090) werden dem ehrwürdigen Mahākassapa zugeschrieben. Sie spiegeln die charakteristischen Eigenschaften und Tugenden des großen Mönches wider: seine nüchterne Art und seine Genügsamkeit; seine Strenge gegen sich selbst und seine Mitmönche; seinen unabhängigen Geist und sein Selbstvertrauen; seine Liebe zur Einsamkeit und Absonderung von den großen Massen, seine Hingabe an Meditationsübungen und seine Freude am Frieden der Jhānas. Diese Verse zeigen auch, was in den Prosatexten keinen Raum findet: seine Empfänglichkeit für die Schönheiten der ihn umgebenden Natur.

Es folgt eine Auswahl von Mahākassapas Versen.

Zunächst ermahnt Mahākassapa die Mönche zur Genügsamkeit im Hinblick auf die vier grundlegenden Erfordernisse des Mönchslebens:[19]

Von meiner Klause im Gebirge
stieg ich herab
Und ging in die Stadt, um Almosen
zu sammeln.
Höflich näherte ich mich einem Mann,
Einem Leprakranken, der gerade aß.

Mit seiner Hand, die voller Aussatz
und Krankheit war,
Bot er mir einen Bissen an.
Als er den Bissen in meine Schale legte,
Fiel auch ein Finger hinein und lag
ganz oben.

Ich setzte mich an einer Mauer nieder
Und aß den Bissen, den er mir
gegeben hatte.
Während ich so aß und auch danach,
Empfand ich nicht den geringsten Ekel.

Wer Überreste als Speise nimmt,
Stinkenden Urin als Heilmittel,
Die Wurzel eines Baumes als Wohnung
Und ein Gewand aus abgelegten
Fetzen:
Wer dies alles ohne Widerwillen
vermag,
Ist wirklich ein Mann, der überall
zu Hause ist.[20] (Thag. 1054–1057)

Als Mahākassapa gefragt wurde, warum er in seinem fortgeschrittenen Alter immer noch jeden Tag auf den Felsen steige, antwortete er:

Während einige ermüden
beim Erklettern
Des steilen Hangs im steinigen
Gebirge,
Steigt Kassapa leicht auf, unterstützt
von seiner übernatürlichen Kraft –
Der Erbe Buddhas, bewusst und
achtsam.

Nach der täglichen Almosenrunde
Steigt er auf zum steinigen Gebirge.
Kassapa meditiert frei von jeder
Begierde,
Angst und Zittern hat er hinter
sich gelassen.

Nach der täglichen Almosenrunde
Steigt er auf zum steinigen Gebirge.
Kassapa meditiert frei von jeder
Begierde,
Erloschen unter all jenen, die noch
vor Leidenschaft brennen.

Nach der täglichen Almosenrunde
Steigt er auf zum steinigen Gebirge.
Kassapa meditiert frei von jeder
Leidenschaft,
Seine Aufgabe ist getan, sein Begehren
geschwunden. (Thag. 1058–1061)

Die Leute fragten immer wieder, warum der ehrwürdige Mahākassapa in seinem Alter immer noch in den Wäldern und im Gebirge leben wolle. Ob er denn Klöster wie das Bambushainkloster nicht möge?

Übersät mit Kareri-Girlanden
Sind diese Gebiete, eine Freude
für mein Herz;
Überall hört man Elefanten
Dieses felsige Gebirge gefällt mir
überaus.

Die prächtige Färbung der dunkelblauen Wolken,
Wo kühle klare Bäche fließen,
Bedeckt mit Indagopaka-Faltern:
Dieses felsige Gebirge gefällt mir
überaus.

Wie mächtige Türme dunkelblauer
Wolken,
Wie aufragende Häuser mit Giebeldächern,
Überall hört man Elefanten,
Dieses felsige Gebirge gefällt mir
überaus.

Die liebliche Landschaft wird gepeitscht
vom Regen,
Die Berge sind die Zuflucht von Sehern.
Und sie hallen wider vom Schrei
der Pfauen,
Dieses felsige Gebirge gefällt mir
überaus.

Das ist genug für mich, der ich
meditieren will,
Genug für mich, den Entschiedenen und
Achtsamen;
Das ist genug für mich, einen Mönch,
Der gefestigt ist und sein Ziel
verfolgt.[21]

Das ist genug für mich, der ich
Tröstung suche,
Für einen Mönch mit entschiedenem
Geist.
Dies ist genug für mich, der ich
Anspannung will,
Für einen gefestigten Mönch mit
entschiedenem Geist.

Es ist wie die blauen Blumen
des Flachses,
Wie der Herbsthimmel voller Wolken,
Mit Schwärmen vieler Vogelarten:
Dieses felsige Gebirge gefällt mir
überaus.

Keine Massen von Laien besuchen
diese Hügel,
Dafür werden sie von Hirschrudeln
bewohnt,
Von Schwärmen vieler Vogelarten:
Dieses felsige Gebirge gefällt mir
überaus.

Wo klare Wasser fließen, sind weite
Schluchten
Voller Affen und Hirsche,
Bedeckt von feuchten Moosteppichen:
Dieses felsige Gebirge gefällt mir
überaus.

Die Musik eines Quintetts
Kann mir nicht so viel Freude bereiten,
Wie wenn ich mit klarem Geist
Einsicht erlange in den Dhamma.

(Thag. 1062–1071)

In den folgenden Strophen verleiht der ehrwürdige Mahākassapa seinem «Löwenruf» Ausdruck:

Soweit sich dieses Buddha-Feld
erstreckt,
Mit Ausnahme des großen Weisen
selbst,
Bin ich der Erste in der Zucht
der Askese,
Darin kommt mir kein anderer
gleich.[22]

Dem Lehrer habe ich gedient,
Das Werk von Buddhas Lehre
ist vollbracht.
Die schwere Last ist abgeworfen,
Der Weg zur Wiedergeburt zerstört.[23]

Der unermessliche Gotama begehrt nicht,
Weder Kleidung noch Wohnung, noch Speise.
Er ist unbefleckt wie ein makelloser Lotos,
Ausgerichtet auf Verzicht, jenseits der drei Welten.

Sein Genick ist die Grundlage der Achtsamkeit,
Seine Hände sind sein Selbstvertrauen,
Seine Augenbraue ist die vollkommene Weisheit.
So wandelt der edle Weise und hat alle Begierden ausgelöscht.

(Thag. 1087–1090)

4

ĀNANDA
HÜTER DES DHAMMA

(von Hellmuth Hecker)

Ānandas persönlicher Weg

Unter all den großen Mönchen in Buddhas Gefolgschaft nimmt der ehrwürdige Ānanda aus verschiedenen Gründen eine Sonderstellung ein. Die Voraussetzungen dazu wurden bereits vor seiner Geburt geschaffen. Der Überlieferung zufolge kam er ebenso wie der Buddha aus dem Tusitahimmel auf die Erde und wurde am selben Tag wie dieser in derselben Kaste geboren, nämlich in der Kriegerkaste der Königsfamilie der Sakya. Sein Vater Amitodana war der Bruder von Buddhas Vater Suddhodana; die beiden waren also Vettern, und sie wuchsen zusammen in der Hauptstadt des Sakyareiches Kapilavatthu auf. Amitodana war auch der Vater von Anuruddha, einem weiteren großen Jünger, der jedoch wahrscheinlich eine andere Mutter hatte.

Als Ānanda siebenunddreißig Jahre alt war, trat er zusammen mit Anuruddha, Devadatta und vielen anderen Adligen aus dem Geschlecht der Sakya in den Mönchsorden des Buddha ein. Der ehrwürdige Belaṭṭhasīsa, ein Arahat, wurde sein Lehrer und führte ihn in die Mönchsregeln ein. Ānanda war ein eifriger Schüler. Während seiner ersten Einkehr zur Regenzeit erreichte er die Frucht des Stromeintritts (Vin. 2:183). Später erzählte er seinen Mitmönchen, der ehrwürdige Puṇṇa Mantāniputta, ein hervorragender Lehrer des Dhamma, sei ihm während seiner Schülerzeit eine große Hilfe gewesen. Er habe die jungen Mönche in der Lehre unterwiesen und ihnen eine tief schürfende Lehrrede über die Beziehung zwischen den fünf Gruppen des Anhaftens und der Vorstellung des «Ich bin» (SN 22:83) gehalten. Als Ānanda Puṇṇas Worten lauschte, drang er immer tiefer ein in das Wesen der Unbeständigkeit, des Leidens und der Freiheit von einem Selbst, und mit dem Reifen dieser Einsicht gelang ihm der Durchbruch zum Pfad und zum Stromeintritt.

Ānanda war stets sehr zufrieden mit seinem Leben als Mönch. Er schätzte den Segen des Verzichts und hatte den Weg zur Befreiung eingeschlagen, den in Gesellschaft von Gleichgesinnten zu beschreiten eine Freude ist. In den ersten Jahren seines Mönchslebens war Ānanda ganz mit der Läuterung des eigenen Herzens beschäftigt. Er fügte sich unauffällig in die Ordensgemeinschaft ein und entwickelte nach und nach immer mehr Spannkraft und geistige Stärke.

Als der Buddha und Ānanda fünfundfünfzig Jahre alt waren, berief der Buddha eine Mönchsversammlung ein und erklärte: «In den zwanzig Jahren als Vater des Ordens habe ich viele verschiedene Diener gehabt, doch keiner unter ihnen hat dieses Amt wirklich einwandfrei ausgefüllt. Immer wieder ist ihr Eigenwille durchgebrochen. Nun bin ich fünfundfünfzig Jahre alt, und es ist notwendig, dass ich einen treuen und zuverlässigen Diener an meiner Seite habe.» Alle Edlen Jünger boten ihm ihre Dienste an, doch der Buddha nahm ihr Anerbieten nicht an. Da wandten sich die Blicke zu Ānanda, der sich bescheiden zurückgehalten hatte, und man forderte ihn auf, sich freiwillig zu melden.

Aufgrund seines tadellosen Verhaltens als Mönch schien Ānanda für die Stelle wie geschaffen. Als man ihn fragte, warum er sich als Einziger nicht zu diesem Dienst gemeldet hatte, antwortete er, der Buddha wisse am besten, wer sich zu einem Diener eigne. Er habe so viel Vertrauen zu dem Erhabenen, dass er gar nicht auf den Gedanken gekommen sei, einen Wunsch zu äußern, obwohl er sehr gern Diener seines Meisters geworden wäre. Da erklärte der Buddha, er finde Gefallen an Ānanda und dieser sei der Richtige. Ānanda war keinesfalls stolz darauf, dass der Meister ihn anderen Jüngern vorgezogen hatte und äußerte acht Wünsche.

Die ersten vier waren negativer Art: Erstens sollte der Meister niemals ein geschenktes Gewand an ihn weitergeben; zweitens solle er niemals gespendete Almosen, die er selbst erhalten habe, an ihn weiterreichen; drittens solle er die ihm gewährte Unterkunft nicht auf Ānanda ausdehnen; viertens solle sich eine persönliche Einladung (zum Beispiel eine Gelegenheit zur Darlegung der Lehre während eines gespendeten Mahles) nicht auf ihn erstrekken. Die übrigen vier Wünsche waren positiver Art: Wenn er, Ānanda, zu einem Essen eingeladen sei, bitte er darum, diese Einladung auch auf den Buddha übertragen zu dürfen; wenn Menschen von auswärts kämen, bitte er um das Privileg, sie zu ihm führen zu dürfen; wenn ihn irgendwelche Fragen in Bezug auf die Lehre bewegten, so bitte er um das Recht, sie jederzeit dem Buddha vorlegen zu dürfen; und wenn der Buddha während seiner Abwesenheit eine Lehrrede halte, so bitte er darum, dass der Buddha sie für ihn persönlich noch einmal wiederhole. Zur Begründung führte Ānanda aus: Wenn er nicht die ersten vier Bedingungen stelle, so könnten die Menschen behaupten, er habe die Stelle als Diener nur des materiellen Gewinns wegen akzeptiert, in dessen Genuss er durch sein Leben nahe beim Meister komme. Wenn er aber die übrigen vier Bedingungen nicht gestellt hätte, dann könne richtigerweise behauptet werden, er erfülle die Pflichten seiner Stellung, ohne auf sein eigenes Fortkommen auf dem Edlen Pfad zu achten.

Buddha gewährte ihm diese Bitten, die ganz in Übereinstimmung mit der Lehre standen. Von diesem Zeitpunkt an war Ānanda fünfundzwanzig Jahre lang der ständige Gefährte, Diener und Helfer des Erhabenen. In diesen fünfundzwanzig Jahren des Dienstes strebte er weiterhin unaufhörlich nach der eigenen Reinigung, so wie er dies in den achtzehn Jahren getan hatte, als er noch ein unbekannter Mönch gewesen war. Er sagte von sich selbst:

Volle fünfundzwanzig Jahre lang,
Während der ich nach Höherem strebte.
Habe ich niemals an Lust gedacht:
So hervorragend wirkt die Lehre!

Volle fünfundzwanzig Jahre lang,
Während der ich nach Höherem strebte,
Ist keine Wahrnehmung in mir
aufgestiegen:
So hervorragend wirkt die Lehre!

(Thag. 1039 f.)

Die erwähnten fünfundzwanzig Jahre beziehen sich auf die Zeit als Buddhas Diener, während der er zwar immer noch «ein Lernender» war,[1] aber es stiegen keine Gedanken an Lust oder Hass in ihm auf. Seine enge Verbindung mit dem Buddha und seine Hingabe an ihn ließen keinen Raum dafür. Nur ein solcher Mann war fähig, die Stelle eines ständigen Begleiters und Dieners des Erwachten auszufüllen.

Ānandas Ruf

Das Lob Ānandas wird im Pāli-Kanon bei vielen Gelegenheiten gesungen. Einmal beispielsweise hatte König Pasenadi von Kosala den ehrwürdigen Ānanda getroffen und ihn über die Kriterien des richtigen Verhaltens im Hinblick auf Körper, Rede und Geist befragt. Der König war von Ānandas Scharfsinn so beeindruckt, dass er ihm ein kostbares Gewand schenkte. Später berichtete Ānanda dem Erhabenen von diesem Zusammentreffen, worauf sich dieser an die gesamte Mönchsgemeinde wandte und sagte: «Es ist ein Gewinn für König Pasenadi von Kosala, ihr Mönche, es ist ein Glück für König Pasenadi von Kosala, dass er die Gelegenheit hatte, Ānanda zu sehen und ihm einen Dienst zu erweisen!» (MN 88)

Ānanda war ein so guter Lehrer des Dhamma, dass der Buddha ihn ohne Zögern bat, ihn zu vertreten, wenn er selbst sich nicht wohl fühlte. So auch einmal in Gegenwart von Buddhas eigener Verwandtschaft, den Sakya in Kapilavatthu. Als die Sakya ein neues Gästehaus eröffneten, luden sie den Buddha und seine Mönche ein, die erste Nacht dort zu verbringen, um den Ort mit ihrem Segen zu beschenken. Nachdem sich alle versammelt hatten, sprach der Buddha während des größten Teils der Nacht. Doch dann wandte er sich an den ehrwürdigen Ānanda und sagte: «Sprich du zu den Sakya, Ānanda, über den Schüler bei der höheren Ausbildung, der den Pfad praktiziert. Mein Rücken tut mir weh und ich muss mich ausstrecken.» Ānanda hielt daraufhin eine detaillierte Predigt über die gesamten Übungen, von den grundlegenden moralischen Vorschriften bis zum endgültigen Wissen des Arahat. Als er geendet hatte, erhob sich der Buddha und sagte: «Hervorragend, Ānanda, hervorragend! Du hast eine ausgezeichnete Rede über den Schüler in der höheren Ausbildung gehalten.»

Mehrere Male, als Ānanda sprach, war der Buddha nicht zugegen. Gelegentlich äußerte er sich vor den Mönchen kurz und komprimiert über den Dhamma. Dann stand er auf und ging in seine Wohnung, als wolle er die Mönche dazu auffordern, die Bedeutung des Gesagten selbst zu ergründen. Daraufhin baten die Mönche einen älteren Mitbruder, ihnen Buddhas Worte zu erklären und zu deuten. In der Regel wandten sie sich dabei an den ehrwürdigen Mahākaccāna, den wichtigsten Interpreten solcher kurzer Aussprüche. Doch wenn sich dieser nicht an Ort und Stelle befand, gingen sie zu Ānanda, «da der ehrwürdige Ānanda vom Meister und von seinen weisen Genossen im heiligen Leben gelobt wird». – Ānanda gab dann eine umfängliche Erklärung. Danach berichteten die Mönche dem Buddha von Ānandas Worten. Und der Buddha sagte stets: «Ānanda, ihr Mönche, ist weise und hat ein großes Verständnis. Wenn ihr mich in dieser Angelegenheit gefragt hättet, hätte ich genauso geantwortet, wie dies Ānanda getan hat. Das ist die richtige Bedeutung, und so sollt ihr sie im Kopf behalten» (siehe SN 35:116f.; AN 10:115).

So groß waren Ānandas Kenntnisse der Lehre, dass der Buddha ihn sogar als lebendige Verkörperung des Dhamma bezeichnete. Einmal fragte ein Laienjünger den Buddha, wie er nach der Ehrung des Meisters und des Sangha auch den Dhamma ehren könne – und dies, bevor der Dhamma schriftlich in Büchern niedergelegt wurde. Der Buddha antwortete: «Wenn du den Dhamma ehren willst, Hausvater, dann gehe hin und ehre Ānanda, den Hüter des Dhamma.» Daraufhin lud der Laienjünger Ānanda zu einem Essen ein und schenkte ihm wertvolle Stoffe. Ānanda gab sie an Sāriputta weiter, der sie seinerseits dem Buddha reichte, denn dieser allein war der Ursprung all dieses Heils (Jāt. 296). Ein anderes Mal hatte Ānanda eine Frage des Buddha beantwortet und war daraufhin weggegangen. Da sagte der Buddha zu den anderen Mönchen: «Ānanda ist immer noch auf dem Pfad der höheren Übung, doch findet man nicht leicht jemanden, der ihm voll und ganz an Weisheit gleichkäme» (AN 3:78). Und kurz vor seinem Parinibbāna erklärte der Meister: «Wie die Schar der Adligen, der Brahmanen, des gewöhnlichen Volkes und der Asketen Spaß daran hat, einen weltlichen König zu sehen, so empfinden die Mönche, die Nonnen, die männlichen und die weiblichen Laienanhänger Freude über Ānanda. Begibt sich eine Schar zu Ānanda, so macht ihnen allein seine Anwesenheit schon Freude. Wenn er mit ihnen über den Dhamma spricht, werden sie durch seine Worte erfreut. Und sie sind immer noch nicht zufrieden, wenn sich Ānanda dem Schweigen zuwendet» (DN 16).

Angesichts dieser Fülle von Lob, Ehre und Anerkennung könnte man meinen, dass sich auch Stimmen von Missgünstigen und Neidern erhoben hätten. Aber dies war nicht der Fall, denn Ānanda hatte keine Feinde. Dieses seltene Glück besaß er nicht von ungefähr, er hatte es auch schon in vielen früheren Existenzen genossen. Ānanda hatte sein Leben so vollständig dem Dhamma untergeordnet, dass der Ruhm sein Herz nicht berührte und ihn nicht stolz machte. Er wusste, dass alles Gute an ihm und in ihm auf den Einfluss der Lehre zurückging. Mit einer solchen Gesinnung kann man nicht selbstgefällig werden. Und wer nicht stolz ist, hat auch keine Feinde, und wer keine Feinde hat, erlebt keine Missgunst. Wenn sich jemand ganz nach innen wendet und sozialen Kontakten ausweicht wie Ānandas Halbbruder Anuruddha, dann kann man leicht ohne Feinde leben. Doch Ānanda, der den Mittler zwischen dem Buddha und seinen zahlreichen Anhängern spielte, lief durch seine Tätigkeit dauernd Gefahr, sich Verleumdungen und böswilligen Nörglern auszusetzen. Die Tatsache, dass er ohne Feinde und ohne Rivalen war, ohne Konflikt und Spannungen lebte, grenzt an ein Wunder und macht Ānanda einmalig.

Natürlich erfuhr Ānanda auch Kritik. Doch eine freundschaftliche Ermahnung, eine Warnung oder selbst ein ernsthafter Tadel sind Hilfen zu intensiverer Läuterung. Eine solche Kritik führt, wenn man sie sich zu Herzen nimmt, dazu, dass man zu mehr innerer Klarheit kommt und auch äußere Anerkennung erfährt. Doch die Ermahnungen Ānandas bezogen sich meist auf den sozialen Umgang oder auf die Ordensdisziplin, den Vinaya. Kaum jemals ging es um Angelegenheiten der eigenen Läuterung und niemals um das Verständnis der Lehre. Es handelte sich um folgende Fälle:

Als der Buddha einmal eine Magenverstimmung hatte, kochte ihm Ānanda eine Reissuppe, die ihm schon einmal bei ähnlichen Beschwerden geholfen hatte. Der Buddha jedoch ermahnte ihn: «Es ziemt sich für Asketen nicht, Mahlzeiten zu Hause zuzubereiten.» Danach wurde festgelegt, dass es einem Mönch künftig verboten war, für sich selbst zu kochen (Vin. 1:210f.). Ānanda hielt sich von nun an an diese Regel, weil er erkannte, dass die strikte Hauslosigkeit sie erforderlich machte.

Einmal absolvierte Ānanda seinen Almosengang ohne seine doppelte Robe. Mitmönche machten ihn darauf aufmerksam, dass der Buddha bestimmt hatte, dass ein Mönch immer alle drei Kleidungsstücke tragen solle, wenn er ins Dorf gehe. Ānanda war einsichtig und erklärte, er habe dies einfach vergessen. Da dieser und der vorige Fall eine einfache disziplinarische Vorschrift betrafen, war die Angelegenheit damit erledigt (Vin. 1:298). Dass jemand wie Ānanda, der über ein außerordentliches Gedächtnis verfügte, auch etwas vergessen konnte, hat damit zu tun, dass selbst jemand, der den Stromeintritt geschafft hat, nicht vollkommen ist. Der Buddha jedoch forderte von den Mönchen, sorgfältig auf die kleinen, alltäglichen Dinge in ihrem Leben zu achten, denn diese bildeten die Grundlage für die höheren geistigen Übungen. Dies verhinderte ein rein intellektuelles Verständnis und Selbstgefälligkeit.

Eine andere Art der Kritik übte der ehrwürdige Mahākassapa bei zwei Gelegenheiten an Ānanda. Einst hatte Ānanda Kassapa gebeten, er möge ihn zu einem Nonnenkloster begleiten und dort eine Lehrpredigt halten. Nach anfänglichem Zögern hatte Kassapa eingewilligt. Nach der Lehrrede tadelte eine eigenwillige Nonne Kassapa, weil er die ganze Predigt allein gehalten habe, ohne dass der weise Ānanda auch nur ein einziges Wort habe äußern können. Dies sei, so meinte sie, wie wenn ein Nadelhändler seine Ware in Anwesenheit eines Nadelmachers verkaufen wolle. Ānanda bat daraufhin Kassapa, ihr zu verzeihen. Doch Kassapa antwortete, Ānanda solle sich zurückhalten, sonst werde der Sangha eine Untersuchung gegen ihn in Gang bringen (SN 16:10). Kassapa wollte mit seinem Tadel Ānanda daran erinnern, dass er in seinem Eifer die Gefahr einer persönlichen Bindung übersehen hatte. Diese Kritik war Ānanda in Zukunft ohne Zweifel von Nutzen.

Der zweite Zwischenfall ereignete sich kurz nach Buddhas Tod, als dreißig Schüler Ānandas den Mönchsorden verlassen hatten. Kassapa warf Ānanda vor, er habe die jungen Männer nicht genügend behütet. Er hatte mit ihnen Rundgänge gemacht, obwohl sie ihre Sinne noch nicht gezügelt hatten, keine Mäßigung beim Essen zeigten und noch nicht die Achtsamkeit pflegten. Deswegen sei er einer, «der den Reis zertrampelt, Familien zerstört und Anhänger verdirbt». Schließlich sagte Kassapa: «Dieser junge Mann kennt das eigene Maß immer noch nicht.»[2]

Auf diesen ziemlich heftigen Vorwurf antwortete Ānanda nur, auf seinem Kopf wüchsen schon graue Haare, doch Kassapa nenne ihn immer noch einen «jungen Mann». Es mag sein, dass Ānanda in diesem Fall seine eigene Kraft überschätzt und die Weltverliebtheit seiner Schüler unterschätzt hatte. Er bestritt nicht die objektive Berechtigung der Kritik. Schließlich war er noch kein Arahat und immer noch gewissen Befleckungen unterworfen. Er wandte sich nur gegen die Verallgemeinerung, die in der Kritik enthalten war. Immerhin mag man auch hier unterstellen, dass ein Arahat wie Kassapa gewusst haben muss, welche Form der Kritik für Ānanda hilfreich war. Jedenfalls tadelte Kassapa Ānanda in beiden Fällen aus Liebe zu ihm. Zwischen den beiden bestand stets das beste Verhältnis.

Ein anderer Mönch, Udāyī, kritisierte Ānanda ebenfalls einmal. Ānanda hatte den Erhabenen gefragt, wie weit seine Stimme in den Weltenraum reiche. Der Buddha hatte geantwortet, die Erleuchteten seien unermesslich und würden weiter reichen als ein tausendfaches Weltensystem (mit tausend Sonnen, tausend Himmeln und tausend Brahma-Welten), sogar noch weiter als ein dreitausendfaches Weltensystem. Sie könnten mit ihrem leuchtenden Glanz alle jene Welten durchdringen und mit ihrer Stimme alle Wesen erreichen, die dort lebten.

Ānanda freute sich über das Gehörte und rief aus: «Wie glücklich bin ich, dass ich einen derart allmächtigen, gewaltigen Meister habe!» Udāyī hielt dem entgegen: «Was bedeutet es für dich, Freund Ānanda, wenn dein Meister allmächtig und gewaltig ist?» Diese wenigen Worte enthielten einen starken Vorwurf: Ānanda betrachte immer nur die Person des Buddha und vergesse darüber den wahren Nutzen, seine eigene Erleuchtung. Der Buddha trat sofort für Ānanda ein und sagte: «Nicht so, Udāyī, nicht so! Sollte Ānanda sterben, ohne die volle Befreiung erlangt zu haben, so würde er wegen der Reinheit seines Herzens siebenmal als König der Götter oder siebenmal als König des indischen Subkontinents wieder geboren werden. Aber Udāyī, Ānanda wird noch in diesem Leben die endgültige Befreiung erlangen» (AN 3:80).

Dass der Buddha in Ānandas Gegenwart diese Prophezeiung aussprach, zeigt, wie viel Vertrauen er zu ihm hatte. Er wusste, dass Ānanda dennoch nicht nachlässig bei seinen Übungen werden würde. Die Äußerung zeigt auch, dass es der Buddha für nützlich hielt, Ānanda vor eigenen und fremden Vorwürfen zu schützen. Überdies ließ er ihn wissen, dass seine Anstrengungen und sein Streben noch in dieser Existenz zur höchsten Befreiung führen würden. Der Tathāgata konnte eine solche Erklärung nur in Bezug auf jemanden abgeben, der eher zu übermäßiger Gewissenhaftigkeit als zu Nachlässigkeit neigte.

Ein einziges Mal ermahnte der Buddha Ānanda von sich aus, und das war der gewichtigste Fall.[3] Der Buddha hatte Ānanda den Auftrag erteilt, die Verteilung von Robenstoff an die Mönche zu beaufsichtigen. Ānanda hatte diese Aufgabe zur vollsten Zufriedenheit erfüllt.

Der Buddha lobte ihn für seine Umsicht und sagte den anderen Mönchen, Ānanda sei sehr geschickt im Nähen; er könne mehrere Arten von Säumen machen. Ein guter Mönch muss sein Gewand umsäumen können, so dass es an den Rändern nicht ausfranse und man ihm nicht den Vorwurf machen könne, er gehe mit den Geschenken der Laien sorglos um und verschwende sie (Vin. 1:287).

Als der Buddha später in der Nähe seiner Heimatstadt weilte, sah er in einem Kloster zahlreiche vorbereitete Sitze und fragte Ānanda, ob hier viele Mönche lebten. Ānanda bestätigte dies und fügte hinzu: «Es ist nun Zeit, Meister, unsere Roben vorzubereiten.» Ānanda bezog sich dabei auf Buddhas Gebot, ein Mönch solle sorgfältig für seine Robe sorgen. Ānanda hatte aber offensichtlich eine Art gemeinsames Nähen arrangiert, vielleicht, um seinen Mitmönchen die Kunst des Umsäumens beizubringen. So wurde wahrscheinlich daraus ein gemeinsames abendliches Nähstündchen. Ānanda hatte nicht bedacht, dass dies zu einem Plauderstündchen werden konnte, bei dem die Mönche leichthin miteinander klatschten. Der Buddha warnte nachdrücklich vor den Gefahren der Gemeinsamkeit in weltlichen Dingen für den Mönch: «Kein Lob verdient ein Mönch, der sich an Geselligkeit freut, der Gemeinsamkeit genießt, Befriedigung darin erfährt. Es ist ausgeschlossen, dass ein solcher Mönch willentlich den Segen des Verzichts, den Segen der Einsamkeit, den Segen der Ruhe, den Segen des Erwachens in seiner ganzen Fülle erfährt.»

Wer auch immer sein ganzes Glück in Gemeinschaftlichkeit findet, hat keinen Zugang zum Segen, den man nur in der Abgeschiedenheit gewinnen kann. Selbst wenn ein solcher Mensch zur meditativen Versenkung gelangt, wird diese doch leicht zu erschüttern sein und verloren gehen können. Für jemanden, der Gefallen findet an Gesellschaft, wird es noch viel schwieriger werden, die endgültige Erlösung zu erreichen.

Deswegen beschließt der Buddha seine Ermahnung mit der Feststellung, es gebe keinen Gegenstand, der wegen der ihm innewohnenden Unbeständigkeit nicht zum Leiden führe, wenn man eine Bindung an ihn entwickle. Dies ist der allumfassende Aspekt des Dhamma. Daran anschließend zeigte der Buddha den Weg der Übung auf, den er ganz und gar auf Ānanda ausgerichtet darlegte. Da Ānanda schon die Fähigkeit zur tiefen Versenkung besaß, erwähnte der Buddha nicht einmal die ersten sieben Stufen des Edlen Achtfachen Pfades, sondern begann mit der achten Stufe, der vollkommenen Sammlung. Er legte das höchste Ziel dar – die völlige Leere an Vorstellungen, Gegenständen und Namen – und erklärte, dieses Ziel könne nur jemand erreichen, der den Geist in Einsamkeit zu bezähmen versuche. Überdies appellierte er an die Liebe Ānandas zu ihm als dem Meister und betonte, diese Liebe könne nur bewiesen werden, wenn Ānanda ihm zum Höchsten nachfolge. Man könnte sagen, dass er alle Register zog, das sachliche wie das persönliche, um Ānanda ein für alle Mal die letzten Reste von Weltzugewandtheit abschneiden zu helfen. Er schloss wie folgt: «Darum aber, Ānanda, begegne mir mit Freundschaft und nicht mit Feindschaft. Das wird zu deinem Nutzen und zu deinem Glück sein. Ich werde dich, Ānanda, nicht so behandeln wie der Töpfer seine ungebrannten Tonwaren. Ich werde dich wiederholt ermahnen, ich werde zu dir sprechen, dich wiederholt überprüfen. Wer ohne Tadel ist, wird die Prüfung bestehen.»

Dieses Gleichnis ist leichter zu verstehen, wenn man das *Gandhāra-Jātaka* (Jāt. 406) heranzieht, das von einem früheren Leben Ānandas berichtet. Er war König gewesen, hatte aber den Thron aufgegeben, um Asket zu werden, und der Bodhisatta hatte dasselbe getan. Eines Tages stellte sich heraus, dass der erste Asket, der künftige Ānanda, einen kleinen Vorrat an Salz besaß, um sein Essen zu würzen. Dies verstieß gegen die Asketenregel der Armut. Der Bodhisatta tadelte ihn deswegen: «Du hast auf alle Reichtümer deines Königreiches verzichtet, doch nun hast du begonnen, erneut Vorräte anzulegen.» Über diesen Vorwurf war Ānanda verstimmt. Er antwortete, man dürfe bei einer Ermahnung den anderen nicht verletzen; man dürfe nicht gefühllos vorgehen, wie wenn man mit einem stumpfen Messer schneide. Der Bodhisatta erwiderte darauf: «Unter Freunden ist es nicht notwendig, so miteinander umzugehen, wie ein Töpfer mit seinen ungebrannten und daher sehr empfindlichen Gefäßen umgeht. Ein Freund kann auch tadelnde Worte äußern, denn nur durch beständige Ermahnung und beständige konstruktive Kritik kann ein Mensch so fest werden wie gebrannter Ton.» Da bat der Asket den Bodhisatta um Verzeihung und sprach gleichzeitig den Wunsch aus, der Bodhisatta möge ihn aus Mitleid auch in Zukunft anleiten.

Das Gleichnis von den Tongefäßen war in jenen Tagen, als das Töpferhandwerk weit verbreitet war, leicht zu verstehen und bezog sich auf die Empfindlichkeit. Ein Töpfer fasst das ungebrannte und damit noch nicht trockene Gefäß sachte mit beiden Händen an, sonst geht es zu Bruch. Nach dem Brennen überprüft er es wiederholt auf Risse und verwendet es nur in einwandfreiem Zustand. Er klopft es immer wieder ab – nur ein tadelloses Exemplar besteht den Test. Ebenso erreicht nur eine einwandfreie Person mit ausgezeichneten Qualitäten den Edlen Achtfachen Pfad und gelangt zur Frucht der Heiligkeit.

In jener früheren Existenz trug der Tadel des Bodhisatta Früchte und führte den Asketen Ānanda zur Wiedergeburt in den Brahma-Welten. Der Tadel trug auch in dieser letzten Existenz seine Früchte, weil Ānanda die Kritik akzeptierte, mit ihr zufrieden war, sie sich zu Herzen nahm und die Ermahnungen befolgte, bis er zur völligen Auslöschung des Leidens gelangte.

Diener des Buddha

Eine der Tugenden Ānandas, die seinen Ruhm begründeten, war sein Verhalten als Buddhas Upaṭṭhāka, als sein persönlicher Diener oder Aufwärter. Der Buddha sagte von ihm, er sei der beste aller Diener gewesen, der hervorragendste all jener Mönche, die dieses Amt innehatten (AN 1, Kapitel 14). Der Begriff «Diener» ist allerdings nicht umfassend genug, um der Stellung des ehrwürdigen Ānanda gerecht zu werden. Bezeichnungen wie «Sekretär» oder «rechte Hand» wiederum können jene Aspekte nicht wiedergeben, die sich auf Dinge wie persönliche Handreichungen erstrecken. Das Wort «Diener» vernachlässigt den organisatorischen Bereich, impliziert einen zu hohen Grad der Unterordnung und lässt auch den Aspekt der Intimität vermissen.

In drei Strophen in den *Theragāthā* (1041–1043) fasst Ānanda zusammen, wie er dem Buddha im letzten Drittel von dessen Leben diente:

Fünfundzwanzig Jahre lang diente ich
dem Erhabenen,
Ich diente ihm gut mit liebenden Taten
Wie ein Schatten, der nicht weggeht.

Fünfundzwanzig Jahre lang diente ich
dem Erhabenen,
Ich diente ihm gut mit liebender Rede
Wie ein Schatten, der nicht weggeht.

Fünfundzwanzig Jahre lang diente ich
dem Erhabenen,
Ich diente ihm gut mit liebenden
Gedanken
Wie ein Schatten, der nicht weggeht.

Wenn wir in der Weltliteratur nach Beispielen für den Vertrauten eines großen Menschen suchen, der ihn auf Schritt und Tritt begleitete, so finden wir niemanden, der Ānanda gleichkäme. Der liebende Dienst am Meister über eine derart lange Zeitspanne hinweg umfasste die folgenden Aufgaben: Ānanda brachte dem Buddha Waschwasser für das Gesicht und ein Holz zur Reinigung der Zähne; er ordnete dessen Sitz, wusch dessen Füße, massierte ihm den Rücken, fächelte ihm Kühlung zu, fegte die Zelle und flickte die Gewänder. Nachts schlief er in der Nähe, um stets zur Hand zu sein. Er begleitete den Buddha bei seinen Rundgängen durch das Kloster (Vin. 1:294) und berief die Mönchsversammlung ein, gelegentlich sogar um Mitternacht (Jāt. 148). Wenn der Buddha krank war, holte er Medizin für ihn. Als die

Mönche einmal einen sehr kranken Mitbruder vernachlässigten, wuschen ihn der Buddha und Ānanda und trugen ihn gemeinsam auf ein Lager (Vin. 1:301 f.). Auf diese Weise erfüllte Ānanda seine täglichen Pflichten und sorgte sich um das körperliche Wohlergehen seines erleuchteten Vetters wie eine gute Mutter oder eine fürsorgliche Gattin.

Doch vor allem erfüllte er die Aufgaben eines Sekretärs und erleichterte den Verkehr zwischen den Tausenden von Mönchen und ihrem Meister. Zusammen mit Sāriputta und Moggallāna war er bemüht, die zahlreichen Probleme des Zusammenlebens, wie sie in einer Gemeinschaft auftreten, zu erkennen und zu lösen. Im Fall des Streits der Mönche von Kosambī (AN 4:241) und der Ordensspaltung durch Devadatta (Ud. 5:8 und Vin. 2:199 ff.) wirkte Ānanda maßgeblich mit, indem er Zweifel zerstreute und die Ordnung wiederherstellte. Oft trat er als Fürsprecher der Mönche auf und verschaffte ihnen eine Audienz beim Meister oder er überbrachte Buddhas Worte Mitgliedern anderer Sekten. Er wies nie jemanden ab und fühlte sich nicht als Schranke, sondern als Brücke.

Bei mehreren Gelegenheiten machten die Mönche ziemlichen Lärm, so dass der Buddha Ānanda nach dem Grund fragte. Ānanda konnte ihm den Sachverhalt stets genau erklären, und der Buddha ergriff dann die entsprechenden Maßnahmen (MN 67; Ud. 3:3; Vin. 4:129). Die letzte dieser drei Begebenheiten ist von einiger Bedeutung. Im Auftrag des Buddha rief Ānanda die lärmenden Mönche zusammen, tadelte sie für ihr Verhalten und schickte sie weg. Daraufhin zogen sie sich in die Einsamkeit zurück und bemühten sich derart um die Läuterung ihrer Herzen, dass zum Ende der Einkehr während der Regenzeit alle die drei Arten des Wissens erreicht hatten.[4] Der Meister rief sie erneut zu sich. Als sie beim Erhabenen anlangten, weilte dieser in tiefer Versenkung, die nicht gestört werden kann.[5]

Die Mönche begriffen die Tiefe der Meditation ihres Meisters, setzten sich nieder und gelangten in dieselbe Versenkung. Nachdem sie die ersten vier Stunden der Nacht – wahrlich eine Art der Begrüßung, wie sie sich für Heilige ziemt – so verbracht hatten, erhob sich Ānanda und bat den Buddha, er möge die angekommenen Mönche begrüßen. Da aber alle in einer Meditation weilten, die nicht gestört werden kann, hörte ihn niemand. Nach weiteren vier Stunden wiederholte Ānanda seine Bitte. Wiederum erntete er nur völliges Schweigen. Ānanda erhob sich ein drittes Mal nach weiteren vier Stunden, zur Morgendämmerung, verneigte sich vor dem Buddha, faltete die Hände und bat den Erhabenen, die Mönche zu begrüßen. Daraufhin verließ der Buddha den Zustand der Versenkung und antwortete Ānanda: «Wenn du, Ānanda, unseren Geist verstehen könntest, dann wüsstest du, dass wir alle in unerschütterlicher Versenkung geweilt haben, in die Worte nicht eindringen können» (Ud. 3:3).

Dieser Bericht zeigt, welch unermüdliche Geduld Ānanda besaß, und auch, wo seine Grenzen lagen. Ein solches Vorkommen mag Ānanda darin bestärkt haben, trotz seiner vielen Pflichten immer wieder die Versenkung zu üben. Die kanonischen Texte sprechen von zwei Gelegenheiten, bei denen er den Buddha um ein Thema für die Meditation in der Abgeschiedenheit bat. Der Meister sagte ihm das eine Mal, er solle sich auf die fünf Gruppen des Anhaftens (SN 22:158) konzentrieren. Das andere Mal empfahl er ihm die Betrachtung der sechs Sinnessphären (SN 35:86).

Von den vielen Dingen, die Ānanda für andere vom Buddha erbat, mag Folgendes erwähnt werden: Als die Mönche Girimānanda und Phagguna krank waren, ersuchte Ānanda den Erhabenen, sie zu besuchen und in der Lehre zu bestärken (AN 10:60, 6:58). Es war auch Ānanda, der auf Anāthapiṇḍikas Vorschlag hin den Buddha bat, einen Schrein im Jetavanakloster zu errichten (Jāt. 479).

Bei diesen und vielen anderen Gelegenheiten erweis sich Ānanda als fürsorglicher Mönch, der mütterliche und väterliche Qualitäten in sich vereinigte. Sein Organisationstalent, sein Geschick bei Verhandlungen und sein ausgleichendes Wesen hatten sich schon in der Vergangenheit gezeigt, als er – in einer früheren Existenz – eine ähnliche Funktion bei Sakka, dem König der Devas, innehatte. In den wenigen Fällen, in denen Ānandas frühere Existenzen in den Götter- und Brahma-Welten erwähnt sind, nahm er stets die Stellung eines Hauptgehilfen und Adjutanten von Sakka ein: vor allem als der himmlische Wagenlenker Mātali (in vier Fällen, Jāt. 31, 469, 535, 541), als Deva wie der himmlische Baumeister Vissakamma (489), als Regengott Pajjunna (75) oder als der himmlische Musiker Pañcasikha mit den fünf Kronen (450).

Besondere Erwähnung verdient Ānandas Opferbereitschaft. Als Devadatta einen wilden Elefanten losließ, der den Buddha töten sollte, warf sich Ānanda vor den Buddha, um lieber selbst zu sterben, als den Erhabenen getötet oder verletzt zu sehen. Dreimal bat ihn der Buddha zurückzutreten, doch er gehorchte nicht. Erst als ihn der Meister mit sanfter übernatürlicher Gewalt von der Stelle bewegte, ließ er sich davon abbringen, sich selbst zu opfern (Jāt. 533). Diese Tat hatte zur Folge, dass Ānanda noch berühmter wurde. Der Buddha erzählte den Mönchen, Ānanda sei bereits in vier früheren Existenzen willens gewesen, sich selbst zu opfern. Schon in ferner Vergangenheit hatte er sich in Gestalt eines Tieres – als Schwan (502, 533, 534) oder als Gazelle (501) – in der Nähe des Bodhisatta aufgehalten, als dieser in eine Falle geraten war. Einmal opferte sich zuerst der Bodhisatta für seine Affenmutter, dann auch Ānanda (222). Und in drei weiteren Fällen rettete Ānanda während seiner früheren Wiedergeburten das Leben des künftigen Buddha durch seine Fürsorge und Geschicklichkeit. Diese Geschichten zeigen die Tugenden Ānandas und seine seit langem bestehende Verbundenheit mit dem Buddha.

Der Hüter des Dhamma

Unter den Jüngern, die der Buddha als die hervorragendsten bezeichnete, ragt der ehrwürdige Ānanda dadurch hervor, dass der Buddha ihm als Einzigem fünf besondere Qualitäten attestierte. Alle anderen führenden Jünger stachen nur in einer Hinsicht hervor – zwei Mönche brachten es auf gerade zwei Spitzenstellungen. Ānanda aber galt als Bhikkhu, dem auf fünf Gebieten die Palme gebührte:

1. Er stand an der Spitze jener, die «viel gehört» hatten, nämlich von Buddhas Lehrreden (*bahussūtanaṁ*).
2. Er stand an der Spitze jener, die über ein gutes Gedächtnis verfügten (*satimantānaṁ*).
3. Er stand an der Spitze jener, die den logischen Aufbau der Lehre meisterten (*gatimantānaṁ*).
4. Er stand an der Spitze jener, die beharrlich studierten (*dhitimantānaṁ*).
5. Er stand an der Spitze der Diener des Buddha (*upaṭṭhakānaṁ*).

Bei näherer Betrachtung zeigt sich, dass diese fünf Qualitäten alle aus der Achtsamkeit (*sati*) hervorgehen. Achtsamkeit ist Kraft des Geistes und Kraft des Gedächtnisses, Beherrschung der Erinnerung und der Vorstellung. Sie ist die Fähigkeit, den Geist zu jeder Zeit nach Wunsch als Meister einzusetzen. Kurz gesagt: Achtsamkeit ist Überblick und Ordnung, Selbstbescheidung, Kontrolle und Selbstdisziplin. In einem engeren Sinn ist Sati die Fähigkeit, sich zu erinnern. Ānanda verfügte hierüber in phänomenalem Maße. Er konnte sich sofort an alles erinnern, selbst wenn er es nur ein einziges Mal gehört hatte. Er war in der Lage, Reden des Buddha mit bis zu 60 000 Wörtern fehlerlos zu wiederholen und ohne eine einzige Silbe auszulassen. Von den Versen des Buddha konnte er 15 000 Vierzeiler auswendig rezitieren.

Es mag uns unglaublich erscheinen, dass jemand dazu imstande ist. Doch der Grund für die Tatsche, dass unser Gedächtnis so begrenzt ist, liegt darin, dass wir unseren Geist mit hunderttausend nutzlosen Dingen belasten, die uns daran hindern, Meister unseres Gedächtnisses zu werden. Der Buddha sagte einmal, der einzige Grund dafür, dass man überhaupt etwas vergesse, sei das Vorhandensein eines oder aller fünf Hemmnisse: der geschlechtlichen Begierde, des bösen Willens, der Trägheit und Benommenheit, der Ruhelosigkeit und der Sorge und des skeptischen Denkens (AN 5:193). Da Ānanda bereits den Stromeintritt geschafft hatte, konnte er diese Hemmnisse jederzeit willentlich verbannen und sich somit vollständig auf das Gehörte konzentrieren. Da er für sich selbst nichts wünschte, nahm er die Reden ohne Widerstand und ohne Verfälschung in sich auf, ordnete sie richtig ein, wusste, was zusammengehörte, erkannte in unterschiedlichen Ausdrucksweisen den gemeinsamen Nenner und konnte wie ein getreuer und gewandter Archivar den richtigen Weg in den dunklen Gängen seines Gedächtnisses finden.[6]

Alle diese Faktoren gehören zur Qualität dessen, «der viel gehört hat». Wer in diesem Sinne viel gehört hat, hat seinen eigenen Willen aufgegeben und ist zu einem Gefäß der Wahrheit geworden. Ein solcher «ist aus dem Mund des Lehrers geboren», ist wahrlich gebildet, weil er sich von der Lehre des Erleuchteten formen lässt. Wer viel gehört hat, zeigt die größte Demut und unterwirft sich aufrichtig der Wahrheit. Alles Gute, das in seinem Geist ist und aus dem heraus er handelt, schreibt er nicht seinen eigenen Fähigkeiten zu, sondern der Lehre, wie er sie von seinem Lehrer vernommen hat. Ein solcher Mensch ist wahrhaft demütig.

Diese Qualität des Zuhörenkönnens und der Geistesbildung wird als Erste von den fünf spezifischen Eigenschaften Ānandas genannt. Und es steht geschrieben, dass auch alle seine Schüler darin geübt waren (SN 14:15). Der Buddha freilich sagte, es sei nicht leicht, einen zu finden, der Ānanda in dieser Hinsicht gleichkomme (AN 3:78). Als Sāriputta Ānanda fragte, welcher Mönch dem Sāla-Wald von Gosiṅga Glanz verleihen könne,[7] antwortete dieser wie folgt:

> Dieser Mönch ist einer, der viel gehört hat, der sich an das erinnert, was er gehört hat, der als Schatz das aufbewahrt, was er gehört hat. Das bezieht sich auf Lehren, die am Anfang gut sind, in der Mitte und am Ende. Er überliefert diese Lehren und das vollständig geläuterte Leben der Heiligkeit Wort für Wort und auf die richtige Weise: Von all dem hat er viel gehört, bewahrt es in seinem Gedächtnis, ist durch wörtliches Rezitieren damit vertraut, hat es in seinem Geist erwogen und ist durch Betrachtung tief darin eingedrungen. Er spricht zu den vier Arten von Zuhörern über die Lehre, im Ganzen und im Einzelnen und im richtigen Zusammenhang und führt sie zur endgültigen Ausrottung der innewohnenden Befleckungen und Neigungen (MN 32).

Die zweite Qualität, Sati oder Achtsamkeit, bedeutet in diesem Zusammenhang die Erinnerung an die gehörten Lehrreden und deren Anwendung bei der Selbstbeobachtung. Für die dritte Qualität, Gati, haben die Übersetzer recht unterschiedliche Begriffe gefunden. Den alten Kommentaren zufolge bezieht sie sich auf die Fähigkeit, die inneren Verbindungen und den Zusammenhang einer Lehrrede im Geist aufzunehmen. Ānanda war dazu imstande, weil er sehr wohl die Bedeutung der Lehre mit all ihren Folgerungen verstand. Selbst wenn sein Vortrag durch eine Frage unterbrochen wurde, konnte er seine Rede an der richtigen Stelle wieder aufnehmen. Die vierte Qualität war die Beharrlichkeit (*dhiti*), seine Energie und unermüdliche Hingabe beim Studieren, Rezitieren und Aufsagen von Buddhas Worten und beim persönlichen Dienst am Meister. Die fünfte und letzte Qualität war die eines vollkommenen Dieners, die wir schon zuvor beschrieben haben.

Diese fünf Qualitäten machten Ānanda für seine spezielle Rolle unter Buddhas Weisung besonders geeignet. So wurde er zum Hüter des Dhamma (*dhammabhaṇḍāgārika*). In einem Staatswesen ist der Bhaṇḍāgārika der Schatzmeister und somit derjenige, der für die Lagerung, die Aufbewahrung, den Schutz und die Verteilung des nationalen Vermögens zuständig ist. Ist der Schatzmeister unfähig und unzuverlässig, so geht das Staatseinkommen zurück, und die Nation stürzt in den Bankrott und in eine Katastrophe. Ist der Schatzmeister schlau, so wird das Staatsvermögen weise genutzt und die Nation genießt Wohlstand und Frieden. In Buddhas Weisung stellt die Lehre das Vermögen dar, und die Gesundheit und Langlebigkeit der Weisung, besonders nach Buddhas Parinibbāna, setzte voraus, dass der Dhamma sorgfältig bewahrt und der Nachwelt getreu überliefert wurde. Der Posten des Schatzmeisters der Lehre war somit von ungeheurer Bedeutung, so dass derjenige, der ihn innehatte und dafür sorgte, dass Buddhas Lehre in der Welt vollständig erhalten blieb, sich zu Recht «das Auge der ganzen Welt» nennen konnte:

Wenn jemand den Dhamma verstehen
will,
Sollte er Zuflucht nehmen zu einem,
Der über viel Wissen verfügt, einen
Träger des Dhamma,
Einen weisen Jünger des Buddha.

Über viel Wissen verfügt er,
der Träger des Dhamma,
Der Hüter des Schatzes des Großen
Sehers.
Er ist das Auge der ganzen Welt.
Und verdient Verehrung wegen
seines Wissens. (Thag. 1030f.)

Mit Ānanda hatte der Buddha einen Jünger zum Schatzmeister beziehungsweise zum Hüter seiner Weisung auserkoren, dessen persönliche Qualitäten vollkommen mit den Anforderungen dieses Amtes übereinstimmten. Da Ānanda derart dem Studium zugewandt war, eignete er sich ideal dafür, die zahlreichen Lehrreden in sich aufzunehmen, die der Buddha in über 45 Jahren gehalten hatte. Aufgrund seines phänomenalen Gedächtnisses konnte er alles genau so aufbewahren, wie es der Meister dargelegt hatte. Durch seinen Ordnungssinn behielt er die Reden in der richtigen Reihenfolge im Gedächtnis und konnte sie so erklären, dass die Abfolge der Gedanken mit Buddhas Intention völlig übereinstimmte. Und aufgrund seiner Beharrlichkeit bemühte er sich, den Jüngern, die ihm anvertraut waren, die Lehre in vollem Umfang beizubringen. Sie sollten richtig ausgebildet sein, damit sie ihrerseits die Lehre an ihre eigenen Schüler weitergeben konnten.

Der buddhistischen Tradition zufolge beträgt die Zahl der Rezitationseinheiten (*dhammakkhandha*, wörtlich «Ansammlungen des Dhamma») in Buddhas Lehre 84 000, und in einer Strophe erhebt Ānanda den Anspruch, sie alle zu beherrschen:

> Ich empfing vom Buddha 82 000
> Und von den Bhikkhus weitere 2000.
> Es sind somit 84 000 Einheiten,
> Lehren, die in Bewegung gesetzt
> werden. (Thag. 1024)

Aufgrund seiner Schlüsselstellung in Buddhas Mönchsgefolge stand Ānanda natürlich im Zentrum der Aufmerksamkeit und er hatte mit sehr vielen Menschen zu tun. Für alle, die mit ihm in Kontakt kamen, war er ein Vorbild, was tadelloses Verhalten angeht, die unermüdliche Fürsorge für den Meister und die Gemeinschaft der Mönche, unerschütterliche Freundlichkeit, Geduld und Hilfsbereitschaft. Potentielle Konflikte entstanden in seiner Gegenwart erst gar nicht und bereits entstandene wurden unter seinem Einfluss gemildert und gelöst. Ānanda, als ein Mann ohne Feinde, machte durch seine exemplarische Lebensführung und seine Belehrung einen tiefen Eindruck auf andere. Sein Bild als treuer Begleiter des Buddha prägte sich besonders stark in das Bewusstsein seiner Zeitgenossen ein.

Ānanda war immer Herr der Lage, und wie ein König überblickte er souverän alle Angelegenheiten. Dank seiner Umsicht konnte er all das ordnen und organisieren, was im täglichen Leben des Buddha und der Mönchsgemeinschaft geschah. Sein außerordentliches Gedächtnis ermöglichte es ihm, aus seinen Erfahrungen zu lernen, und nie wiederholte er denselben Fehler. So erinnerte er sich auch an alle Menschen, selbst wenn er sie nur ein einziges Mal getroffen hatte. Er konnte gut mit ihnen umgehen, hinterließ aber nicht den Eindruck, dass er sie manipulierte. Sein Vorgehen war so sachgerecht und der Situation angepasst, dass alle vernünftigen Menschen nicht anders konnten, als mit ihm einig zu sein.

Ānandas Haltung gegenüber Frauen

Ānanda sorgte sich um das Wohlergehen aller vier Gruppen von Jüngern, nicht nur um das der Mönche und männlichen Laien, sondern auch um das der Nonnen und der weiblichen Laien. Ohne Ānanda hätte es nur drei Gruppen von Jüngern gegeben, denn er war es, der die Gründung des Bhikkhunī-Sangha, des Nonnenordens, veranlasste, wie im Vinaya-Piṭaka (Vin. 2:253 ff.; siehe auch AN 8:51) berichtet wird.

Als viele Edle der Sakya das Leben in wohl geordneten Verhältnissen zugunsten der Hauslosigkeit unter ihrem berühmten Verwandten aufgegeben hatten, drückten auch deren Ehefrauen, Schwestern und Töchter den Wunsch aus, unter dem Erleuchteten ein Leben des Verzichts zu führen. Eine Gruppe von Sakya-Frauen unter der Leitung von Buddhas Stiefmutter Mahāpajāpatī Gotamī wandte sich an den Erhabenen und bat ihn, einen Bhikkhunī-Sangha zu gründen. Dreimal brachte Mahāpajāpatī ihre Bitte vor, doch dreimal antwortete ihr der Buddha: «Richte dein Streben, Gotamī, nicht weiter darauf, dass Frauen ihre Häuser verlassen können und in die Hauslosigkeit des Dhamma und der Disziplin gehen, wie sie der Tathāgata verkündet hat.»

Als er seinen Aufenthalt in Kapilavatthu beendet hatte, ging der Buddha, begleitet von seinen Mönchen, nach Vesālī, das mehrere hundert Meilen entfernt lag. Mahāpajāpatī folgte ihm mit einigen anderen Sakya-Frauen. Schließlich stand sie außerhalb des Klostereingangs, «mit geschwollenen Füßen, die Gliedmaßen mit Staub bedeckt, das Gesicht voller Tränen». Als Ānanda sie in diesem Zustand sah und nach dem Grund ihrer Betrübnis fragte, antwortete sie, der Meister habe ihre Bitte um Gründung eines Nonnenordens dreimal abgelehnt.[8]

Aus Mitleid beschloss Ānanda, sich einzumischen. Er wandte sich an den Meister und wiederholte die Bitte der Frau dreimal. Doch jedes Mal entmutigte ihn der Buddha: «Richte dein Streben, o Ānanda, nicht weiter darauf, dass Frauen ihre Häuser verlassen können und in die Hauslosigkeit des Dhamma und der Disziplin gehen, wie sie der Tathāgata verkündet hat.» Da entschloss sich Ānanda zu einer indirekten Methode. Er fragte den Meister: «Ist es einer Frau möglich, die Frucht des Stromeintritts, des Einmalwiederkehrens, des Nichtwiederkehrens oder der Arahatschaft zu erlangen, wenn sie das geregelte Leben zu Hause aufgibt und in die Hauslosigkeit im Dhamma und in der Disziplin des Tathāgata geht?»

Der Buddha bejahte dies. Daraufhin trug Ānanda seine Bitte in veränderter Form vor: «Wenn eine Frau dazu imstande ist – und übrigens hat ja Mahāpajāpatī Gotamī dem Erhabenen große Dienste erwiesen: Sie ist seine Tante, seine Erzieherin und seine Amme, da sie ihn nach dem Tod seiner Mutter mit ihrer eigenen Milch gestillt hat –, so wäre es gut, wenn der Erhabene es gestatten würde, dass Frauen ihr Haus verlassen und unter der Lehre und der Disziplin des Tathāgata in die Hauslosigkeit ziehen.»

Ānanda setzte also zwei Argumente ein. Zunächst erinnerte er an die Tatsache, dass eine Frau im Orden ans höchste Ziel gelangen und eine Heilige werden kann. Dieses Ziel ist zu Hause nur sehr selten zu erreichen. Als Zweites brachte er das sehr persönliche Element der Verdienste ins Spiel, die Mahāpajāpatī dem Buddha in dessen Kindheit erwiesen hatte. Das müsse doch für ihn ein guter Grund sein, um seiner Stiefmutter zu helfen, die endgültige Befreiung jetzt zu erlangen. Angesichts dieser Argumente stimmte der Buddha der Gründung eines Nonnenordens zu, sofern bestimmte Vorsichtsmaßnahmen und Regeln eingehalten würden.

Man könnte aus diesem Bericht den Eindruck gewinnen, erst durch die geschickte Argumentation Ānandas und durch dessen Zähigkeit sei es gelungen, den Buddha umzustimmen. Doch ein Erwachter kann nicht umgestimmt werden, weil er mit der absoluten Realität stets in Einklang steht. Was hier geschah, war etwas, das allen Buddhas widerfuhr, weil sie alle einen Nonnenorden gründeten. Es ging nicht darum, die Etablierung eines weiblichen Zweiges des Ordens zu verhindern, sondern allein darum, durch Zögern nachhaltig den Eindruck zu befestigen, dass diese Gründung große Gefahren mit sich bringe. Aus diesem Grund stellte der Buddha acht Bedingungen. Sie waren so formuliert, dass nur die besten Frauen sie auf sich nehmen würden. Die Regeln dienten auch dazu, auf eine möglichst vorsichtige Weise eine Trennung der Geschlechter im Orden durchzuführen. Trotzdem erklärte der Erhabene, wegen der Gründung des Nonnenordens werde die Weisung nur fünfhundert statt eintausend Jahre Bestand haben.[9]

Im Anschluss an die Verkündung dieser Regeln und Maßnahmen fragte Ānanda den Buddha, welche Eigenschaften ein Mönch aufweisen müsse, um Lehrer der Nonnen werden zu können. Der Buddha antwortete nicht, er müsse ein Arahat sein, sondern nannte acht praktische, konkrete Qualitäten, die auch jemand wie Ānanda, der ja noch kein Heiliger war, besitzen konnte. Bei diesen acht Eigenschaften handelt es sich um folgende: Erstens muss der Lehrer der Nonnen tugendhaft sein. Zweitens muss er über eine umfassende Kenntnis der Lehre verfügen. Drittens muss er mit dem Vinaya wohl vertraut sein, besonders mit den Regeln für die Nonnen. Viertens muss er gut, angenehm und flüssig reden können, eine fehlerlose Aussprache haben und das, was er sagen will, auch auszudrücken wissen. Fünftens muss er imstande sein, die Lehre den Nonnen auf eine erhebende, stimulierende und ermutigende Weise beizubringen. Sechstens muss er den Nonnen stets willkommen sein und von ihnen bereitwillig akzeptiert werden, das heißt, sie müssen ihn nicht nur respektieren und hoch schätzen, wenn er sie lobt, sondern besonders auch dann, wenn es Anlass zu Tadel gibt. Siebtens darf er sich nie eines sexuellen Vergehens mit einer Nonne schuldig gemacht haben. Achtens muss er seit mindestens zwanzig Jahren ein voll ordinierter buddhistischer Mönch sein (AN 8:52).

Nachdem Ānanda den Anlass zur Gründung des Nonnenordens gegeben hatte, wollte er den Schwestern auch helfen, auf dem Edlen Pfad voranzukommen. Dies brachte ihn aber auch in einige Schwierigkeiten. Bei zwei Gelegenheiten ergriffen Nonnen ohne Grund Partei gegen den ehrwürdigen Mahākassapa.[10] Beide Nonnen verließen darauf den Orden. Damit gaben sie zu erkennen, dass sie nicht mehr imstande waren, das nötige unpersönliche und rein spirituelle Verhältnis zu ihrem Lehrer Ānanda aufrechtzuerhalten.

Noch krasser war der Fall einer Nonne in Kosambī, deren Name nicht überliefert ist. Sie sandte einen Boten zu Ānanda und bat ihn um einen Besuch, da sie krank sei. In Wirklichkeit hatte sie sich in Ānanda verliebt und wollte ihn verführen. Ānanda meisterte die Situation souverän. Er legte ihr dar, dass dieser Leib durch Nahrung, durch Begehren und durch Stolz entstanden sei. Aber, so meinte er, mit diesen dreien könne man auch zur Läuterung gelangen. Unterstützt durch Nahrung, könne man die Ernährung überwinden. Unterstützt durch Begehren, könne man die Begierde überwinden. Unterstützt durch Stolz, könne man auch diesen überwinden. Der Mönch nehme jene Nahrung ein, die es ihm möglich mache, ein heiligmäßiges Leben zu führen. Er sublimiere das Begehren und werde gleichzeitig von seiner Sehnsucht nach Heiligkeit unterstützt. Und der Stolz sporne ihn an, das zu erlangen, was andere schon erreicht hätten, nämlich die Vernichtung aller Befleckung. Auf diese Weise gelinge es nach einiger Zeit, Nahrung, Begierde und Stolz zu überwinden. Es gebe aber noch einen vierten Grund für die Entstehung des Körpers – den Geschlechtsverkehr, der eine ganz andere Sache sei. Der Erhabene habe ihn die Zerstörung der Brücke zum Nibbāna genannt. Seine Sublimierung könne in keiner Weise als Weg zur Heiligkeit dienen.

Daraufhin erhob sich die Nonne von ihrem Bett, fiel Ānanda zu Füßen, gestand ihr Vergehen und bat um Verzeihung. Ānanda nahm das Geständnis an und erklärte, im Orden sei es von Vorteil, wenn man seine Fehler beichte und für die Zukunft einen guten Vorsatz fasse (AN 4:159). Dieser Vorfall ist ein hervorragendes Beispiel für Ānandas Fähigkeit, aus dem Stegreif eine passende Lehrrede zu halten und zur richtigen Zeit das richtige Wort zu finden.

Ein weiterer Vorfall betraf die Frauen von König Pasenadi. Trotz ihres drängenden Wunsches, den Dhamma kennen zu lernen, konnten sie nicht ins Kloster gehen, um den Buddha predigen zu hören. Als die Frauen des Königs lebten sie im Harem wie Vögel in einem Käfig. Sie baten daher den König, beim Buddha zu veranlassen, dass dieser einen Mönch zum Palast schickte, um die Lehre darzulegen. Der König versprach dies und fragte seine Frauen, welchen Mönch sie vorziehen würden. Sie berieten sich untereinander und entschieden sich dann einstimmig für Ānanda, den Hüter des Dhamma. Der Erhabene gewährte die Bitte des Königs, und von da an unterwies Ānanda die Frauen in der Lehre (Vin. 4:157f.).

Während dieser Zeit wurde ein Stück der Kronjuwelen gestohlen. Es wurde alles durchsucht, und die Frauen fühlten sich durch die Unruhe stark belästigt. Deswegen waren sie nicht so aufmerksam und lernbegierig wie sonst. Als Ānanda den Grund erfuhr, ging er zum König und riet ihm, alle Verdächtigen zusammenzurufen und ihnen eine Gelegenheit zu geben, das Schmuckstück unauffällig zurückzugeben. Dazu solle er im Hof des Palastes ein Zelt aufbauen und einen großen Topf Wasser hineinstellen lassen. Dann solle jeder allein eintreten. So geschah es, und der Juwelendieb ließ, als er allein im Zelt war, das Schmuckstück in den Topf fallen. So erhielt der König sein Eigentum zurück, der Dieb ging straflos aus, und im Palast kehrte wieder Ruhe ein. Dieser Vorfall steigerte Ānandas Beliebtheit und die der Sakya-Mönche noch mehr. Die Mönche lobten Ānanda, weil er mit sanften Mitteln den Frieden wiederhergestellt hatte (Jāt. 92). Kurz nach dem Tod des Buddha befragte ihn Ānanda im Hinblick auf die Frauen:

> «Wie sollen wir uns, o Herr,
> Frauen gegenüber verhalten?»
> «Schaut sie nicht an.»
> «Doch wenn wir eine sehen, Meister?»
> «Sprecht nicht mit ihr.»
> «Wenn uns aber eine anspricht?»
> «Bewahrt die Achtsamkeit und
> Selbstkontrolle.» (DN 16)

Diese Fragen stellte Ānanda angesichts des bevorstehenden Hinscheidens des Buddha. Das Problem muss somit für ihn von großer Bedeutung gewesen sein. Er selbst brauchte zwar keine Ermahnung zur Selbstkontrolle, da er schon seit fünfundzwanzig Jahren der sinnlichen Begierde entsagt hatte. Doch immer wieder musste er miterleben, wie die Frage des Umgangs zwischen den Geschlechtern tumultartige Emotionen auslöste. Er wusste wohl auch aus seinen Diskussionen mit den jüngeren Mönchen, wie schwierig es war, ein vollkommen reines, unbeflecktes, heiligmäßiges Leben zu führen, das auf die Transzendierung der Sinnlichkeit abzielte. Er mag dabei auch an Buddhas Warnung gedacht haben, der Bestand der Weisung sei durch die Gründung des Nonnenordens in Gefahr. Er wollte wohl seinen Zeitgenossen und Nachfolgern ein letztes Wort des Buddha zu diesem Thema überliefern.

Ānanda und seine Mitmönche

Unter den Mönchen war der ehrwürdige Sāriputta Ānandas vertrautester Freund. Zwischen Ānanda und seinem Halbbruder Anuruddha scheint keine enge Beziehung bestanden zu haben, weil dieser die Einsamkeit vorzog, während Ānanda den Menschen zugewandt war. Sāriputta war der Jünger, der dem Meister am ähnlichsten war. Mit ihm konnte Ānanda auf dieselbe Weise sprechen wie mit dem Buddha. Bemerkenswerterweise erhielten unter allen Mönchen nur Sāriputta und Ānanda Ehrentitel vom Buddha: Sāriputta wurde Meister des Dhamma (*dhammasenāpati*), Ānanda dessen Hüter oder Schatzmeister (*dhammabhaṇḍāgārika*) genannt. Man kann darin einander ergänzende Rollen erkennen. Sāriputta, der Löwe, war der aktive Lehrer, Ānanda eher der Erhalter und Bewahrer. In gewisser Hinsicht ähnelten Ānandas Methoden mehr jenen Mahāmoggallānas, der ebenfalls mehr erhaltend, quasi mütterlich veranlagt war.

Ānanda und Sāriputta traten oft als Team auf. Sie besuchten zweimal den kranken Laienanhänger Anāthapiṇḍika (MN 143; SN 55:26) und kümmerten sich um den Streit mit den Mönchen von Kosambī (AN 4:221). Sie führten untereinander auch manches Lehrgespräch. Ihre Freundschaft war so eng, dass Ānanda trotz seines meditativen Trainings zutiefst erschüttert war, als Sāriputta das endgültige Nibbāna erreicht hatte:

Alle Zimmer sind verdüstert,
Keine Lehre ist mir mehr klar;
Mein edler Freund ist gestorben,
Und alles in Dunkelheit gehüllt.

(Thag. 1034)

Sein Körper fühle sich kraftlos und ausgelaugt an und selbst die Lehre sei ihm in diesem Augenblick nicht gegenwärtig – so habe ihn die Nachricht vom Tod des Freundes getroffen. Doch der Buddha tröstete ihn. Er gab Ānanda zu bedenken, ob denn Sāriputta die Tugend, die Versenkung, die Weisheit, die Erlösung oder das Wissen um die Erlösung mitgenommen habe. Ānanda musste zugeben, dass sich diese, die einzig wichtigen Aspekte nicht geändert hatten. Doch, so fügte er hinzu, Sāriputta sei ihm und anderen ein äußerst hilfreicher Gefährte und Freund gewesen. Wiederum lenkte der Buddha das Gespräch auf eine höhere Ebene, indem er Ānanda daran erinnerte, was er, der Buddha, stets lehrte: dass nichts, was entstanden sei, ewig bestehen könne. Der Tod Sāriputtas war für die übrigen Jünger wie das Abschneiden eines Hauptastes von einem Baum. Doch dies sollte nur ein weiterer Grund sein, sich allein auf sich selbst und auf sonst niemanden zu verlassen und für sich selbst die einzige Insel und Zuflucht zu sein (SN 47:13).

Viele Gespräche Ānandas mit anderen Mönchen sind überliefert. Wir können hier nur auf einige wenige eingehen.

Eines Tages begleitete der ehrwürdige Vaṅgīsa Ānanda zum Königspalast, wo dieser den Frauen des Harems die Lehre verkünden sollte. Vaṅgīsa hatte offensichtlich einen starken sinnlichen Zug und als er die wunderschönen Frauen mit all ihrem Schmuck sah, wurde sein Herz von sinnlichem Begehren überflutet. Plötzlich empfand er das geschlechtslose Leben eines Mönchs, das er so bereitwillig angenommen hatte, wie ein Bleigewicht, und der Gedanke, die Mönchsrobe abzulegen und sich sinnlichen Vergnügungen hinzugeben, versetzte seinen Geist in Aufruhr. Sobald sie ungestört miteinander sprechen konnten, erklärte Vaṅgīsa Ānanda seine missliche Lage und bat ihn um Hilfe und um geistliche Führung. Da er der berühmteste Dichter im Sangha war, sprach er in Versen; und redete Ānanda mit dessen Clannamen Gotama an:

> Ich brenne vor sinnlicher Lust,
> Mein Geist steht ganz in Flammen.
> Sag mir bitte, wie ich sie löschen kann,
> Hab Mitleid mit mir, o Gotama.

Auch Ānanda antwortete in Versen:

> Weil sich dein Auge hin und her
> bewegt,
> Steht dein Geist in Flammen.
> Wende dich von den Zeichen
> der Schönheit ab,
> Denn sie sind mit sinnlicher Lust
> verbunden.
>
> Betrachte die Vorspiegelungen
> als fremd,
> Betrachte sie als Leiden, nicht als Selbst.
> Lösche das mächtige Feuer der Lust,
> Brenne nicht wieder und wieder.
>
> Entwickle die Meditation über
> den Schmutz
> Mit geschärftem, voll konzentriertem
> Geist.
> Lass deine Achtsamkeit herrschen
> über den Körper,
> Vertiefe dich in die Ernüchterung.
>
> Entwickle die formlose Meditation,
> Bekämpfe die Neigung zur
> Täuschung.
> Sieh hinter das täuschende Bild,
> Und du wirst mit friedlichem
> Herzen leben.

(SN 8:4; siehe auch Thag. 1223–1226)

Ānanda wies Vaṅgīsa darauf hin, dass er in sich dauernd das sinnliche Begehren aufrechterhalte, weil seine Wahrnehmung an der oberflächlichen Erscheinung der weiblichen Reize hafte. Da er sich von der Schönheit fesseln lasse, entstehe in ihm ein Gefühl des Verlustes und des Mangels, das sich als Müdigkeit des Geistes und als eine Art Aversion gegen das Leben als Asket äußere. Darum müsse Vaṅgīsa jene Dinge, die ihm wundervoll und begehrenswert erscheinen, ganz nüchtern betrachten. Mit dem Skalpell der meditativen Einsicht solle er den Körper sezieren und unter der reizvollen Oberfläche die Erbärmlichkeit und das Elend erkennen. Auf diese Weise werde seine Lust vergehen, und er könne inmitten der weltlichen Verlockungen stark und unbesiegbar bleiben.

Den Mönch Channa plagten Zweifel an der Lehre. Zu Lebzeiten des Buddha war er sehr halsstarrig gewesen, mit eigenem Willen, wenig diszipliniert. Doch nach dem Parinibbāna des Meisters war er von dem dringenden Gefühl erfüllt, dass Eile geboten sei. Obwohl er demütig den Rat anderer Mönche suchte, machte er keine befriedigenden Fortschritte. Er konnte verstehen, dass die fünf Arten des Anhaftens ohne Bestand waren, doch wenn er das Prinzip des Nichtselbst zu betrachten versuchte, geriet er in eine Sackgasse und wurde von dem Gedanken bedrängt, das Nibbāna sei die Zerstörung seines wertvollen Ich. So bat er auch Ānanda um Rat. Dieser drückte zuerst seine Freude darüber aus, dass Channa seine Halsstarrigkeit aufgegeben habe und nun ernsthaft versuche, den Dhamma zu verstehen. Channa war darüber entzückt und hörte mit ungeteilter Aufmerksamkeit Ānandas Darlegung von Buddhas Lehrrede für Kaccānagotta (SN 12:15) zu. Sie handelt von der Überwindung der Extreme des Seins und des Nichtseins. Am Ende von Ānandas Erklärung hatte Channa den Pfad und die Frucht des Stromeintritts erreicht. Da rief er aus, wie wundervoll es doch sei, wenn man solch weise Freunde als Lehrer habe. Endlich sei es ihm gelungen, fest im Dhamma Fuß zu fassen (SN 22:90).

Gespräche mit dem Buddha

Wenn man unter einem Gespräch auch die stumme innere Anteilnahme an einer Lehrrede versteht, dann besteht eigentlich das ganze Sutta-Piṭaka aus Ānandas Gesprächen mit dem Buddha. Er war fast immer dabei, wenn der Buddha predigte, und die wenigen Reden, die der Erhabene in Abwesenheit Ānandas hielt, wiederholte er später eigens für ihn.[11]

Der Buddha wandte sich des Öfteren an den ehrwürdigen Ānanda mit Fragen zur Lehre. Sie sollten entweder Ānandas spirituelles Wachstum fördern oder ihm die Gelegenheit zu einer Lehrrede vor allen Mönchen geben. Es wirkt auf die Zuhörer immer anregender, wenn zwei Fachleute über ein Thema diskutieren, als wenn nur einer referiert. So sind viele der Gespräche zwischen dem Buddha und Ānanda Dialoge zur Belehrung anderer.

Bei mehreren Gelegenheiten lächelte der Buddha, wenn er an einen bestimmten Ort kam, und schuf auf diese Weise einen Anlass für eine Lehrrede. Ānanda wusste, dass ein Vollerleuchteter nicht ohne Grund lächelt, und er verstand sofort, dass darin eine Anregung für eine Frage lag. So fragte er den Erwachten, warum er gelächelt habe. Daraufhin gab der Meister eine ausführliche Erklärung zu einer Begebenheit, die sich in der Vergangenheit an jenem Ort zugetragen hatte.[12]

Die Gespräche, bei denen der ehrwürdige Ānanda die Initiative ergriff, indem er eine Frage stellt, sind viel zahlreicher als jene, bei denen der Buddha zu sprechen begann. So fragte Ānanda zum Beispiel, ob es einen Duft gebe, der im Unterschied zu dem der Blüten, auch gegen den Wind wahrzunehmen sei. Die Antwort lautete: «der Duft eines Menschen, der die dreifache Zuflucht genommen hat, tugendhaft und großzügig ist» (AN 3:79).

Ein anderes Mal fragte Ānanda, wie man glücklich im Orden leben könne. Die Antwort war: «Wenn man selbst tugendhaft ist, aber andere nicht wegen des Mangels an Tugend tadelt. Wenn man sich selbst, aber nicht andere beobachtet. Wenn man sich nicht darum kümmert, ob man berühmt ist. Und schließlich: wenn man ein Arahat wird. Der erste Schritt zur Heiligkeit besteht also darin, dass man Ansprüche an sich selbst stellt und nicht etwa andere beobachtet oder kritisiert.» (AN 5:106)

Ānanda fragte: «Was ist der Zweck und der Segen der Tugend?» Der Buddha antwortete: «Frei zu sein von Selbstvorwürfen und Schuldgefühlen und sich eines reinen Gewissens zu erfreuen.» Doch Ānanda fragte weiter: «Was ist der Zweck und der Segen eines ruhigen Gewissens?» Der Buddha antwortete: «Es bringt Freude an heilsamen Gedanken und Handlungen, Glück über den erlangten Fortschritt und stellt einen Ansporn für weitere Anstrengungen dar.»

«Und was geht daraus hervor?» «Man empfindet Jubel im Herzen, wird zum guten und vollkommenen Segen hingezogen, und daraus ergibt sich tiefe Ruhe und Einsicht.» (AN 10:1) Auf diese Weise fragte Ānanda nach vielen Aspekten der Lehre.

Manchmal trug Ānanda dem Buddha eigene Ansichten vor, so dass ihnen der Meister zustimmen oder sie korrigieren konnte. Bei einer Gelegenheit sagte er zum Beispiel: «Mir scheint, o Meister, dass edle Freundschaft die Hälfte des heiligen Lebens ist.» Unerwarteterweise widersprach ihm der Buddha: «Rede nicht so, Ānanda! Edle Freundschaft ist mehr als die Hälfte des heiligen Lebens. Es ist das gesamte heilige Leben!» Denn was wäre das heiligmäßige Leben, wenn nicht alle zum Buddha als ihrem besten Freund gekommen wären, der ihnen den rechten Weg zeigte? (SN 45:2)

Die bekannteste Bemerkung Ānandas findet sich am Anfang des *Mahānidāna-Suttana* («Große Lehrrede über die Bedingtheit»; DN 15): «Die bedingte Entstehung (*paṭicca-samuppāda*), o Meister, ist sehr tief, doch mir erscheint sie so klar, wie sie nur sein kann.» Auch in diesem Fall widersprach ihm der Buddha: «Nicht so, Ānanda, so nicht! Die bedingte Entstehung ist tief und erscheint tief; sie ist wirklich sehr schwer zu durchschauen. Da die Wesen dieses eine Prinzip nicht verstehen und durchschauen, bleiben sie im Kreislauf von Geburt und Tod gefangen und können den Weg zur Freiheit nicht finden.» Dann erläuterte der Buddha Ānanda die bedingte Entstehung mit ihren zahlreichen Aspekten.

Einmal sah Ānanda, wie ein Bogenschütze erstaunliche Künste vollführte. Er berichtete dem Buddha, wie sehr ihn dies beeindruckt habe – da er aus der Kriegerkaste stammte, hatte er wohl für solche Darbietungen kriegerischer Fähigkeiten ein besonderes Verständnis. Der Buddha nahm dies zum Anlass für ein Gleichnis. Er sagte, die Vier Edlen Wahrheiten seien schwerer zu verstehen und zu durchschauen, als mit einem Pfeil ein siebenfach gespaltetes Haar zu treffen (SN 56:45).

Ein anderes Mal sah Ānanda den berühmten Brahmanen Jāṇussoṇi, einen Jünger des Buddha, in einem strahlend weißen Wagen fahren. Er hörte die Leute rufen, der Wagen des Brahmanen sei der allerschönste. Ānanda berichtete dies dem Buddha und fragte ihn, wie man den schönsten Wagen dem Dhamma zufolge beschreiben könne. Der Buddha kleidete seine Schilderung des Fahrzeugs zum Nibbāna in ein ausführliches Gleichnis:

> Glauben und Vertrauen sind die Zugtiere, moralische Scham ist die Bremse, der Intellekt die Zügel, die Achtsamkeit der Wagenlenker. Die Tugend bildet das Zubehör, die Meditation die Achse; die Energie sind die Räder, Gleichmut ist das Gleichgewicht, Entsagung die Verkleidung. Die Waffen sind die Liebe, und die Panzerung besteht aus Gewaltlosigkeit, Einsamkeit und Geduld. (SN 45:4)

Ānandas frühere Existenzen

Ānandas sprach den Wunsch, ein großer Jünger zu werden, erstmals unter Buddha Padumattara aus, vor einhunderttausend Weltzeitaltern.[13] Buddha Padumuttara war der Sohn von König Nanda, der in der Stadt Haṁsavatī residierte. Sein jüngerer Brüder, Kronprinz Sumanakumāra, herrschte über ein Lehensgebiet, das ihm sein Vater gegeben hatte. Als der Buddha einmal mit einmal Gefolge von einhunderttausend Mönchen in der Hauptstadt weilte, schlug Sumanakumāra auf Befehl seines Vaters in einem Grenzgebiet einen Aufstand nieder. Als er in die Hauptstadt zurückkehrte, stellte ihm sein Vater einen Wunsch frei. Der Prinz bat, den Buddha und seinen Sangha in seine Residenzstadt zu führen und für sie während der dreimonatigen Einkehr zur Regenzeit sorgen zu dürfen.

Der Prinz war zutiefst beeindruckt von dem persönlichen Diener des Buddha, einem Mönch namens Sumana, und beobachtete ihn während der Regenzeit genau. Am Ende dieser dreimonatigen Periode, in der er den Buddha und den ganzen Mönchsorden mit allem ausgestattet und ihm mit großer Demut gedient hatte, warf er sich zu Füßen des Meisters nieder und sagte, er wolle seine Verdienste so verwendet wissen, dass er in Zukunft die Stelle eines persönlichen Dieners unter einem Vollerleuchteten bekomme. Der Buddha schaute in die Zukunft und sagte, sein Wunsch werde unter der Weisung von Buddha Gotama, einhunderttausend Weltzeitalter in der Zukunft, in Erfüllung gehen. Von jenem Tag an, so heißt es, habe sich Sumanakumāra gefühlt, als gehe er bereits hinter Buddha Gotama und trage dessen Bettelschale und Extrarobe.

In den Jātakas treten oft herausragende Persönlichkeiten auf, die frühere Inkarnationen von Ānanda sind. Am meisten fällt bei diesen Geschichten Ānandas innige Verbindung mit dem Bodhisatta auf, dem künftigen Buddha Gotama. Häufig ist der Bruder des Bodhisatta, sein Sohn, sein Vater, sein Diener, sein Kollege, sein Freund. Die folgenden drei Beispiele zeigen deutlich, wie sehr Ānanda in seinen früheren Existenzen darum rang, seine Tugend zu vervollkommnen. Selten war er ein Gott oder ein Tier; in den meisten Fällen erschien er als Mensch. In dieser Hinsicht steht er im Gegensatz zu Anuruddha, der fast immer als Gott wieder geboren wurde, und zu Devadatta, der am häufigsten als Tier erschien.

Jātaka 498

Ānanda und der Bodhisatta wurden als Vettern unter den Kastenlosen oder Caṇḍālas geboren. Ihr Beruf war das Ausräuchern stinkender Orte. Um der Verachtung zu entgehen, die man ihnen entgegenbrachte, verkleideten sie sich als junge Brahmanen und gingen zum Studium an die Universität von Takkasilā. Dort entdeckte man den Betrug, und ihre Mitstudenten verprügelten sie. Ein weiser, freundlicher Mann gebot den Studenten Einhalt und riet den beiden Caṇḍālas, Asketen zu werden. Sie folgten diesem Rat, starben nach einiger Zeit und wurden zur Strafe für ihren Betrug als Tiere, als Nachkommen einer Hirschkuh, wieder geboren. Sie waren unzertrennlich und starben zusammen durch den Pfeil eines Jägers. In der nächsten Existenz waren sie Seeadler und fielen erneut einem Jäger zum Opfer. Damit kam die Kette ihrer Existenzen unterhalb der menschlichen Ebene zu einem Ende.

Ānanda wurde als Sohn eines Königs wieder geboren, der Bodhisatta als Sohn des Hofpriesters. Während Ānanda im weltlichen Sinne eine höhere Stellung innehatte, verfügte der Bodhisatta über mehr angeborene Fähigkeiten. Er konnte sich zum Beispiel an die drei erwähnten Existenzen erinnern, während Ānanda nur sein Leben als Caṇḍāla im Gedächtnis hatte. Im Alter von sechzehn Jahren wurde der Bodhisatta zu einem Asketen, der sich aufrichtig bemühte; Ānanda seinerseits wurde zum König gekrönt. Später besuchte der Bodhisatta den König. Er pries das Glück der Askese und erläuterte, wie unbefriedigend die Sinneswelt sei. Ānanda räumte dies ein, erklärte jedoch, er könne von seinen Leidenschaften nicht lassen. Er sitze fest wie ein Elefant im Sumpf.

Daraufhin sagte der Bodhisatta, auch als König könne er Tugend üben, indem er zum Beispiel keine ungerechten Steuern erhebe sowie Asketen und Priester unterstütze. Doch wenn heiße Leidenschaften in ihm aufstiegen, solle er sich an seine Mutter erinnern: dass er als Kind völlig hilflos gewesen sei und dass er ohne die Pflege seiner Mutter niemals König geworden wäre. Daraufhin entschloss sich Ānanda, ebenfalls Asket zu werden, und beide gelangten in die Brahma-Welt.

Jātaka 421

Der Bodhisatta kam als armer Tagelöhner auf die Welt und bemühte sich, die Feiertage (Uposatha) einzuhalten.[14] Als Folge davon wurde er als König wieder geboren. Ānanda lebte in seinem Königreich als armer Wasserträger. Seine gesamte Habe bestand aus einer Münze, die er unter einem Stein versteckt hatte. Als die Menschen in der Stadt ein Fest feierten, drängte ihn seine Frau, er solle sich auch etwas gönnen und fragte ihn, ob er etwas Geld besitze. Er antwortete, er habe eine Münze, doch sie liege zwölf Meilen entfernt. Sie sagte ihm, er solle sie holen, und gestand ihm, sie habe denselben Betrag gespart. Damit könnten sie sich Girlanden, Weihrauch und Getränke leisten. Ānanda machte sich trotz der Mittagshitze auf den Weg, voller Vorfreude auf das Fest. Als er durch den Hof des Königspalastes ging, sang er ein Lied. Der König sah ihn und fragte ihn nach dem Grund seiner guten Laune. Er sagte, er spüre die Hitze gar nicht, da er von einer inneren Glut getrieben werde, und schließlich erzählte er seine Geschichte.

Der König fragte ihn, wie groß denn sein Schatz sei: vielleicht einhunderttausend Münzen? Als er hörte, dass es sich nur um eine einzige Münze handelte, meinte er, Ānanda solle nicht durch die Mittagshitze gehen. Er werde ihm vielmehr eine solche Münze schenken. Ānanda antwortete, er sei sehr dankbar dafür, denn dann besitze er zwei Münzen. Daraufhin bot ihm der König zwei Münzen, doch Ānanda sagte, er werde trotz allem seine eigene Münze holen. Der König fing nun Feuer und steigerte sein Angebot immer weiter. Er offerierte Millionen und den Posten des Vizekönigs, doch Ānanda wollte seine eigene Münze nicht aufgeben. Erst als ihm der König die Hälfte seines Reiches anbot, schlug er ein. Das Königreich wurde geteilt, und Ānanda hieß fortan König Eine-Münze.

Eines Tages gingen die beiden Könige auf die Jagd. Als sie müde wurden, legte der Bodhisatta sein Haupt in den Schoß seines Freundes und schlief ein. Da überfiel Ānanda der Gedanke, den König umzubringen und über das ganze Reich allein zu herrschen. Er zog schon sein Schwert, als ihm einfiel, wie dankbar er, der arme Schlucker, dem König sein musste und wie niederträchtig es von ihm war, einen solchen Gedanken zu hegen. Er steckte sein Schwert zurück in die Scheide, doch noch ein zweites und drittes Mal überwältigte ihn derselbe Wunsch. Er spürte, dass dieser Gedanke immer wieder in ihm erwachen würde und ihn zu schlechten Taten verführen könnte. So warf er sein Schwert weg, weckte den König, fiel vor ihm nieder und bat ihn um Verzeihung. Der Bodhisatta vergab ihm und sagte, er könne das ganze Königreich haben. Ihm selbst reichte es, wenn er als Vizekönig unter ihm dienen könne. Doch Ānanda antwortete, er habe genug von der eigenen Machtgier: Er wolle ein Asket werden. Er habe erkannt, wie Begierde entstehe und heranwachse, und nun wolle er sie mit den Wurzeln ausreißen. So zog er in den Himalaya und übte sich in der Meditation. Der Bodhisatta aber blieb in der Welt.

Jātaka 282

Der Bodhisatta regierte als rechtschaffener König in Benares und übte die königlichen Tugende: Er gab Almosen, befolgte die Vorschriften und beachtete die Uposatha-Tage. Da zettelte einer seiner Minister im Harem eine Intrige an. Als sie aufgedeckt wurde, erließ der milde König dem Minister die Todesstrafe, verbannte ihn nur und gestattete sogar, dass er sein Vermögen und seine Familie mitnahm. Der Minister ging zu einem Nachbarkönig, wurde dessen Vertrauter und sagte ihm, man könne Benares leicht einnehmen, weil der König viel zu schwach sei. Doch der Nachbarkönig, Ānanda, war misstrauisch, denn er kannte die Stärke und die Macht des Reiches von Benares. Der Minister riet ihm, eine Probe zu machen. Er solle ein Dorf zerstören. Wenn man einen seiner Männer gefangen nehme, werde der König ihn wahrscheinlich noch belohnen. Und in der Tat: Als die Plünderer dem Bodhisatta vorgeführt wurden und erklärten, sie hätten aus Hunger so gehandelt, gab er ihnen noch Geld.

Das überzeugte Ānanda davon, dass der verräterische Minister die Wahrheit gesagt hatte, und er marschierte nach Benares. Der Heerführer des Bodhisatta wollte das Königreich verteidigen, doch dieser untersagte es: Niemand solle seinetwegen leiden. Wenn der andere König sein Reich haben wolle, so solle er es bekommen. Er ließ zu, dass Ānanda ihn ins Gefängnis warf. Dort übte er sich in einer liebenden, erbarmenden Meditation in Bezug auf den gierigen König Ānanda. Den befiel ein Fieber, und er wurde von seinem schlechten Gewissen gepeinigt. Ānanda bat den Bodhisatta um Verzeihung, gab ihm sein Reich zurück und erklärte sich für ewig zu seinem Verbündeten. Der Bodhisatta bestieg seinen Thron wieder und sprach zu seinen Ministern über die Tugenden und Früchte der Gewaltlosigkeit: Weil er Frieden mit den Eindringlingen geschlossen habe, sei Hunderten von Menschen der Tod auf dem Schlachtfeld erspart geblieben. Dann verzichtete er auf seinen Thron, wurde Asket und gelangte schließlich in die Brahma-Welt. Ānanda dagegen blieb König.

Die letzten Tage des Buddha

Das Sutta, das am besten Ānandas Beziehung zum Buddha beleuchtet, ist das *Mahāparinibbāna-Sutta* (DN 16). Es handelt von den letzten Tagen des Buddha und von dessen Eingang ins Nibbāna.[15] Über diesem Sutta liegt eine ganz besondere Stimmung, die des Abschieds, der für Ānanda besonders schmerzlich war. Der Text markiert auch den Beginn des Abschieds vom Dhamma: Die Lehre wird mit zunehmender zeitlicher Entfernung vom Buddha langsam verschwinden, bis schließlich ein neuer Buddha erscheint. Allgegenwärtig ist die Mahnung, die Lehre zu verwirklichen, solange noch Zeit dazu ist. In diesem Text spiegelt sich noch einmal die ganze Person Ānandas, und so wollen wir seinem Lauf folgen und jene Punkte besonders hervorheben, die Ānanda charakterisieren.

Der erste Abschnitt des Sutta beginnt in Rājagaha, der Hauptstadt des Staates Magadha. Devadattas Versuch, den Mönchsorden zu spalten, war sieben Jahre zuvor gescheitert. In Magadha regiert noch immer König Ajātasattu. König Pasenadi von Kosala ist gerade gestürzt worden, und der Familienverband der Sakya hat ein tragisches Ende gefunden, wobei viele von Ānandas nahen Verwandten getötet worden sind. Zu jener Zeit lebten nördlich des Ganges in der Nähe des Himalaya drei berühmte Kriegerclans, die Koliya, die Malla und die Vajjia, die eine relative Unabhängigkeit von König Ajātasattu hatten bewahren können. Er hegte allerdings die Absicht, die Vajjia zu vernichten und ihr Land seinem Reich einzuverleiben.

Während der Buddha den Untergang jener Sakya nicht verhindern konnte, die nicht dem Mönchsorden beigetreten waren, weil sie eine karmische Schuld abzubüßen hatten, half er den Vajjia und später indirekt auch den Malla. Das ist der äußere, «politische» Hintergrund der letzten Jahre des Buddha. Im Einzelnen wird Folgendes berichtet:

König Ajātasattu gab seinem Minister Vassakāra den Auftrag, zum Buddha zu gehen und ihn von seiner Absicht zu unterrichten, einen Eroberungskrieg gegen die Vajjia zu führen. Während Vassakāra Bericht erstattete, stand Ānanda hinter dem Buddha und fächelte ihm Kühlung zu. Da wandte sich der Erhabene an Ānanda und stellte ihm sieben Fragen zur Lebensweise und den Lebensverhältnissen der Vajjia. Ānanda erklärte, die Vajjia würden häufig zu Ratsversammlungen zusammenkommen und dabei einstimmig entscheiden. Sie würden ihren alten Gesetzen treu bleiben, dem Rat der Älteren folgen, keine Frauen vergewaltigen, ihre Tempel und Schreine ehren, keine Schenkungen an religiöse Stätten widerrufen und allen echten Priestern und Asketen Schutz und Gastfreundschaft bieten. Angesichts dieser sieben Eigenschaften, meinte der Buddha, dürfe man bei den Vajjia Wohlstand und nicht Armut erwarten. Vor einiger Zeit hatte er selbst ihnen diese sieben Regeln gegeben.

Der Minister des Königs antwortete darauf, selbst eine dieser Eigenschaften würde ausreichen, um den Fortbestand des Clans zu gewährleisten. Solange sich die Vajjia an diese sieben Regeln hielten, werde es dem König nicht möglich sein, ihr Land zu erobern, es sei denn durch innere Zwietracht oder Verrat.

Mit dieser Überzeugung ging Vassakāra zurück zu seinem König und berichtete ihm, es sei nutzlos, einen Krieg gegen die Vajjia anzuzetteln. Die Inder jener Zeit vertrauten so sehr auf die spirituelle Stärke eines Volkes, dass schon der Hinweis auf eine moralische Überlegenheit ausreichte, um einen Krieg zu verhindern. Erst viel später, nach dem Tod des Buddha, war es dem König möglich, das Gebiet der Vajjia zu erobern, und das auch nur deshalb, weil sie in der Zwischenzeit ihre moralische Integrität aufgegeben hatten.

Nach diesem hochpolitischen Gespräch bat der Buddha Ānanda, alle Mönche der Umgebung zusammenzurufen. Er wollte sie über sieben Dinge belehren, die dem Sangha ein weiteres Gedeihen ermöglichen würden: «Die Mönche sollen sich häufig treffen und ihre Angelegenheiten in freundschaftlicher Weise regeln; sie sollten keine neuen Regeln aufstellen, sondern die alten befolgen; sie sollen die älteren Mönche des Sangha ehren und auf ihren Rat etwas geben; sie sollen der Begierde widerstehen, sich an der Einsamkeit erfreuen und allezeit Achtsamkeit üben, so dass der Gleichgesinnte sich angezogen fühlen und diejenigen glücklich sind, die bereits ein asketisches Leben führen.»

Nachdem der Buddha die Mönche auf diese Weise belehrt hatte, gab er folgende knappe Zusammenfassung der Lehre, die in diesem Sutta noch vielfach wiederkehrt: «Das ist Tugend, das ist Versenkung, das ist Weisheit. Durch Tugend verstärkte Versenkung bringt großen Segen und viele Früchte. Durch Versenkung verstärkte Weisheit bringt großen Segen und viele Früchte. Der durch Weisheit gestärkte Geist ist frei von allen Übeln, vom Übel des sinnlichen Begehrens, vom Übel des Wunsches, geboren zu werden, und vom Übel der Unwissenheit.»

Danach brach der Buddha zu seiner letzten Reise auf. Er besuchte immer Orte, an denen es Menschen gab, die die Lehre verstehen wollten, wo Missverständnisse ausgeräumt werden mussten oder wo es Gewalt zu verhindern galt. Er ging zunächst in Richtung Ganges nach Nālandā, das später ein wichtiges Zentrum buddhistischer Gelehrsamkeit wurde. Die Stadt lag in der Nähe von Sāriputtas Geburtsort. Hier verabschiedete sich Sāriputta vom Buddha. Er wollte zurückbleiben und seine Mutter noch zum Dhamma bekehren, bevor er endgültig ins Nibbāna einging.[16] Beim Abschied pries der große Jünger noch einmal den Buddha: «Mir ist klar geworden, o Meister, dass es keinen weiseren Menschen gibt als dich.»

Dann zog der Erwachte mit einer großen Gesellschaft von Mönchen nach Vesālī, der Hauptstadt der Vajjia, deren Tugend er gepriesen hatte und von denen er die Gefahr eines Angriffs durch König Ajātasattu abgewendet hatte. In Vesālī befiel ihn eine lebensgefährliche Krankheit. Er unterdrückte sie durch Willenskraft, da er nicht sterben wollte, ohne seine Jünger noch einmal um sich versammelt zu haben. Dass ein Buddha überhaupt krank werden kann, beruht auf der Unvollkommenheit des Körpers, dass er Herr zu werden vermag über die Krankheit, geht auf die Vollkommenheit seines Geistes zurück.

Ānanda war wegen der Krankheit des Buddha so verzweifelt und so niedergeschlagen, dass er nicht mehr richtig denken konnte. Dem Buddha sagte er, er habe sich mit der Tatsache getröstet, dass der Erwachte wohl nicht ins endgültige Nibbāna eingehen werde, ohne einige Anordnungen für den Mönchsorden gegeben zu haben. Doch der Buddha wies dies zurück: «Was erwartet der Orden noch mehr von mir, Ānanda? Ich habe die Lehre dargelegt, ohne einen Unterschied zu machen zwischen der Lehre für Eingeweihte und derjenigen für Nichteingeweihte. Es gibt nichts, was der Tathāgata als Lehrer zurückhält. Nur wer der Ansicht ist, dass er den Sangha der Bhikkhus leitet oder dass dieser von ihm völlig abhängig ist, nur so einer würde letzte Anordnungen treffen. Der Tathāgata aber hegt keine solchen Gedanken. Was für Anordnungen sollten wir also dem Mönchsorden hinterlassen?» Und der Buddha fuhr fort: «Ich bin jetzt fast achtzig Jahre alt. Ānanda. Ich bin am Ende meines Lebens angelangt, und ich kann den Körper nur mit Mühe zusammenhalten, so wie man mit einem alten Karren weiterfährt. Meinem Körper geht es nur dann gut, wenn ich in die formlose Befreiung des Geistes eintrete und dort verweile.»[17] Doch der Meister verabreichte Ānanda sofort ein Mittel gehen die Wehmut, die diese Worte erzeugten: «Darum, lieber Ānanda, sollte jeder von euch eine Insel für sich selbst sein, sich selbst als Zuflucht haben und sonst keine andere; jeder von euch sollte den Dhamma als Zuflucht haben, mit dem Dhamma als Zuflucht leben und mit sonst keiner anderen.»

Der dritte Abschnitt des Sutta spielt in Vesālī, wo sich der Buddha während der Regenzeit zur Einkehr aufhielt. Eines Tages forderte er Ānanda auf, seine Sitzmatte zu nehmen und ihn zum Cāpāla-Schrein zu begleiten, um den Tag dort in Versenkung zu verbringen. Als sie sich niedergesetzt hatten, betrachtete der Erhabene die friedliche Landschaft, die vor ihm lag, und erinnerte Ānanda an die zahlreichen schönen Orte in der Umgebung. Der Grund für diese scheinbar unmotivierte Beschreibung der Landschaft wird später deutlich.

Der Buddha sagte dann: «Wer die vier Wege zur psychischen Kraft[18] entwickelt hat, sie zu seinem Fahrzeug und zu seinem Fundament gemacht hat, könnte, wenn er denn wollte, während des gesamten restlichen Weltzeitalters (*kappa*) am Leben bleiben.[19] Der Tathāgata hat dies getan und er könnte, wenn es verlangt wurde, bis zum Ende dieses Weltzeitalters leben.» Obwohl Ānanda diesen deutlichen und handgreiflichen Hinweis gehört hatte, der ohne Zweifel mit seinen eigenen Wünschen übereinstimmte, bat er den Buddha nicht, aus Mitleid mit allen Wesen am Leben zu bleiben. Nicht nur einmal, sondern noch ein zweites und drittes Mal richtete der Buddha dieselben Worte an Ānanda. Doch Ānanda nahm den Hinweis nicht auf; er war völlig verwirrt, und der böse Māra, der immer noch bis zu einem gewissen Grad Macht über ihn besaß, hatte sein Herz in Fesseln gelegt.

In diesem Augenblick hatte der in der Regel so umsichtige Ānanda seine Achtsamkeit verloren, was sonst nur bei unbedeutenden Anlässen geschah. Andernfalls hätte unser Weltzeitalter einen völlig anderen Verlauf genommen. Könnte es sein, dass Ānanda sich so sehr dem Vergnügen hingab, in engem Kontakt mit dem Buddha zu sein, dass sein Geist den Hinweis des Meisters gar nicht aufnahm? War daran sein starkes Anhaften an der Gesellschaft des Buddha schuld, vielleicht verstärkt durch die bezaubernde Abendstimmung und die Stille des Waldes? Wenn Māra nicht dazwischengetreten wäre, hätte Ānanda den Buddha darum gebeten, die Last eines längeren Lebens auf sich zu nehmen, und der Buddha hätte dem zugestimmt, aus Erbarmen mit der ganzen Welt. Doch Māra verhinderte dies, weil er fürchtete, dass ihm dadurch zahllose Wesen entgehen würden. So war der Verlauf der Geschichte besiegelt. Diese eindrückliche und schmerzliche Szene gehört zu den Mysterien des Pāli-Kanons, und man könnte endlos daran herumrätseln.

Fahren wir mit dem Bericht fort: Der Buddha entließ Ānanda, und dieser setzte sich unter einen benachbarten Baum und begann mit der Meditation. Da erschien Māra vor dem Buddha und erinnerte ihn an ein Versprechen, das dieser fünfundzwanzig Jahre zuvor, unmittelbar nach seiner Erleuchtung, gegeben hatte. Māra hatte damals den Buddha aufgefordert, endgültig ins Nibbāna einzutreten und nicht zu lehren. Der Buddha jedoch hatte geantwortet, er werde nicht sterben, bevor er die Mönche, die Nonnen, die weiblichen und die männlichen Laienanhänger nicht gründlich unterwiesen habe und die asketische Lebensweise nicht wohl begründet sei. Das sei nun alles geschehen, und er, Māra, sei gekommen, um ihn an sein Versprechen zu erinnern. Der Buddha antwortete darauf: «Mach dir keine Sorgen, Teufel. Bald wird der Tathāgata in das Parinibbāna eintreten. In drei Monaten wird der Tathāgata das Zeitliche segnen.» Damit gab der Erhabene mit vollem Bewusstsein und voller Achtsamkeit seinen Willen zum Weiterleben auf. In diesem Augenblick zitterte die Erde und dröhnte, und ein Donner war im Himmel zu hören. So gewaltig wirkte es auf die Natur, als der Erwachte von den Elementen der Lebenskraft abließ.

Als Ānanda das Erdbeben und den

Donner bemerkte, fragte er den Buddha nach deren Ursache. Dieser antwortete, es gebe acht Gründe für Erdbeben. Der erste liege in der Bewegung starker Kräfte; der zweite sei gegeben, wenn ein Mönch oder Brahmane mit übernatürlichen Kräften eine bestimmte Art der Versenkung erreiche. Die letzten sechs Gründe seien Empfängnis, Geburt, Erleuchtung, die erste Predigt des Dhamma, die Aufgabe des Lebenswillens und das endgültige Nibbāna eines Buddha. Daran kann man erkennen, wie stark die Verbindungen zwischen einem Buddha, dem höchsten aller Wesen, und dem gesamten Kosmos sind. Nun folgen Erläuterungen über die acht Arten von Versammlungen, die acht Arten der Überwindung und die acht Arten der Befreiung.

Sie scheinen hier völlig fehl am Platze zu sein, und viele Gelehrte halten sie daher für eine spätere Einfügung. Da zuerst von den acht Erdbeben die Rede war, habe man hier drei weitere Achtergruppen untergebracht. In Wirklichkeit existiert jedoch ein tieferer Zusammenhang. Es ging darum, Ānanda vom Oberflächlichen zum Bedeutsameren hinzuführen und ihm den baldigen Tod des Buddha so anzukündigen, dass er nicht verstört wurde.

Nachdem der Buddha Ānanda auf den Weg zur Erleuchtung gebracht hatte, berichtete er, wie er Māra vor fünfundvierzig Jahren gesagt hatte, er werde nicht ins Nibbāna eingehen, bevor die Lehre richtig etabliert sei. Nun sei ihm Māra erschienen, und er habe ihm gesagt, er werde nur noch drei weitere Monate leben. Daher habe er nun den Lebenswillen aufgegeben, und das sei der Grund für das Erdbeben gewesen.

Ohne zu zögern, bat Ānanda den Erwachten dreimal, das gesamte Weltzeitalter über bei ihnen zu bleiben. Beim dritten Mal fragte ihn der Buddha: «Hast du Vertrauen, Ānanda, zur Erleuchtung des Tathāgata?» Als Ānanda bestätigte, fragte er weiter: «Warum also, Ānanda, bittest du mich zum dritten Mal darum?»

Der Buddha machte Ānanda klar, dass die Gelegenheit unwiderruflich verstrichen sei: «Der Fehler liegt bei dir, Ānanda. Hier hast du gefehlt, weil du nicht imstande warst, den klaren Hinweis des Tathāgata aufzunehmen und ihn nicht gebeten hast hierzubleiben. Wenn du dies nämlich getan hättest, Ānanda, hätte der Tathāgata zweimal abgelehnt, doch beim dritten Mal hätte er zugestimmt.» Er erinnerte Ānanda auch daran, dass er nicht nur jetzt, sondern schon fünfzehnmal zuvor darauf hingewiesen habe, er könne ein ganzes Weltzeitalter lang auf der Erde bleiben. Doch jedes Mal sei Ānanda stumm geblieben.

Schließlich fügte der Buddha eine Belehrung über die Unbeständigkeit hinzu: «Habe ich nicht von Beginn an gelehrt, dass alles, was uns lieb und teuer ist, sich verändern muss und dass man sich von ihm trennen muss? Alles, was entstanden, geworden und bedingt ist und auch dem Zerfall unterliegt, kann nicht daran gehindert werden, sich auch wieder aufzulösen. Ferner ist es einem Tathāgata nicht möglich, sein Wort zurückzunehmen. In drei Monaten wird er ins Nibbāna eingehen.» Daraufhin bat er Ānanda, die Mönche in der Umgebung zusammenzurufen. Er legte der Schar ans Herz, den Pfad zur Erleuchtung, den er während seiner Tätigkeit gelehrt habe, zu beherzigen und zu befolgen, «so dass dieses heilige Leben lange dauern möge, zum Nutzen und Glück vieler, aus Mitleid mit der Welt, zum Nutzen und Glück der Devas und der Menschen». Am Ende der Lehrrede verkündete er, «in drei Monaten» werde das Parinibbāna des Tathāgata stattfinden. Dann gab er den Mönchen einige Verse zur Meditation:

> Meine Jahre sind nun herangereift,
> die restliche Lebensspanne ist kurz.
> Ich scheide von euch und verlasse
> mich nur noch auf mich selbst.
> Seid ernsthaft, achtsam und voller
> Tugend!
> Mit Festigkeit hütet euren Geist!
>
> Wer in dieser Lehre und
> in dieser Disziplin
> Dauernd achtsam lebt,
> Wird den Kreis der Wiedergeburten
> verlassen
> Und dem Leiden ein Ende bereiten.

Der vierte Abschnitt des Sutta berichtet, wie der Buddha nach der Einkehr während der Regenzeit seine Reise wieder aufnahm und verkündete, er werde nicht mehr nach Vesālī zurückkehren. Unterwegs sprach er zu den Mönchen über dieselben Themen, die er schon früher behandelt hatte. Er erklärte, sie müssten den Kreislauf der Wiedergeburten durchwandern, weil sie vier Dinge nicht begriffen hätten; die Tugend eines Edlen, die Versenkung eines Edlen, die Weisheit eines Edlen und die Befreiung eines Edlen. Und erneut, wie schon oft auf dieser Reise, sprach er von der Versenkung, die durch Tugend verstärkt wird, und von der Weisheit, verstärkt durch Versenkung.

Am nächsten Rastplatz erklärte er den Mönchen, wie sie sich verhalten sollten, wenn jemand behaupten würde, er zitiere den Buddha. Sie sollten sich dessen Sätze merken und im Vinaya und in den Suttas nach einer Bestätigung dafür suchen. Wenn sie dort nicht zu finden sei, müsse man davon ausgehen, dass die betreffende Person etwas falsch aufgefasst habe, und dann solle man diese Sätze verwerfen. Diese Anordnung war von größter Bedeutung. Sie hat bis auf den heutigen Tag bewirkt, dass wir zwischen Buddhas eigenen Worten und nachkanonischen, nichtauthentischen Texten unterscheiden können.

Danach wanderte der Buddha in das Gebiet der Malla, jenes Kriegerclans, der am nächsten am Himalaya lebte. Möglicherweise war er in der Zwischenzeit auch in Sāvatthī gewesen und hatte dort von Sāriputtas Tod erfahren. Im Land der Malla, der Nachbarn der Sakya, lud der Goldschmied Cunda ihn und seine Mönche zu einem Essen ein. Die Hauptspeise war ein Gericht namens *sūkara-maddava*.[20] Der Buddha bat den Goldschmied, die Speise nur ihm zu geben und den Mönchen etwas anderes vorzusetzen. Weiter bat er, den Rest der Speise zu vergraben, «denn ich sehe in der ganzen Welt niemanden, der sie essen und vollständig verdauen könnte, mit Ausnahme des Tathāgata». Nach dem Essen erlitt der Buddha einen heftigen Ruhranfall. Doch er ertrug ihn mit Gleichmut und war nicht davon abzubringen, seine Reise fortzusetzen. Unterwegs bat er Ānanda, seinen Mantel auszubreiten, denn er sei erschöpft und wolle etwas ruhen. Dann verlangte er nach Wasser aus dem Bach in der Nähe. Doch Ānanda erwiderte, er wolle lieber Wasser aus dem Fluss holen, weil das Wasser des Baches aufgewühlt und trübe sei. Nachdem der Buddha aber seine Bitte dreimal vorgebracht hatte, ging Ānanda gehorsam zum Bach und sah, dass in der Zwischenzeit durch ein Wunder das Wasser völlig klar geworden war.

Unterwegs begegnete der Buddha noch Pukkusa, einem Malla, der zu den Schülern von Āḷāra Kālāma zählte. Der Buddha gewann Pukkusas Vertrauen mit einem Bericht über seine meditativen Kräfte. So wurde Pukkusa zum letzten Laienanhänger des Buddha. Er schenkte ihm zwei golden gefärbte Roben. Der Buddha sagte, er solle eine ihm und die andere Ānanda geben. Ānanda lehnte das Geschenk nicht ab, bemerkte jedoch, die goldene Farbe der Robe erscheine fast glanzlos im Vergleich zum hellen Strahlen der Hand des Buddha. Daraufhin sagte der Erhabene, bei zwei Gelegenheiten leuchte die Hautfarbe des Tathāgata außergewöhnlich auf und strahle: am Tage seiner Erleuchtung und am Tage des Nibbāna. In den letzten Stunden der darauf folgenden Nacht werde er ins Nibbāna eingehen.

Nach einem Bad sagte der Buddha Ānanda, niemand dürfe dem Goldschmied Cunda einen Vorwurf machen, weil der Buddha nach einem Essen bei ihm gestorben sei. Die beiden besten Gaben, die man auf der Welt jemandem zuteil werden lassen könne, seien das Almosenessen, nach dem der Buddha die Erleuchtung erfahre, und das Almosenessen, nach dem der Buddha endgültig ins Nibbāna gelange. Cunda habe sich durch seine Gabe große Verdienste erworben: langes Leben, eine gute Gesundheit, großen Einfluss, Berühmtheit und eine Wiedergeburt im Himmel.

Das fünfte Kapitel beginnt damit, dass der Buddha Ānanda auffordert, ihn in das Gebiet von Kusinārā zu begleiten, zum Sālawald der Malla. Nach ihrer Ankunft bereitete Ānanda dem Buddha eine Liegestätte zwischen zwei großen Sālabäumen, mit dem Kopf nach Norden. Obwohl es nicht die richtige Jahreszeit war, blühten die Bäume und verstreuten ihre Blüten über den Körper des Erhabenen. Auch Blüten des himmlischen Korallenbaumes fielen vom Himmel, verbunden mit himmlischen Düften und Sphärenmusik. Der Erwachte sagte daraufhin: «Nicht auf diese Weise, o

Ānanda, wird der Tathāgata in höchstem Maße verehrt. Wer aber als Mönch oder als Nonne, als männlicher oder weiblicher Laienanhänger am Dhamma festhält, den Dhamma aufrichtig achtet, den Weg des Dhamma beschreitet, gehört zu jenen, die den Tathāgata in höchstem Maße ehren.» In diesem Augenblick fächelte der ehrwürdige Upavāṇa dem Erhabenen Kühlung zu. Da bat der Buddha Upavāṇa, zur Seite zu treten. Ānanda wollte den Grund dafür wissen. Der Buddha erklärte, unzählige Gottheiten seien aus allen Richtungen der Welt gekommen, um einen letzten Blick auf einen Vollerleuchteten zu werfen und dies sei ein ganz seltenes Ereignis. Da aber Upavāṇa, übrigens ein hervorragender Mönch, direkt vor ihm stehe, könnten sie ihn nicht sehen. Upavāṇas spirituelles Leuchten muss somit stärker gewesen sein als die Fähigkeit der Götter, diese Aura zu durchdringen.

Ānanda erkundigte sich näher nach diesen Gottheiten und erfuhr, dass diejenigen, die von den Leidenschaften noch nicht frei waren, weinten und wehklagten. Jene aber, die die Leidenschaften abgelegt hätten, seien gefasst und ruhig. Der Buddha gab Ānanda noch einen weiteren Hinweis: «Es gibt vier Stätten auf der Welt, die der Verehrung wert sind und die dem gläubigen Anhänger Kraft geben: der Geburtsort des Buddha (Lumbinī), der Ort der Erleuchtung (Bodh-Gayā), der Ort der ersten Predigt (Sārnāth) und der Ort des Parinibbāna (Kusinārā). Wer auch immer mit vertrauensvollem Herzen auf einer Pilgerreise zu diesen Schreinen stirbt, wird im Himmel wieder geboren.»

Scheinbar ohne Zusammenhang stellte Ānanda eine Frage, die wir schon behandelt haben, nämlich, wie man sich gegenüber Frauen verhalten solle. Dann wollte er wissen, wie mit dem Leichnam des Erhabenen zu verfahren sei. Scharf kam die Antwort: «Legt euch selbst keine Hindernisse in den Weg, Ānanda, indem ihr den Körper des Tathāgata ehrt. Viel eher solltet ihr nach eurem eigenen Heil streben. Es gibt weise Laien, die sich um den Leichnam des Thathāgata kümmern werden.» Dann fragte Ānanda, wie die Laien die Einäscherung vorzunehmen hätten. Der Buddha gab genauere Anweisungen hinsichtlich der Verbrennung und des Baus eines Stūpa.[21] Es gebe vier Wesen, für die man einen Stupa errichten könne, einen Buddha, einen Paccekabuddha, einen Arahat und einen weltlichen Herrscher.[22] Wer dort seine Andacht verrichte, werde große Verdienste erwerben.

Dann trat Ānanda überwältigt von Schmerz beiseite, hielt sich am Torpfosten fest und weinte. Er wusste, dass er noch kämpfen und ringen musste, und der Meister, der so viel Mitleid mit ihm hatte, würde bald nicht mehr sein. Was blieb als Frucht seines fünfundzwanzigjährigen Dienstes? Diese berühmte Szene wird in der buddhistischen Kunst häufig dargestellt und erinnert uns an die weinenden Christen beim Kreuz.

Als der Buddha Ānanda nicht mehr sah, fragte er, wo er sich denn befinde, und ließ ihn herbeirufen. Er sagte zu ihm: «Traure nicht, o Ānanda. Habe ich dir nicht viele Male gesagt, dass alles sich verändert und verschwindet? Wie sollte etwas, das entstanden ist, nicht auch verfallen? Lange Zeit, Ānanda, hast du dem Tathāgata gedient, freundlich, zartfühlend, aufrichtig und ohne Vorbehalte, mit Taten, Worten und liebevollen Gedanken. Du hast dir dadurch große Verdienste erworben, Ānanda, strenge dich weiterhin an, und du wirst bald Befreiung erlangen von allen Übeln!» Dann erzählte er von einer Begebenheit, bei der ihm Ānanda schon in einer früheren Existenz gedient und sich große weltliche Verdienste erworben hatte (Jāt. 307).

Nachdem der Erwachte Ānanda ein zweites Mal vorhergesagt hatte, dass er bald die Heiligkeit erreichen werde, wandte er sich an die Mönche und verkündete noch einmal das Lob Ānandas: «Alle Buddhas der Vergangenheit hatten derart vortreffliche Diener und auch alle Buddhas der Zukunft werden sie haben. Sein Geschick im Umgang mit anderen Menschen ist bewundernswert. Wenn eine Gruppe von Mönchen Ānanda besucht, freuen sie sich, ihn zu sehen. Und wenn er zu ihnen über den Dhamma spricht, freuen sie sich über seine Predigt. Und wenn er schweigt, sind sie enttäuscht. Das gilt auch für die Bhikkhunīs, für die männlichen und die weiblichen Laienanhänger: Jede Versammlung, die Ānanda belehrt, ist überglücklich, und jeder möchte ihm immer weiter zuhören. Ānanda ist so außergewöhnlich beliebt, wie dies sonst nur bei einem weltlichen Herrscher der Fall ist.» Auch hier, wie so oft, spricht der Buddha auf zwei verschiedene Weisen von Ānanda: Auf der einen Seite zollt er ihm großes Lob und fordert die Mönche auf, seine Größe zu erkennen. Auf der andern Seite steht die Mahnung, die letzten Leidenschaften zu überwinden.

Nach diesem Lob lenkte Ānanda das Gespräch auf ein anderes Thema. Er gab zu bedenken, dass es doch besser sei, wenn der Buddha nicht hier in der Wildnis sterbe, sondern in einer der großen Hauptstädte, im Sāvatthī, Rājagaha, Kosambī oder Benares. Bemerkenswerterweise schlug er nicht Buddhas Heimatstadt Kapilavatthu vor – sie war erst vor kurzem vom Sohn des Königs Pasenadi geplündert und fast vollständig zerstört worden. Ebensowenig erwähnte Ānanda Vesālī, weil der Buddha gesagt hatte, er würde nicht mehr dorthin zurückkehren. Ānanda meinte wohl, die Einäscherungszeremonie könne in einer der großen Städte leichter von den dort ansässigen Laienanhängern durchgeführt werden. Doch der Buddha, der auf seinem Totenbett lag, erklärte ihm in allen Einzelheiten, dass Kusinārā kein unbedeutender Ort sei. Er selbst habe dort vor langer Zeit als weltlicher Herrscher namens Mahāsudassana gelebt und seinen sterblichen Körper nicht weniger als sechsmal abgelegt. Dies sei das siebente und letzte Mal. Der Glanz und die Pracht jenes Königreiches seien zerstört, verschwunden, vergangen. Dies reiche in der Tat aus, damit man aller bedingten Dinge überdrüssig sei.

Die Ausführungen des Buddha über Mahāsudassana waren die letzte große Lehrrede. Anschließend sandte er Ānanda aus, um die Malla von Kusinārā herbeizuholen, so dass sie von ihm Abschied nehmen konnten. Zu jener Zeit war ein Pilger namens Subhadda in Kusinārā und hörte von dem bevorstehenden Parinibbāna des Buddha. Er dachte darüber nach, wie selten ein Buddha in der Welt erschien. So wollte er, bevor es zu spät war, noch eine Frage von ihm beantwortet haben. Er bat Ānanda, ihn zum Buddha vorzulassen, doch Ānanda lehnte ab und sagte, dieser solle auf seinem Sterbebett nicht gestört werden. Ānanda sprach die Ablehnung dreimal aus, aus Liebe für seinen Meister. Doch der Buddha hatte das Gespräch mit angehört und sagte Ānanda, er solle den Pilger vorlassen: «Er möchte etwas über den Dhamma erfahren und nicht etwa Ärger machen.» So stellte Subhadda seine Frage: «Alle heutigen Lehrer behaupten, sie seien erleuchtet, doch ihre Lehren widersprechen einander. Welche sind wirklich erleuchtet?» Der Buddha überging die Frage und sagte: «Wo immer man dem Edlen Achtfachen Pfad folgt, findet man das echte heiligmäßige Leben und die vier Früchte des Lebens in der Hauslosigkeit. Wenn Mönche recht leben, wird es der Welt nie an Arahats oder echten Heiligen mangeln. Über fünfzig Jahre lang bin ich nun Mönch und habe den Dhamma gelehrt – ohne diesen Dhamma gibt es kein heiligmäßiges Leben.» Diese kurze Lehrrede reichte Subhadda aus, den Dhamma in seinen zahlreichen Aspekten zu begreifen und seine Zuflucht beim Buddha zu suchen. Als Subhadda um Aufnahme in den Mönchsorden bat, klärte ihn der Buddha über die Regel auf, wonach Pilger anderer Sekten eine Probezeit von vier Monaten zu bestehen hatten. Subhadda erklärte sich gern einverstanden, selbst wenn die Probezeit vier Jahre betragen hätte. Daraufhin nahm ihn der Buddha sofort als Mönch an, machte hiermit eine letzte Ausnahme, und innerhalb von Minuten wurde dieser allerletzte Mönchsjünger des Buddha zu einem Arahat.

Der sechste Abschnitt des Sutta beginnt mit den letzten Anweisungen des Buddha. Zuerst ermahnte er die Mönche, niemals zu glauben, dass sie nach seinem Tode keinen Lehrer mehr hätten, «denn der Dhamma und der Vinaya werden nach meinem Weggang eure Lehrer sein». Auch heute noch ist das Wort Buddhas, wie es in den Texten niedergelegt ist, maßgeblich für seine Anhänger. Zweitens sollten sich die Mönche nach seinem Tod nicht mehr länger unterschiedslos als «Freund» (*āvuso*) anreden. Die älteren Mönche sollten die jüngeren mit «Freund» oder mit ihrem Namen ansprechen, während die jüngeren die Formel «ehrwürdiger Herr» (*bhante*) verwenden sollten. Diese Regel bekräftigte, dass die Zahl der Jahre, die jemand im Orden verbracht hatte, von Bedeutung sein sollte, ganz unabhängig von den persönlichen Qualitäten der Mönche und Nonnen. Mit der dritten Regel erteilte der Buddha den Mönchen die Erlaubnis, die kleineren, unbedeutenderen Regeln und alles, was mit ihnen in Zusammenhang stand, nach eigenem Ermessen aufzuheben. Die vierte und letzte Anweisung war, die «höhere Strafe» (*brahmadaṇḍa*) über den Mönch Channa zu verhängen. Ānanda fragte, wie das zu verstehen sei, und der Buddha erklärte, man solle mit Channa weder reden noch ihm Ratschläge geben, bis er bereue. Nach diesen zunächst äußerlichen Anordnungen, für deren Durchführung Ānanda sorgen sollte, wandte sich der Buddha noch einmal an die gesamte Mönchsversammlung und fragte die Anwesenden, ob sie noch irgendwelche Zweifel hätten in Bezug auf den Erleuchteten, den Inhalt und die Bedeutung des Dhamma, die Ordnung des Mönchslebens und alles, was mit dem Pfad und der Praxis in Zusammenhang stehe. Sie sollten ihre Zweifel äußern, so dass sie es später nicht zu bereuen hätten, wenn die Stimme ihres Lehrers verstummt sei. Er fragte sie einmal, doch die Schar der Mönche blieb stumm. Daraufhin meinte Ānanda, es sei erstaunlich, dass nicht ein einziger Mönch Zweifel habe. Da berichtigte ihn der Buddha noch einmal: Ānanda könne nicht sicher wissen, ob wirklich niemand Zweifel hege. Es sei doch möglich, dass ein Mönch seine Bedenken nicht äußern wolle oder dass er sich in dieser letzten Stunde dessen gar nicht bewusst sei. Doch in Wirklichkeit war es genauso, wie Ānanda gesagt hatte. Damit demonstrierte der Buddha noch einmal den Unterschied zwischen dem Glauben Ānandas und seinem eigenen Wissen als dem eines Vollendeten. Selbst der Geringste der anwesenden fünfhundert Mönche sei ein Stromeintreter, weil das Fehlen eines Zweifels eines der Zeichen für diese geistige Errungenschaft sei.

Und noch einmal wandte sich der Meister an die Schar der Mönche und verabschiedete sich von ihnen mit diesen Worten: «Nun, ihr Mönche, ich erkläre euch Folgendes: Es ist das Schicksal aller bedingten Dinge, dass sie verschwinden müssen. Strengt euch unermüdlich an, um ans Ziel zu kommen!»

Nachdem der Erhabene diese letzten Worte gesprochen hatte, gelangte er in die vier Jhānas und in die formlosen Sphären der meditativen Versenkung, bis er jenes Stadium erreichte, in dem Wahrnehmung und Fühlen aufhören. Während der Meister erlosch, sagte Ānanda zu Anuruddha: «Der Erhabene hat das endgültige Nibbāna erlangt, ehrwürdiger Herr.» Damit sprach er ihn nicht mehr als Freund, sondern als älteren Mönch an, obwohl beide am selben Tag in den Orden aufgenommen worden waren. Anuruddha jedoch besaß das göttliche Auge und korrigierte ihn: «Der Buddha stirbt, aber er ist noch nicht von uns gegangen.» Diesen letzten, feinsten Unterschied eines Geisteszustandes zu erkennen war nur einem Arahat wie Anuruddha möglich, der auch ein Meister im Hellsehen war. In der Folge trat der Buddha in umgekehrter Reihenfolge in die neun Stadien der Vertiefung ein, rückwärts bis zum ersten Jhāna. Dann ging er wieder durch die vier Jhānas, und während seiner Versenkung im vierten Jhāna starb er.

Im Augenblick seines Todes bebte die Erde, und der Himmel donnerte, wie es der Buddha vorausgesagt hatte. Der Brahmane Sahampati, der den Buddha zum Predigen angeregt hatte und der selbst ein Nichtwiederkehrer war, sprach einen Vers, der auf die Vergänglichkeit selbst von Buddhas Körper hinwies. Der König der Devas, Sakka, der bereits in den Strom eingetreten war, sprach einen Vers, der die berühmten Worte wiederholte, die der Buddha in seiner eigenen Lehrrede verwendet hatte: «Vergänglich ist alles, was bedingt erscheint.» Anuruddha rezitierte zwei heitere Verse, doch Ānanda klagte:

> Entsetzen herrschte, und die Haare
> sträubten sich, als er,
> Der Vollendete, der Buddha,
> von uns ging.

Und auch all jene unter den fünfhundert Mönchen, die noch nicht die volle Befreiung von den Leidenschaften erlangt hatten, klagten wie Ānanda. Der ehrwürdige Anuruddha hingegen tröstete sie alle. Er verwies auf das unabänderliche Gesetz der Unbeständigkeit und lenkte ihre Aufmerksamkeit auf die unsichtbar anwesenden Götter, von denen ebenfalls die einen klagten, während die anderen frei von Leidenschaften waren.

Anuruddha verbrachte den Rest der Nacht im Lehrgespräch mit Ānanda. In den dreiundvierzig Jahren ihres Lebens als hauslose Mönche hatte zwischen den beiden sehr unähnlichen Halbbrüdern offensichtlich keine einzige Unterhaltung über die Lehre stattgefunden. Doch nun widmete sich Anuruddha dem Jüngeren, der so sehr des Trostes bedurfte. Gegen Morgen bat Anuruddha, der auf ganz natürliche Weise die führende Rolle im engsten Kreis der Jünger spielte, Ānanda, die Malla vom endgültigen Hinscheiden des Buddha zu unterrichten.

Auf diese Nachricht hin bereiteten die Malla alles vor, was für eine große Trauerfeier benötigt wurde, etwa Blumen und Weihrauch, und gingen in einer Prozession zum Sāla-Wald. Dort ehrten sie den Körper des Buddha mit festlichem Tanz, Gesang und Musik, mit Fahnen und Flaggen, mit Blumen und Weihrauch bis zum siebten Tag. Man kann sich fragen, warum es bei einem solchen Anlass zu derartigen Festlichkeiten kam. Doch warum sollten sie trauern? Sie hätten damit nichts ändern können. Mit ihren Tänzen und Gesängen jedoch ehrten sie den Meister und zeigten ihm ihren Respekt: Sie priesen, dass ein

Buddha auf der Welt erschienen, dass er so lange Zeit durch Indien gezogen war und dabei die Volksmassen gelehrt und den Orden gegründet hatte, der den Dhamma bewahren sollte.

Am siebten Tag errichteten sie einen Scheiterhaufen für die Einäscherung. Doch als sie ihn anzünden wollten, ging das nicht. Anuruddha erklärte, die Gottheiten würden dies verhindern, weil sie auf das Eintreffen des ehrwürdigen Mahākassapa warten wollten. Er war während der letzten Tage des Buddha nicht anwesend, sondern befand sich mit einer Schar von Mönchen auf dem Weg nach Kusinārā. Als Kassapa eingetroffen war, umrundete er mit seinen Begleitern dreimal den Leichnam des Buddha als letztes Zeichen des Respekts vor dem Erhabenen. Dann entflammte der Scheiterhaufen von selbst. Der Leichnam verbrannte bis auf die Knochen, Asche blieb nicht zurück.

Als die benachbarten Clans erfuhren, dass der Meister gestorben war, sandten sie Boten mit der Bitte um Reliquien, damit sie Stūpas für diese errichten konnten. Die Malla allerdings beanspruchten die Reliquien für sich, schließlich war der Buddha auf ihrem Gebiet gestorben. Erst als ein Brahmane sie ermahnte, doch nicht um die Überreste des größten Friedensbringers zu streiten, und vorschlug, sie sollten alles in acht Teile teilen, gaben sie nach. So wurden die Knochen des Buddha in acht Teile geteilt. Der Brahmane bat sich die Urne aus, und ein weiterer Clan erhielt die Asche der Holzkohle. So wurden zehn Stūpas als Gedenkstätten errichtet.

Nach dem Parinibbāna des Buddha

Ānanda beschrieb seine Lage nach dem Tod des Meisters mit folgenden Versen:

> Mein Freund ist dahingegangen,
> Auch der Meister ist gestorben.
> Es gibt nun keine Freundschaft mehr,
> Die der Achtsamkeit auf den Körper
> gleichkäme.
>
> Die Alten sind nun gegangen,
> Die Jungen gefallen mir nicht sehr.[23]
> Heute meditiere ich ganz allein
> Wie ein Vogel in seinem Nest.

(Thag. 1035 f.)

Nach dem Ende der Leichenfeiern sah Ānanda nur noch eine Aufgabe vor sich. Er wollte die völlige Befreiung erlangen, wie sie ihm der Buddha prophezeit hatte. Kassapa riet ihm, im Wald in der Provinz Kosala zu leben, in der Nähe der Malla und der Sakya. Doch als bekannt wurde, dass der Diener des Buddha in der Waldeinsamkeit weilte, wurde er von Besuchern geradezu überschwemmt. Die Laienjünger suchten Trost wegen des Todes des Buddha und wegen des Todes von Sāriputta und Moggallāna sowie ihres gerechten und geliebten Königs Pasenadi. Diese vier waren alle im selben Jahr gestorben. Tag und Nacht musste Ānanda im Dorf wie im Wald die Laienanhänger trösten und war dabei selbst nie allein. Da erschien ihm eine Gottheit, die im Wald lebte und die sich Sorgen machte über Ānandas geistigen Fortschritt, und riet ihm wie folgt:

> Geh in das dichte Unterholz am Fuß
> eines Baumes,
> Pflanze das Nibbāna in dein Herz ein.
> Meditiere, Gotama, und sei nicht
> nachlässig dabei!
> Was hast du von dem ganzen
> Durcheinander? (SN 9:5)

Diese Ermahnung durch die Gottheit bewirkte, dass sich Ānanda von neuem darum bemühte, sein Ziel zu erreichen.

In der Zwischenzeit hatte der ehrwürdige Mahākassapa beschlossen, die Mönche zu einem Konzil einzuberufen, um die Lehre und die Ordensdisziplin zu festigen.[24] Wegen der unsicheren Verhältnisse in Kosala sollte das Konzil in Rājagaha unter dem Schutz von König Ajātasattu stattfinden. Fünfhundert Mönche sollten daran teilnehmen. Ānanda war der einzige von ihnen, der noch kein Arahat war. Er kannte aber die meisten Lehrreden des Buddha, deswegen war seine Anwesenheit unerlässlich für das Konzil.

Als nun das Konzil näher rückte, machte der ehrwürdige Anuruddha den Vorschlag, Ānanda solle nur zugelassen werden, wenn er die letzten Leidenschaften überwunden und die Arahatschaft erreicht habe. Anuruddha wusste, was ein solcher Ansporn auslösen konnte, und die beabsichtigte Wirkung trat ein. Als Ānanda von der Bedingung erfuhr, beschloss er, alle seine Kräfte einzusetzen, um das Nibbāna zu verwirklichen. Er übte sich in den vier Pfeilern der Achtsamkeit die ganze Nacht hindurch – beim Sitzen und Gehen, beim Sitzen und Gehen, beim Sitzen und Gehen. In den frühen Morgenstunden wollte er sich dann endlich hinlegen. Als er gerade seine Beine vom Boden hob, den Kopf aber noch nicht auf das Kissen gelegt hatte, wurde sein Geist von allen Leidenschaften und Übeln befreit. An diesem Tag sollte auch das Konzil beginnen. In der Hoffnung, dass er Erfolg haben würde, wurde ein Platz für ihn reserviert. Kurze Zeit, nachdem sich alle übrigen Mönche hingesetzt hatten, schwebte Ānanda mittels psychischer Kraft herbei und setzte sich auf seinen Platz. Als Anuruddha und Kassapa dies bemerkten, wussten sie, dass er sein Ziel erreicht hatte und drückten ihre brüderliche Freude darüber aus. Dann erklärten sie das Konzil für eröffnet.

Während des Konzils befragte Kassapa den Hüter der Ordensdisziplin, Upāli, über jede Regel und ihre Entstehung. Damit wurde zuerst der Vinaya festgelegt. Der nächste Punkt auf der Tagesordnung war die Lehre. Kassapa befragte Ānanda zunächst über die längsten Lehrreden; sie wurden im Dīgha-Nikāya zusammengefasst. Dann kamen die mittellangen Reden an die Rehe, die man im Majjhima-Nikāya vereinigte, und schließlich folgten die übrigen Sammlungen.[25]

Nach der Rezitation der Lehre und der Ordensregel brachte Ānanda jene Dinge zur Sprache, die zu erledigen ihm der Buddha als sein Vermächtnis übertragen hatte. Er sagte der Versammlung, der Meister habe gestattet, die kleineren und unbedeutenderen Regeln aufzugeben. Die älteren Mönche konnten sich aber nicht darüber einig werden, was unter «kleineren und unbedeutenderen Regeln» zu verstehen sei. Daraufhin sagte Kassapa Folgendes: «Wenn der Sangha zu diesem Zeitpunkt beginnt, Regeln aufzuheben, werden die Laienjünger sagen, schon so kurze Zeit nach dem Hinscheiden des Erhabenen würden wir nachlässig. Da wir nicht wissen, welche Regeln gemeint sind, wird es wohl das Beste sein, wenn wir keine einzige aufheben. In diesem Fall sind wir sicher, dass wir nicht gegen den Willen des Meisters handeln.» Und so geschah es.

Die anwesenden älteren Mönche meinten, Ānanda habe einen Regelverstoß begangen, als er nicht nachfragte, was unter diesen kleineren Regeln zu verstehen sei, und er solle dies als Vergehen bekennen. Als Zweites wurde ihm vorgeworfen, er habe eine Robe für den Erhabenen genäht, nachdem er vorher auf das Tuch getreten sei. Er antwortete, nichts habe ihm ferner gelegen als eine Missachtung des Meisters. Wenn die ehrwürdigen Mönche dies jedoch als Vergehen betrachteten, werde er es als solches anerkennen. Drittens kritisierte man ihn, weil er zuerst den Frauen gestattet hatte, die sterblichen Überreste des Erhabenen zu ehren. Er antwortete, dass er zur Zeit der Leichenfeier gedacht habe, die Frauen könnten auf diese Weise vor Einbruch der Dunkelheit nach Hause zurückkehren. Deswegen habe er ihnen erlaubt, ihre Verehrung als Erste zum Ausdruck zu bringen. Aber auch in diesem Fall werde er eine Verurteilung durch die älteren Mönche akzeptieren. Die vierte Anklage der Mönche bezog sich auf die Tatsache, dass Ānanda es verabsäumt hatte, den Erhabenen zu bitten, ein ganzes Weltzeitalter bei ihnen zu weilen. Ānanda verteidigte sich, indem er sagte, er sei zu jener Zeit von Māra besessen gewesen und könnte deswegen für seine Handlungen nicht verantwortlich gemacht werden – wie hätte er sonst diese Bitte nicht stellen können? Ānandas Verhalten angesichts dieser Anklagen war beispielhaft: Er unterwarf sich dem Urteil der älteren Mönche, obwohl er selbst keinerlei Vergehen erkennen konnte, was er auch zum Ausdruck brachte.

In der Folge berichtete Ānanda über die zweite Anweisung, die ihm der Buddha unmittelbar vor seinem Tod erteilt hatte, dass nämlich dem Mönch Channa die höhere Strafe auferlegt werden solle. Die Mönchsversammlung bat Ānanda, dieses Urteil Channa selbst zu überbringen. Ānanda wandte ein, Channa sei ein gewalttätiger Mensch. Daraufhin riet ihm die Versammlung, einige Mönche mitzunehmen. An der Spitze einer großen Schar zog er nach Kosambī, wo Channa lebte, und teilte ihm den letzten Willen des Buddha mit, wonach er im Orden für tot erklärt worden sei. Diese Strafe hatte der Buddha einst dem Pferdebändiger Kesi erläutert.[26] Sie werde bei Mönchen eingesetzt, die man weder durch Ermahnung noch durch disziplinarische Maßnahmen zu einer Änderung ihres Verhaltens bewegen könne. Wer sich auf diese Weise nicht zähmen lasse, solle im Mönchsorden als tot gelten: Man rede ihn nicht mehr an, was immer er auch tue. Als Channa dies hörte, befiel ihn ein so großer Schrecken, dass er ohnmächtig wurde. Als er seine Sinne wiedererlangte, war er tief beschämt darüber, dass der Meister als letzte Anweisung an den Orden ihm diese Strafe auferlegt hatte. Dies gab ihm den Ansporn, alle seine Kräfte einzusetzen, und innerhalb kurzer Zeit wurde er zu einem Arahat. So erwies sich diese Strafe als letzter, noch nach dem Tod wirksamer Akt des Erbarmens des Buddha zum Nutzen und zum Glück des Mönches Channa. Als Channa ein Heiliger geworden war, ging er zu Ānanda und bat ihn, die Strafe aufzuheben. Ānanda antwortete ihm, sobald er die Befreiung von den Leidenschaften erreicht habe, sei die Strafe gegenstandslos.

Nach dem Parinibbāna des Buddha hatte der ehrwürdige Mahākassapa als der am meisten respektierte Jünger die Führung des Ordens übernommen. Sein Status war aber nicht der einer «Zuflucht», wie dies der Buddha gewesen war. Er war auch nicht Patriarch oder Stellvertreter des Meisters, sondern einfach nur der Mönch, der die größte Autorität besaß und am meisten verehrt wurde. Er diente sozusagen als Symbol für die Einhaltung der Lehre und der Mönchsdisziplin.

Alle wandten sich an ihn und baten ihn um Entscheidungen in sämtlichen Fragen, die den Orden betrafen. Auf diese Weise wurde er der erste Ordensälteste. Nach ihm wurde Ānanda der zweite Ordensälteste; er war der nächstwürdige Heilige, der zur Aufsicht über den Orden bestimmt war. Nachdem er bereits über vierzig Jahre lang Mönch gewesen war, überlebte er den Buddha um weitere vierzig Jahre. Und nachdem er fünfundzwanzig Jahre lang der persönliche Diener des Buddha gewesen war, war er noch einmal so lange der Erste unter den Heiligen. Zur Zeit des Zweiten Konzils, hundert Jahre nach dem Parinibbāna des Buddha, lebte noch ein persönlicher Schüler Ānandas. Es war ein uralter Mönch namens Sabbakāmī, der, wie es heißt, einhundertzwanzig Jahre lang Mönch war (Vin. 2:303).

Als Ānanda einhundertzwanzig Jahre alt war, fühlte er sein Ende nahen. Er begab sich wie sein Meister auf eine Reise von Rājagaha nach Vesālī. Als der König von Magadha und die Prinzen von Vesālī hörten, dass Ānanda bald in das endgültige Nibbāna eingehen werde, kamen sie ihm aus beiden Richtungen entgegen, um Abschied von ihm zu nehmen. Um keine der beiden Seiten zu bevorzugen, wählte Ānanda einen Weg, der seiner sanften Natur entsprach: Er erhob sich mit seinen magischen Kräften in die Luft und ließ seinen Körper vom Feuerelement verzehren. Die Überreste wurden geteilt, und darüber errichtete man Stupas.

Nach seinem Tod fügten die älteren Mönche, die die darauf folgende Ausgabe des Kanons redigierten, drei Strophen zu seiner Sammlung in den *Theragātā* hinzu:

Ein gelehrter Mann, ein Träger
des Dhamma,
Der Hüter des Schatzes des großen
Sehers,
Ānanda, das Auge der gesamten Welt,
Hat das endgültige Nibbāna erreicht.

Ein gelehrter Mann, ein Träger
des Dhamma,
Der Hüter des Schatzes
des großen Sehers,
Ānanda, das Auge der gesamten Welt,
Er vertrieb das Dunkel der Nacht.

Der Seher, der nichts vergaß,
Er hatte ein unfehlbares Gedächtnis
und war standhaft.
Der ältere Mönch, der die echte Lehre
verteidigte,
Ānanda war ein Schatz von
Edelsteinen. (Thag. 1047–1049)

5

ANURUDDHA

MEISTER DES GÖTTLICHEN AUGES

(von Hellmuth Hecker)

Frühe Jahre und Ordination

Wie Ānanda war auch Anuruddha ein Adliger aus der Familie der Sakya und ein Vetter des Buddha. Er und Ānanda stammten vom selben Vater ab, dem Prinzen Amitodana. Sie müssen jedoch verschiedene Mütter gehabt haben, da die Texte sie nicht als Brüder bezeichnen. Daraus kann man schließen, dass sie in verschiedenen Haushalten aufwuchsen. Anuruddhas Bruder war Mahānāma, und er hatte auch eine Schwester namens Rohiṇī.

Als junger Mann aus adliger Familie wuchs Anuruddha im Luxus auf. Die Texte beschreiben seine frühen Jahre mit denselben Begriffen wie die des Bodhisatta: «Anuruddha, der Sakya, wurde in aller Raffinesse erzogen. Er besaß drei Paläste, einen für die kühle Jahreszeit, einen für die heiße Jahreszeit und einen für die Regenzeit. Da er während der viermonatigen Regenzeit von Musikantinnen umsorgt wurde, verließ er seinen Palast überhaupt nicht» (Vin. 2:180). Eine entzückende Geschichte im Kommentar zum *Dhammapada* lässt uns ahnen, in welcher Sorglosigkeit und Unschuld Anuruddha aufwuchs.[1] Es wird dort gesagt, dass er in seiner Jugend in einem solchen Luxus lebte, dass er niemals den Satz «das gibt es nicht» (*natthi*) gehört hatte. Jeder seiner Wünsche wurde sofort erfüllt. Eines Tages spielte Anuruddha mit fünf anderen Jungen aus der Familie der Sakya mit Murmeln, und als Preis hatte er Kekse ausgesetzt. Die ersten drei Male verlor er, und dreimal sandte er zu seiner Mutter um Kekse. Seine Mutter lieferte sie ihm prompt. Als er das vierte Mal verlor und wiederum um Kekse bat, antwortete seine Mutter: «Es gibt keine Kekse mehr» (*natthi pūwaṁ*). Da Anuruddha diesen Ausdruck bisher noch nie gehört hatte, nahm er an, bei *natthi pūwaṁ* müsse es sich um eine Art von Keksen handeln. Deswegen schickte er einen Mann zu seiner Mutter mit der Bitte: «Schick mir einige Es-gibt-keine-Kekse.» Da ihm seine Mutter eine Lektion erteilen wollte, sandte sie ihm eine leere Platte, doch selbst in diesem Fall stand das Glück auf seiner Seite. Angesichts der Verdienste, die er in früheren Existenzen erworben hatte, beschlossen die Götter, Anuruddha solle nicht enttäuscht werden, und so füllten sie die leere Platte mit köstlichen himmlischen Keksen. Als Anuruddha sie probierte, war er so entzückt, dass er zu wiederholten Malen jemanden zu seiner Mutter schickte mit dem Auftrag, sie solle weitere Schüsseln mit diesen Es-gibt-keine-Kekse senden. Jedes Mal waren die Schüsseln voll himmlischer Köstlichkeiten.

Anuruddha verbrachte somit seine frühen Jahre mit allerlei flüchtigen Vergnügungen und verschwendete kaum einen Gedanken an die Bedeutung und den Zweck des Lebens. Der Wendepunkt kam kurze Zeit, nachdem sein berühmter Vetter, der Buddha, Kapilavatthu besucht hatte.[2] Durch sein Beispiel und seine Lehre hatte der Buddha viele seiner Verwandten veranlasst, als Mönche in die Hauslosigkeit zu ziehen. Eines Tages dachte Anuruddhas Bruder Mahānāma darüber nach, dass nun so manche Angehörige der Sakya Mönche geworden waren, während von ihrem Familienzweig noch niemand dem Erwachten gefolgt war. So wandte er sich an Anuruddha und sagte ihm, was er dachte. Dabei schloss er mit der Aufforderung: «Entweder du ziehst weg, oder ich ziehe weg.»

Für Anuruddha war dies ein Schock, und er erhob Einspruch: «Ich bin viel zu zart und zu verwöhnt, ich bin gar nicht imstande, das Leben im Haus mit der Hauslosigkeit zu vertauschen. Du gehst fort.»

Mahānāma beschrieb daraufhin mit lebhaften Worten die Pflichten, die ihn zu Hause erwarteten: «Zunächst müssen die Felder gepflügt werden, dann muss man säen, dann leitet man Wasser auf das Land, dann muss das Wasser abgeleitet werden, dann wird das Unkraut gejätet, dann mäht man, dann muss man ernten, man bindet das Getreide zu Garben, dann muss man alles dreschen, dann wird das Stroh gereinigt und danach die Spreu, dann wird die Spreu gesiebt, dann füllt man die Lager. Und dasselbe tut man im nächsten Jahr und im übernächsten Jahr.»

Da fragte Anuruddha: «Wann ist denn

diese Arbeit vorbei? Wann ist ein Ende abzusehen? Wann werden wir uns sorglos vergnügen können, versehen mit den fünf Seiten sinnlichen Vergnügens?»

Sein Bruder erwiderte scharf: «Die Arbeit hört nie auf, mein lieber Anuruddha, ein Ende der Arbeit ist überhaupt nicht abzusehen. Selbst als unsere Väter und Großväter starben, ging die Arbeit immer weiter.»

Als er zu sprechen aufhörte, hatte Anuruddha seinen Entschluss schon gefasst: «Du kümmerst dich um all das, was zum Leben im Haus gehört, Bruder. Ich werde in die Hauslosigkeit ziehen.» Der Gedanke an den endlosen Kreislauf von Zwist und Plackerei und an den noch schlimmeren Kreislauf der Wiedergeburten hatte in ihm das Gefühl von Dringlichkeit geweckt. Er sah sich jeden Augenblick seines Lebens in einen endlosen Kampf verstrickt. Dann würde er sterben und anderswo wieder geboren werden, und das immer wieder in einem ewigen Kreislauf. Als er dies erkannte, erschien ihm sein bisheriges Leben schal und ohne Bedeutung. Der einzige Ausweg, der ihm nun zunehmend attraktiv erschien, bestand darin, seinem Vetter in die Hauslosigkeit zu folgen und sich darum zu bemühen, den endlosen Kreislauf der Wiedergeburten zu durchbrechen.

Sofort ging er zu seiner Mutter und bat sie um die Erlaubnis, Mönch werden zu dürfen. Sie lehnte jedoch ab, weil sie sich von keinem einzigen ihrer Söhne trennen wollte. Doch als Anuruddha immer wieder drängte, sagte sie, wenn sein Freund, Prinz Bhaddiya, das Oberhaupt der Sakya, mit ihm in den Orden eintreten wolle, werde sie zustimmen. Sie war offensichtlich davon überzeugt, Bhaddiya werde niemals sein Herrscherprivileg aufgeben; und Anuruddha würde es vorziehen, zu Hause bei seinem Freund zu bleiben.

Anuruddha ging zu Bhaddiya und sagte: «Meine Ordination hängt von dir ab, lass uns beide zusammen in die Hauslosigkeit ziehen.» Bhaddiya antwortete: «Ob es von mir abhängt oder nicht, eine Ordination wird es geben. Zusammen mit dir –» Er hielt mitten im Satz inne. Eigentlich hatte er sagen wollen: «... werde ich gehen.» Doch er fuhr nicht fort, weil er plötzlich ein Gefühl des Bedauerns empfand. Es überwältigte ihn die Gier nach weltlicher Macht und Vergnügen, und so konnte er nur sagen: «Geh und lass dich nach deinem Wunsch ordinieren.» Doch Anuruddha flehte ihn immer wieder an: «Komm, lass uns beide wegziehen.» Als Bhaddiya sah, wie ernst es seinem Freund war, wurde er weich und sagte: «Warte sieben Jahre ab. Nach sieben Jahren werden wir beide in die Hauslosigkeit ziehen.» Doch Anuruddha antwortete: «Sieben Jahre sind zu lang, mein Freund. Ich kann nicht sieben Jahre lang warten.» Durch seine wiederholten Bitten zwang Anuruddha Bhaddiya, die Frist Schritt für Schritt auf schließlich sieben Tage zu verkürzen. Diese Zeit brauchte er, um seine weltlichen Angelegenheiten zu ordnen und seine Nachfolge zu regeln.

Er stand zu seinem Wort, und so war Anuruddha frei, mit ihm zu gehen.

Anuruddhas Vorbild veranlasste weitere Prinzen der Sakya, ihrem berühmten Verwandten, dem Buddha, zu folgen und der Bruderschaft seiner Mönche beizutreten. Als der festgelegte Tag anbrach, verließen sechs Prinzen der Sakya zusammen mit Upāli, dem Hofbarbier und einer bewaffneten Eskorte ihre Heimat. Es waren die Sakya Bhaddiya, Anuruddha, Ānanda, Bhagu (Thag. 271–274), Kimbila (Thag. 118, 155f.) sowie Devadatta. Um jeden Argwohn hinsichtlich des Zwecks ihrer Abreise zu zerstreuen, taten sie so, als würden sie zu einem Ausflug zu den Vergnügungsgärten aufbrechen. Nachdem sie eine längere Entfernung zurückgelegt hatten, sandten sie die Eskorte zurück und betraten das benachbarte Fürstentum. Dort legten sie ihren Schmuck ab, machten daraus ein Bündel und gaben es Upāli mit den Worten: «Das reicht für deinen Lebensunterhalt. Nun kehre du nach Hause zurück.» Der Barbier Upāli war schon auf dem Heimweg, als er plötzlich innehielt und dachte: «Die Sakya sind ein grausames Volk. Sie werden denken, ich hätte die jungen Männer getötet, und dann werden sie mich wohl umbringen.» So hängte er das Bündel an einen Baum und kehrte in aller Eile zu den Prinzen zurück. Er berichtete ihnen von seinen Befürchtungen und sagte: «Wenn ihr, meine Prinzen, in die Hauslosigkeit zieht, warum sollte ich nicht dasselbe tun?» Die jungen Sakya sahen ein, dass Upāli Recht hatte und erlaubten ihm, sie auf ihrem Weg zum Erhabenen zu begleiten. Als sie vor dem Meister standen, baten sie ihn um die Ordination und fügten hinzu: «Wir Sakya sind ein stolzes Volk, o Herr. Der Barbier Upāli hat uns lange Zeit gedient. Bitte, Meister, gib ihm zuerst die Ordination. Er wird dann der älteste Mönch unter uns sein, wir müssen ihn grüßen und haben ihm gegenüber Pflichten, weil er der Ältere ist. So wird unser Stolz gebrochen.» Der Buddha tat, worum er gebeten worden war, und so erhielten die sieben die Ordination mit Upāli als Erstem (Vin. 2:182f.).

Innerhalb eines Jahres erzielten die meisten von ihnen einen gewissen geistigen Fortschritt. Bhaddiya erreichte als Erster die Arahatschaft mit den drei Arten des Wissens.[3] Anuruddha erlangte das göttliche Auge und damit das Hellsehen, Ānanda die Frucht des Stromeintritts und Devadatta die gewöhnlichen übernatürlichen Kräfte. Bhagu, Kimbila und Upāli wurden später zu Arahats, ebenso Ānanda und Anuruddha. Doch Devadattas rücksichtsloser Ehrgeiz und seine Missetaten führten ihn schließlich in die Hölle.

Der Weg zur Heiligkeit

Als göttliches Auge bezeichnen wir die Fähigkeit, über den Bereich des Physischen hinauszusehen. Im Falle Anuruddhas bezog sich dies auf ein tausendfaches Weltensystem. Diese Fähigkeit, auf die wir weiter unten noch eingehen werden, ist eine weltliche (*lokiya*) Eigenschaft. Wenn man sie erwirbt, bedeutet das nicht notwendigerweise, dass man Fortschritte im Dhamma gemacht hat. Anuruddha erlangte das göttliche Auge, bevor er Arahat wurde, und um dieses Ziel zu erreichen, musste er noch viele innere Hemmnisse überwinden. Drei Berichte im Pāli-Kanon erzählen von seinen Kämpfen.

Einmal lebte der ehrwürdige Anuruddha im östlichen Bambushain mit zwei Freunden zusammen, seinem Vetter Nandiya und dem adligen Kimbila aus dem Familienverband der Sakya. Da besuchte sie der Buddha und fragte nach ihren Fortschritten.[4] Anuruddha berichtete ihm über etwas, das ihm bei einer Meditation zugestoßen war. Er hatte ein inneres Licht, ein Strahlen und erhabene Formen wahrgenommen.[5] Doch das Licht und die Formen verschwanden sehr bald, ohne dass er den Grund dafür kannte. Der Buddha meinte dazu, er habe mit denselben Schwierigkeiten gekämpft, als er noch um die Erleuchtung gerungen habe. Doch dann sei er darauf gekommen, wie man sie überwinden könne. Er erklärte es ihnen so: Um diese subtilen Zustände ganz zu erfahren und um sie voller Achtsamkeit wahrzunehmen, sollte man frei sein von elf Unvollkommenheiten (*upakkilesa*). Die erste ist die Unsicherheit hinsichtlich der Realität dieser Phänomene und der Bedeutung des inneren Lichtes, das man leicht mit einer Sinnestäuschung verwechseln kann. Die zweite ist Unaufmerksamkeit: Man richtet seine volle Konzentration nicht mehr auf das innere Leuchten, weil man es für unbedeutend oder unwesentlich hält. Die dritte Unvollkommenheit besteht in Lethargie und Trägheit, die vierte in Angst und Zittern, die dann auftreten, wenn bedrohliche Bilder oder Gedanken aus dem Unbewussten aufsteigen. Wenn man diese Unvollkommenheiten gemeistert hat, kommt eine Begeisterung auf, die Körper und Geist umfasst. Wenn diese Begeisterung verfliegt, fühlt man sich vielleicht emotional ausgepumpt und verfällt in Schlaffheit, eine schwerwiegende Passivität des Geistes. Um sie zu überwinden, unternimmt man große Anstrengungen, die zu einem Überschuss an Energie führen können. Wenn man dieses Überschusses gewahr wird, entspannt man sich und fällt wieder zurück in einen Zustand mit zu wenig Energie. Wenn die Achtsamkeit unter solchen Bedingungen gering ist, kann ein starkes Begehren nach wünschenswerten Objekten der himmlischen oder der menschlichen Welt entstehen. Dieses Begehren erstreckt sich auf die große Vielfalt von Objekten und führt zu einer weiteren Unvollkommenheit, einer großen Vielfalt der Wahrnehmungen, mögen sie auf der himmlischen oder der menschlichen Ebene stattfinden. Wenn man von dieser großen Vielfalt der Formen unbefriedigt ist, wählt man ein einziges Objekt zur Betrachtung aus, mag es nun erwünscht oder unerwünscht sein. Die intensive Konzentration auf das gewählte Objekt führt schließlich zur elften Unvollkommenheit, der übermäßigen Betrachtung dieser Formen.

So schilderte der Buddha Anuruddha und seinen beiden Gefährten seine eigene Erfahrung mit den elf Unvollkommenheiten, die bei der meditativen Wahrnehmung der reinen Formen entstehen können, und er erklärte ihnen auch, wie man sie überwinden kann (MN 128).

Nachdem sich Anuruddha immer mehr in den Jhānas und den verfeinerten meditativen Schauungen vervollkommnet hatte, besuchte er eines Tages den ehrwürdigen Sāriputta und sagte zu ihm: «Freund Sāriputta, mit dem göttlichen, geläuterten Auge, das die Sehkraft des Menschen weit übertrifft, kann ich die tausendfache Welt wahrnehmen. Meine Energie ist fest und lässt nicht nach; meine Achtsamkeit ist lebhaft und ohne Verwirrung; mein Körper ist ruhig und wird nicht mehr aufgewühlt; mein Geist ist vertieft und auf eines konzentriert. Und doch ist mein Geist nicht frei von den Leidenschaften, noch nicht frei von Begehren.» Darauf erwiderte Sāriputta: «Freund Anuruddha, wenn du so von deinem göttlichen Auge denkst, dann täuschst du dich. Wenn du so von deiner festen Energie, deiner flinken Achtsamkeit, von deinem nicht mehr aus der Fassung zu bringenden Körper und von deinem konzentrierten Geist denkst, dann ist Ruhelosigkeit in dir. Wenn du denkst, dass dein Geist noch nicht frei ist von den Leidenschaften, dann machst du dir Sorgen. Es wäre in der Tat gut, wenn du diese drei Geisteszustände aufgeben würdest, ihnen keine Aufmerksamkeit schenktest und deinen Geist auf das Element der Todlosigkeit, das Nibbāna, lenktest.»

Nachdem Anuruddha Sāriputtas Ratschlag vernommen hatte, ging er zurück in die Einsamkeit und bemühte sich ernsthaft darum, die drei Hemmnisse aus seinem Geist zu entfernen (AN 3:128).

Einige Zeit später zog sich Anuruddha in das Land der Cetiya im östlichen Bambushain zurück. Bei seinen Betrachtungen stieß er darauf, dass ein wirklich großer Mann (*mahāpurisavitakka*) sieben Gedanken hegen sollte:

> Dieser Dhamma ist für jemanden mit wenigen Wünschen, nicht für jemanden mit vielen Wünschen; dieser Dhamma ist für einen Zufriedenen und nicht für einen Unzufriedenen; dieser Dhamma eignet sich für einen, der in Abgeschiedenheit lebt, nicht für einen, der die Gesellschaft liebt; dieser Dhamma ist für einen energiegeladenen, nicht für einen trägen Mann; dieser Dhamma ist für einen Mann voller Achtsamkeit, nicht für jemanden mit verwirrtem Geist; dieser Dhamma ist für einen Konzentrierten, nicht für einen Unkonzentrierten; dieser Dhamma ist für einen Weisen, nicht für jemanden mit stumpfem Sinn.

Als der Buddha in seinem eigenen Geist die Gedanken wahrnahm, die in Anuruddha aufgestiegen waren, erschien er vor ihm in einem Geistkörper (*monomaya-kāya*) und spendete ihm Beifall: «Gut, Anuruddha, gut! Du hast richtig die sieben Gedanken eines großen Mannes erwogen. So solltest du nun auch den achten Gedanken eines großen Mannes betrachten: Dieser Dhamma ist für einen, der zur Nichtzerstreuung neigt, der am Nichtzerstreuten seine Freude hat, nicht für jemanden, der zur weltlichen Zerstreuung neigt und Gefallen an ihr findet.»[6]

Der Buddha fügte hinzu: Wenn Anuruddha diese acht Gedanken betrachte, werde er willentlich imstande sein, die vier meditativen Versenkungszustände zu erreichen. Dann werde er nicht mehr von weltlichen Bedingungen beeinflusst, sondern er werde die vier einfachen Erfordernisse des Mönchslebens – die Robe, die Almosenspeise, die Unterkunft und die Heilmittel – auf dieselbe Weise betrachten, wie ein Laie seine Luxusgüter genieße. Ein derart einfaches Leben werde seinen Geist mit Freude erfüllen, ihm Unerschütterlichkeit verleihen und sei deswegen hilfreich für das Erreichen des Nibbāna.

Im Gehen riet der Buddha Anuruddha noch, er solle im östlichen Bambushain bleiben. Anuruddha folgte diesem Rat, und noch in derselben Regenzeit erreichte er das Ziel seiner Bemühungen: die Arahatschaft, die völlige Befreiung des Geistes (AN 8:30). Im Augenblick seiner Befreiung sprach der ehrwürdige Anuruddha die folgenden Verse. Darin drückte er seine Dankbarkeit gegenüber dem Meister aus, weil er ihm geholfen hatte, sein spirituelles Ziel zu erreichen.

Er verstand die Intention meines
Geistes,
Der unübertrefflichen Lehrer
in dieser Welt.
Er kam zu mir mit magischer Kraft
Im Fahrzeug eines Geistkörpers.

Als die Intention in mir aufstieg,
Gab er mir weitere Ratschläge,
Der Buddha, der sich an
Nichtzerstreutem freut,
Gab mir Belehrung über das
Nichtzerstreute.

Nachdem ich seine Lehre
verstanden hatte,
Lebte ich froh in ihr.
Die drei Kenntnisse habe ich
erworben,
Des Buddhas Lehre ist erfüllt.

(AN 8:30; Thag. 901–903)

Anuruddhas geistiger Pfad

Der geistige Weg des ehrwürdigen Anuruddha ist von zwei hervorstechenden Merkmalen geprägt: einmal von seinem göttlichen Auge sowie anderen übernatürlichen Fähigkeiten und zum Zweiten von seiner Pflege der vier Grundlagen der Achtsamkeit (*satipaṭṭhāna*). Auf beides soll im Folgenden näher eingegangen werden.

Das göttliche Auge (*dibbacakkhu*) wird so genannt, weil es dem Sehen der Devas ähnelt. Diese sind imstande, Gegenstände in großer Entfernung, hinter Mauern und in den verschiedenen Dimensionen der Existenz wahrzunehmen.[7] Das göttliche Auge oder das Hellsehen – wie wir sagen würden – wird durch die Kraft der Versenkung entwickelt. Es handelt sich nicht um ein eigenes Sinnesorgan, sondern um eine bestimmte Art des Wissens. Dieses Wissen übt jedoch eine optische Funktion aus. Diese Fähigkeit entwickelt sich auf der Grundlage des vierten Jhāna, insbesondere der einer meditativen Erscheinung, die Kasiṇa des Lichtes oder des Feuers genannt wird. Es handelt sich um einen visualisierten Licht- oder Feuerkreis. Nach der Meisterung der vier Jhānas durch eines dieser Kasiṇas begibt sich der Meditierende auf eine niedrigere Stufe der Versenkung, die als «Zugangsversenkung» (*upacāra-samādhi*) bezeichnet wird. Dabei wirft er Licht auf die unmittelbare Umgebung und vermag normalerweise unsichtbare Formen wahrzunehmen. Da der Meditierende immer mehr Licht abstrahlen kann, beleuchtet er zunehmend größere Gebiete. Er projiziert sein Strahlen auch nach außen in ferne Weltensysteme und Existenzebenen ober- und unterhalb der menschlichen Sphäre. Dadurch erkennt er zahlreiche Dimensionen des Seins, die dem normalen physischen Auge verborgen bleiben.

Die charakteristische Aufgabe des göttlichen Auges besteht den Texten zufolge im Wissen um das Vergehen und die Wiedergeburt der Wesen (*cutupapāta-ñāṇa*). Dieses Wissen erreichte der Buddha in der Nacht seiner eigenen Erleuchtung, und er schloss es immer in die vollständigen schrittweisen Übungen ein. Dort erscheint es als das zweite von drei echten Kenntnissen (*tevijjā*; siehe beispielsweise MN 27) und als vierte der sechs übernatürlichen Kenntnisse (*chaḷabhiññā*; siehe MN 6). Mit Hilfe dieser Fähigkeit ist der Meditierende imstande, Dinge zu sehen, wenn sie eine Existenzform verlassen und anderswo wieder geboren werden. Es ist aber nicht nur der Übergang vom Leben zum Leben, den man mit dem göttlichen Auge sieht. Mit dem entsprechenden Willen vermag man auch das besondere Kamma zu entdecken, das zur Wiedergeburt in der neuen Existenzform führte. In diesem Sinne handelt es sich um das Wissen des Reisens in Übereinstimmung mit dem Kamma (*kammūpaga-ñāṇa*). Bei maximaler Effizienz kann das göttliche Auge das gesamte Panorama der fühlenden Existenz erhellen – über Tausende von Weltensystemen hinweg, von den höchsten Himmeln bis zu den tiefsten Höllen. Dabei werden die karmischen Gesetze deutlich, die den Prozess der Wiedergeburt steuern. Nur ein oberster Buddha verfügt über absolute Fähigkeiten auf diesem Gebiet. Jünger, die das göttliche Auge vervollkommnet haben, können Regionen des fühlenden Universums wahrnehmen, die unseren leistungsstärksten Teleskopen unzugänglich bleiben.

Den ehrwürdigen Anuruddha bezeichnete der Buddha als den Mönchsjünger, der das göttliche Auge (*etadaggaṁ dibbacakkhukānaṁ*; AN 1, Kap. 14) am perfektesten entwickelt habe. Einst lebte eine Schar hervorragender Mönche im Sāla-Wald von Gosiṅga. Sie sprachen darüber, welche Art Mönch diesem Wald noch mehr Glanz verleihen könnte. Da antwortete Anuruddha, es sei jene, die mit dem göttlichen Auge eintausend Weltensysteme überblicken könne, wie ein Mann auf einem hohen Turm tausend Gehöfte sehe (MN 32). Anuruddha half auch seinen eigenen Schülern, das göttliche Auge zu entwickeln (SN 14:15), und pries sein Geschick darin in folgenden Versen:

Vertieft in fünffacher Versenkung,
Friedlich, mit gesammeltem Geist,
Habe ich die Ruhe gefunden,
Und mein göttliches Auge wurde
geläutert.

Auf dem fünffachen Jhāna stehend,
Kenne ich das Vergehen und
die Wiedergeburt der Wesen;
Ich kenne ihr Kommen und Gehen,
Ihr Leben in dieser Welt und darüber
hinaus. (Thag. 916f.)

Eine weitere Station auf Anuruddhas spirituellem Pfad war die eifrige Praxis des Satipaṭṭhāna, der vier Grundlagen der Achtsamkeit: «Da lebt ein Mönch und betrachtet den Körper im Körper ..., Gefühle in Gefühlen ..., Geist in Geist ..., geistige Erscheinungen in geistigen Erscheinungen. Eifrig, voller Wissen und Achtsamkeit, ohne Begierde und Bedauern im Hinblick auf die Welt.»[18] Die Praxis des Satipaṭṭhāna gilt bisweilen als schneller, «trockener» Pfad zur Erleuchtung, der die Jhānas und die übernatürlichen Fähigkeiten umgeht. Doch durch Anuruddhas Worte wird klar, dass dieses Meditationsverfahren für ihn und seine Jünger ein Mittel zur Erlangung psychischer Kräfte und übernatürlicher Fähigkeiten darstellte – und zur endgültigen Frucht der Befreiung führt. Immer, wenn man den ehrwürdigen Anuruddha fragte, wie er die «großen übernatürlichen Fähigkeiten» (*mahābhiññatā*), die die fünf weltlichen übernatürlichen Fähigkeiten und die Arahatschaft als sechste umfassen, erlangt habe, antwortete er, dies sei durch die Entwicklung und Pflege der vier Grundlagen oder Pfeiler der Achtsamkeit geschehen (SN 47:28, 52:3, 6, 11). Durch diese Übung, so sagte er, könne er in tausend vergangene Weltzeitalter zurückkehren, übernatürliche Fähigkeiten entwickeln und direkt tausendfache Weltensysteme wahrnehmen (SN 52:11, 12, 6).

Anuruddha erklärte auch, der Satipaṭṭhāna habe es ihm ermöglicht, jene vollkommene Kontrolle über gefühlsmäßige

Reaktionen zu erlangen, die «die Macht der Edlen» (*ariyā-iddhi*) genannt wird. Dabei kann man das Ekelerregende als nicht Ekel erregend, das Nichtekelerregende als Ekel erregend betrachten und beiden mit Gleichmut begegnen (SN 52:1).[9] Weiterhin betonte er die Bedeutung dieser Übung, indem er sagte, dass jeder, der die vier Grundlagen der Achtsamkeit vernachlässige, auch den Edlen Achtfachen Pfad vernachlässige, der zur Auslöschung des Leidens führe. Wer hingegen diese vier Grundlagen übe, gehe auf dem Weg des Edlen Achtfachen Pfades, der zur Auslöschung des Leidens führe (SN 52:2). Anuruddha sagte auch, diese vierfache Achtsamkeit habe die Vernichtung des Begehrens zur Folge (SN 52:7). Wie man den Fluss Ganges in keiner Weise von seinem Weg zum Meer ablenken könne, ebensowenig gelinge es, einen Mönch, der die vier Grundlagen der Achtsamkeit übe, vom Asketenleben abzubringen und zum weltlichen Leben zurückzuführen (SN 52:8).

Als Anuruddha einmal krank war, überraschte er die Mönche durch seinen Gleichmut beim Ertragen von Schmerzen. Sie fragten ihn, woher dies komme, und er antwortete, sein Gleichmut sei durch die Übung der vierfachen Achtsamkeit entstanden (SN 52:10). Ein anderes Mal besuchte Sāriputta Anuruddha am Abend und fragte ihn, was er den Tag über zu tun pflege, da seine Züge stets Glück und Heiterkeit ausstrahlten. Und wiederum sagte Anuruddha, er verbringe seine Zeit regelmäßig mit der Übung der vier Grundlagen der Achtsamkeit. Dies sei die Art, wie die Arahats lebten und sich übten. Sāriputta drückte daraufhin seine Freude über Anuruddhas Worte aus (SN 52:9). Als Sāriputta und Mahamoggallāna Anuruddha einmal fragten, welches der Unterschied sei zwischen einem Jünger, der sich noch «in Übung» (*sekha*)[10] befinde und einem Arahat, der «jenseits dieser Übung» (*asekha*) stehe, antwortete er, sie würden in der Übung der vierfachen Grundlagen der Achtsamkeit differieren. Während Ersterer sie nur teilweise pflegte, täten die Arahats dies vollständig und vollkommen (SN 52:4f.).

Anuruddha behauptete auch, er besitze durch seine Übung der richtigen Achtsamkeit zehn edle Eigenschaften, die anderswo «die zehn Fähigkeiten eines Tathāgata» (*dasatathāgatabala*; siehe MN 12) genannt werden. Diese sind: das Wissen darüber, was möglich und was unmöglich ist; das Wissen über das Ergebnis des Erwerbs von Kamma; das Wissen über die Pfade, die zu den verschiedenen Zielen der Wiedergeburt führen; das Wissen über die Welt mit ihren zahlreichen verschiedenen Elementen; das Wissen über die unterschiedliche Anordnung der Wesen; das Wissen über den Grad der Reifung bei den Fähigkeiten anderer Wesen; das Wissen über die Jhānas und andere fortgeschrittene meditative Zustände; und schließlich die drei wahren Kenntnisse (SN 52:15–24). Der Kommentar erklärt, Anuruddha habe diese Fähigkeiten nur teilweise besessen, weil sie in ihrer Vollständigkeit einem Vollerleuchteten vorbehalten seien.

Das Leben im Sangha

Aus dem Pāli-Kanon geht hervor, dass Anuruddha im Gegensatz zu Sāriputta, Mahāmoggallāna oder Ānanda das Leben in der ruhigen Abgeschiedenheit einer aktiven Betätigung im Sangha vorzog. Deswegen erscheint er auch nicht so häufig wie die oben genannten älteren Mönche bei Ereignissen, die mit dem Buddha in Zusammenhang stehen. Seine Verse in den *Theragāthā* deuten auch darauf hin, dass er eine starke Neigung zu asketischen Übungen hatte, wie der ehrwürdige Mahākassapa, der der hervorragendste Vertreter auf diesem Gebiet war:

> Wenn er von seiner Almosenrunde zurückkehrt,
> Lebt der Weise allein, ohne Gefährten.
> Anuruddha ist frei von den Leidenschaften,
> Er sucht abgelegte Fetzen, um sich eine Robe zu machen.
>
> Anuruddha, der Weise, der Denker,
> Er ist frei von allen Leidenschaften.
> Er siebte, nahm, wusch und färbte
> Und dann trug er doch ein Gewand aus Fetzen.
>
> Wenn man ärgerlich ist und unzufrieden,
> Begierig auf Gesellschaft, leicht erregbar,
> Dann steigen im Geist
> Schlechte, unreine Eigenschaften auf.
>
> Wer jedoch achtsam ist, wenig Wünsche hat,
> Zufrieden ist und frei von Störungen,
> Begierig auf Einsamkeit und voller Freude,
> Mit dauernd präsenter Energie,
>
> Einem solchen steigen im Geist
> Heilsame Eigenschaften auf, die zum Erwachen führen.
> So jemand ist befreit von den Leidenschaften –
> Das wurde auch vom großen Weisen gesagt.
>
> Seit fünfundfünfzig Jahren bin ich einer,
> Der die Übung des Sitzens beachtet.
> Seit fünfundzwanzig Jahren
> Habe ich die Trägheit entwurzelt.
>
> (Thag. 896–900, 904)

In diesen Versen bezieht sich Anuruddha auf drei asketische Übungen – die Almosenrunde, die Verwendung von Kleidern, die aus abgelegten Fetzen zusammengestückelt werden, und das Sitzen. Dieses beinhaltet das Gelübde, sich nicht zum Schlafen hinzulegen, sondern in der sitzenden

Meditationshaltung zu schlafen. In seinem letzten Vers teilt uns Anuruddha somit mit, dass er seit fünfundzwanzig Jahren nicht mehr richtig geschlafen hat. Vielleicht war er durch meditative Versenkung imstande, seinen Geist so vollständig zu erfrischen, dass er den Schlaf entbehren konnte. Doch im Kommentar steht, dass Anuruddha sich in seinem späteren Leben eine kurze Schlafperiode gestattete, um die physische Ermüdung zu vertreiben.

Obwohl der ehrwürdige Anuruddha die Einsamkeit der Gesellschaft vorzog, war er nicht durch und durch ein Eremit. In einem Sutta sagte der Buddha, Anuruddha habe einige Schüler gehabt, die er in der Entwicklung des göttlichen Auges unterwies (SN 14:15). Die Kommentare behaupten, er sei mit einem Gefolge von fünfhundert Mönchen umhergereist – wahrscheinlich eine zu große Zahl. Er diskutierte auch mit anderen Mönchen und mit kenntnisreichen Laienanhängern über den Dhamma. Zu unserem Glück sind einige dieser Unterhaltungen im Pāli-Kanon erhalten geblieben. Einmal beispielsweise lud der Hofschreiner von Sāvatthī, Pañcakaṅga, Anuruddha und einige andere Mönche zum Essen ein. Aus anderen Texten wissen wir, dass Pañcakaṅga in der Lehre wohl bewandert war und sich fleißig Übungen widmete. Nach dem Essen stellte er Anuruddha eine ziemlich subtile Frage. Er sagte, einige Mönche hätten ihm geraten, die «grenzenlose Befreiung des Geistes» zu üben, während ihm andere die «erhabene Befreiung des Geistes» empfohlen hätten. Er wolle nun wissen, ob die beiden Arten dasselbe bedeuten würden oder nicht.

Anuruddha antwortete, diese beiden Meditationen seien unterschiedlich. Die grenzenlose Befreiung des Geistes (*appamāṇā-cetovimutti*) entspricht der Übung der vier göttlichen Verweilzustände (*brahmavihāra*), nämlich grenzenloser Güte, Mitleid, Mitfreude und Gleichmut. Die erhabene Befreiung des Geistes (*mahaggatā-cetovimutti*) erfolgt so, dass man die innere Wahrnehmung, ausgehend von einem begrenzten Bereich, erweitert, bis sie so groß wird wie das Meer. Man gelangt dazu durch Ausdehnung des gespielten Bildes (*paṭibhāga-nimitta*) des Kasiṇa. Dieses entsteht durch Konzentration auf eine begrenzte Fläche der Erde, des Wassers oder auf gefärbte Scheiben, und so weiter. Anuruddha sprach dann über eine Klasse von Gottheiten, die man die strahlenden Götter nennt.[11] Er sagte, sie würden zwar alle zur selben Ordnung gehören, doch bestünden zwischen ihnen Unterschiede hinsichtlich des Leuchtens. Dieses könne begrenzt oder grenzenlos sein, rein oder gefärbt, dies alles in Übereinstimmung mit der Qualität der Meditation, die ihre Wiedergeburt in jener Welt bewirkt hat. Auf die Frage eines Mönches hin bestätigte Anuruddha, er spreche über diese Gottheiten aus eigener Erfahrung, denn er habe früher unter ihnen gelebt und mit ihnen geredet (MN 127).

Einmal hielt der Buddha im Freien vor vielen Mönchen eine Lehrrede. Er wandte sich zu Anuruddha und fragte ihn, ob sie alle zufrieden seien mit ihrem Asketenleben. Als Anuruddha dies bestätigte, pries der Buddha diese Geisteshaltung und sagte:

> Wer schon in der Jugend das Leben zu Hause aufgegeben hat und zu Anfang seines Lebens bereits Mönch geworden ist, tat dies nicht, weil er Bestrafung durch Könige fürchtete. Seine Gründe waren auch nicht Verlust des Besitzes, Schulden, Sorgen oder Armut. Vielmehr begann er das Asketenleben im Vertrauen auf den Dhamma, mit dem Ziel der Befreiung vor Augen. Was soll ein solcher Mönch tun? Wenn er noch nicht den Frieden und das Glück der meditativen Versenkungen oder sogar einen höheren Zustand erreicht hat, dann sollte er sich darum bemühen, die fünf geistigen Hindernisse und andere Verunreinigungen des Geistes loszuwerden, damit er den Segen der Meditation oder einen noch höheren Frieden erreicht.

Am Ende seiner Rede sagte der Buddha, wenn er über das spreche, was verstorbene Jünger erreicht hätten und was ihnen in der Zukunft bevorstehe, so tue er dies, um andere zur Nachahmung anzuspornen. Diese Worte des Erhabenen verschafften Anuruddha große Befriedigung und Freude (MN 68).

Einst kam einer der Brahmāgötter zu dem Ergebnis, kein Asket sei imstande, in die Höhen der Brahma-Welt vorzudringen. Als der Buddha die Gedanken jener Gottheit in seinem Geist wahrnahm, erschien er vor ihm in einem Lichtschein. Gerade in diesem Augenblick überlegten vier seiner großen Jünger, Mahāmoggallāna, Mahākassapa, Mahākappina und Anuruddha, wo sich der Erhabene wohl aufhalte, und mit ihren göttlichen Augen sahen sie ihn in der Brahma-Welt sitzen. Durch ihre magischen Kräfte begaben sie sich in jenen himmlischen Bereich und ließen sich in ehrerbietiger Entfernung vom Buddha nieder. Als die Gottheit dies sah, war sie von ihrem Stolz geheilt und erkannte die überlegene Macht des Buddha sowie von dessen Jüngern an (SN 6:5).

Ein anderes Mal erwachte der ehrwürdige Anuruddha mitten in der Nacht und rezitierte bis zur Morgendämmerung Verse aus dem Dhamma. Ein weiblicher Geist hörte demütig zu und sagte seinem Sohn, er solle still sein: «Wenn wir die heiligen Worte verstehen und entsprechend leben, kann es sein, dass dies zu unserem Wohl ausschlägt und uns von einer Wiedergeburt in den niedrigeren Geisterwelten befreit» (SN 10:6).

Als zwischen den beiden Mönchsgruppen in Kosambī Unfrieden entstand, besuchte der ehrwürdige Ānanda den Buddha, und dieser fragte ihn, ob der Streit beigelegt sei. Ānanda musste ihm sagen, dass er immer noch anhalte: Ein Schüler Anuruddhas sorgte im Sangha weiterhin für Aufregung, und Anuruddha tadelte ihn nicht deswegen. Dies geschah zu einer Zeit, als Anuruddha zusammen mit Nandiya und Kimbila zum Gosiṅga-Wald gegangen war, um sich einem streng meditativen Leben zu widmen. Ānanda gab zu verstehen, es sei falsch von Anuruddha, sich zurückzuziehen, wenn sein eigener Schüler Ärger machte.

Der Buddha jedoch verteidigte Anuruddha. Er sagte, es bestehe für Anuruddha keine Notwendigkeit, sich mit solchen Dingen abzugeben, denn es gebe andere, wie Sāriputta und Moggallāna und auch Ānanda, die durchaus imstande seien, solche Zwistigkeiten zu schlichten. Außerdem, so fügte er hinzu, gebe es auch Unverbesserliche, die ziemlich viel Spaß daran fänden, wenn andere streiten, da dies die Aufmerksamkeit von ihrer eigenen schlechten Lebensführung ablenke. Sie könnten so vermeiden, entlassen zu werden (AN 4:241). Ein Beispiel dafür sind die beiden eitlen Mönche, die im Hinblick auf ihr Können miteinander wetteifern wollten. Der eine war ein Schüler Ānandas, der sich eifrig mit allen Angelegenheiten des Mönchsordens beschäftigte. Der andere war ein Schüler Anuruddhas, der, wie wir oben gesehen haben, eher für sich allein lebte. Die beiden ruhmsüchtigen Mönche handelten ihrem Charakter gemäß, obwohl sie unterschiedliche Lehrer hatten, die sie anleiten sollten (SN 16:6).

Den besten Bericht über die Freundschaften Anuruddhas finden wir im *Cūlagosiṅga-Sutta* (MN 31). Als Anuruddha mit seinen Freunden Nandiya und Kimbila im Gosiṅga-Wald lebte, kam der Buddha einmal zu Besuch. Nachdem sie ihren Meister ehrerbietig gegrüßt hatten, fragte der Buddha Anuruddha, ob er mit seinen Gefährten in Harmonie lebe. Anuruddha erwiderte: «Gewiss, o Meister, wir leben in Harmonie, wir schätzen uns gegenseitig und streiten nicht. Wir vermischen uns wie Milch und Wasser und betrachten einander mit wohlwollenden Augen.»

Dann fragte der Buddha, wie sie es schaffen würden, einen solch vollkommenen Zustand aufrechtzuerhalten. Anuruddhas Antwort ist eine Lektion in der überaus schwierigen Kunst der zwischenmenschlichen Beziehungen: «Ich tue es, indem ich Folgendes denke: ‹Wie gesegnet und glücklich bin ich, dass ich mit solchen Gefährten das heilige Leben führen kann!› Gegenüber meinen Gefährten wahre ich die Güte, bei körperlichen Handlungen, beim Reden und beim Denken, und sinne: ‹Ich vergesse, was ich tun möchte, und tue, was dieser Ehrwürdige tun möchte.› Auf diese Weise sind wir eins im Geist, obwohl wir im Körper verschieden sind.»

Der Buddha brachte seine Anerkennung zum Ausdruck und wollte dann von ihnen wissen, ob sie «irgendwelche Zustände jenseits der menschlichen Ebene, besondere Fähigkeiten und Schauungen» erlangt hätten, wie sie sich für Edle geziemten. Anuruddha antwortete darauf, sie hätten alle die vier Jhānas erreicht, die vier formlosen

Zustände sowie das Aufhören der Wahrnehmung und des Fühlens. Überdies seien sie alle Arahats geworden und hätten die Leidenschaften besiegt. Nachdem der Buddha gegangen war, wollten die beiden anderen Mönche von Anuruddha wissen, wie er so sicher über ihre eigenen meditativen Leistungen habe sprechen können, obwohl sie ihn doch nie darüber informiert hätten. Anuruddha erwiderte darauf, sie hätten zwar mit ihm niemals darüber geredet, «doch indem ich euren Geist mit meinem eigenen Geist umfasste, erfuhr ich, dass ihr jene Zustände erreicht habt – auch Götter haben mir dies mitgeteilt».

In der Zwischenzeit kam ein Geist namens Dīgha Parajana zum Buddha und pries die drei Mönche Anuruddha, Nandiya und Kimbila. Der Buddha antwortete darauf, indem er erst der Äußerung des Geistes Beifall zollte und dann zu einer eigenen glühenden Lobrede ansetzte:

> So ist es, Dīgha, so ist es! Wenn sich die Familie dieser drei jungen Männer, die in die Hauslosigkeit gezogen sind, mit vertrauensvollem Herzen an sie erinnerte, so würde dies für lange Zeit zu Wohlstand und Glück führen. Wenn das Dorf..., die Stadt..., das Land, aus dem diese drei jungen Männer in die Hauslosigkeit gezogen sind, sich mit vertrauensvollem Herzen an sie erinnerte, so würde dies für lange Zeit in jenem Land zu Wohlstand und Glück führen. Wenn sich alle Edlen..., alle Brahmanen..., alle Kaufleute..., alle Knechte und Mägde an sie erinnerten, wenn die ganze Welt mit ihren Devas, ihren Māras und ihren Brahmās, diese Generation mit ihren Eremiten und Brahmanen, ihren Fürsten und ihrem Volk, sich an diese drei jungen Männer mit vertrauensvollem Herzen erinnerten, so würde dies auf der ganzen Welt für lange Zeit zu Wohlstand und Glück führen. Sieh, Dīgha, wie diese drei jungen Männer sich üben für das Wohlergehen und das Glück vieler, aus Mitleid mit der Welt, aus Sorge um das Gute, das Wohlergehen und das Glück der Devas und der Menschen.

Anuruddha und die Frauen

Eine ungewöhnlich große Zahl von Texten, in denen Anuruddha eine Rolle spielt, handelt von Frauen. Trotz der Reinheit seines Herzens und seiner völligen Ablösung von der Sinnessphäre scheint Anuruddha, der bei seiner Geburt das Aussehen eines edlen Kriegers erhalten hatte, ein Charisma verströmt zu haben, das anziehend auf Frauen wirkte, nicht nur in der menschlichen Welt, sondern ebenso in den himmlischen Sphären. Einige dieser Begegnungen entsprangen ohne Zweifel karmischen Beziehungen aus früheren Existenzen. Sie übten noch einen Einfluss auf die Frauen aus, obwohl Anuruddha selbst sie schon transzendiert hatte.

Einmal, als Anuruddha allein im Wald weilte, erschien vor ihm eine weibliche Gottheit namens Jālinī aus dem Bereich der Dreiunddreißig Götter (SN 9:6). Als Anuruddha in einer früheren Existenz Sakka, der Herrscher des Himmels der Dreiunddreißig, gewesen war, war sie seine Frau und damit Königin gewesen. Aufgrund ihrer alten Beziehung wollte sie wieder mit ihm vereint sein und ihr Verhältnis als Himmelskönig und Himmelskönigin wiederaufnehmen. Mit dieser Intention bat sie ihn, sich auf die Wiedergeburt in jener Welt zu konzentrieren:

> Richte deinen Geist auf jenen Bereich,
> In dem du in der Vergangenheit
> schon gelebt hast,
> Unter den Göttern der Dreiunddreißig,
> Denen alle Sinnesvergnügungen
> reichlich zur Verfügung stehen.
> Du wirst hoch geehrt sein und
> aufleuchten,
> Umgeben von himmlischen Mädchen.

Doch Anuruddha antwortete:

> Unglücklich sind solche
> Göttermädchen,
> In der eigenen Persönlichkeit befangen,
> Und elend sind auch jene Wesen,
> Die weiter an den Göttermädchen
> hängen.

Jālinī hatte kein Verständnis für solche Worte und versuchte ihn zu verlocken, indem sie ihm die Pracht der Götterwelt beschrieb:

> Wer Nandana nicht gesehen hat,
> Weiß nicht, was Glück ist,
> Die Heimstatt der ruhmreichen Götter,
> Die zur Gruppe der Dreißig zählen.

Anuruddha blieb jedoch fest bei seinem Entschluss, der seiner tiefen Einsicht in die Unbeständigkeit aller bedingten Dinge entsprang:

> Kennst du nicht, du Törichte,
> Jene inhaltsschwere Maxime der
> Arahats?
> Unbeständig ist alles geworden,
> Dem Entstehen und Verfallen
> unterworfen.
> Die Dinge entstehen und verschwinden
> wieder,
> Segensreich ist ihr endgültiges
> Auslöschen.
>
> Nun will ich nie wieder
> Im Himmel der Götter leben, o Jālinī!
> Die Wanderung im Kreislauf der
> Wiedergeburten ist zu Ende:
> Für mich gibt es kein erneutes Werden
> mehr.

Bei einer anderen Gelegenheit erschienen vor Anuruddha viele weibliche Gottheiten, «die Anmutigen» (*manāpakāyika devatā*) genannt, und sagten ihm, was für wunderschöne Dinge sie zu tun imstande seien. Sie könnten augenblicklich jede Farbe annehmen, die sie annehmen wollten, jeden Ton oder jede Stimme, und sie könnten auf der Stelle jedes Wohlgefühl empfinden. Um sie zu prüfen, wünschte sich Anuruddha in seinem Geist, sie sollten blau werden. Und als ob sie seine Gedanken hätten lesen können, wurden sie tatsächlich blau, trugen blaue Kleider und blauen Schmuck. Als er wünschte, dass sie andere Farben annähmen, taten sie dies: Gelb, Rot und Weiß mit passenden Kleidern und passendem Schmuck. Nun glaubten diese Göttinnen, Anuruddha sei über ihre Anwesenheit erfreut, und sie begannen wunderschön zu singen und zu tanzen. Doch Anuruddha lenkte seine Sinne weg von ihnen. Als die Göttinnen bemerkten, dass Anuruddha an ihrer Vorstellung keinen Spaß hatte, verließen sie ihn augenblicklich (AN 8:46).

Wenn man sich daran erinnert, wie der ehrwürdige Anuruddha seine Jugend als Prinz verbracht hatte, entzückt von Kunst und Musik, so versteht man besser, wie es zu dieser Szene kommen konnte. Wäre er nicht des Buddhas Pfad zur Befreiung gegangen, so hätte er sehr wohl unter jenen Göttinnen wieder geboren werden können, deren Rang höher war als der der Dreiunddreißig Götter. Anuruddha dachte wohl, diese Erfahrung sei einen Bericht wert. Als er am Abend dem Buddha begegnete, erzählte er ihm davon. Dann fragte er: «Welche Eigenschaften muss eine Frau haben, damit sie in der Welt jener anmutigen Geistwesen wieder geboren wird?» Aus Wissensdurst wollte er die moralische Verfassung jener Gottheiten kennenlernen.

Der Buddha erteilte ihm bereitwillig Auskunft und sagte, es seien acht Eigenschaften notwendig, um in jener Welt wieder geboren zu werden: Die Frau müsse freundlich und entgegenkommend sein, was ihren Mann betreffe, sie müsse höflich und gastfreundlich gegenüber Menschen sein, die ihrem Mann nahe stünden, etwa seinen Eltern und bestimmten Asketen sowie Priestern; sie müsse ihre Hausarbeiten gewissenhaft und eifrig verrichten; sie müsse die Diener und Hausangestellten umsichtig anleiten und für sie sorgen, sie dürfe den Besitz ihres Mannes nicht verschleudern, sondern solle ihn hüten; als Laienanhängerin solle sie Zuflucht nehmen zu den drei Kostbarkeiten; sie solle die fünf Vorschriften einhalten;[12] und schließlich solle sie Freude am Teilen und Geben haben und sich um die Bedürftigen kümmern (AN 8:46).

Während bei diesen Gelegenheiten weibliche Gottheiten vor Anuruddha erschienen, setzte dieser in anderen Fällen sein göttliches Auge ein, um zu verstehen, warum Frauen im Himmel oder in der Hölle wieder geboren wurden. Einmal fragte er den Buddha, welche Eigenschaften dafür verantwortlich seien, dass eine Frau in der Hölle wieder geboren werde. Der Meister antwortete, fünf größere Laster würden eine solche Wiedergeburt bewirken: fehlender Glaube, fehlendes Schamgefühl, moralische Leichtfertigkeit,

Zorn und Dummheit. Ferner würden auch Eigenschaften wie Rachsucht, Eifersucht, Geiz, fehlende Moral, Trägheit und fehlende Achtsamkeit zu einer Wiedergeburt in der Hölle führen. Nur Frauen mit entgegengesetzten Eigenschaften würden in einer der himmlischen Welten wieder geboren (SN 37:5–24).

Ein anderes Mal berichtete Anuruddha dem Buddha, er habe oft gesehen, wie eine Frau nach ihrem Tod in einer niedrigeren Welt wieder geboren worden sei. Der Buddha antwortete darauf, es gebe drei Eigenschaften, die eine Frau in die Hölle führen würden: wenn sie am Morgen voller Geiz sei, am Mittag voller Neid und am Abend voll sinnlichen Begehrens (AN 3:127).

Auch in den Berichten über Anuruddhas vergangene Existenzen ist von seinen Beziehungen zu Frauen die Rede. Nur einmal wird eine Wiedergeburt in Form eines Tieres erwähnt: Als er als Waldtaube wieder geboren worden war, erbeutete ein Falke sein Weibchen. Von Trauer und Leidenschaft überwältigt, entschloss er sich, so lange zu fasten, bis er seine Liebe für sie und den Trennungsschmerz überwunden hatte:

> Einst war ich in ein Taubenweibchen verliebt,
> An diesem Ort flogen wir zum Spaß umher.
> Dann stürzte sich ein Falke auf sie und floh;
> Gegen meinen Willen wurde sie von mir genommen.
> Seitdem wir getrennt sind,
> Schmerzt mich dauernd mein Herz.
> Ich will das Gelübde des heiligen Todes beachten,
> Dass niemals mehr Lust meinen Weg kreuzt. (Jāt. 490)

Andere Geschichten von früheren Existenzen erzählen Folgendes: Einst wurde Anuruddha als König wieder geboren und sah im Wald eine zauberhafte Frau. Er verliebte sich in sie und schoss auf ihren Mann, um sich ihrer zu bemächtigen. Voll Trauer schrie sie auf und warf dem König seine Grausamkeit vor. Als er diese Anklage hörte, kam er wieder zu Verstand und ging weg. Als Anuruddha jener König war, hieß die Frau Yasodharā, und ihr Ehemann war der Bodhisatta, der spätere Meister Anuruddhas. Er hatte ihn also in einer früheren Existenz aus Gier nach einer Frau fast getötet (Jāt. 485).

In einer göttlichen Existenzform, als Sakka und damit König der Devas, half er dem Bodhisatta, seinen Ruf wiederherzustellen, als jener der berühmte Musiker Guttila war. Um ihn zu prüfen, ließ er dreimal auf der Erde dreihundert Himmelsmädchen auftreten, die tanzten, wenn Guttila Laute spielte. Dann lud Sakka Guttila auf Bitten der Himmelsnymphen in den Himmel ein, weil sie dessen Musik hören wollten. Nachdem er ihnen vorgespielt hatte, fragte Guttila sie, welche guten Taten sie in diesen Himmelsbereich geführt hatten. Sie sagten ihm, in der Vergangenheit hätten sie Mönchen kleine Geschenke gemacht, die Lehrreden gehört, ihren Besitz mit anderen geteilt, und sie seien ohne Wut und Stolz. Als der Bodhisatta dies hörte, freute er sich über den Segen, den er durch seinen Besuch in Sakkas Himmel erworben hatte (Jāt. 243).

In seinem letzten Leben half Anuruddha seiner Schwester Rohiṇī, Zugang zum Dhamma zu erlangen. Einmal besuchte er mit fünfhundert Jüngern seine Heimatstadt Kapilavatthu. Als seine Verwandten hörten, dass er eingetroffen war, gingen sie alle zum Kloster, um ihm ihre Ehrerbietung zu zeigen – alle, mit Ausnahme Rohiṇīs. Der Mönch fragte, warum seine Schwester fehle und man sagte ihm, sie leide unter einer Hautkrankheit und schäme sich deswegen. Der Mönch ordnete nun an, sie solle sofort zu ihm gebracht werden.

Rohiṇī kam, das Gesicht verschleiert, und der Mönch sagte ihr, sie solle den Bau einer Versammlungshalle unterstützen. Rohiṇī verkaufte daraufhin ihren Schmuck, um Geld für das Projekt zu bekommen. Anuruddha hatte die Oberleitung, und die jungen Männer des Sakyaclans verrichteten die Arbeit. Sobald die Versammlungshalle fertig war, verschwand Rohiṇīs Hautkrankheit. Daraufhin lud sie den Buddha und seine Mönche ein, an der Eröffnungszeremonie teilzunehmen. In seiner Lehrrede erklärte der Buddha den karmischen Ursprung ihrer Hautkrankheit. In einem früheren Leben, so sagte er, sei sie die Hauptfrau des Königs von Benares gewesen. Dann sei sie eifersüchtig geworden auf eines der Tanzmädchen des Königs und habe, um sie zu quälen, getrockneten Schorf über deren Körper und das Bett verstreut. Die Hautkrankheit, unter der sie gelitten habe, sei die Frucht jener bösen Tat. Am Ende der Lehrrede des Buddha hatte Rohiṇī den Stromeintritt geschafft. Nach ihrem Tod wurde sie unter den Göttern der Dreiunddreißig wieder geboren und war Sakkas geliebte Frau.[13]

In Anuruddhas Leben als Mönch gab es einen Vorfall, der zur Aufstellung einer Mönchsregel durch den Buddha führte: Einst wanderte Anuruddha durch das Königreich von Kosala nach Sāvatthī. Am Abend kam er in ein Dorf, konnte aber keine Unterkunft finden, die für Wanderasketen und Mönche reserviert gewesen wäre. So ging er zur Herberge des Dorfes und bat um ein Nachtlager, das er auch erhielt. Später kamen immer mehr Reisende in die Herberge, und der Schlafsaal, in dem auch Anuruddha ruhen sollte, wurde zunehmend voller. Die Wirtin sagte Anuruddha, sie wolle ihm in einem nach innen gelegenen Raum ein Lager bereiten, damit er die Nacht in Ruhe verbringen könne. Stumm nahm Anuruddha an. Die Wirtin hatte jedoch diesen Vorschlag nur gemacht, weil sie sich in ihn verliebt hatte. Sie parfümierte sich, legte Schmuck an und näherte sich Anuruddha mit den Worten: «Du, ehrwürdiger Herr, bist stattlich, freundlich und siehst gut aus, und das gleiche gilt für mich. Es wäre gut, wenn der ehrwürdige Herr mich zur Frau nähme.»

Anuruddha blieb jedoch stumm. Da bot ihm die Wirtin all ihre Reichtümer an. Anuruddha schwieg weiterhin. Dann zog sie ihr Oberkleid aus und tanzte vor ihm. Schließlich legte sie sich vor ihm hin. Doch Anuruddha hatte seine Sinne unter Kontrolle und schenkte ihr keine Aufmerksamkeit. Als sie erkennen musste, dass keine ihrer Verführungskünste nützte, rief sie aus: «Es ist erstaunlich, lieber Herr, das ist außergewöhnlich! So viele Männer haben mir Hunderter und Tausender geboten, um meine Hand zu gewinnen, doch dieser Asket, den ich selbst darum gebeten habe, begehrt weder mich noch meinen Reichtum.»

Daraufhin legte die Frau ihr Oberkleid wieder an, fiel Anuruddha zu Füßen und bat ihn, er möge ihr Verhalten verzeihen. Nun öffnete er zum ersten Mal den Mund, verzieh ihr und ermahnte sie, sich in Zukunft zurückzuhalten. Dann ging sie weg. Am nächsten Morgen brachte sie ihm sein Frühstück, als ob nichts geschehen wäre. Anuruddha hielt ihr eine Lehrrede über den Dhamma, die sie derart berührte, dass sie zu einer frommen Laienanhängerin des Buddha wurde.

Anuruddha jedoch ging weiter, und als er das Kloster in Sāvatthī erreicht hatte, erzählte er den Mönchen von seinem Abenteuer. Der Buddha rief ihn zu sich und tadelte ihn, weil er die Nacht in einer Frauenwohnung verbracht hatte. Dann verkündete er eine Regel, die dies verbot (Pācittiya 6).

Die Geschichte zeigt sehr schön, wie die Selbstkontrolle den ehrwürdigen Anuruddha davor bewahrte, zum Sklaven seines sinnlichen Begehrens zu werden. Seine Charakterstärke machte auf jene Frau einen derart tiefen Eindruck, dass sie bereute, ihn anhörte und ihre Zuflucht im Buddha suchte. Anuruddhas Selbstkontrolle brachte also nicht nur ihm selbst, sondern auch der Frau Heil. Als ihn der Buddha tadelte, tat er dies, weil ein schwächerer Charakter sehr wohl der Versuchung in einer solchen Situation hätte nachgeben können. Aus Mitleid stellte somit der Buddha die Ordensregel auf, dass ein Mönch sich solchen Gefahren nicht aussetzen darf. Es ist oft zu beobachten, dass der Buddha schwächere Menschen daran hindern wollte, ihre Stärke zu überschätzen und ein Ideal nachzuahmen, das zu hoch für sie war.

Diese Geschichte erinnert sehr an eine ähnliche Erfahrung, die der heilige Bernhard von Clairvaux machte. Eines Tages kam dieser als junger Mönch in eine Herberge und bat um ein Nachtlager. Er erhielt eine Pritsche im Schlafsaal, da alle anderen Plätze besetzt waren. Die Tochter des Gastwirts verliebte sich in den stattlichen jungen Zisterzienser und besuchte ihn nachts. Er drehte sich jedoch zur Wand hin, zog seine Kapuze über den Kopf und sagte: «Wenn du einen Ort zum Schlafen suchst, hier ist noch genug Platz!» Dieses völlige Desinteresse an ihrer Person ernüchterte sie, so dass sie beschämt wegschlich. Wie Anuruddha meisterte auch Bernhard die Situation nicht durch Argumente, sondern durch die Kraft seiner Lauterkeit.

Anuruddhas frühere Existenzen

Wie manch anderer äußerte auch der ehrwürdige Anuruddha den Wunsch, ein großer Jünger zu werden, erstmals vor einhunderttausend Weltzeitaltern, während der Weisung von Buddha Padumuttara.[14] Zu jener Zeit war er ein wohlhabender Hausvater. Als er miterlebte, wie der Buddha einen Mönch als den «Hervorragendsten unter jenen, die über das göttliche Auge verfügen», bezeichnete, wollte er diesem nacheifern. Er machte dem Erhabenen und seinem Sangha reiche Geschenke, und der Meister prophezeite ihm, sein Wunsch werde dereinst in Erfüllung gehen. Nach dem Parinibbāna des Buddha wandte er sich an die Mönche und erkundigte sich bei ihnen nach den Vorübungen zur Erlangung des göttlichen Auges. Sie sagten ihm, Lampen als Opfergaben seien besonders angebracht. So opferte der Hausvater viele tausend Lampen bei dem goldenen Schrein, der die Reliquien des Buddha enthielt. Während einer späteren Existenz, zur Zeit von Buddha Kassapa, stellte er nach dessen Parinibbāna Schüsseln voller Butter um den Schrein des Buddha und zündete sie an. Jede Nacht ging er mit einer brennenden Lampe auf dem Kopf um den Schrein herum.

Das *Apadāna* erwähnt eine ähnliche Begebenheit, die zur Zeit eines früheren Buddha namens Sumedha stattfand. Anuruddha hatte gesehen, wie dieser Buddha allein am Fuße eines Baumes meditierte, und stellte um ihn herum überall Lichter auf und füllte sie sieben Tage lang mit Brennstoff. Das karmische Ergebnis dieser Aktion war, dass er für dreißig Weltzeitalter König der Devas und achtundzwanzigmal ein menschlicher König wurde, wobei er über die Fähigkeit verfügte, ein Yojana weit (ungefähr sechs Meilen) zu sehen (Ap. I, 3:4, Strophe 421–433).

Die längste der Erzählungen, die von Anuruddhas früheren Existenzen handeln, berichtet von der Zeit zwischen zwei Buddhas. Damals wurde er in eine arme Familie in Benares hineingeboren.[15] Sein Name war Annabhāra (Essensträger) und er verdiente seinen Lebensunterhalt im Dienst eines reichen Kaufmanns namens Sumana. Eines Tages tauchte der Paccekabuddha Upariṭṭha aus tiefster Meditation auf und machte seinen Almosengang in der Stadt. Annabhāra sah ihn, bot ihm Almosen an und führte ihn zu seinem Haus, wo er und seine Frau ihm das Essen gaben, das sie für sich selbst zubereitet hatten.

Sumana erfuhr von der noblen Tat seines Bediensteten und versuchte, ihm die daraus resultierenden Verdienste abzukaufen.

Doch Annabhāra wollte sie ihm nicht einmal für große Reichtümer abtreten. Als Sumana ihn drängte, fragte Annabhāra den Paccekabuddha um Rat. Dieser sagte ihm, die Verdienste seien einfach dadurch zu teilen, dass er Sumana auffordere, sich an dieser Gabe zu freuen. Wie eine Flamme nicht kleiner werde, wenn man mit ihr andere Lampen entzünde, so wachse den Erklärungen des Buddha zufolge das Verdienst und werde nicht weniger, wenn man andere dazu auffordere, sich an verdienstvollen Taten zu freuen. Sumana wusste diese Gelegenheit zu schätzen, gab Annabhāra eine großzügige Belohnung und brachte ihn zum König. Als dieser die Geschichte erfuhr, machte auch er Annabhāra ein Geschenk und bestimmte einen Platz, wo für ihn ein neues Haus gebaut werden sollte. Als die Arbeiter vor den eigentlichen Bauarbeiten den Boden aushoben, entdeckten sie Gefäße mit einem Schatz. Diese hatten sich durch Annabhāras Spende für den Paccekabuddha materialisiert. In der Folge ernannte der König Annabhāra zu seinem Schatzmeister. Als karmische Frucht dieser Spende für den Paccekabuddha, so wird gesagt, hörte Anuruddha in seiner Jugend niemals die Worte «das gibt es nicht».

Nachdem der ehrwürdige Anuruddha die Arahatschaft erreicht hatte, dachte er eines Tages: «Wo ist mein alter Freund, der Kaufmann Sumana, wieder geboren worden?» Mit seinem göttlichen Auge erkannte er, dass dieser ein siebenjähriges Kind namens Culla Sumana war und in einem Marktstädtchen in nicht allzu großer Entfernung lebte. Anuruddha ging zu diesem Ort und verbrachte dort die dreimonatige Regenzeit, wobei er von Culla Sumanas Familie unterstützt wurde. Nach der Regenzeit erteilte er Culla Sumana die Ordination als Novize. Als dieser seine Kopfhaare schnitt, erreichte er die Arahatschaft.[16]

In den *Theragāthā* sagt Anuruddha von sich selbst:

Ich kenne wohl meine früheren
Wohnorte,
In denen ich zuvor lebte.
Ich hielt mich bei den Dreiunddreißig
Devas auf
Und hatte den Rang des Sakka inne.

Siebenmal war ich ein König unter
Menschen,
Und hier übte ich die Herrschaft aus.
Als Herr von Jambusaṇḍa,
als Eroberer,
Beherrschte ich den ganzen Kontinent.
Ohne Gewalt und ohne Waffen
Herrschte ich mit Hilfe des Dhamma.

Von da an sieben und noch einmal
sieben,
Somit vierzehn Wiedergeburten,
Ich erinnere mich an meine
früheren Wohnorte:
Und dann lebte ich in der Welt
der Devas. (Thag. 913–915)

In den Jātakas sind nicht weniger als dreiundzwanzig Geschichten verzeichnet, die von Anuruddhas früheren Existenzen berichten. In den meisten Fällen war er Sakka, der König der Götter (Jāt. 194, 243, 347, 429, 430, 480, 494, 499, 537, 540, 541, 545, 547). Einmal war er Sakkas Bote, eine Gottheit namens Pañcasikha, ein Himmelsmusiker. In den sieben Erdenleben, die erwähnt werden, war er meistens ein Asket (423, 488, 509, 522) und zweimal der Bruder des Bodhisatta. In drei weiteren menschlichen Wiedergeburten war er ein König (485), ein Hofpriester (515) und ein Wagenlenker am Königshof (276). Nur einmal wird von einer Wiedergeburt als Tier berichtet, nämlich von der als verliebte Waldtaube, wovon schon weiter oben die Rede war (490). Den Jātakas zufolge war er somit fünfzehnmal eine Gottheit, siebenmal ein Mensch und einmal ein Tier.

Die Tatsache, dass er so oft ein König war, ob himmlischer oder menschlicher Natur, verweist auf seine Macht und seine Kraft. Er war aber ein ganz anderer Götterkönig als Zeus mit seinen vielen Liebesabenteuern oder als Jehova, der den Menschen oft strenge Strafen auferlegte. Als Sakka, als König der Dreiunddreißig Götter, war er eher einer, der andere schützte und ihnen beistand. Wenn der Bodhisatta Hilfe brauchte, war er zur Stelle. Er bewahrte ihn davor, hingerichtet zu werden, als er verleumdet worden war. Bei jener Gelegenheit hatte die Frau des Bodhisatta ob dieser Ungerechtigkeit ihre Stimme zum Himmel erhoben, und Sakka, der künftige Anuruddha, war so bewegt von ihrer leidenschaftlichen Bitte, dass er eingriff und den Bodhisatta rettete (Jāt. 194).

Bei einer anderen Gelegenheit hatte der Bodhisatta, der damals König war, in seinem Reich Tieropfer verboten. Ein blutdürstiger Dämon ärgerte sich darüber und wolle den König töten. Doch Sakka erschien und schützte den Bodhisatta erneut (347).

In anderen Fällen wollte Sakka den Bodhisatta auf die Probe stellen, um dessen Tugend zu stärken. In *Vessantara-Jātaka* bittet Sakka, als alter Brahmane verkleidet, den Bodhisatta um dessen Frau, um seine Gebefreudigkeit zu testen (547). Bei einer anderen Gelegenheit wollte Sakka ebenfalls überprüfen, ob sich der Bodhisatta an sein Gelübde der Großzügigkeit hielt, und bat ihn um seine Augen (499). Als der Bodhisatta das Leben eines Asketen führte, überprüfte Sakka dessen Geduld und tadelte ihn, weil er so hässlich sei. Der Buddha erzählte ihm, dass seine hässlichen Taten ihn so hässlich aussehen ließen, und pries die Güte und Reinheit, nach der er nun strebe. Sakka stellte ihm einen Wunsch frei. Der Bodhisatta wünschte sich Freiheit von Bosheit, Hass, Zorn und Lust. Ferner wünschte er, dass er nie wieder jemanden verletze. Die Erfüllung all dieser Wünsche, so meinte daraufhin Sakka, könne er nicht garantieren, das stehe nicht in seiner Macht, müsse vielmehr eigener moralischer Anstrengung (440) entspringen. Sakka überprüfte auch die Genügsamkeit des Bodhisatta (429 f.).

In einer dritten Gruppe von Berichten lädt Sakka – wiederum der künftige Anuruddha – den Bodhisatta in seinen Himmel ein und zeigt ihm die Geheimnisse der himmlischen und der höllischen Welten. Dies wird in der Geschichte des Musikers Guttila erzählt, von der bereits die Rede war (Jāt. 243). In den Geschichten von König Nimi (541) und vom wohltätigen König Sādhīna (494) lädt Sakka den Bodhisatta ebenfalls zur Besichtigung des Himmels ein.

Aus seinen früheren Existenzen als Mensch eins zwei kennzeichnende Episoden hervorzuheben. Bei einer Wiedergeburt war Anuruddha Hofpriester und Ratgeber. Sein König fragte ihn, wie nutzbringende Handlungen und Gerechtigkeit für einen Herrscher zu vereinen seien. Ohne intellektuellen Hochmut gab der Brahmane zu, dass er auf diese Frage keine Antwort wisse. Er suchte aber unermüdlich nach jemandem, der sie wusste, und fand ihn im Bodhisatta (Jāt. 515). Als er königlicher Wagenlenker war, wollte er einmal ein bedrohliches Gewitter vermeiden. Um die Pferde anzutreiben, schlug er sie mit dem Stachelstock. Wann immer die Pferde von da an jener Stelle vorbeikamen, begannen sie zu galoppieren, als ob dort eine Gefahr lauere. Da erkannte der Wagenlenker, dass er die edlen Pferde erschreckt hatte, und bedauerte es zutiefst. Er sah ein, dass er mit seiner Tat die traditionellen Kuru-Tugenden verletzt hatte (276).

In all diesen unterschiedlichen, bunten Erzählungen ist eine Gemeinsamkeit zu erkennen. Sie lassen mehrere charakteristische Eigenschaften Anuruddhas hervortreten: scin intensives Bemühen um Tugend, seine Charakterstärke und seine Sorge um das Wohlergehen anderer. Sie zeigen auch, dass seine meditativen Fähigkeiten und seine Beherrschung übernatürlicher Kräfte ihre Wurzeln in seinen Erfahrungen während vieler früherer Existenzen als Götterkönig Sakka hatten.

Das Parinibbāna des Buddha und die Zeit danach

Der ehrwürdige Anuruddha war beim Tod des Buddha zugegen, wie im *Mahāparinibbāna-Sutta* (DN 16; siehe auch SN 6:15) berichtet wird, und er spielte bei der Regelung der Angelegenheiten des verwaisten Mönchsordens eine bedeutende Rolle. Als der Meister wusste, dass der Tod nahe war, trat er in die volle Aufeinanderfolge der meditativen Versenkungen ein und erreichte dann das Aufhören der Wahrnehmung und des Fühlens. In jenem Augenblick wandte sich Ānanda an Anuruddha und sagte: «Ehrwürdiger Anuruddha, der Erhabene ist gestorben.» Doch Anuruddha, der als Arahat mit dem göttlichen Auge ausgestattet war, konnte die

Tiefe der Meditation ermessen, in die der Buddha eingetreten war, und korrigierte den jüngeren Mönch: «Nicht doch, Freund Ānanda, der Erhabene ist noch nicht gestorben. Er ist in jenen Zustand gelangt, in dem Wahrnehmen und Fühlen ein Ende haben.»

Der Buddha jedoch ging von diesem Stadium den gesamten Weg der Vertiefung wieder zurück, bis er den ersten Jhāna erreicht hatte. Dann begab er sich erneut in den vierten Jhāna, und von dort ging er sofort ohne jeden weiteren Rest ins Nibbāna ein. Als der Erwachte vollkommen erloschen war, ehrten ihn Brahmā und Sakka, der König der Dreiunddreißig Götter, mit Versen und erinnerten dabei an das Gesetz der Unbeständigkeit. Als Dritter sprach Anuruddha, der diese Verse rezitierte:

> Kein Atem mehr zog ein und aus
> Im Erhabenen mit seinem festen Geist,
> Als er ungestört und friedvoll
> Endgültig ins Nibbāna einging.
>
> Mit ungebeugtem Herzen
> Ertrug er die schmerzvollen Gefühle.
> Die Erlöschung des Geistes
> War wie das Erlöschen einer Lampe.

Viele Mönche, die die letzten Stunden des Buddha miterlebt hatten, trauerten und klagten über den Tod des Meisters. Doch Anuruddha ermahnte sie und erinnerte an die Unbeständigkeit: «Genug, Freunde! Klagt nicht, trauert nicht! Hat uns der Erhabene nicht erklärt, dass alles, was uns lieb und teuer ist, mit Wechsel, Trennung und Auflösung verbunden ist? Wie kann man von dem, was einen Ursprung hat, entstanden und zusammengesetzt ist und dem Verfall anheim fällt, sagen: ‹Möge es nicht vergehen›?» Weiter führte er aus: «Es gibt Götter mit irdischem Sinn; sie weinen mit wirrem Haar, sie weinen mit erhobenen Armen; sie werfen sich auf den Boden, rollen sich von einer Seite auf die andere und klagen: ‹Zu früh hat der Erhabene das Parinibbāna erreicht! Zu früh hat der Höchste das Parinibbāna erreicht! Zu früh ist das Auge der Welt unserem Anblick entschwunden!›» Doch, so fügte er hinzu, es gebe auch Gottheiten, die frei seien von Leidenschaften, voll Achtsamkeit und Verständnis, und diese würden einfach sagen: «Unbeständig sind alle zusammengesetzten Dinge. Wie könnte es auch anders sein?»

Anuruddha und Ānanda verbrachten die restliche Nacht in der Nähe des verstorbenen Meisters. Am Morgen bat Anuruddha Ānanda, er möge das Erlöschen des Erhabenen den Hausvätern mitteilen, die im nächsten Dorf, in Kusinārā, lebten. Sofort kamen sie zusammen und bereiteten den Scheiterhaufen vor. Als aber acht kräftige Männer versuchten, den Leichnam auf den Scheiterhaufen zu legen, gelang ihnen dies nicht. Da gingen sie zu dem ehrwürdigen Anuruddha und fragten ihn, weshalb sich der Leichnam nicht bewegen lasse. Anuruddha sagte ihnen, die Götter wünschten eine andere Zeremonie und erklärte sie ihnen. Daraufhin geschah alles so, wie es die Gottheiten wollten. Was die eigentliche Einäscherung des Körpers anbelangte, so wandten sich die Hausväter an den ehrwürdigen Ānanda und baten ihn um Rat. Dies zeigte die unterschiedlichen Zuständigkeitsbereiche der beiden Halbbrüder: Anuruddha war ein Meister der jenseitigen Dinge, während Ānanda in allen praktischen Angelegenheiten viel Erfahrung hatte.

Nach dem Tod des Buddha ging die Leitung des Ordens nicht an seinen nächsten Verwandten über, nämlich an den Arahat Anuruddha. Der Buddha selbst hatte keinen formellen Nachfolger eingesetzt. Doch die Verehrung der Mönche und der Laien konzentrierte sich auf den ehrwürdigen Mahākassapa. Er berief das Erste Konzil ein, bei dem fünfhundert heilige Mönche die Lehren des Buddha rezitierten und kodifizierten. Vor der Eröffnung des Konzils hatte der ehrwürdige Ānanda die Arahatschaft noch nicht erreicht, was ihn an sich von der Teilnahme ausgeschlossen hätte. Die älteren Mönche mit Anuruddha an der Spitze nötigten ihn deswegen, sich zu bemühen, die letzten Fesseln abzustreifen und zur endgültigen Befreiung vorzustoßen. Dies gelang Ānanda innerhalb kurzer Zeit, und so konnte er als Arahat zusammen mit den älteren Mönchen am Konzil teilnehmen. Während der Sitzungen rezitierte er die zahlreichen Lehrreden, die er von allen Mönchen am besten im Gedächtnis bewahrt hatte.

Auf diese Weise half Anuruddha seinem Halbbruder, das Ziel der Befreiung zu erreichen – zum Nutzen des Sangha und zum Nutzen all jener, die einen Pfad zur Erlösung suchen. Dies ist bis auf den heutigen Tag ein Segen für uns. Dem Kommentar zum Dīgha-Nikāya zufolge wurde Anuruddha vom Konzil mit der Erhaltung des Aṅguttara-Nikāya beauftragt.

Über den Tod des ehrwürdigen Anuruddha ist nichts weiter bekannt als diese vier heiteren Zeilen aus seinen zwanzig Strophen in den *Theragāthā*:

> Im Dorf Veḷuva im Land der Vajjia,
> Unter einem Dickicht von
> Bambusbäumen,
> Werde ich, frei von Leidenschaften,
> Ins Nibbāna eingehen, wenn meine
> Lebenskraft erloschen ist.

(Thag. 919)

6

MAHĀKACCĀNA

MEISTER IN DER DARLEGUNG DER LEHRE

(von Bhikkhu Bodhi)

Einführung

Als geschickter und vielseitiger Lehrer bediente sich der Buddha verschiedener Mittel, um seinen Jüngern den Dhamma nahe zu bringen. Oft erklärte er einen Lehrsatz in allen Einzelheiten (*vitthārena*). Zunächst machte er eine kurze Feststellung oder gab eine Zusammenfassung (*uddesa*). Dann erklärte er den Lehrsatz des Langen und Breiten (*niddesa*), analysierte, zog Schlussfolgerungen und fügte bisweilen ein Gleichnis (*upamā*) hinzu, um alles noch klarer darzulegen. Schließlich wiederholte er die einführende Erklärung in Form einer Schlussfolgerung (*niggamana*), wobei diese natürlich durch die zuvor erfolgte Analyse gestützt wurde. Bei anderen Gelegenheiten ging der Buddha nicht auf die Einzelheiten ein. Stattdessen legte er die Lehre in knapper Form (*saṅkhittena*) und gab nur ein kurzes, bisweilen kryptisches Statement ab.

Der Buddha benutzte diese Art von Lehrsätzen keinesfalls, um darin eine esoterische Botschaft zu verbergen. Er wandte diese Technik vielmehr an, weil sie bisweilen wirksamer war als eine ausgeteilte Darstellung.

Der Zweck der Lehre besteht insgesamt nicht darin, Informationen zu übermitteln, sondern darin, zu Einsicht, höherer Weisheit und Befreiung zu führen. Mit seinen kurzen Äußerungen forderte der Buddha seine Schüler auf, über deren Bedeutung nachzudenken und durch beständiges Suchen und Diskutieren selbst die Schlussfolgerungen daraus zu ziehen.

Solche kurzen Lehrsätze überforderten zwar das Verständnis der weitaus meisten Mönche, doch Schüler mit scharfer Unterscheidungsgabe konnten ihre Bedeutung sehr wohl ausloten. Unter solchen Umständen wagten es gewöhnliche Mönche nicht, ihren Meister mit Bitten um weitere Erklärungen zu belästigen, sondern sie wandten sich damit an ältere Jünger, deren Verständnis des Dhamma der Erhabene bereits bestätigt hatte. Diese Funktion wurde im frühen Sangha schließlich so wichtig, dass der Buddha dafür eine eigene Kategorie hervorragender Jünger ins Leben rief. Er nannte sie «die Besten der Schüler, die in allen Einzelheiten die Bedeutung dessen analysieren, was ich selbst nur kurz dargelegt habe» (*aggaṁ saṅkhittena bhāsitassa vitthārena atthaṁ vibhajantānaṁ*). Als den hervorragendsten Mönch in dieser Gruppe bezeichnete der Meister den ehrwürdigen Mahākaccāna, Kaccāna den Großen. Er wurde so genannt, um ihn von anderen zu unterscheiden, die ebenfalls den häufigen brahmanischen Familiennamen Kaccāyana, abgekürzt Kaccāna, trugen.[1]

Nach seiner Ordination zum Mönch wohne Mahākaccāna normalerweise in seiner Heimat Avantī, einem weit abgelegenen Gebiet im Südwesten der Region, in der auch der Buddha wohnte. Aus diesem Grund verbrachte er nicht so viel Zeit in Gegenwart des Erhabenen wie viele andere große Jünger, und er spielte auch bei den Angelegenheiten des Ordens keine so herausragende Rolle wie die engeren Vertrauten des Buddha, zum Beispiel Sāriputta, Mahāmoggallāna und Ānanda. Wegen der Schärfe seines Intellekts und seiner tiefen Einsicht in den Dhamma sowie seiner rednerischen Fähigkeiten baten ihn die Mönche immer wieder um Hilfe, wenn er in die Gemeinschaft der Jünger zurückkehrte. Er sollte ihnen die kurzen Lehrsätze des Buddha erklären, die sie in Verwirrung gestürzt hatten. Wir finden deswegen im Pāli-Kanon eine Reihe von Predigten Mahākaccānas, die von allergrößter Bedeutung sind. Diese Texte sind stets methodisch ausgefeilt und analytisch exakt. Sie zeigen mit erstaunlicher Klarheit die weit reichenden Schlussfolgerungen und die praktische Bedeutung mehrerer kurzer Lehrsätze des Buddha, die uns ohne solche Erklärungen unverständlich bleiben würden.

Der samsarische Hintergrund

Wie die aller wichtigen Jünger des Buddha war die herausragende Stellung des ehrwürdigen Mahākaccāna in der Gemeinschaft der Mönche der Blüte eines Samens vergleichbar, der lange zuvor in den Zyklen des Saṁsāra, des Kreislaufs der Wiedergeburten, gepflanzt worden war. In zahllosen Existenzen gelangte die Blüte nach und nach zur Reife. Die biographische Übersicht von Mahākaccānas Leben zeigt uns, dass sein erster Wunsch, eine führende Rolle im Sangha zu spielen, einhunderttausend Weltzeitalter in die Weisung des Buddha Padumuttara zurückreicht.[2] Zu jener Zeit wurde Kaccāna als Sohn eines reichen Hausvaters geboren. Als er eines Tages zum Kloster ging, sah er, wie der Buddha einen Mönch auszeichnete als denjenigen, der am besten im Einzelnen analysieren konnte, was der Buddha selbst nur kurz dargelegt hatte. Der junge Mann war tief beeindruckt von dem Mönch, dem diese Ehre zuteil wurde, und ein Gedanke schoss ihm durch den Kopf: «Groß ist in der Tat jener Mönch, weil ihn der Lehrer so sehr preist. Ich würde gerne eine solche Stellung in der Weisung eines künftigen Buddha erlangen.»

Um die Verdienste zu erlangen, die für das Erreichen eines solch hohen Ziels notwendig waren, lud er den Lehrer ein, Almosen in seinem Haus zu empfangen. Eine ganze Woche lang machte er dem Buddha und seinen Mönchen große Geschenke. Dann warf er sich zu Füßen des Erhabenen nieder und offenbarte ihm seinen Herzenswunsch. Der Buddha schaute mit seiner schrankenlosen Weisheit in die Zukunft und erkannte, dass der Wunsch des jungen Mannes erfüllt werden würde. Er sagte zu ihm: «Junger Mann, in der Zukunft, nach einhunderttausend Weltzeitaltern, wird ein Buddha namens Gotama erscheinen. Unter seiner Weisung wirst du derjenige sein, der am besten im Detail die Bedeutung der kurzen Lehrsätze des Buddha erklären kann.»

Im *Apadāna* steht, dass Kaccāna noch in jener Existenz für den Buddha Padumuttara einen Stūpa mit einem steinernen, goldüberzogenen Sitz baute. Den Stūpa verschönerte er mit einem juwelengeschmückten Sonnenschirm und einem prächtigen Fächer.[3] Nach dem Empfang dieses Geschenks sagte Padumuttara voraus, Mahākaccāna werde die Stellung eines Hauptjüngers unter der Weisung des Buddha Gotama einnehmen. Der Erhabene machte auch noch andere Prophezeiungen über Kaccānas Zukunft, so, dass der Hausvater als Frucht seiner verdienstvollen Gaben dreißig Weltzeitalter lang ein Herr der Devas sein werde. Nach seiner Rückkehr in die Welt der Menschen werde er ein weltlicher Herrscher namens Pabhassara sein, und sein Körper werde überallhin Licht abstrahlen. Seine vorletzte Existenz werde er im Tusita-Himmel verbringen. Nach dem Tod werde seine Wiedergeburt in der Brahmanenfamilie der Kaccāna erfolgen. In diesem Leben werde er schließlich zu einem Arahat werden, und der Buddha werde ihn zu einem seiner Hauptjünger ernennen.

Ein späterer Abschnitt des *Apadāna* enthält eine etwas andere Darstellung von Mahākaccānas ursprünglichem Wunsch, ein großer Jünger zu werden.[4] In dieser

Version war der künftige Jünger zur Zeit des Buddha Padumuttara ein Asket, der als Einsiedler im Himalaya lebte. Als er eines Tages mit übernatürlicher Kraft über den Himmel flog, überquerte er ein dicht besiedeltes Gebiet und sah unter sich den Siegreichen. Er flog zu ihm hinab, hörte, wie der Meister predigte und einen bestimmten Mönch pries (der ebenfalls Kaccāna hieß), weil er am besten kurze Lehrsätze erklären könne. Daraufhin flog der Asket zum Himalaya, pflückte dort einen Blumenstrauß, kehrte umgehend zur Versammlung zurück und übergab das Bukett dem Meister. In diesem Augenblick formte er den Wunsch, er möge derjenige werden, der den Dhamma am besten zu erklären vermochte. Daraufhin prophezeite ihm der Erhabene, sein Wunsch werde zur Zeit des Buddha Gotama in Erfüllung gehen.

In diesen Versen stellt Mahākaccāna fest, dass er als Ergebnis seiner Gaben für den Buddha nie wieder in der niederen Welt wieder geboren werde, das heißt in der Hölle, im Reich der Tiere und der Geister. Seine Wiedergeburt erfolgte stets in der Sphäre der Devas oder der Menschen. Bei seiner Wiedergeburt in menschlicher Gestalt gelangte er immer in die beiden oberen sozialen Klassen, nämlich in die der Brahmanen und Adligen.

Zur Zeit des Buddha Kassapa wurde Kaccāna in Benares wieder geboren. Nach dem Parinibbana von Buddha Kassapa stiftete er einen wertvollen goldenen Ziegel für den Bau eines goldenen Stūpa für den Buddha. Bei der Übergabe äußerte er den folgenden Wunsch: «Wenn ich wieder geboren werde, möge mein Körper stets einen goldenen Glanz aufweisen.» Als er zur Zeit des heutigen Buddha wieder auf die Welt kam, erstrahlte sein Körper in einem wundervollen goldenen Glanz. Er beeindruckte damit alle, die ihn sahen.[5] In einem Fall, auf den wir weiter unten eingehen werden, führte dieses körperliche Merkmal zu einer Reihe bizarrer Begebenheiten.

Kaccānas Bekehrung zum Dhamma

Als Buddha Gotama auf der Welt erschien, schlüpfte Kaccāna in seine letzte Existenz und wurde als Sohn eines Hofpriesters (*purohita*) in Ujjeni, der Hauptstadt der Region Avantī, wieder geboren.[6] Sein Vater hieß Tiriṭivaccha, seine Mutter Candimā.[7] Beide gehörten zu den Kaccāyana, einem der ältesten und geachtetsten Brahmanengeschlechter. Da er mit einem goldfarbenen Körper auf die Welt kam, meinten seine Eltern, er habe seinen Namen bereits bei der Geburt mitgebracht und nannten ihn Kañcana, was «golden» bedeutet. Als Brahmane und Sohn des Hofgeistlichen studierte Kañcana in seiner Jugend die Veden, die traditionellen heiligen Schriften der Brahmanen. Nach dem Tod seines Vaters übernahm er von ihm das Amt eines Hofgeistlichen.

Zu dieser Zeit war Caṇḍappajjota, Pajjota der Gewalttätige, König von Avantī. Er trug diesen Namen wegen seiner unvorhersehbaren Temperamentsausbrüche. Als Caṇḍappajjota hörte, dass ein Buddha in die Welt gekommen sei, versammelte er seine Minister um sich und befahl ihnen, den Erhabenen nach Ujjeni einzuladen. Die Minister waren sich darin einig, dass nur einer diese Aufgabe übernehmen könne, nämlich der Hofgeistliche Kaccāna. Dieser aber war dazu nur unter der Voraussetzung bereit, dass er Mönch werden durfte, nachdem er den Erhabenen getroffen hatte. Der König willigte ein, jede Bedingung zu akzeptieren, sofern er mit dem Tathāgata zusammentreffen könne.

Kaccāna machte sich in Begleitung von sieben weiteren Höflingen auf den Weg. Als sie den Meister trafen, lehrte dieser sie den Dhamma, und am Ende der Predigt erlangte Kaccāna mit seinen sieben Begleitern die Arahatschaft und zusätzlich die vier analytischen Fähigkeiten (*paṭisambhidā-ñāṇa*). Der Buddha gewährte ihnen die Ordination, indem er einfach seine Hand hob und sie im Sangha mit den Worten begrüßte: «Kommt, ihr Mönche!»[8]

Der neue Mönch, nun der ehrwürdige Mahākaccāna, begann vor dem Buddha die Pracht Ujjenis zu preisen. Der Meister merkte, dass dies darauf abzielte, ihn zu einem Besuch in seiner Heimat zu bewegen. Doch er sagte, es reiche aus, wenn er, Kaccāna selbst, zurückkehre, denn er könne bereits den Dhamma lehren und König Caṇḍappajjota den Glauben nahe bringen.

Während der Rückreise kamen die Mönche in eine Stadt namens Telapanāḷi. Dort machten sie Halt, um Almosen zu sammeln. In diesem Ort lebten zwei Mädchen, die Töchter zweier Kaufleute aus verschiedenen Familien. Die eine war wunderschön und hatte langes Haar. Ihre Eltern waren gestorben, und sie lebte in Armut. Nur eine Erzieherin kümmerte sich um sie. Das andere war reich, litt jedoch unter einer Krankheit, die zu völligem Haarausfall geführt hatte. Immer wieder hatte sie das arme Mädchen dazu überreden wollen, sein Haar zu verkaufen, damit sie sich eine Perücke machen lassen konnte. Doch das arme Mädchen hatte stets abgelehnt.

Als das arme Mädchen nun Kaccāna und die anderen Mönche sah, wie sie mit leeren Schalen um Almosen bettelten, fühlte sie eine plötzliche Aufwallung des Glaubens und der Hingabe und entschloss sich, Almosen zu geben. Da sie aber nichts besaß, konnte sie nur durch den Verkauf ihres Haars an das reiche Mädchen Geld für den Erwerb von Nahrungsmitteln beschaffen. Da das Haar aber bereits abgeschnitten zu dem reichen Mädchen gelangte, zahlte dieses nur acht Münzen dafür. Mit diesen acht Münzen bereitete das arme Mädchen für die acht Mönche eine Almosenspeise, wobei sie für jede Portion eine Münze ausgab. Nachdem sie die Almosen übergeben hatte, wuchs als unmittelbare Frucht ihrer verdienstvollen Tat das Haupthaar sofort wieder zu seiner ursprünglichen Länge nach.

Als Mahākaccāna nach Ujjeni zurückkehrte, berichtete er König Caṇḍappajjota von dieser Begebenheit. Dieser ließ das Mädchen in seinen Palast führen und machte sie zu seiner Hauptfrau. Von jener Zeit an stand Mahākaccāna beim König in hohen Ehren. Viele Einwohner von Ujjeni hörten den Mönch predigen, wandten sich dem Dhamma zu und wurden unter Mahākaccānas Anleitung zu Mönchen geweiht. Wie es in einem Kommentar heißt, wurde die ganze Stadt «eine einzige Ansammlung safranfarbener Gewänder, ein hin und her flatterndes Banner von Weisen». Die Königin war Mahākaccāna sehr gewogen und ließ für ihn eine Wohnung im Goldenen Hain errichten. So der Kommentar zum Aṅguttara-Nikāya, doch der Pāli-Kanon selbst lässt durchblicken, dass der Sangha in Avanti längst nicht so gefestigt war, wie uns der Kommentator glauben machen will. Den Beweis dafür liefert eine Geschichte im *Mahāvagga* des Vinaya-Piṭaka.[9] Mahākaccāna lebte in Avantī in seiner Lieblingsbehausung, dem Habichtsnest am Steilen Berg. Einer seiner Laienanhänger namens Soṇa Kuṭikaṇṇa kam zu ihm und drückte den Wunsch aus, unter seiner Leitung Mönch zu werden. Doch Mahākaccāna erkannte wohl, dass der Hausvater zu einem derart großen Schritt noch nicht richtig bereit war, und entmutigte ihn mit den Worten: «Soṇa, es ist schwierig, allein zu schlafen, nur einmal am Tag zu essen und während der ganzen Existenz ehelos zu bleiben. Bleibe Hausvater, und wende für dich die Lehren des Buddha an. Zur richtigen Zeit wirst du dann allein schlafen, nur einmal am Tag essen und das Zölibat beachten.»

Angesichts dieser Worte schwand Soṇas Begeisterung für das Mönchsleben. Doch einige Zeit später drängte sich der Wunsch wieder in den Vordergrund, und Soṇa wandte sich mit derselben Bitte wieder an den Mönch. Kaccāna hielt ihn ein zweites Mal von seinem Vorhaben ab, als Soṇa jedoch ein drittes Mal kam, gab Mahākaccāna ihm das «Fortgehen» (*pabbajjā*), die anfängliche Ordination als Novize (*sāmaṇera*).

Zu Zeiten des Buddha war es anscheinend Sitte, gereiften Männern, die bereits einen festen Glauben an den Dhamma besaßen und mit der Lehre vertraut waren, beide Ordinationen unmittelbar hintereinander zu erteilen. Zuerst erfolgte die Ordination als Novize und sofort danach die höhere Ordination als Mönch (*upasampadā*). Dabei wurde der Kandidat zu einem Bhikkhu, einem vollwertigen Mitglied des Sangha, geweiht. Aber zu der Zeit, in der sich die oben geschilderte Begebenheit abspielte, gab es in Avantī nur wenige Mönche, da diese Region weitab vom eigentlichen Missionsgebiet des Buddha und den Zentren buddhistischer Aktivität lag. Den disziplinarischen Regeln zufolge, die damals noch galten, konnten die höheren Weihen aber nur von einem Kapitel von mindestens zehn Mönchen (*dasavaggabhikkhusaṅgha*) durchgeführt werden. Die

Situation in Avantī war nun so, dass der ehrwürdige Mahākaccāna zunächst keine neun weiteren Mönche finden konnte, um Soṇa die höhere Ordination zu erteilen. Erst drei Jahre später gelang es dem Mönch «unter Schwierigkeiten», dies nachzuholen, indem er eine Versammlung von zehn Bhikkhus aus verschiedenen Orten einberief.

Als Soṇa seine erste Einkehr während der Regenzeit als Mönch abgeschlossen hatte, stieg in ihm der Wunsch auf, dem Buddha einen Besuch abzustatten. Er hatte sehr oft höchstes Lob für den Erhabenen, seinen Meister und seine Zuflucht, gehört, doch war er ihm bisher nie von Angesicht zu Angesicht begegnet. Nun wollte er ihm persönlich seine Ehrerbietung erweisen. Er ging zu seinem Lehrer und bat um dessen Erlaubnis, die lange Reise nach Sāvatthī, wo der Buddha wohnte, antreten zu dürfen. Mahākaccāna zollte nicht nur dem Ansinnen seines Schülers Beifall, sondern bat Soṇa auch, dem Meister die Botschaft zu überbringen, dieser möge doch gewisse Mönchsregeln weniger streng fassen, um den unterschiedlichen sozialen und geographischen Bedingungen in Avantī und anderen Grenzgebieten Rechnung zu tragen.

Als Soṇa beim Buddha angelangt war und die Bitte seines Lehrers vortrug, stimmt der Buddha bereitwillig zu. Zunächst definierte er die Grenze des Mittleren Landes, in dem die ursprünglichen Vorschriften weiterhin gelten sollten. Dann verkündete er die revidierte Version der Regeln. Sie sollten nur in den Grenzgebieten Anwendung finden. Folgende Regeln wurden neu gefasst: Für die höhere Ordination war nicht mehr ein Kapitel von zehn, sondern nur noch von fünf Mönchen erforderlich; einer davon musste aber ein Experte im Vinaya, der Mönchsdisziplin, sein. Die Mönche durften Sandalen mit dicker Sohle verwenden, da der Untergrund in jenen Gebieten rauh und hart ist. Die Mönche durften häufig baden, da die Bewohner von Avantī diesem Brauch große Bedeutung beimaßen. Felle von Schafen, Ziegen und anderen Tieren durften als Überwurf verwendet werden. Roben waren zu akzeptieren bei Mönchen, die den Distrikt verlassen hatten, und die Zehntagesperiode, während der – der allgemeinen Regel zufolge – eine Extrarobe getragen werden konnte, begann erst, wenn die Robe tatsächlich in die Hände des Betreffenden gelangt war.

Verschiedene Begebenheiten

Weder die Suttas noch die Kommentare liefern uns sehr viele biographische Informationen über das Leben des ehrwürdigen Mahākaccāna im Sangha. Sie konzentrieren sich vielmehr auf seine Rolle als Lehrer, besonders auf seine detaillierten Erklärungen der kurzen Lehrsätze des Buddha. Aus dem Zusammenhang (*nidāna*) der Suttas, in denen Mahākaccāna auftritt, können wir schließen, dass er nach seiner Ordination die meiste Zeit in Avantī lebte. Anscheinend hielt er sich in der Einsamkeit auf. Doch wenn sich die Gelegenheit bot, lehrte er auch andere. Immer wieder besuchte er den Buddha in dessen Hauptwohnstätten, und wahrscheinlich begleitete er ihn auch manchmal auf seinen Predigtreisen. Die drei Suttas des Majjhima-Nikāya, in denen Mahākaccāna als Interpret auftritt, berichten von drei verschiedenen Schauplätzen, nämlich von Kapilavatthu, Rājagaha und Sāvatthī. Da diese Städte weit auseinander lagen und auch eine beträchtliche Strecke von Avantī entfernt waren, könnte dies entweder bedeuten, dass Kaccāna einige Zeit als Begleiter des Buddha auf dessen Predigtreisen verbrachte oder dass er sich zu den verschiedenen mönchischen Zentren begab, sobald er erfuhr, dass der Meister sich dort eine Weile aufhalten wollte.

In den Texten finden wir keine Hinweise darauf, dass Mahākaccāna enge Freundschaften mit anderen führenden Mönchen eingegangen wäre, wie dies zum Beispiel Sāriputta, Mahāmoggallāna und Ānanda taten. Er lebte im Allgemeinen allein, legte aber auf das Eremitendasein keinen so starken Wert wie Mahākassapa. Auch in seiner Askese scheint er nicht besonders streng gewesen zu sein.[10] Auf Verlangen übernahm er Predigtaufgaben, wie noch zu sehen sein wird. Doch in den Suttas tritt er immer wieder in der Rolle dessen auf, der anderen den Dhamma erklärt. Wir erfahren nichts von persönlichen Gesprächen mit anderen Mönchen. Er stellte auch dem Buddha keine Fragen, wie dies selbst der weiseste der Bhikkhus, der ehrwürdige Sāriputta, oft tat. Im *Mahāgosiṅga-Sutta* (MN 32) wird er erstaunlicherweise nicht erwähnt. Dort wird berichtet, dass sich die anderen hervorragenden Mönche in einer Vollmondnacht versammeln, um über den idealen Mönch zu diskutieren. Es geht dabei darum, zu beschreiben, wie der Mönch beschaffen sein müsste, der diesem Wald noch zusätzlichen Glanz verleihen könnte. Wäre Mahākaccāna bei dieser Versammlung zugegen gewesen, hätte er wohl gesagt, ein solcher Mönch müsse die kurzen Aussprüche des Buddhas in allen Einzelheiten interpretieren können.

Mahākaccāna führte Ordinationen durch, wie wir im Falle von Soṇa gesehen haben, obwohl seine Schüler, entgegen den Worten des Kommentars zum Aṅguttara-Nikāya, wahrscheinlich nicht sehr zahlreich waren. Einer von ihnen war der Mönch Isidatta, der bereits in jungen Jahren mit seinen entschiedenen Antworten auf schwierige Fragen des Dhamma ältere Mönche beeindruckte.[11] Diese Fähigkeit Isidattas geht wohl auf die rigorose Unterweisung zurück, die er von Mahākaccāna erhalten haben muss.

Als Mahākaccāna einmal den Buddha besuchte, wurde ihm eine besondere Ehre durch Sakka, den König der Götter, zuteil.[12] Dies geschah, als der Buddha im Östlichen Hain in Sāvatthī, im Haus von Migāras Mutter lebte. Der Meister saß inmitten hervorragender Mönche anlässlich des *pavāraṇā*, der Zeremonie der gegenseitigen Kritik am Ende der Exerzitien während der Regenzeit. Da Mahākaccāna regelmäßig den Buddha besuchte, um den Dhamma von ihm zu hören, und dazu auch große Entfernungen zurücklegte, reservierten ihm die anderen Mönche stets einen Sitz für den Fall, dass er unerwarteterweise auftauchen sollte.

Bei dieser Gelegenheit nun näherte sich Sakka mit seinem himmlischen Hofstaat der heiligen Versammlung und warf sich vor dem Erhabenen auf den Boden. Da er Mahākaccāna nicht entdecken konnte, dachte er bei sich: «Es wäre gut, wenn der ehrwürdige Mönch erschiene.» Gerade in diesem Augenblick kam Kaccāna an und nahm seinen Platz ein. Als Sakka ihn sah, packte er ihn fest an den Fußknöcheln, drückte seine Freude über die Ankunft des Mönches aus und ehrte ihn, indem er ihm Düfte und Blüten schenkte. Einige der jüngeren Mönche waren deswegen aufgebracht und klagten darüber, dass Sakka bei seinen Ehrenbezeugungen ungerecht vorgehe, doch der Buddha tadelte sie mit den Worten: «Ihr Mönche, jene Mönche, die wie mein Sohn Mahākaccāna die Pforten der Sinne bewachen, werden von den Devas wie von den Menschen geliebt.» Dann sprach er folgende Verse aus dem *Dhammapada*:

Selbst jenen Devas ist er lieb,
Die ihre Sinne im Zaume halten
Wie Pferde, die von einem Wagenlenker
geschult wurden.
Sein Stolz ist vernichtet,
Und er ist frei von Befleckungen.

(Dhp. 94)

Kaccāna widmete in der Tat große Aufmerksamkeit der Meisterung seiner Sinnesfähigkeiten. Dies geht aus seinen Predigten hervor, bei denen er – wie wir später noch sehen werden – oft die Notwendigkeit betonte, die «Pforten der Sinne» zu bewachen.

Die Kommentare berichten von zwei merkwürdigen Ereignisfolgen. Beide gehen auf den physischen Eindruck zurück, den der Mönch auf andere machte. Eine dieser Episoden ist im Kommentar zum *Dhammapada* vermerkt.[13] Ein junger Mann, Soreyya, der Sohn des Schatzmeisters der Stadt gleichen Namens, fuhr eines Tages in einem Wagen zusammen mit Freunden zu einem Badeplatz. Als sie die Stadt verließen, stand der ehrwürdige Mahākaccāna am Stadttor und legte sein äußeres Kleid ab, um sich auf seine Almosenrunde zu begeben. Als der junge Soreyya den golden schimmernden Körper des Mönches sah, dachte er bei sich: «O, wenn dieser ältere Mönch doch meine Frau werden könnte! Oder wenn der Glanz des Körpers meiner Frau so würde wie der dieses Mönches!»

In dem Augenblick, in dem dieser Wunsch in seinem Geist auftauchte, wurde Soreyya in eine Frau verwandelt. Perplex ob dieser unerklärlichen Geschlechtsumwandlung, sprang er aus dem Wagen und floh vor den anderen, bevor diese merken konnten, was geschehen war. Er machte sich langsam auf den Weg in die Stadt Takkasilā. Seine Freunde suchten ihn vergebens und berichteten seinen Eltern von dem merkwürdigen Verschwinden. Als alle Versuche, ihn aufzuspüren, fehlgeschlagen waren, kamen seine Eltern zu dem Schluss, er müsse tot sein, und führten die Begräbnisriten durch.

In der Zwischenzeit kam die Frau Soreyyā nach Takkasilā und traf dort den Sohn des Stadtkämmerers. Dieser verliebte sich in Soreyyā und nahm sie zur Frau. In den ersten Jahren brachte sie zwei Söhne zur Welt. Als Mann hatte Soreyya mit seiner Frau bereits zwei Söhne gezeugt. Soreyyā hatte somit vier Kinder, zwei als Vater und zwei als Mutter.

Eines Tages kam ein früherer enger Freund Soreyyas in persönlichen Angelegenheiten nach Takkasilā. Soreyyā sah ihn auf der Straße und rief ihn zu sich ins Haus. Hier enthüllte sie ihm das Geheimnis ihrer Verwandlung. Der Freund schlug vor, Soreyyā solle Mahākaccāna, der in der Umgebung lebte, Almosen spenden und ihn anschließend um Verzeihung bitten für den früheren unzüchtigen Gedanken.

Der Freund ging zu dem Mönch und ersuchte ihn, auf seinem Bettelgang am folgenden Tag ins Haus der Frau zu kommen. Als der ehrwürdige Mahākaccāna eintraf, führte der Freund Soreyyā zu ihm, erzählte, was vor langer Zeit geschehen war und bat ihn für jene sündigen Gedanken um Verzeihung. Sobald der Mönch gesagt hatte: «Ich verzeihe dir», wurde aus Frau Soreyyā wieder ein Mann. Durch diese doppelte Verwandlung wurde Soreyya aus seiner weltlichen Selbstzufriedenheit wachgerüttelt und beschloss, sein bürgerliches Leben aufzugeben. Er empfing als Mönch unter Mahākaccāna die Ordination und erlangte kurz danach die Arahatschaft nebst übernatürlichen Kräften.

Vassakāra, der Premierminister des Landes Magadha unter König Ajātasattu, hatte weniger Glück. Sein Missgeschick entsprang aber ganz seinem eigenen Stolz und seiner Verbohrtheit und ging nicht auf eine Ursache zurück, die er nicht hätte kontrollieren können. Der Kommentar zum Majjhima-Nikāya berichtet, Vassakāra habe eines Tages den ehrwürdigen Mahākaccāna von der Geierspitze herabsteigen sehen und dabei ausgerufen: «Er sieht aus wie ein Affe!»[14] Dies erscheint merkwürdig, da Mahākaccāna gemeinhin als besonders schön und anmutig beschrieben wird. Doch was auch immer der Grund für diese Bemerkung gewesen sein mag, die Nachricht davon gelangte schließlich bis zum Buddha. Der Erhabene sagte, wenn Vassakāra zu dem Mönch ginge und ihn um Verzeihung bäte, sei alles in Ordnung. Wenn er dies aber nicht tue, werde er als Affe im Bambushain in Rājagaha wieder geboren. Dies wiederum hinterbrachte man Vassakāra. Als Premierminister des Königreiches war er wohl zu stolz, um einen Bettelmönch um Verzeihung zu bitten. Er überlegte aber, dass die Worte des Buddha auf jeden Fall wahr sein müssten, und so unterwarf er sich seinem künftigen Schicksal und bereitete seine nächste Existenz vor, indem er im Bambushain Bäume pflanzen ließ und Wachen aufstellte, die dort die Natur schützen sollten. Es wird berichtet, einige Zeit nach seinem Tod sei im Bambushain ein Affe auf die Welt gekommen, der sich näherte, wenn die Besucher «Vassakāra» riefen.

Die Texte teilen uns nichts über die näheren Umstände von Mahākaccānas Tod mit. Doch am Ende des *Madhura-Sutta* (siehe weiter unten) erklärt Mahākaccāna, der Buddha habe das Parinibbāna erreicht. Es liegt somit auf der Hand, dass er seinen Meister überlebte.

Der Interpret kurzer Lehrsätze

Der Buddha zeichnete den ehrwürdigen Mahākaccāna aus, indem er ihn als den Jünger bezeichnete, der am ehesten imstande sei, seine eigenen kurzen Lehrsätze in allen Einzelheiten darzulegen. Mahākaccāna kam zu dieser Ehre hauptsächlich aufgrund von acht Suttas in den Nikāyas: drei im Majjhima, drei im Saṁyutta und zwei im Aṅguttara. Daneben finden wir in den Nikayas einige weitere Reden von Mahākaccāna, die nicht auf einem kurzen Lehrsatz des Buddha beruhen. Insgesamt haben alle diese Lehrreden eine einheitliche, typische Form, die von den geistigen Qualitäten ihres Urhebers zeugt. Sie sind gründlich, ausgewogen, gewissenhaft und vorsichtig, genau formuliert, gedanklich klar, sauber aufgebaut, abgerundet und enthalten viel Substanz. Sie sind auch, das möge man verzeihen, etwas trocken, emotionslos, unsentimental und kommen ohne die rhetorischen Hilfsmittel aus, die andere berühmte Exponenten des Dhamma verwenden. Wir finden in ihnen keine Gleichnisse, keine Parabeln und keine Geschichten. Die Sprache ist einfach, doch ganz präzise. In dieser Hinsicht stehen Mahākaccānas Predigten im Gegensatz zu denen des Buddha sowie zu denen Sāriputtas und Ānandas, die sämtlich treffende Beispiele verwenden, die dem Zuhörer die Botschaft unauslöschlich einprägen. Mahākaccānas Lehrreden verdanken ihre Effizienz anscheinend ausschließlich ihrem Inhalt und nicht ihrer literarischen Gestalt. Ohne überflüssige Worte führen sie stets direkt ins Zentrum des Dhamma.

Als Analytiker der Lehre steht Mahākaccāna dem ehrwürdigen Sāriputta am nächsten, und tatsächlich zeigen die Lehrreden beider Mönche ähnliche Züge. Der Unterschied zwischen ihnen besteht im Wesentlichen in der Gewichtung und nicht im Inhalt. Wie man etwa im *Sammādiṭṭhi-Sutta* und im *Mahāhatthipadopama-Sutta* sehen kann,[15] beginnen die Lehrreden Sāriputtas mit einem bestimmten Thema. Er zergliedert es dann und erforscht alle Bestandteile, wobei noch weitere Untergliederungen möglich sind. Mahākaccāna hingegen beginnt in der Regel nicht mit einem allgemeinen Thema, sondern mit einem kurzen Lehrsatz des Buddha. Dieser hat oft intuitiven, poetischen oder ermahnenden Charakter. Er entwickelt dann sein Thema, indem er den aphoristischen Satz des Buddha umformuliert und dabei eine Verbindung zu anderen vertrauten Lehrsystemen herstellt, oft zu den sechs Sinnessphären und zur Praxis der Sinnesbeschränkung. Trotz der Unterschiede in der Gewichtung zeigen beide Jünger eine Vorliebe für das systematische und rasiermesserscharfe Denken.

Aus diesem Grund kam es in den ersten Jahrhunderten der buddhistischen Literaturgeschichte so weit, dass man jeden bedeutenden Mönch als Vater einer bestimmten Methode zur Deutung des Dhamma betrachtete. Sāriputta gilt natürlich als der ursprüngliche Systematiker des Abhidamma. Der Tradition zufolge arbeitete er ihn gemäß den Richtlinien aus, die der Buddha ihm während seiner regelmäßigen Besuche in der menschlichen Welt gegeben hatte. Der Buddha legte zu jener Zeit den Abhidhamma den Devas im Tāvatiṁsa-Himmel dar.[16] Mahākaccāna gilt als der Autor eines exegetischen Systems, das in zwei postkanonische Werke eingebettet ist, die auf die frühbuddhistischen Kommentatoren einen großen Einfluss ausübten. Von diesen beiden Werken, *Peṭakopadesa* und *Nettippakaraṇa*, wird weiter unten noch die Rede sein.

Der Majjhima-Nikāya

Das erste Sutta im Majjhima-Nikāya, in dem der ehrwürdige Mahākaccāna eine herausragende Rolle spielt, ist das *Madhupiṇḍika-Sutta* (MN 18), die «Honigkugelrede». Diese Bezeichnung stammt vom Buddha selbst – vielleicht der einzige Fall, in dem der Meister dem Sutta eines Jüngers einen Titel gab.

In diesem Sutta lebt der Erhabene in seiner Heimat, im Gebiet der Sakya, in der Stadt Kapilavatthu. Eines Tages sitzt er im Nigrodha-Park in Meditation. Da nähert sich ihm ein arroganter Sakya namens Daṇḍapāṇi und fragt bewusst unhöflich: «Was behauptet der Eremit, was hat er zu verkünden?» Der Buddha gibt eine Antwort, die seine Weigerung unterstreicht, in die Art von Streitigkeit hineingezogen zu werden, die der Fragende bezweckt: «Freund, ich lehre, dass man mit niemandem auf der Welt streiten soll, nicht mit den Göttern, den Māras und Brahmās, in dieser Generation nicht mit den Eremiten und Brahmanen, den Prinzen und dem Volk. Ich lehre, dass jener Brahmane keine Wahrnehmungen mehr hat, der losgelöst lebt von Sinnesvergnügungen, ohne Verwirrung, sorgenlos, frei von der Begierde nach jeder Art von Sein.»

Diese Antwort ist Daṇḍapāṇi völlig unverständlich. Er hebt die Augenbrauen und macht sich davon. Später am Abend erzählt der Buddha, was sich zugetragen hat. Da fragt ein Mönch: «Was genau ist die Lehre, die der Erhabene vorträgt, dass man alle Streitigkeiten vermeiden und gleichzeitig frei sein kann vom zerstörerischen Einfluss des Begehrens?» Der Buddha antwortet darauf mit der folgenden inhaltsschweren Feststellung: «Ihr Mönche, was die Quelle angeht, durch die Wahrnehmungen und Begriffe, gefärbt von geistigem Wildwuchs, Besitz ergreifen von einer Person: Wenn es dort nichts gibt, an dem man sich freuen kann, das man willkommen heißt und an dem man festhält, so ist dies das Ende der innewohnenden Tendenzen zu Lust, Unlust, Ansichten, Zweifeln, Täuschungen, Sinnesbegierde und Unwissenheit. Dies ist das Ende des Vertrauens auf Ruten und Waffen, auf Streitigkeiten, Gezänk, Dispute, Vorwürfe, Argwohn und falsche Rede; hier verschwinden diese schlechten, unheilsamen Zustände, ohne Reste zu hinterlassen.» Nachdem der Meister dies gesagt hatte, erhob er sich von seinem Sitz und ging in seine Wohnung, noch bevor die Mönche Zeit hatten, um eine weitere Erklärung zu bitten.

Als sich der Buddha zurückgezogen hat, denken die Mönche über seine Äußerung nach, und da sie merken, dass sie sie von sich aus nicht verstehen können, beschließen sie Folgendes: «Der ehrwürdige Mahākaccāna wird vom Meister gelobt und von den weisen Mitmönchen im heiligen Leben geschätzt. Er kann uns die Bedeutung in allen Einzelheiten darlegen. Wir werden zu ihm gehen und ihn darum bitten.»

Als sie bei Mahākaccāna eingetroffen sind und ihm ihre Bitte vortragen, tadelt er sie erst, weil sie sich wegen einer Klärung an ihn und nicht an den Buddha wenden. Zu ihm zu kommen, während der Erhabene anwesend sei, so meint er, sei dasselbe, wie wenn man Kernholz zwischen den Zweigen und Blättern eines großen Baumes suche, den Stamm aber übergehe. Der Erhabene sei derjenige, der wisse und sehe. Er besitze Sehkraft und Wissen, er sei der Dhamma, der Heilige. Er sei derjenige, der die Wahrheit verkünde und die Bedeutung erhelle, er sei der Herr des Todlosen, des Dhamma, der Tathāgata.

Die Bhikkhus geben zwar zu, dass der Tadel des älteren Mönchs gerechtfertigt ist. Doch sie bestehen weiterhin darauf, dass er selbst genügend qualifiziert sei, um ihnen die Bedeutung darzulegen. Schließlich stimmt Mahākaccāna zu und gibt die folgende Erklärung zu des Buddhas kurzer Lehrrede: «Abhängig vom Auge und den Formen entsteht Augen-Bewusstsein. Das Aufeinandertreffen der drei ist Kontakt. Mit Kontakt als Bedingung entsteht Gefühl. Was man fühlt, das nimmt man wahr. Was man wahrnimmt, darüber denkt man nach. Worüber man nachdenkt, das bedeutet geistigen Wildwuchs. Mit diesem geistigen Wildwuchs als Ursprung bedrängten Wahrnehmungen und Begriffe eine Person im Hinblick auf Vergangenheit, Zukunft und gegenwärtige Formen, die man mit dem Auge wahrnimmt.» Dasselbe Muster wiederholt sich bei den übrigen Sinnen.

Der Mönch verbindet dann die gesamte Darlegung mit dem Prinzip der Bedingtheit und zeigt, wie jeder Begriff aus dem vorhergehenden entsteht und wie er verschwindet, wenn der vorhergehende zu existieren aufhört.

Diese Passage, die reich ist an Implikationen, stellt eine klare Darstellung des Prozesses dar, durch den der getäuschte Geist von seinen eigenen imaginären Schöpfungen, seinen verzerrten Wahrnehmungen und geistigen Konstruktionen überwältigt wird. Die Sequenz beginnt als geradlinige Beschreibung der bedingten Entstehung der Wahrnehmung: Jede Art des Bewusstseins entsteht in Abhängigkeit von dem jeweiligen Sinnesvermögen und dem Objekt. Der Prozess entfaltet sich in der natürlichen Ordnung durch Kontakt, Fühlen und Wahrnehmen und reicht bis zum Denken. Doch beim unerleuchteten Weltenbewohner, der nicht über die richtige Einsicht in die wahre Natur der Dinge verfügt, wird im Stadium des Denkens die Wahrnehmung durch den Einfluss von *papañca* beeinträchtigt.[17] Dieses schwierige Pāli-Wort gibt man am besten mit «begrifflicher Wildwuchs» wieder. Statt die Objekte der Wahrnehmung korrekt aufzufassen, ersinnt der getäuschte Geist, der von Papañca infiltriert ist, einen komplexen geistigen Kommentar, der die Dinge mit den falschen Begriffen von «mein», «ich» und «selbst» verschönert. Dabei wird die betreffende Person von «Wahrnehmungen und Begriffen überrannt, die durch geistigen Wildwuchs gefärbt sind» (*papañcasaññāsaṅkhā*). Die innewohnenden Ursprünge dieses begrifflichen Wildwuchses sind drei Befleckungen: Begierde (*taṇhā*), Einbildung (*māna*) und falsche Ansicht (*diṭṭhi*). Wenn diese drei die Kontrolle über den Denkprozess erlangen, verwildert das Erkennen und produziert eine Menge täuschender Ideen, Obsessionen und Leidenschaften, die das Subjekt überwältigen und es zu einem hilflosen Opfer machen. Dieser Prozess der Sinneswahrnehmung ist, wie Mahākaccāna zeigt, «die Quelle, durch die Wahrnehmungen und Begriffe, die von geistigem Wildwuchs gefärbt sind, Besitz ergreifen von einer Person», wie der Buddha in seinem kurzen Lehrsatz meint. Wenn man am Vorgang der Wahrnehmung kein Vergnügen empfindet aufgrund der Begierde, die auf der Erfahrung in Begriffen wie «mein» beruht; wenn es kein Willkommen gibt aufgrund des Stolzes, der den Begriff des «ich bin» einführt; wenn es kein Festhalten gibt aufgrund falscher Ansichten, die zur Ansicht eines Selbst führen, dann werden alle innewohnenden Tendenzen zu Verunreinigungen vernichtet, und man kann in der Welt als Befreiter, Heiliger, Weiser ohne Streit, Konflikte und Dispute leben.

Das war die Erklärung der Worte des Buddha, wie sie Mahākaccāna den Mönchen vortrug. Später wandten sich diese an den Erhabenen und teilten ihm mit, was Mahākaccāna gesagt hatte. Der Buddha antwortete mit Worten höchsten Lobes für seinen Jünger: «Mahākaccāna ist weise, ihr Mönche, Mahākaccāna besitzt große Weisheit. Wenn ihr mich nach der Bedeutung gefragt hättet, hätte ich es euch auf dieselbe Weise wie Mahākaccāna erklärt. Das ist die Bedeutung und so sollt ihr sie im Kopf behalten.»

Daraufhin fügte der ehrwürdige Ānanda, der sich in der Nähe befand, ein bemerkenswertes Gleichnis hinzu, um die Schönheit von Mahākaccānas Darlegung zu beleuchten: «Es ist so, als ob ein von Hunger und Schwäche erschöpfter Mann eine Honigkugel fände und während des Essens einen süßen, angenehmen Geschmack wahrnähme. So ist es auch, ehrwürdiger Herr, bei jedem fähigen Mönch: Bei der sorgfältigen, weisen Betrachtung dieser Lehrrede über den Dhamma findet er Befriedigung und geistiges Vertrauen.» Von diesem Gleichnis ausgehend, nannte der Buddha die Lehrrede *Madhupiṇḍika-Sutta*, «Honigkugelrede».

Die beiden weiteren Suttas im Majjhima-Nikāya, in denen von Mahākaccāna die Rede ist, sowie eines im Aṅguttara-Nikāya wiederholen dieses stereotype Muster: Der Buddha äußert sich kurz, steht dann auf und geht in seine Wohnung. Die Mönche bitten daraufhin Mahākaccāna, er möge ihnen die Bedeutung der Worte auseinander setzen. Er tadelt sie, dass sie zu ihm kommen und nicht den Meister selbst fragen. Doch schließlich gibt er ihrem Drängen nach und erklärt ihnen die Worte des Buddha. Die Mönche kehren zum Buddha zurück und wiederholen diese Analyse, der der Meister lobend beipflichtet.

Das *Mahākaccāna-Bhaddekaratta-Sutta* (MN 133) kreist um das berühmte Bhaddekaratta-Gedicht, eine Reihe von Versen des Buddha, die in der Mönchsgemeinschaft zirkulierten. Das Gedicht betont die Notwendigkeit, das Begehren aufzugeben, und ruft dazu auf, stattdessen seine gesamten Energien dafür einzusetzen, mit Weisheit in die gegenwärtige Realität einzudringen. Viele Schüler des Buddha hatten dieses Gedicht mitsamt des Buddhas eigener Auslegung auswendig gelernt und verwendeten es als Inspirationshilfe für ihre Meditationsübungen und als Thema für Predigten.[18]

Ein Mönch namens Samiddhi jedoch kannte weder das Gedicht noch dessen Auslegung. Eines Tages empfand eine wohlwollende Gottheit Mitleid mit ihm, kam in den frühen Morgenstunden zu ihm und forderte ihn auf, das Bhaddekaratta-Gedicht und dessen Auslegung auswendig zu lernen. Samiddhi ging zum Buddha und bat ihn um Belehrung. Daraufhin rezitierte der Buddha das Gedicht:

Lass nicht zu, dass ein Mensch
die Vergangenheit neu erlebt
Oder dass er seine Hoffnungen auf
die Zukunft setzt,
Denn die Vergangenheit liegt hinter
uns,
Und die Zukunft ist noch nicht
eingetreten.

Mit Weisheit soll er betrachten
Jeden gegenwärtig entstandenen
Zustand.
Lass ihn das wissen, dass er sicher ist,
Unbeirrbar und unerschütterlich.

Heute muss die Anstrengung
unternommen werden,
Morgen kann der Tod schon kommen,
wer weiß?
Kein Handeln mit dem Tod
Hält ihn und seine Horden auf.

Doch wer unverzagt ausharrt,
Ohne nachzulassen, Tag und Nacht,
Der hat eine vorzügliche Nacht,
So sagt es der friedliche Weise.

Dann erhob sich der Erhabene von seinem Sitz und ging in seine Wohnung.

Samiddhi und die anderen Mönche, die damals zugegen waren, gingen zu dem ehrwürdigen Mahākaccāna und baten um eine Erklärung. Wie in der Einleitung zum *Madhupiṇḍika-Sutta* machte ihnen Mahākaccāna erst Vorwürfe, willigte dann aber ein, sie in seine Interpretation des Gedichtes einzuweihen. Dabei verwendete er die beiden ersten Zeilen als Thema seiner Darlegung und erklärte jede auf der Grundlage der sechs Sinneswahrnehmungen.

Man erlebt «die Vergangenheit neu», wenn man sich an die Formen in der Vergangenheit erinnert und bei ihnen mit Begierde und Lust innehält. Das gilt auch für die übrigen fünf Sinnesfähigkeiten und ihre Objekte. Man setzt «seine Hoffnungen auf die Zukunft», wenn man sein Herz darauf vorbereitet, Sinnesobjekte in der Zukunft zu erfahren, denen man noch nicht begegnet ist. Wer sich nicht an die Lust auf vergangene Sinneserfahrungen und an das Sehnen nach künftigen Sinneserfahrungen kettet, ist einer, «der die Vergangenheit nicht neu erlebt und seine Hoffnungen nicht auf die Zukunft setzt». Wenn der Geist in ähnlicher Weise von der Lust auf gegenwärtige Sinneswahrnehmungen und ihre Objekte gefesselt ist, so handelt es sich um einen Menschen, der besiegt ist im Hinblick auf «gegenwärtig entstandene Zustände». Wessen Geist jedoch nicht an die Lust gebunden ist, der wird als «unbesiegbar im Hinblick auf gegenwärtig entstandene Zustände» bezeichnet.

Wiederum kehrten die Mönche zum Buddha zurück, und dieser sagte: «Wenn ihr mich nach der Bedeutung gefragt hättet, hätte ich sie euch auf dieselbe Weise erklärt wie Mahākaccāna.»

Das dritte Majjhima-Sutta, das *Uddesavibhaṅga-Sutta* (MN 138) beginnt damit, dass der Buddha den Mönchen mitteilt, er wolle ihnen eine Zusammenfassung (*udesa*) und eine Darlegung (*vibhaṅga*) geben. Die Zusammenfassung lautet wie folgt: «Ihr Mönche, ein Mönch sollte Dinge so untersuchen, dass sein Bewusstsein, während er sie untersucht, nicht nach außen zerstreut ist noch im Inneren festsitzt. Indem es nicht festhält, wird es nicht erregt. Wenn sein Bewusstsein nicht nach außen zerstreut ist und im Inneren festsitzt und wenn es durch mangelndes Anhaften auch nicht in Erregung gerät, dann kann kein Leiden entstehen – keine Geburt, kein Altern und kein Tod in der Zukunft.» Dann steht der Buddha wie bei früheren Gelegenheiten von seinem Platz auf und zieht sich, ohne eine Erklärung abzugeben, zurück – eine merkwürdige Unterlassung, da er doch selbst verkündet hat, er werde den Sinn seiner Worte darlegen! Doch die Mönche wissen Rat, denn in ihrer Mitte befindet sich der ehrwürdige Mahākaccāna und seine Erklärung wird ohne Zweifel vom Meister gutgeheißen werden.

Nach seinem üblichen Protest beginnt Kaccāna seine Analyse, indem er jeden Satz der Zusammenfassung des Buddha aufnimmt und bis in die winzigsten Einzelheiten zerlegt. Wie ist das Bewusstsein «nach außen hin zerstreut»? Wenn ein Mönch eine Form mit dem Auge gesehen oder ein anderes Sinnesobjekt mit dem entsprechenden Sinnesvermögen wahrgenommen hat «und wenn sein Bewusstsein dem Anzeichen der Form nachfolgt und gefesselt ist durch das Vergnügen im Zeichen der Form, gefesselt ist durch die Fessel des Vergnügens im Zeichen der Form, dann heißt sein Bewusstsein «zerstreut nach außen hin». Wenn man jedoch eine Form mit dem Auge und so weiter sieht, dem Zeichen der Form aber nicht nachfolgt, nicht vom Zeichen der Form gefesselt ist, dann gilt dieses Bewusstsein als «nicht nach außen hin zerstreut».

Der Geist des Betreffenden «sitzt im Inneren fest», wenn er einen der vier Jhānas, der Versenkungszustände, erreicht und sein Geist «gefesselt» wird von der Freude am Entzücken, Segen, Frieden und Gleichmut des Jhānas. Wenn er die Jhānas erreicht, ohne an ihnen hängen zu bleiben, so kann man sagen, dass sein Geist «nicht im Inneren festsitzt».

Es herrscht «Gemütsbewegung aufgrund des Anhaftens» (*upādāya paritassanā*) beim «ungebildeten Weltling» (*assutavā puthujjana*), der seine fünf Arten des Anhaftens als Selbst betrachtet. Wenn seine Form, sein Gefühl, seine Wahrnehmung, seine flüchtigen Bildungen und sein Bewusstsein Veränderungen und Verschlechterungen ausgesetzt sind, so macht sich der Geist Sorgen deswegen, und er wird ängstlich, betrübt und unglücklich. Es entsteht also eine Gemütsbewegung durch das Anhaften. Doch der wissende Edle Jünger betrachtet die fünf Arten des Anhaftens nicht als Selbst. Wenn also die Arten des Anhaftens Veränderungen ausgesetzt sind, so macht sich sein Geist keine Gedanken darüber, und er lebt frei von Angst, Betrübnis und Sorge.

Auf diese Weise, so der ehrwürdige Mönch, verstehe er im Einzelnen die Zusammenfassung, die der Gesegnete gegeben hatte. Die Mönche berichten das Gehörte dem Meister, und dieser unterstützt die Erklärung seines Jüngers.

Der Saṁyutta-Nikāya

Der Saṁyutta-Nikāya enthält drei Suttas, in denen der ehrwürdige Mahākaccāna seinen Scharfsinn bei der Interpretation kurzer Lehrsätze des Buddha beweist: SN 22:3, SN 22:4 und SN 35:130. Diese Suttas unterscheiden sich in ihrer Anlage und ihrem Charakter von den drei analytischen Lehrreden im Majjhima-Nikāya. In allen drei Suttas lebt Mahākaccāna nicht in Gesellschaft des Buddha, sondern in Avantī, im Habichtshorst am Steilen Berg, einem wahrscheinlich abgelegenen, schwer zugänglichen Gebiet. Ein Laienanhänger namens Hāliddikāni, der sich offenkundig im Dhamma auskennt, besucht ihn und bittet ihn, einen kurzen Lehrsatz des Buddha in allen Einzelheiten zu erklären. Mahākaccānas Antwort richtet sich allein an den Hausvater Hāliddikāni, nicht an eine Gruppe von Mönchen, und am Ende der Rede erfolgt auch keine Bestätigung durch den Buddha. Es lässt sich nicht bestimmen, ob diese Gespräche zu Lebzeiten des Buddha oder später stattgefunden haben. Um aber in den Pāli-Kanon aufgenommen zu werden, mussten Berichte über diese Diskussionen die Hauptzentren der buddhistischen Gemeinschaft erreicht haben.

In SN 22:3 bittet Hāliddikāni Mahākaccāna, er möge ihm die Bedeutung einer Strophe aus «Die Fragen von Māgandiya» im *Aṭṭhakavagga* des *Suttanipāta* erklären:

Nachdem der Weise sein Haus verlassen hat und ohne Zuflucht umherwandert,
Ist er mit niemandem im Dorf eng vertraut.
Ohne Sinnesvergnügungen,
ohne Vorlieben,
Verwickelt er niemanden in Diskussionen. (Snp. 844)

Bei seiner Antwort auf das Ansuchen des Laienanhängers verwendet der ehrwürdige Mahākaccāna eine Methode, die sich deutlich von der Interpretationsweise in den drei Suttas des Majjhima-Nikāya unterscheidet. Er geht hier nicht einfach nur der wörtlichen Bedeutung der Äußerung des Buddha nach wie bei jenen Gelegenheiten. Stattdessen hebt er die Schlüsselbegriffe auf eine neue Ebene, behandelt sie nicht nur als unklare Formulierungen, die erläutert werden müssen, sondern als Metaphern oder Redewendungen, die anhand ihrer nichtfigurativen Bedeutungen neu zu definieren sind, um sie richtig zu verstehen.

Er tut dies, wie wir gleich sehen werden, indem er zunächst aus den ausgewählten übertragenen Begriffen die implizierte wörtliche Bedeutung herausschält und dann diese auf andere Aspekte der Lehre überträgt. Dieses Verfahren sollte in späteren Jahrhunderten typisch werden für die Pāli-Kommentare. Wir können Mahākaccānas Deutungsmethode zumindest in gewisser Hinsicht als Prototyp der späteren Art der Kommentierung betrachten.

Mahākaccāna nimmt zuerst den Ausdruck «sein Haus verlassen» (*okaṁ pahāya*) auf und betrachtet das Wort «Haus» nicht nur als Wohnort der Menschen, sondern als elliptischen Bezug auf das «Haus des Bewusstseins» (*viññāṇassa oko*). Er erklärt, das «Haus des Bewusstseins» bestehe aus den übrigen vier Arten des Anhaftens – materielle Form, Gefühl, Wahrnehmung und willentliche Bildungen –, die hier als Elemente (*dhātu*) bezeichnet werden. Anderswo heißen sie «die vier Stationen des Bewusstseins» (*viññāṇa-ṭhiti*).[19] Wenn das Bewusstsein durch Lust an diese vier Elemente gebunden ist, so sagt man, dass es sich in einem Haus bewege. Hat man alle Begierde und jedes Streben nach diesen vier Häusern des Bewusstseins sowie das Vergnügen daran aufgegeben, so gilt dies als «hausloses Umherwandern» (*anokasārī*). Dabei ist zu beachten, dass dieser letzte Begriff nicht im Text selbst auftaucht, sondern von Mahākaccāna eingeführt wird, um seine Darlegung zu vervollständigen.

Als Nächstes erklärt der Mönch den Ausdruck «ohne Zuflucht umherwandern» (*aniketasārī*). Er definiert zuerst das Gegenteil, nämlich «Umherwandern in einem Zufluchtsort» (*niketasārī*), das ebenfalls nicht in den Versen auftaucht. Wie in dem Fall zuvor behandelt Mahākaccāna diesen Ausdruck als Metapher, die man im Licht der systematischen Lehre neu formulieren muss. Er verwendet dazu nicht die fünf Arten des Anhaftens als Gerüst, sondern die sechs äußeren Sinnesbasen. Wenn man an das Zeichen der Formen (Töne, Gerüche und so weiter) gefesselt ist, indem man sich im Zufluchtsort der Form und so weiter bewegt, so gilt man als «einer, der in einem Zufluchtsort umherwandert». Wenn man alle Bindungen an das Zeichen der Formen und so weiter aufgegeben, an der Wurzel durchtrennt hat, so sagt man von ihm, dass er «umherzieht ohne Zufluchtsort».

Die weiteren Abschnitte der Darlegung bleiben näher am Text und bieten einfache Definitionen der Formulierungen, die dort verwendet werden. Einer, der «mit niemandem im Dorf eng vertraut» ist, wird als Bhikkhu definiert, der sich von Laien und ihren weltlichen Sorgen fernhält. Ein Mensch «ohne Sinnesvergnügungen» begehrt keine sinnlichen Vergnügungen mehr. Ein Mönch «ohne Vorlieben» (*apurakkharāno*) ist jemand, der sich nicht nach der Zukunft sehnt. Und einer, der «niemanden in Diskussionen» verwickelt, lässt sich nicht in Streitgespräche über die Interpretation des Dhamma ein.

Im nächsten Sutta (SN 22:4) fragt Hāliddikāni, wie man die folgende kurze Äußerung des Buddha, die in den «Fragen des Sakka» steht, im Einzelnen verstehen könne:[20] «Jene Asketen und Brahmanen, die durch vollständige Vernichtung des Begehrens befreit sind, haben das endgültige Ende, die endgültige Sicherheit vor allen Bindungen, das endgültige heiligmäßige Leben, das endgültige Ziel erreicht und sind die Besten unter den Devas und den Menschen.» Mahākaccāna erklärt dies folgendermaßen:

> Hausvater, durch die Zerstörung, das Verschwinden, Aufhören, die Aufgabe und das Loslassen von Sehnsucht, Lust, Vergnügen, Begierde, Verpflichtung und Anhaften, geistigen Standpunkten, Beharren und innewohnenden Tendenzen im Hinblick auf das Element der materiellen Form wird der Geist wohl befreit genannt. Dies gilt auch im Hinblick auf das Element des Fühlens, das Element der Wahrnehmung, das Element der willentlichen Formgebung, das Element des Bewusstseins.
> Auf diese Weise, o Hausvater, sollte man im Einzelnen die Bedeutung dessen verstehen, was der Gesegnete in einem kurzen Lehrsatz geäußert hat.

In einem dritten Sutta (SN 35:130) beginnt Hāliddikāni seine Frage mit einem Zitat des Buddha. Doch dieses Mal fragt er nicht: «Wie soll man die Bedeutung dieses kurzen Lehrsatzes im Einzelnen verstehen?» Vielmehr bittet er Mahākaccāna, den folgenden Auszug aus dem Dhātu-Saṁyutta (SN 14:4) zu erklären: «Ihr Mönche, in Abhängigkeit von der Vielfalt der Elemente entsteht die Vielfalt der Kontakte; in Abhängigkeit von der Vielfalt der Kontakte entsteht die Vielfalt der Gefühle.»

Der Buddha selbst hatte dies erklärt, indem er zeigte, wie die verschiedenen Arten von Elementen die entsprechenden Arten der Kontakte und Gefühle bedingen: «In Abhängigkeit vom Augen-Element entsteht Augen-Kontakt; in Abhängigkeit vom Augen-Kontakt entsteht ein Gefühl aus diesem Augen-Kontakt.» Und so geht es weiter mit den übrigen Sinnen. Mahākaccāna jedoch plappert nicht einfach die Analyse des Buddha nach, sondern verfeinert noch die Unterteilungen:

> Hausvater, hier hat ein Mönch eine Form mit den Augen gesehen. Er versteht nun unter einer angenehmen Form Folgendes: «So ist es. In Abhängigkeit vom Augen-Bewusstsein und einem Kontakt, der als angenehm empfunden wird, entsteht ein angenehmes Gefühl.« Nachdem er eine Form mit den Augen gesehen hat, versteht ein Mönch unter einer unangenehmen Form Folgendes: «So ist es. In Abhängigkeit vom Augen-Bewusstsein und einem Kontakt, der als schmerzhaft empfunden wird, entsteht ein schmerzliches Gefühl.» Nachdem der Mönch eine Form mit den Augen gesehen hat, versteht er Folgendes unter einer Form, die eine Grundlage für Gleichmut darstellt: «So ist es. In Abhängigkeit vom Augen-Bewusstsein und einem Kontakt, der weder angenehm noch schmerzhaft ist, entsteht ein weder angenehmes noch schmerzhaftes Gefühl.»

Dasselbe gilt für alle anderen Sinne. Während also der Buddha nur zwischen Kontakt und Empfinden aufgrund der Sinnesfähigkeiten differenziert, unterscheidet Mahākaccāna innerhalb jeder Sinnessphäre drei Qualitäten der Objekte: angenehm, unangenehm und indifferent; ferner drei Qualitäten des Kontaktes: angenehm, schmerzhaft und weder das eine noch das andere; sowie drei Qualitäten des Empfindens: angenehm, schmerzhaft und weder das eine noch das andere. Diese Dreiergruppen erzeugen eine bestimmte Beziehung: Die Qualität des Objekts bedingt die Qualität des Kontakts; die Qualität des Kontakts bedingt die Qualität des Empfindens. Dabei geht man davon aus, dass der gesamte Vorgang von einem wissenden Mönch betrachtet wird. Dies bedeutet auch, dass er über die Fähigkeit verfügt, die Bindung an Gefühle durch Einsicht in deren bedingtes Entstehen zu überwinden.

Der Aṅguttara-Nikāya

Der Aṅguttara-Nikaya liefert zwei weitere Beispiele für Mahākaccānas exegetische Fähigkeiten. In einem kurzen Sutta (AN 10:26) interpretiert der Mönch einen Vers, dessen Sinn im Grunde genommen völlig klar ist, indem er ihm eine figurative Bedeutung unterlegt, und stößt dadurch auf dessen implizite Bedeutung, dass er ihn im Rahmen der systematischen Lehre betrachtet. Hier kommt eine Laienanhängerin namens Kālī zu Mahākaccāna und bittet ihn, eine Strophe aus den «Fragen der Mädchen» im Einzelnen zu erklären. Es geht dabei um Buddhas Begegnung mit den Töchtern Māras, die ihn im ersten Jahr nach seiner Erleuchtung verführen wollten (SN 4:25). Taṇha (Begierde) fragt ihn, warum er seine Zeit mit einsamer Meditation in den Wäldern vertue, anstatt intime Beziehungen im Dorf anzuknüpfen. Darauf antwortet der Buddha:

> Nachdem ich die Armee des Gefälligen
> und Angenehmen besiegt hatte,
> Entdeckte ich bei der einsamen
> Meditation die Wonne –
> Das Erreichen des Ziels, den Frieden
> des Herzens.
> Deswegen schließe ich weder
> mit den Menschen Freundschaft,
> Noch ist mir Intimität mit
> irgendjemandem gedeihlich.

Diese Strophe soll der ehrwürdige Mahākaccāna Kālī erläutern. Der Mönch erklärt sie auf eine Weise, die sich nicht von den Worten selbst ableiten lässt. Seine Interpretation vergleicht die Haltung des Buddha gegenüber den Kasiṇas – den Meditationsobjekten, die zur Konzentration verhelfen[21] – mit der anderer Asketen und Brahmanen. Er führt aus, dass einige Eremiten und Brahmanen den Erd-Kasiṇa als höchstes Ziel betrachten und ihn dadurch erlangen. Andere ziehen den Wasser-Kasiṇa oder den Feuer-Kasiṇa vor und erreichen den entsprechenden Versenkungszustand. Doch der Erhabene erkannte direkt, bis zu welchem Grad jeder Kasiṇa der höchste ist, und nachdem er dies verstanden hatte, wusste er Bescheid über dessen Ursprung, die Gefahr, die von ihm ausgeht, die Möglichkeit, ihr zu begegnen. Damit erwarb er das Wissen um den richtigen und den falschen Pfad. Nachdem er dies alles gesehen hatte, erkannte er, wie das Ziel und der Frieden des Herzens zu erreichen waren. Auf diese Weise, schließt der Mönch, sollte man die obigen Verse verstehen.

Geht man nach der offenkundigen Bedeutung, so scheinen diese Verse die Vorteile der einsamen Meditation gegenüber den sinnlichen und sozialen Vergnügungen zu preisen – jenen Freuden, mit denen die Tochter Māras den Erleuchteten zu locken versuchte. Doch Mahākaccāna gibt dem Ganzen eine andere Wendung. Für ihn besteht der Gegensatz nicht nur zwischen sinnlichem Vergnügen und Wonne in der Versenkung, sondern zwischen zwei verschiedenen Haltungen gegenüber fortgeschrittenen Stadien der meditativen Versenkung. Die gewöhnlichen Eremiten und Brahmanen halten die Jhānas und andere außergewöhnliche Bewusstseinszustände, die man durch die Kasiṇa-Meditation erreicht, für das endgültige Ziel spiritueller Anstrengung. Doch dadurch geraten sie in eine Falle – sie begehren das Werden. So können sie den Weg zur endgültigen Erlösung nicht finden. Da eine Bindung entsteht an die Wonne und die ruhige Heiterkeit der Jhānas, vermögen sie nicht zu erkennen, dass auch diese Zustände bedingt und damit vorübergehender Natur sind. Somit können sie ihre Bindung an die Jhānas nicht aufgeben. Sie bleiben daher in Māras Bereich gefangen, besiegt von seiner Armee «angenehmer und gefälliger Formen», wie sublim diese auch sein mögen. Doch der Buddha hat den Ursprung (*ādi*)[22] dieser Bindungen erkannt: So die Begierde als Ursprung des Leidens. Er hat die Gefahr (*ādīnava*) erkannt, das heißt, dass sie unbeständig, unbefriedigend und Veränderungen unterworfen sind. Er hat den Ausweg (*nissaraṇa*) erkannt, nämlich das Nibbāna. Und er ist zu dem Wissen und zu der Vision gelangt, mit deren Hilfe er den wahren Pfad vom falschen unterscheiden konnte, das heißt den Edlen Achtfachen Pfad vom falschen achtfachen Pfad. Aufgrund dieses vierfachen Wissens, das den Vier Edlen Wahrheiten entspricht, erreichte er das Ziel, das Nibbāna. Er erfuhr es als Frieden des Herzens, der nur dann entstehen kann, wenn alle Befleckungen ohne jeden Rest ausgelöscht sind.

Gegen Ende des umfangreichen Aṅguttara-Nikāya finden wir schließlich noch ein Sutta, das wie die drei Suttas im Majjhima-Nikāya aufgebaut ist. Dieses Sutta (AN 10:172) beginnt mit einer kurzen Feststellung des Buddha: «Ihr Mönche, der Nicht-Dhamma muss verstanden werden, und auch der Dhamma muss verstanden werden. Schaden muss verstanden werden, und auch Nutzen muss verstanden werden. Wenn man all dies verstanden hat, sollte man sich in Übereinstimmung mit dem Dhamma, in Übereinstimmung mit dem Nutzen, üben.» Nachdem der Erhabene dies gesagt hatte, erhob er sich von seinem Sitz und ging in seine Wohnung.

Die Mönche wandten sich daraufhin an den ehrwürdigen Mahākaccāna und baten ihn um eine Erklärung. Nach den festgelegten Formeln des Protestes und des Insistierens interpretiert Mahākaccāna die Weisung des Buddha mit Hilfe der zehn unheilsamen und der zehn heilsamen Wege des Kamma. Leben zu nehmen gehört zum Nicht-Dhamma, davon Abstand zu nehmen, Lebewesen zu töten, gehört zum Dhamma. Die zahlreichen unheilsamen Zustände, die entstehen, weil man Leben genommen hat, sind Unrecht; die zahlreichen heilsamen Zustände, die entstehen, weil man davon absieht, Leben zu nehmen, und die zur Erfüllung durch Entwicklung führen, sind Nutzen und Segen. Dasselbe Muster gilt für Stehlen, sexuelles Fehlverhalten, Lügen, Verleumden, unrechte Rede und Klatsch. Schließlich sind auch Begierde, böser Wille und falsche Ansichten Nicht-Dhamma, und die schlechten Zustände, die daraus hervorgehen, bedeuten Übel. Nichtbegierde, guter Wille und richtige Ansichten gehören zum Dhamma, und die heilsamen Zustände, die daraus entstehen und zur Erfüllung durch Entwicklung führen, sind ein Segen.

Weitere Lehren Mahākaccānas

Nicht alle Lehrreden Mahākaccānas sind Kommentare zu kurzen Lehrsätzen des Buddha. Der ehrwürdige Mönch hielt auch Predigten über den Dhamma, die völlig unabhängig sind, und er zeigte erhebliches Geschick, wenn es darum ging, Zweifel von Suchenden und Mitmönchen durch seine eigenen authentischen Einsichten in die Lehre zu zerstreuen.

Der Majjhima-Nikāya enthält einen Dialog in voller Länge zwischen Mahākaccāna und König Avantiputta von Madhurā, der dem Kommentar zufolge der Enkel des Königs Caṇḍappajjota von Avantī war. Als der ehrwürdige Mahākaccāna einst in Madhurā weilte, hörte auch der König die günstigen Meinungen, die über ihn kursierten: «Er ist weise, scharfsinnig, gelehrt, klar, voller Einsicht und Unterscheidungsgabe; er ist bejahrt, und er ist ein Arahat.» Da er sich mit einem derart angesehenen Mönch unterhalten wollte, begab sich der König hinaus in die Einsamkeit, um ihn zu treffen. Die Unterhaltung, die dabei geführt wurde, ist im *Madhurā-Sutta* (MN 84) verzeichnet.

Der König eröffnete das Zwiegespräch nicht etwa mit einer Frage, die die Natur oder die Resultate der Vipassanā-Meditation betraf. Vielmehr sprach er den Versuch der Brahmanen an, ihre gesellschaftliche Hegemonie zu begründen. Die Brahmanen rechtfertigten diesen Machtanspruch mit dem Hinweis auf ihren göttlichen Status. König Avantiputta stellte dies Mahākaccāna gegenüber so dar: «Die Brahmanen bilden die höchste Kaste, alle anderen Kasten stehen unter ihnen. Die Brahmanen sind die hellste Kaste, alle anderen Kasten sind dunkel. Die Brahmanen sind rein, das gilt nicht für die Nichtbrahmanen. Nur die Brahmanen sind die Söhne Brahmās, die Nachkommen Brahmās, geboren aus seinem Mund, geboren aus Brahmā, die Erben Brahmās.»

Obwohl der ehrwürdige Mahākaccāna selbst aus einer Brahmanenfamilie stammte, war er sich der Anmaßung wohl bewusst, die hinter diesem Anspruch stand. Er antwortete, dies sei «nur eine weltliche Rede», die keinerlei göttliche Unterstützung habe. Um seinen Standpunkt zu untermauern, brachte Mahākaccāna eine ganze Reihe beweiskräftiger Argumente vor: Wenn jemand Reichtum erwerbe, egal, welcher sozialen Klasse er angehöre, so sei er in der Lage, über Menschen der anderen Kasten zu bestimmen. Ein Knecht könne einen Brahmanen in seine Dienste nehmen. Wer die Prinzipien der Moral verletze, werde in der Hölle wieder geboren, ohne Ansehen der Kaste. Wer hingegen die moralischen Vorschriften beachte, werde in einem glücklichen Bereich wieder geboren, welcher Kaste er auch angehören möge. Wer das Gesetz breche, werde ungeachtet seiner Kastenzugehörigkeit bestraft. Wer der Welt entsage und als Asket lebe, erfahre Ehrfurcht und Respekt, aus welcher Schicht er auch stammen möge. Nach all dem sagte der König feierlich: «Diese vier Kasten sind alle gleich; es besteht keinerlei Unterschied zwischen ihnen.»

Am Ende des Zwiegesprächs drückte Avantiputta seine Hochachtung für Mahākaccāna aus und erklärte: «Ich betrachte den Meister Kaccāna, den Dhamma und den Sangha der Bhikkhus als meine Zuflucht.» Doch der ehrwürdige Mönch korrigierte ihn: «Nimm nicht bei mir deine Zuflucht, großer König. Nimm deine Zuflucht bei demselben Erhabenen, den ich mir als Zuflucht erwählt habe.» Als der König fragte, wo der Erhabene zur Zeit wohne, erklärte ihm der Mönch, er habe das Parinibbāna erreicht. Hieraus geht hervor, dass Mahākaccāna nach dem Buddha gestorben sein muss.

Der Saṁyutta-Nikāya enthält ein Sutta (SN 35:132), in dem geschildert wird, wie das Geschick des ehrwürdigen Mahākaccāna beim Umgang mit einer Gruppe rüpelhafter junger Brahmanen bewirkte, dass sich die Einstellung eines gelehrten alten Brahmanen samt der seiner Gefolgschaft veränderte. Mahākaccāna lebte in Avantī in einer Waldhütte. Eine Schar junger Brahmanen, Schüler des berühmten Lehrers Lohicca, sammelte in der Nähe Brennholz. Die Brahmanen, zu jener Zeit asketischen buddhistischen Mönchen gegenüber oft feindlich eingestellt, verhielten sich, wie es eben in Gruppen üblich ist – sehr unfreundlich. Sie trampelten um die Hütte herum und machten besonders viel Lärm, um den meditierenden Mönch zu stören.

Und sie gebrauchten Worte, mit denen die Brahmanen die nichtbrahmanischen Asketen damals zu verspotten pflegten: «Diese kahlköpfigen Schufte, Knechte, schwarze Nachkommen der Füße ihres Herrn, werden von ihren untertänigen Anhängern geehrt und verehrt, respektiert und hoch geschätzt.»

Der ehrwürdige Mahākaccāna kam aus seiner Hütte und richtete an die jungen Männer folgende Verse, mit denen er sie an die alten brahmanischen Ideale erinnerte, die von den Brahmanen jener Zeit so sehr vernachlässigt wurden:

Die Männer von ehedem,
hervorragend in der Tugend,
Jene Brahmanen, die sich an
die alten Regeln erinnerten,
Ihre Sinnespforten bewahrten und
gut beschützten,
Sie lebten, nachdem sie ihren inneren
Zorn besiegt hatten.
Sie erfreuten sich am Dhamma und
an der Meditation,
Jene Brahmanen, die sich an
die alten Regeln erinnerten.

Doch sie sind nun gefallen, mit dem
Anspruch «Wir rezitieren»,
Aufgeblasen vor Stolz auf ihre Herkunft.
Sie verhalten sich selbst nicht richtig;
Überwältigt von Zorn, versehen mit
allerlei Waffen.
Sie versündigen sich an den Schwachen
wie an den Starken.

Wer die Sinnespforten nicht behütet,
Für den sind alle Gelübde vergebens,
Wie der Reichtum, den ein Mann
im Traum erwirbt:
Fasten und Schlafen auf dem Boden,
Baden bei Sonnenaufgang, Studium
der Dreifachen Veden,
Rauhe Kleider, verfilztes Haar und
Schmutz;
Hymnen, Regeln und Gelübde,
karges Leben,
Heuchelei, Falschheit, Ausspülen
des Mundes –
Das sind die Kennzeichen
der Brahmanen,
Sie haben den Zweck, ihren weltlichen
Gewinn zu erhöhen.

Ein konzentrierter Geist,
Gereinigt und frei von Makeln,
Zärtlich zu allen fühlenden Wesen –
Das ist der Pfad, um zu Brahmā
zu gelangen.

Als die jungen Brahmanen dies hörten, wurden sie ärgerlich. Nach ihrer Rückkehr berichteten sie ihrem Lehrer Lohicca, der Eremit Mahākaccāna «verachte und schmähe die heiligen brahmanischen Hymnen». Nachdem der erste Zorn verflogen war, erkannte Lohicca, dass es falsch war, aufgrund des Berichts der jungen Männer voreilige Schlüsse zu ziehen. Vielmehr wollte er von dem Mönch selbst erfahren, was sich zugetragen hatte. Lohicca ging zu Mahākaccāna, um ihn zu befragen, und der Mönch berichtete, was geschehen war. Er wiederholte auch das Gedicht. Lohicca war davon tief beeindruckt – und mehr noch von der anschließenden Lehrrede, die davon handelte, wie man seine Sinne behütet. Am Ende der Diskussion nahm der Brahmane nicht nur seine Zuflucht bei den drei Kostbarkeiten, sondern er lud den Mönch auch ein, sein Haus zu besuchen. Dabei versicherte er ihm: «Die brahmanischen Jungen und Mädchen werden dem Meister Kaccāna Ehrerbietung erweisen. Sie werden aus Respekt vor ihm aufstehen. Sie werden ihm einen Sitz und Wasser anbieten; und das wird für lange Zeit zu ihrem Wohlergehen und zu ihrem Glück beitragen.»

Mahākaccāna scheint ein besonders gutes Auge für die Ursachen von Disputen und Streitigkeiten gehabt zu haben. Dies zeigt seine Darlegung im *Madhupiṇḍika-Sutta* ebenso wie die Behandlung von Lohiccas Schülern. Bei einer anderen Gelegenheit (AN 2:4:6) kam ein Brahmane namens Ārāmadaṇḍa zu ihm und fragte: «Warum wird die Gesellschaft durch derart bittere Konflikte gespalten – durch Konflikte, die Edle gegen Edle aufbringen, Brahmanen gegen Brahmanen, Hausväter gegen Hausväter?» Darauf antwortete der Mönch: «Das geschieht durch sinnliche Lust, durch Anhaften, durch Habgier und die obsessiven sinnlichen Vergnügungen. So streiten Edle mit Edlen, Brahmanen mit Brahmanen, Hausväter mit Hausvätern.» Dann fragte Ārāmadaṇḍa: «Wie kommt es, dass Asketen mit Asketen streiten?» Mahākaccāna meinte darauf: «Dies geschieht aus Lust an den Ansichten. Durch das Anhaften, die Habgier und das Besessensein von Ansichten. Aus diesem Grund streiten Asketen mit Asketen.» Schließlich fragte der Brahmane, ob es jemanden auf der Welt gebe, der sowohl die sinnliche Lust als auch die Lust an den Ansichten aufgegeben habe. Obwohl Mahākaccāna als Arahat sich selbst als Beispiel hätte anführen können, verwies er in seiner typischen Bescheidenheit auf den Erhabenen, der zu jener Zeit in Sāvatthī weilte. Nachdem er dies gesagt hatte, fiel Ārāmadaṇḍa auf die Knie, streckte die Hände in ehrfurchtvollem Gruß aus und rief dreimal: «Ehre dem Erhabenen, dem Arahat, dem Vollerleuchteten.»

Im nächsten Sutta (AN 2:4:7) wirft ein Brahmane namens Kaṇḍarāyana Mahākaccāna vor, er zeige keinen rechten Respekt gegenüber bejahrten Brahmanen. Der Mönch verteidigt sich, indem er unterscheidet zwischen der konventionellen Verwendung der Wörter «alt» und «jung» und ihrer eigentlichen Bedeutung im Rahmen der Disziplin des Erhabenen. Nach diesen Kriterien gilt selbst eine 80-, 90- oder 100-jährige Person als Kind, sofern sie sich noch immer sinnlichen Vergnügungen hingibt. Umgekehrt firmiert ein junger Mensch mit kohlrabenschwarzem Haar, der sich von allen sinnlichen Wünschen freigemacht hat, als älterer, ehrwürdiger Mönch.

Einmal hielt Mahākaccāna vor den Mönchen eine Lehrrede über die sechs Themen der Meditation (*cha anussati*): die Betrachtung des Buddha, den Dhamma, den Sangha, die Tugend, die Großzügigkeit und die Devas (AN 6:26). Voller Enthusiasmus wies er darauf hin, dass der Erhabene diese sechs Themen der Meditation als Weg zur Freiheit für all jene entdeckt habe, die immer noch in den Grenzen dieser Welt befangen seien. Er charakterisierte die sechs Themen mit genau denselben Begriffen, die der Buddha selbst verwendete, um die vier Grundlagen der Achtsamkeit zu beschreiben. Es sind die Wege «zur Reinigung der Wesen, zur Überwindung von Schmerz und Klage, zum Verschwinden von Schmerz und Gram, zum Auffinden der richtigen Methode und zur Realisierung des Nibbāna».

Bei einer anderen Gelegenheit (AN 6:28) führten einige ältere Mönche eine Diskussion über den richtigen Zeitpunkt, um sich «einem Mönch, der Hochachtung verdient» (*manobhāvanīyo bhikkhu*), zu nähern. Einer sagte, man solle zu ihm gehen, wenn er sein Mahl beendet habe. Ein anderer befürwortete den Abend, und ein dritter behauptete, der frühe Morgen sei die beste Zeit, um mit ihm zu sprechen. Da sie sich nicht einigen konnten, gingen sie mit ihren Problemen zu Mahākaccāna. Dieser erklärte, es gebe sechs Zeitpunkte, zu denen man mit einem würdigen Mönch sprechen könne. Die ersten fünf seien dann gegeben, wenn der Geist von den fünf Hemmnissen überwältigt und besessen sei – nämlich von sinnlichem Begehren, bösem Willen, Trägheit und Schlaffheit, von Unruhe und Gewissensbissen sowie Zweifeln – und wenn man selbst keinen Ausweg aus dieser Situation finde. Der sechste Zeitpunkt sei dann, wenn man über kein geeignetes Objekt zur Vernichtung der Grundübel (*āsavakhaya*) verfüge.

Der ehrwürdige Mahākaccāna lehrte nicht immer nur mit Worten, sondern auch durch sein stummes Vorbild. Bei einer solchen Gelegenheit fühlte sich der Buddha veranlasst, ihn in einem Udāna, einem feierlichen Ausspruch, zu preisen, das in der kanonischen Sammlung gleichen Namens erhalten geblieben ist (Ud. 7:8). Eines Abends saß der Buddha in seiner Hütte im Jetahain in Sāvatthī, als er Mahākaccāna in der Nähe erblickte, «mit untergeschlagenen Beinen sitzend, den Körper aufrecht, voller Achtsamkeit auf die eigene Haltung und wohl eingerichtet in sich selbst». Als der Buddha die Bedeutung dieser Haltung erkannte, tat er diese feierliche Äußerung:

Wer immer Achtsamkeit übt,
Dauernd auf seinen Körper achtet,
für den gilt:
«Wenn es nicht gewesen wäre,
wäre es für mich nicht gewesen;
Wenn es nicht sein wird, wird es
nicht für mich sein.»
Wenn er sich darin stufenweise aufhält,
Wird er bald das Anhaften überwinden.

Dies wirft einiges Licht auf den Weg, auf dem Mahākaccāna die Arahatschaft erreichte. Auch wenn diese Erklärung im Gegensatz steht zu dem Bericht über seine «unverzügliche Erleuchtung», der sich im Kommentar zum Aṅguttara-Nikāya findet (siehe Seite 239), erscheint sie doch realistischer. Der Kommentar zum *Udāna* führt aus, dass Kaccāna bei seinen Bemühungen, die Arahatschaft zu erlangen, zunächst den Jhāna der Achtsamkeit auf den Körper (*kāyagatā sati*) als Objekt der Meditation verwendete. Indem er diesen Jhāna als Grundlage nahm, richtete er diese Form der Achtsamkeit zurück auf die Spur der Vipassanā-Meditation. Die Weisheit der Einsicht, die aus dieser Betrachtung entstand, nutzte er wiederum, um den überirdischen Pfad und dessen Früchte zu realisieren. Indem er der Reihe nach durch jedes Stadium hindurchging, führte seine Anstrengung schließlich zur Vollendung und zur Arahatschaft. Danach wandte er regelmäßig dasselbe Verfahren an, um die Frucht der Arahatschaft (*arahattaphala-samāpatti*) zu erlangen, jene spezielle meditative Versenkung, die dem Arahat vorbehalten ist und bei der man die Wonne des Nibbāna schon in diesem Leben erfahren kann.

Der Mönch befand sich gerade in diesem Zustand des *arahattaphala-samāpatti*, als der Buddha ihn erblickte und ihn mit seinem Loblied pries. Die beiden Zeilen, mit denen der Buddha das Thema der Betrachtung aufnimmt, bezeichnen dem Kommentar zufolge die «vierspitzige Leere» (*catukoṭi-suññatā*): das Fehlen des Ich und des Mein in Vergangenheit und Gegenwart («Wenn es nicht gewesen wäre, wäre es für mich nicht gewesen») und das Fehlen des Ich und des Mein in der Zukunft («Wenn es nicht sein wird, wird es nicht für mich sein»). Indem er dem ehrwürdigen Mahākaccāna auf diese Weise Beifall zollte, erhob ihn der Buddha zum Vorbild für spätere Generationen. Sie sollten es ihm gleichtun, um das Anhaften an der Welt zu überwinden.

Die Verse in den *Therāgathā*

Die *Therāgatā*, die Verse älterer ehrwürdiger Mönche, enthalten auch acht Beiträge, die Mahākaccāna zugeschrieben werden (494–501). Es handelt sich dabei um Ermahnungen in Bezug auf die Mönchsdisziplin und praktische Ratschläge für Hausväter. Kaccāna scheint nicht im selben Maße mit der Gabe des poetischen Ausdrucks gesegnet gewesen zu sein wie einige andere große Jünger, etwa Mahākassapa, Sāriputta oder Vaṅgīsa. Sein Hauptgebiet war die Analyse und Exegese.

Die beiden ersten Strophen richteten sich dem Kommentar zufolge an die Bhikkhus. Mahākaccāna hatte bemerkt, dass einige Mönche ihre Meditationsübungen aufgegeben hatten zugunsten von Arbeit und Geselligkeit. Sie bildeten sich auch zu viel ein auf das köstliche Essen, das ihnen fromme Laienanhänger schenkten. Er ermahnte sie wie folgt:

Man sollte nicht viel arbeiten,
Man sollte Menschen meiden,
Man sollte sich nicht um Geschenke bemühen.
Wer begierig ist auf Wohlgeschmack,
Verfehlt das Ziel, das zum Glück führt.

Sie wussten, dass diese Ehrungen,
die sie von frommen Familien erhielten,
Wie ein Sumpf waren.
Ein subtiler Pfeil, der nur mit Mühe herauszuziehen ist.
Ehre ist für einen gewöhnlichen Menschen schwer abzulehnen.

(Thag. 494 f.)

Die übrigen sechs Strophen wurden, wiederum dem Kommentar zufolge, als Ermahnung an König Caṇḍappajjota gesprochen. Der König, so heißt es, vertraute auf die Brahmanen und opferte auf ihre Veranlassung hin Tiere. Er sprach auch willkürlich Strafen aus für die einen und begünstigte andere, wahrscheinlich aufgrund seines impulsiven Temperaments, das ihm den Beinamen «der Gewalttätige» eingetragen hat. Um den König von solch rücksichtslosem Verhalten abzubringen, rezitierte Mahākaccāna die folgenden Vierzeiler:

Nicht für einen anderen Menschen
Ist tödliches Kamma von Übel.
Freiwillig sollte man nichts Böses tun,
Denn Sterbliche haben ein Kamma
wie ihre Verwandten.

Man wird nicht zum Dieb durch
die Worte eines anderen,
Man wird nicht zum Weisen durch
die Worte eines anderen.
Wie man sich selbst kennt,
So kennen einen auch die Devas.

Andere begreifen nicht,
Dass wir alle hier zu einem Ende gelangen.
Doch die Weisen, die das verstehen,
Beenden deshalb ihren Streit.[23]

Der weise Mann lebt,
Selbst wenn er seinen Reichtum eingebüßt hat.
Doch wenn man keine Weisheit erlangt,
Dann ist man selbst als Reicher nicht lebendig.

(Thag. 496–499)

Die beiden letzten Strophen sprach Mahākaccāna, als der König eines Tages zu ihm kam und ihm von einem Traum berichtete, der ihn in der Nacht zuvor verstört hatte:

Man hört alles mit den Ohren,
Man sieht alles mit den Augen,
Der weise Mann sollte nicht ablehnen
All das, was gesehen und gehört wurde.

Einer mit Augen sollte sein wie blind,
Einer mit Ohren wie taub,
Einer mit Weisheit wie stumm,
Einer mit Stärke wie schwach.
Wenn das Ziel erreicht ist,
Kann man sich auf das Sterbebett
legen. (Thag. 500f.)

Der Kommentar erklärt die Verse wie folgt: Ein weiser Mensch sollte nichts ablehnen, sondern zuerst Tugenden und Fehler betrachten und dann zurückweisen, was zurückzuweisen ist, und annehmen, was akzeptiert werden kann. Im Hinblick auf das, was abzulehnen ist, sollte man wie blind sein, obwohl man über das Augenlicht verfügt. Und obwohl man hören kann, sollte man wie taub sein. Wenn man versucht ist, Dinge zu sagen, die nicht geäußert werden sollten, so sollte ein Mensch mit Intelligenz und Rednergabe wie stumm sein. Und im Hinblick darauf, was man nicht tun sollte, so sollte sich ein Starker wie ein Schwacher verhalten.

Die beiden letzten Zeilen sind in Pāli mehrdeutig. Der Kommentar bietet zwei verschiedene Interpretationen an: Wenn es eine Aufgabe zu erledigen gilt, sollte man sich ihr widmen und sie nicht vernachlässigen, selbst wenn man auf dem Sterbebett liegt. Die andere Version: Wenn man eine Aufgabe nicht übernehmen sollte, wäre es besser, zu sterben – sich auf das Sterbebett zu legen –, als sie auszuführen. Keine der beiden Erklärungen wirkt überzeugend, und der Sinn im Geiste der gesamten *Theragāthā* könnte sein: Man sollte sterben, wenn man das Ziel erreicht hat und Arahat geworden ist.

Die exegetischen Schriften

Bevor wir diese Übersicht über den Beitrag des ehrwürdigen Mahākaccāna zur Weisung des Buddha abschließen, wollen wir noch kurz anmerken, dass die Tradition des Theravāda ihm zwei exegetische Werke zuschreibt, den *Peṭakopadesa* und den *Nettippakaraṇa*, sowie eine einflussreiche Pāli-Grammatik mit dem Titel *Kaccāyana-Vyākaraṇa*. Die beiden erstgenannten Abhandlungen haben keine Aufnahme gefunden in den Pāli-Kanon – außer in Birma, wo sie erst spät in das Sutta-Piṭaka eingegliedert wurden –, doch haben sie großen Einfluss auf die Entwicklung der exegetischen Methode im Theravāda-Buddhismus ausgeübt.

Bhikkhu Ñāṇamoli, der beide Werke ins Englische übertrug, vertritt die Ansicht, der *Nettippakaraṇa* sei eine spätere, stärker ausgearbeitete Version des *Peṭakopadesa*.[24] Beide handeln im Wesentlichen von derselben exegetischen Methode. Im *Nettippakaraṇa* ist sie klarer und eleganter dargestellt. Sie will aus den Reden des Buddha die übergreifenden Prinzipien herausschälen, die den zahlreichen verschiedenen Ausdrucksweisen des Dhamma zugrunde liegen. Die Methode beruht auf der Annahme, dass hinter den sehr vielfältigen

Äußerungen des Meisters, die er der Situation und dem Temperament seiner Zuhörer anpasste, ein zusammenhängendes System steht, das mit dem richtigen exegetischen Verfahren bei jeder einzelnen Äußerung freigelegt und in seiner schmucklosen Wesenheit dargestellt werden kann. Der *Nettippakaraṇa* definiert dieses System.

Dem ehrwürdigen Ñāṇamoli zufolge ist der *Nettippakaraṇa* nicht eigentlich ein Kommentar, sondern eine Anleitung für Kommentatoren. Er erklärt nicht so sehr die Lehre an sich – mit Ausnahme der Beispiele – als vielmehr die Werkzeuge, die man verwenden sollte, um die zugrunde liegenden strukturellen Elemente herauszuarbeiten. Dieses Verfahren zielt ab auf zwei Hauptgesichtspunkte: die Ausdrucksweise (*byañjana*) und die Bedeutung (*attha*). Für die Ausdrucksweise gibt es 16 «Arten» der Mitteilung (*hāra*). Diese Techniken der verbalen und logischen Analyse lassen sich auf jede Textstelle anwenden, um die Prinzipien zu erfahren, die hinter der Formulierung und der Anordnung des Inhalts stehen. Die Untersuchung der Bedeutung erfolgt nach drei Richtlinien (*naya*). Sie geht davon aus, dass die Bedeutung der Zweck oder das Ziel der Lehre (das Pāli-Wort *attha* meint sowohl «bedeuten» als auch «Ziel») und somit das Erreichen des Nibbāna ist. Dann wird enthüllt, in welcher Weise der fragliche Lehrsatz das Erreichen jenes Ziels «bedeutet». Schließlich werden noch zwei weitere Verfahren angeführt, um die Terminologie der Suttas mit den Techniken der Erklärung von deren Bedeutung in Übereinstimmung zu bringen.[25] Die Methode wird in besonderen Zusätzen des Kommentars auf das jeweils erste Sutta der vier Nikāyas angewandt.[26] Es existiert auch ein Kommentar zum *Nettippakaraṇa*, der Ācariya Dhammapāla zugeschrieben wird.

Die Kolophone beider exegetischer Schriften, des *Peṭakopadesa* wie des *Nettippakaraṇa*, geben Buddhas Jünger Mahākaccāna als Autor an. Im *Netti*-Kolophon heißt es weiterhin, dieser sei vom Erhabenen gebilligt und beim Ersten buddhistischen Konzil rezitiert worden. Westliche Forscher neigen dazu, die Autorschaft Mahākaccānas für ein Phantasieprodukt zu halten. Der ehrwürdige Ñāṇamoli bietet in der Einführung zu seiner Übersetzung des *Nettippakaraṇa* eine Erklärung an, die der traditionellen buddhistischen Auffassung zumindest noch ein Körnchen Wahrheit belässt, ohne in das andere Extrem zu verfallen.[27]

Der ehrwürdige Ñāṇamoli schlägt vor, man solle zwischen der Autorschaft an der exegetischen Methode und der Autorschaft an der Abhandlung unterscheiden. Er stellt die durchaus mögliche, aber nicht beweisbare Vermutung auf, Mahākaccāna und seine Schüler in Avantī können eine umfassende Methode zur Interpretation der Lehrreden des Buddha entwickelt haben. Diese Methode oder mindestens Elemente davon seien auf den ersten Konzilien diskutiert und mündlich tradiert worden. Später sei daraus eine Abhandlung entstanden, die die verschiedenen Elemente koordiniert und ihre Anwendung auf bestimmte Texte dargelegt habe. Aus dieser Abhandlung sei schließlich das *Peṭakopadesa* geworden. Einige Zeit, vielleicht Jahrhunderte, später, sei eine glattere und klarere Version derselben Arbeit entstanden, der *Nettippakaraṇa*. Da die Methodologie, die beiden Abhandlungen zugrunde liege, von dem ehrwürdigen Mahākaccāna stamme, ihm jedenfalls zugeschrieben werde, hätten die Kompilatoren ihn als Autor genannt – sei es aus Ehrfurcht vor dem Architekten des Lehrgebäudes oder um der Abhandlung mehr Prestige zu verleihen. G. P. Malalasekera verspricht auf ähnliche Weise zu erklären, wie es dazu kam, dass die Autorschaft an der Pāli-Grammatik, dem *Kaccāyana-Vyākaraṇa*, ebenfalls Mahākaccāna zugeschrieben wurde.[28]

Während solche Vorschläge Hypothesen bleiben müssen, wie Ñāṇamoli und Malalasekera selbst zugeben, steht die Art der detaillierten Analyse der Texte im *Nettippakaraṇa* durchaus in Einklang mit der Methode, mit der der historische Mahākaccāna die kurzen Lehrsätze des Buddha interpretierte. Selbst wenn keine direkte Verbindung zwischen dem berühmtem Mönch und den alten Pāli-Abhandlungen, die ihm zugeschrieben werden, bestehen sollte, so bleibt doch die Tatsache, dass diese seinen Geist verkörpern. Dieser Geist, der so deutlich in den Suttas zutage tritt, die seine Erklärungen von Buddhas Worten enthalten, verbindet scharfsinnige Einsicht mit Prägnanz im Ausdruck, exakte Formulierung mit tiefer Bedeutung. Hiervon ausgehend, bezeichnete der Erhabene Mahākaccāna als größten Meister in der Darlegung der Lehre. Dies ist sein Beitrag zur Weisung des Buddha.

7

DIE GROSSEN SCHÜLERINNEN BUDDHAS

(von Hellmuth Hecker)

Visākhā: Die größte Gönnerin des Buddha

In der Stadt Bhaddiya im Land Aṅga lebte einst ein reicher Mann namens Meṇḍaka. In einer früheren Existenz hatte er während einer Hungersnot die letzten Vorräte, die ihm und seiner Familie gehörten, einem Paccekabuddha überlassen.

Für dieses Opfer, diese Selbstüberwindung, wurde er noch in jenem Leben belohnt: Die Vorräte in seinem Haus gingen nie mehr aus, wie viel er auch selbst verbrauchte oder weggab, und seine Felder trugen ohne Unterbrechung reiche Ernte.

Aber nicht nur Meṇḍaka besaß solche Verdienste. Seine Frau, sein Sohn, seine Schwiegertochter und sein Sklave hatten ebenfalls in der Vergangenheit Selbstverleugnung geübt und dafür im jetzigen Leben Wunderkraft erlangt. Ihre Selbstverleugnung war zu einem Band geworden, das sie in aufeinander folgenden Existenzen während des Kreislaufs der Wiedergeburten miteinander verknüpfte. Meṇḍekas Sohn Dhanañjaya und dessen Frau Sumanādevī hatten eine junge Tochter namens Visākhā, die ebenfalls in früheren Existenzen Verdienste angesammelt hatte. Vor einhunderttausend Weltzeitaltern hatte sie zu Füßen von Buddha Padumuttara den Wunsch geäußert, die wichtigste Gönnerin eines Buddha und von dessen Sangha zu werden. Um dieses Ziel zu erreichen, hatte sie unter zahlreichen früheren Buddhas viel Gutes getan und sich um jene geistige Vollkommenheit bemüht, die notwendig ist für eine große Schülerin. Nun waren diese Verdienste zur Reife gelangt und sollten Frucht tragen.[1] Als Visākhā sieben Jahre alt war, besuchte der Buddha eines Tages die Stadt Bhaddiya, begleitet von einem großen Mönchsgefolge. Als Meṇḍaka hörte, dass der Erwachte gekommen sei, sagte er zu seiner geliebten Enkeltochter: «Liebes Mädchen, das ist ein glücklicher Tag für uns, denn der Lehrer ist in unserer Stadt eingetroffen. Rufe alle deine Dienerinnen zusammen, und geh hinaus, um ihn zu treffen.»

Visākhā tat, wie ihr aufgetragen wurde. Sie wandte sich an den Erhabenen und erwies ihm ihre Verehrung. Der Buddha lehrte sie und ihr Gefolge den Dhamma, und am Ende der Predigt erlangte Visākhā mit ihren fünfhundert Dienerinnen den Stromeintritt. Auch Meṇḍaka, seine Frau, sein Sohn, seine Schwiegertochter und sein Sklave hörten der Lehre zu und schafften ebenfalls den Stromeintritt.

Zu jener Zeit gehörte das Land Aṅga zum Königreich Maghada, das von dem frommen König Bimbisāra regiert wurde. Als König Pasenadi von Kosala hörte, dass fünf Menschen mit übernatürlichen Verdiensten im benachbarten Königreich lebten, bat er König Bimbisāra, seinen Freund und Schwager, einen von ihnen in sein Land zu entsenden, in den Staat Kosala, damit seine Untertanen die Gelegenheit bekämen, ein leuchtendes Beispiel der Tugend vor Augen zu haben. So übersiedelte Meṇḍakas Sohn Dhanañjaya zusammen mit seiner Familie nach Kosala und baute nahe der Hauptstadt Sāvatthī eine prächtige Stadt namens Sāketa. Hier wuchs Visākhā inmitten ihrer heiligmäßigen Familie auf, die den Erhabenen hoch verehrte. Dessen Mönche wurden oft eingeladen, Almosen zu empfangen und den Dhamma zu predigen.

In Sāvatthī lebte ein reicher Hausvater namens Migāra. Er hatte einen Sohn, Puṇṇavaddhana. Als seine Eltern ihn zur Heirat drängten, bestand Puṇṇavaddhana darauf, nur ein Mädchen zur Frau zu nehmen, das die «fünf Schönheiten» aufwies – Schönheit des Haares, Schönheit des Fleisches, Schönheit der Zähne, Schönheit der Haut und Schönheit der Jugend. Seine Eltern sandten eine Gruppe von Brahmanen durch das ganze Land. Sie sollten nach einem Mädchen Ausschau halten, das den strengen Anforderungen ihres Sohnes genügte. Die Brahmanen reisten in alle großen Städte, suchten sorgfältig, konnten aber kein einziges Mädchen ausfindig machen, das über alle fünf Arten der Schönheit verfügte. Bei ihrer Rückreise kamen sie auch durch Sāketa und sahen hier Visākhā, die zu jener Zeit fünfzehn oder sechzehn Jahre alt war. Sie waren sofort von ihrer Schönheit gefangen: Vier Merkmale entsprachen den Erwartungen des jungen Herrn. Nur die Zähne konnten sie nicht sehen. Um diesem Mangel abzuhelfen, entschlossen sie sich, eine Konversation mit dem Mädchen zu beginnen.

Visākhā war gerade mit ihren Gefährtinnen auf dem Weg zum Fluss, um dort zu baden. Da brach ein Gewittersturm los. Die anderen Mädchen liefen schnell weg, um nicht nass zu werden, doch Visākhā ging würdevoll weiter. Die Brahmanen sprachen sie an und fragten, warum sie nicht wie die anderen unter ein schützendes Dach flüchte. Darauf antwortete sie: «Wie es unschicklich ist für einen König, vor dem Regen wie ein gewöhnlicher Mann davonzulaufen, so ist es auch für ein junges Mädchen aus guter Familie unschicklich, vor dem Regen wegzulaufen. Abgesehen davon, muss ich als unverheiratetes Mädchen auf mich selbst achten, als ob ich eine Ware behüten würde, die verkauft werden soll, damit ich keinen Schaden nehme und nicht unbrauchbar werde.»[2] Die Brahmanen waren von diesen Worten so beeindruckt, dass sie zu Visākhās Vater gingen und für den Sohn ihres Herrn um ihre Hand baten. Dhanañjaya stimmte zu, und bald danach kam Migāra mit seinem Sohn Puṇṇavaddhana und seiner ganzen Familie, um die Braut abzuholen. Als König Pasenadhi von Kosala davon hörte, schloss er sich der Gruppe mit seinem gesamten Hof an.

Alle diese Leute wurden in Sāketa vom Vater der Braut großzügig bewirtet. Goldschmiede machten sich an die Arbeit, um den Brautschmuck herzustellen. Nach drei Monaten war er immer noch nicht fertig, und inzwischen war das Feuerholz zur Zubereitung der Mahlzeiten für so viele Gäste ausgegangen. Zwei Wochen lang baute man alte Häuser ab und verwendete deren Holz als Brennmaterial. Danach unterhielten die Leute von Sāketa das Feuer mit ölgetränken Kleidern. Nach zwei weiteren Wochen war der Schmuck endlich fertig, und die ganze Gesellschaft machte sich auf die Rückreise.

Dhanañjaya gab seiner Tochter als Mitgift viele hundert Karren voller Seide, Gold und Silber sowie Dienerinnen. Er schenkte ihr auch eine derart große Rinderherde, dass alle Straßen in der Stadt verstopft waren. Als das Vieh die Ställe verließ, rissen sich die restlichen Kühe von ihren Stricken los und schlossen sich der wandernden Herde an. Die Menschen aus vierzehn Dörfern, die Dhanañjaya gehörten, wollten Visākhā in ihre neue Heimat folgen, so beliebt war sie überall. Einen solchen Reichtum und ein derart großes Gefolge hatte Visākhā durch verdienstvolle Taten in vielen früheren Existenzen erworben; sie hatte bereits Buddha Padumuttara vor zahllosen Weltzeitaltern gedient.

Als Visākhā von ihrem Vater Abschied nahm, gab er ihr in metaphorischer Form zehn Ratschläge mit auf den Weg und ermahnte sie, stets die Tugend der Großzügigkeit hochzuhalten. Er bestellte auch acht vertrauenswürdige Ratgeber. Sie sollten sorgfältig alle Klagen untersuchen, die möglicherweise gegen seine Tochter vorgebracht wurden. Die zehn Maximen, die der Vater seiner Tochter mitgab, lauteten wie folgt: 1. Bringe das Feuer im Hausinneren nicht nach draußen. 2. Bringe kein Feuer von draußen nach drinnen. 3. Gib nur jenen, die selbst geben. 4. Gib jenen nicht, die selbst nicht geben. 5. Gib sowohl jenen, die selbst geben, als auch jenen, die nicht selbst geben. 6. Sitze glücklich. 7. Iss glücklich. 8. Schlafe glücklich. 9. Hüte das Feuer. 10. Ehre die Hausgötter.

Diese Ratschläge haben folgende Bedeutung: 1. Die Frau sollte anderen gegenüber nicht schlecht von ihrem Mann und von ihren Schwiegereltern sprechen; ebensowenig sollten Berichte über Unzulänglichkeiten und Streitigkeiten im Haushalt nach außen dringen. 2. Eine Frau sollte nicht auf Berichte und Geschichten von anderen Haushalten achten. 3. Man sollte nur jenen etwas leihen, die es auch wieder zurückgeben. 4. Man sollte jenen nichts leihen, die es später nicht mehr zurückgeben. 5. Armen Verwandten und Freunden sollte man helfen, selbst wenn sie nichts zurückzahlen können. 6. Eine Frau sollte schicklich dasitzen; wenn sie ihre Schwiegereltern oder ihren Mann sieht, sollte sie aufstehen und nicht einfach sitzen bleiben. 7. Bevor sie an den Mahlzeiten teilnimmt, sollte sie sich erst vergewissern, dass ihre Schwiegereltern und ihr Mann bedient werden. Sie sollte auch darauf achten, dass für ihre Diener gesorgt ist. 8. Bevor die Frau nachts zu Bett geht, sollte sie nachsehen, ob alle Türen und alle Möbel verschlossen sind, ob die Diener ihre Pflicht getan haben und ob sich ihre Schwiegereltern zurückgezogen haben. In der Regel sollte die Frau früh am Morgen aufstehen und tagsüber nicht schlafen, sofern ihr nicht unwohl ist. 9. Die Schwiegereltern und ihren Mann sollte sie als Feuer betrachten und entsprechend sorgfältig mit ihnen umgehen. 10. Die Schwiegereltern und den eigenen Mann sollte sie wie Gottheiten behandeln.

In Sāvatthī wurde Visākhā mit Geschenken überschüttet. Doch sie war so freundlich und großzügig, dass sie die Geschenke unter den Spendern selbst verteilte und alle Einwohner der Stadt wie ihre Verwandten behandelte. Durch diese noble Geste war sie vom Tag ihrer Ankunft an bei allen Stadtbewohnern beliebt.

Ihre ehrerbietige Freundlichkeit brachte sie selbst Tieren gegenüber zum Ausdruck. Als sie hörte, dass eine Stute mitten in der Nacht ein Fohlen geboren hatte, ging sie zusammen mit ihren Dienerinnen mit Fackeln in den Stall und kümmerte sich mit größter Aufmerksamkeit um das Wohlergehen des Tieres.

Ihr Schwiegervater Migāra war ein unerschütterlicher Anhänger eines Ordens nackter Büßer. Deswegen lud er nie den Buddha in sein Haus ein, obwohl der Meister sich oft in einem benachbarten Kloster aufhielt. Kurz nach der Hochzeit hatte er, um sich Verdienste zu erwerben, eine große Gesellschaft nackter Büßer zu Gast. Er behandelte sie mit tiefem Respekt und bot ihnen feinstes Essen an. Seine Schwiegertochter forderte er auf: «Komm, Liebe, erweise den Arahats deine Ehrerbietung.» Visākhā war sehr erfreut, als sie das Wort «Arahats» hörte, und eilte in die Halle, in Erwartung buddhistischer Mönche. Doch sie sah nur nackte Asketen, denen es an jeder Bescheidenheit mangelte. Dieser Anblick war für eine derart kultivierte Frau unerträglich. Sie tadelte ihren Schwiegervater und zog sich in ihre Gemächer zurück, ohne sich mit den Asketen zu unterhalten. Die nackten Büßer waren beleidigt und machten ihrem Gastgeber Vorwürfe, weil er eine weibliche Anhängerin des Asketen Gotama in sein Haus genommen hatte. Sie forderten von ihm, er solle sie unverzüglich hinauswerfen, doch Migāra gelang es mit Mühe, sie zu beruhigen.

Als Migāra eines Tages Reisbrei mit Honig aus einer goldenen Schale aß, kam ein buddhistischer Mönch auf seinem Almosengang in das Haus. Visākhā fächelte gerade ihrem Schwiegervater frische Luft zu. Sie trat beiseite, so dass Migāra den Mönch sehen und ihm Almosen geben konnte. Doch Migāra tat so, als sehe er ihn nicht, und fuhr mit seinem Mahl fort. So sagte Visākhā zu dem Mönch: «Geh weiter, ehrwürdiger Herr. Mein Schwiegervater isst verdorbene Nahrung.»[3] Migāra war wütend über ihre Bemerkung und wollte seine Schwiegertochter aus dem Haus weisen. Aber die Diener, die Visākhā selbst ins Haus gebracht hatte, weigerten sich, seinem Befehl Folge zu leisten. Die acht Ratgeber, denen Migāras Klage gegen Visākhā vorgetragen wurde, kamen bei genauer Untersuchung zu dem Schluss, Visākhā sei untadelig.

Nach diesem Zwischenfall wollte Visākhā zu ihren Eltern zurückkehren. Migāra bat sie um Vergebung, und Visākhā willigte ein zu bleiben, allerdings unter der Bedingung, dass ihr erlaubt werde, den Buddha und den Mönchsorden ins Haus einzuladen. Widerwillig gab Migāra seine Zustimmung, doch dem Rat der nackten Büßer folgend, bediente er die Mönche nicht persönlich. Nur um der Höflichkeit willen erschien er für kurze Zeit nach dem Essen und verbarg sich anschließend hinter einem Vorhang, wo er der Predigt des Buddha zuhörte. Während er im Verborgenen saß, bewegten ihn Budhas Worte jedoch so tief, dass er zur letzten Wahrheit über die Natur der Existenz vordrang und den Stromeintritt erreichte. Erfüllt von überwältigender Dankbarkeit, sagte er Visākhā, er werde sie von nun an wie seine eigene Mutter respektieren, und dementsprechend nannte er sie Migāra-mātā, «Mutter von Migāra». Er ging dann zum Erhabenen, warf sich zu seinen Füßen nieder und erklärte sein festes Vertrauen zu den drei Kostbarkeiten. Visākhā lud den Buddha für den nächsten Tag zum Essen ein und bei dieser Gelegenheit erreichte auch ihre Schwiegermutter den Stromeintritt. Von jener Zeit an wurden alle Mitglieder der

Familie unerschütterliche Anhänger des Erleuchteten.

Im Lauf der Zeit gebar Visākhā nicht weniger als zehn Söhne und zehn Töchter, die alle ebenso viele Nachkommen hatten bis in die vierte Generation. Visākhā selbst erreichte das bemerkenswert hohe Alter von 120 Jahren. Den Kommentaren zufolge behielt sie jedoch ihr ganzes Leben hindurch das Aussehen eines sechzehnjährigen Mädchens. Das war die Frucht ihrer Verdienste und ihrer Freude am Dhamma, der sie den ganzen Tag über beschäftigte. Es heißt auch, dass sie stark war wie ein Elefant und unermüdlich im Dienste ihrer großen Familie arbeiten konnte. Sie fand genügend Zeit, um den Mönchen jeden Tag Essen zu geben, die Klöster zu besuchen und dafür zu sorgen, dass es keinem der Mönche und keiner der Nonnen an irgendetwas mangelte. Vor allem aber ließ sie es sich nie nehmen, der Lehre des Erhabenen zuzuhören. Aus diesem Grunde sagte der Buddha einmal über sie: «Visākhā ist die vorbildlichste unter meinen weiblichen Laienanhängerinnen, die den Orden unterstützen» (AN 1, Kapitel 14).

Eine Begebenheit, die dies zu illustrieren vermag, ist im Vinaya-Piṭaka aufgeführt. Eines Tages ließ Visākhā ihren wertvollen Hochzeitsschmuck in der Halle, nachdem sie dem Dhamma zugehört hatte, und Ānanda nahm ihn in seine Obhut (Vin. 4:161). Sie verstand diese Nachlässigkeit als Aufforderung, Gutes zu tun, und entschloss sich, diesen Schmuck nicht wieder zu tragen, sondern ihn zu verkaufen und von dem Geld dem Orden Almosen zu spenden. Doch in der ganzen Stadt Sāvatthī gab es niemanden, der diesen außergewöhnlich wertvollen Schmuck kaufen konnte. So tat sie es selbst. Mit dem Erlös baute sie ein großes Kloster im Östlichen Park (Pubbārāma) vor dem Stadttor von Sāvatthī. Es wurde Aufenthaltsort von Migāras Mutter (Migāramātu-pāsāda) genannt. Sein Name findet sich in der Einführung zu vielen Suttas, denn der Erhabene weilte dort oft während seiner letzten zwanzig Lebensjahre – ähnlich wie im Jetavana-Kloster, das sein anderer großer Gönner, Anāthapiṇḍika, für ihn gebaut hatte.

Der Pāli-Kanon berichtet über mehrere Episoden aus dem Leben von Visākhā. Einmal baten einige Edle Jünger sie, den Erhabenen mit deren Frauen zu besuchen. Sie tat es, doch einige der Frauen waren betrunken und betrugen sich unschicklich. Sie fragte den Erhabenen, wie das Übel der berauschenden Getränke entstanden sei, und er erzählte ihr den *Kumbha-Jātaka* (Jāt. 512): Im Wald hatte ein Mann den Saft vergorener Früchte in einer Höhlung in einem Baum vorgefunden. Er probierte ihn und fühlte sich wunderbar entrückt. Immer wieder verschaffte er sich dieses Vergnügen, so dass er bald zu einem Trunkenbold wurde. Er verführte auch viele seiner Freunde und Verwandten zum Trinken, und so breitete sich die schlechte Sitte weiter aus. Ganz Indien wäre bald der Trunksucht anheim gefallen, wenn nicht Sakka, der König der Devas, eingeschritten wäre. Er erschien vor den Menschen und erklärte ihnen die schlechten Folgen berauschender Getränke.

Bei einer anderen Gelegenheit sandte Visākhā wertvolle Geschenke an ihre Verwandten in Aṅga. Die Zöllner an der Grenze aber verlangten sehr hohe Abgaben. Sie berichtete dies dem König, doch dieser konnte sich der Angelegenheit nicht widmen, da er mit Staatsgeschäften zu tun hatte. Visākhā ging zum Erhabenen und bat ihn um Rat. Der Buddha sprach einige kurze Verse, die ihre Sorgen und ihren Zorn vertrieben:

> Schmerzhaft ist jede Abhängigkeit,
> Segensreich ist die vollkommene
> Kontrolle.
> Die Menschen lassen sich durch
> gewöhnliche Geschäfte verwirren,
> Den Fesseln ist schwer zu entkommen.
> (Ud. 2:9)

Ein anderes Mal besuchte sie den Erhabenen trotz der Hitze mitten am Tag: Ihr Lieblingsenkel Dattā, der ihr bei der Verteilung von Almosen immer geholfen hatte, war plötzlich gestorben. Als sie dem Buddha von ihrem Kummer erzählte, fragte er sie, ob sie so viele Kinder und Enkel haben wolle, wie es Menschen in der Stadt Sāvatthī gebe. Sie stimmte freudig zu. «Doch wie viele Menschen sterben in Sāvatthī jeden Tag?», fragte der Erhabene. Sie dachte nach und meinte: «O Meister, in Sāvatthī sind es zehn oder neun Menschen, fünf oder drei, vielleicht zwei, mindestens aber eine Person stirbt jeden Tag. Sāvatthī ist nie frei vom Tod.» Als er sie nun fragte, ob sie unter diesen Umständen jemals ohne Kummer sein würde, musste sie zugeben, dass sie jeden Tag betrübt sein würde. Da sagte der Erhabene: «Wer einhundert geliebte Menschen hat, hat auch einhundert Sorgen. Diejenigen, die neunzig ..., fünf ..., vier ..., drei ..., zwei ..., eine geliebte Person haben, haben nur eine Sorge. Wer aber keine geliebten Menschen hat, hat auch keine Sorgen. Diese allein, so sage ich, sind ohne Sorge, ohne Leiden, ohne Verzweiflung» (Ud. 8:8).

In den drei Suttas im Aṅguttara-Nikāya beantwortet der Erhabene Fragen von Visākhā. An einem Vollmondtag ging sie zu ihrem Kloster und grüßte den Buddha. Auf die Frage, warum sie gekommen sei, sagte sie, sie halte den Uposatha-Tag ein, jenen Tag, der ganz dem Studium und der Praxis des Dhamma geweiht sei. Auf diese unausgesprochene Bitte um Unterricht hin hielt der Erhabene eine lange Predigt (AN 3:70) über die zwei falschen Wege und den einen richtigen Weg, den Uposatha-Tag zu begehen. Der Uposatha-Tag von Kuhhirten und gewöhnlichen Hausvätern besteht darin, über die Freuden von morgen nachzudenken, während sie sich im Heute asketischen Regeln unterwerfen. Der Uposatha-Tag der Jainisten besteht darin, einigen Menschen Barmherzigkeit zu erweisen, während sie sich gleichzeitig rühmen, sich selbst von allen Sinnesfreuden gelöst zu haben. Der wahre Uposatha-Tag der Edlen besteht darin, die acht Vorschriften einzuhalten und über die Größe des Erhabenen, des Dhamma, des Sangha, über die Devas und die eigenen Tugenden nachzudenken.[4] Der Buddha fuhr dann fort mit der Beschreibung des glücklichen und sorgenfreien Lebens der Götter bis hin zur Brahma-Welt und kam zu dem Schluss: «Elend ist der Ruhm der Menschen im Vergleich zu solch himmlischer Wonne.»

Eine weitere Frage von Visākhā betraf die Eigenschaften, die eine Frau aufweisen muss, um in der Gesellschaft der «anmutigen Götter» *(manāpakāyikā devā)* wieder geboren zu werden. In seiner Antwort nannte der Erhabene acht Bedingungen (AN 8:47): 1. Sie ist stets eine angenehme, gefällige Gefährtin ihres Mannes, ungeachtet dessen, wie dieser sich benimmt. 2. Sie ehrt die Menschen, die ihrem Mann lieb und teuer sind, und sorgt für sie. Das gilt sowohl für seine Eltern als auch für die weisen Männer, die er verehrt. 3. Bei der Hausarbeit ist sie fleißig und umsichtig. 4. Sie überwacht die Diener auf rechte Art und sorgt auch gut für sie, für ihre Ernährung und ihre Gesundheit. 5. Sie sorgt sich um den Besitz ihres Mannes und verschleudert seinen Wohlstand nicht. 6. Sie sucht ihre Zuflucht im Erhabenen, im Dhamma und im Sangha. 7. Sie beachtet die fünf Vorschriften. 8. Sie findet Freude an Großzügigkeit und Verzicht.

Eine dritte Frage lautete: Welche Eigenschaften würden es einer Frau ermöglichen, diese und die nächste Welt zu erobern? Darauf antwortete der Erhabene: Sie erobert diese Welt durch Fleiß, Fürsorge für ihre Diener, Liebe zu ihrem Mann und das Bewahren von dessen Besitz. Die andere Welt erobert sie durch Glauben, Tugend, Großzügigkeit und Weisheit (AN 8:49).

Die Verkündung einer Reihe von Regeln für den Sangha steht ebenfalls mit Visākhā in Zusammenhang. So entschloss sich beispielsweise einer ihrer Neffen, dem Orden als Mönch beizutreten. Doch als er um Aufnahme bat, sagten ihm die Mönche, sie hätten sich untereinander darauf verständigt, während der dreimonatigen Einkehr zur Regenzeit keine Novizen zu ordinieren. Er müsse deswegen warten, bis die Regenzeit vorüber sei. Doch als dies der Fall war, hatte er die Idee, Mönch zu werden, aufgegeben. Als Visākhā das erfuhr, ging sie zum Erhabenen und sagte: «Der Dhamma ist zeitlos, es gibt keine Zeit, während der man dem Dhamma nicht folgen kann.» So schrieb der Erhabene vor, die Ordination dürfe während der Regenzeit nicht versagt werden (Vin. 1:153).

Als der Buddha mit seinen Mönchen einmal bei Visākhā zu Gast war, bat sie ihn, er möge ihr acht Wünsche erfüllen (Vin. 1:290–294). Er erwiderte, der Vollkommene erfülle keine Wünsche mehr. Darauf erklärte sie, sie werde nichts Tadelnswertes, sondern nur erlaubte Dinge wünsche. Da ließ der Erhabene sie ihre Wünsche äußern. Sie bat darum, dem Mönchsorden auf acht Arten Geschenke machen zu dürfen: 1. Roben für die Regenzeit; 2. Essen für ankommende Mönche; 3. Essen für Mönche, die sich auf eine Reise machten; 4. Heilmittel für kranke Mönche; 5. Essen für kranke Mönche; 6. Essen für Mönche, die Kranke pflegten; 7. regelmäßige Verteilung von Reisschleim; 8. Badeanzüge für Nonnen, die im Fluss badeten.

Der Erhabene fragte sie daraufhin, aus welchen speziellen Gründen sie diese Wünsche äußere. Sie erklärte es in allen Einzelheiten: 1. Einige Mönche waren gezwungen, im strömenden Regen halb nackt zu gehen, um ihre Kleidung zu schonen, und wurden deswegen mit nackten Büßern verwechselt. Daher wolle sie Roben für die Regenzeit spenden. 2. Neu angekommene Mönche in Sāvatthī, die die Stadt noch nicht kannten, hatten Schwierigkeiten, Essen zu bekommen, und mussten trotz ihrer Erschöpfung nach der Reise auf Almosengang gehen. Deswegen sollten alle ankommenden Mönche zu ihr geschickt werden, damit sie ihr Essen bekamen. 3. Ebenso wolle sie Mönchen, die eine Reise antraten, ein gutes Mahl vorsetzen. 4. und 5. Kranke Mönche hätten viel zu leiden und müssten sogar sterben, wenn sie nicht die richtige Nahrung und die richtigen Heilmittel bekämen. Deswegen würde sie gerne für die Kranken kochen. 6. Ein Mönch, der sich um einen Kranken kümmere, müsse für sich selbst wie für seinen kranken Mitmönch auf Betteltelgang gehen. Daher könne er leicht zu spät kommen. Nach Mittag dürften sie aber nichts mehr essen, weil die Zeit für das Mahl schon verstrichen sei. Deswegen wolle sie auch Essen bereitstellen für Mönche, die sich um Kranke kümmerten. 7. Sie habe gehört, wie segensreich Reisschleim am frühen Morgen sei. Deswegen wolle sie dem Orden Reisschleim zur Verfügung stellen. 8. Es sei unschicklich für Nonnen, ohne Kleidung zu baden, wie dies vor kurzem geschehen sei. Deswegen wolle sie die Nonnen mit entsprechender Kleidung ausstatten.

Nachdem Visākhā detailliert den äußeren Nutzen ihrer Wünsche erläutert hatte, fragte sie der Erhabene, welchen inneren Nutzen sie davon erwarte. Ihre Antwort zeigt, wie tief und subtil ihr Verständnis des Unterschieds zwischen äußeren Akten der Tugend und innerem geistigem Training war. Sie erklärte:

> Was das betrifft, o Meister, so werden Bhikkhus, die die Regenzeit in unterschiedlichen Gebieten verbracht haben, nach Sāvatthī kommen, um den Erhabenen zu treffen. Sie werden sich an ihn wenden und ihn fragen: «Meister, der Bhikkhu namens Soundso ist gestorben. Was ist sein Schicksal? Wie ist seine Wiedergeburt?» Der Erhabene wird ihnen dann sagen, dass er die Frucht des Stromeintritts, das Einmalwiederkehrens, des Nichtwiederkehrens oder der

Arahatschaft erlangt habe. Ich werde mich dann an die Bhikkhus wenden und sie fragen: «Ihr Herren, kam der Bhikkhu jemals nach Sāvatthī?» Wenn sie dies bejahen, werde ich daraus schließen, dass jener Mönch mit Sicherheit während der Regenzeit ein Kleid hatte, als Besucher oder als Reisender, auch als Kranker oder sogar als Krankenpfleger Essen oder auch Heilmittel bekam und dazu am Morgen Reisschleim. Wenn ich daran denke, werde ich fröhlich sein. Wenn ich fröhlich bin, werde ich glücklich sein. Wenn mein Geist glücklich ist, wird mein Körper ruhig sein. Wenn mein Körper ruhig ist, werde ich Vergnügen empfinden. Wenn ich Vergnügen empfinde, wird mein Geist konzentriert sein. Dies wird zur Entwicklung meiner geistigen Fähigkeiten und auch zur Entwicklung der geistigen Kräfte und der Faktoren der Erleuchtung beitragen.[5] Dies, o Meister, ist der Nutzen, den ich für mich voraussehe, wenn ich dem Erhabenen meine acht Wünsche vorlege.

«Gut, gut, Visākhā!», antwortete der Erhabene. «Es ist gut, dass du den Vollkommenen um diese achtfache Gnade gebeten und gleichzeitig diesen Nutzen vor Augen hast. Ich gewähre dir die Erfüllung der acht Wünsche.»

So lebte Visākhā, «Migāras Mutter», eine vorbildliche Laienanhängerin, mit unerschütterlichem Vertrauen zu den drei Kostbarkeiten, sicher verankert im Stromeintritt, in Erwartung einer glücklichen Wiedergeburt und der endgültigen Erlösung vom Leiden.

Mallikā: Die Königin aus dem Blumengarten

Zur Zeit des Buddha wurde dem Vorsteher der Zunft der Girlandenmacher in Sāvatthī eine Tochter geboren. Sie war schön, klug, anmutig und machte ihrem Vater viel Freude. Ihr Name war Mallikā.

Eines Tages – sie war gerade sechzehn Jahre alt geworden – ging sie mit ihren Freundinnen in die Blumengärten und nahm als Proviant drei Portionen gesäuerten Reis in einem Korb mit.[6] Als sie gerade das Stadttor durchquerten, kam ihnen eine Gruppe von Mönchen auf der Almosenrunde entgegen. Ihr Anführer war auffallend groß und von erhabener Schönheit. Er machte auf Mallikā einen solchen Eindruck, dass sie ihm das ganze Essen in ihrem Korb anbot.

Der Asket war der Buddha, der Erwachte. Er ließ sich ihre Gabe in seine Almosenschale schütten. Nachdem ihm Mallikā – ohne zu wissen, wem sie ihr Essen gespendet hatte – zu Füßen gefallen war, ging sie voller Freude weiter. Der Buddha lächelte. Ānanda, der wusste, dass der Erleuchtete nicht ohne einen Anlass lächelte, fragte nach dem Grund. Der Buddha antwortete, dieses Mädchen werde die Frucht ihrer Spende noch am selben Tag erlangen, indem sie Königin von Kosala werden würde.

Das klang höchst unwahrscheinlich. Wie sollte der König von Kosala eine Frau aus einer niederen Kaste in den Rang einer Königin erheben? Im damaligen Indien mit seiner sehr strengen Kastenordnung erschien dies fast unmöglich.

Der Gebieter über die vereinigten Königreiche von Benares und Kosala im Tal des Ganges war König Pasenadi, der mächtigste Herrscher seiner Zeit. Damals führte er Krieg gegen seinen Nachbarn, Ajātasattu von Magadha, der seinen eigenen Vater getötet hatte. Ajātasattu hatte eine Schlacht gewonnen und König Pasenadi zum Rückzug gezwungen. Als dieser auf seinem Pferd in die Hauptstadt zurückkehrte, hörte er kurz vor dem Stadttor ein Mädchen in den Blumengärten singen. Es war Mallikā. Sie sang aus Freude über ihr Zusammentreffen mit dem erhabenen Weisen. Der König war von dem Gesang gefesselt und ritt in den Garten hinein. Mallikā aber lief vor dem fremden Krieger nicht davon, sondern kam näher, fasste das Pferd am Zügel und schaute dem König direkt in die Augen. Er fragte sie, ob sie bereits verheiratet sei, was sie verneinte. Daraufhin stieg er vom Pferd, legte seinen Kopf in ihren Schoß und vergaß dabei sein Unglück im Krieg.

Nachdem er sich etwas erholt hatte, ließ er sie hinten auf dem Pferd aufsitzen und brachte sie zurück in das Haus ihrer Eltern. Am Abend holte er sie mit prächtigem Gefolge und machte sie zu seiner Hauptfrau und Königin.

Der König liebte Mallikā heiß und innig. Sie erhielt viele treue Dienerinnen; ihre Schönheit ähnelte der einer Göttin. Im ganzen Königreich wurde bekannt, dass sie aufgrund ihrer einfachen Spende in die höchste Position im Staat aufgerückt war. Das spornte die Menschen an, gegenüber ihren Mitbürgern freundlich und großzügig zu sein. Wohin sie auch kam, riefen die Leute voller Freude: «Das ist die Königin Mallikā, die dem Buddha Almosen gab.»

Nachdem sie Königin geworden war, begab sie sich sehr bald zum Erleuchteten und fragte ihn etwas, worauf sie keine Antwort wusste: «Wie kommt es, dass die eine Frau schön, reich und mächtig ist, eine andere schön, doch arm und ohne Einfluss, wiederum eine andere hässlich, reich und sehr mächtig und schließlich eine hässlich, arm und machtlos?» Diese Unterschiede sind im täglichen Leben dauernd zu beobachten. Doch während sich die meisten Menschen mit schlagwortartigen Erklärungen wie Schicksal, Vererbung oder Zufall zufrieden geben, wollte Königin Mallikā mehr in die Tiefe gehen, denn sie war überzeugt, dass nichts ohne Grund geschieht.

Der Buddha erklärte ihr ausführlich, dass die Eigenschaften und Lebensbedingungen der Menschen überall die moralische Natur ihrer Taten in früheren Existenzen widerspiegeln würden. Schönheit wird von Geduld und Freundlichkeit bestimmt,

Reichtum durch Großherzigkeit, Macht durch die Tatsache, dass man nie andere beneide, sich vielmehr an ihren Erfolgen freue. Je nachdem, welche dieser drei Tugenden der Menschen ausgeübt habe, verlaufe sein «Schicksal», in der Regel als Mischung der drei Eigenschaften. Nur in seltenen Fällen sei eine Person mit allen drei günstigen Attributen ausgestattet. Nachdem Mallikā diese Rede gehört hatte, beschloss sie in ihrem Herzen, zu ihren Untergebenen immer freundlich zu sein und sie niemals auszuschimpfen, allen Mönchen, Brahmanen und den Armen Almosen zu geben und niemals jemanden zu beneiden, der glücklich war. Am Ende von Buddhas Lehrrede nahm sie Zuflucht zu den drei Kostbarkeiten und blieb zeitlebens eine gläubige Jüngerin (AN 4:197).

Mallikā zeigte ihre Großzügigkeit nicht nur dadurch, dass sie regelmäßig Almosen spendete, sondern auch, indem sie für den Mönchsorden eine große, mit Ebenholz verschalte Halle baute, die bei religiösen Diskussionen Verwendung fand (MN 78; DN 9). Sie zeigte ihre Freundlichkeit dadurch, dass sie ihrem Mann mit den fünf Eigenschaften einer vollkommenen Frau diente: Sie stand immer vor ihm auf, ging nach ihm zu Bett, gehorchte ausnahmslos seinen Befehlen, war stets entgegenkommend und gebrauchte nur freundliche Worte. Selbst die Mönche rühmten ihre Freundlichkeit in ihren Diskussionen über die Tugend.

Bald konnte sie auch beweisen, dass sie frei von Eifersucht war. Der König hatte es sich nämlich in den Kopf gesetzt, eine zweite Hauptfrau zu nehmen und erwählte hierzu eine Cousine des Buddha. Obwohl es heißt, es liege in der Natur der Frau, zu Hause keine Rivalin zu dulden, begegnete Mallikā der zweiten Frau ihres Mannes ohne jede Spur von Missgunst (AN 6:52). Die beiden Frauen lebten am Hof in Frieden und Harmonie. Selbst als die zweite Frau einen Sohn zur Welt brachte, den Kronprinzen, und Mallikā nur eine Tochter gebar, empfand sie keinen Neid. Als sich der König über die Geburt der Tochter enttäuscht zeigte, erklärte ihm der Buddha, dass eine Frau einem Mann überlegen sei, wenn sie klug, tugendhaft, wohlerzogen und treu sei. Dann könne sie die Frau eines großen Königs werden und einen mächtigen Herrscher zur Welt bringen (SN 3:16). Ihre Tochter, Prinzessin Vajirā, wurde in der Tat später Königin von Magadha.

Mallikā, als treue Laienanhängerin des Buddha, gewann auch ihren Gatten für die Lehre. Das geschah so: Eines Nachts hatte der König hintereinander sechzehn aufregende Träume, in denen er unheimliche, unergründliche Laute von vier Stimmen hörten. Sie sagten: «Du, Sa, Na, So.» Er wachte voller Angst auf, setzte sich aufrecht hin, zitterte und wartete auf den Sonnenaufgang. Als ihn die Brahmanenpriester am nächsten Tag fragten, ob er gut geschlafen habe, berichtete er ihnen von dem Schrecken der Nacht und fragte sie, was er tun solle, um dieser Drohung zu begegnen. Die Brahmanen erklärten, er müsse ein großes Opferfest abhalten, um die bösen Geister zu besänftigen. Aus lauter Furcht stimmte der König zu.

Die Brahmanen freuten sich darüber, weil sie dachten, es würden sicher Geschenke für sie abfallen, da sie ja das Opfer durchführten. Voller Eifer begannen sie mit den Vorbereitungen. Sie bauten einen Altar und banden viele Tiere, die getötet werden sollten, an Pfosten. Damit das Opfer noch mehr Wirksamkeit entfalte, forderten sie auch den Tod von vier Menschen, und diese warteten ebenfalls, gefesselt an einen Pfosten, auf ihr Ende.

Als Mallikā diese Geschäftigkeit bemerkte, ging sie zum König und fragte ihn, warum die Brahmanen so eilfertig und voll fröhlicher Erwartung umherliefen. Der König antwortete, sie widme ihm nicht genügend Aufmerksamkeit und kenne somit seine Sorgen gar nicht. Dann erzählte er ihr von seinen Träumen. Mallikā aber fragte den König, ob er auch den ersten und allerbesten Brahmanen nach der Bedeutung seiner Träume gefragt habe: den Buddha, den Obersten in der Welt der Menschen und der Götter, den besten aller Brahmanen. So entschloss sich König Pasenadi, den Erwachten um Rat zu bitten, und begab sich ins Jetavana-Kloster.

Er erzählte dem Buddha seine Träume und frage ihn, was mit ihm geschehen werde. «Gar nichts», antwortete der Erwachte und erklärte ihm die Bedeutung. Die sechzehn Träume, so sagte er, seien Prophezeiungen, die zeigten, dass die Lebensbedingungen auf der Erde sich dauernd verschlechtern würden, weil die moralische Nachlässigkeit der Könige ständig größer werde. In einem meditativen Augenblick hatte König Pasenadi solche künftigen Begebenheiten gesehen, denn er war ein Herrscher, der auf das Wohlergehen seiner Untertanen bedacht war.

Die vier Stimmen, die er gehört hatte, gehörten vier Männern, die in Sāvatthī gelebt und verheiratete Frauen verführt hatten. Aufgrund dieser Missetat wurden sie in der Hölle wieder geboren und mussten sich 30 000 Jahre lang in rot glühenden Kesseln aufhalten. Dabei sanken sie immer tiefer und kamen näher an das Feuer, so dass ihre Qualen, die ohnehin nicht auszuhalten waren, immer schlimmer wurden. Danach stiegen sie weitere 30 000 Jahre lang in diesen Eisenkesseln wieder hoch, bis sie an den Rand gelangten. Hier konnten sie wenigstens wieder die Luft des menschlichen Bereiches atmen.

Jeder unter ihnen wollte eine Strophe sprechen, doch wegen der Schwere der Missetat kamen sie über die ersten Buchstaben nicht hinaus. Nicht einmal in Stoßseufzern vermochten sie sich Luft zu verschaffen, denn sie hatten schon seit langem die Fähigkeit zu sprechen verloren. Als die vier Strophen erkannte der Buddha die Folgenden:

Du: Dumpf und schlecht war
unser Leben.
Wir waren nicht bereit zu geben,
Obwohl wir viel hätten geben können.
Wir schufen keine Zuflucht daraus.

Sa: Sag, ist das Ende nahe?
Schon 60 000 Jahre sind vergangen,
Ohne Ende dauert die Qual
In diesem Höllenbereich an.

Na: Nach allem ist noch immer
kein Ende in Sicht.
O wäre es doch so!
Kein Ende in Sicht für uns,
die wir Schlechtes taten.
Für mich, für dich, für uns beide.

So: So könnte ich doch endlich
diesen Ort verlassen
Und gelangte ich wieder empor
in den menschlichen Bereich,
Ich wäre freundlich und voller Tugend
Und würde reichlich Gutes tun.

Nachdem der König diese Erklärungen gehört hatte, gab er der Bitte der mitleidigen Königin nach. Er schenkte den gefangenen Männern und Tieren die Freiheit und befahl, den Opferaltar zu zerstören (Jāt. 77, 314).

Von nun an war der König ein ergebener Laienanhänger des Buddha. Eines Tages besuchte er ihn wieder und traf dort auf einen gelehrten, weisen Laien. Der König fragte ihn, ob er nicht für seine beiden Königinnen und die anderen Frauen im Palast jeden Tag den Dhamma lehren könne. Der Laie antwortete darauf, die Lehre stamme vom Erleuchteten und nur einer seiner ordinierten Jünger könne sie an die Frauen weitergeben. Der König sah das ein und bat den Buddha, einem seiner Mönche die Erlaubnis zur Lehre zu erteilen. Der Buddha bestimmte den ehrwürdigen Ānanda für diese Aufgabe. Königin Mallikā lernte leicht, obwohl sie über keinelei Bildung verfügte, doch Königin Vasabhakhattiyā, die Cousine des Buddha und Mutter des Kronprinzen, war unkonzentriert und kam nur schwer voran (Vin. 4:158).

Eines Tages schaute das königliche Paar vom Palast auf den Fluss hinab und sah eine Gruppe von Buddhas Mönchen im Wasser spielen. Der König sagte daraufhin etwas vorwurfsvoll zu Mallikā: «Die da im Wasser spielen, sollen doch wohl Arahats sein?» Als solche galt die Gruppe der so genannten siebzehn Mönche. Sie waren noch recht jung und offenbar von guter Art. Mallikā antwortete, sie könne sich das nur so erklären, dass der Buddha entweder keine Regel im Hinblick auf das Baden aufgestellt habe oder dass die Mönche sie nicht richtig kennen würden, weil sie nicht zu den Vorschriften zählte, die regelmäßig rezitiert wurden.

Beide waren jedoch der Ansicht, es würde auf Laien und ungefestigte Mönche keinen guten Eindruck machen, wenn ihre Vorbilder im Wasser spielten und sich so daran erfreuten, wie das unwissende Menschen tun, die in der Welt leben. Aber König Pasenadi wollte es vermeiden, die Mönche anzuschwärzen. Sein Wunsch war es nur, dem Buddha einen Hinweis zu geben, damit er eine Regel festlegen konnte. So kam er auf den Gedanken, dem Buddha durch jene Mönche eine besondere Gabe senden zu lassen. Sie überbrachten das Geschenk, und der Buddha fragte sie, bei welcher Gelegenheit sie den König getroffen hätten. Da erzählten sie, was sie getan hatten, und der Buddha erließ eine entsprechende Vorschrift (Vin. 4:112).

Eines Tages stand der König mit der Königin an der Brüstung des Palastes und blickte über sein Land. Da fragte er sie, ob es jemanden in der Welt gebe, den sie mehr liebe als sich selbst. Er erwartete, dass sie ihn nennen würde, denn schließlich war er es gewesen, der ihr zu Rang und Reichtum verholfen hatte. Doch obwohl sie ihn liebte, blieb sie der Wahrheit treu und sagte, niemand sei ihr lieber als sie selbst. Dann wollte sie jedoch wissen, wie es um ihn stehe: Liebte er jemanden – vielleicht sogar sie – mehr als sich selbst? Der König musste zugeben, dass die Selbstliebe auch in seinem Fall die Oberhand behielt. Daraufhin ging er zum Buddha, berichtete ihm von dem Gespräch und wollte von ihm wissen, wie ein Weiser darüber denke.

Der Buddha bestätigte seine und Mallikās Feststellungen, nutzte diese aber zu einer Lektion in Mitleid und Gewaltlosigkeit:

Wer mit seinem Geist alle Welten
durchwandert hat,
Findet nirgendwo jemanden,
der ihm lieber wäre als er selbst.
Weil auch andere sich selbst
am meisten lieben,
Deshalb sollte einer, der sich liebt,
niemals anderen Schaden zufügen.

(SN 3:8; Ud. 5:1)

Eines Tages kam zum Buddha ein Mann in größter Verzweiflung, weil sein einziges Kind gestorben war. Er konnte nicht mehr essen und arbeiten. Er war niedergeschlagen, verbrachte die ganze Zeit auf dem Friedhof und schrie: «Wo bist du, mein einziges Kind? Wo bist du, mein einziges Kind?» Daraufhin erteilte ihm der Buddha eine unangenehme Lektion: «Wer uns lieb und teuer ist, bringt uns gleichzeitig Sorgen, Grund zur Klage, Schmerz und Verzweiflung» – nämlich das Leiden, das aus dem Anhaften entsteht. Obwohl seine eigene Erfahrung der Beweis für die Worte des Buddha war, fühlte sich der Mann verletzt und verließ den Erhabenen voller Zorn. Der Vorfall kam auch dem König zu Ohren, und er fragte seine Frau, ob es wirklich der Wahrheit entspreche, dass vom Lieben Leiden komme. «Wenn der Erwachte das so gesagt hat, o König, dann ist das auch so», antwortete sie voller Ergebenheit.

Der König murrte, sie akzeptiere jedes Wort des Buddha wie der Anhänger eines Guru. Daraufhin schickte sie einen Boten zum Buddha mit der Frage, ob der Bericht der Wahrheit entspreche und ob sie weitere Einzelheiten erfahren könne. Der Buddha bestätigte die Richtigkeit und gab eine Erklärung. Doch Mallikā übermittelte die Antwort des Buddha dem König nicht direkt. Sie fragte diesen vielmehr, ob er seine Tochter liebe, seine zweite Frau, den Kronprinzen, sich selbst und sein Königreich. Natürlich bestätigte er dies: Diese fünf Dinge seien ihm lieb und wert. Wenn aber nun diesen Fünfen, so fragte Mallikā weiter, etwas zustieße, würde er dann nicht Kummer, Schmerz, Gram und Verzweiflung empfinden, die aus dieser Liebe hervorgingen? Der König verstand und erkannte die Weisheit des Buddha: «Das ist sehr gut, Mallikā, verehre ihn weiter.» Er erhob sich, entblößte seine Schulter, verneigte sich ehrerbietig in die Richtung, wo der Erhabene wohnte, und grüßte ihn dreimal: «Verehrung dem Erhabenen, dem Arahat, dem Vollerwachten!» (MN 87).

Ihr Leben verlief freilich nicht ganz ohne Konflikte. Eines Tages entstand zwischen den beiden ein Streit über die Pflichten der Königin. Aus irgendeinem Grund ärgerte sich der König über Mallikā und behandelte sie von da an wie Luft. Als der Buddha am nächsten Tag im Palast erschien, um bewirtet zu werden, fragte er, wo denn die Königin sei, die sonst immer anwesend war. Pasenadi verzog das Gesicht und sagte: «Was soll mit ihr sein? Sie ist durch ihre Berühmtheit verrückt geworden.» Der Buddha antwortete ihm, er selbst habe sie in diesen Rang erhoben, er solle sich wieder mit ihr aussöhnen. Etwas widerwillig ließ der König sie rufen. Der Buddha pries den Segen der Freundschaft, und ihre Verstimmung war vergessen, als hätte es sie nie gegeben (Jāt. 306).

Später aber kam es erneut zu Spannungen zwischen den beiden. Wieder sah der König Mallikā nicht mehr an und tat so, als existiere sie nicht. Als der Buddha davon erfuhr, fragte er nach ihr, und Pasenadi erwiderte erneut, das Glück sei ihr zu Kopf gestiegen. Da erzählte der Buddha eine Begebenheit aus einem früheren Leben der beiden, als sie ein Götterpaar waren, himmlische Wesen, einander sehr zugetan. Eines Nachts waren sie durch eine Überschwemmung voneinander getrennt. Sie klagten den Verlust dieser Nacht, der ihnen in ihrem tausendjährigen Leben nie wieder ersetzt werden könne. Und für den Rest ihrer Existenz verließen sie einander keinen Augenblick mehr und verstanden jene Trennung als Mahnung, dafür zu sorgen, dass ihr Glück bis ans Ende ihrer Tage anhalten möge. Den König rührte diese Geschichte, und er versöhnte sich mit der Königin. Mallikā sprach daraufhin folgende Verse zum Buddha:

Mit Freuden hörte ich deine Worte,
Die für unser Wohlergehen
gesprochen wurden.
Mit deiner Rede hast du meinen
Kummer zerstreut,

Mögest du lange leben, mein Asket,
mein Glücksbringer! (Jāt. 504)

Noch ein drittes Mal erzählte der Buddha von einer früheren Existenz des königlichen Paares. Pasenadi war damals Kronprinz und Mallikā seine Frau. Als der Kronprinz Aussatz bekam und seinen Anspruch auf den Thron aufgeben musste, beschloss er, sich in den Wald zurückzuziehen, um niemandem zur Last zu fallen. Seine Frau aber weigerte sich, ihn zu verlassen. Sie begleitete ihn und sorgte für ihn mit rührender Aufmerksamkeit. An der Stelle eines sorglosen Lebens in Glanz und Pomp zog sie es vor, ihrem Mann trotz seines Ekel erregenden Aussehens treu zu bleiben. Durch die Kraft ihrer Tugend erreichte sie, dass er wieder gesund wurde. Doch als er den Thron bestiegen hatte und sie Königin geworden war, vergaß er sie prompt und vergnügte sich mit den Tanzmädchen. Erst als man den König an die guten Taten seiner Frau erinnerte, änderte er seinen Sinn. Er bat sie um Vergebung und lebte mit ihr in Harmonie und Tugend (Jāt. 519).

Königin Mallikā beging in ihrem Leben nur eine einzige Tat, die böse Auswirkungen hatte und zu ihrer schlimmsten Wiedergeburt führte. Als sie sich einst nach einem Bad trocknen ließ, näherte sich ihr Lieblingshund von hinten und bestieg sie. Anstatt den Hund zu vertreiben, ließ sie ihn gewähren. Der König konnte durch ein offenes Fenster einen Blick auf diese bizarre Szene werfen und schalt Mallikā später deswegen. Anstatt ihre Verfehlung zuzugeben, bestand die Königin auf ihrer Unschuld und machte dem König weis, seine Augen hätten ihn getäuscht.[7]

Als Mallikā starb, bewirkte ihre doppelte Verfehlung – ihr sexueller Kontakt mit dem Hund und ihr Leugnen, um sich reinzuwaschen –, dass sie in der Hölle wieder geboren wurde. Diese schlechte Phase dauerte jedoch nur sieben Tage. Danach überwogen Mallikās große Verdienste. Als sie starb, hörte der König gerade beim Buddha eine Lehrrede. Die Nachricht von Mallikās Tod erschütterte ihn tief, und er ließ sich auch nicht durch den Hinweis des Buddha trösten, dass es in der Welt nichts gebe, was dem Verfall und dem Tod entgehen könne (AN 5:49).

Sein Anhaften – «aus Liebe entsteht Leiden» – war so stark, dass er jeden Tag zum Buddha ging, um etwas über das künftige Schicksal seiner Frau zu erfahren. Wenn er schon auf Erden ohne sie zurechtkommen musste, so wollte er wenigstens etwas über ihre Wiedergeburt wissen. Doch sieben Tage lang lenkte ihn der Buddha von dieser Frage durch fesselnde Darlegungen ab. So erinnerte er sich an diese Frage erst wieder zu Hause. Erst danach sagte der Buddha, Mallikā sei im Tusita-Himmel wieder geboren worden, «im Himmel der seligen Götter». Um den Kummer des Königs nicht noch zu vergrößern, erwähnte er die sieben Tage, die sie in der Hölle verbracht hatte, nicht. Obwohl der Aufenthalt dort nur sehr kurz gewesen war, kann man daraus ersehen, dass Mallikā während ihrer Existenz auf der Erde noch nicht den Stromeintritt erreicht hatte, denn ein Stromeintreter kann nicht mehr unterhalb der menschlichen Ebene wieder geboren werden. Doch durch die Erfahrung des Leidens in der Hölle in Verbindung mit ihrem Wissen über den Dhamma wurde Mallikās Erlangen des Stromeintritts wohl beschleunigt.

Khemā: Die Weise

Wie der Buddha zwei Hauptjünger im Mönchsorden ernannt hatte, nämlich Sāriputta und Moggallāna, so bestimmte er auch zwei Frauen zu seinen besten Schülerinnen im Bhikkhunī-Sangha, dem Nonnenorden. Bei den beiden handelte es sich um Uppalavaṇṇā und Khemā. Uppalavaṇṇā überragte alle anderen durch übernatürliche Kräfte, Khemā durch Weisheit (AN 1, Kap. 14). Der Buddha stellte diese beiden Frauen als Vorbilder für alle Nonnen dar. An ihnen sollte sich jede Bhikkhunī messen (SN 17:24).

Der Name Khemā bedeutet «Sicherheit» und ist ein Synonym für Nibbāna. Die Nonne Khemā entstammte einer königlichen Familie aus dem Land Magadha. Sie war wunderschön anzusehen, und als sie das heiratsfähige Alter erreicht hatte, wurde sie eine der Hauptfrauen von König Bimbisāra. Dieser war ein Stromeintreter und ein großzügiger Gönner des Erhabenen. Er hatte dem Mönchsorden seinen eigenen Bambushain geschenkt und kümmerte sich ausdauernd um die Mönche. Obwohl Khemā von ihrem Gemahl viel über den Buddha gehört hatte, hielt sie sich doch zurück, weil sie fürchtete, er würde an ihrer äußeren Schönheit etwas auszusetzen haben und über die Nichtigkeit der Sinnesvergnügungen predigen, an denen sie sehr hing. Der König jedoch fand einen Weg, um sie doch zum Besuch einer Lehrpredigt zu veranlassen.[8] Er ließ eine Gruppe von Sängerinnen kommen, die mit Liedern die Harmonie, den Frieden und die Schönheit des Bambushainklosters priesen, und da Khemā die Schönheiten der Natur liebte, entschloss sie sich zu einem Besuch.

In all ihrer königlichen Pracht, mit Seide und Sandelholz, fuhr sie zum Kloster und wurde in die Halle geführt, wo der Buddha predigte. Der Buddha las ihre Gedanken und schuf durch seine übernatürlichen Kräfte eine wunderschöne junge Frau, die neben ihm stand und ihm Luft zufächelte. Khemā war fasziniert von dieser Erscheinung und dachte bei sich: «Nie zuvor habe ich eine so schöne Frau gesehen. Ich selbst bin nicht einen Bruchteil so schön wie sie. Wer sagt, der Asket Gotama setze die äußere Schönheit herab, versteht ihn bestimmt nicht richtig.» Der Buddha ließ dann das von ihm erschaffene Bild langsam altern – von der Jugend über die mittleren

Jahre bis zum hohen Alter mit kaputten Zähnen, grauem Haar, faltiger Haut, bis die Frau leblos zu Boden fiel. Da erkannte Khemā die Hohlheit der äußeren Schönheit und die flüchtige Natur des Lebens. Sie dachte: «Wenn schon ein solcher Körper zerfällt, dann muss der meine dieses Schicksal teilen.»

Der Buddha las ihre Gedanken und sagte:

> Khemā, betrachte diese Masse
> von Bestandteilen,
> Krank, unrein, dem Zerfall
> preisgegeben.
> Sie vergeht und schwindet,
> Und nur Narren begehren sie.

Am Ende dieser Strophe erlangte Khemā den Stromeintritt. Doch der Buddha predigte weiter und schloss seine Rede mit einer weiteren Strophe ab:

> Wer versklavt ist von der Lust,
> schwimmt den Strom hinab
> Wie eine Spinne auf ihrem
> selbstgesponnenen Netz.
> Wer dies als Weiser hinter sich
> gelassen hat,
> Wandert unberührt von den Vergnügungen, auf die er verzichtet hat.
>
> (Dhp. 347)

Khemā verstand diese Darlegung vollständig, so dass sie, noch angetan mit ihren königlichen Kleidern, die Arahatschaft zusammen mit analytischen Fähigkeiten erwarb. Daraufhin erhielt sie vom König die Erlaubnis, dem Nonnenorden beitreten zu können.

Wenn jemand Khemās Geschichte hört, so sieht er nur das gegenwärtige wunderbare Ereignis. Der Buddha jedoch sieht viel weiter und weiß, dass diese Frau nicht durch einen Zufall oder durch Glück zur vollen Erleuchtung gelangte. Ein solches Ereignis, einem Blitz vergleichbar, ist nur dort möglich, wo der Samen der Weisheit schon lange gereift und die Tugend weit fortgeschritten ist. In vergangenen Weltzeitaltern hatte Khemā unter vielen früheren Buddhas die Grundlagen für ihre Verdienste gelegt. Dank ihrer innewohnenden Neigung zur höchsten Wahrheit kam sie immer dann zur Wiedergeburt, wenn ein Buddha als Träger der höchsten Wahrheit lebte. So wird behauptet, sie habe bereits vor einhunderttausend Weltzeitaltern ihr wundervolles Haar verkauft, um Buddha Padumuttara Almosen spenden zu können. Während der Zeit von Buddha Vipassī, vor einundneunzig Weltzeitaltern, war sie eine Bhikkhunī und Lehrerin des Dhamma. Ferner heißt es, sie habe während der Weisungen der drei Buddhas unseres glücklichen Weltzeitalters, der Vorläufer unseres Buddha Gotama, als Laienanhängerin gelebt und ihr Glück dadurch gefunden, dass sie Klöster für den Mönchsorden gebaut habe.

Während sich die meisten anderen Wesen während der Lebenszeit eines Buddha in himmlischen oder höllischen Bereichen tummeln, versuchte Khemā stets, der Quelle der Weisheit möglichst nahe zu sein. Wenn kein Buddha in der Welt erschien, wurde sie zur Zeit von Paccekabuddhas oder in der Nähe des Bodhisatta geboren, des späteren Buddha Gotama. Bei einer Wiedergeburt (Jāt. 354) war sie die Frau des Bodhisatta, der seine friedliche Familie immer wieder wie folgt ermahnte:

> Gebt Almosen nach dem Maß dessen,
> was ihr selbst habt.
> Beachtet den Feiertag, haltet die
> Vorschriften ein.
> Denkt an den Tod, seid eurer
> Sterblichkeit eingedenk,
> Denn für uns Wesen ist es gewiss,
> Dass wir sterben müssen.
> Unsicher ist das Leben.
> Alle gewordenen Dinge sind unbeständig und dem Verfall unterworfen.
> Seid somit achtsam Tag und Nacht.

Als eines Tages Khemās einziger Sohn in diesem Leben durch den Biss einer Giftschlange getötet wurde, behielt sie ihren vollkommenen Gleichmut bei:

> Unaufgefordert kam er her, ohne
> Abschied ging er bald wieder.
> So, wie er kam, ging er auch.
> Warum sollte ich klagen?
> Keine Klage der Freunde kann die Asche
> wieder lebendig machen.
> Warum sollte ich trauern? Er geht seinen
> Weg, den er beschreiten muss.
> Obwohl ich fasten und weinen sollte,
> was würde es mir nützen?
> Meine Verwandten würden dadurch
> noch unglücklicher.
> Keine Klage der Freunde kann die Asche
> wieder lebendig machen.
> Warum sollte ich trauern? Er geht seinen
> Weg, den er beschreiten muss.[9]

Ein andermal war sie die Schwiegertochter des Bodhisatta (Jāt. 397), viele Male eine große Herrscherin, die davon träumte, vom Bodhisatta belehrt zu werden und diese Belehrungen dann auch erhielt (Jāt. 501, 502, 534). Es wird ferner erzählt, dass sie als Königin in früheren Existenzen die Gemahlin des künftigen Sāriputta gewesen sei. Dieser Gemahl in früheren Existenzen war ein gerechter König, der sich an die zehn königlichen Tugenden hielt: Großzügigkeit, Tugend, Verzicht, Aufrichtigkeit, Milde, Geduld, Freundschaft, Unschuld, Demut und Gerechtigkeit. Aufgrund dieser Tugenden lebte der König in Glück und Segen. Auch Khemā beachtete diese Vorschriften (Jāt. 534). Nur weil sie ihr Herz in vielen vergangenen Existenzen bereits gereinigt hatte, war sie reif dafür geworden, bei ihrem ersten Zusammentreffen mit dem Buddha in einem Augenblick zur letzten Wahrheit vorzudringen.

Khemās veränderte Haltung gegenüber der Sinnlichkeit zeigt sich deutlich in einem Dialog, der in den *Therīgāthā* aufgezeichnet ist. Dort widersteht sie den Avancen eines charmanten Verführers. Dem Kommentar zufolge ist dieser Verführer Māra, der Versucher, der sich ihr mit der Intention nähert, sie von ihrem Streben nach Befreiung abzuhalten – vergebens, denn sie hatte die Arahatschaft bereits erreicht:

«Du bist so jung und wunderschön,
Und auch ich stehe in der Blüte meiner Jugend.
Komm, edle Frau, lass uns Freude haben
Bei den Tönen von fünf Musikern.»

«Ich fühle mich abgestoßen und erniedrigt
Von diesem stinkenden fleischlichen Körper,
Der von Krankheit geplagt und so zerbrechlich ist.
Ich habe das sinnliche Begehren völlig aufgegeben.

Sinnesvergnügungen sind nun wie Schwertschläge,
Das Anhaften ist ihr Hackblock.
Was du als Sinnesvergnügen bezeichnest,
Ist für mich keinerlei Entzücken mehr.

Überall ist das Vergnügen zerstört,
Die Masse der Dunkelheit ist zerstreut.
Wisse dies, o Böser,
Du bist besiegt, du Zerstörer.»

(Thīg. 139–142)

Der Buddha pries Khemā als jene Nonne, die in Bezug auf die Weisheit ganz an der Spitze stand *(etadaggaṁ mahāpaññānaṁ).* Ein Dialog, der im Saṁyutta-Nikāya (44:1) überliefert ist, bestätigt dies. Er zeigt uns, wie tief ihre Weisheit König Pasenadi berührte. Der König reiste durch Kosala und gelangte abends in eine kleine Stadt. Da er ein Gespräch über spirituelle Dinge wünschte, befahl er einem Diener herauszufinden, ob in dem Ort ein weiser Asket oder ein Brahmane lebe. Der Diener erkundigte sich überall, konnte aber keinen Asketen und keinen Brahmanen finden, der mit seinem Herrn hätte sprechen können. Allerdings erfuhr er, dass eine Bhikkhunī, eine ordinierte Jüngerin Buddhas, in der Stadt wohnte. Es war die heiligmäßige Khemā, die überall für ihre Weisheit, ihre tiefe Einsicht, ihr großes Wissen und ihren Scharfsinn bei Diskussionen berühmt war.

Als der König davon erfuhr, ging er zu ihr, grüßte sie ehrerbietig und fragte sie nach der Existenz eines Tathāgata, eines befreiten Weisen, nach seinem Tod:

«Existiert ein Tathāgata, ein Vollendeter, noch nach dem Tod?»
«Der Erhabene hat nichts davon gesagt, dass ein Tathāgata nach dem Tod noch existiert.»
«Dann existiert also ein Tathāgata nach dem Tod nicht mehr?»
«Auch davon hat der Erhabene nichts gesagt.»

«Dann existiert ein Tathāgata nach dem Tod und existiert auch nicht?»
«Das hat der Erhabene so nicht erklärt.»
«Dann existiert ein Tathāgata weder nach dem Tod, noch existiert er nicht?»
«Auch das hat der Erhabene nicht gelehrt.»

Daraufhin wollte der König wissen, warum der Buddha diese vier Fragestellungen abgelehnt hatte. Um den Grund zu verstehen, müssen wir erst begreifen, was diese vier Ansichten implizieren. Sie betreffen einen Tathāgata. Diese Bezeichnung gilt hier nicht nur für den obersten Buddha, sondern für jedes befreite Wesen. In diesen vier Ansichten wird der Tathāgata jedoch der Kategorie des Selbst zugeordnet. Man nimmt an, der Befreite sei ein substantielles Selbst, und formuliert daraufhin sich widersprechende Thesen über das Schicksal dieses Selbst. Die erste Ansicht ist vom Verlangen nach Existenz bedingt und behauptet, dass diejenigen, die das höchste Ziel erreicht haben, nach dem Tod in irgendeiner metaphysischen Dimension weiterexistieren, entweder als selbständige Individuen oder absorbiert von irgendeiner transpersonalen spirituellen Essenz. Diese Ansicht vertreten die meisten Religionen, darunter auch einige spätere Interpretationen des Buddhismus.

Die zweite Ansicht – wonach ein Tathāgata nach dem Tod nicht mehr existiert – spiegelt das Begehren nach Nichtexistenz, nach Vernichtung wider. Die Theoretiker betrachten den Vollkommenen als wahrhaft existierendes Selbst, das nach dem Tod vollständig aufgelöst wird. Aus diesem Blickwinkel ist die Erlösung nicht mehr als die absolute Vernichtung eines realen Selbst.

Die dritte Ansicht sucht einen Kompromiss: Alles Unbeständige am Tathāgata wird bei seinem Tod vernichtet, doch die Essenz, seine Seele, bleibt bestehen. Die vierte Antwort schließlich ist resignativ und postuliert ein Weder-Noch – eine skeptische Haltung, die immer noch implizit den Tathāgata als reales Selbst akzeptiert.

Alle diese vier Ansichten hat der Buddha als falsch verworfen. Sie setzen voraus, dass es ein Ich gibt, das sich von der Welt unterscheidet – ein Ich, das entweder das ewige Leben erlangt oder in den Tiefen des Nichts verschwindet. In Wirklichkeit sind aber das Ich und die Welt reine Abstraktionen auf der Grundlage der fünf Gruppen des Anhaftens, die den Prozess der Erfahrung darstellen. Nur der Erleuchtete und seine weisen Jünger können die Dinge erkennen, wie sie sind. Wer an dieser Einsicht nicht teilhat, macht sich eine der vier spekulativen Ansichten zu Eigen. Sie setzen entweder voraus, dass ein Ich, ein in seinem Wesen beständiges Selbst, durch Saṁsāra, den Kreislauf der Wiedergeburten, wandert und nach und nach höher steigt, bis es in der göttlichen Essenz Befreiung findet. Oder sie kommen zu dem Schluss, dass die Befreiung der Zerstörung eines realen Selbst entspricht. Oder sie versuchen, eine synkretistische Position einzunehmen. Oder sie verfallen schließlich dem Skeptizismus.

Der Buddha hingegen lehrt, dass es kein wahres Ich oder Selbst gibt, das entweder in die Ewigkeit projiziert oder endgültig zerstört wird. Ein solches substantielles Selbst hat nie existiert und ist deswegen niemals durch Saṁsāra gewandert. Was wir das Ich und die Welt nennen, ist in Wirklichkeit ein veränderlicher Prozess, stets im Fließen begriffen. Dieser Prozess erzeugt die Illusion eines Ich und einer Welt, die dadurch Objekte der Spekulation im Hinblick auf ihren Ursprung in der Vergangenheit und ihr Schicksal in der Zukunft werden. Der Weg zur Befreiung erfordert, dass wir mit solchen Spekulationen über das Ich aufhören, unsere gewohnten Ansichten und Formeln aufgeben und die Phänomene direkt untersuchen, auf deren Basis die Ansichten eines Selbst entstanden sind: Die konkreten Prozesse des Geistes und des Körpers.

Die Befreiung erlangt man nicht dadurch, dass man metaphysische Hypothesen aufstellt, sondern indem man achtsam das Entstehen und Vergehen der fünf Gruppen des Anhaftens beobachtet: Form, Gefühl, Wahrnehmung, flüchtige Bildungen und Bewusstsein. Alle diese Phänomene sind bedingt. Deswegen sind sie unbeständig und der Auflösung unterworfen. Was aber unbeständig ist und dem Verfall unterliegt, kann nicht ein Selbst sein. Da die fünf Anhäufungen der Zerstörung anheim fallen – denn sie werden krank, lösen sich auf und verschwinden –, sind sie nicht «mein» Selbst. Sie gehören nicht mir. Es sind nur leere Phänomene, die bedingt entstehen.

Da alle Ansichten über ein Selbst geistige Konstrukte sind, Produkte eines spekulativen Denkens, ist jede Festlegung des Erleuchteten nach seinem Tod eine Illusion, die aus dem Wunsch nach konzeptioneller Sicherheit entstanden ist. Wer der Lehre des Buddha nachfolgt, wie Khemā dies getan hat, erkennt zu seinem Trost, dass der Buddha nicht die Zerstörung einer existierenden Wesenheit lehrt, nicht die Vernichtung eines Selbst. Wir leben in einer Welt dauernder Zerstörung und des unkontrollierbaren Übergangs, im Bereich des Todes, und was immer wir als Ich oder Mein betrachten, verschwindet ständig. Erst wenn wir auf diese Dinge verzichten, finden wir echten Frieden und letzte Sicherheit. Deswegen verkündete der Erhabene: «Offen sind die Tore zum Todlosen. Wer Ohren hat zu hören, komme und höre.»

Bei ihrer Diskussion mit König Pasenadi illustrierte Khemā diese Auffassung mit einem Gleichnis. Sie fragte ihn, ob er einen klugen Mathematiker habe, der ausrechnen könne, wie viele Sandkörner sich im Ganges befänden. Der König antwortete, das sei nicht möglich, denn die Sandkörner im Ganges seien weder zu zählen noch zu berechnen. Die Nonne fragte ihn nun, ob er jemanden kenne, der mit Zahlen angeben könne, wie viele Liter Wasser im Meer enthalten seien. Auch dies hielt der König für unmöglich, denn der Ozean sei tief, unermesslich und kaum auszuloten. Genauso verhalte es sich mit dem Tathāgata, meinte Khemā. Wer den Erhabenen fassen wolle, könne dies nur mit den Mitteln der fünf Gruppen des Anhaftens tun. Wer aber die Erlösung erreicht habe, definiere seine persönliche Identität nicht mehr auf diese Weise: «Der Tathāgata ist befreit von der Definition durch Form, Gefühl, Wahrnehmung, flüchtige Bildungen und Bewusstsein. Er ist tief, unermesslich und kaum auszuloten, wie der große Ozean.» Es ist deswegen nicht richtig zu sagen, der Tathāgata existiere nach dem Tod oder er existiere nicht; oder er existiere und existiere gleichzeitig nicht; oder er existiere weder, noch existiere er nicht. Keine dieser Bezeichnungen definiere den Undefinierbaren.

Der König freute sich über die tiefschürfenden Erklärungen der Nonne. Später traf er den Buddha und stellte ihm dieselben vier Fragen. Der Meister antwortete ihm genauso, wie dies Khemā getan hatte, und verwendete auch dieselben Worte. Der König war erstaunt und berichtete nun von seinem Gespräch mit der heiligmäßigen Nonne Khemā, der Schülerin, die durch ihre Weisheit hervorstach.

Bhaddā Kuṇḍalakesā: Die debattierende Asketin

In Rājagaha, der Hauptstadt des Königreichs Magadha, lebte ein Mädchen aus guter Familie namens Bhaddā. Sie war die einzige Tochter eines reichen Kaufmanns.[10] Ihre Eltern behüteten sie im obersten Stockwerk eines siebenstöckigen Hauses, weil sie sehr leidenschaftlich war und sie fürchteten, ihre erwachende Sexualität würde sie in Schwierigkeiten bringen. Eines Tages hörte Bhaddā einen Tumult in der Straße. Als sie aus dem Fenster schaute, sah sie, wie ein Verbrecher zum Hinrichtungsplatz geführt wurde. Es war ein stattlicher junger Mann, der zum Dieb geworden war und während eines Raubüberfalles gefasst wurde. Sobald Bhaddā ihn erblickte, verliebte sie sich in ihn. Sie legte sich auf ihr Bett und weigerte sich so lange zu essen, bis sie ihn als Mann bekäme. Ihre Eltern versuchten, sie von einer solchen Verrücktheit abzubringen, doch sie wollte von nichts anderem mehr wissen. So bestach denn ihr reicher Vater die Wachen und bat sie, den Mann in sein Haus zu bringen.

Die Wachen folgten diesem Ansinnen und ersetzten den Räuber durch einen anderen. Der Kaufmann verheiratete den so Freigekommenen mit seiner Tochter und hoffte, sein Charakter werde sich durch dieses unverhoffte Glück ändern. Kurz nach der Hochzeit jedoch überfiel den Bräutigam die Begierde, den Schmuck seiner Frau an sich zu bringen. Er erzählte ihr, er habe, während er zum Hinrichtungsblock geführt wurde, ein Gelübde abgelegt: Wenn er frei käme, wolle er einer Felsgottheit im Gebirge ein Opfer darbringen. Er drängte Bhaddā, all ihren feinsten Schmuck anzulegen und ihn zu der heiligen Stätte zu begleiten, einer Klippe ganz oben auf einem steilen Berg. Als sie an der Stelle ankamen, die Räuberklippe genannt wird, weil hier der König Verbrecher zu Tode stürzen ließ, verlangte der junge Mann, Bhaddā solle ihm all ihren Schmuck ausliefern. Bhaddā sah nur einen Ausweg, um dieser misslichen Lage zu entkommen. Sie bat ihren Gemahl, ihm ein letztes Mal huldigen zu dürfen, und als sie ihn umarmte, schleuderte sie ihn über die Klippe.

Unter der Last ihrer Tat hatte Bhaddā keinerlei Lust mehr, ins bürgerliche Leben zurückzukehren, denn sinnliche Vergnügungen und Besitztümer hatten damit für sie ihre Bedeutung verloren. So entschied sie sich, Wanderasketin zu werden. Erst trat sie dem Orden der Jain bei, und als spezielle Strafe riss man ihr bei der Ordination die Haare mit den Wurzeln aus. Doch sie wuchsen wieder nach und wurden stark gelockt. Aus diesem Grunde nannte man sie Kuṇḍalakesā, was «mit lockigem Haar» bedeutet.

Die Lehre der Jain befriedigte sie nicht, und so führte sie bald allein ein Asketenleben. Sie wanderte durch Indien, besuchte viele geistliche Lehrer, hörte sie predigen und erlangte dadurch hervorragende Kenntnisse von religiösen Texten und philosophischen Systemen. Besondere Geschicklichkeit erwarb sie sich in der Kunst des Debattierens. In kurzer Zeit wurde sie zu einer der berühmtesten Diskussionsrednerinnen in Indien. Wo immer sie hinkam, pflegte sie einen Sandhaufen anzulegen und einen Rosenapfelzweig hineinzustecken. Wer mit ihr diskutieren wolle, so gab sie bekannt, solle dies anzeigen, indem er den Sandhaufen zertrete.

Eines Tages kam sie nach Sāvatthī und errichtete wieder ihr kleines Monument. Zu jener Zeit weilte der ehrwürdige Sāriputta im Jetavana-Kloster. Er hörte von der Ankunft Bhaddās und ließ zum Zeichen seiner Gesprächsbereitschaft durch einige Kinder den Haufen zertreten. Daraufhin kam Bhaddā zum Jetavana-Kloster, siegesgewiss und von vielen Leuten begleitet.

Sie stellte Sāriputta einige Fragen, und er beantwortete sie alle, bis sie nichts mehr zu fragen wusste. Nun stellte Sariputta ihr Fragen. Schon die erste traf Bhaddā im Innersten: «Was ist das Eine?» Sie blieb stumm, denn es war ihr nicht klar, was der ältere Mönch damit gemeint haben konnte. Gewiss, so überlegte sie, ging es nicht um Gott oder Brahman oder das Unendliche. Doch was war es dann? Die Antwort, dachte sie, könnte «Nahrung» sein, weil die alle Lebewesen brauchen. Bhaddā gestand ihre Niederlage ein und bat Sāriputta um die Antwort, doch er erklärte, er werde es ihr erst sagen, wenn sie dem buddhistischen Orden beitrete. Der Mönch sandte sie daraufhin zu den Bhikkhunīs, wo sie aufgenommen wurde, und einige wenige Tage danach erreichte sie die Arahatschaft. Diese Geschichte von Bhaddās Zusammentreffen mit dem Dhamma ist im Kommentar zum *Dhammapada* verzeichnet. Doch aus Bhaddās eigenen Versen in den *Therīgāthā* ergibt sich ein anderes Bild:

> Früher wanderte ich in einem
> einzigen Kleid umher,
> Kein Haar auf dem Kopf,
> mit Schmutz bedeckt.
> Ich hielt Edle für fehlerhaft
> Und sah keinen Fehler in den
> Fehlerhaften.
>
> Als ich meine Wohnung verließ,
> Hoch oben auf der Geierspitze,
> Sah ich den unbefleckten Erleuchteten,
> Begleitet vom ganzen Mönchsorden.
>
> Da kniete ich mich demütig nieder
> Und erwies ihm Gruß und
> Ehrerbietung.
> «Komm, Bhaddā», sagte er zu mir –
> Und das war meine Ordination.
>
> (Thīg. 107–109)

Bei dieser Version findet das Zusammentreffen zwischen Bhaddā und dem Buddha nicht in Sāvatthī, sondern bei der Geierspitze in der Nähe von Rājagaha statt. Bhaddā erhält hier die Ordination nicht durch die formal festgelegte Zeremonie, sondern einfach durch Buddhas Einladung an sie, Bhikkhunī zu werden. Das Gespräch zwischen den beiden ist in den Versen selbst nicht wiedergegeben. Doch Bhaddā muss sehr schnell zur Erlösung gelangt sein, denn der Buddha erklärte sie später zur hervorragendsten der Nonnen im Hinblick auf die Schnelligkeit des Verständnisses *(khippābhiññā)*. Der Kommentar zu den *Therīgāthā* versucht die Verse und die alte traditionelle Kommentierung miteinander zu versöhnen. Dieser Version zufolge gab Bhaddā gegenüber Sāriputta ihre Niederlage zu, erwies ihm ihre Ehrerbietung, und er brachte sie zum Buddha. Da der Meister wusste, dass ihre Weisheit herangereift war, sprach er zu ihr einen Vers aus dem *Dhammapada.*

> Man mag tausend Verse hören,
> Aus Zeilen ohne Sinn und Zweck,
> Besser ist eine einzige Zeile
> voller Bedeutung.
> Wer sie hört, gelangt zur Ruhe.
>
> (Dhp. 101)

Kaum waren die letzten Worte gesprochen, so erreichte sie die Arahatschaft zusammen mit den analytischen Fähigkeiten *(paṭisambhidā-ñāṇa)*. Darauf bat sie, in den Nonnenorden aufgenommen zu werden. Der Buddha gestattete dies, und sie erhielt die formelle Ordination.

Das *Apadāna* wirft noch weiteres Licht auf Bhaddās Erwachen. Als jainistische Nonne studierte sie das philosophische

System dieses Ordens. Eines Tages saß sie allein da und dachte über die Lehre nach. Da kam ein Hund zu ihr mit einer verstümmelten menschlichen Hand im Maul. Er legte sie direkt vor ihr auf den Boden. Als Bhaddā dies sah und gleichzeitig bemerkte, dass die Hand vor Würmern wimmelte, erfuhr sie einen tiefen geistigen Schock. Voller Aufregung fragte sie sich, wer ihr die Bedeutung jenes Zwischenfalls erklären könne. Ihre Nachforschungen führten sie zu den buddhistischen Mönchen, die sie zu ihrem Meister führten.

Er lehrte mich daraufhin den Dhamma.
Die Anhäufungen, die Sinnesbasen
und die Elemente,[11]
Der Meister erzählte mir von der
Unreinheit,
Der Unbeständigkeit, dem Leiden
und dem Nichtselbst.

Nachdem ich den Dhamma
von ihm gehört hatte,
Klärte sich mein Blick.
Als ich die wahre Lehre verstanden
hatte,
Bat ich um Aufnahme in den
Nonnenorden.

Auf meine Bitte hin sagte mir
der Meister:
«Komm, o Bhaddā!»
Als ich voll ordiniert war,
Betrachtete ich ein kleines Bächlein.
Durch das Bächlein, das gerade die Füße
benetzte,
Erfuhr ich den Prozess des Hebens
und Senkens.
Dann dachte ich darüber nach,
dass alle Bildungen
Von genau derselben Natur sind.

Sofort wurde mein Geist erlöst,
Völlig befreit, das Begehren hatte
ein Ende.
Der Meister ernannte mich
zur Besten
Beim schnellen Verständnis der Lehre.

(Ap. II, 3:1, Strophe 38–46)

Die beiden letzten Zeilen beziehen sich darauf, dass der Buddha Bhaddā zu der Nonne erklärt hatte, die am schnellsten beim Verständnis der Lehre war (AN 1, Kapitel 14). Diese Eigenschaft teilte sie mit dem Mönch Bāhiya, der in einem Augenblick die Arahatschaft erreichte, als nämlich der Buddha ihm sagte: «Im Gesehenen sollte für dich nur das Gesehene sein, im Gehörten nur das Gehörte, im Gefühlten nur das Gefühlte, im Wahrgenommenen nur das Wahrgenommene» (Ud. 1:10). Beide hatten die höchste Wahrheit so schnell erfasst und waren so tief in sie eingedrungen, dass sie im Bruchteil einer Sekunde vom Status eines Weltenbewohners zur Arahatschaft gelangten.

Bhaddā verbrachte ihr restliches Leben damit, durch Nordindien zu ziehen, den Dhamma zu predigen und andere anzuleiten, nach dem Ziel zu streben, das sie bereits erreicht hatte, nach der Erlösung:

> Fünfzig Jahre lang und frei von Befleckungen
> Wanderte ich in Aṅga und Magadha umher.
> Unter den Vajji, in Kāsī und Kosala
> Aß ich die Almosenspeise des Landes.
>
> Jener Laienanhänger – ein weiser Mann in der Tat –,
> Der Bhaddā eine Robe schenkte,
> Hat dadurch viele Verdienste gesammelt,
> Denn sie ist frei von allen Bindungen.
>
> (Thīg. 110 f.)

Kisāgotamī: Die Mutter mit dem toten Kind

In Sāvatthī lebte einst in ärmlichen Verhältnissen ein Mädchen namens Gotamī. Sie war die Tochter einer verarmten Familie. Da sie sehr dünn (*kisa*) war, nannte sie jedermann Kisāgotamī, die hagere Gotamī.[12] Wenn man sie so groß und dünn herumgehen sah, dann konnte man ihre feinen seelischen Kräfte nicht erkennen. Von ihr ließ sich zu Recht sagen:

> Ihre Schönheit war ganz innerlich,
> Man konnte deren Funkeln außen nicht wahrnehmen.

Wegen ihrer Armut und ihres wenig attraktiven Aussehens konnte Kisāgotamī lange keinen Mann finden. Das betrübte sie sehr. Doch eines Tages nahm sie ein sehr wohlhabender Kaufmann zur Frau, weil er ihren inneren Reichtum schätzte und ihn höher bewertete als ihren familiären Hintergrund oder ihre äußere Erscheinung. Doch die übrigen Mitglieder der Familie ihres Mannes verachteten sie. Darunter litt sie sehr, besonders auch wegen ihres geliebten Gatten, der selbst zwischen der Liebe zu seinen Eltern und der Liebe für seine Frau hin und her gerissen wurde.

Als Kisāgotamī einen Jungen zur Welt brachte, akzeptierte die gesamte Sippe ihres Mannes sie schließlich als Mutter des Sohnes und Erben. Dadurch war eine große Last von ihrer Seele genommen, und sie war glücklich und zufrieden. Über die gewöhnliche Liebe einer Mutter zu ihrem Kind hinaus empfand sie ihrem Sohn gegenüber noch eine besondere Dankbarkeit, weil er ihr Eheglück und Herzensfrieden gebracht hatte.

Doch bald erwies sich, dass ihr Glück auf einer Illusion beruhte. Eines Tages wurde das Söhnchen plötzlich krank und starb. Kisāgotamī befürchtete, dass die Familie ihres Mannes sie nun erneut verachten und von ihr behaupten würde, sie sei aus karmischen Gründen unfähig, einen Sohn zu bekommen. Auch andere Menschen in der Stadt würden vielleicht sagen: «Kisāgotamī muss sehr schlimme Taten vollbracht haben, um ein solches Schicksal zu verdienen.» Selbst ihr Mann, dachte sie, würde sie nun zurückstoßen und eine andere Frau mit glücklicherem Hintergrund suchen. Alle diese Vorstellungen wogten in ihrem Geist, und eine dunkle Wolke senkte sich auf sie herab. Sie weigerte sich, die Tatsache zu akzeptieren, dass das Kind gestorben war, und redete sich ein, es sei nur krank und werde sich erholen, wenn es ihr gelinge, das richtige Medikament zu besorgen.

Mit dem toten Kind im Arm ging sie von Haus zu Haus und bat: «Gebt mir eine Medizin für mein Kind.» Und immer antworteten ihr die Menschen, da helfe keine Medizin mehr, denn das Kind sei tot. Doch sie war weiterhin davon überzeugt, dass das Kind nur krank sei. Viele verspotteten sie. Schließlich aber traf sie einen weisen, freundlichen Mann, der erkannte, dass ihr Geist aus Kummer verwirrt war. Er riet ihr, den besten Arzt aufzusuchen, den Buddha, der gewiss das richtige Heilmittel kenne.

Sie folgte seinem Rat und eilte sofort zum Jetavana-Kloster von Anāthapiṇḍika, wo der Budda weilte. Mit frischer Hoffnung, immer noch das tote Kind im Arm, sagte sie: «Meister, gib mir eine Medizin für meinen Sohn.» Der Erwachte antwortete ihr freundlich, dass er eine Medizin kenne, doch sie müsse sie selbst beschaffen. Eifrig fragte sie, welche Medizin das sei.

«Senfsamen», anwortete er zur Überraschung aller Anwesenden. Kisāgotamī wollte nun wissen, wo sie solche Senfsamen bekommen könne. Der Buddha erwiderte, sie brauche nur eine geringe Menge aus einem Haus, in dem noch nie jemand gestorben sei. Sie vertraute dem Wort des Erhabenen und ging in die Stadt. Beim ersten Haus fragte sie, ob man Senfsamen habe. «Gewiss», lautete die Antwort. «Könnte ich einige wenige Körner bekommen?», bat sie.

«Natürlich», sagte man ihr und brachte ihr das Gewünschte. Doch dann stellte sie die zweite Frage, die sie zunächst gar nicht für so wichtig erachtet hatte: «Ist in diesem Haus schon jemand gestorben?» «Aber natürlich», sagten ihr die Leute. Und so erging es ihr überall. In dem einen Haus war gerade vor kurzer Zeit jemand gestorben, in einem anderen vor ein oder zwei Jahren. Hier war ein Vater gestorben, dort eine Mutter, ein Sohn oder eine Tocher. Sie konnte kein einziges Haus finden, in dem noch niemand gestorben war. «Die Toten», so sagte man ihr, «sind zahlreicher als die Lebendigen.»

Gegen Abend dämmerte ihr allmählich, dass nicht sie allein unter dem Tod eines geliebten Menschen litt: Dies war das allgemeine menschliche Schicksal. Was keine Worte ihr vermitteln konnten, die eigene Erfahrung von Tür zu Tür bewirkte es. Sie verstand nun das Gesetz des Daseins, das Gesetz der Unbeständigkeit und des Todes im ewigen Kreislauf der Wiedergeburten. Auf diese Weise vermochte der Buddha ihre Wahnvorstellung zu heilen und sie dazu zu führen, die Wirklichkeit zu akzeptieren. Kisāgotamī weigerte sich nun nicht mehr, zu glauben, dass ihr Kind tot war. Sie verstand, dass der Tod das Schicksal aller Wesen ist.

Mit solchen Mitteln heilte der Buddha immer wieder trauernde Menschen und riss sie aus ihrem überwältigenden Schmerz, in dem sie die ganze Welt aus der engen Perspektive ihres eigenen persönlichen Verlustes betracheten. Einst klagte ein Mann über den Tod seines Vaters, und der Buddha fragte ihn, welchen Vater er denn meine: den Vater dieser Existenz, den der letzten Existenz oder den der Existenz davor. Denn wenn man schon trauern wolle, dann müsse man alle übrigen Väter ebenso betrauern (Pv. 8; Jāt. 352). Ein anderes Mal kam ein trauernder Vater wieder zu sich, als der Buddha ihm sagte, sein Sohn werde wieder geboren werden, und er betrauere nur eine leere Hülle (Pv. 12; Jāt. 354).

Nachdem Kisāgotamī wieder zur Vernunft gekommen war, brachte sie die Leiche ihres Kindes auf den Friedhof, begrub sie und kehrte dann zum Erleuchteten zurück. Er fragte sie, ob sie die Senfsamen bekommen habe. «Abgetan, ehrwürdiger Herr, ist die Angelegenheit mit den Senfsamen», erwiderte sie, «gib mir nur eine Zuflucht.» Daraufhin sprach der Meister die folgenden Verse zu ihr:

> Wenn der Geist eines Menschen
> gefesselt ist,
> Verstrickt in Söhnen und Vieh,
> Dann packt ihn der Tod und
> trägt ihn weg,
> Wie die Überschwemmung ein
> schlafendes Dorf trifft. (Dhp. 287)

Da ihr Geist im Laufe dieser schweren Prüfung gereift war, gewann sie beim Anhören dieser einen Strophe Einsicht in die Realität und gelangte zum Stromeintritt. Daraufhin bat sie, in den Nonnenorden aufgenommen zu werden. Der Buddha stimmte zu und sandte sie zu den Nonnen, wo sie die Ordination als Novizin und schließlich als vollgültige Nonne empfing.

Nach der Ordination verbrachte Kisāgotamī ihre Zeit mit der Übung und dem Studium des Dhamma. Eines Abends beobachtete sie das Flackern ihrer Öllampe. Es erschien ihr, als seien die unruhig zuckenden Flammen wie das Auf und Ab des Lebens und des Todes. Da kam der Erwachte, der wusste, dass sie nun für die volle Erlösung reif war, zu ihr und sprach erneut einige Verse:

> Man kann hundert Jahre leben
> Und doch den Zustand der Todlosigkeit
> nicht sehen.
> Doch besser ist es, nur einen Tag zu
> leben
> Und dabei die Todlosigkeit
> kennen zu lernen. (Dhp. 114)

Als sie diese Worte hörte, streifte sie alle Fesseln ab und wurde ein Arahat, eine vollkommen Befreite.

In ihren Versen in den *Therīgāthā* beschreibt Kisāgotamī die große Freude, die ihr der Buddha geschenkt hatte. Daher preist sie die Freundschaft mit den Edlen und den Heiligen:

Der Meister hat der Welt oft
Den Wert edler Freundschaft gepriesen.
Wenn man auf edle Freunde vertraut,
Wird selbst ein Narr zum Weisen.

Man sollte edlen Umgang pflegen,
Denn dann wächst die eigene Weisheit.
Wer edlen Umfang pflegt
Ist bald frei von allem Leiden.

Man sollte die Vier Edlen Wahrheiten
kennen:
Das Leiden und seine Entstehung,
Das Ende allen Leidens
Und den Edlen Achtfachen Pfad.
(Thīg. 213–215)

Kisāgotamī kannte den Wert einer edlen Freundschaft aus eigener Erfahrung, denn der Buddha hatte sie voller Mitleid von all dem Leiden erlöst, das mit der schrecklichen Kette der Wiedergeburten verbunden ist. In ihren Versen in den *Therīgāthā* beschreibt sie die verschiedenen Leidensformen, die den Frauen vorbehalten sind. Nur wenn man tiefstes Verständnis entwickelt für das Leiden einer Frau, wie es hier geschildert wird, kann man auch erkennen, zu welch großem Dank sie dem Buddha gegenüber verpflichtet war, der ihr den Weg zur Freiheit wies.

Erbärmlich ist der Zustand
der Frauen,
Das sagt uns der Meister selbst.
Der Meister der Menschen selbst
Hat uns erklärt, wie schmerzhaft
das Leben einer Frau ist.
Voller Schmerz ist die Stellung
der Nebenfrau.

Nach der Geburt schneiden sich einige
Aus Verzweiflung die Kehle durch.
Die zarter Besaiteten nehmen Gift.
Wenn das Baby nicht geboren werden
kann,
Ist es für beide eine Katastrophe –
für Mutter und Kind. (Thīg. 216f.)

Die letzten Verse Kisāgotamīs sind keine Klage, sondern ein triumphierender Aufschrei. Sie drückt ihre Freude darüber aus, dass sie die Befreiung und die Erlösung von allem Leiden gefunden hat:

Entwickelt ist in mir der Edle Pfad,
Der Achtfache Pfad, der zur
Todlosigkeit führt.
Ich schaute in den Spiegel
des Dhamma
Und erkannte dabei das Nibbāna.

Nachdem ich den Pfeil herausgezogen
hatte,
Fiel die Last von mir ab.
Ich tat, was zu tun war.
Die Nonne Kisāgotamī hat
dies verkündet:
Sie ist wohl befreit. (Thīg. 222f.)

Einige Verse Kisāgotamīs findet man auch im Saṁyutta-Nikāya, eingebettet in einen Dialog mit Māra. Eines Tages wollte Māra sie bei ihrer Meditation stören – eine seiner Hauptbeschäftigungen, ungeachtet des Geschlechts seiner Opfer – und verhöhnte sie:

Du hast ja deinen Sohn verloren.
Warum sitzt du mit traurigem
Gesicht da?
Du bist ganz allein in den Wald
gekommen,
Siehst du dich nach einem Mann um?

Da dachte Kisāgotamī bei sich selbst: «Wer hat diese Strophe nun gesprochen – ein menschliches oder ein nichtmenschliches Wesen?» Dann kam es ihr in den Sinn: «Das ist Māra, der Böse, der die Verse rezitiert hat, um in mir Angst, Zittern und Schrecken auszulösen. Er will mich von meiner Sammlung ablenken.» Sie antwortete:

Vorbei ist die Zeit, da mir der Sohn
starb.
Damit hat auch die Suche nach
Männern ein Ende gefunden.
Ich habe keinen Kummer,
ich weine nicht,
Und ich habe keine Angst vor dir,
mein Freund.

Alles Vergnügen ist vernichtet,
Die Dunkelheit ist zerrissen.
Nachdem ich die mächtige Armee
des Todes besiegt habe,
Lebe ich ohne befleckende Makel.
(SN 5:3)

Indem sie Māra als «mein Freund» anredete, zeigte sie ihm ihren Mangel an Furcht und ihren Gleichmut. Nachdem Māra als der erkannt war, der er wirklich ist, blieb ihm nichts anderes übrig, als zu verschwinden. Die Nonne Kisāgotamī, die aus einer persönlichen Tragödie bis zur größten Heiligkeit aufgestiegen war, wurde von Buddha als die Beste unter jenen bezeichnet, die rauhe Gewänder trugen und sich in der Askese übten (AN 1, Kapitel 14).

Soṇā: Die Kinderreiche

In Sāvatthī lebte eine Hausfrau, die zehn Kinder hatte. Sie war ständig mit dem Gebären, Stillen, Aufziehen, Belehren und Verheiraten ihrer Kinder beschäftigt. Ihre ganze Existenz kreiste um diese und sie wurde deswegen «Soṇā die Kinderreiche»[13] genannt.

Soṇās Mann war ein Laienanhänger des Buddha. Nachdem er einige Jahre lang sorgfältig dessen Gebote für Hausväter beachtet hatte, schien ihm die Zeit reif, sich ganz dem heiligmäßigen Leben zu widmen. So trat er in den Mönchsorden ein. Es war nicht leicht für Soṇā, diese Entscheidung zu akzeptieren. Doch sie vertat nicht ihre Zeit mit Kummer und Klagen, sondern entschied ihrerseits, ein stärker religiöses Leben zu führen. Sie rief ihre zehn Kinder zusammen, übereignete ihnen ihr beträchtliches Vermögen und bat sie nur, sie mit dem Allernotwendigsten auszustatten.

Eine Zeit lang ging alles gut: Sie hatte ihr Auskommen und konnte ihre ganze Zeit religiösen Aktivitäten widmen. Doch bald wurde die alte Frau für ihre Kinder und deren Ehepartner zu einer lästigen Bürde. Sie hatten die Entscheidung des Vaters, in den Mönchsorden einzutreten, nie richtig akzeptiert und zeigten noch weniger Verständnis für die religiöse Hingabe ihrer Mutter. Tatsächlich hielten sie ihre Eltern für verrückt, weil sie auf die Vergnügungen verzichteten, die sie sich mit ihrem Reichtum hätten leisten können. In ihren Augen waren ihre Eltern geistig instabile religiöse Fanatiker, und so schlug ihr anfänglicher Respekt gegenüber der Mutter bald in Verachtung um.

Vor allem dachten sie nicht mehr daran, in welch tiefer Schuld sie bei ihrer Mutter standen, weil sie ihnen ihren Reichtum vermacht und sie so viele Jahre gepflegt und erzogen hatte. Sie sahen nur noch ihre eigene Bequemlichkeit und hielten die alte Frau für einen Störenfried. Die Worte des Buddha, wonach ein dankbarer Mensch so selten in der Welt zu finden ist wie ein Heiliger, erwiesen sich in diesem Fall erneut als wahr (AN 3:112, 5:143, 195)

Die Missachtung von Seiten ihrer Kinder war für Soṇā noch schmerzlicher als die Trennung von ihrem Mann. Sie wurde dessen gewahr, dass Wellen von Bitterkeit in ihr aufstiegen, dass heftige Vorwürfe und Anklagen gegen ihre Kinder in ihrem Geist kreisten. So bemerkte sie, dass das, was sie als selbstlose Liebe, als reine Mutterliebe betrachtet hatte, in Wirklichkeit Selbstliebe war, gemischt mit der Erwartung, dass alles vergolten werde. Sie hatte sich vollständig auf ihre Kinder verlassen und war stillschweigend immer davon ausgegangen, dass sie als Lohn für ihre langjährige Fürsorge im Alter Unterstützung bekäme. Sie hatte geglaubt, Dankbarkeit, Anerkennung und Anteilnahme würden ihr Lohn sein. Hatte sie damit ihre Kinder nicht als Investition betrachtet, als eine Art Versicherung gegen Lebensangst und Einsamkeit im Alter? Dies fragte sie sich und fand in sich selbst die Wahrheit, die der Erleuchtete einst ausgesprochen hatte: Es sei die Art der Frauen, sich nicht auf Besitz, Macht und Fähigkeiten zu stützen, sondern allein auf ihre Kinder. Es sei hingegen die Art des Asketen, sich nur auf die Tugend zu verlassen (AN 6:53).

Ihre Überlegungen führten sie daher zu dem Entschluss, dem Nonnenorden beizutreten, um selbstlose Liebe und Tugend in sich entwickeln zu können. Warum sollte sie noch in ihrem eigenen Haus bleiben, wo man sie nur ungern duldete? Sie empfand das Dasein zu Hause als grau und bedrückend und malte sich das Leben als Nonne hell und wunderschön aus. So folgte sie dem Vorbild ihres Mannes, zog in die Hauslosigkeit und wurde Nonne im Bhikkhunī-Sangha des Erleuchteten. Nach einiger Zeit aber merkte Soṇā, dass sie ihre Selbstliebe einfach in das neue Leben hinübergenommen hatte. Da sie als alte Frau dem Nonnenorden beigetreten war, hatte sie Dutzende von Gewohnheiten und Eigenheiten, die in dieser neuen Umgebung störten. Machte sie eine Sache auf die eine Weise, so pflegten die Nonnen genau entgegengesetzt zu verfahren. Deswegen wurde sie zur Zielscheibe der Kritik von viel jüngeren Mitschwestern.

Soṇā entdeckte bald, dass es nicht so leicht war, eine Heilige zu werden, und dass der Nonnenorden nicht das Paradies war, das sie sich ausgemalt hatte. Sie hatte bei ihren Kindern keine Sicherheit gefunden, und auch die Ordination brachte ihr nicht den unmittelbaren Frieden des Herzens. Sie begriff, dass sie noch stark in den weiblichen Beschränktheiten steckte. Es reichte nicht aus, dass ihr die weiblichen Schwächen widerwärtig waren und dass sie sich nach stärker männlich geprägten Zügen sehnte. Man musste auch wissen, wie dieser Wechsel zu bewerkstelligen war. Sie akzeptierte die Tatsache, dass sie unglaubliche Anstrengungen unternehmen musste, nicht nur, weil sie schon ziemlich alt war, sondern auch, weil sie in ihrem bisherigen Leben nur die weiblichen Tugenden ausgebildet hatte. Die männlichen Eigenschaften, die ihr fehlten, waren Energie und Umsicht. Soṇā ließ sich nicht entmutigen und betrachtete den einzuschlagenden Weg auch nicht als zu schwierig.

Bald wurde Soṇā klar, dass sie hart kämpfen musste, um ihren Eigensinn und ihre Vertrauensseligkeit zu überwinden. Sie sah, dass sie Achtsamkeit und Selbstbeobachtung üben und ihrem Gedächtnis jene Lehren einprägen musste, die sie immer wieder benötigte, um ihren Emotionen entgegenzuwirken. Was nützten ihr all ihr Wissen und die ganzen Gelübe, wenn sie von ihren Gefühlen hinweggeschwemmt wurden und wenn ihr Gedächtnis in dem Augenblick versagte, da sie es am meisten brauchte? Diese Überlegungen führten zu einer Verstärkung ihrer Entschlossenheit, ihren Eigenwillen ganz der Übung zu unterwerfen.

Da Soṇā in hohem Alter dem Orden beigetreten war, hatte sie ein Gefühl starker Dringlichkeit und nahm all ihre Kraft zusammen. Sie verbrachte ganze Nächte sitzend und gehend in Meditation und gönnte sich kaum mehr Schlaf. Um keine Aufmerksamkeit auf sich zu ziehen, praktizierte sie die Meditation im Gehen nachts, in der Dunkelheit, in der Versammlungshalle. Während sie ging, hielt sie sich an den Säulen fest, um nicht über herumstehende Gegenstände zu fallen. Auf diese Weise gewann ihre Energie schnell große Stoßkraft. Soṇā erlangte die Arahatschaft ohne besondere Umstände, die dieses Ereignis angekündigt hätten. Sie war allein im Kloster zurückgeblieben, während die anderen Nonnen ausgegangen waren. Sie beschreibt den Vorgang im *Apadāna*:

> Dann ließen mich die anderen Nonnen
> Allein im Kloster zurück.
> Sie gaben mir den Auftrag,
> Einen Kessel Wasser zum Kochen
> zu bringen.
>
> Nachdem ich das Wasser geholt hatte,
> Goss ich es in den Kessel
> Und stellte ihn auf das Feuer und
> setzte mich hin.
> Dann beruhigte sich mein Geist.
>
> Ich erkannte die Anhäufungen
> als unbeständig,
> Ich erkannte sie als Leiden und
> als Nichtselbst.
> Ich entfernte alle Grundübel
> aus meinem Herzen
> Und erreichte an Ort und Stelle
> die Heiligkeit.
>
> (Ap. II, 3:6, Strophe 234–236)

Als die anderen Nonnen zurückkehrten, baten sie um das heiße Wasser, das Soṇā aber noch nicht bereit hatte. Mit Hilfe der übernatürlichen Kraft des Feuerelements erhitzte sie schnell das Wasser und bot es ihren Mitschwestern an. Sie erzählten davon dem Buddha, der sich darüber freute und zu Ehren ihrer Erlösung eine Strophe rezitierte:

> Ein träger, schwerfälliger Mensch
> Müsste hundert Jahre leben.
> Besser ist es jedoch, einen Tag zu leben
> Und dabei mit Bestimmtheit
> die eigene Energie zu wecken.
>
> (Dhp. 112)[14]

In den *Therīgāthā* beschreibt Soṇā ihr Leben in fünf Strophen:

> Ich trug zehn Kinder im eigenen Leib
> In diesem meinem physischen Gerüst.
> Als ich alt und gebrechlich war,
> Ging ich zu einer Bhikkhunī.
>
> Sie hielt mir eine Predigt über
> die Lehre –
> Über die Anhäufungen, die Sinnesbasen,
> die Elemente,
> Nachdem ich den Dhamma von
> ihr vernommen hatte,
> Schor ich mein Haar und ging aus
> dem Haus.
>
> Noch als Novizin
> Reinigte ich mein himmlisches Auge
> Nun kenne ich die vergangenen
> Existenzen,
> In denen ich früher weilte.

Mit einspitzigem Geist,
wohl gesammelt,
Entwickelte ich den formlosen
Zustand.[15]
Sofort erfuhr ich die Befreiung,
Erloschen ist das Begehren in mir.

Die fünf Anhäufungen kenne ich nun,
Ich habe sie mit der Wurzel
abgetrennt.
Schande über dich, elendes Alter.
Nun gibt es keine erneute Wiedergeburt
mehr. (Thīg. 102–106)

Nandā: Die Halbschwester Buddhas

Bei ihrer Geburt war Nandā ihren Eltern hoch willkommen – dem Vater Buddhas und seiner zweiten Frau Mahāpajāpatī Gotamī.[16] Nandā bedeutet Freude, Zufriedenheit, Genuss. Der Name wurde gewählt, wenn die Eltern über die Geburt eines Kindes besonders erfreut waren. Nandā besaß Anmut und Schönheit. Um sie von anderen Mädchen mit demselben Namen zu unterscheiden, nannte man sie später Rūpā-Nandā, bisweilen auch Sundarī-Nandā. Beides bedeutet die «wundervolle Nanda».

Später zogen viele Mitglieder ihrer Familie – des Königshauses der Sakya – in die Hauslosigkeit. Dies geschah unter dem Eindruck der Tatsache, dass einer von ihnen der vollerleuchtete Buddha geworden war. Zu dessen Anhängern zählten ihr Bruder Nanda, ihre Cousins und schließlich auch ihre Mutter mit vielen weiteren Frauen aus der Familie der Sakya. So schlug auch Nandā diesen Weg ein. Sie tat dies aber nicht im Vertrauen auf den Meister oder die Lehre, sondern aus Liebe zu ihren Verwandten und aus dem Wunsch heraus, es ihnen gleichzutun.

Man kann sich leicht vorstellen, wie beliebt und geachtet die anmutige Halbschwester des Buddha war und wie ergreifend für die Menschen, die schöne Fürstentochter, die den Familienbanden nach dem Meister so nahe stand, im Gewand einer Nonne zu sehen. Doch bald zeigte es sich, dass dies keine gute Grundlage für ein Leben als Nonne darstellte. Nandās Gedanken kreisten hauptsächlich um ihre Schönheit und ihre Beliebtheit bei den Leuten. Diese Züge resultierten aus angehäuftem gutem Kamma. Doch das begann sich gefährlich für sie auszuwirken, weil sie es unterließ, durch aufrichtige Anstrengung ihre Selbstreinigung voranzutreiben. Sie spürte, dass sie weit von dem Ziel entfernt war, um dessentwillen so viele adlige Männer und Frauen in die Hauslosigkeit gezogen waren. Gewiss würde sie der Erhabene tadeln, und lange Zeit tat sie alles, um ihm aus dem Weg zu gehen, anstatt sich zu bessern.

Eines Tages ordnete der Buddha an, alle Nonnen sollten nacheinander zu ihm kommen, um Belehrungen zu empfangen. Nandā aber hielt sich fern. Da ließ der Meister sie persönlich rufen. Sie erschien vor ihm und zeigte bereits durch ihr Verhalten, dass sie sich schämte und dass sie Angst hatte. Der Buddha sprach ihre besten Qualitäten an, so dass sie ihm gern zuhörte und sich an seinen Worten freute. Obwohl der Erwachte wusste, dass dieses Gespräch sie aufgeheitert und ihr Freude eingeflößt hatte, so dass sie bereit war, seine Lehre zu akzeptieren, erkärte er ihr nicht sofort die Vier Edlen Wahrheiten, wie er es sonst bei ähnlichen Gelegenheiten tat. Es war ihm bewusst, dass sie noch nicht darauf vorbereitet war, und er griff auf ein Hilfsmittel zurück, um ihre Reifung zu beschleunigen. Da Nandā so sehr auf ihre äußere Schönheit achtete, setzte der Buddha seine psychischen Kräfte ein, um vor ihr das Bild einer noch viel schöneren Frau entstehen zu lassen. Diese alterte vor ihren Augen sichtbar und unaufhaltsam. So konnte Nandā innerhalb weniger Augenblicke sehen, was die Menschen sonst nur über Jahrzehnte hin beobachten und infolge der Gewöhnung gar nicht mehr recht wahrnehmen und bedenken: das Verblassen der Jugend und der Schönheit, der Beginn des Zerfalls, die Nähe des Todes. Diese Vision traf Nandā mitten ins Herz, und sie war in ihrem Innersten erschüttert.

Nachdem ihr der Buddha nun eine sichtbare Lektion über die Unbeständigkeit erteilt hatte, erklärte er ihr den Dhamma so, dass sie die Vier Edlen Wahrheiten vollständig erfasste und dabei des Wissen von der künftigen Befreiung erreichte – den Stromeintritt. Als Objekt der Meditation gab ihr der Buddha die Betrachtung der Unbeständigkeit und Verwesbarkeit des Körpers. Sie übte diese Meditation lange Zeit, «unermüdlich Tag und Nacht», wie sie selbst in ihren Versen schreibt:

Nandā, schau dir diesen Körper an,
Krank ist er, unrein und faul.
Entwickle die Versenkung in
die Fäulnis.[17]
Sammle und einige deinen Geist:

«Wie dieses ist, so war jenes,
Wie jenes war, so wird dieses sein.
Faul, einen üblen Gestank verströmend.
Nur Narren finden daran Gefallen.

Ich betrachte ihn, wie er ist,
Unermüdlich Tag und Nacht.
Mit meiner eigenen Weisheit drang ich
schließlich durch
Und konnte dann selbst sehen.

Ich verstärkte meine Aufmerksamkeit
Und sezierte ihn mit methodischen
Gedanken.
Ich sah diesen Körper, wie er wirklich ist,
Von innen wie von außen.

Da verlor ich die Illusion über
den Körper,
Mein inneres Festhalten verlor sich.
Achtsam und völlig losgelöst
Lebe ich in Frieden, vollkommen
erloschen.» (Thīg. 82–86)

Da Nandā so von ihrer physischen Schönheit eingenommen war, war es für sie unumgänglich, als Gegengewicht zunächst das andere Extrem, den Abscheu, heranzuziehen. Erst dann konnte sie zum Gleichmut und zum Gleichgewicht zwischen den Gegensätzen finden. Nachdem sie ihre Anhänglichkeit an den Körper überwunden hatte, erreichte sie die wahre Schönheit der Todlosigkeit und nichts konnte mehr den kühlen Frieden ihres Herzens erschüttern.

Später pries der Buddha seine Halbschwester als diejenige, die an der Spitze der meditierenden Nonnen stand. Das bedeutete, dass sie nicht nur den analytischen Weg der Erkenntnis befolgte, sondern auch die Jhanās des Herzensfriedens erreicht hatte. Durch die Freude an diesem reinen Glück brauchte sie keine anderen niedrigeren Freuden mehr und fand bald zum unzerstörbaren Frieden. Obwohl sie nur aus Anhänglichkeit an ihre Verwandten in die Hauslosigkeit gezogen war, wurde sie völlig frei und zu einer echten spirituellen Erbin des Meisters, den sie verehrte.

Königin Sāmāvatī: Die Verkörperung der liebenden Fürsorge

In jenen Tagen, als Indien einen Erwachten beherbergte, lebte dort ein Ehepaar mit einer einzigen, außerordentlich schönen Tochter namens Sāmāvatī. Ihr Familienleben war glücklich und verlief harmonisch. Doch eines Tages kam die Katastrophe: Die Pest brach in ihrer Heimatstadt aus, und das Paar floh mit der herangewachsenen Tochter aus dem betroffenen Gebiet.[18]

Sie richteten ihre Schritte nach Kosambī, der Hauptstadt des Königreiches Vaṁsa im Gangestal. Dort hofften sie Unterstützung von einem alten Freund des Vaters zu bekommen, dem königlichen Finanzminister Ghosaka. Im Zentrum der Stadt hatte die Verwaltung eine öffentliche Speisehalle für die Flüchtlinge einrichten lassen. Dort holte Sāmāvatī das Essen. Am ersten Tag ließ sie sich drei Portionen geben, am zweiten Tag zwei Portionen und am dritten Tag nur noch eine Portion. Der Mann mit Namen Mitta, er die Speisen verteilte, konnte nicht widerstehen, sie mit leiser Ironie zu fragen, ob sie erst jetzt das Fassungsvermögen ihres Magens kenne. Sāmāvatī antwortete darauf ganz ruhig: «Am ersten Tag waren wir noch zu dritt, meine Eltern und ich. Am selben Tag starb mein Vater an der Pest, und so brauchte ich am zweiten Tag nur noch Essen für zwei. Nach dem Essen starb auch meine Mutter, und deswegen brauche ich heute nur noch Essen für mich allein.» Der Beamte schämte sich seiner Bemerkung wegen sehr und bat sie mit ganzem Herzen um Verzeihung. Darauf entspann sich ein längeres Gespräch. Als er erfuhr, dass sie nun ganz allein war, schlug er ihr vor, sie als Pflegekind aufzunehmen. Glücklich stimmte sie zu.

Sāmāvatī begann sofort, ihrem Pflegevater bei der Verteilung der Speisen und bei der Fürsorge für die Flüchtlinge zu helfen. Dank ihrer Effizienz und Umsicht kehrte Ordnung ein in das frühere Chaos. Niemand drängelte sich mehr vor, keiner zettelte einen Streit an, und alle waren zufrieden. Bald fiel dem Finanzminister des Königs, Ghosaka, auf, dass die öffentliche Essensverteilung nun ohne Lärm und Tumult vonstatten ging. Als er seinen Essenverteiler deswegen lobte und pries, antwortete dieser bescheiden, das Hauptverdienst daran komme seiner Pflegetochter zu. Auf diese Weise lernte Ghosaka Sāmāvatī kennen, die verwaiste Tochter seines früheren Freundes. Er war so beeindruckt von ihrer vornehmen Art, dass er sich entschloss, sie an Kindes statt anzunehmen. Sein Verwalter stimmte, wenn auch etwas wehmütig zu, weil er dem Glück Sāmāvatīs nicht im Weg stehen wollte. So nahm sie denn Ghosaka in seinem Haus auf. Auf diese Weise wurde sie Erbin eines umfangreichen Landgutes und verkehrte von nun an in den höchsten Kreisen.

Der König, der zu jener Zeit in Kosambī lebte, hieß Udena. Er hatte zwei Hauptfrauen. Die eine war Vāsuladattā, die er aus politischen Gründen und wegen ihrer großen Schönheit geheiratet hatte. Die zweite war Māgandiyā, die ebenfalls sehr schön und klug, aber kalt und egozentrisch war. Keine von beiden konnte dem König die herzliche Zuneigung entgegenbringen, nach der er sich so sehr sehnte.

Eines Tages lernte König Udena die reizende Adoptivtochter seines Finanzministers kennen und verliebte sich auf den ersten Blick in sie. Er fühlte sich von ihrer liebevollen und großzügigen Natur geradezu magisch angezogen. Sāmāvatī hatte genau das, was er bei seinen beiden Frauen vermisste. König Udena sandte Ghosaka einen Boten und bat ihn, ihm Sāmāvatī zur Frau zu geben. Ghosaka geriet dadurch in einen großen emotionalen Zwiespalt. Auf der einen Seite liebte er Sāmāvatī über alles, und sie war ihm unentbehrlich geworden. Andererseits kannte er das Temperament des Königs und fürchtete sich, ihm diese Bitte abzuschlagen. Doch am Ende siegte seine Zuneigung zu Sāmāvatī, und er dachte: «Lieber sterben, als ohne sie zu leben.»

Wie üblich verlor König Udena die Beherrschung. In seinem Zorn entließ er Ghosaka als Finanzminister, verbannte ihn aus seinem Königreich und ließ nicht zu, dass Sāmāvatī ihn begleitete. Er übernahm auch den Besitz seines Ministers und ließ dessen prächtiges Haus versiegeln. Sāmāvatī war verzweifelt, weil Ghosaka um ihretwillen so viel leiden musste und nicht nur sie selbst, sondern auch sein Haus und all seinen Besitz verloren hatte. Aus Mitleid mit ihrem Adoptivvater, dem sie durch große Dankbarkeit verbunden war, entschied sie sich, diesem Streit dadurch ein Ende zu machen, dass sie aus freien Stücken die Gemahlin des Königs wurde. Sie ging zum Palast und teilte dem König ihren Entschluss mit. Dieser war sofort besänftigt, gab Ghosaka seine frühere Stellung zurück und hob alle anderen gegen ihn gerichteten Maßnahmen auf.

Da Sāmāvatī eine große Liebe zu allen Menschen empfand, verfügte sie über so viel innere Stärke, dass diese Entscheidung ihr nicht schwer fiel. Ihr war nicht wichtig, wo sie lebte: Ob im Haus des Finanzministers als seine Lieblingstochter oder im Palast als Lieblingsfrau des Königs oder als völlig Unbekannte im Haus ihrer Eltern oder gar als armer Flüchtling – sie fand immer Frieden in ihrem eigenen Herzen und war ungeachtet aller äußeren Umstände glücklich.

Sāmāvatīs Leben am königlichen Hof verlief sehr harmonisch. Unter ihren Dienerinnen war eine namens Khujjuttarā, die zwar hässlich und missgestaltet war, ansonsten aber über große Fähigkeiten verfügte. Jeden Tag gab die Königin ihr acht Goldmünzen, um Blumen für die Frauenwohnung des Palastes zu besorgen. Doch Khujjuttarā kaufte stets nur für vier Münzen Blumen ein und verwendete die restlichen für sich selbst. Als sie eines Tages für ihre Herrin wieder Blumen holte, sagte ihr der Gärtner, an diesem Tag habe er den Buddha und seine Mönche zum Essen eingeladen, und bat Khujjuttarā, auch daran teilzunehmen. Nach dem Essen hielt der Buddha vor seinen Gastgebern eine Lehrrede, und die Worte, die er sprach, drangen direkt in Khujjuttarās Herz. Sie hörte mit größter Aufmerksamkeit zu, ruhig und doch begeistert, und nahm jedes Wort in sich auf, wie wenn es eigens auf sie gemünzt wäre. Als der Buddha seine Predigt beendet hatte, hatte sie den Pfad gefunden und den Stromeintritt erreicht. Ohne genau zu wissen, was mit ihr geschehen war, war sie wie umgewandelt. Sie besaß nun einen unerschütterlichen Glauben an die drei Kostbarkeiten und war nicht mehr fähig, die grundlegenden moralischen Gesetze zu verletzen. Die ganze Welt, in der sie sich bisher so selbstverständlich bewegt hatte, erschien ihr nun wie ein Traum.

Das Erste, was sie nach dieser spektakulären Veränderung tat, war, dass sie für alle acht Goldmünzen Blumen kaufte. Sie bereute tief ihre bisherige Unehrlichkeit. Als die Königin fragte, warum es denn plötzlich so viele Blumen seien, fiel ihr Khujjuttarā zu Füßen und gestand ihren Diebstahl.

Sāmāvatī vergab ihr großzügig. Dann erzählte ihr Khujjuttarā, was ihr Herz am meisten bewegte, dass sie nämlich eine Lehrrede des Buddha gehört hatte. Dadurch sei ihr Leben nun grundlegend verändert. Sie konnte keine genauen Angaben machen über den Inhalt der Lehre, doch Sāmāvatī hatte erkannt, welch heilsame Wirkung jene Lehre auf ihre Dienerin hatte. Sie machte Khujjuttarā zu ihrer persönlichen Dienerin und befahl ihr, jeden Tag das Kloster zu besuchen, die Lehrpredigt anzuhören und sie für sie und die anderen Frauen im Königspalast zu wiederholen. Khujjuttarā besaß ein außergewöhnliches Gedächtnis: Was sie einmal gehört hatte, konnte sie wörtlich wiedergeben. Jeden

Tag kam sie also vom Kloster zurück. Die adligen Frauen des Palastes setzten sie auf einen hohen Sessel, als ob sie der Buddha selbst wäre, saßen ihr zu Füßen und hörten die Lehrpedigt an. Später macht Khujjuttarā aus den kurzen Lehrreden, die sie vom Buddha gehört hatte, eine Sammlung. Daraus entstand das Buch des Pāli-Kanons, das heute *Itivuttaka* («Buddhas Reden») genannt wird. Es besteht aus 112 Suttas in Prosa und in Versen.[19]

Als König Udena seiner geliebten Sāmāvatī wieder einmal sagte, sie könne sich alles wünschen, bat sie darum, dass der Buddha jeden Tag zum Palast kommen möge, um hier zu essen und um seine Lehre darzulegen. Ein königlicher Bote übermittelte dem Buddha diese Dauereinladung. Dieser lehnte aber ab und sandte dafür Ānanda. Von diesem Zeitpunkt an ging der ehrwürdige Ānanda jeden Tag in den Königspalast, um dort zu essen und um nachher eine Rede über den Dhamma zu halten. Die Königin war durch Khujjuttarās Berichte schon gut vorbereitet, und innerhalb kurzer Zeit verstand sie die Bedeutung und erreichte den Stromeintritt, wie es Khujjuttarā zuvor schon getan hatte.

Nun waren sich die Königin und ihre Dienerin durch ihr gemeinsames Verständnis des Dhamma gleich geworden. Innerhalb kurzer Zeit breitete sich die Lehre in allen Frauenwohnungen aus, und es gab kaum eine, die nicht Jüngerin des Erwachten wurde. Selbst Sāmāvatīs Stiefvater, der Finanzminister Ghosaka, war von der Lehre tief berührt. Er schenkte dem Orden ein großes Kloster in Kosambī, so dass die Mönche eine sichere und angemessene Unterkunft hatten, wenn sie die Stadt besuchten. Immer wenn der Buddha nach Kosambī kam, weilte er in seinem Kloster mit dem Namen Ghositārāma, und auch andere Mönche und heiligmäßige Menschen fanden dort Unterkunft.

Unter dem Einfluss des Dhamma entschloss sich Sāmāvatī, ihre Fähigkeiten viel intensiver zu entfalten. Ihre wichtigste Fähigkeit bestand darin, dass sie sich in jeden Menschen und in jedes Wesen hineinversetzen und alle mit ihrem Mitleid und ihrer liebenden Fürsorge überschütten konnte. So stark entwickelte sie diese Kraft, dass der Buddha sie als jene Laienanhängerin bezeichnete, die Mettā, die «liebende Fürsorge» verbreitete (AN 1, Kapitel 14).

Diese alles durchdringene Liebe wurde bald durch ihre Beziehung zur zweiten Hauptfrau des Königs, Māgandiyā, auf eine harte Probe gestellt. Diese Frau empfand einen glühenden Hass gegen alles, was buddhistisch war. Einige Jahre zuvor hatte ihr Vater den Buddha getroffen, und der gut aussehende Asket schien ihm damals der würdigste Kandidat für eine Heirat mit seiner Tochter zu sein. In seiner naiven Unwissenheit im Bezug auf die Regeln der Askese bot er sie dem Buddha als Frau an.

Māgandiyā war wunderschön, und um ihre Hand hatten sich schon viele Freier beworben. Der Buddha lehnte das Angebot mit einer einzigen Strophe über die Unattraktivität des Körpers (Snp. V. 835) ab. Diese Verse verletzten Māgandiyās Eitelkeit, hatten aber auf ihre Eltern derart große Auswirkungen, dass sie an Ort und Stelle in den Zustand des Nichtwiederkehrens gelangten. Māgandiyā nahm die Ablehnung des Buddha als persönliche Beleidigung und hegte in ihrem Herzen einen bitteren Hass gegen ihn, den sie nie überwand. Später brachten ihre Eltern sie zu König Udena, der sich auf den ersten Blick in sie verliebte und sie zur Frau nahm. Als er eine dritte Frau in den Palast führte, konnte sie diese leicht akzeptieren, denn es war in jener Zeit bei Königen üblich, mehrere Frauen zu haben. Doch dass Sāmāvatī eine Jüngerin Buddhas geworden war und auch die anderen Frauen im Palast für die Lehre gewonnen hatte – das war unerträglich für sie. Ihr Hass gegen alles, was mit dem Buddha zu tun hatte, kehrte sich nun gegen Sāmāvatī als dessen Repräsentantin.

Māgandiyā dachte sich eine Gemeinheit nach der anderen aus, und ihr scharfer Verstand diente ihr nur dazu, immer neue Missetaten auszuhecken. Zuerst erzählte sie dem König, Sāmāvatī trachte ihm nach dem Leben. Doch der König wusste sehr wohl, wie groß Sāmāvatīs Liebe zu allen Lebewesen war. Deswegen nahm er diese Verleumdung nicht ernst. Als Zweites gab Māgandiyā einer ihrer Dienerinnen den Auftrag, Gerüchte über den Buddha und seine Mönche in Kosambī in Umlauf zu setzen, um so auch Sāmāvatī ins Gerede zu bringen.

Damit hatte sie schon mehr Erfolg. Eine Welle der Aversion schlug daraufhin dem ganzen Orden entgegen, so dass Ānanda dem Buddha riet, die Stadt zu verlassen. Doch dieser lächelte nur und sagte, die Reinheit der Mönche würde alle Gerüchte innerhalb einer Woche zum Verstummen bringen. Kaum hatte König Udena von den Anschuldigungen gegen den Orden gehört, so verstummten sie auch schon wieder. Damit war Māgandiyās zweiter Anschlag gegen Sāmāvatī gescheitert.

Einige Zeit darauf ließ Māgandiyā dem König acht ausgewählte Hühner schicken und schlug vor, Sāmāvatī solle sie schlachten und daraus ein Essen zubereiten. Sāmāvatī weigerte sich, da sie kein Lebewesen töten wollte. Der König, der von ihrer allumfassenden Liebe wusste, brauste nicht auf, sondern akzeptierte ihre Entscheidung. Darauf versuchte Māgandiyā ein viertes Mal, Sāmāvatī zu schaden. Vor Beginn der Woche, die König Udena mit Sāmāvatī verbringen wollte, versteckte Māgandiyā eine Giftschlange in Sāmāvatīs Gemach. Die Giftdrüse war ihr allerdings vorher entfernt worden. Als König Udena die Schlange entdeckte, wiesen alle Indizien auf Sāmāvatī. In seiner sinnlosen Wut verlor er vollkommen die Beherrschung. Er griff zu seinem Bogen und schoss einen Pfeil auf Sāmāvatī ab. Doch durch die Kraft ihrer liebevollen Geisteshandlung prallte der Pfeil von ihr ab und richtete keinerlei Schaden an. Sein Hass konnte ihre Liebe zu ihm nicht beeinflussen, und sie wurde von ihr wie mit einem unsichtbaren Schild geschützt.

Als König Udena wieder sein Gleichgewicht fand und das Wunder erkannte – dass nämlich sein Pfeil Sāmāvatī nichts anhaben konnte –, war er tief erschüttert. Er bat sie um Vergebung und war nun umso fester von ihrer edlen Art und Treue überzeugt. Jetzt interessierte er sich auch für die Lehre, die seiner Frau solche Stärke verliehen hatte. Gerade zu dieser Zeit weilte ein berühmter Mönch namens Piṇḍola Bhāradvāja in Ghosakas Kloster. Der König suchte ihn auf und diskutierte mit ihm über die Lehre. Er wollte wissen, wie die jungen Mönche dazu imstande waren, den Zölibat einzuhalten. Piṇḍola erklärte ihm, sie würden Buddhas Rat folgend die Frauen als ihre Mütter, als ihre Schwestern und ihre Töchter betrachten. Am Ende der Unterhaltung war der König so beeindruckt, dass er nun Zuflucht beim Buddha nahm und zu einem Laienjünger wurde (SN 35:127)

Als Sāmāvatī einmal in der Stille nachdachte, wurde ihr das Wunder des Dhamma und die Verknüpfung der kammischen Wirkungen besonders klar. Eines hatte sich zum anderen gefügt: Sie war als armer Flüchtling nach Kosambī gekommen. Dann hatte der Speisenverteiler sie aufgenommen. Der Finanzminister hatte sie adoptiert. Daraufhin wurde sie die Frau des Königs. Ihre Dienerin machte sie mit der Lehre bekannt. So wurde sie eine Jüngerin und gelangte zum Stromeintritt. In der Folge verbreitete sie die Lehre bei allen Frauen des Palastes, schließlich auch bei Ghosaka und dem König. Wie überzeugend war doch die Wahrheit! Als sie so nachdachte, durchdrang sie alle Wesen mit liebender Fürsorge und wünschte ihnen Glück und Frieden.

Der König bemühte sich nun entschiedener, seine leidenschaftliche Natur unter Kontrolle zu bringen und seine Wut und seinen Hass zu bezähmen. Seine Gespräche mit Sāmāvatī waren ihm in dieser Hinsicht sehr hilfreich. Allmählich führte diese Entwicklung dazu, dass er in Sāmāvatīs Gesellschaft das geschlechtliche Begehren verlor. Er war sich ihrer tiefen Spiritualität bewusst und betrachtete sie nun mehr als Schwester und Freundin denn als Geliebte. Während er gegenüber seinen anderen Frauen nicht ohne geschlechtliche Begierde war, ließ er Sāmāvatī auf ihrem Weg zur Unabhängigkeit gewähren. Bald gelangte sie zur Einmalwiederkehr und näherte sich immer mehr der Nichtwiederkehr, die damals viele Laienanhänger erreichen konnten.

Māgandiyā hatte für einige Zeit ihre Angriffe eingestellt, doch sie brütete weiterhin darüber, wie sie an Sāmāvatī Rache nehmen konnte. Nach langem Überlegen entwickelte sie einen Plan, der einige ihrer Verwandten mit einbezog. Sie hatte sie duch Schmeichelei und Verleumdung auf ihre Seite gezogen. Sie schlug vor, Sāmāvatī zu töten, indem der ganze Frauenpalast in Brand gesetzt würde. Dies solle aber so geschehen, dass es wie ein Unfall aussehe. Der Plan wurde in allen Einzelheiten ausgearbeitet. Māgandiyā verließ die Stadt einige Zeit zuvor, so dass kein Verdacht auf sie fallen konnte.

Die Brandstiftung führte zu haushohen Flammen, die den Holzpalast völlig zerstörten. Alle Frauen, die darin wohnten, wurden getötet. Darunter auch Sāmāvatī. Die Nachricht von diesem Ereignis breitete sich in der Stadt sehr schnell aus, und die Menschen kannten keinen anderen Gesprächsgegenstand mehr. Auch einige Mönche, die noch nicht lange im Orden waren, ließen sich von der Erregung anstecken. Nach ihrer Almosenrunde gingen sie zum Buddha und fragten ihn, welche künftige Wiedergeburt diese Jüngerinnen mit Sāmāvatī an der Spitze wohl erwarte.

Der Erwachte beruhigte die erregten Gemüter und lenkte ihre Neugier durch eine kurze Antwort ab: «Unter jenen Frauen, ihr Mönche, waren einige Stromeintreterinnen, einige Einmalwiederkehrerinnen und einige Nichtwiederkehrerinnen. Keine von diesen Laienanhängerinnen hat fruchtlos ihr Leben gelebt» (Ud. 7:10).

Der Buddha nannte hier die ersten drei Früchte des Dhamma: Stromeintritt, Einmalwiederkehr und Nichtwiederkehr. Alle diese Jüngerinnen waren sicher vor einer Wiedergeburt unterhalb des menschlichen Bereichs, und jede hatte das Ziel der völligen Erlösung greifbar vor sich. Das war das Wichtigste im Leben und Sterben dieser Frauen; auf die Einzelheiten wollte der Buddha nicht eingehen.

Später diskutierten die Mönche, wie ungerecht es sei, dass diese treuen Jüngerinnen einen derart schrecklichen Tod erleiden mussten. Da erklärte ihnen der Buddha, dass die Frauen dies wegen einer Missetat hatten durchmachen müssen, die sie vor langer Zeit gemeinsam begangen hatten. Einst war Sāmāvatī Königin von Benares gewesen. Sie hatte mit ihren Dienerinnen gebadet und fühlte sich kalt. Deswegen befahl sie, einen Busch anzuzünden. Zu spät erkannte sie, dass ein Paccekabuddha bewegungslos in diesem Busch saß. Er trug keinen Schaden davon, doch die Frau wusste dies nicht und fürchtete, man würde sie dafür tadeln, dass sie ohne Vorsichtsmaßnahmen ein Feuer angezündet hatte. So kam Sāmāvatī auf die wahnwitzige Idee, Öl über den Asketen zu gießen, der in vollständiger Versenkung dasaß. Wenn er verbrannte, würde ihr Fehler niemals bekannt werden. Dieser Plan konte nicht gelingen, doch die böse Absicht und der Mordversuch hatten ihre Auswirkungen. In dieser Existenz reifte nun die Frucht heran.

Der Buddha erklärte, eine der günstigen Folgen der Übung der liebenden Fürsorge bestehe darin, dass Feuer, Gift und Waffen einem nichts anhaben könnten. Diese Aussage ist so aufzufassen, dass derjenige, der diese Qualität ausstrahlt, in jenem Augenblick körperlich nicht versehrt werden kann, wie dies Sāmāvatī bewies, als der Pfeil des Königs auf sie abgeschossen wurde. Doch bei anderen Gelegenheiten ist die betreffende Person verwundbar. Sāmāvatī war Nichtwiederkehrerin geworden und hatte sich damit von allem sinnlichen Begehren, allem Hass und aller Identifizierung mit ihrem Körper befreit. Nur ihr Körper war im Feuer verbrannt, nicht ihr inneres Wesen. Ihr weiches, strahlendes Herz, das von Liebe und Mitleid durchtränkt war, war unangreifbar und blieb unberührt vom Feuer. Es kommt nicht oft vor, dass ein Heiliger mordet oder dass ein Buddha von Mord bedroht wird. Ebenso selten ist es, dass jemand, der in Mettā vollkommen geworden ist und die Nichtwiederkehr geschafft hat, eines gewaltsamen Todes stirbt. Allen dreien jedoch ist gemeinsam, dass die Gewalt ihre Herzen nicht länger zu treffen vermag.

Sāmāvatīs letzte Worte waren: «Es wird selbst mit dem Wissen eines Buddha nicht leicht sein, genau festzustellen, wie oft unsere Körper in der anfangslosen Kette der Wiedergeburten schon im Feuer verbrannt sind. Seid deswegen achtsam!» Von diesen Worten ermuntert, meditierten die Frauen des Königshofes über schmerzhafte Gefühle und gelangten dabei auf den Edlen Pfad und kamen in den Genuss von dessen Früchten.

Anlässlich der Tragödie von Kosambī sprach der Buddha zu den Mönchen die folgenden Verse:

Die Welt ist durch Täuschung
in Fesseln gelegt
Und sieht nur so aus, als sei sie
etwas.
Der Narr, der von seinem Erwerb
in Fesseln gehalten wird,
Lebt inmitten der Dunkelheit,
Und es scheint, als sei sie ewig.
Doch für einen, der sieht,
ist nichts vorhanden. (Ud. 7:10)

König Udena war durch Sāmāvatīs Tod von Kummer überwältigt und dachte darüber nach, wer diese grauenvolle Tat vollbracht haben konnte. Er kam zu dem Schluss, es müsse Māgandiyā gewesen sein. Er wollte sie aber nicht direkt fragen, weil er wusste, dass sie es abstreiten würde. So wandte er eine List an. Er sagte zu seinen Ministern: «Bis jetzt war ich immer in Sorge, dass Sāmāvatī stets eine Gelegenheit suchte, mich zu töten. Doch nun kann ich in Frieden schlafen.» Die Minister fragten den König, wer dies wohl getan haben mochte. «Jemand, der mich wirklich liebt», antwortete er. Māgandiyā stand daneben und hörte alles. Sie trat vor und erklärte stolz, sie allein sei verantwortlich für das Feuer und den Tod der Frauen, einschließlich Sāmāvatīs. Der König sagte daraufhin, sie und all ihre Verwandten hätten aufgrund dessen einen Wunsch frei.

Als alle Verwandten versammelt waren, ließ er sie öffentlich verbrennen. Dann wurde die Erde umgepflügt, so dass alle Spuren der Asche beseitigt waren. Māgandiyā selbst ließ er, wie es seine Pflicht war, als Massenmörderin hinrichten. Da seine Wut jedoch keine Grenzen kannte, ließ er sie qualvoll umbringen. Sie starb einen schrecklichen Tod, der allerdings nur ein Vorgeschmack dessen war, was in der Unterwelt auf sie wartete. Danach würde sie eine sehr lange Zeit in Samsāra umherirren müssen.

Bald bereute König Udena seine grausame, rachsüchtige Tat. Immer wieder sah er Sāmāvatīs Gesicht vor sich, voller Liebe zu allen Wesen, selbst zu ihrem Feinde. Er spürte, dass er durch sein Wüten sich selbst von ihr noch weiter entfernt hatte, als dies durch den Tod geschehen war. Er begann, sein Temperament immer mehr zu zügeln, und folgte mit Hingabe den Lehren des Buddha.

In der Zwischenzeit wurde Sāmāvatī in den Reinen Wohnungen wieder geboren, von denen aus sie ohne eine weitere Rückkehr auf die Erde ins Nibbāna eingehen konnte. Die unterschiedlichen Auswirkungen von Liebe und Hass konnte man mit exemplarischer Deutlichkeit am Leben und Sterben dieser beiden Königinnen erkennen. Als die Mönche eines Tages darüber diskutierten, wer am Leben und wer tot sei, sagte der Buddha, Māgandiyā sei während ihres Lebens bereits tot gewesen, während Sāmāvatī trotz ihres Todes wirklich lebe. Dann sprach er die folgenden Verse:

Achtsamkeit ist der Weg
zur Todlosigkeit,
Achtlosigkeit ist der Weg zum Tod.
Die Achtsamen sterben nicht,
Die Achtlosen sind den Toten
vergleichbar.

Die Weisen erkennen dies
Als Zeichen der Achtsamkeit.
Sie erfreuen sich an der Achtsamkeit
Und am Bereich der Edlen.

Die Standhaften meditieren
ausdauernd,
Sie bemühen sich konstant und
entschieden,
Sie wollen das Nibbāna erreichen.
Die unübertroffene Freiheit von allen
Bindungen. (Dhp. 21–23)

Der Buddha erklärte Sāmāvatī zur hervorragendsten jener weiblichen Laienanhängerinnen, die die liebende Fürsorge (*mettā*) besonders pflegten.

Paṭācārā: Die Bewahrerin des Vinaya

Paṭācārā war die wunderschöne Tochter eines sehr reichen Kaufmanns aus Sāvatthī.[21] Als sie sechzehn Jahre alt war, schlossen ihre Eltern sie in der obersten Etage eines siebenstöckigen Hauses ein. Dort war sie von Wachen umgeben, die sie daran hindern sollten, die Gesellschaft junger Männer zu suchen. Trotz dieser Vorsichtsmaßnahme ließ sie sich mit einem Diener im Haus ihrer Eltern auf eine Liebesaffäre ein.

Als diese eine Heirat mit einem jungen Mann mit demselben sozialen Status arrangieren wollten, entschloss sie sich, mit ihrem Liebhaber zu fliehen. Sie entkam aus dem Wohnturm, indem sie sich als Dienerin verkleidete. Sie traf ihren Liebhaber in der Stadt, und das Paar lebte in einem Dorf weit weg von Sāvatthī. Ihr Mann verdiente seinen Lebensunterhalt, indem er ein kleines Stück Land bebaute, und der jungen Frau oblagen alle Haushaltspflichten, die bis dahin ihre Dienerinnen erfüllt hatten. So erntete sie die Früchte ihrer Tat.

Als sie schwanger wurde, bat sie ihren Mann, sie zu ihren Eltern zurückzubringen, damit sie dort gebären könne. Denn, so sagte sie, Mutter und Vater würden in ihrem Herzen immer Nachsicht für ihr Kind hegen und ihm auch Missetaten verzeihen. Ihr Mann lehnte jedoch ab, weil er fürchtete, dass ihre Eltern ihn ins Gefängnis werfen oder sogar töten lassen würden. Als sie merkte, dass er ihren Bitten nicht nachgeben würde, entschloss sie sich, von sich aus zu gehen. Als ihr Mann eines Tages draußen bei der Arbeit war, schlüpfte sie aus der Tür und machte sich auf den Weg nach Sāvatthī. Als der Mann von den Nachbarn erfuhr, was geschehen war, folgte er ihr und holte sie ein. Sie aber wollte von einer Rückkehr nichts wissen. Doch bevor sie in Sāvatthī ankamen, begannen die Wehen, und sie gebar einen Sohn. Da sie nun keinen Grund mehr hatte, ins Haus ihrer Eltern zurückzukehren, gingen sie wieder nach Hause.

Etwas später wurde Paṭācārā erneut schwanger. Wieder bat sie ihren Mann, er solle sie zu ihren Eltern zurückbringen. Er lehnte ab, und erneut nahm sie die Sache selbst in die Hand und ging weg, wobei sie ihren Sohn im Arm trug. Als ihr Mann ihr folgte und sie inständig bat zurückzukehren, wollte sie von nichts hören. Ungefähr auf halbem Weg nach Sāvatthī erhob sich ganz unzeitgemäß ein zu dieser Jahreszeit ganz ungewöhnlicher Sturm mit Blitz und Donner und unaufhörlichem Regen. Da begannen ihre Wehen.

Sie bat ihren Mann, einen Unterschlupf zu suchen. Er machte sich auf den Weg, um Baumaterial für eine einfache Hütte zu besorgen. Als er einige junge Bäume fällte, kroch eine Giftschlange aus einem Ameisenhügel heraus und biss ihn. Ihr Gift war wie geschmolzene Lava, so dass er sofort tot zu Boden fiel. Paṭācārā wartete vergebens auf ihn. Dann gebar sie einen zweiten Sohn. Die ganze Nacht hindurch schrien die Kinder aus vollem Hals, weil sie Angst hatten vor dem furchtbaren Sturm. Als Schutz konnte ihnen die Mutter nur ihren eigenen, von den Entbehrungen hager gewordenen Körper bieten.

Am Morgen machte sie sich mit ihren Kindern auf den Weg, den auch ihr Mann eingeschlagen hatte. Dabei sagte sie:

«Kommt liebe Kinder, euer Vater hat uns verlassen.» Hinter einer Wegbiegung fand sie ihren Mann tot daliegen, sein Körper hart wie ein Brett. Sie weinte und wehklagte, gab sich die Schuld an seinem Tod und ging schließlich weiter.

Nach einiger Zeit kamen sie zum Fluss Aciravati. Wegen des Regens war der Fluss angeschwollen und reißend und reichte bis zur Hüfte. Da sich Paṭācārā zu schwach fühlte, um ihn mit beiden Kinder zu durchwaten, ließ sie den älteren Jungen am Ufer und trug das Baby auf die andere Seite. Dann kehrte sie zurück, um ihren Erstgeborenen zu holen. Mitten im Strom sah sie einen Adler, der sich auf das Baby stürzte, es packte und mit ihm wegflog. Paṭācārā konnte nur hilflos zusehen und schreien. Der ältere Junge dachte, die Rufe seiner Mutter würen ihm gelten, und wollte zu ihr gehen. Doch kaum war er im Wasser, wurde er von den reißenden Fluten mitgerissen.

Fast von Sinnen, machte sich Paṭācārā wieder auf den Weg. Doch ihr war noch mehr Unglück beschieden. Als sie sich Sāvatthī näherte, traf sie auf einen Reisenden, der gerade die Stadt verlassen hatte. Sie fragte nach ihrer Familie. «Frag mich nach jeder anderen Familie in der Stadt, nur nicht nach dieser», sagte er. Sie bestand jedoch darauf und so berichtete er: «Während des schrecklichen Sturms letzte Nacht fiel ihr Haus in sich zusammen und tötete die Eltern sowie ihren Sohn. Gerade vorhin wurden alle drei verbrannt. Dort», fuhr er fort, indem er auf eine hellblaue Rauchfahne in weiter Entfernung wies, «wenn du dorthin blickst, kannst du den Rauch des Scheiterhaufens sehen.»

Als Paṭācārā den Rauch sah, geriet sie außer sich. Sie riss sich die Kleider vom Leib und rannte nackt, weinend und wehklagend umher: «Meine beiden Söhne sind tot, mein Mann ebenso, meine Mutter, mein Vater und mein Bruder starben und wurden auf einem Scheiterhaufen verbrannt!» Die Menschen, die ihr begegneten, nannten sie eine Verrückte, bewarfen sie mit Erdstücken und Kot, doch sie hörte nicht damit auf, bis sie an den Stadtrand von Sāvatthī kam.

Zu jener Zeit weilte der Buddha im Jetavana-Kloster und war von zahlreichen Jüngern umgeben. Als er Paṭācārā am Eingang zum Kloster sah, erkannte er, dass sie reif war für seine Botschaft von der Befreiung. Die Laienanhänger schrien: «Lass diese Verrückte nicht hierher kommen!» Doch der Meister erwiderte: «Hindert sie nicht daran; lasst sie zu mir.» Als sie näher gekommen war, sagte er zu ihr: «Schwester, erlange deine Achtsamkeit zurück!» Sofort gewann sie ihre Fassung wieder. Ein freundlicher Mann bedeckte sie mit einem Umhang. Sie zog ihn an, warf sich dem Erleuchteten zu Füßen und erzählte ihm ihre tragische Geschichte.

Der Meister hörte ihr geduldig und von tiefem Mitleid erfüllt zu und sagte schließlich: «Paṭācārā, hör auf, dich zu quälen. Du bist zu einem gelangt, der deine Unterkunft und deine Zuflucht sein kann. Nicht erst heute bist du mit Unglück und Katastrophen in Berührung gekommen. Das ist von jeher so in der Kette der Wiedergeburten. In deinem Kummer über den Verlust von Söhnen und anderen lieben Menschen hast du schon mehr Tränen vergossen, als die vier Ozeane Wasser enthalten.» Als er weiter über die Gefahren des Saṁsāra sprach, verspürte sie noch ihren Gram. Dann beschloss der Buddha seine Ansprache mit den folgenden Versen:

Die vier Ozeane enthalten nur
wenig Wasser
Im Vergleich zu all den Tränen,
die wir schon vergossen haben,
Niedergestreckt vom Kummer,
überwältigt vom Schmerz.
Warum, o Frau, bist du immer noch
ohne Achtsamkeit?

(Dhp. Comy. 2:268; BL 2:255)

Söhne sind keine Zuflucht,
Auch der Vater nicht und nicht
die Verwandten.
Wer vom Tod ergriffen ist,
Für den bieten Verwandte keinen
Schutz.

Wer dies richtig begreift,
Der weise Mann, der von seinen
Tugenden im Zaum gehalten wird,
Sollte in der Tat schnell
Den Weg zum Nibbāna einschlagen.

(Dhp. 288 f.)

Die Darlegung des Erleuchteten drang so tief in ihren Geist ein, dass sie die Unbeständigkeit aller bedingten Phänomene und die Allgegenwart des Leidens vollständig erfasste. Als der Buddha seine Lehrrede beendete, saß nicht mehr eine wehklagende, verrückte Frau zu seinen Füßen, sondern eine Stromeintreterin, eine Kennerin des Dhamma, der künftigen Erlösung gewiss.

Unmittelbar nach dem Stromeintritt bat Paṭācārā um die Aufnahme in den Nonnenorden und der Buddha sandte sie zu den Bhikkhunīs. Nachdem sie dem Orden beigetreten war, übte sich Paṭācārā mit großer Sorgfalt im Dhamma. Ihre Anstrengungen trugen bald Früchte, so dass sie ihr Ziel erreichte. Sie beschreibt ihre Entwicklung in den *Therīgāthā* mit eigenen Versen:

Indem sie das Feld pflügen,
Samen in die Erde säen,
Ihre Frauen und Kinder
ernähren,
Erwerben sich junge Männer
Reichtum.

Warum aber, wenn ich doch
reich an Tugend bin
Und die Lehre des Meisters übe,
Warum habe ich nicht das Nibbāna
erreicht –
Schließlich bin ich weder faul
noch stolz?

Als ich einmal meine Füße wusch,
Sah ich mein Bild im Wasser,
Als ich das Wasser fließen sah,
Vom Hügel hinunter ins Tal,
Wurde mein Geist konzentriert
Wie ein hervorragendes Zuchtpferd.

Mit einer Lampe ging ich in
meine Zelle,
Ich sah mir das Bett an und setzte
mich auf das Lager.
Dann nahm ich eine Nadel
Und zog den Docht nach unten,
Die Befreiung des Geistes
War wie das Erlöschen der Lampe.

(Thīg. 112–116)

Als Paṭācārā das Wasser sah, das den Hang hinabfloss, beobachtete sie, wie einzelne Rinnsale schnell im Boden versickerten, während andere ein Stück weiterflossen. Wiederum andere gelangten schließlich bis zum Fuß des Abhangs. Dies, so erkannte sie, war eine vollkommene Metapher für die Natur der fühlenden Existenz: Einige Wesen leben nur sehr kurze Zeit, wie ihre Kinder. Andere erreichen das Erwachsenenalter, wie ihr Mann. Und wiederum andere erlangen ein hohes Alter, wie ihre Eltern. Aber schließlich verschwinden alle Rinnsale im Boden. So legt auch der Tod, der allem ein Ende setzt, seine Hand auf alle lebenden Wesen, und keiner kann seinem Zugriff entkommen.

Als Paṭācārā dessen gewahr wurde, beruhigte sich ihr Geist sofort. Mit stetiger Konzentration betrachtete sie bedingte Phänomene als unbeständig, als Leiden und als Nichtselbst. Doch trotz ihrer Anstrengungen gelang ihr der Durchbruch zur endgültigen Erlösung noch nicht. Ermüdet entschloss sie sich, sich für die Nacht zurückzuziehen. Als sie ihre Zelle betrat und sich auf ihr Lager setzte, zeitigte die Stoßkraft, die sie in ihrer bisherigen Übung angesammelt hatte, Ergebnisse – gerade als sie ihre Lampe auslöschte. Im Bruchteil einer Sekunde, zur selben Zeit, als die Lampe ausging, gelangte sie zum höchsten Wissen. Sie hatte ihr Ziel erreicht, das Nibbāna, die endgültige Auslöschung des Feuers von Kummer, Hass und Täuschung.

Während ihres Lebens als Nonne bekam sie vom Buddha den Ehrentitel der besten aller Nonnen, die sich in der Mönchszucht, dem Vinaya, auskennen (*etaddaggaṁ bhikkhunīnaṁ vinayadharānaṁ*). Damit war sie das weibliche Gegenstück des ehrwürdigen Upāli, dem Vinaya-Spezialisten unter den Bhikkhus. Dieser Ehrentitel war die Frucht eines schon früher ausgesprochenen Wunsches. Der Überlieferung zufolge hatte Paṭācārā in der Vergangenheit gesehen, wie Buddha Padumuttara eine ältere Nonne als jene bezeichnete, die sich in der Ordensregel am besten auskannte. Es erschien ihr damals, als habe er diese Nonne beim Arm genommen und sie in den Garten der Freuden geführt. So formulierte sie denn ihren Wunsch für die Zukunft: «Unter einem

Buddha wie dir will ich die Nonne werden, die sich am besten im Vinaya auskennt.» Buddha Padumuttara sah mit seinem Geist in die Zukunft und erkannte, dass ihr Wunsch in Erfüllung gehen würde. So verkündete er dies als Prophezeiung.

Es ist wohl nur konsequent, dass Paṭācārā die Ordensdisziplin zu ihrem Schwerpunkt machte, da sie in ihren jüngeren Jahren so heftig die bittere Frucht zügellosen Verhaltens an sich selbst erfahren musste. Im Nonnenorden erkannte sie, dass ein intensives Training in der Disziplin unerlässlich ist, um zu Frieden und Heiterkeit zu gelangen. Durch ihre eigene Erfahrung hatte sie überdies ein tiefes Verständnis für die Irrwege des menschlichen Herzens entwickelt und war damit imstande, anderen Nonnen bei ihren Übungen zu helfen. So wandten sich viele Nonnen an sie als ihre Lehrmeisterin und fanden in ihren Ratschlägen großen Trost.

Ein Beispiel dafür ist Schwester Candā, die ihre Dankbarkeit Paṭācārā gegenüber in den *Therīgāthā* zum Ausdruck bringt:

Weil Paṭācārā Mitleid mit mir hatte,
Ermöglichte sie mir die Ordination.
Dann gab sie mir eine Ermahnung
Und schärfte mir das letzte Ziel ein.

Nachdem ich ihre Worte gehört
hatte,
Folgte ich ihren Anweisungen.
Ihre Ermahnungen waren nicht
vergebens.
Ich bin nun frei von den Grundübeln
und verfüge über das dreifache
Wissen! (Thīg. 125 f.)

Eine andere Nonne namens Uttarā berichtete, wie Paṭācārā zu einer Gruppe von Novizinnen über Zucht und rechte Disziplin sprach:

Übt euch in Buddhas Lehre,
Wenn ihr dies tut, bereut ihr
nichts.
Wenn ihr schnell eure Füße
gewaschen habt,
Setzt ihr euch auf eine Seite.

Wenn ihr den Geist erweckt habt,
Macht ihn einspitzig und tief
gesammelt.
Betrachtet die Bildungen
Als fremd und nicht als Selbst.

(Thīg. 176 f.)

Uttarā nahm sich Paṭācārās Worte zu Herzen und gelangte auf diesem Weg zum dreifachen Wissen.

In den *Therīgāthā* wird beschrieben, wie Paṭācārā die Nonnen unterwies und welchen Nutzen sie aus ihren Ratschlägen zogen. Diese Verse sind dem Kolophon zufolge von einer nicht näher bezeichneten Gruppe von dreißig älteren Nonnen gesprochen worden. In Gegenwart Paṭācārās erklärten sie ihre Arahatschaft:

«Junge Männer nehmen den Stößel
Und stampfen den Reis.
Sie ernähen ihre Frauen und Kinder.
So erwerben sich junge Männer
Reichtum.

Übt Buddhas Lehre.
Wer dies tut, bereut nichts.
Wenn ihr schnell euere Füße
gewaschen habt,
Setzt ihr euch auf eine Seite.
Widmet euch der Heiterkeit
des Herzens,
Und übt Buddhas Lehre.»

Nachdem sie Paṭācārās Anweisungen
und Rat gehört hatten,
Reinigten sie ihre Füße und setzten
sich auf eine Seite.
Dann übten sie sich in der Heiterkeit
des Herzens
Und in Buddhas Lehre.

In der ersten Stunde der Nacht
Erinnerten sie sich an vergangene
Geburten.
In der Mitte der Nacht
Reinigten sie ihr göttliches Auge.
In der letzten Stunde der Nacht
Zerteilten sie die Dunkelheit.

Sie standen auf und warfen sich
vor ihr hin:
«Deine Anweisungen haben wir uns
zu Herzen genommen.
Wie die dreißig Götter Indra ehren,
Den in der Schlacht Unbesiegten,
So werden auch wir dich weiterhin ehren.
Wir sind ohne Grundübel und
besitzen das dreifache Wissen.»

(Thīg. 119–121)

Paṭācārā konnte den Wandel von einem leichtsinnigen jungen Mädchen zu einer gereiften Nonne nur so schnell vollziehen, weil sie in früheren Existenzen die entsprechenden Fähigkeiten bereits entwickelt hatte. Unter früheren Buddhas, so wird berichtet, war sie schon viele Male Nonne gewesen. Die Einsichten, die sie dabei gewonnen hatte, wurden durch ihre Taten in darauf folgenden Existenzen wieder überdeckt. Zum endgültigen Heranreifen mussten die richtigen Bedingungen gegeben sein. Als ihr Meister, Buddha Gotama, in der Welt erschien, fand sie schnell den Weg zu ihm, getrieben von ihrem Elend und von ihrer unbewussten Sehnsucht nach einem Ausweg aus dem endlosen Kreislauf der Wiedergeburten. Angezogen vom Erwachten und seiner befreienden Lehre, fand sie den Weg zum Asketenleben und erreichte die unbedingte Freiheit.

Ambapālī: Die großzügige Kurtisane

In den Frühstadien vieler Religionen taucht die Figur der berühmten Kurtisane oder Hetäre auf. Ihre Bekehrung und innere Umwandlung zeigt die unbesiegbare

Macht der Wahrheit bei ihrem Kampf mit den niedrigeren Elementen der menschlichen Natur. Im Neuen Testament und im Frühchristentum finden wir Maria Magdalena und Maria die Ägypterin, die schließlich als Eremitin lebte. Eine entsprechende Figur in der islamischen Mystik, dem Sufismus, ist Rabi'a. Zur Zeit des Buddha gibt es Ambapālī und Sirimā. Ein Blick auf ihre Existenzen kann uns von Vorurteilen befreien und uns daran erinnern, dass das Potential zu Weisheit und Heiligkeit von einem äußerlich gesehen elenden Lebensstil nur verdeckt und niemals völlig ausgelöscht wird.

Ambapālīs Leben war von Beginn an ungewöhnlich.[22] Eines Tages fand der Gärtner eines Licchavifürsten in Vesālī ein kleines Mädchen unter einem Mangobaum und gab ihm den Namen Ambapālī, von *amba* (Mango) und *pāli* (Linie, Brücke). Während des Heranwachsens wurde Ambapālī immer schöner und anmutiger. Einige Licchavifürsten wollten sie heiraten, so dass es zu heftigen Streitigkeiten und Kämpfen zwischen ihnen kam, denn jeder begehrte sie für sich.

Da sie ihren Zwist auf diese Weise nicht lösen konnten, entschieden sie schließlich nach längeren Diskussionen, Ambapālī solle keinem von ihnen ausschließlich, sondern allen gemeinsam gehören. So wurde sie gezwungen, eine Kurtisane im ursprünglichen Wortsinn zu werden, eine Hofdame, deren Position kaum etwas gemeinsam hatte mit der einer gewöhnlichen Prostituierten. Wegen ihres guten Charakters übte sie einen beruhigenden und veredelnden Einfluss auf die Licchavifürsten aus. Sie gab auch sehr viel Geld für wohltätige Zwecke aus, so dass sie schließlich zur ungekrönten Königin der Adelsrepublik der Licchavi wurde.

Ambapālīs Ruf verbreitete sich und drang bis zu König Bimbisāra von Magadha. Dieser wünschte für seine Hauptstadt eine ähnliche Attraktion. Er fand sie in einer jungen Frau namens Sālavatī. Sie wurde später die Mutter von Jīvaka, dem Hofarzt. Zuerst jedoch stattete König Bimbisāra Ambapālī einen Besuch ab. Wie alle anderen war er von ihrer Schönheit überwältigt und genoss die Freuden, die sie ihm bieten konnte. Sie gebar ihm einen Sohn.

Auf seiner letzten Reise machte der Buddha Halt in Vesālī und weilte in Ambapālīs Mangohain. Ambapālī erwies dem Buddha ihre Ehrerbietung und er hielt ihr eine lange Lehrpredigt über den Dhamma. An deren Ende lud sie den Meister und seine Mönche zum Essen in ihr Haus ein. Als sie sich in ihrem besten Wagen rasch entfernte, fuhren die Licchavifürsten, ebenfalls in ihren besten Wagen, neben ihr her und fragten sie, warum sie es denn so eilig habe. Sie antwortete, der Erwachte und seine Mönche würden am folgenden Tag zu ihr nach Hause zum Essen kommen, und sie müsse sicher sein, dass alles bereitstehe. Die Fürsten baten sie, ihnen dieses Privileg zu überlassen, und boten ihr dafür 100 000 Goldmünzen an. Doch sie antwortete, sie würde es nicht für ganz Vesālī mit all seinen Schätzen verkaufen. So gingen die Licchavifürsten zum Buddha und luden ihn ein, am nächsten Tag das Mahl bei ihnen einzunehmen. Der Erwachte lehnte jedoch ab, da er bereits Ambapālīs Einladung angenommen hatte. Die Licchavifürsten schnippten dabei mit den Fingern – ein Ausdruck der Frustration – und riefen: «Wir wurden von diesem Mangomädchen besiegt! Wir wurden von diesem Mangomädchen ausgetrickst!» Nachdem der Buddha am nächsten Tag sein Mahl in Ambapālīs Haus beendet hatte, näherte sie sich ihm und machte ihren wundervollen Park, den Mangohain, dem Mönchsorden zum Geschenk. Der Buddha hatte dort in der Vergangenheit schon mehrere Predigten gehalten.

Ambapālīs Sohn, den König Bimbisāra gezeugt hatte, wurde ein Mönch namens Vimala-Kondañña und erreichte die Arahatschaft. Als Ambapālī später eine der Predigten ihres Sohnes hörte, trat sie in den Nonnenorden ein. Sie wählte ihren eigenen Körper als Meditationsobjekt aus, dachte über dessen Unbeständigkeit und Empfänglichkeit für Schmerzen nach. Dabei erreichte sie die Heiligkeit. In ihren in den *Therīgāthā* verzeichneten Versen, die sie in hohem Alter sprach, verglich sie mit bewegenden Worten ihre frühere Schönheit mit ihrem gegenwärtigen Zustand:

Mein Haar war schwarz, von der Farbe der Bienen,
Jedes Haar endete in einer Locke.
Wegen meines hohen Alters
Sieht es nun wie Hanffasern aus:
Nicht anders ist das Wort dessen,
Der die Wahrheit spricht.

Mit Blumen bedeckt, verströmte mein Haupt
Einen würzigen, zarten Duft.
Wegen meines hohen Alters
Riecht es heute wie das Fell eines Hundes.
Nicht anders ist das Wort dessen,
Der die Wahrheit spricht.

Früher waren meine Augenbrauen wundervoll
Wie Halbmonde, gemalt von der Hand eines Künstlers.
Wegen meines hohen Alters
Hängen sie nun herab, von Falten umgeben.
Nicht anders ist das Wort dessen,
Der die Wahrheit spricht.

Wunderschön und glänzend wie Juwelen
Waren meine Augen, dunkelblau
und mandelförmig.
Heute, schwer gezeichnet vom Alter,
Ist ihre Schönheit völlig verflogen.
Nicht anders ist das Wort dessen,
Der die Wahrheit spricht.

Früher sahen meine Zähne wundervoll aus,
Hatten die Farbe von Bananenknospen.
Wegen meines hohen Alters
Sind sie nun zerbrochen und gelb.
Nicht anders ist das Wort dessen,
Der die Wahrheit spricht.

Früher waren meine Brüste prächtig anzusehen
Üppig, rund, fest und hoch.
Nun hängen sie nur herab
Wie ein Paar leere Wasserbeutel.
Nicht anders ist das Wort dessen,
Der die Wahrheit spricht.

Früher war mein ganzer Körper wundervoll
Wie ein poliertes Goldblech.
Heute ist er überall von Falten durchzogen.
Nicht anders ist das Wort dessen,
Der die Wahrheit spricht.

Früher sahen meine Füße sehr gut aus,
Wie Schuhe voller Baumwolle.
Wegen meines hohen Alters
Sind sie nun voller Furchen und Falten.
Nicht anders ist das Wort dessen,
Der die Wahrheit spricht.

Dies ist mein Körper, heute hinfällig geworden,
Die Heimstatt vieler Arten des Leidens.
Er ist nur noch ein baufälliges Haus,
Von dem der Gips abfällt.
Nicht anders ist das Wort dessen,
Der die Wahrheit spricht.

(Thīg. 252–270; Auswahl)

Ambapālī pflegte diese Betrachtung mit Hingabe. Dadurch drang sie immer tiefer in die Natur der Existenz ein. Sie erlangte Kenntnis von ihren früheren Existenzen und wurde der vielen Irrwege gewahr, die sie auf ihrer Reise durch Saṁsāra schon eingeschlagen hatte: Sie war eine Prostituierte gewesen, zu anderen Zeiten eine Nonne. Sie erkannte auch, dass sie trotz des Elends, in das sie gelegentlich eingetaucht war, doch immer wieder fähig war, Beweise äußerster Großzügigkeit zu liefern. Sie brachten ihr Verdienste in ihren späteren Existenzen. Oft war sie eine wundervolle Frau gewesen, doch stets verschwand ihre physische Schönheit durch Alter und Tod. Nun hatte sie in ihrem letzten Leben durch Auslöschung der Verblendung die unverderbliche Schönheit der Erlösung gefunden. In den folgenden Versen bezeugt Ambapālī, dass sie den Status einer «echten Tochter Buddhas» erlangt hat:

Bedient von Millionen von Wesen,
Schritt ich fort in Buddhas Lehre.
Ich erreichte den unerschütterlichen Zustand,
Ich bin eine echte Tochter Buddhas geworden.

Ich bin eine Meisterin übernatürlicher
Kräfte
Und des gereinigten Ohr-Elements.
Ich bin, o großer Lehrer, eine Meisterin
des Wissens
Und erfasse dabei den Geist anderer.

Ich kenne meine früheren Existenzen,
Das göttliche Auge ist gereinigt.
Alle meine Grundübel sind vernichtet,
Nun gibt es keine Wiedergeburt mehr.

(Ap. II, 4:9, Strophe 213–215).

Sirimā und Uttarā

Die Geschichte Sirimās, wie sie in den Pāli-Kommentaren aufgezeichnet ist, beginnt mit einer Frau namens Uttarā, der Tochter des wohlhabenden Kaufmanns Puṇṇa aus Rājagaha. Puṇṇa und Uttarā waren Anhänger des Buddha.[23] Ein reicher Kaufmann namens Sumana, der in früheren Zeiten Puṇṇa Wohltaten erwiesen hatte, wollte seinen Sohn mit Uttarā verheiraten. Puṇṇa jedoch lehnte dies ab. Daraufhin erinnerte ihn Sumana daran, dass er viele Jahre als Angestellter bei ihm gearbeitet hatte und seinen jetzigen Reichtum jenen früheren Jahren verdankte. Puṇṇa antwortete ihm: «Du folgst mit deiner Familie einem falschen Glauben. Meine Tochter kann nicht ohne die drei Kostbarkeiten leben.» Sumana wandte sich darob an andere Angehörige seiner Kaste, die Puṇṇa ebenfalls baten, seine Tochter dem Kaufmannssohn zu geben. Am Ende hatte Puṇṇa keine andere Wahl, als der Heirat zuzustimmen.

Die Eheschließung fand ganz zu Beginn der Regenzeit statt, als die Mönche mit ihrer dreimonatigen Einkehr begannen. Nachdem Uttarā in das Haus ihres Mannes gezogen war, hatte sie keine Gelegenheit mehr, Mönche oder Nonnen zu treffen, geschweige denn, ihnen Almosen zu geben und den Dhamma zu hören. Zweieinhalb Monate lang ertrug sie die Entbehrung, doch dann sandte sie ihren Eltern die folgende Botschaft: «Warum habt ihr mich in ein solches Gefängnis geworfen? Es wäre besser gewesen, mich als Sklavin zu verkaufen, als mich mit einer Familie von Ungläubigen zusammenzubringen. Während der ganzen Zeit, die ich nun hier weile, ließ man mich keine einzige verdienstvolle Tat tun.»

Puṇṇa wurde von dieser Nachricht in helle Aufregung versetzt. Aus Mitleid mit seiner Tochter entwarf er einen Plan, mit dessen Hilfe sie ans Ziel gelangen sollte. Er sandte seiner Tochter 15 000 Goldmünzen mit folgender Botschaft: «Sirimā, die Kurtisane in unserer Stadt, nimmt eintausend Goldmünzen für eine Liebesnacht. Biete ihr die beiliegende Summe, damit sie deinen Mann fünfzehn Tage lang unterhält, während du in dieser Zeit Verdienste erwirbst nach deinem Belieben.» Uttarā folgte diesem Rat und brachte Sirimā ins Haus. Als ihr Mann die wundervolle Kurtisane erblickte, war er schnell bereit, sie für zwei Wochen an Uttarās Stelle treten zu lassen.

So war Uttarā frei, konnte Almosen geben und so viele Lehrpredigten hören, wie sie wollte.

Es waren die letzten zwei Wochen vor dem Ende der Einkehr zur Regenzeit. Danach würden die Mönche wieder auf Wanderschaft gehen. In diesen zwei Wochen bat Uttarā den Buddha und seine Mönche, jeden Tag in ihrem Haus ihre Almosenmahlzeit einzunehmen. Der Buddha willigte aus Sympathie ein, und so konnte sie viele Lehrreden hören. Am zweitletzten Tag, am Tag vor der Schlusszeremonie der Einkehrzeit, war Uttarā intensiv mit Vorbereitungen in der Küche beschäftigt. Als ihr Ehemann sie hin und her laufen sah, mit Schweiß und Ruß bedeckt, dachte er: «Diese Verrückte weiß nicht, wie man in Ruhe seinen Reichtum genießen kann. Stattdessen rennt sie blind umher, glücklich darüber, dass sie jenen kahlköpfigen Asketen dienen kann.» Er lächelte über sie und ging weg.

Als die Kurtisane Sirimā ihn lächeln sah, fragte sie sich nach dem Grund. Dann erblickte sie Uttarā in der Nähe und kam zu dem Schluss, dass sie einen Moment der Intimität miteinander genossen hatten. Das machte sie zornig. Zwei Wochen lang hatte sie das Gefühl gehabt, die Hausherrin zu sein, und nun erinnerte sie dieser Zwischenfall daran, dass sie nur Gast war. Sie empfand eine tiefe Eifersucht gegenüber Uttarā und wollte ihr Böses tun. So ging sie in die Küche, nahm einen Schöpflöffel voll kochenden Öls und näherte sich Uttarā. Diese sah sie kommen und dachte bei sich: «Meine Freundin Sirimā hat mir einen großen Dienst erwiesen. Die Erde mag zu klein sein, die Brahma-Welt zu niedrig, doch meine Freundin verfügt über große Tugend, denn durch ihre Hilfe war es mir möglich, Almosen zu spenden und Lehrpredigten zu hören. Wenn irgendein Zorn in mir ist, soll das Öl mich verbrennen. Doch wenn ich frei von Zorn bin, wird es mir nichts anhaben.» Und so überschüttete sie Sirimā mit ihrer liebenden Fürsorge. Als die Kurtisane das heiße Öl über ihren Kopf goss, floss es an ihr herunter, ohne Schaden anzurichten, wie kaltes Wasser.

Voller Wut holte Sirimā einen weiteren Löffel kochendes Öls in der Hoffnung, dass es sie diesmal verbrennen würde. Doch jetzt traten Uttarās Dienerinnen dazwischen. Sie packten Sirimā, warfen sie zu Boden, schlugen und traten sie. Uttarā versuchte zunächst vergebens, ihnen Einhalt zu gebieten, doch schließlich trat sie zwischen ihre Dienerinnen und Sirimā und fragte diese ruhig: «Warum hast du diese böse Tat begangen?» Dann reinigte sie sich mit warmem Wasser und rieb sich mit dem feinsten Parfüm ein. Sirimā war inzwischen wieder bei Sinnen und erinnerte sich daran, dass sie in der Tat in diesem Haus nur Gast war. Sie dachte: «Ich habe wirklich eine böse Tat begangen, indem ich kochendes Öl über sie goss, nur weil ihr Mann ihr zugelächelt hat. Sie erduldete dies ohne Zorn, und als ihre Mädchen mich angriffen, hielt sie sie zurück und schützte mich sogar. Mein Kopf soll in sieben Stücke zerspringen, wenn ich sie nicht um Verzeihung bitte.» Sie fiel Uttarā zu Füßen und bat sie um Vergebung. Uttarā sagte: «Mein Vater ist noch am Leben. Wenn er dir vergibt, so werde auch ich es tun.» Darauf antwortete Sirimā: «Ich werde zu deinem Vater gehen, dem reichen Zunftmeister, und ihn um Verzeihung bitten.»

Uttarā erwiderte: «Puṇṇa ist der Vater, der mich in diesen Kreislauf des Leidens brachte. Wenn der Vater, der mir hilft, diesen Kreislauf zu verlassen, dir vergibt, so werde auch ich es tun.»

«Aber wer ist der Vater, der dir hilft, den Kreislauf der Wiedergeburten zu verlassen?»

«Der Buddha, der Vollerleuchtete.»

«Aber ich kenne ihn nicht, was soll ich denn tun?»

«Der Meister wird morgen zusammen mit seinen Mönchen hier sein. Komm auch du, nimm mit, was du an Almosen geben kannst, und bitte ihn um Verzeihung.»

Sirimā willigte frohen Herzens ein und ging nach Hause. Sie sagte ihren vielen Dienerinnen, sie sollten alle möglichen Speisen zubereiten, und brachte sie am nächsten Tag zu Uttarās Haus. Sie schämte sich aber noch wegen ihres Verhaltens und wagte es deswegen nicht, die Mönche selbst zu bedienen. Uttarā übernahm alles. Als jeder gegessen hatte, kniete Sirimā zu Füßen das Buddha nieder und bat um Vergebung. «Wofür?», fragte er. Da erzählte ihm Sirimā die ganze Begebenheit. Der Erleuchtete bat Uttarā, dies zu bestätigen, und fragte sie, was sie gedacht habe, als ihr Sirimā mit dem kochenden Öl entgegengekommen sei. «Ich überschüttete sie mit liebender Fürsorge», sagte Uttarā, «und dachte bei mir: ‹Meine Freundin Sirimā hat mir einen großen Dienst erwiesen ...›»

«Ausgezeichnet, Uttarā, ausgezeichnet!», sagte der Erwachte. «Das ist der richtige Weg, um den Zorn zu überwinden.» Und er fügte die folgende Verse hinzu:

Überwinde den Zorn durch
den Nicht-Zorn,
Besiege das Böse durch Güte,
Gewinne den Geizhals mit einem
Geschenk
Und den Lügner mit der Wahrheit.

(Dhp. 223)

Dann legte der Meister den Dhamma allen Anwesenden dar und erklärte die Vier Edlen Wahrheiten. Am Ende dieser Unterweisung erreichte Uttarā die Frucht der Einmalwiederkehr. Ihr Mann, der bis dahin ungläubig gewesen war, sowie ihre ebenso skeptischen Schwiegereltern erlangten alle die Frucht des Stromeintritts.

Auch Sirimā erreichte dieses Ziel. Da sie nicht mehr als Kurisane weiterleben wollte, kümmerte sie sich von nun an um den Mönchsorden und wirkte weitere verdienstvollen Taten. Sie forderte den Sangha auf, jeden Tag in ihr Haus acht Mönche zum Essen zu entsenden und übergab Essenseinladungen, die im Orden verteilt werden konnten. Sie bediente die Mönche, die bei ihr aßen, stets mit eigenen Händen, und ihre Almosen waren stets so reichlich bemessen, dass jede Portion für drei oder vier Mönche gereicht hätte.

Eines Tages kehrte einer der acht Mönche, der in Sirimās Haus gegessen hatte, zum Kloster zurück, das drei Meilen entfernt lag. Als er dort ankam, fragten ihn ältere Mitmönche, ob es genug zu essen gegeben habe. Er erklärte ihnen, wie viel die acht Mönche jeden Tag zu essen bekamen. Als sie wissen wollten, ob das Essen auch gut geschmeckt habe, äußerte er sich begeistert. Das Essen, so sagte er, sei unbeschreiblich gut. Es werde nur das Beste serviert und die Portionen seien so großzügig, dass sie für drei oder vier Personen ausreichen würden. Doch, so fuhr er fort, Sirimās Aussehen übertreffe ihre Almosen: Sie sei wundervoll, anmutig und voller Charme.

Aufgrund dieser Beschreibung verliebte sich einer der Mönche in Sirimā, obwohl er sie selbst noch nie gesehen hatte. Er wollte am nächsten Tag unbedingt zu ihr und bewerkstelligte es am frühen Morgen, dass er eine der Einladungen erhielt. Es ergab sich aber, dass Sirimā an jenem Tag krank wurde, all ihren Schmuck abnahm und zu Bett ging. Als man ihr sagte, die Mönche seien eingetroffen, hatte sie noch nicht einmal die Kraft aufzustehen und überließ es den Mädchen, die Mönche zu bedienen. Als alle Schalen gefüllt waren und die Mönche mit dem Essen begannen, erhob sie sich mühselig von ihrem Bett und kam, gestützt von zwei Dienerinnen, voller Schmerzen in den Raum, um den Mönchen ihre Ehrerbietung zu erweisen. Sie war so schwach, dass ihr ganzer Körper zitterte. Als der verliebte Mönch sie erblickte, dachte er: «Sie sieht selbst in der Krankheit strahlend schön aus. Stell dir vor, wie groß ihre Schönheit sein muss, wenn sie sich gut fühlt und all ihren Schmuck trägt!» Lang unterdrückte Leidenschaft erhob sich mächtig in ihm, und er konnte nicht einmal mehr weiteressen. So nahm er seine Schale, wanderte zurück zu seinem Kloster, wo er die Schale zudeckte und sich ins Bett legte. Seine Freunde wollten ihn zum Essen überreden, doch es gelang ihnen nicht.

An jenem Abend starb Sirimā. König Bimbisāra sandte dem Buddha eine Botschaft: «Herr, Jīvakas jüngere Schwester ist gestorben.»[24] Der Buddha forderte ihn auf, Sirimās Körper nicht sofort zu verbrennen, sondern an der Leichenstätte aufzubewahren. Er solle aber bewacht werden, damit Krähen und wilde Tiere keinen Zugang hätten. Dies geschah. Nach drei Tagen war der faulende Leichnam aufgebläht und voller Würmer, so dass er wie ein Topf Reis auf dem Feuer aussah, wobei die Dampfblasen an die Oberfläche aufsteigen. Dann befahl König Bimbisāra allen erwachsenen Einwohnern von Rājagaha, an dem Leichnam vorbeizuziehen und Sirimā in ihrem jetzigen Zustand zu betrachten. Wer dies nicht tue, müsse als Strafe acht Goldmünzen bezahlen. Zur selben Zeit lud er auch den Buddha ein, mit seinen Mönchen zur Leichenstätte zu kommen.

Der liebeskranke Mönch hatte vier Tage lang nichts zu sich genommen, und das Essen in seiner Schale wimmelte nun ebenfalls vor Würmern. Seine Freunde kamen zu ihm und sagten: «Bruder, der Meister besucht Sirimā.» Bei dem Wort «Sirimā» war der Mönch wie elektrisiert, vergaß seine Schwäche und seinen Hunger. Er sprang auf, leerte seine Schale, wusch sie aus und schloss sich den anderen an, die sich auf den Weg machten, um Sirimā zu sehen. Es hatte sich bereits eine große Menge versammelt. Der Buddha stand mit seinen Mönchen auf der einen Seite. Dann kamen die Nonnen, dann der König mit seinem Gefolge, schließlich die männlichen und weiblichen Anhänger.

Der Buddha fragte König Bimbisāra: «Wer ist dies, großer König?» «Jīvakas jüngere Schwester, Herr. Sie heißt Sirimā.» «Das ist Sirimā?» «Ja, Herr.» «Dann lass mit Trommelwirbel verkünden, dass derjenige, der eintausend Münzen bezahlt, Sirimā haben kann.» Doch kein Mann wollte Sirimā nun haben, auch nicht zu einem niedrigeren Preis, nicht für die kleinste Münze, nicht einmal gratis.

Da sagte der Buddha: «Hier, o Mönche, seht ihr eine Frau, die von der Welt geliebt wurde. In dieser Stadt zahlten Männer in der Vergangenheit mit Begeisterung tausend Goldmünzen, um sich nur für eine Nacht an ihr zu erfreuen. Jetzt will sie niemand mehr haben, nicht einmal gratis. Das geschieht mit dem Körper. Er ist vergänglich und zerbrechlich, wirkt anziehend nur durch den Schmuck, er ist ein Haufen von Wunden mit neun Öffnungen, wird von dreihundert Knochen zusammengehalten. Er ist eine dauernde Last. Nur Verrückte finden Gefallen an einem solchen hinfälligen Ding und hegen Illusionen.» Und er schloss mit diesen Versen:

Seht diesen geschmückten Hautsack.
Er ist nur ein Haufen von Wunden.
Voller Krankheit, ein Objekt
der Begierde,
Hat er nichts Stabiles oder
Dauerhaftes. (Dhp. 147)

Nachdem der Buddha diese Leichenpredigt mit einem Anschauungsobjekt gehalten hatte, wurde der Mönch, der sich in Sirimā verliebt hatte, von seinen Leidenschaften befreit. Versunken in die Betrachtung des Körpers, gewann er Einsicht und gelangte zur Arahatschaft. Sirimā jedoch nahm an ihrem eigenen Begräbnis teil. Nach ihrem Tod wurde sie als Devatā im Himmel der Dreiunddreißig wieder geboren. Sie blickte auf die Welt herab, sah den Buddha mit seinen Mönchen und die Versammlung, die sich bei ihrem Leichnam eingefunden hatte. In einem Glorienschein stieg sie unter Begleitung von fünfhundert Mädchen in fünfhundert Wagen vom Himmel herab und grüßte den Erhabenen.

Der ehrwürdige Vaṅgīsa, der hervorragendste Dichter im Sangha, wandte sich mit Versen an sie und fragte sie, woher sie komme und welche verdienstvollen Taten sie getan habe, um so auftreten zu können. Sirimā antwortete ihm ebenfalls in Versen:

In jener wunderschönen, gut gebauten
Stadt in den Hügeln,
War ich Dienerin des vorzüglichen,
berühmten Königs.
Ich war Meisterin in Gesang
und Tanz,
Und in Rājagaha kannte man mich
als Sirimā.

Buddha, der Meister aller Seher,
der Führer,
Klärte mich auf über den Ursprung,
das Leiden, die Unbeständigkeit,
Das Nicht-Bedingte und das Aufhören
des Leidens in aller Ewigkeit,
Und über diesen Pfad, den geraden,
glückbringenden.

Als ich von der Todlosigkeit hörte,
dem Nicht-Bedingten,
Der Lehre des obersten Tathāgata,
Hielt ich mich vollkommen an die
Vorschriften,
Die Buddha im Dhamma niederlegt
hatte, dieser beste aller Menschen.

Als ich den reinen Zustand des
Nicht-Bedingten kennenlernte,
Wie ihn der oberste Tathāgata lehrt,
Da erreichte ich die heitere Sammlung:
Das war meine höchste Sicherheit.

Nachdem ich die höchste Todlosigkeit
als Auszeichnung erreichte,
War mein Schicksal klar, meine Versenkung zum Abschluss gekommen.
Frei von Verwirrung, von vielen geehrt,
Freue ich mich an Kurzweil und
vielen Genüssen.

Als Devatā bin ich eine Seherin
des Todlosen,
Eine Jüngerin des obersten Tathāgata.
Eine Seherin des Dhamma,
die die erste Frucht erreicht hat,
Den Stromeintritt, so bin ich frei
von schlechter Wiedergeburt.

Voller Ehrerbietung gegenüber
dem König des Dhamma,
Verehre ich den Erhabenen
Und die Mönche, die sich in Güte
üben,
Und erweise meine Hochachtung
der Versammlung der Büßer.

Ich war freudig und stolz, als ich
den Erhabenen sah,
Den Tathāgata, den besten Wagenlenker
der Menschen, die gezähmt werden
müssen.
Ich verehre den höchsten Mitleidvollen,
Den Zerstörer der Begierden, den
Anführer jener, die sich am Guten
erfreuen. (Vv. 137–149)

Isidāsī: Eine Reise durch Saṁsāra

In Pāṭaliputa, der späteren Hauptstadt von König Asoka, lebten zwei buddhistische Nonnen, Isidāsī und Bodhī. Beide hatten Erfahrung in der Meditation, kannten die Lehre gut und waren frei von allen Befleckungen.[25] Eines Tages befanden sich die beiden Freundinnen auf ihrem Almosengang und hatten gerade ihr Mahl beendet. Sie saßen im Schatten und sprachen über persönliche Dinge. Die ältere Nonne, Bodhī, hatte vor dem Eintritt in den Orden sehr viel durchgemacht. Sie wollte von Isidāsī wissen, warum diese sich von der Welt abgewandt hatte. Sie befand sich noch in der Blüte der Jugend, besaß einen heiteren Gesichtsausdruck, und man konnte sich kaum vorstellen, dass sie die Bitterkeit des Lebens schon hatte erfahren müssen. Daher wünschte die ältere Nonne zu erfahren, wie sich ihr das Leiden der Existenz gezeigt und sie zu einem Leben des Verzichts gebracht hatte:

Du siehst lieblich aus,
edle Isidāsī,
Und deine Jugend ist noch nicht
vergangen.
Was war das Schlimme,
was du gesehen hast,
Das dich zum Verzicht bewegte?

(Thīg. 403)

So erzählte Isidāsī ihre Geschichte. Sie war im Süden auf die Welt gekommen, in Ujjeni, der Hauptstadt des Reiches Avantī. Ihr Vater war ein reicher Bürger und sie seine einzige, vielgeliebte Tochter. Ein Geschäftsfreund, ein ebenso reicher Kaufmann, hielt eines Tages bei ihm für seinen Sohn um ihre Hand an. Isidāsīs Vater war froh darüber, dass seine Tochter in die Familie seines Freundes einheiratete. Isidāsī war eine wohlerzogene junge Frau. Die tiefe Ehrfurcht vor den Eltern, die sie in ihrem Haus gelernt hatte, übertrug sie auf ihre Schwiegereltern, und sie unterhielt mit allen Verwandten ihres Mannes eine warmherzige, freundliche Beziehung, wobei sie stets bewusst den Weg der Bescheidenheit einschlug. Sie war auch sehr fleißig und eine umsichtige Hausfrau. Sie diente ihrem Mann mit großer Liebe und kochte sein Essen sogar mit eigener Hand, statt es durch Dienstboten zubereiten zu lassen:

Ich selbst kochte den Reis.
Ich selbst wusch das Geschirr.
Wie eine Mutter ihren einzigen Sohn
pflegt,
So diente ich meinem Mann.

Ich zeigte ihm größte Ergebenheit,
Ich diente ihm mit demütigem Geist.
Ich stand früh auf, war fleißig
und tugendhaft –
Und doch hasste mich mein Mann.

(Thīg. 412 f.)

Isidāsī war in der Tat eine jener Frauen, die der indischen Idealvorstellung entsprechen und selbstlos ihrem Mann dienen. Dieser hatte somit allen Grund zur Freude darüber, dass er eine solche Lebensgefährtin gefunden hatte. Denn auch in Anbetracht der allgemein großen Sanftmut der indischen Frauen ragte Isidāsī noch weit über die anderen hinaus und war wirklich eine Perle. Doch merkwürdigerweise konnte ihr Mann sie nicht leiden. Er ging zu seinen Eltern und brachte dort seine Klage vor. Seine Eltern jedoch priesen ihre Tugenden und fragten ganz verwundert, warum er sie denn nicht liebe. Er erklärte ihnen, dass sie ihn in keiner Weise verletzt habe, dass sie ihm gegenüber nie gewalttätig aufgetreten sei. Er möge sie einfach nicht mehr, er sei ihrer überdrüssig, er habe genug von ihr und er sei bereit, das Haus zu verlassen, nur um sie nicht mehr sehen zu müssen (Thīg. 414–416).

Die Eltern konnten ihren Sohn nicht verstehen. Sie riefen Isidāsī zu sich, berichteten ihr traurig über den Stand der Dinge und baten sie, ihnen zu sagen, was sie getan habe. Aber sie erwiderte wahrheitsgemäß:

> Ich habe nichts Böses getan,
> Ich habe ihm nichts angetan,
> Ich habe nicht grob mit ihm
> gesprochen.
> Was habe ich getan, dass mich
> mein Mann so hasst? (Thīg. 418)

Es war in Wirklichkeit nichts vorgefallen. Selbst ihr Mann wusste nicht, warum er sie hasste, und vermochte für seine Antipathie keine vernünftige Erklärung zu geben. Da Isidāsīs Schwiegereltern an der Situation nichts ändern konnten und sie ihren Sohn nicht verlieren wollten, hatten sie keine andere Wahl, als sie zu ihren Eltern zurückzuschicken. Eine solch vorbildliche Frau, so dachten sie, würde ohne Zweifel einen anderen Mann finden, mit dem sie glücklich sein würde. Für Isidāsī war dies natürlich eine zutiefst erniedrigende Erfahrung. Sie musste als verschmähte Frau wieder zu ihren Eltern zurückkehren und wa darüber zutiefst betrübt:

> Verschmäht, überwältigt vom Leiden,
> Führten sie mich zurück in
> meines Vaters Haus.
> «Nur um unseren Sohn zu
> beschwichtigen», so sagten sie,
> «Haben wir die wundervolle Göttin
> des Glücks verloren!» (Thīg. 419)

Der Vater nahm seine einzige Tochter wieder in seine Obhut. Ohne zu verstehen, was wirklich geschehen war, begann er nach einem anderen Gatten für sie Ausschau zu halten. Unter seinen Bekannten fand er einen tugendhaften, wohlhabenden Mann. Dieser war so erfreut über die Aussicht, Isidāsī heiraten zu können, dass er anbot, die Hälfte des Hochzeitsgeldes selbst aufzubringen. Doch obwohl Isidāsī ihrem neuen Mann mit größter Liebe und

Zuneigung diente, wiederholte sich nach knapp einem Monat die ganze merkwürdige Geschichte. Auch der zweite Mann verlor seine Liebe zu ihr, ertrug ihre Gegenwart nicht mehr, schickte sie zu ihren Eltern zurück und annullierte die Ehe.

Nun wussten Isidāsī und ihr Vater weder aus noch ein. Wenig später kam ein Bettler auf seinem Almosengang ins Haus. Der Mann schien nicht allzu glücklich über sein Büßerdasein, und so kam Isidāsīs Vater plötzlich auf den Gedanken, ihm seine Tochter anzubieten. Er forderte also den Asketen auf, seine Robe und seine Almosenschale abzulegen und ein bequemeres Leben zu führen, in einem wohlhabenden Haus und mit der wunderschönen Isidāsī als seiner Frau. Der Pilger ließ sich leicht von diesem Angebot verführen, das jenseits dessen lag, was er sich jemals hätte vorstellen können. Doch nach nur zwei Wochen kam er zu seinem Schwiegervater und bat ihn, ihm seine Robe und seine Almosenschale zurückzugeben: Er wolle lieber als ärmster aller Bettler Hunger leiden, als noch einen weiteren Tag in Isidāsīs Gesellschaft zu verbringen. Die ganze Familie bat ihn, zu sagen, was er denn wolle. Sie würden alle seine Wünsche erfüllen, wenn er nur einwillige zu bleiben. Er aber lehnte ab. Er wisse nur eines ganz sicher: Er könne nicht länger mit Isidāsī unter einem Dach leben. Mit diesen Worten zog er fort (Thīg. 422–425).

Isidāsī war völlig gebrochen und dachte daran, Selbstmord zu begehen, um nicht mehr dieses Leiden tragen zu müssen. An demselben Tag aber kam eine buddhistische Nonne namens Jinadattā auf ihrem Almosengang in das Haus von Isidāsīs Vaters. Isidāsī bemerkte die heitere Haltung dieser Frau und fasste den Entschluss, selbst Nonne zu werden. Sie trug ihre Bitte vor, doch der Vater wollte seine einzige Tochter nicht verlieren und bat sie, zu Hause zu bleiben. Sie könne doch auch hier, meinte er, gute Werke tun, die zu ihrem künftigen Glück beitragen würden. Doch Isidāsī weinte und bat ihren Vater, sie gehen zu lassen. Zu diesem Zeitpunkt war ihr die Einsicht gekommen, dass ihr unverständliches Schicksal einen tieferen Grund haben musste – schlechtes Kamma aus einer früheren Existenz. Schließlich gab ihr Vater nach:

> Dann sagte mein Vater zu mir:
> «Erlange die Erleuchtung und
> den höchsten Zustand,
> Erlange das Nibbāna, das der beste
> aller Menschen
> Bereits für sich gewonnen hat.»
>
> (Thīg. 432)

So verließ Isidāsī ihre Eltern und den Kreis ihrer Verwandten und folgte der älteren Nonne ins Kloster.

Nach ihrer Ordination verbrachte sie sieben Tage in äußerster Anstrengung, und am Ende dieser Woche hatte sie das dreifache Wissen erlangt: die Erinnerung an vergangene Existenzen, das Wissen um die Vergänglichkeit und die Wiedergeburt der Wesen und das Wissen von der Vernichtung der Befleckungen. Durch ihre Fähigkeit, sich an frühere Existenzen zu erinnern, entdeckte Isidāsī auch den Grund dafür, dass ihre Ehen in diesem Leben gescheitert waren.

Bei ihrer Rückerinnerung sah sie, dass sie vor acht Existenzen ein Mann gewesen war, ein schöner, reicher Goldschmied, der im Rausch der Jugend dahinlebte. Geblendet von der äußerlichen Schönheit, hatte dieser Goldschmied die Frauen anderer Männer verführt und dabei keine Rücksicht auf Anstand und Moral genommen. Er liebte es, die Frauen anderer Männer zu erobern, eine nach der andern, ähnlich einem Schmetterling, der von Blüte zu Blüte flattert. Wie Casanova oder Don Juan spielte er mit der Liebe und verschwendete keinen Gedanken an den Schaden, den er dabei anrichtete. Das Einzige, was er wollte, war der Kitzel der Eroberung und der Lust, keinesfalls aber Pflichten und Bindungen. Er suchte immer wieder nur seinen Genuss und wünschte dabei auch Veränderung. Er brach seinen Opfern das Herz und kümmerte sich nicht im Geringsten darum, wie es ihnen erging. Ob er Ehen zerbrach oder Herzen, war ihm gleich. Und so tanzte er eine Zeitlang auf dem Vulkan – bis seine Uhr abgelaufen war.

Dann stürzte er in den Abgrund, den er selbst durch sein rücksichtsloses Verhalten erzeugt hatte. Er wurde in der Hölle wieder geboren, wo Heulen und Zähneklappern herrschen, und hier erlebte er vertausendfacht das Leiden, das er anderen zugefügt hatte. Er war stets ohne das geringste Erbarmen vorgegangen, und so folgte seine Bestrafung in der Hölle ebenfalls mit schrankenloser Rücksichtslosigkeit. Die besondere Strafe für Ehebrecher und Lüstlinge in der Hölle besteht der Überlieferung zufolge darin, dass sie durch einen Wald gehen müssen, in dem jedes Blatt ein Schwert ist. Sie sehen eine wunderschöne Frau in der Ferne, laufen ihr hinterher und werden am ganzen Leib von den rasiermesserscharfen Schneiden zerschnitten. Und die Frau geht wie Fortuna auf der Kugel voran und narrt den Betreffenden, ohne dass er sie jemals erreichen kann. Der Ehebrecher kann, von seiner obsessiven Lust getrieben, gar nicht anders, als sich immer wieder in den Wald zu stürzen und sich in Stücke schneiden zu lassen. «Und ich litt diese Folter lange Zeit», erklärte die Nonne Isidāsī (Thīg. 436). Sie erinnerte sich sehr deutlich an ihre menschliche Existenz als Goldschmied und wusste sehr wohl, warum sie diese bittere Bestrafung erleiden musste.

Nachdem der frühere Goldschmied seine Strafe in der Hölle abgebüßt hatte, bewegte er sich in Saṁsāra weiter. In seiner nächsten Existenz hatte er alles vergessen und wurde im Schoß eines Affenweibchens wieder geboren. Nachdem er die schlimmsten Folgen seiner Missetaten abgebüßt hatte, tauchte er langsam aus der Tiefe wieder auf. Nachdem er Buße geleistet hatte für den Hass, der in ihm gewesen war, als er die verführten Frauen grob zurückgestoßen und ihre betrogenen Ehemänner verhöhnt hatte, blieb ihm noch die rein animalische Gier. Durch deren Einfluss nahm er die Form eines Tieres an. Dies ist die wörtliche Umsetzung dessen, was Dionysios Areopagita sagt: «Die Natur der Begierde ist so, dass sie den Mann zu dem macht, was er begehrt.» Jener Mann, der hemmungslos seiner Gier nachgegeben hatte, wurde nun zu einem Wesen, das über keine Vernunft verfügte, zu einem Tier – und zwar zu dem Tier, das dem Menschen am nächsten steht: dem Affen. Doch nur sieben Tage nach der Geburt biss der Anführer des Affenrudels die Geschlechtsorgane des Neugeborenen ab, um künftige Rivalitäten zu verhindern.

> Ein großer Affe, der Anführer
> der Gruppe,
> Kastrierte mich, als ich sieben Tage
> alt war.
> Das war die Frucht des Kamma,
> Weil ich die Frauen anderer Männer
> verführt hatte. (Thīg. 437)

Nach dem Tod als Affe wurde er als Schaf wieder geboren, als Kind eines lahmen, einäugigen Mutterschafes. Er wurde wiederum kastriert und konnte somit seinem sexuellen Drang nicht nachgeben. Zwölf Jahre lang lebte er elend, geplagt von Eingeweidewürmern und dauernd gezwungen, Kinder herumzutragen. Seine dritte tierische Existenz war die eines kastrierten Ochsen. Er musste das ganze Jahr über fast ohne Ruhepause Pflug und Karren ziehen (Thīg. 440f.). Harte Arbeit war genau das, was er als leichtlebiger Goldschmied stets vermieden hatte. In dieser Existenz konnte er diesem Los nicht entgehen. Er hatte viele Pflichten und wenig Vergnügen, nicht nur, weil er verschnitten war, sondern auch, weil er den ganzen Tag lang schwere Lasten ziehen musste und später sogar das Augenlicht verlor.

In der nächsten Existenz gelangte der Goldschmied, der Höllenbewohner, Affe, Schaf und Ochse gewesen war, wieder in die Welt der Menschen – doch als Zwitter, als Mischung von Mann und Frau (Thīg. 442). Weil er in seinem früheren Leben so besessen gewesen war von den Geschlechtsorganen, den eigenen wie den weiblichen, besaß er nun beide zur selben Zeit. Dies verhinderte wiederum, dass er Befriedigung fand. Er wurde zu einem Außenseiter der Gesellschaft, da er der Sohn eines Sklavenmädchens und in der Gosse geboren woren war. Er schlug sich mühsam durch dreißig Lebensjahre und starb dann.

In der nächsten Existenz wurde er als Frau wieder geboren. Damit war die Geschlechtsumwandlung vollendet. Er wurde nun das, was früher das Objekt seiner Begierde gewesen war: eine Frau. In der Tat macht das Begehren den Mann zu dem, was er begehrt. Das neugeborene Mädchen war die Tochter eines Angehörigen der untersten Kaste, eines armen Fuhrmannes, der bei allem, was er unternahm, Misserfolg hatte und am Ende allen Geld schuldete. Da seine Gläubiger ihn dauernd bedrängten und er ihnen doch nichts geben konnte, bot er einem von ihnen, einem reichen Kaufmann, seine Tochter als Sklavin an. Der Kaufmann erließ ihm seine Schulden, gab ihm noch einiges Geld dazu und führte das Mädchen weg. Als sie sechzehn Jahre alt war, zu einer attraktiven jungen Frau herangeblüht, verliebte sich der Sohn des Hauses in sie und machte sie zu seiner Nebenfrau. Er war bereits glücklich mit einer tugendhaften Frau verheiratet, die ihn über alles liebte. Sie war natürlich sehr betrübt, als ihr Mann sich eine andere Frau nahm, und fühlte sich zurückgestoßen. Die jüngere Frau tat alles, was in ihrer Macht stand, um ihre neu gewonnene Position zu verteidigen, und so gelang es ihr, zwischen Mann und Frau Zwietracht zu säen. Da sie das Elend der Armut und des Sklavendaseins selbst kennen gelernt hatte, wollte sie ihren Rang als Frau eines reichen Mannes nicht verlieren und unternahm alles, um an die Stelle ihrer Rivalin zu treten. So kam es zu einem Leben voller Streit, bis sie die Bindung zwischen ihrem Mann und seiner ersten Frau endgültig zerstört hatte (Thīg. 443–446).

Nach dieser Existenz, in der sie erneut die Gelegenheit zum Glück, die die menschliche Geburt bietet, missbraucht hatte, wurde sie als Isidāsī wieder geboren. Ihre Missetaten waren nun beinahe abgebüßt. Deswegen kam sie als vollkommenes menschliches Wesen auf die Welt. Doch weil sie in ihrer früheren Existenz eine andere Frau aus den Haus gedrängt und sich selbst an ihrer Stelle wohl gefühlt hatte, musste sie nun selbst die Missachtung und Zurücksetzung durch drei aufeinander folgende Ehemänner erleiden. Keiner der drei Männer, die sie selbst liebte, wollte sie haben. Sie wurde von allen verachtet und zurückgestoßen, scheinbar ohne Grund, in Wirklichkeit aber als Folge ihre früheren Handlungen. Da sie darauf aber nicht mit Zorn und Aggression reagierte, sondern sich jedes Mal um Vorbildlichkeit bemühte, konnte sie auf diese Tugend aufbauen. Nachdem sie Nonne geworden war, erreichte sie die meditative Versenkung mit ungewöhnlicher Schnelligkeit und drang bis zum Schlüssel ihres mysteriösen Schicksals vor.

Nachdem Isidāsī all diese Zusammenhänge erkannt und gesehen hatte, welch schlimme Folgen die hemmungslose Gier hat und wie diese immer wieder bereit ist, sich auf Kosten anderer zu behaupten, stieg in ihr der Wunsch auf, sich vollständig vom gesamten Zyklus des Leidens abzuwenden. Sie durchschaute das Spiel der Neigungen in ihren früheren Existenzen und in ihrem jetzigen Leben, und sie erkannte mit dem himmlischen Auge, dass dies alles auch für die übrigen Wesen gilt. Nach der praktischen Erfahrung der Lehre erlangte sie somit die dritte höhere Fähigkeit: das vollständige Verständnis der Vier Edlen Wahrheiten. Dieses bringt Befreiung von Saṁsāra für alle Zeiten. So wurde sie zu einer Heiligen. Die letzten Phasen ihrer Wanderung hatten wie folgt ausgesehen: erst ein Lüstling und dann ein Höllenbewohner, danach drei Existenzen im Bereich der Tiere, die Wiedergeburt als Zwitter, dann als armes Sklavenkind, das es zu Wohlstand brachte, und schließlich die verschmähte Frau. Das waren acht Leben voller Verwirrung, Begierde und Hass. Nun hatte sie genug. Endgültig befreit, konnte sie jetzt von sich sagen:

> Das war die Frucht jener vergangenen Taten,
> Dass ich ihnen stets wie eine Sklavin diente.
> Doch sie lehnten mich ab und gingen ihren Weg:
> Dem allem habe ich nun ein Ende gesetzt. (Thīg. 447)

8

AṄGULIMĀLA

VOM MÖRDER ZUM HEILIGEN

(von Hellmuth Hecker)

Der Weg zum mehrfachen Mörder

Aṅgulimāla gehört zu den bekanntesten Gestalten der buddhistischen Schriften. Die dramatische Geschichte seines Lebens vom Massenmörder zum friedlichen, erleuchteten Arahat ist in buddhistischen Ländern jedem Kind bekannt, und schwangere Frauen betrachten ihn als ihren Schutzheiligen. Seine segnenden Verse verhelfen ihnen zu einer erfolgreichen Geburt. Der Buddha warnte seine Jünger oft davor, andere nach ihrem Aussehen und äußerlichen Verhalten zu beurteilen. Nur ein Buddha könne aufgrund seiner einzigartigen Fähigkeiten mit unfehlbarer Genauigkeit in das Herz eines anderen Menschen hineinblicken. Im Falle Aṅgulimālas erkannte der Buddha dessen verborgenes Potential, noch in diesem Leben zur Freiheit zu gelangen, nicht nur zur Befreiung von einer Wiedergeburt in niedereren Bereichen, sondern zur Befreiung von allem Leiden im endlosen Kreislauf der Wiedergeburten.

Auch im Christentum finden wir Beispiele für radikale Veränderungen im moralischen Verhalten eines Menschen. Da ist der Schächer am Kreuz von Golgotha, dem Jesus versprach, er werde noch am selben

Tage mit ihm im Paradiese sein. Der heilige Franz von Assisi bekehrte einen Räuberhauptmann und machte ihn zum Mönch. Immer wieder haben solche Fälle die Gemüter religiöser Menschen bewegt. Die Skeptiker werfen allerdings die Frage auf, wie ein derartiger Wandel möglich ist. Aṅgulimālas Geschichte kann uns vielleicht eine Antwort hierauf geben.[1]

Zur Zeit des Buddha hatte ein gelehrter Brahmane namens Bhaggavā Gagga die Stelle eines Hofpriesters bei König Pasenadi von Kosala inne. Damit war er einer der höchsten Würdenträger des Reiches. Eines Nachts gebar seine Frau Mantānī einen Sohn. Der Vater stellte sogleich das Horoskop des Jungen und musste zu seinem Missfallen feststellen, dass sein Sohn unter der «Räuberkonstellation» geboren war. Dies bedeutete, dass der Junge eine angeborene Neigung zu einem Leben als Verbrecher besaß.

Am Morgen ging der Brahmane wie immer zum Palast und fragte den König, wie er geschlafen habe. «Wie hätte ich gut schlafen können?», antwortete der König. «Ich wachte nachts auf und sah, wie meine Waffen, die am einen Ende des Bettes lagen, hell glänzten. Ich war deswegen zu erschrocken und verwirrt, um wieder Schlaf zu finden. Könnte dies eine Gefahr für mein Königreich oder mein Leben bedeuten?»

Der Brahmane sagte: «Habt keine Angst, mein König. Dieselbe merkwürdige Erscheinung war in der ganzen Stadt zu beobachten, doch sie betrifft Euch nicht. Letzte Nacht gebar meine Frau einen Sohn, und unglücklicherweise zeigt sein Horoskop die Räuberkonstellation. Das war wohl der Grund dafür, dass die Waffen so glänzten.»

«Wird er ein Einzelgänger sein oder ein Bandenführer?»

«Er wird ein Einzelgänger sein, Majestät.»

«Was ist, wenn wir ihn jetzt töten und damit künftige Missetaten verhindern?»

«Da er ein Einzelgänger sein wird, wollen wir ihn richtig erziehen. Vielleicht verliert er dabei seine bösen Neigungen.»

Der Knabe wurde Ahiṁsaka genannt, das heißt «der Ungefährliche». Der Name wurde ihm gegeben in der Hoffnung, dass er damit ein Ideal vor Augen habe, dem er nachstreben könne. Er wuchs zu einem kräftigen jungen Mann heran, verhielt sich ordentlich und war intelligent. Die Eltern hatten guten Grund zu der Annahme, seine bösen Neigungen würden von seiner Erziehung, Ausbildung und der religiösen Atmosphäre zu Hause in Schach gehalten.

Als die Zeit gekommen war, sandte der Vater Ahiṁsaka nach Takkasilā, der damals berühmtesten Universität. Der bedeutendste Lehrer an dieser Hochschule akzeptierte ihn als Schüler, und er war weiterhin so fleißig, dass er alle seine Mitstudenten übertraf. Er diente seinem Lehrer auch so ergeben und demütig, dass er zu dessen Lieblingsschüler avancierte. Sogar seine Mahlzeiten durfte er bei der Familie des Lehrers einnehmen. Da wurden die anderen Studenten neidisch. Sie diskutierten unter sich das Problem: «Seitdem dieser junge Ahiṁsaka eingetroffen ist, sind wir fast in Vergessenheit geraten. Wir müssen dem ein Ende setzen und zwischen ihm und dem Lehrer Zwietracht säen.» Der altbewährte Weg der Verleumdung war nicht leicht, denn nichts an Ahiṁsaka und seinem Lebenswandel bot eine Gelegenheit, ihn anzuschwärzen. «Wir müssen ihn dem Lehrer entfremden und dadurch dem Ganzen ein Ende setzen», meinten sie und beschlossen, die Gruppen sollten in einem zeitlichen Abstand voneinander mit dem Lehrer sprechen.

Die erste Gruppe ging zu dem Lehrer und sagte: «Man hört einige Gerüchte über das Haus.» – «Was denn, meine Lieben?» – «Wir glauben, dass Ahiṁsaka ein Komplott gegen Euch schmiedet.» Als der Lehrer dies hörte, regte er sich auf und schalt sie aus: «Macht, dass ihr fortkommt, ihr Elenden, versucht nicht, zwischen mir und meinem Sohn Zwietracht zu säen!» Nach einiger Zeit wandte sich die zweite Gruppe von Schülern mit einem ähnlichen Anliegen an den Lehrer. Dann kam die dritte Gruppe, die noch hinzufügte: «Wenn unser Lehrer uns nicht traut, so soll er doch selbst Nachforschungen anstellen.»

Schließlich ging die giftige Saat des Argwohns in seinem Herzen auf, und er gelangte zu der Ansicht, Ahiṁsaka, der an Körper und Geist so stark war, wolle ihn verdrängen. Hat das Misstrauen aber einmal Einlass gefunden, so findet es auch immer Anhaltspunkte, die es wiederum bestätigen. So wandelte sich der Verdacht des Lehrers in Überzeugung: «Ich muss ihn töten oder es so anstellen, dass er getötet wird», dachte er. Doch dann überlegte er weiter: «Es wird nicht leicht sein, einen derart kräftigen Mann umzubringen. Wird er getötet, während er hier als mein Schüler lebt, so wird dies meinem Ruf schaden, und es kommen keine Studenten mehr zu mir. Ich muss irgendetwas finden, um ihn loszuwerden und gleichzeitig zu bestrafen.»

Kurz danach waren Ahiṁsakas Studien beendet, und er bereitete sich darauf vor, nach Hause zurückzukehren. Da rief ihn der Lehrer zu sich und sagte: «Mein lieber Ahiṁsaka, wer seine Studien beendet hat, muss seinem Lehrer eine Ehrengabe überreichen.»

«Gewiss, Meister! Was soll ich geben?»

«Du musst mir tausend kleine Menschenfinger der rechten Hand bringen. Das wird dann deine abschließende zeremonielle Ehrung der Wissenschaften sein, in denen du bei mir unterwiesen worden bist.»

Der Lehrer erwartete wahrscheinlich, Ahiṁsaka würde bei seinem Versuch, das Geschenk zu beschaffen, entweder selbst getötet oder verhaftet und schließlich hingerichtet werden. Vielleicht hatte der Lehrer auch heimlich Ahiṁsakas Horoskop gestellt und dadurch von dessen latenter Neigung zur Gewalt erfahren.

Angesichts der an ihn gestellten absurden Forderungen rief Ahiṁsaka zunächst aus: «O Meister, wie kann ich das tun? Meine Familie hatte nie etwas mit Gewalt zu tun. Wir sind harmlose Leute.» – «Nun, wenn die Wissenschaft nicht die ihr zustehende zeremonielle Gabe erhält, wird sie für dich keine Früchte tragen.» Schließlich willigte Ahiṁsaka ein.

Die Quellen, auf denen unsere Erzählung beruht, verraten uns nicht, was Ahiṁsaka am Ende dazu brachte, die makabre Forderung seines Lehrers ohne weiteren Protest zu akzeptieren. Ein Grund mag der Glaube gewesen sein, dass bedingungsloser Gehorsam gegenüber dem Guru die erste Pflicht eines Schülers ist. Das war wohl ein Echo jener höheren Prinzipien, denen er in seinem ersten Lebensabschnitt gehorchte. Doch der stärkere Faktor hinter dieser Entscheidung dürfte seine angeborene Veranlagung zu Gewalt gewesen sein.

Bei seiner Einwilligung in die Forderung des Lehres dachte Ahiṁsaka nicht an den nahe liegenden Ausweg, der darin bestand, die Finger Leichen zu entnehmen, die überall herumlagen. Stattdessen beschaffte er sich Waffen, darunter ein großes Schwert, und ging in den wilden Jālini-Wald in seinem Heimatstaat Kosala. Dort lebte er auf einer hohen Klippe, von der aus er die darunter liegende Straße beobachten konnte. Wenn er Reisende sah, stürzte er sich auf sie, brachte sie um und entnahm seinen Opfern einen Finger. Zunächst hängte er die Finger in einen Baum, wo die Vögel das Fleisch fraßen, so dass die Knochen herunterfielen. Als er sah, dass die Knochen auf dem Boden verrotteten, fädelte er sie auf und trug sie wie eine Girlande. Von daher bekam er seinen Spitznamen Aṅgulimāla, «Fingergirlande».

Aṅgulimāla wird Mönch

Da Aṅgulimāla mit seine blutigen Angriffen fortfuhr, scheuten die Menschen den Wald, und bald wagte es niemand mehr, ihn zu betreten, nicht einmal die Feuerholzsammler. Aṅgulimāla musste sein Betätigungsfeld nun in die Umgebung der Dörfer verlegen. Von einem Versteck aus griff er die Vorbeikommenden an, schnitt ihnen die Finger ab und fädelte diese auf seinem Halsband auf. Er ging so weit, nachts in die Häuser einzudringen und die Einwohner zu töten, nur um ihrer Finger habhaft zu werden. Das tat er in mehreren Dörfern. Da niemand Aṅgulimālas unglaublicher Kraft widerstehen konnte, verließen die Menschen ihre Häuser, und die Dörfer leerten sich. Die obdachlosen Dorfbewohner zogen nach Sāvatthī, hausten in Zelten außerhalb der Stadt und fanden sich schließlich beim Königspalast ein. Dort erzählten sie unter Weinen und Wehklagen König Pasenadi von ihrem Schicksal. Der König erkannte, dass er etwas unternehmen musste. Er ließ die Trommel schlagen und ausrufen: «Der Räuber Aṅgulimāla muss sofort gefangen werden. Eine Abteilung der Armee soll zur Befehlsausgabe antreten!»

Offensichtlich waren damals Aṅgulimālas eigentlicher Name und seine Herkunft unbekannt. Doch seine Mutter spürte intuitiv, dass es niemand anderer sein konnte als ihr Sohn Ahiṁsaka, der nie von Takkasilā zurückgekehrt war. Als sie die öffentliche Bekanntmachung hörte, war sie sicher, dass er auf jene Abwege geraten war, die sein Horoskop vorhergesagt hatte. Sie ging zu ihrem Mann, dem Brahmanen Bhaggavā, und sagte: «Jener schreckliche Bandit ist unser Sohn! Nun machen sich Soldaten auf den Weg, ihn zu fangen. Bitte, mein lieber Mann, geh und finde ihn! Rede mit ihm, er soll sein Leben ändern. Bring ihn nach Hause. Sonst wird ihn der König töten.» Doch der Brahmane entgegnete ihr: «Ich habe keine Verwendung für einen solchen Sohn. Der König möge mit ihm tun, was er will.» Aus Liebe zu ihrem Sohn machte sich die Mutter allein auf in das bewaldete Gebiet, in dem sich Aṅgulimāla angeblich versteckte. Sie wollte ihn warnen und retten, ihn auch gleichzeitig beschwören, auf seinen üblen Lebenswandel zu verzichten und mit ihr zurückzukehren.

Zu jenem Zeitpunkt hatte Aṅgulimāla bereits 999 Finger gesammelt; es fehlte also nur noch einer, um die von seinem Meister genannte Zahl zu erreichen. Um diese Aufgabe zu einem Ende zu bringen, hätte er wohl auch seine Mutter getötet, die sich ihm auf ihrem Weg immer mehr näherte. Doch Muttermord ist eines jener fünf abscheulichen Verbrechen, die unweigerlich zu einer unmittelbaren Wiedergeburt in der Hölle führen. Ohne es zu wissen, stand Aṅgulimāla somit am Abgrund zur Hölle.

Gerade in dieser Situation – der Buddha befand sich im zwanzigsten Jahr seiner Lehrtätigkeit – wurde der Meister auf Aṅgulimāla aufmerksam, als er die Welt mit großem Mitleid überblickte. Da sich der Buddha an frühere Existenzen erinnern konnte, war ihm diese Person nicht unbekannt. In vielen früheren Existenzen waren sie schon zusammengetroffen, und oft hatte der Bodhisatta Aṅgulimālas körperliche Stärke mit der Stärke seines Geistes überwunden. Einmal war Aṅgulimāla sogar der Onkel des Bodhisatta gewesen (Jāt. 513). Als sich ihre Wege nun erneut kreuzten und der Buddha die große Gefahr sah, in der Aṅgulimāla schwebte, zögerte er nicht, dreißig Meilen zu Fuß zurückzulegen, um ihn vor einer nicht wieder gutzumachenden spirituellen Katastrophe zu bewahren.

Das *Aṅgulimāla-Sutta* (MN 86) berichtet:

> Kuhhirten, Schafhirten und Bauern, die vorüberkamen, sahen, wie der Erhabene auf der Straße ging, die zu Aṅgulimāla führte, und warnten ihn: «Nimm nicht diesen Weg, Eremit. Auf dieser Straße lauert der Bandit Aṅgulimāla. Er ist ein Mörder. Er hat Blut an den Händen, ist grausam und gewalttätig, ohne Mitleid

gegenüber Lebewesen. Dörfer, Städte und ganze Distrikte sind seinetwegen entvölkert. Er bringt dauernd Menschen ums Leben und trägt ihre Finger als Girlande. Männer sind auf diesem Weg in Gruppen von zehn, zwanzig, dreißig und sogar vierzig gegangen, doch sie fielen alle in Aṅgulimālas Hände.» Nachdem sie dies gesagt hatten, ging der Erhabene still weiter. Die Menschen warnten ihn ein zweites und sogar ein drittes Mal, doch der Erhabene zog stumm weiter.

Von seinem Ausguck aus sah Aṅgulimāla zuerst seine Mutter näher kommen. Obwohl er sie erkannte, wollte sich in seinem erbarmungslosen Herzen doch die Gewalttätigkeit Bahn schaffen, und er entschloss sich, die Zahl der Finger voll zu machen, indem er die Frau tötete, die ihn auf diese Welt gebracht hatte. Gerade in diesem Augenblick erschien der Buddha auf dem Weg zwischen Aṅgulimāla und seiner Mutter. Aṅgulimāla sah ihn und dachte: «Warum sollte ich meine Mutter wegen eines Fingers töten, wenn da jemand anders ist? Ich lasse sie am Leben. Ich werde den Asketen töten und seinen Finger abschneiden.» Das Sutta fährt fort:

Aṅgulimāla nahm dann sein Schwert und seinen Schild, legte seinen Bogen und seinen Köcher um und folgte dem Erhabenen auf dem Fuß. Dieser aber bewirkte kraft seiner übermenschlichen Fähigkeiten, dass der Bandit Aṅgulimāla ihn nicht erreichen konnte, obwohl er so schnell lief, wie er konnte. Da dachte der Räuber Aṅgulimāla: «Das ist merkwürdig! Das ist wunderbar! Früher konnte ich sogar einen schnellen Elefanten einholen und ihn erlegen. Ich konnte sogar ein schnelles Pferd einholen und es ergreifen. Ich konnte sogar einen schnellen Wagen einholen und ihn packen. Ich konnte sogar einen schnellen Hirsch einholen und ihn erlegen. Doch jetzt gehe ich, so schnell ich kann, und kann doch nicht diesen Asketen einholen, der mit normalem Schritt geht.» Er hielt inne und rief dem Erhabenen zu: «Halt an, Asket! Halt an, Asket!»

«Ich halte an, Aṅgulimāla. Halte auch du inne.»

Da dachte der Bandit Aṅgulimāla: «Diese Asketen, die Anhänger der Sakya, sprechen die Wahrheit und stehen ein für die Wahrheit, doch obwohl dieser Asket geht, sagt er: Ich halte an, Aṅgulimāla, halte auch du inne. Sollte ich den Asketen danach fragen?» Dann wandte er sich an den Erhabenen mit folgenden Versen:

«Während du gehst, Asket, sagst du mir,
du hältst inne;
Doch nun, da ich stehen geblieben
bin, sagst du mir, ich hätte nicht
innegehalten.
Ich frage dich nun, Asket,
was das bedeutet:

Wie kommt es, dass du innegehalten hast
und ich nicht?»

Und der Erhabene antwortete:
«Aṅgulimāla, ich habe für alle Zeiten
innegehalten,
Ich enthalte mich der Gewalt gegenüber
Lebewesen.
Du aber kennst keine Gnade gegenüber
atmenden Wesen:
So kommt es, dass ich innegehalten habe
und du nicht.»

Als Aṅgulimāla diese Worte hörte, vollzog sich in seinem Herzen eine zweite, größere Verwandlung. Der lange unterdrückte Strom seiner edleren, reineren Neigungen schlug eine Bresche in den Wall aus verhärteter Grausamkeit, an die er sich in den letzten Jahren seines Lebens gewöhnt hatte. Er erkannte, dass der Asket, der vor ihm stand, kein gewöhnlicher Bhikkhu, sondern der Erhabene selbst war. Intuitiv merkte er, dass der Meister nur seinetwegen in den Wald gekommen war, um ihn vor dem Abgrund zu bewahren, in den er zu fallen drohte. Zutiefst erschüttert warf er seine Waffen weg und versprach, ein völlig neues Leben zu beginnen.

«Vor langer Zeit kam dieser Asket,
ein verehrungswürdiger Weiser,
In diesen großen Wald, um
meinetwillen.
Ich hörte deinen Vers, der mich
den Dhamma lehrte,
Und ich will für ewig dem Bösen
entsagen.»

Mit diesen Worten nahm der Räuber
sein Schwert und seine Waffen
Und schleuderte sie in einen klaffenden
Abgrund.
Der Bandit warf sich dem Erhabenen
zu Füßen
Und bat an Ort und Stelle um
die Ordination.

Der Erleuchtete, ein Weiser
voller Mitleid,
Der Lehrer der Welt mit all
ihren Göttern,
Sprach zu ihm nur folgende Worte:
«Komm, o Mönch»,
Und so wurde dieser ein Bhikkhu.

Obwohl keine der herkömmlichen Quellen uns etwas über die innere Seite von Aṅgulimālas Verwandlung berichtet, können wir annehmen, dass die Präsenz Buddhas es ihm ermöglichte, in einem Augenblick das unauslotbare Leiden zu erkennen, in das er verstrickt war, und das noch größere Elend, das ihn erwartete, wenn das schlechte Kamma heranreifen würde. Er muss erkannt haben, dass er das Opfer seiner Selbsttäuschung war, und es muss ihm klar geworden sein, dass der einzige Weg, den Folgen seines Tuns zu entgehen, darin bestand, die Wurzel allen Leidens und aller Wiedergeburten radikal auszureißen. Nachdem er das erkannt hatte, gab es für ihn in dieser Welt keine Hoffnung mehr. Er musste ganz der Aussicht auf endgültige Befreiung vertrauen und seine Selbsttäuschung überwinden. Das bewog ihn, den radikalen Schritt eines vollständigen Verzichts zu tun, in den Sangha einzutreten und ein spiritueller Sohn des Erwachten, seines Retters und seiner Zuflucht, zu werden.

Nicht lange danach machte sich der Buddha mit einer großen Zahl von Mönchen und mit Aṅgulimāla als seinem Diener auf den Weg nach Sāvatthī, Aṅgulimālas Heimat. Sie kamen etappenweise vorwärts. Die Leute von Sāvatthī wussten noch nichts von der großen Verwandlung Aṅgulimālas, und sie beklagten sich darüber, dass der König mit der Entsendung von Truppen, die den Banditen aufspüren und gefangen nehmen sollten, zu lange gezögert habe. Nun machte sich König Pasenadi selbst an der Spitze einer großen Abteilung mit seinen besten Soldaten auf den Weg zu Aṅgulimālas Versteck, dem Jālinī-Wald. Dabei kam er am Jetavana-Kloster vorbei, wo der Buddha gerade eben eingetroffen war. Da der König seit Jahren ein frommer Anhänger des Buddha war, machte er Halt, um dem Meister seine Ehrerbietung zu erweisen.

Als der Budda die Soldaten sah, fragte er König Pasenadi, ob er von einem benachbarten König angegriffen worden sei und ob er in den Krieg ziehe. Der König sagte, es gebe keinen Krieg. Vielmehr sei er mit seinen Soldaten hinter einem einzelnen Mann her, dem Mörder Aṅgulimāla. «Doch», so fügte er mit Bedauern hinzu, «es wird mir nie gelingen, ihn zu erledigen.»

Da sagte der Erhabene: «Großer König, nehmen wir an, du siehst jenen Aṅgulimāla mit geschorenem Haar und Bart, angetan mit einem safrangelben Gewand, wie er in die Hauslosigkeit gezogen ist. Er enthält sich nun des Tötens von Lebewesen, des Nehmens dessen, was nicht gegeben wurde, und des Lügens. Er isst nicht mehr nachts, isst nur noch einmal am Tag, lebt keusch, tugendhaft und ist von edlem Charakter. Wenn du ihn so sähest, was würdest du mit ihm tun?»

«Ehrwürdiger Herr, wir würden ihn ehrerbietig grüßen, uns vor ihm erheben und ihn zum Sitzen einladen. Wir würden ihn bitten, die vier Requisiten eines Mönches anzunehmen, und wir würden ihm, wie es das Gesetz vorsieht, Schutz und Schirm und Obhut angedeihen lassen. Doch, ehrwürdiger Herr, er ist ein unmoralischer Mann mit schlechtem Charakter. Wie könnte er jemals solche Tugend und Läuterung erfahren?»

Da hob der Meister seinen rechten Arm und sagte zu König Pasenadi: «Hier, großer König, dies ist Aṅgulimāla.»

Der König war nun in höchstem Maße alarmiert und die Haare standen ihm zu Berge. Er verlor völlig die Fassung, so schrecklich war Aṅgulimālas Ruf. Doch da sagte der Buddha: «Hab keine Angst, großer König. Du brauchst nichts zu befürchten.»

Als der König seine Fassung wiedergewonnen hatte, ging er dem ehrwürdigen Aṅgulimāla und fragte ihn nach dem Familiennamen seines Vaters und seiner Mutter. Er dachte nämlich, es sei unschlicklich, den Mönch mit dem Namen anzureden, der an seine grausamen Taten erinnerte. Als er hörte, dass sein Vater ein Gagga und seine Mutter eine Mantāni war, war er sehr überrascht. Aṅgulimāla war also der Sohn seines Hofpriesters, und er erinnerte sich sehr gut an die merkwürdigen Umstände seiner Geburt. Der König war tief bewegt, dass es dem Buddha gelungen war, diesen grausamen Mann zu einem freundlichen Mitglied des Mönchsordens zu machen. Er bot an, «den edlen Gagga Mantāniputta» mit allen Requisiten eines Mönchs auszustatten, das heißt, mit Roben, Nahrung, Unterkunft und Heilmitteln. Doch Aṅgulimāla hatte sich verpflichtet, die vier strikten asketischen Regeln (*dhutaṅga*) einzuhalten: Er lebte im Wald, machte die Almosenrunde, trug aufgelesene Fetzen als Kutte und beschränkte sich auf einen Satz von drei Roben. So anwortete er denn: «Ich habe genug, großer König, meine dreifache Robe ist vollständig.»

Da wandte sich König Pasenadi erneut an den Buddha und rief: «Es ist wunderbar, ehrwürdiger Herr, wie der Erhabene die Unbändigen bändigt, den Kriegerischen besänftigt, den Unruhigen beruhigt. Diesen, den wir weder mit Strafen noch mit Waffen bezwingen konnten, hat der Erhabene ohne Strafen und ohne Waffen besiegt.»

Sobald Aṅgulimāla seine Almosenrunde angetreten hatte, rannten die Menschen voller Furcht vor ihm weg und schlossen ihre Türen. So war es am Rand von Sāvatthī, wohin sich Aṅgulimāla zuerst gewandt hatte, und so war es auch in der Stadt selbst. Aṅgulimāla hatte gehofft, er würde dort weniger auffallen. Aber er konnte während seiner Almosenrunde nicht einen Löffel voll Essen oder eine Kelle Reisschleim bekommen.

Der Vinaya (1:74) berichtet, dass einige Menschen beim Anblick Aṅgulimālas in Mönchsrobe ärgerlich wurden und sagten: «Wie können diese Asketen, die Mönche der Sakya, einen notorischen Kriminellen ordinieren!» Mönche, die das hörten, erzählten es dem Buddha, worauf dieser eine Regel verkündete: «Ihr Mönche, ein notorischer Verbrechter sollte nicht geweiht werden. Wer einen solchen Menschen ordiniert, tut etwas Falsches (*dukkaṭa*).» Der Budha wusste wohl, dass er das Potential des Guten, das auch einem Verbrecher innewohnte, zwar wahrnehmen konnte, dass aber diejenigen, die nach ihm kommen würden, wohl weder über die entsprechende Fähigkeit noch über die hierzu notwendige Autorität verfügten. Die Aufnahme früherer Verbrecher könnte auch Unbußfertige dazu verleiten, den Mönchsorden als Zuflucht vor Gefangennahme und Strafe zu verwenden.

Einige wenige Menschen hatten schließlich Vertrauen in das Urteil des Buddha, änderten ihre Haltung Aṅgulimāla gegenüber und gaben ihm Almosen, wenn er vor ihrer Tür stand. Die meisten verhielten sich jedoch weiterhin feindlich. Obwohl Aṅgulimāla merkte, dass es keinen Sinn hatte, in seiner Heimatstadt auf Almosenrunde zu gehen, hielt er daran als einer Pflicht fest.

«Gesegnet mit edler Geburt»

Eines Tages sah Aṅgulimāla auf seinem Almosengang eine Frau in den Wehen. Sie hatte große Schwierigkeiten, ihr Kind zur Welt zu bringen. Sofort füllte sich sein Herz mit Mitleid und er dachte: «Wie sehr müssen doch die Wesen leiden! Wie sehr müssen sie leiden!» Nach seiner Rückkehr ins Kloster berichtete er davon seinem Meister. Dieser sagte zu ihm: «So geh denn wieder nach Sāvatthī, Aṅgulimāla, und sag zu jener Frau: ‹Schwester, seitdem ich geboren wurde, kann ich mich nicht erinnern, dass ich mit Absicht ein Lebewesen getötet habe. Aufgrund dieser Wahrheit möge es dir gut gehen, und dein Kind möge gesund sein.›» Doch Aṅgulimāla protestierte: «Wenn ich das sage, Meister, würde ich dann nicht vorsätzlich lügen? Denn ich habe doch mit Absicht vielen Lebewesen das Leben genommen.»

«So sag denn, Aṅgulimāla, zu jener Frau: ‹Schwester, seitdem ich gesegnet bin mit edler Geburt, kann ich mich nicht daran erinnern, dass ich jemals mit Absicht ein Lebewesen getötet habe. Aufgrund dieser Wahrheit möge es dir gut gehen, und dein Kind möge gesund sein.›»

Aṅgulimāla ließ jener Frau mitteilen, er würde kommen. Die Menschen installierten einen Vorhang im Zimmer der Frau, auf dessen einer Seite sich ein Stuhl befand, auf dem der Mönch sitzen sollte. Als Aṅgulimāla das Haus dieser Frau betrat, tätigte er die «Wahrheitsbekräftigung», die ihm der Buddha vorgeschlagen hatte. Seine Worte entsprachen in der Tat der Wahrheit, denn er hatte eine edle Geburt – eine spirituelle Wiedergeburt – erfahren, als der Buddha ihn zum Mönch geweiht hatte. Die Bekehrung seines Herzens gab ihm die Kraft, zu helfen und zu heilen. Diese Kraft war noch stärker als seine frühere, mit der er verletzt und getötet hatte. Durch die Macht dieser Bekräftigung kam das Kind auf die Welt, und Mutter wie Kind blieben gesund.

Im Allgemeinen pflegte der Buddha keine Toten zu erwecken oder Kranke mit Geisteskräften zu heilen, denn er wusste, dass die Wiederbelebten doch eines Tages sterben mussten. Er zeigte größeres Erbarmen, wenn er die Menschen über den wahren Zustand der Todlosigkeit und den Weg dorthin belehrte. Doch warum machte der Buddha im Fall von Aṅgulimāla eine Ausnahme und lehrte ihn, die Macht der Wahrheit zu Heilzwecken zu verwenden? Die Gründe, die die Lehrer früher dafür vorbrachten, sind im Kommentar zum *Aṅgulimāla-Sutta* verzeichnet:

Es gibt welche, die fragen: «Warum ließ der Erhabene einen Mönch die Arbeit eines Arztes tun?» Darauf die Antwort: Das ist es nicht, was der Buddha tat. Eine Wahrheitsbekräftigung ist keine medizinische Handlung, sie wird geleistet, nachdem man über seine eigene Tugend nachgedacht hat. Der Erhabene wusste, dass Aṅgulimāla kaum Almosen bekam, weil sich die Menschen fürchteten, wenn sie ihn sahen, und folglich wegliefen. Um ihm in dieser Situation zu helfen, ließ er Aṅgulimāla eine Wahrheitsbekräftigung leisten. Dabei würden die Menschen denken: «Wenn er in sich einen Gedanken der liebenden Fürsorge erweckt, so kann nun der Mönch Aṅgulimāla durch eine Wahrheitsbekräftigung den Menschen Sicherheit bringen», und sie hätten keine Angst mehr vor ihm. Dann bekäme Aṅgulimāla auch genügend Essen und wäre kräftig genug, seinen Pflichten als Mönch nachzukommen. Bis zu jenem Zeitpunkt war Aṅgulimāla noch nicht fähig, seinen Geist auf das grundlegende Objekt seiner Meditation zu richten. Obwohl er sich Tag und Nacht darin übte, erschien vor seinem geistigen Auge immer der Ort in der Wildnis, an dem er so viele Menschen umgebracht hatte. Er hörte ihre klagenden Stimmen, wie sie ihn anflehten: «Lasst mich leben, mein Herr! Ich bin ein armer Mann und habe viele Kinder!» Er sah vor seinem geistigen Auge, wie sich ihre Arme und Beine in Todesangst frenetisch bewegten. Angesichts solcher Erinnerungen hatte er starke Gewissensbisse, und er konnte nicht mehr bequem auf seinem Meditationssitz verharren. Deswegen ließ ihn der Erhabene diese Wahrheitsbestätigung seiner edlen Wiedergeburt tätigen. Er bezweckte damit, dass Aṅgulimāla seine «Geburt» in Form eines Mönches als etwas Besonderes betrachtete, so dass er angespornt wurde, seine Einsicht zu verstärken und die Arahatschaft zu erreichen.

Dieses Ereignis erwies sich als große Hilfe für Aṅgulimāla, und er zeigte seine Dankbarkeit dem Meister gegenüber auf die bestmögliche Weise, indem er die Aufgabe, die ihm der Buddha gestellt hatte, vollständig erfüllte:

> Bald realisierte der ehrwürdige Aṅgulimāla, einsam, abgesondert, unermüdlich, eifrig und entschieden, für sich selbst das vollkommene Wissen. Er drang zu jenem höchsten Ziel des heiligen Lebens vor, um dessentwillen edle Söhne das Leben zu Hause aufgeben und in die Hauslosigkeit ziehen. Er wusste nun: «Die Wiedergeburt ist zerstört, das heiligmäßige Leben gelebt, was getan werden musste, ist getan, diese Welt ist abgeschlossen.» Der ehrwürdige Aṅgulimāla wurde ein Arahat.

Ganz zu Ende traf sein früherer Name Ahiṁsaka, der Ungefährliche, voll und ganz auf ihn zu. Seit jener Begebenheit mit der gebärenden Frau waren die meisten Menschen von seiner inneren Umwandlung überzeugt. Es fehlte ihm auch nicht mehr an Unterstützung, wenn er in Sāvatthī seine Almosenrunde machte. Einige allerdings konnten nicht vergessen, dass der Räuber Aṅgulimāla verantwortlich gewesen war für den Tod ihrer Lieben. Da ihnen der gesetzmäßige Weg versperrt war, nahmen sie die Angelegenheit in die eigenen Hände und griffen Aṅgulimāla mit Stöcken und Steinen an, wenn er seine Almosenrunde antrat. Ihre Attacken müssen ziemlich brutal gewesen sein, denn Aṅgulimāla kehrte mit erheblichen Verletzungen zum Buddha zurück. Blut floss von seinem Kopf, seine Schale war zerbrochen, seine äußere Robe zerrissen. Der Meister sah ihn kommen und rief ihm zu: «Halt es aus, Brahmane! Halt es aus, Brahmane! Du erfährst hier und jetzt die Vergeltung für Taten, für die du in der Hölle viele Jahre, viele Jahrhunderte, viele Jahrtausende hättest büßen müssen.»

Als Arahat blieb Aṅgulimāla in Geist und Herz fest und unverwundbar. Doch sein Körper, das Symbol und die Frucht früheren Kammas, war immer noch den Auswirkungen seiner früheren schlechten Taten ausgesetzt. Sogar der Buddha musste als Ergebnis früherer Taten eine leichte Verletzung von der Hand seines bösen Cousins Devadatta hinnehmen. Auch die beiden Hauptjünger erfuhren körperliche Gewalt: Sāriputta wurde von einem boshaften Dämon auf den Kopf geschlagen, Moggallāna sogar brutal ermordet. Wenn selbst diese drei Großen körperlicher Gewalt nicht zu entgehen vermochten, um wie viel weniger konnte dann Aṅgulimāla einem solchen Schicksal entkommen – er, der in seinem damaligen Leben so viel Schlechtes getan hatte? Es war aber nur sein Körper, der diese Schläge erhielt, nicht sein Geist, der in unantastbarem Gleichgewicht verharrte. Als Heiliger brauchte er auch keine Tröstung oder Ermunterung. Auf diese Weise können wir Buddhas Worte an Aṅgulimāla verstehen. Sie erinnerten ihn an die karmische Verknüpfung von Ursache und Wirkung, der er immer noch unterworfen war, obwohl seine innere Umwandlung vieles gebessert hatte.

Aṅgulimālas Verse

Für die späteren Jahre in Aṅgulimālas Leben gibt es als Quelle nur seine eigenen Verse in den *Theragāthā*.[2] Sie sagen uns, dass er an einsamen Orten lebte, in Wäldern, Höhlen und im Gebirge, und dass er seine Tage glücklich verbrachte, nachdem er schließlich und endlich die richtige Wahl getroffen hatte.

Wer früher nachlässig lebte
Und dann nicht mehr nachlässig ist,
Der erleuchtet die Welt
Wie der Mond, der hinter einer Wolke
hervortritt. (871)

Wer die eigenen bösen Taten
auslöscht,
Indem er heilsame Taten vollbringt,
Der erleuchtet die Welt
Wie der Mond, der hinter einer Wolke
hervortritt. (872)

Der junge Mönch, der seine
Anstrengungen
Auf die Lehre Buddhas richtet,
Der erleuchtet die Welt,
Wie der Mond, der hinter einer Wolke
hervortritt. (873)

Lass meine Feinde nur eine Predigt
über den Dhamma hören,
Lass sie Anhänger werden von Buddhas
Lehre,
Lass meine Feinde auf jene guten
Menschen warten,
Die andere dazu bringen, den Dhamma
zu akzeptieren.[3] (874)

Lass meine Feinde von Zeit
zu Zeit
Den Lehren von Männern lauschen,
die Nachsicht predigen,
Von jenen, die die Fürsorge preisen,
Und lass sie den Dhamma mit
freundlichen Taten befolgen. (875)

Sicher werden sie mir dann nichts Böses
mehr tun,
Und sie werden nicht daran denken,
anderen Wesen zu schaden.

So lass denn jene, die alle Wesen,
die starken wie die schwachen,
beschützen,
Den alles übersteigenden Frieden
erreichen. (876)

Kanalbauer lenken das Wasser,
Bogenmacher glätten den Pfeil,
Zimmerleute richten das Holz
gerade,
Doch weise Männer versuchen,
sich selbst zu zähmen. (877)

Einige zähmen mit Schlägen,
Andere mit Stachelstöcken, wiederum
andere mit Peitschen.
Doch ich wurde gezähmt von einem,
Der weder Stab noch sonst eine Waffe
hatte. (878)

«Ungefährlich» lautet der Name,
den ich trage,
Obwohl ich in der Vergangenheit
gefährlich war.
Der Name, den ich heute trage,
ist wahr:
Ich schade keinem Lebewesen mehr.
(879)

Und obwohl ich einst als Bandit
lebte,
Mit dem Namen «Fingergirlande»,
Trug mich die große Flut fort
Und ich fand Zuflucht beim Buddha.
(880)

Und obwohl einst Blut an mir klebte,
Der ich den Namen «Fingergirlande» trug,
Sah ich die Zuflucht, die ich gefunden hatte:
Die Fessel des Seins ist durchschnitten. (881)

Während ich viele Dinge tat,
Die zu einer Wiedergeburt in unheilvollen Bereichen führten,
Hat mich ihr Ergebnis jetzt erreicht;
Und so esse ich nun frei von Schuld. (882)

Narren sind jene, Männer ohne Verstand,
Die sich der Nachlässigkeit hingeben.
Doch wer weise ist, pflegt die Achtsamkeit
Und behandelt sie als sein größtes Gut. (883)

Gebt euch nicht der Nachlässigkeit hin,
Sucht nicht die sinnlichen Vergnügen,
Meditiert vielmehr mit Achtsamkeit,
Damit ihr das höchste Heil erlangt. (884)

Willkommen bei der Wahl, die ich getroffen habe.
Lasst sie stehen, sie ist nicht schlecht.
Von allen Lehren, die die Menschen kennen,
Habe ich die beste gefunden. (885)

Willkommen bei der Wahl, die ich getroffen habe.
Lasst sie stehen, sie ist nicht schlecht.
Ich bin zum dreifachen Wissen vorgedrungen
Und habe alles getan, was Buddha lehrt. (886)

Ich lebte in Wäldern, am Fuß eines Baumes,
Ich lebte in Berghöhlen.
Doch wohin ich auch ging,
Mein Herz war stets in Aufregung. (887)

Aber nun ruhe ich, stehe glücklich auf
Und verbringe voller Glück mein Leben.
Denn nun bin ich frei von Māras Fesseln –
Welches Mitleid zeigte der Meister mit mir! (888)

Von der Abstammung her war ich Brahmane,
Von beiden Seiten hoch geboren und rein.
Heute bin ich der Sohn des Meisters,
Mein Lehrer ist der König des Dhamma. (889)

Frei von Begehren, ohne Anhaften,
Die Sinne gezügelt, wohl gebändigt,
Ausgespien habe ich die Wurzeln
des Elends,
Das Ende aller Verderbtheit habe ich
erreicht. (890)

Dem Meister habe ich treulich gedient,
Und alle Gebote Buddhas wurden
erfüllt.
Die schwere Last ist endlich gewichen;
Was zur Wiedergeburt führt, ist
abgeschnitten. (891)

9

ANĀTHAPIṆḌIKA
BUDDHAS WICHTIGSTER GÖNNER

(von Hellmuth Hecker)

Anāthapiṇḍika wird Jünger

«Das habe ich gehört. Bei einer Gelegenheit weilte der Erhabene in Sāvatthī, in Jetavana, dem Kloster des Anāthapiṇḍika ...» Viele Lehrreden Buddhas beginnen mit diesen Worten, und deswegen ist der Name des großen Laienjüngers Anāthapiṇḍika all jenen bekannt, die mit buddhistischer Literatur vertraut sind. Er bedeutet «einer, der dem Hilflosen (*anātha*) Almosen (*piṇḍa*) gibt» und ist die Ehrenbezeichnung des Hausvaters Sudatta aus der Stadt Sāvatthī. Wer war er? Wie traf er mit dem Buddha zusammen? Wie stand er zur Lehre? Die Antworten auf diese Fragen finden wir in den vielen Aussagen über ihn, denen wir in den überlieferten Texten begegnen.

Anāthapiṇḍikas erste Begegnung mit dem Buddha fand kurz nach der dritten Einkehr während der Regenzeit nach der Erleuchtung des Meisters statt. In dieser frühen Zeit hatte der Buddha noch keinerlei Bestimmungen hinsichtlich der Wohnstätten der Mönche erlassen. Die Bhikkhus lebten, wo sie wollten, in Wäldern, unter Bäumen, unter überhängenden Felsen, in Schluchten, Höhlen, sogar auf Leichenplätzen oder einfach draußen. Eines Tages wurde ein reicher Kaufmann aus Rājagaha, der Hauptstadt des Königsreichs Magadha, zu einem frommen Laienanhänger des

Buddha. Als er sah, wie die Mönche lebten, forderte er sie auf, ihren Meister zu fragen, ob er ihnen gestatten würde, in festen dauerhaften Wohnungen zu leben. Als der Buddha seine Erlaubnis gab, ließ der Kaufmann nicht weniger als sechzig Wohnstätten für die Mönche bauen. Er erklärte dies damit, dass er sich Verdienste erwerben müsse. Mit dem Bau jenes ersten buddhistischen Klosters war der Grundstein gelegt für die Ausbreitung des Dhamma, denn hier gab es nun eine Ausbildungsstätte für den Orden.[1]

Dieser Kaufmann hatte einen Schwager namens Sudatta, der aber immer Anāthapiṇḍika genannt wurde. Er war der reichste Kaufmann in Sāvatthī. Eines Tages machte Anāthapiṇḍika im benachbarten Staat Magadha eine Geschäftsreise und kam auch nach Rājagaha. Wie immer führte ihn sein Weg zuerst zu seinem Schwager, dem er freundschaftlich verbunden war. Als er das Haus betrat, bemerkte er zu seinem Erstaunen, dass kaum von ihm Notiz genommen wurde. Sonst hatte ihm sein Schwager stets seine volle Aufmerksamkeit gewidmet und auch die anderen Hausbewohner hatten ihn freudig empfangen. Doch nun musste er feststellen, dass alle sehr beschäftigt waren und eifrig etwas vorbereiteten. Er fragte seinen Schwager, was dies zu bedeuten habe: «Eine Hochzeit? Ein großes Opfer? Ein Besuch des Königs?» Doch der Schwager erklärte: «Ich habe den Erleuchteten mit seinem Mönchsorden eingeladen, und sie kommen morgen zum Essen.»

Da horchte Anāthapiṇḍika auf: «Sagtest du, ‹der Erleuchtete›?» «In der Tat», antwortere der Schwager, «morgen kommt der Erleuchtete.» Doch Anāthapiṇḍika mochte seinen Ohren nicht trauen und fragte noch ein zweites und drittes Mal: «Sagtest du, ‹der Erleuchtete›?» Dann atmete er tief auf und meinte: «Allein der Klang dieser Worte ist selten in dieser Welt – der Erleuchtete. Kann man ihn wirklich sehen?» Sein Schwager antwortete: «Heute würde es nicht passen, aber vielleicht morgen früh.»

In der darauf folgenden Nacht fand Anāthapiṇḍika nur wenig Schlaf, so sehr freute er sich auf das Zusammentreffen am nächsten Morgen. Schon vor Sonnenaufgang stand er auf und ging aus der Stadt in Richtung des Klosters. In der Dunkelheit übermannte ihn die Furcht, Zweifel und Ungewissheit waren in seinem Herzen, und alle seine weltlichen Instinkte sagten ihm, er solle umkehren. Doch ein unsichtbarer Geist namens Sīvaka forderte ihn auf weiterzugehen:

Einhunderttausend Elefanten,
Einhunderttausend Pferde,
Einhunderttausend von Maultieren
gezogene Wagen,
Einhunderttausend Mädchen,
Geschmückt mit Juwelen und
Ohrringen –
Sie sind nicht ein Sechzehntel wert
Eines einzigen Schrittes nach vorn.

«Geh weiter, Hausvater! Geh weiter, Hausvater! Weitergehen ist besser für dich als umzukehren.»

Und so setzte Anāthapiṇḍika entschlossen seinen Weg fort. Nach einer Weile sah er in der Dämmerung, wie eine Gestalt still auf und ab ging. Anāthapiṇḍika hielt inne. Die Gestalt sprach ihn mit unbeschreiblich melodiöser Stimme an: «Komm, Sudatta!»

Anāthapiṇḍika war überrascht, denn niemand dort verwendete seinen Geburtsnamen. Er war nur als Anāthapiṇḍika bekannt, und überdies kannte der Buddha ihn nicht, und er war auch völlig unerwartet gekommen. Nun war er sich aber sicher, dass er vor dem Erleuchteten stand. Überwältigt von der Bedeutung dieser Begegnung, fiel er dem Meister zu Füßen und fragte ihn mit zitternder Stimme: «Hat der Gesegnete gut geschlafen?» Mit seiner Antwort auf diese konventionelle Frage gestattete der Buddha Anāthapiṇḍika einen Blick auf sein wahres Wesen:

In der Tat schläft er immer gut,
Der Brahmane, der vollständig
erloschen ist
Und nicht sinnlichen Vergnügungen
nachjagt.
Er ist kühl in seinem Herzen,
ohne Gewinnsucht.

Nachdem er alle Bindungen
durchschnitten
Und die Sorge aus seinem Gemüt
verbannt hat,
Schläft der Friedfertige in der Tat gut,
Denn er hat die Ruhe des Herzens
gefunden.

Dann sprach der Erhabene zu Anāthapiṇḍika nacheinander über das Geben, die Tugend, die Himmel, über die Gefahren, die Eitelkeit und die befleckende Natur sinnlicher Vergnügen und schließlich über den Nutzen des Verzichts. Als er erkannte, dass Anāthapiṇḍika in seinem Herzen und in seinem Geist bereit war – geschmeidig, unbehindert, aufgerichtet und heiter –, legte er ihm die Lehren dar, wie es nur die Erleuchteten können: Er sprach von den Vier Edlen Wahrheiten, vom Ursprung des Leidens, von dessen Ende und vom Pfad. Dabei wurde Anāthapiṇḍika das klare Auge der Wahrheit (*dhammacakkhu*) geöffnet: «Was irgendwie entstanden ist, wird auch wieder untergehen.» Anāthapiṇḍika verstand die Wahrheit des Dhamma, überwand alle Zweifel und war ganz ohne Schwanken. In sich selbst gefestigt, war er nun in der Weisung des Meisters nur von sich selbst abhängig. Er hatte den Pfad erkannt und die Frucht des Stromeintritts (*sotāpatti*) erlangt.

Er lud den Erhabenen zu einem Besuch am nächsten Tag im Hause seines Schwagers ein, und der Meister stimmte zu. Nach dem Essen fragte Anāthapiṇḍika den Buddha, ob er ein Kloster für den Orden in seiner Heimatstadt Sāvatthī bauen dürfe. Der Buddha antwortete: «Die Erleuchteten lieben stille Plätze.» «Ich verstehe, o

Meister, ich verstehe», antwortete Anāthapiṇḍika, hoch erfreut über die Zusage.[2]

Als Anāthapiṇḍika nach Sāvatthī zurückkehrte, forderte er die Menschen unterwegs auf, den Buddha würdig zu empfangen. In Sāvatthī angekommen, machte er sich sofort auf die Suche nach einem geeigneten Platz für das Kloster. Er sollte nicht zu nahe an der Stadt liegen, aber auch nicht so weit entfernt sein. Er durfte tagsüber nicht überlaufen und nachts nicht zu laut sein. Er sollte sich sowohl für fromme Besucher als auch für solche Mönche eignen, die zur Abgeschiedenheit neigen. Schließlich fand er in der Hügelkette um die Stadt einen wunderschönen Platz im Wald, der geradezu ideal war. Er hieß Jetavana – wörtlich übersetzt «Jetas Hain» – und gehörte dem Prinzen Jeta, einem Sohn von König Pasenadi.

Anāthapiṇḍika besuchte Prinz Jeta in seinem Palast und fragte ihn, ob der Wald zu kaufen sei. Der Prinz erwiderte, er würde ihn nicht einmal für achtzehn Millionen Goldmünzen verkaufen. «Die gebe ich Euch sofort», sagte Anāthapiṇḍika. Aber sie konnten nicht handelseinig werden und gingen zu einem Schiedsrichter. Dieser setzte fest, der Preis solle so viele Goldmünzen betragen, wie von den achtzehn Millionen auf dem Gelände nebeneinander Platz finden würden. Zu diesen Bedingungen wurde der Kaufvertrag abgeschlossen.

Anāthapiṇḍika ließ viele Wagen mit Goldmünzen füllen und den Platz damit auslegen. Schließlich war nur noch eine kleine Stelle frei. Er gab Anweisung, noch mehr Gold herbeizuschaffen. Doch Prinz Jeta erklärte sich bereit, auf eigene Kosten an jener Stelle ein mächtiges Tor und einen Turm errichten zu lassen. Diese wuchtige Bastion und das Tor schützten das Kloster vor der Außenwelt. Es war so von den Geräuschen der Straße abgeschirmt und die Trennlinie zwischen dem heiligen und dem weltlichen Bereich wurde betont. Anāthapiṇḍika gab weitere achtzehn Millionen Münzen für Gebäude und Einrichtungen aus. Er baute Einzelzellen, eine Versammlungshalle, eine Esshalle, Lagerräume, Wandelgänge, Latrinen, Brunnen, Lotosteiche zum Baden und eine Umfassungsmauer. Das Waldgelände wurde in ein Kloster und ein Heiligtum umgewandelt (Vin. 2:158f.). Um die beiden daran beteiligten Parteien zu ehren, werden in den Texten stets zwei Namen genannt: «Jetavana» und «Anāthapiṇḍikas Kloster».

Als alle Vorbereitungen abgeschlossen waren, kam der Buddha mit seinen Mönchen nach Sāvatthī zu dem neuen Koster. Bei ihrer Ankunft lud Anāthapiṇḍika sie zum Essen ein. Danach fragte er den Buddha: «Wie soll ich bei der Übergabe des Jetavana-Klosters vorgehen?» – «Du kannst es dem jetzigen und dem künftigen Sangha widmen.» Und so tat Anāthapiṇḍika. Daraufhin sprach ihm der Buddha mit den folgenden Versen seine Anerkennung aus:

Sie halten Kälte und Hitze
und Raubtiere ab.
Und kriechende Wesen und Mücken
und Regen in der Regenzeit.
Wenn sich der gefürchtete heiße Wind
erhebt, wird er abgehalten.
Um zu meditieren und Einsicht zu
erlangen, während man geschützt ist –
Ein solcher Aufenthaltsort wird vom
Erwachten gepriesen,
Er ist eine große Gabe für den Orden.

Deswegen sollte ein weiser Mann,
der auf sein Heil achtet,
Den Bau von Klöstern veranlassen,
Damit Gelehrte sich darin aufhalten
können.
Diesen sollte er Essen und Trinken,
Kleidung und Unterkunft geben,
Den Aufrechten, mit gereinigtem Geist
Versehenen.
Denn diese werden ihn den Dhamma
lehren und alles Übel zerstreuen.
Da er den Dhamma kennt, kann er
das Nibbāna erreichen, die Freiheit
von allen Übeln. (Vin. 2:147f.; 2:164f.)

Auf das Essen für die Mönche folgte ein großes Fest für die Laien, wobei jedermann freigebig beschenkt wurde. Das kostete weitere achtzehn Millionen. So wandte Anāthapiṇḍika für das Hauptquartier des Ordens insgesamt vierundfünfzig Millionen auf. Deswegen sagte der Buddha von ihm, er sei der größte Gönner des Sangha (AN 1, Kapitel 14).

Der reiche Gönner

Auch nach dem Bau des Klosters unterstützte Anāthapiṇḍika die Mönche, die hier wohnten. Er versorgte sie mit allem Notwendigen. Jeden Morgen schickte er Reissuppe, und jeden Abend lieferte er all das, was an Kleidung, Almosenschalen und Heilmitteln notwendig war. Alle Reparaturen und sämtliche Instandhaltungsarbeiten am Jetavana-Kloster führten seine Diener durch. Vor allem kamen jeden Tag mehrere hundert Mönche in sein Haus, ein siebenstöckiges Gebäude, und erhielten ihr Mahl vor der Mittagszeit. Jeden Tag war zur Essenszeit sein Haus mit safrangelben Roben und dem Geruch der Heiligkeit erfüllt.

Als König Pasenadi von Anāthapiṇḍikas Großzügigkeit erfuhr, wollte er es ihm gleichtun und ließ täglich für fünfhundert Mönche Essen spenden. Als er sich eines Tages auf den Weg machte, um mit den Mönchen zu sprechen, erfuhr er von seinen Dienern, dass die Mönche das Essen mitnahmen und ihren Unterstützern in der Stadt gaben, damit diese es an sie austeilten. Der König wunderte sich darüber, denn er hatte stets besonders schmackhaftes Essen kochen lassen. Er fragte den Buddha nach dem Grund für dieses Verhalten. Der Buddha erklärte ihm, dass die Untergebenen im Palast das Essen ohne jede innere Anteilnahme austeilten. Sie befolgten damit einfach Befehle, wie wenn sie einen Stall ausmisteten oder einen Dieb ins Gericht führten. Sie hätten keinen Glauben und auch keine Liebe zu den Mönchen. Viele unter ihnen seinen sogar der Ansicht, die Mönche seien Parasiten und würden sich von der arbeitenden Bevölkerung aushalten lassen. Wenn jemand in solchem Geist gebe, könne sich niemand dabei wohl fühlen – selbst wenn das Essen aus den schmackhaftesten Zutaten bestehe. Im Gegensatz dazu würden die gläubigen Hausväter der Stadt, etwa Anāthapiṇḍika und Visākhā, die Mönche willkommen heißen und sie als geistige Freunde betrachten, die zum Nutzen und zum Wohl aller Lebewesen tätig seien. Ein einfaches Mahl, angeboten von einem Freund, sei sehr viel mehr wert als ein aufwendiges Essen, offeriert von einem Menschen, der doch nicht im rechten Geist spende. Und der Buddha fügte als Merkvers für den König hinzu:

Das Essen mag geschmacklos sein
oder wohlschmeckend,
Das Essen mag knapp bemessen
sein oder reichlich,
Von freundlicher Hand gegeben,
Wird es zum köstlichen Mahl.

(Jāt. 346)

Anāthapiṇḍika und Visākhā waren nicht nur die größten Gönner in Sāvatthī (Jāt. 337, 346, 465), sondern der Buddha zog sie auch oft heran, wenn es etwas im Verhältnis zu den Laien zu regeln gab. Doch auch Anāthapiṇḍikas Reichtum war nicht unerschöpflich. Eines Tages schwemmte eine Flut Schätze im Wert von achtzehn Millionen weg und trug sie ins Meer. Überdies hatte er ungefähr denselben Betrag an Geschäftsfreunde verliehen, die sich mit der Rückzahlung Zeit ließen. Er aber scheute sich, das Geld zurückzuverlangen. Da sein Vermögen ursprünglich ungefähr fünfmal achtzehn Millionen betragen hatte und er bereits drei Fünftel davon für das Kloster ausgegeben hatte, besaß er bald nichts mehr. Der Millionär Anāthapiṇḍika war ein armer Mann geworden. Trotz seiner Not spendete er immer noch Essen für die Mönche, auch wenn es nur noch aus dünner Reissuppe bestand.

Zu jener Zeit lebte in Anāthapiṇḍikas siebenstöckigem Palast über dem Toreingang ein Geist. Wenn der Buddha oder ein heiliger Jünger das Haus betrat, musste dieser Geist, den Gesetzen seiner Welt folgend, von seinem Ort herabsteigen, um die Ankömmlinge zu ehren. Das war dem Geist aber sehr unbequem und er überlegte sich, wie er die Mönche vom Haus fernhalten konnte. Er erschien einem Diener und wollte ihm einflüstern, das Spenden aufzugeben. Der Diener hörte aber nicht auf ihn. Dann versuchte der Geist, den Sohn des Hauses gegen die Mönche aufzuhetzen. Doch auch dies gelang ihm nicht. Schließlich erschien der Geist mit seiner überirdischen Aura Anāthapiṇḍika selbst und wollte ihm einreden, es sei wohl besser, nun die Almosenspenden einzustellen, nachdem er so verarmt sei. Der große Gönner antwortete darauf, dass er nur drei Schätze kenne: den Buddha, den Dhamma und den Sangha. Er sagte weiterhin, er werde sich um diese Schätze kümmern, und befahl dem Geist, sein Haus zu verlassen, denn hier sei kein Platz für Feinde des Buddha.

Daraufhin musste der Geist, wiederum den Gesetzen seiner Welt gehorchend, jenen Platz verlassen. Er ging zu der Gottheit, die als Beschützerin der Stadt Sāvatthī fungierte, und bat sie, ihm eine neue Unterkunft zuzuweisen. Die Gottheit aber verwies den Geist an eine übergeordnete Instanz, nämlich an die vier Himmelskönige. Diese herrschten gemeinsam über den niedrigsten Bereich des Himmels. Aber auch diese vier Könige fühlten sich nicht zu einer Entscheidung berufen und verwiesen den heimatlosen Geist an Sakka, den König der Devas.

In der Zwischenzeit hatte der Geist eingesehen, dass er sich falsch verhalten hatte, und bat Sakka, für ihn um Verzeihung zu bitten. Sakka erlegte dem Geist als Strafe auf, Anāthapiṇḍika zu helfen, sein Vermögen wiederzubekommen. Zuerst sollte der Geist das versunkene Gold heben. Dann sollte er herrenlose vergrabene Schätze heranschaffen, und schließlich musste er Anāthapiṇḍikas Gläubiger dazu bringen, ihre Schulden zurückzuzahlen. Unter vielen Mühen erfüllte der Geist diese Aufgaben. Er erschien den Gläubigern im Traum und verlangte die Rückzahlung. Innerhalb kurzer Zeit besaß Anāthapiṇḍika wiederum vierundfünfzig Millionen und konnte wie zuvor spenden.

Der Geist erschien nun vor dem Buddha und bat um Verzeihung wegen seines böswilligen Verhaltens. Er erlangte Vergebung. Der Erleuchtete legte ihm auch den Dhamma dar, so dass er ein Anhänger der Lehre wurde. Der Buddha sagte ihm überdies, dass eine Person, die die Vollendung beim Geben erstrebe, durch nichts in der Welt davon abgehalten werden könne, weder von Geistern noch von Göttern, noch von Teufeln, noch nicht einmal durch Todesgefahr (Jāt. 140, 340).

Nachdem Anāthapiṇḍika seinen gesamten Reichtum wiedererlangt hatte, wurde ein Brahmane neidisch auf sein Glück und beschloss, es ihm zu stehlen. Er wollte die Manifestation der Glücksgöttin Sirī entführen, weil er dachte, das Glück würde daraufhin Anāthipiṇḍika verlassen, zu ihm übersiedeln und seine Wünsche erfüllen. Diese merkwürdige Auffassung beruhte auf der Idee, dass die sogenannte Gunst des Schicksals zwar ein Resultat früherer guter Taten ist, aber trotzdem von Gottheiten verliehen wird, die im Haus des Begünstigten leben.

So ging also der Brahmane in Anāthapiṇḍikas Haus und sah sich um, wo sich denn wohl diese Glücksgöttin befinde. Wie viele Inder jener Zeit besaß er die Fähigkeit des Hellsehens und sah, dass die Glücksgöttin in einem weißen Hahn lebte, der in einem goldenen Käfig im Haus gehalten wurde. Er bat den Hausherrn, ihm den

Hahn zu überlassen als Wecker für seine Schüler. Ohne zu zögern erfüllte der großzügige Anāthapiṇḍika diesen Wunsch. Doch in diesem Augenblick wanderte die Glücksgöttin in ein Schmuckstück. Der Brahmane erbat sich auch dieses als Geschenk und erhielt es. Aber daraufhin verbarg sich der Schutzgeist in einem Stab, einer Waffe für die Selbstverteidigung. Als der Brahmane diesen erbettelt hatte, setzte sich die Manifestation von Sirī auf dem Kopf von Puññalakkhaṇā, Anāthapiṇḍikas Frau, nieder, die in Tat und Wahrheit der gute Geist dieses Hauses war und deswegen unter dem Schutz der Götter stand. Als der Brahmane dies erkannte, schreckte er zurück: «Ich kann ihn doch nicht um seine Frau bitten!» So beichtete er seine bösen Absichten, gab die Geschenke zurück und verließ tief beschämt das Haus.

Anāthapiṇḍika ging zum Erleuchteten und erzählte ihm von dieser merkwürdigen Begebenheit, die er selbst nicht verstanden hatte. Der Buddha erklärte ihm den Zusammenhang, wie durch gute Taten die Welt verändert wird und wie jenen, die durch moralische Läuterung zur rechten Erkenntnis gelangt sind, alles erreichbar ist, selbst das Nibbāna (Jāt. 284).

Jedes Mal wenn sich der Buddha in Sāvatthī aufhielt, besuchte ihn Anāthapiṇḍika. In der übrigen Zeit vermisste er einen Anhaltspunkt der Verehrung. Eines Tages erzählte er deswegen Ānanda von seinem Wunsch, einen Schrein zu erbauen. Ānanda berichtete dem Erleuchteten davon, und dieser erklärte, es gebe drei Arten von Schreinen oder Heiligtümern. Der ersten Art liege eine leibliche Reliquie zugrunde. Diese werde nach dem Parinibbāna eines Buddha in einem Stūpa aufbewahrt. Die zweite Art sei ein Objetkt, das in irgendeiner Beziehung zum Erleuchteten stehe und das er selbst verwendet habe, zum Beispiel eine Almosenschale. Die dritte Art sei ein sichtbares Symbol. Von diesen drei Anhaltspunkten der Verehrung sei der erste noch nicht möglich, denn der Erhabene sei noch am Leben. Die dritte Art aber sei nicht geeignet für jene vielen Menschen, die sich nicht mit einem bloßen Bild oder Symbol zufrieden geben könnten. So bleibe nur ein Denkmal der zweiten Art.

Der Bodhi-Baum in Uruvēla schien sich als Denkmal für den Erwachten am besten zu eignen. Unter diesem Baum hatte er das Tor zur Todlosigkeit gefunden, und er hatte ihm in den ersten Wochen nach seiner Erleuchtung Schutz geboten. So entschloss man sich, einen kleinen Schößling dieses Baumes in Sāvatthī zu pflanzen. Mahāmoggallāna brachte einen Ableger von diesem Baum, der beim Tor des Jetavana-Klosters im Beisein des Hofes und der besten Mönche und Laien eingepflanzt wurde. Ānanda übergab dem König den Schößling, damit ihn dieser feierlich in die Erde senke. König Pasenadi aber erwiderte mit fürstlicher Bescheidenheit, er sei in diesem Leben nur Verwalter des Königsamtes. Es sei viel besser, wenn jemand, der der Lehre sehr viel näher stehe, den Baum weihe. So übergab er den Schößling Anāthapiṇḍika.

Der Baum wuchs und wurde eine Verehrungsstätte für alle frommen Laien. Auf die Bitte Ānandas hin verbrachte der Buddha eine Nacht sitzend unter dem Baum, um ihm eine noch sichtbarere Weihe zu verleihen. Anāthapiṇḍika suchte oft den Baum auf und benutzte die mit ihm verbundenen Erinnerungen und die daraus resultierende Erhebung des Geistes, um seine Gedanken auf den Erweckten zu konzentrieren (Jāt. 479).

Anāthapiṇḍikas Familie

Anāthapiṇḍika war glücklich verheiratet. Seine Frau Puññalakkhaṇā machte ihrem Namen alle Ehre, der bedeutete «Eine mit dem Anzeichen des Verdienstes». Als guter Geist des Hauses kümmerte sie sich um die Diener und die Mönche, die am Mittag zum Essen kamen. Auch sie war dem Dhamma ergeben, ebenso ihr Bruder, einer der frühesten Laienanhänger des Buddha.

Anāthapiṇḍika hatte vier Kinder, drei Töchter und einen Sohn. Zwei der Töchter, die Große Subhaddā und die Kleine Subhaddā, waren wie ihr Vater tief im Dhamma verwurzelt und hatten bereits den Stromeintritt erreicht. Und wie sie in geistigen Dingen ihrem Vater nachschlugen, so taten sie es auch in weltlichen Angelegenheiten: Beide waren glücklich verheiratet. Doch die jüngste Tochter, Sumanā, überragte die übrige Familie durch ihre tiefe Weisheit. Nachdem sie eine Lehrrede des Buddha gehört hatte, erreichte sie schnell die zweite Stufe der Läuterung und wurde zu einer Einmalwiederkehrerin. Sie heiratete nicht, aber nicht, weil sie darauf verzichtet hatte. Wenn sie das Glück ihrer beiden Schwestern betrachtete, wurde sie sogar traurig und fühlte sich einsam. Ihre Geisteskraft reichte dann nicht aus, um ihre tiefe Niedergeschlagenheit zu überwinden. Zum tiefsten Bedauern ihrer Familie verkümmerte sie regelrecht, aß nichts mehr und hungerte sich zu Tode. Sie wurde im Tusita-Himmel wieder geboren, einem der höchsten Himmel im Bereich der Sinneswahrnehmung, und hier musste sie sich von den Resten ihrer Abhängigkeit von anderen Menschen reinigen, weil sie ihren letzten Wunsch nach außen gewandt hatte.[3]

Der einzige Sohn Anāthapiṇḍikas, Kāla der Dunkle, war zunächst einmal ein dunkler Punkt im Hause seines Vaters. Er wollte von der Lehre nichts wissen, sondern ging ganz in seinen Geschäften auf. Da forderte ihn sein Vater eines Tages auf, einen Festtag zu beachten und bot ihm tausend Goldmünzen, wenn er den Uposatha-Tag einhalten würde. Kāla willigte ein und fand es erholsam, einen Tag in der Woche die Geschäfte ruhen zu lassen und sich im Kreis seiner Familie zu entspannen. Die Fastenregeln zu befolgen, die für diesen Uposatha-Tag galten, fiel ihm deswegen nicht zu schwer. Da machte sein Vater einen zweiten Vorstoß und bot ihm weitere tausend Münzen, wenn er ins Kloster ginge und in Gegenwart des Meisters eine Strophe des Dhamma auswendig lerne. Hoch erfeut nahm Kāla an. Dies wurde zum Wendepunkt seiner Existenz. Jedes Mal wenn Kāla eine Strophe lernte, veranlasste der Buddha, dass er ihn missverstand, so dass er ihm mit voller Aufmerksamkeit mehrere Male hören musste. Während er auf die Bedeutung achtete, fand er plötzlich tiefe Inspiration in der Lehre und erreichte an Ort und Stelle den Stromeintritt. Dadurch veredelte sich auch sein tägliches Leben, wie das schon bei seinem Vater geschehen war, und auch er wurde zu einem bedeutenden Gönner des Ordens. Man kannte ihn unter dem Namen Kleiner Anāthapiṇḍika.[4]

Kāla war mit Sujātā verheiratet, einer Schwester der berühmten Laienanhängerin Visākhā. Sujātā war sehr stolz auf ihre Herkunft und ihren Reichtum von beiden Seiten. Da ihr Geist um nichts anderes als diese nichtigen Dinge kreiste, war sie innerlich unausgefüllt, unzufrieden und verdrießlich, und sie steckte mit ihrer Unzufriedenheit auch andere an. Sie behandelte die Menschen unhöflich, schlug ihre Dienerinnen und verbreitete Angst und Schrecken, wohin sie auch kam. Sie befolgte nicht einmal die Anstandsregeln in ihrer Beziehung zu ihren Schwiegereltern und ihrem Mann, die so große Bedeutung haben in der indischen Gesellschaft.

Eines Tages predigte der Buddha nach einem gespendeten Mittagessen in ihrem Haus. Da hörte man heftiges Geschrei und Gezeter aus einem anderen Raum. Der Meister unterbrach seine Rede und fragte Anāthapiṇḍika nach dem Grund dieses Aufruhrs, der an die lauten Rufe von Fischverkäufern auf dem Markt erinnere. Der Hausvater antwortete, es sei seine eigene Schwiegertochter, die ihre Dienerinnen schelte. Sie sei ein zänkisches Weib, das sich ihrem Mann und ihren Schwiegereltern gegenüber nicht richtig verhalte. Sie werde auch nicht spenden, glaube an nichts und sei ein ewiger Grund von Streitigkeiten.

Da geschah etwas Ungewöhnliches: Der Buddha bat darum, sie herbeizurufen. Als sie vor ihm erschien, fragte er sie, welche der sieben Arten von Gattinnen sie sein wolle. Sie antwortete, dass sie den Sinn dieser Frage nicht verstehe, und bat um eine weitere Erklärung. So beschrieb der Erleuchtete ihr in Versen die sieben Arten von Ehefrauen:

Mit hasserfülltem Geist,
kalt und herzlos,
Andere begehrend, ihren Mann
verachtend.
Die den einen zu töten versucht,
der sie erworben hat –
Eine solche Ehefrau nennt man
eine Mörderin.

Wenn der Mann Reichtum erwirbt
Durch sein Handwerk, durch Handel
oder Ackerbau,

Versucht sie, etwas für sich selbst
abzuzweigen –
Eine solche Ehefrau nennt man
eine Diebin.

Eine träge, verfressene Frau,
arbeitsscheu,
Harsch und stolz, mit roher Rede,
Eine Frau, die ihren Unterstützer
drangsaliert,
Solch eine Ehefrau heißt eine Tyrannin.

Eine Frau, immer hilfsbereit und
freundlich,
Die den Mann behütet wie eine Mutter
ihren Sohn,
Die sorgfältig den Reichtum schützt,
den er erwirbt –
Eine solche Gattin heißt eine Mutter.

Sie hält ihren Mann in großen Ehren,
Wie eine jüngere Schwester
die ältere achtet.
Sie unterwirft sich demütig dem Willen
ihres Mannes –
Eine solche Ehefrau heißt eine
Schwester.

Die sich freut am Anblick
ihres Mannes,
Wie ein Freund, der den anderen
willkommen heißt,
Wohlerzogen, tugendhaft und demütig –
Solch eine Ehefrau ist eine Freundin.

Eine Frau ohne Zorn, jedem Streit
abhold,
Die mit ihrem Mann ohne Hass
auskommt.
Die sich bereitwillig seinem Willen
unterordnet –
Eine solche Ehefrau wird eine Dienerin
genannt.

Die Gattin, die hier als Mörderin,
Als Diebin oder Tyrannin bezeichnet
wurde,
Diese Frau wird nach der Auflösung
des Körpers
Tief unten in der Hölle wieder geboren.

Doch Frauen, die wie Mütter,
Schwestern und Freundinnen sind,
Und auch die Frauen, die wir
Dienerinnen nennen,
Tugendsam und immer beherrscht,
Kommen nach dem Tod
in den Himmel. (AN 7:59)

Dann fragte sie der Erhabene: «Dies, Sujātā, sind die sieben Arten von Ehefrauen, die ein Mann haben kann. Zu welcher Art zählst du?»

Tief bewegt antwortete Sujātā, sie wolle von jetzt an danach streben, ihrem Mann eine Dienerin zu sein. Die Worte des Erleuchteten hatten ihr klar gezeigt, wie sie sich als Frau zu verhalten hatte. Später wurde sie eine fromme Anhängerin des Buddha und sie war ihm immer dankbar für ihre Errettung.

Die Neuigkeit von der Bekehrung Sujātās sprach sich schnell herum. Als der Buddha einmal abends in die Lehrhalle kam und die Mönche fragte, worüber sie gerade diskutierten, antworteten sie, sie sprächen über das «Wunder des Dhamma». Es sei manifest geworden in der Fähigkeit des Erwachten, aus dem früheren Hausdrachen Sujātā eine so liebenswürdige Frau zu machen. Daraufhin erzählte ihnen der Buddha, wie er sie schon einmal in einer früheren Existenz gezähmt hatte. Zu jener Zeit sei sie seine Mutter gewesen und er habe sie durch einen Vergleich zwischen den lästigen Krähen und den lieblichen Singvögeln davon abgebracht, andere dauernd auszuschelten und beherrschen zu wollen (Jāt. 269).

Schließlich wird noch ein Neffe Anāthapiṇḍikas erwähnt. Er hatte ein Vermögen von vierzig Millionen geerbt, lebte in Saus und Braus, trank und spielte und verschwendete sein Vermögen an Unterhalter, an Frauen und an Freunde. Als er sein Erbe durchgebracht hatte, bat er seinen reichen Onkel um Unterstützung. Anāthapiṇḍika gab ihm tausend Goldstücke und sagte ihm, er solle damit ein Geschäft beginnen. Doch erneut verschwendete er all sein Geld und erschien wieder im Haus seines Onkels. Diesmal gab ihm Anāthapiṇḍika fünfmal so viel wie zuvor, ohne eine einzige Bedingung, doch als Abfindung. Obwohl Anāthapiṇḍika ihm deutlich machte, dass dies das letzte Geld sein würde, das er ihm gäbe, änderte der Neffe seinen verschwenderischen Lebensstil nicht. Ein drittes Mal noch bat er seinen Onkel um Geld. Da gab Anāthapiṇḍika dem jungen Mann zwei Kleider. Auch diese vergeudete er und besaß die Stirn, noch ein viertes Mal bei seinem Onkel vorzusprechen. Dieses Mal wies man ihm jedoch die Tür. Wäre er als einfacher Bettler und nicht als fordernder Neffe gekommen, so hätte er Anāthapiṇḍikas Haus sicher nicht mit leeren Händen verlassen. Aber das tat er nicht, denn er begehrte nicht Almosen, sondern Geld, um es zu verprassen.

Da er zu faul und zu stolz war, seinen Lebensunterhalt selbst zu verdienen, aber auch nicht betteln wollte, kam er elend um. Seine Leiche wurde bei der Stadtmauer gefunden, und man warf sie in die Abfallgrube. Als Anāthapiṇḍika davon hörte, fragte er sich, ob er dieses traurige Ende hätte verhindern können. Er erzählte die Geschichte dem Buddha und wollte von ihm wissen, ob er anders hätte handeln können. Der Buddha befreite ihn von seinen Zweifeln und erklärte ihm, jener Neffe gehöre zu den glücklicherweise wenigen Menschen, die unersättlich und wie ein Fass ohne Boden seien. Er sei aufgrund seines eigenen maßlosen Verhaltens gestorben, wie dies auch ihm selbst schon in einer früheren Existenz zugestoßen sei (Jāt. 291).

Anāthapiṇḍika und seine Freunde

Nachdem Anāthapiṇḍika den Stromeintritt erlangt hatte, hielt er sich unbeirrt an die Vorschriften, war auf die Reinheit des Geistes bedacht und bewog auch seine Umgebung dazu. So lebte er in Reinheit unter gleichgesinnten Menschen. Nicht nur seine eigene Familie, sondern auch seine Angestellten und Diener bemühten sich, großzügig zu sein, die fünf Vorschriften einzuhalten und die Uposatha-Tage zu achten (Jāt. 382). Sein Haus wurde ein Zentrum der Freundlichkeit und des guten Willens, und seine Haltung strahlte auch auf seine weitere Umgebung aus, auf seine Freunde und Geschäftspartner. Er drängte ihnen nicht seine Ideen auf und wich auch den Problemen des alltäglichen Lebens nicht aus. Die Texte berichten uns von einigen Szenen seines Lebens.

Einmal ging einer Gruppe von Zechkumpanen in Sāvatthī das Geld aus. Sie überlegten, wie sie wieder zu Schnaps kommen könnten, und da hatte einer die Idee, den reichen Anāthapiṇḍika unter Drogen zu setzen und ihn auszuplündern, während er bewusstlos war. Sie wussten, dass er stets einen bestimmten Weg einschlug, um zum König zu gehen. So errichteten sie dort einen kleinen Schnapsladen. Als Anāthapiṇḍika vorbeikam, luden sie ihn zu einem Schluck ein. Er aber dachte bei sich: «Wie kann ein treuer Anhänger des Erhabenen Schnaps trinken?» So lehnte er die Einladung ab und ging weiter zum Palast. Die verkommenen Säufer versuchten es auf dem Rückweg noch einmal. Da sagte er ihnen ins Gesicht, dass sie selbst ihr Gebräu wohl nicht trinken wollten, da es noch ebenso unberührt dastehe wie auf seinem Hinweg. Ob sie ihn bewusstlos machen und ihn dann ausrauben wollten? Als er ihnen mit diesen Worten mutig entgegentrat, liefen sie voller Angst davon (Jāt. 53).

Anāthapiṇḍika wusste sehr wohl zu unterscheiden zwischen der eigenen Überzeugung, keinen Alkohol zu trinken, und dem Verhalten anderer. So handelte zum Beispiel einer von Anāthapiṇḍikas Freunden mit Spirituosen. Trotzdem hielt Anāthapiṇḍika an der Freundschaft fest. Als der Weinhändler durch die Achtlosigkeit eines Angestellten einen größeren Verlust erlitt, verweigerte ihm Anāthapiṇḍika seine Anteilnahme nicht und behandelte seinen Freund wie jeden anderen, der ins Unglück geraten war. Er selbst gab ein gutes Beispiel, zwang aber anderen nicht seinen Weg auf und tadelte sie auch nicht wegen ihrer Unzulänglichkeiten (Jāt. 47).

Als Anāthapiṇḍika einmal in ein Gebiet kam, wo die Gefahr bestand, Räubern in die Hände zu fallen, zog er es vor, die ganze Nacht über zu reisen, anstatt das Risiko eines Überfalls auf sich zu nehmen (Jāt. 103). Er hielt sich dabei an die Weisung Buddhas, man solle einige Dinge dadurch überwinden, indem man vor ihnen fliehe, statt ein falsches Heldentum zur Schau zu tragen (siehe MN 2).

Anāthapiṇḍika vermied es auch, auf andere Arten ausgeplündert zu werden. Er hatte einen Freund mit Namen Kālakaṇṇī, «Unglücksvogel». Schon als Kind war er sein Spielgefährte gewesen. Als dieser Freund Geld brauchte, half ihm Anāthapiṇḍika großzügig und gab ihm eine Stelle im eigenen Haushalt. Seine anderen Freunde kritisierten ihn deswegen – der Mann habe einen Namen mit schlechter Vorbedeutung und stamme aus einer niederen Familie. Anāthapiṇḍika aber wies sie zurecht: «Was bedeutet schon ein Name? Der Weise schenkt dem Aberglauben keine Aufmerksamkeit.» Als Anāthapiṇḍika auf Geschäftsreise ging, vertraute er seinem Freund das Haus an. Einige Diebe hörten, dass er fort war und planten einen Einbruch. Als sie das Haus umstellt hatten, ließ der wachsame «Unglücksvogel» die Trommeln rühren und machte dabei so viel Lärm, dass es sich anhörte, als sei eine Feier im Gange. Da dachten die Einbrecher, dass der Hausherr gar nicht abgereist sei. Sie warfen ihr Einbruchswerkzeug fort und flohen. Als Anāthapiṇḍika davon hörte, sagte er zu seinen Freunden: «Seht, jener Unglücksvogel hat mir einen großen Dienst erwiesen. Hätte ich auf euch gehört, so hätte man mich ausgeraubt» (Jāt. 83, 121).

Die meisten Freunde Anāthapiṇḍikas waren religiös, einige hingen verschiedenen Wanderasketen an, wie sie zu jener Zeit in Indien häufig anzutreffen waren. Eines Tages machte Anāthapiṇḍika den Vorschlag, eine größere Gruppe seiner Freunde solle eine Predigt des Buddha hören. Man ging bereitwillig darauf ein, und alle waren von der Lehrrede des Erhabenen derart angetan, dass sie sich selbst als seine Jünger bezeichneten. Von nun an besuchten sie regelmäßig das Kloster, spendeten, hielten sich an die Gebote und an die Uposatha-Tage. Doch sobald der Buddha Sāvatthī verlassen hatte, gaben sie den Dhamma auf und folgten den anderen Asketen, mit denen sie täglich in Kontakt kamen.

Als der Buddha einige Monate später nach Sāvatthī zurückgekehrt war, brachte Anāthapiṇḍika wieder seine Freunde mit. Diesmal stellte der Buddha nicht nur die erhebende Seite der Lehre dar, sondern warnte auch die Abgefallenen: Es gebe in der Welt keinen besseren und umfassenderen Schutz vor dem Leiden als die Dreifache Zuflucht beim Erwachten, beim Dhamma und beim Sangha. Eine solche Gelegenheit biete sich selten in der Welt, und wer sie verpasse, dem werde es später bitter Leid tun. Wer jedoch Zuflucht nehme bei den drei Kostbarkeiten, würde der Hölle entkommen und in einen der drei glücklichen Bereiche gelangen: zu einer Wiedergeburt als guter Mensch, in einem himmlischen Bereich oder im Nibbāna.

Der Buddha forderte die Kaufleute auf, die richtigen Prioritäten zu setzen und zu erkennen, dass der Glaube an die drei

Kostbarkeiten kein entbehrlicher Luxus sei, den man beiseite legen könne, wenn es einem nicht mehr passe. Er sprach zu ihnen von der Nutzlosigkeit der falschen Zufluchten, denen sich die Menschen zuwandten, denn sie würden keinen echten Schutz, sondern nur momentane Erleichterung bieten. Als der Geist der Kaufleute aufnahmebereit war, enthüllte er ihnen die Lehre des Erwachten: die Vier Edlen Wahrheiten vom Leiden, von dessen Entstehen und Aufhören und vom Pfad. Am Ende dieser Lehrrede erlangten sie alle den Stromeintritt. Auf diese Weise wirkte sich die Bekehrung Anāthapiṇḍikas auch günstig auf seine Freunde aus (Jāt. 1).

Lehrreden des Buddha

Von den fünfundvierzig Regenzeiten seines Lebens als Lehrer verbrachte der Buddha neunzehn in Sāvatthī in Anāthapiṇḍikas Kloster im Jeta-Hain. Während dieser drei oder vier Monate besuchte ihn Anāthapiṇḍika in der Regel zweimal am Tag. Oft sah er ihn nur, doch etliche Male hörte er auch eine Lehrrede. Anāthapiṇḍika empfand eine Scheu davor, dem Erhabenen Fragen zu stellen. Als großzügigster Gönner des Ordens wollte er nicht den Eindruck erwecken, er leiste seinen Beitrag nur, um persönliche Ratschläge zu erhalten. Die Spenden waren ihm eine Herzensangelegenheit, und er gab sie, ohne an ein Entgelt zu denken. Die reine Freude des Gebens war ihm Lohn genug. Und ebenso sollte die Belehrung, so dachte er, für die Mönche und den Buddha keine Pflicht und keine Gegenleistung für Spenden sein, sondern ebenfalls eine Herzensangelegenheit und eine Freude.

Daher kam Anāthapiṇḍika zum Buddha, setzte sich still an der Seite nieder und wartete, ob der Erhabene ihm eine Belehrung geben würde. Sagte dieser nichts, so erzählte Anāthapiṇḍika gelegentlich eine Episode aus seinem Leben. Über einige haben wir weiter oben bereits berichtet. Er wartete darauf, dass der Erhabene sein Verhalten kommentierte, kritisierte oder bestätigte oder dass er diese Begebenheit zum Ausgangspunkt für eine Lehrrede machte. Auf diese Weise verband er alles, was er im alltäglichen Leben erfuhr, mit der Lehre.

Im Pāli-Kanon ist von vielen Fällen die Rede, in denen der Buddha Anāthapiṇḍika Anweisungen gab. Diese Lehren ergeben zusammengenommen einen Kanon buddhistischer Ethik für den Laien. Anāthapiṇḍika wurde dadurch auch zum Wohltäter für zahllose Generationen buddhistischer Laien, die sich aufrichtig um die Lehre bemühen. Die Reden, die im Aṅguttara-Nikāya aufgezeichnet sind, reichen von der einfachsten Botschaft bis zur tiefsinnigsten Darlegung.[5] Einige wenige wollen wir hier anführen, beginnend mit dem grundlegenden Rat für die Laien.

Wenn ein Hausvater vier Dinge beachtet, befindet er sich auf dem richtigen

Pfad für die Hausväter. Dieser Pfad trägt ihm einen guten Ruf ein und führt ihn zum himmlischen Bereich. Was sind nun diese vier Dinge?
O Hausvater, der Edle Jünger sorgt sich um den Mönchsorden, indem er Kleidung, Nahrung, Unterkunft und Heilmittel im Fall von Krankheit spendet. Das sind die vier Dinge.

(AN 4:60)

Hausvater, das sind die vier Arten des Segens, die ein Hausvater erlangen kann: der Segen des Besitzens, der Segen des Reichtums, der Segen der Freiheit von Schulden und der Segen der Freiheit von Tadel.
Was ist der Segen des Besitzens? Ein Mann hat durch energische Arbeit, durch die Kraft seines Armes, durch den Schweiß seiner Stirn auf gesetzmäßige Weise Reichtum erlangt. Wenn er denkt: «Der Reichtum ist mein, und ich habe ihn rechtmäßig durch energische Arbeit verdient», so kommt Segen über ihn, und er verspürt Befriedigung. Dies, o Hausvater, ist der Segen des Besitzens.
Was ist der Segen des Reichtums? Wenn ein Mann durch energische Arbeit Reichtum erlangt hat, so freut er sich an seinem Besitz und tut verdienstvolle Werke. Bei dem Gedanken «Durch den erworbenen Reichtum freue ich mich an meinem Reichtum und an verdienstvollen Werken» kommt Segen über ihn, und er verspürt Befriedigung. Dies, o Hausvater, ist der Segen des Reichtums.
Was ist der Segen der Freiheit von Schulden? Ein Mann hat keine Schulden, kleine oder große, niemandem gegenüber. Bei dem Gedanken «Ich habe keine Schulden, weder große noch kleine, niemandem gegenüber» kommt Segen über ihn, und er verspürt Befriedigung. Dies, o Hausvater, ist der Segen der Freiheit von Schulden.
Was ist der Segen der Freiheit von Tadel? Der Edle Jünger ist gesegnet, da es an seinen Taten, an seinen Worten und an seinem Denken nichts auszusetzen gibt. Bei dem Gedanken «Ich bin gesegnet, weil es an meinen Taten, an meinen Worten und an meinem Geist nichts auszusetzen gibt» kommt Segen über ihn, und er verspürt Befriedigung. Dies, o Hausvater, ist der Segen der Freiheit von Tadel.
Das sind die vier Arten des Segens, die ein Hausvater erlangen kann.

(AN 4:62)

Es gibt, o Hausvater, fünf wünschenswerte und angenehme Dinge, die selten sind in der Welt. Welches sind diese fünf Dinge? Sie sind langes Leben, Schönheit, Glück, Ruhm und Wiedergeburt im Himmel. Doch diese fünf Dinge, Hausvater, sind nicht durch Gebete oder Gelübde zu erlangen. Wenn man sie durch Gebete oder Gelübde erlangen könnte, wer würde sie dann nicht wollen?

Wenn ein Edler Jünger, o Hausvater, ein langes Leben möchte, so ist es nicht schicklich, dass er um ein langes Leben bittet und Freude dabei empfindet. Er sollte vielmehr einem Pfad folgen, der zu langem Leben führt. Wenn er einem solchen Pfad folgt, wird er ein langes Leben gewinnen, mag es nun göttlicher oder menschlicher Natur sein.
Für einen Edlen Jünger, o Hausvater, der Schönheit ..., Glück ..., Ruhm ..., Wiedergeburt in einem Himmel wünscht, ist es nicht schicklich, dass er darum betet und Freude daran empfindet. Er sollte vielmehr einem Pfad folgen, der zu Schönheit ..., zu Glück ..., zu Ruhm ..., zu einer Wiedergeburt im Himmel führt. Wenn er einem solchen Pfad folgt, wird er Schönheit, Glück, Ruhm und Wiedergeburt im Himmel erlangen.

(AN 5:43)

Hausvater, es gibt fünf Gründe, reich zu werden. Welches sind diese fünf Gründe?
... Ein Edler Jünger, der durch Arbeit und Eifer, durch die Stärke seiner Arme, durch den Schweiß seiner Stirn auf rechtmäßigem Weg Reichtum erlangt hat, fühlt sich fröhlich und glücklich und erhält dieses Glück aufrecht. Er macht seine Eltern fröhlich und glücklich, und sie behalten ihr Glück. So geschieht es auch mit seiner Frau, seinen Kindern und seinen Dienern.
... Wenn somit Reichtümer erworben worden sind, so macht er seine Freunde und Bekannten fröhlich und glücklich, und sie behalten ihr Glück bei.
... Wenn somit Reichtümer erworben worden sind, wird Unglück abgelenkt und er behält seine Güter in Sicherheit.
... Wenn somit Reichtümer erworben worden sind, so opfert der Edle Jünger davon seiner Familie, seinen Gästen, den Geistern, den Königen und Gottheiten.
... Wenn somit Reichtümer erworben worden sind, spendet der Edle Jünger davon allen Asketen und Brahmanen, die sich von Stolz und Trägheit fernhalten, die alle Dinge in Geduld und Demut ertragen, sich selbst kontrollieren, sich selbst beruhigen, sich selbst vervollkommnen.
Wenn nun der Reichtum jenes Edlen Jüngers, der diese fünf Dinge beachtet, verloren geht, so soll er folgendermaßen denken: «Ich habe mindestens diese fünf Gründe, um reich zu werden, beachtet, doch mein Reichtum ist verschwunden!» Dadurch verliert er nicht seine Fassung. Und wenn sein Reichtum zunimmt, so soll er denken: «Tatsächlich, ich habe diese Dinge beachtet, und mein Reichtum hat zugenommen.» Auch in diesem Fall verliert er seine Fassung nicht. (AN 5:41)

Die Bedeutung dieser Lehrreden wird zusätzlich durch die Tatsache betont, dass der Buddha sie bei einer anderen Gelegenheit in abgewandelter Form noch einmal

Anāthapiṇḍika ans Herz legte. Er sagte zu ihm:

> Hausvater, es gibt vier erwünschte, erfreuliche und angenehme Dinge, die in der Welt aber schwer zu erlangen sind. Welches sind diese vier? «Möge mir Reichtum auf ehrliche Weise zufallen!» – «Möge ich Anerkennung finden bei meinen Verwandten und Lehrern, nachdem mir rechtmäßig erworbener Reichtum zugefallen ist!» – «Möge ich lange leben und ein hohes Alter erreichen!» – «Möge ich nach dem Tode, wenn der Körper auseinanderbricht, in die himmlische Welt aufsteigen!»
>
> Nun, o Hausvater, um diese vier Dinge zu erwerben, muss man vier Bedingungen erfüllen. Welche vier? Vollkommenen Glauben, vollkommene Tugend, vollkommene Großzügigkeit und vollkommene Weisheit. (AN 4:61)

Der Buddha erklärte dazu: Glauben und Vertrauen kann man nur erwerben, wenn man den Erhabenen und seine Botschaft von der Natur der Existenz voll anerkennt. Tugend kann man nur erwerben, wenn man die fünf grundlegenden Vorschriften des sittlichen Lebens erfüllt. Großzügigkeit erwirbt nur jener, der frei ist vom Makel des Geizes. Weisheit erreicht man nur, wenn man realisiert, dass das Herz von den fünf Hemmnissen überwältigt wird – weltlichen Leidenschaften, Übelwollen, Trägheit, Aufregung und Zweifel. Dann tut man nämlich, was man nicht tun sollte, und tut das nicht, was man tun sollte. Wer Böses tut und Gutes unterlässt, verliert seinen Ruf und sein Glück. Wer sich aber dauernd erforscht und seine inneren Impulse überwacht, beginnt sich gegen jene fünf Hemmnisse durchzusetzen. Deren Überwindung ist also eine Folge der Weisheit. Wenn der Edle Jünger durch Glauben, Tugend, Großzügigkeit und Weisheit auf gutem Weg ist, die vier ersehnten Dinge zu erlangen, nämlich Reichtum, guten Ruf, langes Leben und eine gute Wiedergeburt, dann setzt er sein Geld ein, um vier gute Taten zu vollbringen. Er macht sich, seine Familie und seine Freunde glücklich. Er wendet Unglück ab. Er erfüllt die fünf oben genannten Pflichten. Und er unterstützt echte Asketen und Brahmanen. Wenn man sich seines Reichtum auf eine andere Art bedient, werden diese Schätze vergeudet. Doch wenn man sein Vermögen durch Ausgaben für diese vier guten Zwecke verringert, so hat man es sinnvoll verwendet.

Noch bei einer anderen Gelegenheit machte der Buddha den Unterschied zwischen richtiger und falscher Lebensführung des Laienanhängers deutlich. In seiner Rede (AN 10:21) sagt er: «Am törichtsten ist jener, der sich auf unehrliche Weise Besitztümer verschafft hat und sie dann nicht einmal selber genießt und sie auch nicht zum Nutzen anderer einsetzt. Etwas vernünftiger ist jener, der aus unrecht erworbenem Gut mindestens für sich

Glück und Freude zieht. Noch vernünftiger ist jener, der damit andere Menschen glücklich macht.»

Selbst auf dieser untersten Ebene, dem gewaltsamen und ungesetzlichen Erwerb von Geld und Gütern, den gewöhnliche Menschen entrüstet verurteilen, sieht der Erwachte noch feine Unterschiede im Verhalten und in der Gesinnung der Menschen. Denjenigen, der erkennt, dass sein Zusammenraffen von Reichtümern mindestens noch den Zweck verfolgt, sich selbst das Leben zu erleichtern, dem lässt sich immerhin zeigen, wie er aus ehrlichem Gelderwerb noch mehr Nutzen ziehen kann. Und wer zusätzlich Freude darüber empfindet, andern eine Freude zu machen, wird umso leichter verstehen, dass er ja denen, die er bestiehlt und übervorteilt, doch offenbar keine Freude macht; durch ehrlichen Gelderwerb hingegen schädigt er niemanden.

Die zweite Gruppe von Menschen besteht aus jenen, die ihr Geld teilweise auf ehrliche, teilweise auf unehrliche Weise erwerben. Auch unter ihnen sind solche, die weder sich selbst noch anderen damit eine Freude bereiten. Und es gibt außerdem jene, die mindestens selbst Freude darüber empfinden, und jene, die andern eine Freude machen. Zur dritten Guppe schließlich zählen jene Menschen, die ihren Lebensunterhalt nur auf ehrliche Weise erwerben. Auch hier kann man dieselben drei Gruppen unterscheiden. Doch im letzten Fall gibt es zwei zusätzliche Typen: Die einen hängen an ihrem Reichtum, sind besessen von ihm und erkennen die ihm innewohnende Gefahr nicht. Sie suchen keinen Ausweg. Die anderen sind nicht von ihrem Geld besessen. Sie kennen die Gefahren, die dem Reichtum innewohnen und auch den entsprechenden Ausweg. So gibt es denn zehn Arten von Menschen, die weltliche Vergnügungen im Zusammenhang mit Reichtum genießen.[6]

Einst fragte der Buddha Anāthapiṇḍika, ob in seinem Hause Almosen gegeben würden. Dem Kommentar zufolge bezog sich diese Frage nur auf Almosen für Bedürftige, denn der Buddha wusste sehr wohl, dass in Anāthapiṇḍikas Haus reichlich für den Mönchsorden gespendet wurde. Aus dieser Frage entspann sich ein Gespräch über die qualitativen Unterschiede und die Hierarchie des Gebens. Der Buddha erklärte: «Mag einer nun grobe oder erlesene Almosen geben, wenn er dies ohne Ehrerbietung und Höflichkeit tut, nicht mit eigener Hand, wenn er nur Überreste gibt, ohne Glauben an die Frucht solcher Handlungen, dann hat dies bei der Wiedergeburt die Auswirkung, dass sein Herz nicht zu feinem Essen und feiner Kleidung neigt, auch nicht zu feinen Wagen und den fünf feineren Sinnesobjekten. Seine Kinder, seine Frau, seine Diener und seine Arbeiter werden ihm nicht gehorchen, ihm nicht zuhören, ihm auch keine Aufmerksamkeit widmen. Und warum all das? Dies ist ein Ergebnis von Handlungen, die ohne Ehrerbietung vollzogen werden.»

Im Zusammenhang damit erzählte der Buddha, dass er selbst in einer früheren Existenz als Brahmane namens Velāma eine große Menge Almosen verteilt habe, doch keiner der Empfänger sei der Gabe würdig gewesen. Bei weitem verdienstvoller als große Spenden an unwürdige Menschen sei eine einzige Speisung Edler Jünger, angefangen von Stromeintretern bis zu Arahats. Noch verdienstvoller sei die Speisung eines Paccekabuddha oder von hundert Paccekabuddhas. Und noch viel verdienstvoller sei es, einem Buddha Almosen zu spenden oder ihm ein Kloster zu bauen. Noch besser sei allerdings, Zuflucht zu nehmen beim Buddha, beim Dhamma und beim Sangha. Diese Tat werde ihrerseits noch dadurch vervollkommnet, dass man sich an die fünf Vorschriften halte. Noch besser sei es, wenn man, wenn auch nur für einen Augenblick, die allumfassende Strahlung der liebenden Fürsorge (*mettā*) übe. Das Beste von allem aber sei es, und wenn dies auch nur für die Zeit eines Fingerschnippens der Fall sei, Einsicht zu erlangen in die Unbeständigkeit (AN 9:20).

Diese Rede zeigt die verschiedenen Stufen der Übung: das Geben, die Tugend, das Nachdenken über die allumfassende Liebe und schließlich die beharrliche Betrachtung der Unbeständigkeit aller bedingten Dinge. Ohne das Bemühen um Freigebigkeit, Tugend und unterschiedslose Liebe zu allen Lebewesen ist die konzentrierte Betrachtung der Unbeständigkeit nicht möglich. Denn in der Stille und in dem Frieden, die diese Übung verlangt, könnten Gewissensbisse oder andere dunkle Gedanken auftauchen.

Diese Darlegung der qualitativen Unterschiede des Gebens erinnert an eine andere kurze Rede. Es ist die einzige, in der Anāthapiṇḍika selbst eine Frage stellt, nämlich: «Wie viele sind würdig, Gaben zu empfangen?» Der Buddha antwortet darauf, es gebe zwei solche Arten von Menschen: Die einen seien auf dem Weg zur Befreiung, die anderen hätten diese bereits erreicht (AN 2:27).

Während in den bisher behandelten Reden die Läuterung des Herzens mehr oder weniger indirekt betont wird, wird sie bei anderen Gelegenheiten direkt angesprochen. So sagte der Buddha einmal zu Anāthapiṇḍika: «Ist das Herz verdorben, so sind auch alle Taten, alle Worte und alle Gedanken davon betroffen. Ein solcher Mensch wird von seinen Leidenschaften fortgerissen und einen unglücklichen Tod haben – es ist ähnlich wie bei einem schlecht gedeckten Haus, bei dem die Giebel, die Sparren und die Wände faulen, wenn sie vom Regen benetzt werden» (AN 3:107f.).

Ein anderes Mal begab sich Anāthapiṇḍika mit mehreren hundert Laienanhängern zum Meister, der zu ihnen Folgendes sagte: «Ihr Hausväter beschenkt zwar die klösterliche Gemeinschaft mit Kleidung, Nahrung, Unterkunft und Heilmitteln. Doch ihr dürft euch damit nicht begnügen.

Ihr solltet von Zeit zu Zeit auch danach streben, in die Freude der inneren meditativen Zurückgezogenheit einzudringen und euch dort aufzuhalten!»[7]

Nach diesen Worten fügte der ehrwürdige Sāriputta Folgendes hinzu: «Zu einer Zeit, da der Edle Jünger in der Freude der (meditativen) Zurückgezogenheit weilt, existieren fünf Dinge nicht in ihm: Er empfindet keinen Schmerz und kein Leid im Zusammenhang mit den Sinnen, kein Vergnügen und keine Freude im Zusammenhang mit den Sinnen, keinen Schmerz und keinen Kummer im Zusammenhang mit Unheilsamen, kein Vergnügen und keine Freude im Zusammenhang mit Unheilsamen, keinen Schmerz und keinen Kummer im Zusammenhang mit Heilsamen» (AN 5:176).[8]

Bei einer anderen Gelegenheit, als Anāthapiṇḍika zusammen mit vielen Laienanhängern erneut den Buddha besuchte, sagte der Erhabene zu Sāriputta:

> Ein weißgekleideter Hausvater, der bei seinen Handlungen die fünf Vorschriften befolgt und der mit Leichtigkeit und ohne Schwierigkeiten willentlich in sich die vier erhebenden Zuversichten wachrufen kann, die ihm in der Gegenwart Glück verschaffen, ein solcher Hausvater kann, wenn er denn will, von sich Folgendes behaupten: «Erledigt ist für mich die Wiedergeburt in der Hölle, erledigt ist für mich die Wiedergeburt als Tier, erledigt ist für mich der Bereich der Geister: Erledigt sind für mich die unteren Welten, ein unglückliches Schicksal, die Bereiche der Unterwelt: Ich bin in den Strom eingetreten, kehre nicht mehr in die Zustände des Leidens zurück und bin mir der Erleuchtung am Ende sicher.» Welche fünf Vorschriften muss er bei seinen Handlungen befolgen?
> Ein Edler Jünger enthält sich des Tötens, er nimmt nicht, was nicht gegeben wurde, er zeigt kein falsches geschlechtliches Verhalten, lügt nicht und enthält sich der Drogen, die zu Trägheit führen.
> Und was sind die vier erhebenden Zuversichten, die zum Glück in der Gegenwart führen und die er willentlich in sich wachrufen kann? Ein Edler Jünger hat ein unerschütterliches Vertrauen zum Buddha, unerschütterliches Vertrauen zum Dhamma, unerschütterliches Vertrauen zum Sangha. Und er besitzt Tugenden, wie sie die Edlen lieben. Seine Tugenden sind ungebrochen, unbeschädigt, ungetrübt, ohne Tadel; sie bringen Freiheit, sie werden von den Weisen gepriesen und führen zur Sammlung. Das sind die vier erhebenden Zuversichten, die zum Glück in der Gegenwart führen. Sie reinigen den unreinen Geist und säubern den unsauberen Geist. Diese Zuversichten erhält man durch seinen Willen, leicht und ohne Schwierigkeiten. (AN 5:179)

Ein anderes Mal erklärte der Buddha Anāthapiṇḍika den Stromeintritt auf drei verschiedene Arten – freilich nur ihm allein. Der Buddha sagte:

> Wenn im Edlen Jünger die fünf furchtbaren Gefahren geschwunden sind, wenn er die vier Attribute des Stromeintritts besitzt und wenn er den Edlen Pfad wirklich kennt, dann kann er sich als Stromeintreter betrachten. Wer aber tötet, stiehlt, in geschlechtlicher Hinsicht ausschweift, wer lügt und sich berauscht, der erzeugt in der Gegenwart und in der Zukunft die fünf furchtbaren Gefahren. Er erfährt auch Schmerz und Kummer in seinem Geist. Wer sich aber von den fünf Lastern fernhält, für den sind die fünf furchtbaren Gefahren erledigt. Als Eigenschaften seines Stromeintritts besitzt er ein unerschütterliches Vertrauen zum Buddha, zum Dhamma und zum Sangha, und er beachtet die Gebote ohne Ausnahme. Und schließlich hat ein solcher den Edlen Pfad voll erkannt und ihn ganz verinnerlicht, nämlich die Lehre von der bedingten Entstehung (AN 10:92).[9]

Eines Morgens wollte Anāthapiṇḍika den Buddha besuchen, doch weil es noch zu früh war, ging er zum Kloster anderer Wanderasketen. Da sie ihn als Jünger Buddhas kannten, fragten sie ihn, welche Ansichten der Asket Gotama vertrete. Er antwortete darauf, er kenne nicht alle Ansichten des Erhabenen. Daraufhin fragten sie, welche Ansichten er denn selbst hege. Daraufhin erwiderte er: «Was ich für Ansichten habe, ehrwürdige Herren, das fällt mir nicht schwer zu erklären. Doch ich möchte erst die Ehrwürdigen bitten, mir ihre Ansichten darzulegen. Danach wird es mir nicht schwer fallen zu erklären, was für Ansichten ich habe.»

Daraufhin erläuterten die Asketen ihre Weltanschauung. Der eine hielt die Welt für ewig, ein anderer hielt sie für nicht ewig. Der eine hielt sie für endlich, der andere hielt sie für unendlich. Der eine glaubte, Körper und Leben seien identisch, andere sahen da einen Unterschied. Die einen glaubten, die Erleuchteten existierten auch nach dem Tod, während andere meinten, sie würden dabei vernichtet.

Hierauf sagte Anāthapiṇḍika: «Welche von diesen Ansichten man auch vertritt, sie kann nur aus einer von zwei Quellen stammen: entweder aus eigenem törichtem Nachdenken oder aus den Worten eines anderen. In beiden Fällen ist die Ansicht aber bedingt entstanden. Bedingte Dinge jedoch sind vergänglich und führen zum Leiden. Wer also Meinungen und Ansichten hat, ist dem Leiden verfallen.»

Dann wollten die Asketen wissen, welche Ansichten Anāthapiṇḍika vertrete. Er antwortete: «Was immer entstanden ist, ist auch vergänglich. Die Vergänglichkeit ist die Natur des Leidens. Doch das Leiden gehört nicht zu mir, es ist nicht ein Ich, es ist nicht mein Selbst.»

Da wollten die Asketen zum Gegenschlag ausholen und meinten, er sei ebenso dem Leiden verfallen, da er der Ansicht anhänge, die er gerade zum Ausdruck gebracht habe. «Nicht doch», antwortete er, «ich habe diese Dinge in Übereinstimmung mit der Realität wahrgenommen, und ich kenne den Weg, dem zu entkommen.» Mit anderen Worten: Er verwendete die Ansicht nur als Mittel und würde sie, wenn die Zeit gekommen war, auch fallen lassen. Darauf konnten die Wanderasketen nichts mehr antworten und saßen stumm da. Sie wussten, dass sie geschlagen waren.

Anāthapiṇḍika ging zum Buddha, berichtete von der Unterhaltung und wurde gelobt: «Du hast recht, Hausvater, du solltest diese Enttäuschten öfter zur Harmonie mit der Wahrheit führen.» Und dann erfreute der Meister ihn mit einer Lehrrede und ermutigte ihn. Nachdem Anāthapiṇḍika gegangen war, sagte der Erhabene zu seinen Mönchen, selbst ein Mönch, der hundert Jahre im Orden gelebt habe, hätte den Wanderasketen nicht besser antworten können, als dies Anāthapiṇḍika, der Hausvater, getan habe (AN 10:93).

Zum Schluss seien noch zwei andere Begebenheiten berichtet. Anāthapiṇḍika war krank und bat um den Besuch eines Mönches, um Zuspruch zu erhalten. Da Anāthapiṇḍika als Gönner sehr viel für den Orden getan hatte, wurde seine Bitte selbstverständlich erfüllt. Beim ersten Mal kam der ehrwürdige Ānanda zu ihm, beim zweiten Mal der ehrwürdige Sāriputta. Ānanda sagte, ein unwissender Geist empfinde Angst vor dem Tod und dem Leben danach, weil ihm vier Dinge fehlten: Er glaube nicht an den Buddha, den Dhamma und den Sangha und besitze auch nicht die Tugenden, die den Edlen teuer seien. Doch Anāthapiṇḍika antwortete, er fürchte den Tod nicht. Er habe unerschütterliches Vertrauen in den Buddha, den Dhamma und den Sangha, und von den Vorschriften für Hausväter kenne er keine, gegen die er noch verstoße. Da lobte ihn Ānada und sagte, er habe gerade eben das Erlangen der Frucht des Stromeintritts verkündet (SN 55:27).

Als ihn der ehrwürdige Sāriputta besuchte, sagt er zu Anāthapiṇḍika, dieser habe im Gegensatz zum unwissenden Weltenbewohner, dem die Hölle bevorstehe, Vertrauen zu den drei Kostbarkeiten, und er habe nicht gegen die Vorschriften verstoßen. Wenn er sich nun ganz stark auf sein Vertrauen in den Buddha, den Dhamma und den Sangha und auf seine eigene Tugend konzentriere, werde seine Krankheit durch diese Meditation verschwinden. Bei ihm seien nämlich nicht wie bei den Unwissenden falsche Ansichten, falsche Intentionen, eine falsche Redeweise, falsches Tun, falsche Lebensführung, falsche Anstrengung, falsche Achtsamkeit, falsche Konzentration, falsches Wissen oder falsche Befreiung festzustellen. Wenn er daran denke, dass er als Stromeintreter im Besitz der zehn edlen Faktoren sei, die alle auf die richtige Befreiung hinwirkten, werde durch diese Meditation seine Krankheit verschwinden. Durch die Stärke dieser Betrachtung kam Anāthapiṇḍika wieder das große Glück zum Bewusstsein, ein Edler Jünger zu sein, und durch diese vollkommene seelische Medizin verschwand die Krankheit auf der Stelle. Er stand auf, lud den ehrwürdigen Sāriputta zum Essen ein und diskutierte mit ihm weiter. Am Ende machte ihn Sāriputta mit drei Strophen bekannt, die er sich merken sollte:

> Wer Vertrauen hat zum Tathāgata,
> Unerschütterlich und fest gegründet,
> Und ein tugendhaftes, gutes Leben
> führt,
> Wie es den Edlen teuer ist und wie
> sie es loben…
>
> Wer Vertrauen hat zum Sangha
> Und geläuterte Ansichten,
> So einer ist nicht arm, sagt man,
> Und hat sein Leben nicht umsonst
> gelebt.
>
> Ein solcher Mensch ist weise,
> Er erinnert sich an Buddhas Lehre,
> Er hängt dem Glauben an und folgt
> der Tugend,
> Er hat Vertrauen und Einsicht
> in den Dhamma. (SN 55:26)

Achtzehn Gespräche Anāthapiṇḍikas wurden hier zusammengefasst. Vierzehn davon regte der Erhabene selbst an. Eine Lehrrede kam zustande, als Anāthapiṇḍika eine Frage stellte. In einer weiteren berichtet er, wie er andere lehrte. Und in den beiden letzten wurde er von Ānanda und Sāriputta unterrichtet. Diese achtzehn Reden zeigen, wie der Buddha seine Lehre den Laien nahe brachte und sie zu freudigem Streben anregte.

Anāthapiṇḍikas Tod

Vom Tod des großen Gönners berichtet das *Anāthapiṇḍikovāda-Sutta*, der «Rat an Anāthapiṇḍika» (MN 143). Der Hausvater wurde ein drittes Mal krank. Er hatte sehr starke Schmerzen, die immer schlimmer wurden, anstatt abzunehmen. Erneut bat er den ehrwürdigen Sāriputta und den ehrwürdigen Ānanda um Beistand. Als Sāriputta ihn sah, wusste er, dass Anāthapiṇḍika dem Tode nahe war, und gab ihm die folgenden Anleitungen: «Hänge nicht, o Hausvater, an den sechs Sinnesfähigkeiten, und richte deine Gedanken nicht auf sie. Hänge nicht an den sechs Sinnesobjekten, und hänge deine Gedanken nicht an sie. Hänge nicht an den sechs Arten des Bewusstseins, an den sechs Sinneskontakten, den sechs Gefühlen, den sechs Elementen, den fünf Anhäufungen, den vier formlosen Bereichen. Hänge an nichts, das gesehen, gehört, gespürt, gedacht, wahrgenommen und mit dem Geist erforscht werden kann, und hefte deine Gedanken nicht daran.»

Anāthapiṇḍika folgte dieser detaillierten

Darlegung mit seinem Herzen, so dass er bereits beim Zuhören den Pfad übte, den ihn der weise und heilige Sāriputta lehrte. Am Ende der Anleitungen schossen Tränen in Anāthapiṇḍikas Augen. Ānanda wandte sich ihm voller Mitleid zu und fragte ihn, ob er dahingehe. Doch Anāthapiṇḍika antwortete: «Ich gehe noch nicht dahin, werter Ānanda. Ich habe dem Meister und den geistig fortgeschrittenen Mönchen lange Zeit gedient, doch habe ich nie zuvor eine so tiefsinnige Lehrrede gehört.»

Da sagte Sāriputta: «Eine solch tiefsinnige Rede, o Hausvater, ist den weißgekleideten Laienanhängern noch nicht klar genug; sie ist nur den Asketen völlig klar.»

Anāthapiṇḍika erwiderte darauf: «Ehrwürdiger Sāriputta, halte solche Predigten über den Dhamma auch weißgekleideten Laienanhängern. Es gibt welche, die nur wenig Staub auf ihren Augen tragen. Wenn sie solche Lehrreden nicht hören, sind sie verloren. Einige werden sie vielleicht verstehen.»

Der Unterschied zu den oben behandelten Reden des Buddha liegt auf der Hand. Hier geht es um die letzten Dinge, die höchste Befreiung, nicht nur auf einer theoretischen Basis, sondern in der Praxis. Als Jünger, der die Frucht des Stromeintritts besaß, war sich Anāthapiṇḍika der vorübergehenden Natur der fünf Gruppen des Anhaftens bewusst, und er selbst hatte ja die drei Merkmale der Existenz genannt: Unbeständigkeit, Leiden und Nichtselbst. Doch es ist ein großer Unterschied, ob man diese Dinge nur hört und darüber nachdenkt oder ob man sie auch praktiziert und auf sich selbst anwendet. In dieser Unterscheidung liegt die Differenz zwischen der Darlegungsweise Buddhas gegenüber Hausleuten einerseits und Mönchen andererseits.

Den Laien legte er die Einsicht in die Natur der Existenz als Gegenstand der Erkenntnis dar. Diese Lehre verwendete er zunächst auch für Mönche. Doch den vielen Mönchen, die weiter fortgeschritten waren, vermittelte der Buddha auch die Übung, die noch in diesem Leben zur vollständigen Befreiung führt. Nur wenn man weiß, dass Sāriputtas Darlegung eine praktische Übungsanleitung in mehreren Schritten für den Weg ins Nibbāna war, kann man verstehen, dass Anāthapiṇḍika das Kernstück der Lehre in dieser Darlegung noch nicht kennengelernt hatte. In seiner Todesstunde war er irdischen Angelegenheiten bereits weit entrückt. Während er an den Dhamma dachte, hatte er sein Festhalten an weltlichen Besitztümern und auch an seinem Körper schon aufgegeben. Damit befand er sich in einer Situation, die der fortgeschrittener Mönche glich. Unter diesen Umständen konnte ihm Sāriputta solche Anleitungen geben, und darum konnten sie auch Wirkung zeigen.

Nachdem die beiden Mönche Anāthapiṇḍika so unterwiesen hatten, verließen sie ihn. Kurz darauf starb der Hausvater

Anāthapiṇḍika und wurde im Tusita-Himmel wieder geboren, wohin ihm seine jüngste Tochter schon vorausgeeilt war. Er war aber dem Erhabenen und dem Mönchsorden so ergeben, dass er als junger Deva im Jetavana-Kloster erschien und den ganzen Bereich mit himmlischem Licht erfüllte. Er ging zum Buddha, erwies ihm die Ehre und sprach die folgenden Verse:

Das in der Tat ist der Jeta-Hain,
Wo der Orden der Seher wohnt.
Hier weilt der König des Dhamma,
Dieser Platz macht mir große Freude.

Durch Taten und Wissen und
Rechtschaffenheit,
Durch Tugend und vorbildliches Leben:
Dadurch werden Sterbliche geläutert,
Nicht durch Geburt oder durch Besitz.

Deswegen sollte ein Weiser
Aus Rücksicht auf sein eigenes Heil
Genau den Dhamma studieren:
Dadurch wird er geläutert.

Sāriputta verfügt wahrlich
über Weisheit,
Über Tugend und inneren Frieden.
Selbst ein Bhikkhu, der schon
hinübergegangen ist,
Kann ihm höchstens gleichkommen.

Nachdem der Deva so gesprochen hatte, zeigte er gegenüber dem Erhabenen erneut seine Ehrerbietung und verschwand schließlich zu dessen Rechten.

Am nächsten Tag berichtete der Buddha den Mönchen, was geschehen war. Sofort sagte Ānanda: «Ehrwürdiger Herr, dieser junge Deva war gewiss Anāthapiṇḍika. Denn der Hausvater Anāthapiṇḍika hatte volles Vertrauen zu dem ehrwürdigen Sāriputta.»

Der Meister bestätigte dies: «Gut, gut, Ānanda! Du hast durch Überlegen den richtigen Schluss gezogen. Dieser junge Deva war in der Tat Anāthapiṇḍika» (SN 2:20; MN 143).

10

KÜRZERE BIOGRAPHIEN VON JÜNGERN

Der Hausvater Citta

Einmal zählte der Buddha zum Nutzen seiner Mönche die Namen von einundzwanzig hervorragenden Laienjüngern (*upāsakas*) auf, die die Frucht des Stromeintritts erlangt hatten. An vierter Stelle nannte er den Hausvater Citta von Macchikāsaṇḍa in der Nähe von Sāvatthī (AN 6:120). Bei einer anderen Gelegenheit sagte der Erhabene einst zu seinen Bhikkhus: «Wenn eine gläubige Mutter ihren geliebten Sohn auf richtige Weise ermuntern will, so soll sie zu ihm sagen: ‹Sieh zu, dass du wirst wie der Hausvater Citta und wie der Hausvater Hatthaka von Ālavi.› Diese beiden, Citta und Hatthaka, sind Vorbilder und Richtschnur für meine Laienjünger. Die Mutter sollte dann sagen: ‹Doch wenn du dich dafür entscheidest, Mönch zu werden, mein Lieber, so versuche Sāriputta und Mahāmoggallāna nachzueifern.› Diese beiden, Sāriputta und Mahāmoggallāna, sind Vorbilder und Richtschnur für meine Mönche» (SN 17:23).

Hier werden verschiedene Modelle für Laienanhänger und für Mönche entwickelt. Der Laie soll sich nicht einen Mönch als Vorbild nehmen, sondern einen Laien. Und ein Mönch sollte nicht einem Laienjünger nacheifern, sondern eben einem Mönch. Beider Lebensweise ist sehr verschieden, und Vorbilder aus dem eigenen Lebensbereich wirken fruchtbarer. Wer als Laie Sāriputta nacheifern will, der soll Mönch werden. Wer aber sein Leben als Laie bestmöglich am Dhamma ausrichten will, der sollte Citta und Hatthaka als Vorbilder nehmen.

Bei der Aufzählung der hervorragendsten Jünger erwähnte der Buddha drei Personen, die bei der Darlegung der Lehre ganz vorne standen: den Mönch Puṇṇa Mantāṇiputta, die Nonne Dhammadinnā und den Hausvater Citta (AN 1, Kapitel 14). Von einem anderen Laienanhänger ist in diesem Zusammenhang nicht die Rede. Der besagte Citta war ein buddhistischer Lehrer und ein reicher Kaufmann, der ein ganzes Dorf, Migapathaka, und in der Nähe auch einen großen Wald besaß, Ambātakavana. Diesen Wald schenkte er dem Mönchsorden und baute dort ein geräumiges Kloster. Es wurde von zahlreichen Mönchen besucht. Seine Ergebenheit gegenüber dem Erhabenen wird durch die Tatsache erklärt, dass er in einer früheren Existenz Diener des Bodhisatta war und ihm in die Hauslosigkeit folgte (Jāt. 488). Es gibt nicht weniger als elf Berichte über das Leben dieses frommen Upāsaka, die ein deutliches Bild seiner Persönlichkeit zeichnen.

Citta schätzte einen bestimmten Mönch sehr hoch, den ehrwürdigen Sudhamma, und fragte ihn immer um Rat, bevor er eine Einladung an andere Mönche aussprach. Eines Tages kamen, während einer Reise, Sāriputta, Moggallāna, Anuruddha, Ānanda und einige weitere weise und gelehrte Mönche nach Macchikāsaṇḍa. Citta suchte sie sofort auf, und Sāriputta hielt eine Lehrrede von solcher Tiefe für ihn, dass Citta die zweite Stufe der Heiligkeit erreichte, die des Einmalwiederkehrers (*sakadāgāmī*). Citta lud die illustren Mönche für den nächsten Tag zum Essen ein. Danach kam ihm in den Sinn, dass er vergessen hatte, Sudhamma im Voraus hiervon in Kenntnis zu setzen, und er beeilte sich, ihn über die Einladung zu informieren.

Als der ehrwürdige Sudhamma dies erfuhr, wurde er eifersüchtig und tadelte Citta, weil dieser ihn nicht zuvor ins Vertrauen gezogen hatte. Obwohl Citta ihn ebenfalls herzlich zum Essen einlud, lehnte Sudhamma voller Zorn ab. Citta wiederholte seine Einladung zweimal, doch vergebens. Schließlich dachte er bei sich, Sudhammas Verbohrtheit sei für ihn eigentlich bedeutungslos, ging nach Hause und begann voll Freude das Essen für das große Ereignis vorzubereiten.

Am nächsten Tag brachte es aber der ehrwürdige Sudhamma doch nicht übers Herz, wegzubleiben. Er schloss sich der Versammlung an, als ob nichts geschehen wäre, und pries Cittas Gastfreundschaft. «Doch die höchste Vollendung», so fügte er sarkastisch hinzu, «wäre erreicht, wenn zur Abrundung des Mahles Butterkekse serviert würden.» Citta antwortete darauf, das unhöfliche Verhalten seines Freundes erinnere ihn an eine Geschichte, die er einmal gehört habe. Bekannte von ihm hätten eine Krähe mit einer Henne gekreuzt, doch das Küken, das aus dieser Verbindung hervorgegangen sei, habe einen grotesken Defekt gehabt: Wenn es krähen wollte wie ein Hahn, krächzte es wie eine Krähe; und wenn es versuchte, zu krächzen wie eine Krähe, krähte es wie ein Hahn. Damit wollte Citta sagen, Sudhamma habe sich weder als Mönch noch als Laie richtig benommen. Eine Einladung aus Eifersucht abzulehnen zieme sich nicht für einen Mönch, und Kritik am Essen sei eine Unhöflichkeit. Sudhamma war durch diese Worte zutiefst beleidigt und wollte weggehen. Daraufhin bot ihm Citta an, ihn für den Rest seines Lebens zu versorgen. Der Bhikkhu lehnte dies aber ab. Da bat ihn Citta, den Buddha zu besuchen und ihm das Vorgefallene zu berichten. Als Sudhamma dann plötzlich ging, sagte Citta: «Wir werden uns wiedersehen.»

Der Buddha aber sagte zu Sudhamma: «Du törichter Mann, was du getan hast, war unziemlich, unhöflich und eines Asketen nicht würdig. Wie konntest du einen frommen, gläubigen Laienjünger beleidigen, einen Wohltäter und Unterstützer des Sangha?» Bei einer Zusammenkunft des Mönchsordens wurde beschlossen, Sudhamma solle zum Hausvater Citta gehen und ihn um Verzeihung bitten.

Sudhamma machte sich auf den Weg, doch in Macchikāsaṇḍa angekommen, fühlte er sich so verlegen, dass er sich nicht zu dem zwingen konnte, weswegen er eigentlich gekommen war. So kehrte er zurück, ohne Citta gesehen zu haben. Seine Ordensbrüder fragten ihn, ob er seine Pflicht erfüllt habe. Als sie erfuhren, dass dies nicht der Fall war, berichteten sie dem Buddha davon. Der Meister ordnete daraufhin an, ein zweiter Mönch solle Sudhamma auf seinem schwierigen Weg begleiten. Und so geschah es. Sudhamma bat Citta um Vergebung, und dieser verzieh ihm.[1]

Von den zehn Lehrreden im *Citta-Saṁyutta* handeln drei von Fragen, die Citta an Mönche richtete, drei von Fragen, die Mönche Citta stellten, und vier berichten von persönlichen Dingen.

Citta lud einmal eine Gruppe älterer Mönche aus dem Kloster, das er gegründet hatte, zum Essen ein. Danach bat er den ältesten unter ihnen, eine Lehrrede über die Aussagen des Buddha die Verschiedenheit der Elemente betreffend zu halten. Der Mönch konnte das aber nicht. Als er ein zweites und ein drittes Mal vergeblich um eine Darlegung gebeten wurde, fragte der jüngste Mönch, Isidatta, ob er auf Cittas Frage antworten dürfe. Der ältere Mönch stimmte zu, und Isidatta, ein Schüler des ehrwürdigen Mahākaccāna, legte ganz klar die Verschiedenheit der Elemente auf der Grundlage von achtzehn Dingen dar: den sechs Sinnesfähigkeiten, den sechs Arten von Objekten und den sechs Elementen des Bewusstseins.

Danach brachen die Mönche auf. Auf dem Rückweg lobte der älteste Mönch den jungen Isidatta für seine Ausführungen und sagte, bei der nächsten Gelegenheit solle er nicht zögern, das Wort zu ergreifen. Im Herzen des Mönchs war kein Neid. Vielmehr empfand er echte Mitfreude (*muditā*) über die Leistung seines jüngeren Ordensbruders und über die Tiefe seines Verständnisses. Isidatta seinerseits war nicht von Stolz durchdrungen, so dass beide mit den Idealen des Mönchslebens übereinstimmten (SN 41:2).

Bei einer anderen Gelegenheit stellt Citta die folgende Frage: «Woraus entstehen falsche Ansichten über die Welt und das Selbst?» Er bat um eine Darlegung dessen, was der Buddha darüber in dem großen *Brahmajāla-Sutta* gelehrt hatte. Wiederum wusste der älteste Mönch keine Antwort, und erneut sprach Isidatta. Falsche Ansichten, so sagte er, entstünden immer aus dem Anblick eines Selbst (*sakkāyadiṭṭhi*). Citta fragte dann weiter, wodurch nun diese Ansicht eines Selbst entstehe, und Isidatta antwortete, der unwissende Weltling, der keine Ahnung habe vom edlen Dhamma, halte die fünf Anhäufungen der Persönlichkeit für «ich», «mein» und «mein Selbst». Er schaffe damit dauernd die Illusion eines Selbst auf der Grundlage nur vorübergehender, leerer Phänomene: von Form, Empfinden, Wahrnehmung, flüchtigen Bildungen und Bewusstsein.

Citta war entzückt über diese Lehrrede und fragte Isidatta, woher er stamme. «Aus der Stadt Avantī», antwortete Isidatta. Citta, dem der Name des jungen Mönchs nicht geläufig war, wollte wissen, ob er dort einen gewissen Isidatta kenne, mit dem er in Briefwechsel gestanden habe. Er habe ihm die Lehre dargelegt und ihn aufgefordert, Mönch zu werden. Da er aber nicht wisse, wie das Ganze ausgegangen sei, wolle er es gern jetzt erfahren. Er hatte Isidatta nie zuvor gesehen und hörte nun zu seiner großen Freude, dass sein früherer Brieffreund sich tatsächlich zur Ordination entschlossen hatte und vor ihm saß. Er bat ihn um die Gunst, ihn unterstützen zu dürfen. Isidatta dankte für das großzügige Angebot, schlug es aber aus, reiste sofort ab und kam nie wieder zurück (SN 41:3).

Der Kommentar erklärt nicht, welche Gründe Isidatta zu einem so plötzlichen Aufbruch bewogen. Wahrscheinlich zog er die Anonymität vor, und da nun seine Identität durch das Gespräch mit Citta bekannt geworden war, wollte er möglicherweise nicht mehr länger in diesem Gebiet bleiben. Er erreichte die Arahatschaft, und alles, was wir später von ihm noch hören, besteht aus einer kurzen Strophe über die fünf Anhäufungen (Thag. 120).

Ein anderes Mal antwortete ein Mönch namens Kāmabhū auf nicht weniger als elf abstrakte Fragen Cittas, die drei Arten von Formationen (*saṅkhārā*) und ihr Aufhören betreffend (SN 41:6). Es waren dieselben Fragen, die der Hausvater Visākha der Nonne Dhammadinnā stellte (MN 44).

Das erste Gespräch, bei dem Citta auf Fragen anderer antwortete, spielte sich wie folgt ab: Einige ältere Mönche saßen nach dem Almosengang zusammen unter dem Vorbau des Klosters und diskutierten das Problem, ob die Fesseln (*saṁyojana*) und die Sinnesobjekte dasselbe seien oder nicht. Einige behaupteten, beide seien identisch, andere vertraten ihre Verschiedenheit. Als Citta dazukam, bat man ihn um seine Meinung, und er erklärte, seiner Ansicht nach seien die Fesseln und die Sinnesobjekte verschieden, nicht nur dem Namen, sondern auch der Bedeutung nach. Es sei wie bei einem Ochsenpaar: Der weiße ist nicht die Fessel des schwarzen und der schwarze nicht die des weißen. Beide würden von einem einzigen Seil zusammengehalten. Die Sinnesfähigkeiten hätten somit nicht die Macht, die äußeren Objekte zusammenzubinden, und die äußeren Objekte hätten nicht die Macht, die Sinnesfähigkeiten zusammenzubinden. Sie beide würden vielmehr durch das Begehren miteinander verknüpft. Die Mönche freuten sich über die gelehrte Antwort des Laienjüngers und erklärten, Citta müsse das Auge der Weisheit besitzen (SN 41:1).

Dasselbe Gleichnis verwendeten bei zwei anderen Gelegenheiten auch Sāriputta und Ānanda (SN 35:191 f.). Den sachlichen Gehalt erläuterte der Buddha auf klare Weise (SN 35:109, 122), als er sagte, die sechs Sinnesfähigkeiten und ihre Objekte seien die gefesselten Dinge und nur das Begehren oder der lustvolle Wunsch danach (*chandarāga*) sei die Fessel, die beide verbinde. Das ist ein wichtiger Punkt, den man in Betracht ziehen muss, um einen nutzlosen Kampf gegen die äußeren Sinnesorgane und die inneren Sinnesfähigkeiten zu vermeiden. Denn es sind unsere innere Lust und unser Begehren, die uns fesseln, nicht die Sinnesfähigkeiten und ihre Objekte. Das Gleichnis nennt die sechs Innenbereiche schwarz, weil das Subjekt eben das Unbekannte ist, und die Außengebiete weiß, weil die Objekte klar zutage liegen.

Das zweite Gespräch, bei den Citta als Lehrer fungierte, knüpfte sich daran, dass der Mönch Kāmabhū Verse des Buddha zitierte, eine feierlich Äußerung, und Citta um eine Erklärung bat:

> Der fehlerlose Wagen mit
> seiner einen Achse
> Und weißen Seidenbaldachinen –
> Sieh ihn kommen, ohne Makel,
> Ohne Bindungen, jenen,
> der den Strom überquert hat.[2]

Citta wollte als Erstes wissen, ob die Äußerung vom Buddha stamme, was Kāmabhū bestätigte. Offensichtlich war für Citta nur ein Ausspruch Buddhas eine ernsthafte Überlegung wert. Er bat dann um eine kurze Bedenkzeit und sagte schließlich: Der Wagen (*ratho*) ist der Körper, der umhergeht (*vattatī*). Die eine Achse (*ekāro*) ist die Achtsamkeit (*sati*). Das fehlerlose, reibungslose Zusammenhalten der Teile ist die Tugend. Der weiße Seidenbaldachin (*seta-pacchādo*) ist die Erlösung. So kommt der Heilige (*āyantaṁ*) ohne Makel (*anīghaṁ*) und Bindungen (*abandhanaṁ*), überquert den Strom (*chinnasotaṁ*). Er hat Gier, Hass und Unwissenheit besiegt und ist sicher vor dem Meer des Begehrens. Kāmabhū sagte darauf zu Citta, dieser könne sich wirklich glücklich preisen, weil er das Auge der Weisheit besitze und ihm geholfen habe, die tiefe Aussage des Buddha zu ergründen (SN 41:5).

Der dritte Bericht handelt von einem Gespräch, bei dem der Mönch Godatta (Thag. 659–672) Citta aufforderte, das folgende Problem erörtern: Sind die unbegrenzte Befreiung des Geistes, die bindungslose Befreiung des Geistes, die leere Befreiung des Geistes und die formlose Befreiung des Geistes ein und dasselbe und nur dem Namen nach verschieden oder sind sie sowohl dem Namen als auch ihrer Bedeutung nach verschieden?[3] Citta antwortete darauf, man könne sie als dasselbe oder als verschieden betrachten, je nach Standpunkt. Sie seien dem Namen und der Bedeutung nach unterschiedlich, wenn sie sich auf verschiedene Arten der zeitweiligen Befreiung bezögen. Sie seien aber ihrer Bedeutung nach gleich und nur dem Namen nach verschieden, wenn man sie als verschiedene Aspekte der endgültigen Erlösung betrachte. Wenn sie ihrer Bedeutung und dem Namen nach unterschiedlich seien, so entspreche die unbegrenzte Befreiung den vier göttlichen Bereichen (*brahmavihāra*), die bindungslose Befreiung der dritten formlosen Errungenschaft, die leere Befreiung der Betrachtung des Nichtselbst und die formlose Befreiung der meditativen Erfahrung des Nibbāna. Wenn die vier der Bedeutung nach identisch und nur dem Namen nach verschieden seien, so bedeuteten sie die unerschütterliche Befreiung des Arahat von Hass, Gier und Unwissenheit (SN 41:7).

Andernorts ist von eher persönlichen Ereignissen die Rede. Einmal begleitete Citta einige Mönche, die ihr Almosenessen in seinem Haus eingenommen hatten, zurück zu ihrem Kloster. Es war sehr heiß und alle schwitzten reichlich. Da sagte der jüngste der Mönche, Mahaka, zum ältesten, Wind oder Regen wären jetzt gewiss willkommen. Diese Feststellung klingt banal und nicht der Rede wert. Ihre Bedeutung liegt aber in der Tatsache, dass Mahaka übernatürliche Kräfte besaß und um die Erlaubnis bat, sie anwenden zu dürfen. Als er dann tatsächlich seinen Ordensbrüdern Regen zur Erfrischung verschaffte, war Citta tief beeindruckt, besonders, da Mahaka noch sehr jung war.

Im Kloster angekommen, bat er deswegen den Mönch, er möge ihm doch seine Kraft noch einmal demonstrieren. Vielleicht war es das erste Mal, dass Citta eine paranormale Erscheinung dieser Art miterlebt hatte, und er empfand eine natürliche Neugier. Mahaka erklärte sich bereit dazu. Man legte einen Mantel und ein Bündel Heu auf die Veranda. Dann ging Mahaka in seine Wohnung und schloss die Tür. Von dort schuf er einen Strahl unglaublicher Wärme und lenkte ihn durch das Schlüsselloch, so dass das Heubündel zu Asche zerfiel, ohne den Mantel zu beschädigen.

Voller Begeisterung bot Citta Mahaka lebenslange Unterstützung an. Doch wie Isidatta zog Mahaka es vor, das Gebiet zu verlassen, und kehrte nie wieder zurück (SN 41:4). Mönche dürfen Laien nicht durch die Darstellung paranormaler Fähigkeiten beeindrucken (Vin. 2:112). Mahaka war noch jung und seine Fähigkeiten waren für ihn eben auch noch neu und aufregend. Deswegen konnte er Cittas Wunsch nicht widerstehen. Doch er fand sofort wieder zu sich selbst und tat das Richtige, indem er abreiste.

In Cittas Stadt kamen nicht nur Bhikkhus, sondern auch Asketen anderer Sekten. Einer unter ihnen war der Anführer der Jain, Nigaṇṭha Nataputta. Citta lud auch ihn ein, weil er nicht auf die Angehörigen anderer Sekten herabblickte und genügend Mut hatte, die Herausforderung einer Diskussion anzunehmen (SN 41:8). Nātaputta wollte wissen, ob Citta an Buddhas Aussage glaube, es gebe einen Zustand der Versenkung (*samādhi*) ohne jedes Denken und Erwägen (*vitakka-vicāra*). Citta antwortete, er glaube nicht, dass so etwas existiere. Nātaputta war über diese Antwort erfreut, weil der bekannte Citta offensichtlich seiner Ansicht war. «Wohl gesprochen», rief er aus und legte seine Auffassung dar, wonach es ebenso schwierig sei, den Fluss des Denkens zu stoppen, wie den Ganges mit nackten Händen aufzuhalten: «Es ist unmöglich, das Denken und Erwägen zum Erlöschen zu bringen», erklärte er.

Nātaputta aber hatte die genaue Bedeutung von Cittas Aussage nicht begriffen. Cita entgegnete ihm noch mit einer Frage: «Was glaubst du, ehrwürdiger Herr, ist mehr wert, Glauben oder Wissen?» «Wissen», antwortete Nātaputta. Daraufhin erklärte Citta, er selbst habe alle Jhānas erlebt, und die letzten drei seien ohne Denken und Erwägen. Für ihn sei es also nicht mehr eine Frage des Glaubens, sondern des Wissens aus direkter Erfahrung, dass Buddhas Behauptung den Tatsachen entspreche.

Daraufhin tadelte ihn Nātaputta wegen der Form seiner ersten Antwort. Citta protestierte dagegen, dass er erst als Weiser gepriesen worden sei und nur als Narr gescholten werde. Nur eine der beiden Meinungen könnten die richtige sein. Was Nātaputta denn wirklich über ihn denke?

Doch Citta erhielt keine Antwort, denn Nātaputta zog es vor zu schweigen. Dieser Zwischenfall zeigt, wie selbst berühmte Philosophen sich in Widersprüche verwickeln, besonders, wenn ihr Stolz getroffen ist. Und Nātaputta wollte mehr sein als nur ein Philosoph. Es war ihm nie gelungen, die höheren Jhānas zu erreichen, und so kam er zu dem Schluss, dass sie ein Mythos seien. Wenn nun ein absolut vertrauenswürdiger Mann erklärte, er selbst habe diese Jhānas erreicht, so war damit seiner eigenen Theorie die Grundlage entzogen. Und dazu zeigte sich auch noch seine Unterlegenheit. Nātaputtas Ärger wurde wohl noch durch die Tatsache verstärkt, dass er selbst für so lange Zeit extreme Askese geübt hatte, während Citta immer noch in einem Haus lebte. So ist es kaum verwunderlich, dass sich Nātaputta verwirrt zurückzog.

Die dritte persönliche Begegnung fand zwischen Citta und dem nackten Büßer Kassapa statt (SN 41:9). Dieser Asket war ein langjähriger Freund von Cittas Familie. Als er seine alte Heimatstadt nach vielen Jahren zum ersten Mal wieder besuchte, kam er auch zu Citta. Dieser fragte ihn, wie lange er nun schon ein Leben als Asket führe. «Dreißig Jahre», antwortete er. Citta wollte dann wissen, ob er übermenschliche Zustände oder übernatürliche Einsichten erlangt habe. Kassapa antwortete: «Nein, ich gehe nur nackt herum, schere meinen Kopf und fege den Staub von meinem Sitzplatz.» Das war sein ganzes Leben.

Nun war Kassapa an der Reihe zu fragen. Wie lange Citta denn schon Laienanhänger des Buddha sei? «Dreißig Jahre», antwortete Citta. Ob er übernatürliche Zustände erreicht habe? «Natürlich», sagte Citta, «ich habe die vier Jhānas erlangt, und sollte ich vor dem Erwachten sterben, so würde er von mir sagen, dass mich keine Fessel mehr mit der Welt der Sinnessphäre verband.»

Wie Kassapa wohl wusste, bedeutete dies, dass Citta ein Nichtwiederkehrer (*anāgāmī*) war und das dritte der vier Stadien des Erwachens erreicht hatte. Der Asket, der selbst ein schmerzhaftes Büßerleben führte, war aufs Höchste überrascht, dass ein Laie so etwas erreichen konnte. Er dachte: Wenn dies unter Buddhas Weisung schon einem Laienanhänger möglich war, um wie viel mehr konnte dann ein Bhikkhu erreichen. So bat er Citta, er möge ihm zum Eintritt in den Mönchsorden verhelfen. Er wurde aufgenommen und erlangte kurz danach die Arahatschaft.

Drei weitere Freunde von Citta wurden ebenfalls Mönche, nachdem sie mit ihm ähnliche Diskussionen geführt hatten. Es waren dies Sudhamma, Godatta und Isidatta, der, wie schon erwähnt, mit ihm in brieflichem Kontakt gestanden hatte. Alle drei erreichten die endgültige Befreiung und ließen in dieser Hinsicht den Hausvater Citta hinter sich.

Der letzte Bericht, den wir von Citta haben, handelt von den Umständen seines Todes (SN 41:10). Als er krank wurde, erschienen Devas vor ihm und legten ihm nahe, seinen Sinn darauf zu richten, in der nächsten Existenz ein weltlicher Monarch zu werden.[4] «Nein», antwortete darauf Citta. Er wolle etwas Schöneres, etwas Höheres, Edleres und Friedlicheres als das. Er suche das Unbedingte, das Nibbāna. Als die Devas Citta empfahlen, ein König zu werden, wussten sie offensichtlich nichts von seinen geistigen Fortschritten. Diese machten eine Rückkehr in den menschlichen Bereich unmöglich. Er hatte die Sphäre des sinnlichen Begehrens bereits hinter sich gelassen, und gerade das ist die Fessel, die einen an die menschliche Welt bindet.

Cittas Angehörige, die die Devas nicht sehen konnten, glaubten, er befinde sich schon im Delirium. Da erklärte er ihnen den Vorfall und warum er mit unsichtbaren Wesen gesprochen habe. Auf ihre Bitte hin gab er ihnen eine letzte Belehrung und einen Rat. Er sagte, sie sollten immer Vertrauen haben zum Buddha und zum Dhamma und sie sollten sich stets dem heiligen Sangha gegenüber großzügig erweisen.

So trug dieser edle Laienanhänger des Buddha seinen Nachfolgern auf, was er während seines ganzen Lebens befolgt hatte. Dieses Handeln hatte ihn zur Befreiung vom Elend des sinnlichen Begehrens und vor das Todlose, das endgültige Ende des Leidens, geführt.

Der Mönch Citta

Dieser Citta war der Sohn eines Elefantenführers. Als er noch jung war, traf er auf einen älteren Mönch, der von seiner Almosenrunde zurückkehrte und in seiner Schale besonders wohlschmeckendes Essen hatte. Der Mönch hatte aber keine besondere Lust darauf, sondern gab es dem jungen Citta. Diesem gefiel das sehr. So schloss er sich dem Mönchsorden an, weil er dachte, dass ein Mönch immer so feines Essen bekäme und sich nicht für seinen Lebensunterhalt anzustrengen brauche. Mit einer solchen Motivation ist aber kein Asketenleben möglich, und wenig später legte er die Mönchsrobe wieder ab und kehrte zum Leben im Haus zurück.

Trotzdem hatte der Geist des heiligen Mönchsordens in ihm einen tiefen, unauslöschlichen Eindruck hinterlassen. So empfand er bald ein Gefühl des Unbefriedigtseins bei seinem Leben als Hausvater und bat erneut um die Ordination. Er bekam sie, verließ den Orden nach einer gewissen Zeit aber erneut. So geschah es auch ein drittes, viertes und fünftes Mal. Danach heiratete er.

Eines Nachts fand er keine Ruhe. Er beobachtete seine schwangere Frau, die tief schlief. Da überkam ihn mit aller Gewalt das Gefühl des Elends aller sinnlichen Vergnügungen, so dass er eine gelbe Robe ergriff und zum Kloster eilte. Auf diesem Weg durch die Stille der Nacht trugen alle guten Samen, die während seiner früheren Zeit als Mönch gelegt worden waren, Früchte, und er erlangte an Ort und Stelle den Stromeintritt.

Im Kloster aber hatten seine früheren Ordensbrüder gerade beschlossen, ein mögliches sechstes Aufnahmegesuch Cittas abzulehnen. Sie waren der Ansicht, dass sie mit ihm genügend Geduld gezeigt hatten, und betrachteten ihn als Unglück für den Sangha, ungeeignet für das Mönchsleben. Als sie nun gerade so überlegten, sahen sie, wie Citta auftauchte. Seine

Gesichtszüge waren wie verklärt, seine Haltung so ruhig und sanft, dass sie ihm unmöglich eine weitere Ordination verweigern konnten.

Diesmal machte er große Fortschritte in den vier Jhānas und in der formlosen Vereinigung des Geistes.

Dies erfüllte sie mit Freude, und er empfand den starken Drang, über seine Erfolge zu sprechen. Einmal saßen einige Arahats im Gespräch beieinander, und Citta unterbrach sie immer wieder. Der älteste Mönch dieser Versammlung, der ehrwürdige Mahākoṭṭhita, riet ihm zu warten, bis die älteren Mönche ihre Rede beendet hatten. Daraufhin sagten Cittas Freunde, er verdiene es nicht, getadelt zu werden, denn er sei weise und könne den Dhamma aus eigener Erfahrung darlegen.

Mahākoṭṭhita aber antwortete, er könne in Cittas Herz sehen. Dann erklärte er, dass es in Cittas Herz noch Geisteszustände gebe, die zeitweise zwar sehr gut seien, aber nicht auf Dauer verhindern könnten, dass der Mönch sein heiligmäßiges Leben wieder aufgab. Er illustrierte dies mit einer Reihe von Vergleichen. Eine Kuh, die im Stall festgebunden ist, erscheine friedlich, doch wenn man sie loslasse, trample sie bald die grünen Pflanzen nieder. In ähnlicher Weise könne ein Bhikkhu demütig und gut sein im Beisein des Meisters oder heiliger Mönche, doch allein gelassen falle er wieder zurück und verlasse schließlich den Orden. Dies gelte auch für einen Menschen, der im Besitz der vier Jhānas und der formlosen Vereinigung des Geistes sei: Solange diese Zustände anhielten, sei er sicher. Sobald ihn aber dieses Wohlgefühl verlasse, kehre er wieder unter die Menschen zurück, redselig und ungezügelt, und platze vor Stolz, um allen seine Errungenschaften zu verkünden. Ein solches Herz fülle sich dann mit Gier und der Betreffende werde schließlich die Askese aufgeben. Ein solcher Mönch fühle sich zwar sicher in den Jhānas, doch genau sie seien es, die ihn ins Verderben führten. Wenn ein König mit seiner Armee mit Trommeln und Wagen im Wald biwakiere, könne niemand die Grillen zirpen hören. Jedermann glaube dann, sie sängen nicht mehr. Doch wenn die Truppen weg seien, könne man die Grillen wieder hören, obwohl man ziemlich sicher gewesen sei, dass es keine mehr gebe (AN 6:60).

Später verließ Citta den Orden tatsächlich ein sechstes Mal und kehrte zum Leben in der Familie zurück. Seine Freunde unter den Mönchen fragten daraufhin den ehrwürdigen Mahākoṭṭhita, ob er selbst vorausgesehen habe, dass Citta so handeln würde, oder ob ihm Devas dies erzählt hätten. Er erwiderte, beides treffe zu. Darauf gingen die Freunde zum Erhabenen und teilten ihm verwundert das Geschehene mit. Der Meister zerstreute ihre Bedenken und sagte ihnen, Citta werde bald wieder zurückkehren.

Eines Tages ging Citta mit Poṭṭhapāda, einem Wanderasketen einer anderen Sekte, zum Buddha. Poṭṭhapāda stellte tiefsinnige Fragen zu den unterschiedlichen Arten des Entstehens in den drei Welten. Citta schloss weitere Fragen zur Differenzierung zwischen diesen Formen des Werdens an. Da er nämlich die Jhānas erfahren hatte, war er damit vertraut. Die Antworten des Erhabenen gefielen ihm so gut, dass er ein siebtes Mal um Aufnahme in den Orden bat. Das erwies sich schließlich als das letzte Mal. Der Buddha stimmte zu, und in kurzer Zeit wurde auch Citta ein Arahat (DN 9).

Im Kommentar zu dem oben angeführten Sutta erfahren wir, warum Citta in seiner letzten Existenz so oft den Sangha verlassen musste, bevor er die Arahatschaft erreichte. Vor sehr langer Zeit, als der Buddha Kassapa den Dhamma lehrte, traten zwei Freunde dem Mönchsorden bei. Der eine war unzufrieden mit dem harten Mönchsleben und erwog, wieder zu seiner Familie zurückzukehren. Sein Freund bestärkte ihn in diesem Entschluss, weil er sich ihm überlegen fühlen wollte. Dieses hässliche Motiv hatte sehr viel später, während der Zeit Buddha Gotamas, seine Folgen. Es bewirkte, dass dieser falsche Freund, nun der Mönch Citta, nicht weniger als sechsmal die Erniedrigung auf sich nehmen musste, aus dem Mönchsorden auszutreten, um dann um die Wiederaufnahme zu bitten.[5] Das zeigt uns, dass einige Kammas so stark sind, dass man ihren Auswirkungen nicht widerstehen kann. Man kann sie nur mit Geduld und Verständnis durchleben. Da wir aber nicht wissen, ob gewisse Einflüsse in unserem Leben die Ergebnisse eines solchen Kamma sind, müssen wir uns gegen sie wehren, auch weil uns verborgen bleibt, ob sich ihre Auswirkungen vielleicht schon ihrem Ende nähern. Ein solches Streben hat seinen eigenen Wert. Im gegenwärtigen Leben mag es nutzlos erscheinen, doch letztlich wird es zu unserem eigenen Nutzen Früchte tragen. Das unveränderliche Gesetz von Ursache und Wirkung sorgt dafür, dass keine Anstrengung vergebens ist. Hier wie auch anderswo fordert uns der Dhamma auf, jeglicher Form des Fatalismus Widerstand zu leisten, auch wenn diese lähmende Lebensanschauung noch so subtil auftreten mag. Der Dhamma verlangt, dass wir uns nach Misserfolgen unerschrocken wieder aufrichten und es erneut versuchen. Niederlagen mögen bittere Rückschläge im Kampf gegen Begierde und Unwissenheit sein, doch der echte Anhänger Buddhas wird eine Niederlage nie als endgültig hinnehmen. Wie ein alter, kampferprobter Soldat muss er darauf vorbereitet sein, jede Schlacht zu verlieren, nur die letzte nicht. Er muss darauf vertrauen, dass am Ende durch zähes Festhalten der Sieg ihm gehört.

Vater und Mutter Nakula

Die Stadt Suṁsumāragiri (Krokodilshügel) liegt im Gebiet der Bhagga im Gangestal. Hier verbrachte der Erhabene eine der fünfundvierzig Regenzeiten seiner Lehrtätigkeit (MN 15). Als der Buddha einmal durch die Straßen der Stadt ging, warf sich ihm ein Bürger zu Füßen und rief: «Mein teurer Sohn, warum hast du uns nie besucht? Beehre nun bitte unser Haus, so dass auch deine alte Mutter dich wiedersehen kann!»

Der Mann war keinesfalls verwirrt. Tatsache war, dass er und seine Frau in früheren Existenzen nicht nur einmal, sondern fünfhundertmal die Eltern des Bodhisatta gewesen waren – dazu noch oft sein Onkel, seine Tante und seine Großeltern. Eine schwache Erinnerung daran hatte sich in dem alten Mann erhalten, und beim Anblick des Erhabenen brach sie sich Bahn und überwältigte ihn. Solche Dinge geschehen in Asien selbst heute noch immer wieder.

Der alte Mann war der Hausvater Nakulapitā (Vater Nakula). Seine Frau war unter den Namen Nakulamātā (Mutter Nakula) bekannt. Der Buddha zählte beide zu seinen hervorragendsten Laienjüngern, besonders aufgrund ihrer unerschütterlichen gegenseitigen Treue. Der knappe Bericht im Pāli-Kanon zeigt uns diese eheliche Liebe göttlichen Zuschnitts, begleitet von absolutem, gemeinsamem Vertrauen in den Erhabenen.

Als der Buddha nun zu Gast bei ihnen war, erzählte Vater Nakula von seiner Ehe. Obwohl er sehr jung geheiratet habe, so sagte er, habe er sich in all den Jahren nicht ein einziges Mal gegen seine Frau vergangen, nicht einmal in Gedanken, geschweige den in Taten. Und Mutter Nakula erklärte dasselbe von sich. Weder Mann noch Frau waren auch nur einen Augenblick von ihrer gegenseitigen Treue abgewichen.

In ihrem Glauben drückten beide den Wunsch aus, auch in künftigen Existenzen beieinander zu bleiben, und sie fragten den Meister, was sie tun könnten, damit dieser Wunsch in Erfüllung gehe (AN 4:55). Der Buddha wies diese Frage keinesfalls zurück oder kritisierte den Wunsch. Er antwortete vielmehr: «Wenn ein Mann und eine Frau in dieser und in weiteren Existenzen zusammenbleiben wollen, so müssen sie denselben Glauben, dieselbe Tugend, dieselbe Großzügigkeit und dieselbe Weisheit pflegen. Dann werden sie sich in den nächsten Existenzen wiederbegegnen.» Und der Buddha fügte die folgenden Verse hinzu:

Wenn beide gläubig und gut sind,
Beherrscht und tugendhaft,
Begegnen sie sich wieder als Mann
und Frau,
Voller Liebe zueinander.

Sie werden auf ihrem Weg viel Segen
ernten,
Und sie werden im Glück leben.
Ihre Feinde werden geschlagen,
Wenn beide die gleiche Tugend
haben.

Weil sie in dieser Welt der Lehre
folgten,

Gleichermaßen tugendhaft und
gehorsam,
Freuen sie sich nach dem Tod in
der Deva-Welt,
An der Fülle sinnlichen Glücks.

Wie ein Mann mit der Sehnsucht nach Höherem mit einer ihm ebenbürtigen Frau im Schutz der Tugend zusammenleben kann, das erklärte der Erhabene an anderer Stelle. Dort sagte er, dass beide Gatten nicht nur die fünf Gebote einzuhalten hätten, sondern vor allem auch Tugend und edle Gesinnung zeigen müssten. Wenn man sie um Hilfe bäte, dürften sie niemals ablehnen, und sie würden niemals Asketen und Brahmanen verachten oder beschimpfen (AN 4:54). Im Lichte dieser Worte kann man leicht erkennen, wie viel von einem solchen Paar erwartet wird: nicht nur eine religiöse Gesinnung, sondern auch ein starkes Herz, das sich von den kleinen Alltäglichkeiten und den niedrigen Dingen lösen kann. Es wird oft vom weißgekleideten Laienanhänger gesagt, dass er Bitten nicht ablehne und seine eigenen Wünsche und Vergnügungen leicht hintanstelle. Hierin zeigt sich eine Distanz zu Menschen und Dingen, die Fähigkeit, loszulassen. Daraus erwächst innere Freiheit, die einzige vernünftige Grundlage für die Weisheit selbst. Tugendhaftes Tun, Verzicht im Herzen, Weisheit im Geist – diese Faktoren fühen zu einem harmonischen Leben zu zweit.

Das Wissen um die Weiterexistenz und um die Wege zu einer guten Wiedergeburt waren damals in Indien weit verbreitet. Im Fall des Ehepaares Nakula war es nicht notwendig, noch näher darauf einzugehen, da sie sich ja an einige ihrer früheren Existenzen erinnerten. So genügte ihnen denn die kurze Antwort des Erhabenen.

Die Bedingungen für eine harmonische Ehe legt der Buddha ausführlicher im *Sigālovāda-Sutta* (DN 31) dar.[6] Dort lesen wir, dass der Mann – von ihm hat die Initiative auszugehen – sich auf fünf verschiedene Arten seiner Ehefrau gegenüber verhalten sollte: Er sollte sie respektvoll behandeln, er sollte sie nicht verachten, er sollte ihr treu bleiben, er sollte ihre Autorität im Haus respektieren, und er sollte sie entsprechend seinen Mitteln mit allem Nötigen und auch mit Schmuck ausstatten. Wenn er sich so verhält, wird seine Frau ihren Stolz darein setzen, sich um ihn zu kümmern. Der Haushalt wird funktionieren. Sie wird die Diener höflich behandeln. Sie wird gläubig sein. Sie wird seinen Besitz schützen und ihre Aufgaben pflichtbewusst und geschickt erfüllen.

Die Nakulas sorgten sich aber nicht nur um eine günstige Wiedergeburt. Sie interessierten sich auch für die Gesetzmäßigkeit, die im menschlichen Leben regiert, und für die tieferen Probleme der Existenz. Einmal fragte Vater Nakula den Erhabenen, warum manche Menschen erlöst würden und andere nicht. Die Antwort lautete: «Wer immer an den Objekten festhält, die von den Sinnen wahrgenommen werden, kann keine Befreiung erlagen. Wer aber dieses Begehren auslöscht, wird befreit werden» (SN 35:131). Diese Antwort kann in ihrer lapidaren Kürze nur jener verstehen, der mit der Lehre wohl vertraut ist. Nakula verstand die Folgerungen aus dieser Aussage sofort.

Ein anderes Mal ging Vater Nakula zum Buddha und erwies ihm die Ehre. Er sei nun alt und schwach, sagte er, und könne nur noch bei seltenen Gelegenheiten den Erhabenen besuchen. Ob ihm der Buddha aus Mitleid einen Hinweis die geistliche Führung betreffend geben könne? Der Buddha antwortete darauf: «Der Leib ist krank und zerfällt, eine Last selbst unter den besten Umständen. Deswegen sollte man sich folgendermaßen üben: ‹Obwohl mein Körper krank ist, ist mein Geist nicht davon betroffen.›»

Kurz darauf traf Nakula den ehrwürdigen Sāriputta, der ihn mit den Worten begrüßte: «Deine Haltung ist ruhig, o Hausvater, dein Gesichtsausdruck heiter. Hörtest du heute eine Lehrrede des Meisters?»

«So ist es», antwortete Nakula. «Der Erhabene hat mich an diesem Tag mit seinen nektargleichen Worten getröstet.» Als Sāriputta dies hörte, erläuterte er Buddhas kurze Worte und legte dar, wie man die Krankheit des Leibes überwinden könne, indem man die fünf Anhäufungen der Existenz nicht als Ich oder als Mein betrachte. Wenn die Zeit komme – dies geschehe zwangsläufig – und die Vergänglichkeit der Dinge sich zeige, werde der Geübte nicht verzweifeln, sondern kühl und mit Gleichmut darauf blicken: Sein Körper mag verwelken, doch sein Herz bleibt gesund (SN 22:1).

Nicht nur Vater Nakula bemühte sich um Weisheit, um den Tod zu überwinden. Seine Frau ähnelte ihm in dieser Beziehung, wie aus einem anderen Bericht hervorgeht (AN 6:16). Als ihr Mann schwer krank wurde, tröstete ihn Mutter Nakula folgendermaßen:

> Mache dir keine Sorgen bei dem Gedanken, dass ich zurückbleibe. So zu sterben ist eine Qual, und darum hat unser Meister davon abgeraten. Aus sechs guten Gründen brauchst du dich nicht um mich zu sorgen: Ich bin geschickt beim Spinnen und kann damit die Kinder ernähren. Nachdem ich mit dir sechzehn Jahre keusch zusammengelebt habe, werde ich nicht einmal daran denken, mir einen anderen Mann zu nehmen. Ich werde nie damit aufhören, den Meister und seine Bhikkhus zu besuchen, sondern ich werde dies sogar noch häufiger tun als zuvor. Ich bin fest verankert in der Tugend und habe den Frieden der Seele erreicht. Und schließlich bin ich fest verwurzelt im Dhamma und werde die endgültige Befreiung erlangen.[7]

Von diesen Worten getröstet, erholte sich Vater Nakula von seiner Krankheit. Sobald er wieder gehen konnte, suchte er den Buddha auf und berichtete ihm von den

Worten seiner Frau. Der Meister bestätigte ihm, dass eine solche Frau ein wahrer Segen sei. Er sagte: «Du bist wirklich gesegnet, o Hausvater, dass du Mutter Nakula als Ermahnerin und Ratgeberin hast. Sie ist fürsorglich und kümmert sich um dein Wohl. Mutter Nakula ist in der Tat eine der weißgekleideten weiblichen Anhängerinnen mit vollkommener Tugend, mit heiterem Herzen, fest verankert im Dhamma.»

Hier wird eine Lösung für das Problem angeboten, scheinbar entgegengesetzte Tendenzen des Lebens miteinander zu vereinigen: die tiefe Zuneigung zwischen Mann und Frau auf der einen und das Streben nach Erlösung auf der anderen Seite. Bei der Betrachtung dieser Geschichte vom Ehepaar Nakula könnte man auf den Gedanken kommen, dass ein Leben des Verzichts nicht notwendig sei, wenn das Leben zu zweit so exemplarisch zu sein vermag, und dass es sogar möglich sei, Festhalten und Loslassen miteinander zu verbinden. Doch wenn man genauer hinschaut, erkennt man, dass es keinesfalls leicht fällt, dem Vorbild jenes edlen Paares zu folgen. Man darf dabei nicht übersehen, dass das Zusammenleben in Keuschheit zu erfolgen hat. Das Ehepaar hatte in der Jugend zwar ein sinnlich erfülltes Leben geführt. Aber es verzichtete nicht erst in höherem Alter auf physischen Kontakt, wenn die Forderungen der Sinne ohnehin nachlassen, sondern die beiden entschlossen sich freiwillig schon viel früher zu einem Leben in Keuschheit. Vater und Mutter Nakula lebten sechzehn Jahre lang ohne körperliche Begegnung, wie sie dem Meister gegenüber bezeugten.

Jeder muss hier eine persönliche Entscheidung hinsichtlich der ersten Schritte auf dem Weg zur Befreiung fällen: Entweder wird man in einer häuslichen Umgebung bleiben und gleichzeitig versuchen, der sinnlichen Versuchungen Herr zu werden, oder man wird von der Welt als Mitglied des Mönchsordens Abschied nehmen und in der kongenialen Gesellschaft anderer eheloser Ordensbrüder leben. Solange der Erleuchtete selbst, der unvergleichliche Führer der Menschen, die gezähmt werden müssen, an der Spitze des Mönchsordens stand, fiel die Entscheidung nicht so schwer. Doch gerade heute mag es auch jenen, die sich für ein Leben in einer mönchischen Gemeinschaft nicht geeignet halten, an der Charakterstärke fehlen, die nötig ist, um sich sexueller Handlungen im Rahmen einer Ehe zu enthalten. Beide Lebensformen verlangen jedenfalls einen Verzicht.

ANMERKUNGEN

Einführung des Herausgebers

1 Zu Buddhas zehn «Mächten des Wissens» siehe MN 12, «Große Rede über den Löwenruf».

2 Zu einer ausführlicheren Diskussion der buddhistischen Anschauung des Kosmos innerhalb der Theravāda-Tradition siehe Bhikkhu Bodhi (Hrsg.), *A Comprehensive Manual of Abhidhamma,* Kapitel 5, Abschnitt 2–17 (BPS, 1993).

3 Siehe Bodhi, *Comprehensive Manual of Abhidhamma,* Kapitel 5, Abschnitt 18–33.

4 In den Suttas wird der Ausdruck *ariyasāvaka* offensichtlich in zweierlei Bedeutung verwendet: in einem weiteren Sinn meint er «Jünger eines Edlen», das heißt des Buddha, und bezieht sich auf jeden ernsthaften Laienanhänger. Im engeren Sinn werden damit die acht Arten edler Menschen bezeichnet, das heißt jene Jünger, die die Stufen spirituellen Adels erreicht haben. Ich verwende den Ausdruck hier in dieser zweiten Bedeutung.

5 Siehe SN 13:1.

6 Genauere Informationen über die vierundzwanzig Buddhas vor Gotama findet man im *Buddhavaṁsa.*

7 Eine detailliertere Diskussion findet man in Bhikku Bodhi, *The Discourse on the All-Embracing Net of Views* (BPS, 1978), Teil 4.

8 Der Paccekabuddha erreicht die Erleuchtung ohne Hilfe eines Lehrers. Er ist dadurch einem höchsten Buddha ähnlich, begründet aber keine Weisung oder Lehrtätigkeit. Paccekabuddhas, so heißt es, treten nur in Zeiten auf, in denen die Lehren eines höchsten Buddha in der Welt nicht mehr bekannt sind. Siehe Ria Kloppenborg, *The Paccekabuddha: Buddhist Ascetic* (BPS, Wheel No. 305/307, 1983).

9 Die Quelle für diese Unterscheidungen ist der Suttanipāta-Kommentar, Seite 48–52 (PTS). Ein Weltzeitalter (*kappa*) ist die Zeitspanne, die der Kosmos braucht, um sich zu entwickeln und wieder aufzulösen.

10 Dr. Heckers biographische Skizzen wurden an manchen Stellen von dem ehrwürdigen Nyanaponika erweitert.

11 Siehe Vism. 7.89–100.

12 Zu Einzelheiten siehe Russell Webb, *An Analysis of the Pāli Canon* (BPS, 1991).

1 Sāriputta: Meister des Dhamma

1 Die folgende Darstellung von Sāriputtas Jugend beruht auf dem AN Comy. (zu AN 1, Kapitel 14: *Etadaggavagga*) und teilweise auf der Parallelversion im Dhp. Comy. (zu Strophe 11 f.). Siehe BL 1:198–204.

2 Dem *Cunda-Sutta* (SN 47:13) und dem SN Comy. zufolge war der Name seines Heimatortes Nālaka oder Nālagāma. Er lag wahrscheinlich ziemlich nahe an der berühmten Stadt Nālandā. Sāriputtas Vater war ein Brahmane namens Vaganta (Dhp. Comy. zu Strophe 75).

3 Die Quelle für das Folgende ist Vin. 1:39ff.

4 In Pāli lautet die Strophe wie folgt:

Ye dhammā hetuppabhavā
tesaṁ hetuṁ tathāgato āha,
tesañ ca yo nirodho
evaṁvādī mahāsamaṇo.

Diese Verse wurden später zu einer der bekanntesten Zusammenfassungen des Buddhismus. Sie erinnern uns stets an Sāriputtas ersten Kontakt mit dem Dhamma und auch an seinen großen Lehrer Assaji.

5 Damit sind gemeint: Mönche, Nonnen sowie weibliche und männliche Laienanhänger.

6 *Dīghanakha-Sutta,* MN 74.

7 Die Tatsache, dass er den *paṭisambhidā-ñāṇa* erlangte, das heißt die analytischen Fähigkeiten, was an dieser Stelle zum Text des Kommentars hinzugefügt wurde, erwähnt Sāriputta selbst in AN 4:173.

8 Die Gruppe der fünf Jünger bestand aus den fünf Asketen, denen Buddha seine erste Lehrrede im Gazellenhain von Sārnāth hielt. Die anderen, die hier erwähnt werden, sind Gruppen, die sich später bildeten, bestehend aus Mitgliedern, die sich zu Beginn von Buddhas Lehrtätigkeit dem Dhamma zuwandten. Zu Einzelheiten siehe Vin. 1:15–35.

9 Dieser Bericht ist ebenfalls AN Comy. zum *Etadaggavagga* entnommen. Siehe auch «Einführung des Herausgebers», Seite 13 ff.

10 Eine leicht unterschiedliche Version findet man im Thag. Comy., wo von Sāriputtas Versen die Rede ist.

11 Snp. Strophe 315 ff. (auch *Dhamma-Sutta* genannt).

12 Von dieser Begebenheit wird in AN 9:11 und im Dhp. Comy. (zu Strophe 95) berichtet. Siehe Nyanaponika Thera (Übers.), *Aṅguttara Nikāya: An Anthology,* Teil 3 (BPS, Wheel No. 238/240), Abschnitt 10.

13 Siehe weiter unten, Seite 85 f.

14 Dünkel (*māna*) und Ruhelosigkeit (*uddhacca*) sind zwei der fünf Fesseln (*saṁyojana*), die nur im Stadium der Arahatschaft zerstört werden. Sorgen (*kukkucca*) verschwinden bereits im Stadium der Nichtwiederkehr (*anāgāmī*).

15 Der Kommentar zu dem Sutta erklärt, dass Buddhas solche Dinge wohl selbst erkennen können. Sie stellen aber Fragen zur Instruktion anderer.

16 Siehe *The Greater Discourse on the Elephant's Footprint* (BPS, Wheel No. 101, 1981).

17 Siehe *Discourse on Right View* (BPS, Wheel No. 377/379, 1991).

18 Der Thag. Comy. zitiert aus dem *Niddesa* und schreibt es Sāriputta zu (*dhammasenāpati*).

19 Zum *Niddesa* siehe E. J. Thomas, «Buddhist Education in Pāli and Sanskrit Schools», in *Buddhistic Studies,* hrsg. v. B. C. Law (Kalkutta 1931), S. 223 ff.

20 Eine Übersetzung von Bhikkhu Ñāṇamoli wurde unter dem Titel *The Path of Discrimination* (PTS, 1982) veröffentlicht. Der Abschnitt über die Achtsamkeit beim Atmen ist in der Anthologie mit dem Titel *Mindfulness of Breathing* (BPS, 1964) vom selben Übersetzer enthalten.

21 *Atthasālinī* (PTS), Seite 16 f. Siehe *The Expositor,* 1:20 f.

22 *Atthasālinī,* S. 17; *The Expositor,* 1:21.

23 Ein weltlicher Monarch (*cakkavatti-rājā*) ist den buddhistischen Texten gemäß dann ein idealer Herrscher, wenn er auf der Grundlage der Rechtschaffenheit regiert.

24 Siehe das *Mahāparinibbāna-Sutta.* Kapitel 2, «Last Days of the Buddha» (BPS, 1988). Der Meister wurde während seines Aufenthalts in Beluvagāma schwer krank.

25 Siehe weiter oben, S. 41.
26 Die vier Himmelskönige sind die führenden Gottheiten des niedrigsten Himmels innerhalb des sinnlichen Bereichs. Jeder herrscht über eine der vier Himmelsrichtungen.
27 Der jüngere Bruder Sāriputtas.
28 Nach der englischen Übersetzung der Verse aus dem Pāli durch Nyanaponika Thera.
29 Stūpa: ein Monument, in dem Reliquien des Buddha oder von hervorragenden Mönchen beigesetzt wurden. In buddhistischen Ländern gibt es in fast allen Tempeln und Klöstern Stūpas, wo sie Gegenstand der Verehrung sind. Man bezeichnet sie auch als *caityas,* in Sri Lanka als *dagobas.*
30 So der Kommentar zum *Ukkacelā-Sutta.*
31 Mil. 204. Horner (Übers.), *Milinda's Questions,* 1:295. Siehe auch weiter oben, S. 45 f.
32 Englische Übersetzungen dieser Texte finden sich in *The Way of Wisdom* (BPS, Wheel No. 65/66).

2 *Mahāmoggallāna: Meister der psychischen Kräfte*

1 Die Quellen für die beiden ersten Abschnitte sind der AN Comy. und der Dhp. Comy. Siehe Kapitel 1, Anm. 1.
2 DN 2; gemäß der Übersetzung ins Englische von T. W. Rhys Davids.
3 Quelle: Vin. 1:39 ff.
4 Zum Pāli-Text siehe Kapitel 1, Anm. 4.
5 Hier ist von Interesse, dass die drei Mönche, die dem Buddha am nächsten standen, nämlich Ānanda und seine beiden Hauptjünger, den Stromeintritt nicht durch Instruktionen des Buddha erlangten, sondern durch die Führung anderer: Ānanda durch seinen Lehrer, den Arahat Puṇṇa Mantāniputta, Upatissa durch den Arahat Assaji und Kolita durch Upatissa, der zu jenem Zeitpunkt nicht einmal ein Arahat war, sondern nur ein Stromeintreter. Damit dies überhaupt möglich war, musste Kolita großes Vertrauen zu seinem Freund und zur Wahrheit haben. Und dem war auch so.
6 Vin. 1:42 f.
7 AN 7:58.
8 «Zeichenlose Konzentration des Geistes» (*animittā-cetosamādhi*): Der Kommentar zu diesem Sutta bezeichnet dies als hohe Stufe der Einsichtskonzentration (*vipassanā-samādhi*), die den Geist frei hält von solch täuschenden «Zeichen» wie etwa der Vorstellung von Beständigkeit und der Gier. Diese Erklärung erscheint plausibel angesichts der Tatsache, dass Moggallāna «auf beiderlei Arten befreit war», durch Konzentration und Einsicht. Zu dem verwandten Begriff «zeichenlose Erlösung des Geistes» (*animittā-cetovimutti*) siehe MN 43.
9 Der Unterschied zwischen den beiden Arten der Arahats wird in MN 70 (1:477 f.) erklärt. Siehe dazu auch DN 15 (2:70 f.).
10 *Mahā-abhiññatā.* Dies bezieht sich auf die sechs übernatürlichen Fähigkeiten, auf die weiter unten eingegangen wird. Siehe S. 117.
11 Siehe AN 4:167 f.
12 SN 35:202.
13 Die folgenden Zitate stammen aus SN 17:23 und MN 141.
14 Über die Begebenheit berichten SN 6:10 und Snp. 3:10. Siehe weiter oben, S. 60.
15 Siehe weiter oben, S. 52.
16 Siehe weiter oben, S. 59 f.
17 Beispiele für solche Lehrreden, die Mahāmoggallāna gehalten hat, finden wir in MN 15 und MN 37, ferner in AN 10:84, SN 35:202 sowie SN 44:7 f.

18 Ud. 3:4f.

19 Der Uposatha-Tag ist besonderen religiösen Zeremonien vorbehalten. Die wichtigsten Uposathas fallen auf Vollmond und Neumond. Die Mönche rezitieren dann gemeinsam den Kodex ihrer Verhaltensregeln (Pātimokkha). Laien führen zusätzliche Übungen durch, hören Lehrpredigten und praktizieren Meditation. Weniger bedeutende Uposathas werden an den beiden Tagen des Halbmondes abgehalten. Über die hier geschilderte Begebenheit berichteten AN 8:20, Ud. 5:5, Vin. 2:236f.

20 SN 8:10.

21 SN 19:1–21; Vin. 3:104–108.

22 Über dieses Ereignis berichtet das *Māratajjanīya-Sutta* (MN 50).

23 Den Worten des Buddha im *Mahāparinibbāna-Sutta* zufolge können jene, die die vier Wege zur psychischen Kraft gemeistert haben, ihre Lebensspanne bis zum Ende des Weltzeitalters ausdehnen, sofern sie denn wollen. Ein solches Weltzeitalter umfasst eine gesamte Periode kosmischer Evolution und Auflösung.

24 Siehe BL 2:304–308.

25 SN 47:14.

3 Mahākassapa: Vater des Sangha

1 Er hatte die neun meditativen Versenkungen und die sechs übernatürlichen Fähigkeiten (*abhiññā*), die zur Arahatschaft gehören, gemeistert. Siehe weiter unten, S. 149.

2 Dem *Gopaka-Moggallāna-Sutta* (MN 108) zufolge besitzt ein Mönch potentiell zehn Vertrauen einflößende Eigenschaften (*pāsādanīya-dhammā*): Er ist (1) tugendhaft, (2) gelehrt, (3) zufrieden mit seiner Ausstattung, (4) er kann mit Leichtigkeit die vier Jhānas erlangen, (5) er besitzt psychische Kräfte, (6) das göttliche Ohr, (7) er dringt in den Geist anderer ein, (8) er kann sich an frühere Existenzen erinnern, (9) er verfügt über das göttliche Auge und hat (10) alle Grundübel in sich vernichtet und somit die Arahatschaft erlangt.

3 Diese Darstellung von Mahākassapas früherem Leben entnehmen wir SN Comy. (zu SN 16:11). Eine ähnliche Version findet man im AN Comy. zum *Etadaggavagga.*

4 Es sollte darauf hingewiesen werden, dass die Antwort des Landarbeiters nicht mit dem buddhistischen Verständnis des Kamma übereinstimmt. Denn Buddha zufolge entsteht Kamma durch den Willen. Wo der Wille fehlt, Leben zu nehmen, kann es weder zum Kamma des Tötens noch zu einer moralischen Verantwortlichkeit kommen.

5 Bhikkhunī Vibh., Sanghādisesa 1; Pācittiya 10, 12f. Vin. 4:227, 267, 269f.

6 Bhikkhunī Vibh., Pācittiya 33. Vin. 4:290.

7 Bhikkhunī Vibh., Pācittiya 35. Vin. 4:292.

8 Der Bericht fußt auf dem Kommentar zu SN 16:11. Baddhā wird hier nicht erwähnt, doch in Ap. II, 3:7, Strophe 245, stellt sie fest, dass sie zu jener Zeit die Frau des Vedeha gewesen sei, als dieser dem Buddha Padumuttara gegenüber den Wunsch äußerte, Hauptjünger zu werden. Der Bericht über die feierliche Äußerung ihres eigenen Wunsches findet sich im AN Comy. zum *Etadaggavagga.*

9 Paccekabuddha: siehe «Einführung des Herausgebers», Anm. 8. Über diese Begebenheit und die darauf folgenden Existenzen berichtet der Kommentar zu SN 16:11.

10 Die Geschichte wird fortgesetzt mit dem Kommentar zu SN 16:11.

11 Siehe Nyanatiloka, *Buddhist Dictionary. Manual of Buddhist Terms and Doctrines* (BPS, [4]1988), die Abschnitte *dhutaṅga* und insbesondere *Visuddhimagga*, Kapitel 2, das ganz diesem Thema gewidmet ist.

12 Dhp. Comy. (zu Strophe 118); BL 2:265–267.

13 Dhp. Comy. (zu Strophe 56); BL 2:86–89. Siehe Ud. 3:7.

14 Siehe weiter oben, S. 69.

15 Durch sorgloses Umhergehen zerstörte er das «junge Getreide» des Sangha. Indem er zuließ, dass noch unbeherrschte junge Mönche mit Unterstützerfamilien in Kontakt kamen, bewirkte er bei diesen eine Abneigung.

16 Der Bericht über das Erste Konzil findet sich in Vin. 2:284ff.

17 Auch wenn es in den Kommentaren heißt, Mahākassapa sei zur Zeit des Ersten Konzils 120 Jahre alt gewesen, erscheint dies wenig wahrscheinlich. Das würde nämlich bedeuten, dass er vierzig Jahre älter gewesen wäre als der Buddha und damit schon bei ihrem ersten Zusammentreffen ein alter Mann von mindestens fünfundsiebzig.

18 Diese Chronik ist vollständig im *Aśokāvadāna* und auszugsweise im *Divyāvadāna* sowie in anderen Werken enthalten, darunter im Sanskrit-Saṁyuktāgama, dem nordbuddhistischen Gegenstück des SN. Die Zusammenfassung, die wir hier geben, beruht auf Etienne Lamotte, *History of Indian Buddhism, from the Origins to the Sacra Era*, übers. v. Sara Boin-Webb, Louvain/Paris: Peeters Press, 1988, S. 206f. Obwohl die Quellen Sanskrit verwenden, haben wir hier aus Gründen der Einheitlichkeit die entsprechenden Pāli-Begriffe benutzt.

19 Die einführenden Sätze zu den Versen stammen aus dem Thag. Comy.

20 Wörtlich «ein Mann der vier Himmelsrichtungen», das heißt ein Mann, der stets mit den Bedingungen zufrieden ist, wo immer er auch lebt.

21 *Alaṁ me atthakāmassa.* Da Mahākassapa bereits das Ziel der Arahatschaft erreicht hatte, muss man diese Strophe entweder als Ermahnung oder als Hinweis darauf interpretieren, dass er in die direkte meditative Erfahrung des Nibbāna eintreten möchte.

22 Dies ist eine der wenigen Anspielungen auf die Vorstellung eines Buddha-Feldes in der kanonischen Pāli-Literatur.

23 Diese Strophe ist eine stehende Wendung, die sich auch in Moggallānas Versen findet.

4 Ānanda: Hüter des Dhamma

1 *Sekha*, wörtlich «ein Lernender». Dies bezieht sich auf einen Jünger, der eine der drei niedereren Stufen des Erwachens erlangt hat, das heißt die eines Stromeintreters, die eines Einmalwiederkehrers oder die eines Nichtwiederkehrers.

2 SN 16:11. Siehe weiter oben, S. 154f. Die Tatsache, dass Kassapa Ānanda einen jungen Mann nennt, scheint der Tradition der Kommentare zu widersprechen, wonach Ānanda am selben Tag wie der Buddha zur Welt kam. In diesem Fall wäre er ein achtzigjähriger alter Mann gewesen und hätte es nicht nötig gehabt, auf ein paar graue Haare hinzuweisen als Beweis dafür, dass er kein Jüngling mehr sei.

3 Das Folgende ist eine Zusammenfassung von MN 122. Siehe *The Greater Discourse on Voidness* (BPS, Wheel No. 87, 1982).

4 Das Wissen um die früheren Existenzen, um das Entstehen und Vergehen von Wesen ge-

mäß ihrem Kamma und die Zerstörung der Grundübel.

5 *Ānenja-samādhi.* Comy.: Dies ist die Sammlung im Zusammenhang mit der Erlangung der Arahatschaft auf der Grundlage des vierten Jhāna oder der formlosen Versenkungen.

6 Noch heute gibt es in Birma Mönche, die das gesamte Tipiṭaka mit seinen fünfundvierzig Bänden auswendig aufsagen können.

7 Siehe weiter oben, S. 62.

8 Anscheinend lehnte der Buddha Mahāpajāpatī Gotamī nicht kategorisch ab, sondern wollte möglicherweise nur ihre Willenskraft prüfen. Immerhin war es für eine adlige Frau recht beschwerlich, Nonne zu werden, ein hartes Leben im Wald zu führen und ihre Nahrung erbetteln zu müssen.

9 Die Kommentare wie auch andere spätere buddhistische Schriften versuchen die Erklärung des Buddha so zu interpretieren, dass kein Widerspruch zu der Tatsache entsteht, dass der Buddhismus noch lange nach der vorhergesagten Periode von fünfhundert Jahren weiterexistierte.

10 Siehe weiter oben, S. 152ff. und 155.

11 Natürlich gibt es zahlreiche Reden des Buddha, die nicht aufgezeichnet wurden, zum Beispiel die genaue Darlegung seiner «Stufenrede», die er sehr oft hielt; und über viele Ereignisse aus seinen letzten Tagen wird lediglich schlagwortartig berichtet.

12 Beispiele dafür findet man in MN 81, MN 83, AN 5:180 und Jāt. 440.

13 Dieser Bericht stammt aus dem AN Comy. zum *Etadaggavagga.*

14 Siehe Kapitel 2, Anm. 19.

15 Siehe Sister Vajirā und Francis Story, *Last Days of the Buddha* (BPS, 1988).

16 Siehe oben, S. 79–85.

17 *Animitta-cetovimutti:* ein Zustand tiefer Meditation, der von den Zeichen der bedingten Existenz frei ist.

18 Siehe weiter oben, S. 118.

19 DN Comy. und Mil. 141 erklären *kappa* hier so, dass es die Bedeutung von *āyukappa* hat, was der vollen Länge der natürlichen menschlichen Existenz entspricht, das heißt 120 Jahren (siehe *Last Days of the Buddha,* S. 106, Anm. 21). Im Kanon hingegen steht *kappa* immer wieder für ein Weltzeitalter. Es gibt keinen vom Kontext gestützten Grund, dem Begriff an dieser Stelle eine andere Bedeutung zu unterlegen. Gewiss konnte der Buddha in Anbetracht seiner Beherrschung der vier Wege seine Lebensspanne um sehr viel mehr als nur vierzig Jahre verlängern.

20 Zu der Diskussion über die Art dieses Gerichts siehe *Last Days of the Buddha,* S. 109, Anm. 38.

21 Siehe Kapitel 1, Anm. 29.

22 Siehe Kapitel 1, Anm. 23.

23 Der Gefährte, auf den sich der erste Vers bezieht, ist Sāriputta. «Die Alten» sind die ältere Generation der Mönche wie Sāriputta und Moggallāna. Mit den «Jungen» sind die jüngeren Mönche gemeint, von denen einige im Sangha Verwirrung gestiftet haben müssen.

24 Dieser Bericht über das Erste buddhistische Konzil fußt auf Vin. 2:284ff.

25 Es ist möglich, dass die heutige Anordnung der Lehrreden innerhalb der verschiedenen Sammlungen ebenfalls vom Konzil festgelegt wurde.

26 Siehe AN 4:111.

5 *Anuruddha: Meister des göttlichen Auges*

1 Im Dhp. Comy. finden wir die Anekdote zweimal, in den Geschichten zu Strophe 17 und Strophe 382; siehe BL 1:231 f., 3:267 f.
2 Dieser Bericht beruht auf Vin. 2:180–183.
3 Siehe Kapitel 4, Anm. 4.
4 Nandiya ist eine Strophe in Thag. 25 gewidmet, Kimbila in Thag. 118. Siehe auch AN 5:201, 6:40, 7:56, SN 54:10.
5 Das «innere Licht» (*obhāsa-saññā*) ist die innere Lichtvision, Vorbereitung auf die volle Konzentration (Comy.: *parikammobhāsa*). Die Vision der Formen (*rūpānaṁ dassana*) entspricht dem Sehen von Formen mit dem göttlichen Auge.
6 «Das Nichtdiffuse» (*nippapañca*) ist das Nibbāna, die endgültige Befreiung von der Vielfalt und Komplexität der phänomenologischen Existenz. «Zerstreuung» (*papañca*) bedeutet entsprechend Existenz in Gestalt einer enormen Vielfalt.
7 Eine detaillierte Beschreibung des göttlichen Auges vom Standpunkt der späteren Literatur aus findet sich in Vism. 13, 95–101.
8 Das vollständige System der Satipaṭṭhāna-Meditation wird in DN 22 und MN 10 erläutert. Eine Darstellung aus heutiger Sicht bietet Nyanaponika Thera, *The Heart of Buddhist Meditation* (London: Rider, 1962; BPS, 1992).
9 A. a. O., S. 181 f.; S. 207, Anm. 45.
10 Damit sind die Stromeintreter, die Einmalwiederkehrer und die Nichtwiederkehrer gemeint.
11 *Ābhassarā devā*. Ihr Bereich im Innern der feinstofflichen Sphäre (*rūpadhātu*) entspricht der Stufe des zweiten Jhāna.
12 Die fünf Vorschriften (*pañcasīla*) bilden die Grundlage der buddhistischen Laienmoral: Man enthält sich des Tötens, des Stehlens, des sexuellen Fehlverhaltens, der falschen Rede und der berauschenden Drogen.
13 Quelle: Dhp. Comy. (zu Strophe 221); siehe BL 3:95–97.
14 Quelle: Dhp. Comy. (zu Strophe 382) und AN Comy. zum *Etadaggavagga*. Siehe BL 3:264.
15 A. a. O. Die an dieser Stelle vorgelegte Zusammenfassung fußt auf dem AN Comy. Die Version im Dhp. Comy. unterscheidet sich hiervon in ein paar Einzelheiten. Siehe BL 3:264–267.
16 Quelle: Dhp. Comy. (zu Strophe 382); BL 3:269 f.

6 *Mahākaccāna: Meister in der Darlegung der Lehre*

1 Siehe hierzu AN 1, Kapitel 14, *Etadaggavagga*.
2 Diese Skizze ist dem AN Comy. zum *Etadaggavagga* entnommen. Eine teilweise parallele Darstellung findet sich im Thag. Comy. zu den Strophen 494–501.
3 Ap. I, 4:3.
4 Ap. I, 54:1.
5 Die Opfergabe des goldenen Ziegelsteins ist im AN Comy. erwähnt.
6 Der Bericht folgt hier dem AN Comy.
7 Die Namen der Eltern werden in Ap. I, 54:1, Strophe 21, genannt.
8 Dem Kommentar zufolge verschwanden ihr Kopfhaar und ihre Bärte in dem Augenblick, in dem der Buddha sie aufforderte, dem Mönchsorden beizutreten. Dafür erhielten sie mittels der psychischen Kräfte des Buddha spontan Almosenschalen und Roben.

9 Vin. 1:194–198. Die Geschichte von Soṇa findet sich auch in Ud. 5:6, allerdings ohne die Passage über die Veränderung der Mönchsregeln.

10 In Vin. 2:299 heißt es bei der Beschreibung der Vorbereitungen zum Zweiten Konzil, dass achtundachtzig Arahats aus Avantī am Abhang des Berges Ahogaṅgā zusammengetroffen seien, «überwiegend Waldbewohner, meist Almosensammler, meist Träger zerschlissener Roben, meist Träger der drei Roben». Sie werden den sechzig Arahats aus Pāvā gegenübergestellt, die alle diese asketischen Praktiken befolgten. Obwohl Rückschlüsse aus dieser Passage spekulativ bleiben müssen, könnte es sein, dass die Mönche Anhänger Mahākaccānas waren. Der Grund dafür, dass sie «meist» die asketischen Praktiken befolgten (anstatt voll und ganz), wäre dann darin zu sehen, dass Mahākaccāna seine Schüler durch sein praktisches Beispiel zu solchem Verhalten aufforderte, dieses aber nicht als obligatorisch erklärte.

11 Von Isidatta ist in SN 41:1 f. die Rede. Im ersten Sutta beantwortet er eine Frage zur Verschiedenheit der Elemente. Dieses Thema behandelt auch Mahākaccāna (siehe weiter unten, S. 254). Im zweiten Sutta beantwortet er Fragen zu spekulativen Ansichten. Um dem Ruhm und der Bewunderung zu entgehen, die ihm aufgrund dieser Antworten zuwuchsen, verschwand er in der Anonymität. Siehe weiter unten, S. 380.

12 Dhp. Comy. (zu Strophe 94); BL 2:202 f.

13 Dhp. Comy. (zu Strophe 43); BL 2:23–28.

14 MN Comy. (zu MN 108).

15 Siehe weiter oben, S. 70–72.

16 Siehe weiter oben, S. 76 f.

17 Eine detaillierte und erhellende Analyse des *Madhupiṇḍika-Sutta* findet sich in Bhikkhu Ñāṇananda, *Concept and Reality in Early Buddhist Thought* (BPS, 1971), S. 2–9.

18 MN enthält vier Suttas, die von den Bhaddekaratta-Versen handeln, nämlich die Nummern 131–134. Bereits der Titel gibt Rätsel auf: Der ehrwürdige Ñāṇamoli hat ihn mit «Ein glückliches Anhaften», der ehrwürdige Ñāṇananda mit «Der ideale Liebhaber der Einsamkeit» wiedergegeben. Beide sehen in *ratta* das Vergangenheitspartizip von *rajjati*, was «festgehalten» oder «verliebt in» bedeutet. Es erscheint uns aber als wahrscheinlicher, dass das Wort *ratta* gleichbedeutend ist mit *ratti*, «Nacht», so dass der Ausdruck *bhaddekaratta* «eine hervorragende Nacht» meint. Wie schon das Gedicht nahe legt, bezieht sich das auf einen vollständigen Tag und eine vollständige Nacht fruchtbarer Meditation. Die folgende Übersetzung stützt sich auf diese Interpretation.

19 Die vier *viññāṇa-ṭhiti* sind in DN 33 (3:228) erwähnt. Siehe auch SN 22:53 f.

20 DN 21 (2:283). Siehe *Sakka's Quest* (BPS, Wheel No. 10). Im Text des DN sind die Worte *seṭṭhā devamanussānaṁ*, «die besten unter den Devas und den Menschen», die in dem SN-Zitat auftauchen, nicht enthalten.

21 Siehe Vism., Kapitel 4 und 5.

22 Singhalesische Schriften und PTS-Ausgaben lesen hier *ādi*. Die birmanische Ausgabe gibt *assāda* an. Letzteres ist vielleicht das Ergebnis der Assimilation einer ungewöhnlichen Lesart der drei Standardbegriffe *assāda, ādīnava* und *nissaraṇa*.

23 Diese Strophe findet sich auch in Dhp. 6.

24 Bhikkhu Ñāṇamolis Übersetzung des *Peṭakopadesa* wurde veröffentlicht in *The Piṭaka Disclosure* (PTS, 1964); die Übertragung des *Nettippakaraṇa* erschien in *The Guide* (PTS, 1962).

25 Zur Methodologie des *Nettippakaraṇa* siehe die Einführung des ehrwürdigen Ñāṇamoli zu *The Guide*.

26 Eine Übersetzung der *Nettippakaraṇa*-Analyse des ersten Sutta des Dīgha-Nikāya findet sich in Bhikkhu Bodhi, *The Discourse on the All-Embracing Net of Views* (BPS, 1978), Teil 3.

27 *The Guide*, S. XXVI–XXVIII.

28 G. P. Malalasekera, *The Pāli Literature of Ceylon* (1928; Reprint BPS, 1995), S. 180–182.

7 *Die großen Schülerinnen Buddhas*

1 Die Hauptquelle für Visākhās frühe Jahre und ihre Heirat sind Dhp. Comy. (zu Strophe 53) und AN Comy. (zum *Etadaggavagga*). Siehe BL 2:59–84.

2 Zu jener Zeit war es in Indien üblich, den Eltern der Braut vor der Hochzeit eine bestimmte Summe Gold zu geben.

3 Schlecht gewordene Essensreste verzehrten Menschen niederer Kasten, Diener und Bettler. Visākhā wollte darauf hinweisen, dass Migāra die Ergebnisse seines früheren Kamma konsumiere, nicht aber zu künftigem Nutzen weiteres gutes Kamma anhäufe.

4 Die acht Vorschriften (*aṭṭhasīla*), die an den Uposatha-Tagen einzuhalten sind, bilden eine Ausweitung der grundlegenden fünf Vorschriften, die Laienbuddhisten Tag für Tag zu beachten haben (siehe oben, Kapitel 5, Anm. 12). In den acht Vorschriften wird die dritte Direktive dahingehend abgewandelt, dass vollständige geschlechtliche Enthaltsamkeit zu üben ist. Die drei zusätzlichen Vorschriften sind (6) kein Essen nach dem Mittag, (7) Verzicht auf Tanz, Gesang und Musik sowie andere Darbietungen und auf persönlichen Schmuck mit Girlanden, Juwelen und Kosmetika und (8) Verzicht auf hohe, luxuriöse Betten und Sitzplätze.

5 Die fünf geistigen Fähigkeiten (*pāncindriya*) und Kräfte (*pañcabala*) sind Glauben, Energie, Achtsamkeit, Konzentration und Weisheit. Die sieben Faktoren der Erleuchtung (*satta-bojjhaṅga*) sind Achtsamkeit, Untersuchung der Phänomene, Energie, Entzücken, Ruhe, Konzentration und Gleichmut.

6 Quelle: Jāt. 415.

7 Dhp. Comy. (zu Strophe 151); siehe BL 2:340–342.

8 Quellen: Dhp. Comy. (zu Strophe 347), Thīg., Strophe 139–144, und Comy.; Ap. II, 2:8. Siehe BL 3:225 f.

9 Die Übersetzung basiert auf der englischen Übertragung von H. T. Francis in Cowell (Hrsg.), *The Jataka*, 3:110.

10 Quellen: Dhp. Comy. (zu Strophe 102 f.); Thīg., Strophe 107–111, und Comy.; Ap. II, 3:1. Siehe BL 2:227–232.

11 Die fünf Anhäufungen, die zwölf Sinnesbasen und die achtzehn Elemente. Definitionen findet man in Nyanatiloka, *Buddhist Dictionary*.

12 Quellen: Dhp. Comy. (zu Strophe 114), Thīg., Strophe 213–223, und Comy.; Ap. II, 3:2. Siehe BL 2:257–260.

13 Quellen: Thīg., Strophe 102–106, und Comy.; Ap. II, 3:6. Siehe auch Dhp. Comy. (zu Strophe 115), BL 2:260 f. Der Bericht über eine Nonne namens Bahuputtikā ist nach dem Vorbild von Soṇās Geschichte (siehe Thīg. Comy.) gestaltet, unterscheidet sich hiervon aber in einigen Einzelheiten.

14 Im Dhp. Comy. und im Thīg. Comy. entsprechen die Verse, die der Buddha zu ihrem Lob rezitiert, Dhp. 115. In der *Apadāna*-Version jedoch wird Dhp. 112 zitiert, und

dies erscheint angemessener, da Soṇā vor allem wegen ihrer Energie bekannt war.

15 *Animitta*, das heißt: ohne die «Zeichen» bedingter Bildungen. Man kann dies entweder als Zustand der Vipassanā-Meditation über die Unbeständigkeit oder als übernatürlichen Pfad interpretieren, der durch die Betrachtung der Unbeständigkeit entstanden ist.

16 Quellen: Thīg., Strophe 82–86, und Comy.; Ap. II, 3:5.

17 Die Meditation über die Ekel erregende Natur des Körpers durch Reflexion über die verschiedenen Organe und Gewebe oder durch Betrachtung eines faulenden Leichnams.

18 Der folgende Bericht fußt zur Hauptsache auf Dhp. Comy. (zu Strophe 21–23) und auf AN Comy., *Etadaggavagga*. Siehe BL 1:266–293.

19 *The Itivuttaka: The Buddha's Sayings*, übers. v. John D. Ireland (BPS, 1991). Eine deutsche Version bietet Karl Seidenstücker (Übers.), *Itivuttaka. Das Buch der Herrenworte*, Leipzig 1922.

20 Siehe aber die Geschichte über den Tod Mahāmoggallānas, weiter oben, S. 130–133.

21 Quellen: Dhp. Comy. (zu Strophe 113); Thīg. 112–116 und Comy.; Ap. II. 2:10. Siehe BL 2:250–256.

22 Quellen: Vin. 1:231–233; DN 16; Thīg. 252–272 und Comy.; Ap. II. 4:9.

23 Quellen: Dhp. Comy. (zu Strophe 223); Vv. 137–149 und Comy. Siehe BL 3:99–107, *Vimāna Stories*, S. 110–122.

24 Mit den Verwandtschaftsbeziehungen Sirimās verhält es sich wie folgt: Prinz Abhaya, ein Sohn König Bimbisāras, hatte eine Liebesaffäre mit einer Kurtisane namens Sālavatī aus Rājagaha. Aus dieser Verbindung ging Jīvaka hervor, der künftige Hofarzt von Magadha. Zu einem späteren Zeitpunkt gebar Sālavatī Sirimā; der Vater ist unbekannt. Damit war Jīvaka ein illegitimer Enkel von König Bimbisāra und Sirimā indirekt dessen illegitime Stiefenkelin. Dies mag das königliche Interesse an ihr erklären.

25 Quellen: Thīg. 400–447 und Comy.

8 Aṅgulimāla: Vom Mörder zum Heiligen

1 Die primäre Quelle für die Geschichte von Aṅgulimāla ist das *Aṅgulimāla-Sutta* (MN 86). Zusätzliche Details finden sich in MN Comy. und Thag. Comy.

2 Die Strophen 871 f. finden ihre Parallelen in Dhp. 172 f. Dasselbe gilt für Strophe 873 und Dhp. 382, für Strophe 877 und Dhp. 80, für die Strophen 883 f. und Dhp. 26 f. (mit leichter Variation).

3 Der Kommentar erklärt, Aṅgulimāla habe die Strophen 874–876 nach seiner Verletzung während der Almosenrunde gesprochen.

9 Anāthapiṇḍika: Buddhas wichtigster Gönner

1 Quelle: Vin. 2:146 ff.

2 Die Geschichte von Anāthapiṇḍikas Begegnung mit dem Buddha finden wir in SN 10:8 und in Vin. 2:154 ff. sowie in der *Jātaka-Nidānakathā*.

3 Dhp. Comy. (zu Strophe 18); BL 1:242–244. Die Quelle erklärt nicht, warum sie nicht heiratete. Da zu dieser Zeit die Heiraten in der Regel arrangiert wurden, hätte dies für die Tochter eigentlich kein Problem sein dürfen.

4 Dhp. Comy. (zu Strophe 178); BL 3:28–30.

5 Siehe *Aṅguttara-Nikāya: An Anthology*, übers. v. Nyanaponika Thera, 3 Teile (BPS, 1970–76).

6 Dieselbe Analyse, gerichtet an den Anführer Rāsiya, findet sich in SN 42:12.

7 *Pitiṁ pavivekaṁ*. Freude (*pīti*) ist in der ersten und zweiten meditativen Versenkung (*jhāna*) vorhanden.

8 «Zusammenhang mit den Sinnen», das heißt mit Sinnesbegehren und den Sinnesobjekten. Von den drei zuletzt genannten Punkten bezieht sich der erste auf den Schmerz und den Kummer, die entstehen, wenn unheilsame Unternehmen fehlgehen. Der zweite Punkt bezieht sich auf Schmerz und Kummer, die entstehen, wenn unheilsame Unternehmen Erfolg haben. Und der letzte Punkt bezieht sich auf den Schmerz und den Kummer, wenn heilsame Unternehmen keinen Erfolg haben.

9 Derselbe Text findet sich auch in SN 12:41 und SN 55:28.

10 Kürzere Biographien von Jüngern

1 Quelle: Vin. 2:15–18.

2 *Neḷaṅgo setapacchādo, ekāro vattatī ratho*
Anīghaṁ pasa āyantaṁ chinnasotaṁ abandhanaṁ.

Die Strophe steht in Ud. 7:5 und bezieht sich auf den ehrwürdigen Bhaddiya, den Zwerg, einen Arahat mit großen psychischen Kräften, jedoch verwachsen und hässlich.

3 Die Pāli-Begriffe lauten: *appamāṇā-cetovimutti*, *ākiñcaññā-cetovimutti*, *suññatā-cetovimutti* und *animittā-cetovimutti*.

4 Siehe Kapitel 1, Anm. 23.

5 DN Comy. (zu DN 9).

6 Siehe Nārada Thera, *Everyman's Ethics* (BPS, Wheel No. 14, 1985).

7 Mit der Bemerkung, dass sie keusch zusammengelebt haben (*gahaṭṭhakaṁ brahmacariyaṁ samāciṇṇaṁ*) verweist sie darauf, dass sie – durch den Verzicht auf sexuelle Beziehungen – in dieser Zeit den Stromeintritt erlangt hat.

BIBLIOGRAPHIE

Englische Übersetzungen der Pāli-Quellen

Aṅguttara Nikāya: *The Book of the Gradual Sayings.* Übers. F. L. Woodward und E. M. Hare. 5 Bde. PTS, 1932–36. *Anguttara Nikāya: An Anthology.* Übers. Nyanaponika Thera; 3 Teile. BPS, 1970–76.

Atthasālinī: *The Expositor.* Übers. Pe Maung Tin; 2 Bde. PTS, 1920–21.

Buddhavaṁsa: *The Chronicle of Buddhas.* Übers. I. B. Horner. In *Minor Anthologies of the Pāli Canon,* Teil 3. PTS, 1975.

Dhammapada: *The Dhammapada: The Buddha's Path of Wisdom.* Übers. Acharya Buddharakkhita. BPS, 1985.

Dhammapada Aṭṭhakathā: Buddhist Legends. Übers. E. W. Burlingame. 3 Bde. Cambridge: Harvard University Press, 1921; Reprint, PTS, 1969.

Dīgha Nikāya: *The Long Discourses of the Buddha.* Übers. Maurice Walshe. Boston: Wisdom Publications, 1995.

Itivuttaka: *The Itivuttaka: The Buddha's Sayings.* Übers. John D. Ireland, BPS, 1991.

Jātaka: *The Jātaka, or Stories of the Buddha's Former Births.* Übers. unter der Federführung von E. B. Cowell. 6 Bde. Cambridge, 1895–1905; Reprint in 3 Bden., PTS, 1972; Delhi: Motilal Banarsidass, 1990.

Mahāparinibbāna Suttanta: *Last Days of the Buddha.* Übers. Sister Vajirā und Francis Story. Rev. Ausgabe BPS, 1988.

Majjhima Nikāya: *The Middle Length Discourses of the Buddha.* Übers. Bhikkhu Ñāṇamoli und Bhikkhu Bodhi. Boston: Wisdom Publications; BPS, 1995.

Milindapañha: *Milinda's Questions.* Übers. I. B. Horner. 2 Bde. PTS, 1963–64.

Paṭisambhidāmagga: *The Path of Discrimination.* Übers. Bhikkhu Ñāṇamoli. PTS, 1982.

Saṁyutta Nikāya: *The Book of the Kindred Sayings.* Übers. C. A. F. Rhys Davids und F. L. Woodward. PTS, 1917–30. *Saṁyutta Nikāya: An Anthology.* Übers. John D. Ireland, Bhikkhu Ñāṇananda und Maurice Walshe. 3 Teile. BPS, 1967–85.

Suttanipāta: (1) *The Sutta-Nipāta.* Übers. H. Saddhātissa. London: Curzon, 1985. (2) *The Discourse Collection.* Übers. K. R. Norman. PTS, 1992.

Theragāthā: (1) *Psalms of the Brethren.* Übers. C. A. F. Rhys Davids. PTS, 1913. (2) *Elders' Verses,* 1. Übers. K. R. Norman. PTS, 1969.

Therīgāthā: (1) *Psalms of the Sisters.* Übers. C. A. F. Rhys Davids. PTS, 1909. (2) *Elders' Verses,* 2. Übers. K. R. Norman. PTS, 1971.

Udāna: *The Udāna: Inspired Utterances of the Buddha.* Übers. John D. Ireland. BPS, 1990.

Vimānavatthu: *Vimāna Stories.* Übers. Peter Masefield. PTS, 1989.

Vinaya Piṭaka: *The Book of the Discipline.* Übers. I. B. Horner. 5 Bde. PTS, 1938–66.

Visuddhimagga: *The Path of Purification.* Übers. Bhikkhu Ñāṇamoli. Colombo: Semage, 1956; BPS, 1975.

REGISTER

A

Ācariya Buddhaghosa 63
Ācariya Dhammapāla 265
Achtsamkeit, Grundlagen/Pfeiler der (*satipāṭṭhana*) 121, 133
Ahiṁsaka 336–339, 345
Ajātasattu, König von Magadha 101, 157f., 191, 193, 204, 277
Akazienwald (*khadīravana*) 64
Aḷāra Kālāma 102, 197
Ambapālī 318–322
Amitodana (Ānandas Vater) 163
Ānanda 21, 44, 46, 55, 59, 60f., 62f., 68, 86, 163–207, 376
– Dhamma, Hüter des 175–178
– Diener des Buddha 172–175
– Existenzen, frühere 187f.
– Frauen, Haltung gegenüber 178–182
– Gespräche mit dem Buddha 185ff.
– *Jātaka 282* 190
– *Jātaka 421* 189f.
– *Jātaka 498* 188f.
– letzte Tage des Buddha 191–203
– Mitmönche 182–185
– Parinibbāna des Buddha, nach dem 203–207
– Qualitäten, fünf besondere 175
– Weg, persönlicher 163ff.
Anaṅgaṇa-Sutta 90
Anāthapiṇḍika 22, 54f., 85, 272, 281, 351–376
– als reicher Gönner 355–359
– Familie 359–362
– Freunde 363ff.
– Lehrreden des Buddha 365–374
– Tod 374–376
– wird Jünger 351–355
Anāthapiṇḍika-Sutta 90f.
Aṅgulimāla 335–349
– Geburt, edle 344ff.
– Mönch 338–344
– Mörder, mehrfacher 335–338
– Verse 346–349
Aṅguttara-Nikāya 21, 28, 92ff., 255ff.
Anhaftens, fünf Gruppen des (*khandhas*) 53
Aññā Koṇḍañña, Mönch 41, 79
Annabhara 229
Ansichten, spekulative (*diṭṭhi*) 76
Anuruddha 209–234
– Existenzen, frühere 229–232
– Leben im Sangha 219–223
– Ordination 209–212
– Parinibbāna des Buddha 232ff.
– Pfad, geistiger 215–219
– und die Frauen 223–229
– Weg zur Heiligkeit 212–215
– Zeit nach dem Tod des Buddha 232ff.
Anuruddha, Mönch 62f., 85, 120
Apadāna 29
Arahat 13, 18f.
– Erleuchtung, Zeitdauer 23
Arahat Belaṭṭhasīsa 163
Arahat Sañjīva 129
Arahat Vidhura 129
Ārāmadaṇḍa 260
Ariya-Sangha 14, 18
Asketin, debattierende *siehe* Bhaddā Kuṇḍalakesā
Asoka, König 328
Assaji (der Ältere), Mönch 37f., 57
Assaji (der Jüngere), Mönch 52

Astralreisen 123
Atthasālinī 76f.
Auge der Wahrheit, klares (*dhammacakkhu*) 353
Auge, göttliches (*dibbacakkhu*) 216
Avantiputta, König 258

B

Bāhiya, Mönch 293
Bambushainkloster (Veḷuvana) 37f.
Baumeister, himmlischer *siehe* Vissakamma
Bāvarī, Seher 102
Begehren, sinnliches (*kāmadhātu*) 15
Beharrlichkeit (*dhiti*) 177
Bereiche, vier göttliche (*brahmavihāra*) 382
Bernard von Clairvaux, heiliger 228f.
Bewahrerin des Vinaya *siehe* Patacara
Bewusstseinszustände, Einsicht in die (*anupadadhammavipassanā*) 66
Bhaddā Kāpilanī, Nonne 22, 120, 136–140
Bhaddā Kuṇḍalakesā 290–294
Bhaddiya, Prinz 211
Bhaggavā Gagga 336, 339
Bhikkhunī-Saṁyutta 64
Bhikkhunī-Sangha 284
Bhikkhunīs/Bhikkhus 89, 199, 351
Bhūmija 63
Bimbisāra, König 37, 268, 284, 319f., 325f.
Bodh-Gayā 198
Bodhī, Nonne 328
Bodhisatta *siehe auch* Buddha Gotama
– als König in Benares 190
Buch, Großes (Patthana) 77
Buddha (der Erhabene, der Erleuchtete)
–, Cousine des *siehe* Vasabhakhattiya, Königin
– Halbschwester *siehe* Nanda
– Jünger, Biographien 377–391
– Schülerinnen 267–334
– Verse/Worte 87f., 108f., 112f., 116, 120f., 132, 144, 147ff., 164, 166ff., 170, 186f., 198, 200, 215, 221, 223, 243, 255, 261, 273, 276, 285, 292, 296, 310ff., 314f., 324, 341ff., 353, 355f., 360, 365–374, 379, 388f.
Buddha Anomadassī 22, 41ff., 81
Buddha Gotama (Sakyamuni) 20, 22, 42ff., 47, 141, 188, 238, 285f., 318, 387 *siehe auch* Buddha
Buddha der Zukunft *siehe* Buddha Metteyya
Buddha Kakusandha 129
Buddha Metteyya 158f.
Buddha Padumuttara 22, 140f., 187, 237, 269, 285
Buddha Upatthaka 172
Buddha Vipassī 47, 141, 285
Buddhaschaft, Erleuchtung zur
– Zeitdauer 23
Buddhismus, Bedeutung der Jünger 13ff.

C

Cālā 64
Candā (Patacaras Schwester) 317
Candā, Mondgott 45
Caṇḍālas (Kastenlose) 188
Caṇḍappajjota, König von Avanti 238ff., 263
– Enkel 257
Channa, Mönch 54, 205f.
Citta
– Hausvater 22, 377–385
– Mönch 385ff.
Cūḷa Panthaka 120
Cunda, Mönch 64, 79, 84ff. *siehe auch* Mahācunda
Cunda-Sutta 61, 85–88

D

Dämon, böser (*yakkha*) 67, 122
Dasuttara-Sutta 92
Deva 376
Devadatta (Buddhas Cousin) 44ff., 115, 121, 346
Devas, König der *siehe* Sakka
Devatā 326
Dhamma 14, 17, 86
–, König des (*dhammerājā*) 48
–, Meister des 33–96
Dhammadāyāda-Sutta 90
Dhammadinnā, Nonne 378, 380
Dhammapada 57
Dhammasaṅgaṇī 76
Dhānañjāni 54, 91
Dhānañjāni-Sutta 91
Dhanañjaya (Mendakas Sohn) 268f.
Dīgha-Nikāya 28, 92
Dīghanakha 66
Dīpaṅkara (24. Buddha) 20
Doṇa (Brahmane) 157
Dreißig der glückbringenden Gruppe (*bhaddavaggiya*) 41
Duft der Eintracht (*sāmaggirasa*) 74
Duthanga 144f.

E

Ebernest (*sūkarakhata-leṇa*) 40
Edle Jünger (*ariyasāvaka*) 17
Einmalwiederkehrer (*sakadāgāmi*) 18
Elends, Ebene des (*apāyabhūmi*) 18
Erfolgs, Grundlagen des 118
Erleuchtung (*sambodhi*) 17
– Buddhaschaft, Zeitdauer 23
Erlöschungszustand (*nirodhasamāpatti*) 42
Erlösung des Geistes (*cetovimutti*) 113

F

Fähigkeiten
–, sechs paranormale (*chalabhiññā*) 117
–, vier analytische (*patisambhidañāṇa*) 69
Freund (*āvuso*) 200
Fürsorge, Verkörperung der liebenden *siehe* Sāmāvatī, Königin

G

Gagga Mantāniputta 343
Gedankenlesen 120f.
Geistes, Befreiung des (*appamāṇā-cetovimutti*) 220
Geistkörper (*monomaya-kāya*) 215
Gelübde (*sīlabbataparāmāsa*) 18
Gespenster, Welt der (*petas*) 122
Ghosaka 304–307, 309
Girimānanda, Mönch 174
Glaubens, Akt des (*saddhā*) 14
Glücksgöttin *siehe* Sirī
Godatta, Mönch 382
Gönner(in)
–, Buddhas größte *siehe* Visākhā
–, Buddhas wichtigster *siehe* Anāthapiṇḍika
Grundübel, Vernichtung der (*āsavakkhaya-ñāṇa*) 117
Gulissāni-Sutta 90

H

Hāliddikāni 252ff.
Hatthaka von Ālavi 22, 377
Hauptjünger (*aggasāvaka*) 21
Hellhören 121
Hellsehen 121ff.
Hilfe, materielle (*āmisānuggaha*) 52

Himmel der Reinheit, Wiedergeburt im (*suddhāvāsa*) 19
Hüter des Dhamma 163–207

I

Indriya-Jātaka 46
Indriya-Saṁyutta 96
Isidāsi 328–334
Isidatta, Mönch 242, 379f.

J

Jālinī, weibliche Gottheit 224
Jambukhādaka-Saṁyutta 96
Jātaka-Sammlung 28
Jeta, Prinz 354
Jetavana-Kloster 55f., 58, 78, 81, 85f., 124, 174, 272, 279, 291, 295, 355
Jinadattā, Nonne 330
Jīvaka (Tochter Salavatis) 319
Jünger (Schüler, Savakas) 14
– Bedeutung im Buddhismus 13ff.
– Biographien, kürzere 377–391
–, die großen 20–24
–, Edle 17
– Gruppen, zwei 15–19

K

Kaccāna *siehe* Mahākaccāna
Kaccāyana, Brahmanengeschlecht 238
Kāla der Dunkle (Anāthapiṇḍikas Sohn) 359f.
Kālabu, König 46
Kālakaṇṇī (Freund Anāthapiṇḍikas) 364
Kaḷāra-Sutta 95
Kālī 255
Kāmabhū, Mönch 380f.
Kamma 16
Kassapa 384, 387 *siehe auch* Mahākassapa
Kastenlose *siehe* Caṇḍālas
Kesi, Pferdebändiger 206
Khandha-Saṁyutta 95
Khemā, Nonne 22, 284–290
Khuddaka-Nikāya 28
Khujjuttarā 22, 306f.
Kimbila 222
Kinderreiche, die *siehe* Soṇā
Kisāgotamī 294–298
– Verse, letzte 297f.
Kokālika, Mönch 60, 114
Kolita 35–41 *siehe auch* Mahāmoggallāna
Koliya, Kriegerclan 191
Kommentare zu den Quellen 29f.
Königin aus dem Blumengarten *siehe* Mallikā
Königin von Kosala *siehe* Mallikā
Konzentration (*samādhi*) 14
Konzil, Erstes 158
Körperlichkeit, begierdelose, feinstoffliche 15
Körperlosen, Welt des 15
Kosambī, Mönche von 173, 183
Kostbarkeiten des Buddhismus, drei (*tiratana*) 14
Kraft des Eingreifens durch Konzentration (*samādhivipphāra-iddhi*) 67
Kräfte
–, fünf paranormale (*abhiññā*) 67
–, sechs übernatürliche (*chalabhiññā*) 53
–, spirituelle (*iddhi*) 48
Kriegerkaste (*khattiya*) 112
Kurtisane, großzügige *siehe* Ambapālī
Kusinārā 198

L

Laienjünger, hervorragende (*upāsakas*) 377
Lājā, weibliche Gottheit 149
Lakkhaṇa, Mönch 122
Lakuṇṭaka Bhaddiya, Mönch 21, 50
Leben(swandel), heiliges/heiliger (*brahmacariya*) 21, 63
Leere, Aspekt der (*suññatā*) 68
Lehre
–, Erklärung der (*dhammānuggaha*) 52
–, Fertigkeiten der (*desanākusalatā*) 74
– von der bedingten Entstehung (*paṭicca-samuppāda*) 72
Licchavis, Schlacht von 122
Lohicca 259
Lumbinī 198

M

Macht der Edlen (*ariyā-iddhi*) 218
Macht der Intervention durch Sammlung (*samādhivipphāra-iddhi*) 76
Māgandiyā 307–312
Mahābrahmā 83
Mahācunda, Mönch 54, 64 *siehe auch* Cunda, Mönch
Mahāhatthipadopama-Sutta 90
Mahaka, Mönch 382f.
Mahākaccāna 166, 235–266, 379
– Dhamma, Bekehrung zum 238–241
– Lehren 257–262
– Lehrsätze, Interpret kurzer 245–257
– samsarischer Hintergrund 236ff.
– Schriften, exegetische 264ff.
– Verse 262ff.
Mahākassapa 62, 69, 128, 135–162, 219 *siehe auch* Kassapa
– Buddha, Verhältnis zum 145–149
– Gottheiten, Begegnungen mit 149ff.
– Mönchen, Beziehungen zu anderen 151–155
– Parinibbāna des Buddha, nach dem 156–159
– samsarischer Hintergrund 140–143
– Verse 159–162
Mahākoṭṭhita, Mönch 63, 94, 386
Mahāmoggallāna (Sirivaddhana) 21f., 33, 40–43, 48ff., 59, 62, 67, 88f., 97–133 *siehe auch* Moggallāna
– Dhamma, Auffinden des 103–106
– Existenzen, frühere 125–133
– Jugendzeit 97ff.
– Jüngerpaar, vorzüglichstes 112–116
– Kräfte, psychische 116–125
– Lehre, Verwirklichung der 106–112
– Suche, geistige 99–103
– Tod 130–133
– Verse 126ff.
– Wanderjahre 99–103
Mahānāma (Bruder Anuruddhas) 76, 210
Mahānisabha, Mönch 140
Mahāpajāpatī Gotamī (Buddhas Stiefmutter) 179f., 302
Mahāparinibbāna-Sutta 92
Mahāsudassana 199ff.
Mahāvedalla-Sutta 90
Mahāyāna 20
Majjhima-Nikāya 28, 90f., 246–251
Malla, Kriegerclan 191, 196f., 200
Mallikā 276–284
Māra, Todesfürst/Verführer 128f., 131, 287
Māra Dusi 129
Matali (himmlischer Wagenlenker) 174
Meditation der liebenden fürsorge (*mettā*) 76
Meditationsthema der Elemente (*dhātukammaṭṭhāna*) 40
Meister der psychischen Kräfte 97–133
Meister des göttlichen Auges 209–234
Meister in der Darlegung der Lehre 235–266
Meṇḍaka 267

Mettā 307
Metteyya, Buddha der Zukunft 158 f.
Migāra 268–271
Milinda, König 78
Milindapañha 57
Mitfreude (*muditā*) 380
Moggallāna 44 ff., 51, 60, 63, 88 *siehe auch* Mahāmoggallāna
Moggallī (Brahmanin) 35
Mönchszucht *siehe* Vinaya
Mondgott *siehe* Candā
Mörder, mehrfacher *siehe* Aṅgulimāla
Mudgala (vedischer Seher) 97
Musiker, himmlischer *siehe* Pañcasikha
Mutter mit dem toten Kind *siehe* Kisāgotamī
Mystik, islamische *siehe* Sufismus

N

Nāgas, König der 126
Nāgasena, Mönch 78, 89
Nakula, Vater und Mutter 387–391
Ñāṇamoli 265 f.
Nandā (Rupa-Nandā, Sundari-Nandā, Halbschwester Buddhas) 302 ff.
Nandā, König (Buddha Padumuttaras Vater) 187
Nandamātā 75
Nandiya 222
Nārada, Asket 46, 126
Neigungen, unheilvolle geistige (*kilesa*) 17
Nibbāna 13, 16, 19, 63, 68, 79 f.
Nicht(mehr)wiederkehrer (*anāgāmī*) 18 f., 384
Nidāna-Saṁyutta 94 f.
Niddesa 75
Nigaṇṭha Nātaputta (Anführer der Jain) 383
Nikāya(s) 20
Nimi, König 232
Nisabha 42

P, Q

Paccekabuddha 142, 198, 286, 310, 370
– Erleuchtung, Zeitdauer 23
Pajjunna, Regengott 174
Pāli-Kanon 13, 27
Pāli-Quellen 23
Pāli-Tipiṭaka 75
Pañacasikha, Gottheit (himmlischer Musiker) 174, 231
Pāramitās, Übung der sechs 23
Parinibbāna 89
Pasenadi, König von Kosala 122, 165 f., 191, 203, 268 f., 277, 279, 283, 287, 289, 336, 338, 342 f., 354 f.
– Frauen von 181 f.
Paṭācārā, Nonne 22, 312–318
Pātimokkha *siehe* Sündenregister
Paṭisambhidāmagga 67, 76
Pfad zum Nibbāna, verlorener 20
Pfad, Edler Achtfacher 14
Phagguna, Mönch 174
Pilindavaccha 120
Piṇḍola (Bhāradvāja), Mönch 124, 309
Pipphali 136 ff.
Poṭṭhapāda, Wanderasket 386
Pukkusa 197
Punabbasu 52
Puṇṇa (Mantāniputta) 63, 164, 322, 324, 378
Puññalakkhaṇā (Anāthapiṇḍikas Frau) 358 f.
Puṇṇavaddhana (Sohn Migāras) 268 f.
Quellen 27–30

R

Rāhula, Mönch 46, 65, 79, 113
Rājagaha 36 f., 58, 63, 88
–, Konzil in 204
Raṭṭhapāla 22

Regeln (*sīlabbataparāmāsa*) 18
Regengott *siehe* Pajjunna
Revata Khadīravaniya 62, 64
Rohiṇī (Schwester Anuruddhas) 227
Rupa-Nandā *siehe* Nandā
Rūpasārī (Brahmanin) 35, 84

S

Sabbakāmī, Mönch 206
Saddhamma-ppakāsinī 76
Sādhīna, König 232
Sāgala, Mönch 120
Sakaya-Frauen 179
Sakka (König der Devas) 44, 83, 126, 202, 226, 229, 231 f., 357
Sakulā, Nonne 120
Sakyamuni *siehe* Buddha Gotama
Saḷāyatana-Saṁyutta 96
Samacitta-Sutta 92 f.
Samaṇuddesa 64
Sāmāvatī, Königin 22, 304
Samiddhi 63
Sammaditthi-Sutta 90
Sampasadaniya-Sutta 92
Saṁsāra 13, 16, 289
–, Reise durch 328–334
Saṁyutta-Nikāya 28, 94 ff., 252–255
Sangha 385
Sangha, Vater des 135
Saṅgīti-Sutta 92
Sañjaya Belatthaputta 36, 39, 100 f.
Sarada 41
Sāriputta 21 f., 33–96, 371, 373 f.
– Abhidhamma 76 ff.
–, der Meditierende 65–70
–, der Mensch 47–70
– Dhamma 70
– Dhamma, Suche nach dem 35–41
– Freunde und Verwandte 60–65
– Geduld und Nachsicht 56–60
– Jātakas 43–47
– Reden 89–96
– Suttas 70–75
– Verpflichtung, letzte 78–85
– Werke, erklärende 75–78
– Wunsch, ursprünglicher 41 ff.
Sāriputta-Saṁyutta 95 f.
Sārnāth 198
Sasa-Jātaka 44
Satipaṭṭhāna 217
Savakas *siehe* Jünger
Savittha 63
Schüler *siehe auch* Jünger
– Versammlungen, traditionelle vier 15
«Sechsergruppe» (*chabbhaggiya*) 114
Sevitabbāsevitabba-Sutta 91
Siddhattha, Prinz 99
Sirī, Glücksgöttin 357 f.
Sirimā 319, 322–327
Sirivaddhana *siehe* Mahāmoggallāna
Sīsūpacālā 64
Sīvaka, Geist 352
Smiddhi, Mönch 249 f.
Sobhita, Mönch 120
Soṇā, Nonne 22, 241, 298–302
Sonnengott *siehe* Sūrya
Soreyyā 244
Sotāpatti-Saṁyutta 96
Sphäre der differenzierten Phänomene (*dhammadhātu*) 48
Sphäre der Sammlung (*samādhi*) 49
Strafe der Ausstoßung (*pabbājaniyakamma*) 52
Streben, willentliches (*paddhānasankhāra*) 119
Stromeintritt (*sotāpattiyaṅga*) 18, 54
Stūpa 198
Subhaddā, Große und Kleine (Anāthapiṇḍikas Töchter) 359

Subhadda, Mönch 156, 200
Suddhodana (Buddhas Vater) 163
Sudhamma 378 f.
Sufismus 319
Sujātā (Visākhās Schwester) 360, 362
Sumanā (Anāthapiṇḍikas jüngste Tochter) 230, 359
Sumanakumāra, Kronprinz 187
Sundari-Nandā *siehe* Nandā
Sündenregister (Pātimokkha) 51
Supaṇṇas, König der 126
Sūrya, Sonnengott 45
Sutta-Piṭaka 28, 60, 75, 89
Suttanipāta 75
Suttas 17

T

Taṇha (Begierde) 255
Tathāgata 13, 76
Tāvatiṁsa-Himmel 75 f.
Telekinese 123 f.
Theragāthā 28, 61, 66 f.
Theravāda-Buddhismus 23
Theravāda-Schule 20
Theravāda-Tradition 34
Therīgāthā 64
Thullanandā, Nonne 140, 155
Thullatissā, Nonne 154 f.
Tipiṭaka 34
Tugend (*sīla*) 14
Tugenden, zehn königliche 286
Tusita-Himmel 55, 76, 283, 359, 376

U

Udāna 67
Udāyi, Mönch 169
Uddaka Rāmaputta 102
Udena, König 305, 307 ff., 311 f.
Ukkacelā-Sutta 88 f.
Unermessliche (*asaṅkheyya*) 23, 41
Unvollkommenheiten, elf (*upakkilesa*) 213
Upacālā 64
Upavāṇa, Mönch 198
Upāli 212, 316
Uparevatta 82
Upāsikā, große 83
Upatissa, Wanderasket 35–41, 98 f. *siehe auch* Sāriputta
Upavāṇa 63
Uposatha-Tag 273 f.
Uppalavaṇṇā, Nonne 22, 120, 284
Uruvela Kassapa 122
Uttarā, Nonne 317, 322–327

V

Vagantaputta 64
Vajirā, Prinzessin 278
Vajjia, Kriegerclan 191 ff.
Vaṅgīsa, Dichter 21, 120, 326
Vasabhakhattiyā, Königin (Cousine des Buddha) 280
Vedeha 140
Velāma 370
Veranlagungen, unheilvolle geistige (*kilesa*) 17
Verlöschen, endgültiges meditatives (*nirodhasamāpatti*) 158
Versenkungen, vier körperlose (*arūppajhāna*) 16
Verständnisses, Schnelligkeit des (*khippābhiñña*) 292
Verwandlung, Kraft der 124 f.
Verweilen in der Lehre (*suññatāvihāra*) 68
Verweilzustände, göttliche (*brahmavihāra*) 43
Vesālī, Prinzen von 206

Vimala-Kondañña, Mönch 320
Vinaya (Mönchszucht) 316
–, Bewahrerin des 312–318
Vipassanā-Meditation 17
Visākhā 22, 267–276, 356, 380
Vissakamma (himmlischer Baumeister) 174

W

Wagenlenker, himmlischer *siehe* Matali
Wanderasket (*paribbājaka*) 36
Weise, die *siehe* Khema
Weisheit (*paññā*) 14
–, größte (*etadaggaṁ mahāpaññānaṁ*) 69
–, hervorragende (*mahāpaññā*) 48
Weisung (Sāsana) 20
Welt des Körperlosen 15
Weltzeitalter, glückliches (*bhaddakappa*) 129
Werdens, Aufhören des (*bhavanirodho nibbānaṁ*) 68
Wesen, angenehmes (*samantapāsādika*) 64
Wiedergeburt(en) 16
– im Himmel der Reinheit (*suddhāvāsa*) 19
–, Kreislauf der (Saṁsāra) 41, 43
Wissen, vierfaches analytisches (*paṭisambhidāñāṇa*) 40
Wissens, zweiundsiebzig Arten des (*ñāṇa*) 76

Z

Zeitdauer, Erleuchtung
– als Arahat 23
– als Buddha 23
– als Paccekabuddha 23
«Zugangsversenkung» (*upacāra-samādhi*) 216